PETIÇÃO INICIAL E RESPOSTA DO RÉU NO PROCESSO DO TRABALHO

1.ª edição — 1996
2.ª edição — 2017
3.ª edição — 2022

MANOEL ANTONIO TEIXEIRA FILHO

PETIÇÃO INICIAL E RESPOSTA DO RÉU NO PROCESSO DO TRABALHO

3ª EDIÇÃO

LTr

LTr Editora Ltda.

Rua Jaguaribe, 571
CEP 01224-003
São Paulo, SP — Brasil
Fone: (11) 2167-1101
www.ltr.com.br
Outubro, 2022

Projeto Gráfico e Editoração Eletrônica: Peter Fritz Strotbek - The Best Page
Projeto de Capa: Danilo Rebello
Impressão: Log & Print Gráfica e Logística S.A.

Versão impressa: LTr 6383.8 — ISBN 978-65-5883-174-7
Versão digital: LTr 9861.3 — ISBN 978-65-5883-175-4

Dados Internacionais de Catalogação na Publicação (CIP)
(Câmara Brasileira do Livro, SP, Brasil)

Teixeira Filho, Manoel Antonio

Petição inicial e resposta do réu no processo do trabalho / Manoel Antonio Teixeira Filho. — 3. ed. — São Paulo : LTr, 2022.

Bibliografia.
ISBN 978-65-5883-174-7

1. Contestação (Processo civil) — Brasil 2. Justiça do trabalho — Brasil 3. Petição inicial — Brasil I. Título.

22-117920 CDU-347.9:331(81)

Índice para catálogo sistemático:

1. Brasil : Petição inicial e resposta do réu :
Direito processual do trabalho 347.9:331(81)

Cibele Maria Dias - Bibliotecária - CRB-8/9427

Dedico este livro ao
Dr. Armando Casimiro Costa, (in memorian),
em reconhecimento à sua larga contribuição
editorial para o aprimoramento da cultura
jurídica de nossa gente.

"Portanto, condenam ao réu Joaquim José da Silva Xavier, por alcunha o Tiradentes, alferes que foi da tropa paga da Capitania de Minas, a que, com baraço e pregão, seja conduzido pelas ruas públicas ao lugar da forca, e nela morra morte natural para sempre, e que depois de morto lhe seja cortada a cabeça e levada a Vila Rica, onde no lugar mais público será pregada em um poste alto, até que o tempo a consuma, e o seu corpo será dividido em quatro quartos, e pregados em postes, pelo caminho de Minas, no sítio da Varginha e das Cebolas, onde o réu teve as suas infames práticas, e os mais nos sítios de maiores povoações, até que o tempo também os consuma, declaram o réu infame e seus filhos e netos tendo-os, e os seus bens aplicam para o Fisco e Câmara Real, e a casa em que vivia em Vila Rica será arrasada e salgada, para que nunca mais no chão se edifique, e não sendo própria será avaliada e paga a seu dono pelos bens confiscados, e no mesmo chão se levantará um padrão pelo qual se conserve em memória a infâmia deste abominável réu."

(Trecho da sentença proferida pelos Juízes da Alçada, em 18-4-1792, que condenou Tiradentes à morte, pela forca, in: *Autos da Inconfidência Mineira.* 2.ª ed. Belo Horizonte: Imprensa Oficial, 1982, conforme pesquisa realizada pelo ilustre amigo, Prof. Hildebrando Campestrini, da Academia Sul-Matogrossense de Letras)

Índice Sistemático da Matéria

Preâmbulo à 2.ª Edição 17

Preâmbulo 19

Livro I — Título Único — Petição Inicial

Capítulo I — Nótulas Propedêuticas 25
1. Jurisdição, ação e processo 25

Capítulo II — Requisitos 31
1. Comentário 31
2. Requisitos 31
   2.1. Subjetivos 32
   2.2. Objetivos 35

Capítulo III — Documentos Indispensáveis 52
1. Comentário 52

Capítulo IV — Saneamento da Inicial 56
1. Comentário 56

Capítulo V — Citação 61
1. Conceito e finalidade 61
   — Art. 239 62
   — Art. 240 64
   — Art. 241 66
   — Art. 242 66
   — Art. 243 67
   — Art. 244 68
   — Art. 245 69
   — Art. 246 70
   — Art. 247 72
   — Art. 248 73
   — Art. 249 74

— Art. 250 ... 75
— Art. 251 ... 76
— Art. 252 ... 77
— Art. 253 ... 78
— Art. 254 ... 79
— Art. 255 ... 79
— Art. 256 ... 80
— Art. 257 ... 81
— Art. 258 ... 81
— Art. 259 ... 82
2. As cartas ... 82
— Art. 260 ... 82
— Art. 261 ... 83
— Art. 262 ... 85
— Art. 263 ... 85
— Art. 264 ... 85
— Art. 265 ... 85
— Art. 266 ... 86
— Art. 267 ... 86
— Art. 268 ... 87

Capítulo VI — O Pedido ... 88
1. Introdução. Conceito ... 88
2. Certeza ... 89
— Art. 322 ... 89
3. Prestações sucessivas ... 90
— Art. 323 ... 90
4. Determinação ... 93
— Art. 324 ... 93
5. Pedido alternativo ... 95
— Art. 325 ... 95
6. Pedido em ordem subsidiária ... 97
— Art. 326 ... 97
7. Cumulação de pedidos ... 101
— Art. 327 ... 101
8. Obrigação indivisível com pluralidade de credores ... 104
— Art. 328 ... 104
— Art. 329 ... 104
9. Pedido líquido. A nova redação do § 1.º do art. 840, da CLT ... 107

Capítulo VII — Indeferimento da Petição Inicial 125
1. Casos de indeferimento 125
— Art. 330 125
Inciso I. Inépcia 127
Inciso II. Ilegitimidade de parte 127
Inciso III. Falta de interesse processual 128
Inciso IV. Não atendimento às prescrições dos arts. 106 e 321 129
2. Casos de inépcia 130
Inciso I. Falta de pedido ou de causa de pedir 130
Inciso II. Pedido indeterminado 130
Inciso III. Da narração dos fatos não decorrer a conclusão 130
Inciso IV. Pedidos incompatíveis entre si 130
3. Recurso cabível 131
— Art. 331 131
4. Rejeição liminar do pedido 133
Art. 332 133

Capítulo VIII — Petições Iniciais Específicas 137
1. Petição inicial nas tutelas provisórias 137
1.1. Comentário 138
1.2. Na tutela cautelar requerida em caráter antecedente 141
2. Petição inicial na ação mandamental 146
2.1. Requisitos 146
3. Petição inicial na ação rescisória 157
3.1. Requisitos 157

Livro II — Título Único — Resposta do Réu
Primeira Parte — Propedêutica

Capítulo I — Introdução 171
1. Comentário 171

Capítulo II — Prazo para Responder 176
1. Comentário 176
1.1. Exceção 177
1.2. Reconhecimento do pedido 178
1.3. Contestação 179
1.4. Reconvenção 179

Segunda Parte — Das Respostas, em Espécie

Seção I — Exceções

Capítulo I — Introdução 183
1. O CPC de 2015 183
2. Etimologia e conceito 183
3. Escorço histórico 184
4. Classificação 185
4.1. Dilatórias 186
4.2. Peremptórias 186
5. Espécies de exceção 187
6. Prazo 188
6.1. Incompetência 188
6.2. Impedimento 189
6.3. Suspeição 192

Capítulo II — Suspensão do Processo 194
1. Comentário 194

Capítulo III — Exceção de Incompetência 199
1. Comentário 199
2. Procedimento 200
2.1. Petição inicial 200
2.2. Manifestação do excepto 204
2.3. Instrução 204
2.4. Decisão 205

Capítulo IV — Exceção de Impedimento 211
1. Comentário 211
2. Casuística 213
Inciso I. Em que interveio como mandatário da parte, oficiou como perito, funcionou como membro do Ministério Público ou prestou depoimento como testemunha. 216
Inciso II. De que conheceu em outro grau de jurisdição, tendo proferido decisão. 218
Inciso III. Quando nele estiver postulando, como defensor público, advogado ou membro do Ministério Público, seu cônjuge ou companheiro, ou qualquer parente, consanguíneo ou afim, em linha reta ou colateral, até o terceiro grau, inclusive. 221
Inciso IV. Quando for parte no processo ele próprio, seu cônjuge ou companheiro, ou parente, consanguíneo ou afim, em linha reta ou colateral, até o terceiro grau, inclusive 222
Inciso V. Quando for sócio ou membro de direção ou de administração de pessoa jurídica parte no processo. 224
Inciso VI. Quando for herdeiro presuntivo, donatário ou empregador de qualquer das partes. 224

Inciso VII. Em que figure como parte instituição de ensino com a qual tenha relação de emprego ou decorrente de contrato de prestação de serviços. 226

Inciso VIII. Em que figure como parte cliente do escritório de advocacia de seu cônjuge, companheiro ou parente, consanguíneo ou afim, em linha reta ou colateral, até o terceiro grau, inclusive, mesmo que patrocinado por advogado de outro escritório. 226

Inciso IX. Quando promover ação contra a parte ou seu advogado. 226

Capítulo V — Exceção de Suspeição 228

1. Comentário 228

2. Casuística 230

Inciso I. Amigo íntimo ou inimigo de qualquer das partes ou de seus advogados 232

Inciso II. Receber presentes de pessoas que tiverem interesse na causa antes ou depois de iniciado o processo, que aconselhar alguma das partes acerca do objeto da causa ou que subministrar meios para atender às despesas do litígio. 236

Inciso III. Quando qualquer das partes for sua credora ou devedora, de seu cônjuge ou companheiro ou de parentes destes, em linha reta até o terceiro grau, inclusive 239

Inciso IV. Interessado no julgamento do processo em favor de qualquer das partes. 240

Capítulo VII — Procedimento 246

1. Exceção de incompetência 246

1.1. Perante os órgãos de primeiro grau 246

1.2. Perante os tribunais 251

2. Exceções de impedimento e de suspeição 252

2.1. Perante os órgãos de primeiro grau 252

2.2. Perante os tribunais 256

2.3. Entre juízes do mesmo tribunal 257

Seção II — Contestação

Capítulo I — Considerações gerais 261

1. Etimologia e conceito 262

2. Escorço histórico 263

3. Finalidade e efeitos 264

4. Defesas direta e indireta 266

5. Contestação e exceção 267

6. Requisitos 267

7. Técnica de elaboração 271

8. A contestação no processo eletrônico 275

9. Prazo para contestar 278

10. O princípio da eventualidade 278

11. As preliminares 281
Inciso I. Inexistência ou nulidade da citação. 282
Inciso II. Incompetência absoluta e relativa. 284
Inciso III. Incorreção do valor da causa 285
Inciso IV. Inépcia da petição inicial 285
Inciso V. Perempção. 286
Inciso VI. Litispendência. 287
Inciso VII. Coisa julgada. 289
Inciso VIII. Conexão 290
Inciso IX. Incapacidade de parte, defeito de representação, falta de autorização. 291
Inciso X. Convenção de arbitragem. 294
Inciso XI. Ausência de legitimidade ou de interesse processual. 300
Inciso XII. Falta de caução ou de outra prestação que a lei exige como preliminar. 304
Inciso XIII. Indevida concessão do benefício de gratuidade de justiça. 304
12. A questão da decadência e da prescrição 305
— Art. 338 306
— Art. 339 307
— Art. 340 308
13. O princípio da impugnação específica 309
Inciso I. Confissão inadmissível 312
Inciso II. Instrumento público 312
Inciso III. Contradição com a defesa 313
14. Novas alegações 318
Inciso I. Alegações relativas a direito ou a fato superveniente 319
Inciso II. Competir ao juiz conhecer delas de ofício 320
Inciso III. Por expressa autorização legal, puderem ser formuladas em qualquer tempo e grau de jurisdição 320

Capítulo II — Forma de Apresentação 322
1. Comentário 322

Seção III — Reconvenção

Capítulo I — Introdução 331
1. Escorço histórico 331
2. Conceito 333
3. Pressupostos legais 334
4. Procedimento 337
a) Petição inicial 337
b) Resposta 340

c) Instrução ... 341
d) Razões finais e segunda proposta de conciliação ... 342
e) Desistência ... 342
f) Sentença ... 343

Seção IV — Revelia

Capítulo I — Conceito ... 351
1. A revelia e a Súmula n. 122, do TST ... 355
2. Efeitos ... 356
3. Não produção de efeitos ... 363
Inciso I. Havendo pluralidade de réus, algum deles contestar a ação ... 363
Inciso II. O litígio versar sobre direitos indisponíveis ... 364
Inciso III. A petição inicial não estiver acompanhada de instrumento que a lei considere indispensável à prova do ato ... 364
Inciso IV. As alegações de fato formuladas pelo autor forem inverossímeis ou estiverem em contradição com prova constante dos autos ... 366
4. Revelia e alteração do pedido ... 367
5. Os prazos contra o revel ... 368
6. A sentença ... 371
7. Revelia e recurso ... 376

Seção V — Honorários Advocatícios

Considerações Gerais ... 383
1. Considerações Cerais ... 383
2. A reformulação de nosso pensamento ... 385

Bibliografia ... 387

Preâmbulo à 2.ª Edição

Da primeira edição deste livro, ocorrida em 1996, até a altura de sua 2.ª edição, em 2017, o processo do trabalho passou por inúmeras e profundas transformações — algumas, obra própria; outras, à conta do processo civil (CLT, art. 769).

Com efeito, o livro, em sua primeira edição, foi escrito na vigência do CPC de 1973; em 2016, todavia, entrou a viger um novo CPC, que impôs diversas alterações no sistema daquele processo, muitas das quais, como dissemos, repercutiram no processo do trabalho. Além disso, a Lei n. 13.467, de 13-7-2017 (DOU de 14 do mesmo mês e ano) introduziu diversas modificações no processo do trabalho (assim como, no direito material do trabalho).

A razão pela qual demoramos a atualizar este livro foi porque, após a sua 1.ª edição, escrevemos cerca de vinte e cinco outros livros, que, como é evidente, nos consumiram muito tempo.

No que diz respeito, em particular, aos temas deste livro — petição inicial e resposta do réu — as alterações derivantes do CPC de 2015 não foram de considerável monta. Quanto à *petição inicial*, merece destaque a disposição do art. 292, § 2.º, do CPC, conforme a qual o juiz deverá corrigir, *ex officio* e mediante arbitramento, o valor atribuído à causa *"quando verificar que não corresponde ao conteúdo patrimonial em discussão ou ao proveito econômico perseguido pelo autor"*. Foi essa a opinião que sempre defendemos, nomeadamente, com os olhos postos no processo do trabalho (CLT, art. 765).

Quanto à *resposta do réu*, a eliminação da clássica exceção de incompetência do juízo, de impedimento e de suspeição do juiz (devendo, a primeira, ser alegada como preliminar da contestação, e as duas últimas, ser objeto de petição específica) não afetou o processo do trabalho, pois a CLT continua prevendo essa modalidade de resposta, conforme revelam os seus arts. 799 a 802. Felizmente, ainda não chegou o tempo em que normas do processo civil são dotadas de eficácia derrogante de normas do processo do trabalho.

Sempre que fosse caso, transcrevemos disposições do CPC vigente, comentando-as sob a perspectiva do processo do trabalho.

No tocante à Lei n. 13.467/2017, as alterações mais expressivas — que dizem respeito ao tema do livro — consistiram: a) na exigência de que os pedidos formulados na inicial indiquem os respectivos valores, significa dizer, se apresentem líquidos; b) na fixação de prazo, em dias, para que a exceção de incompetência seja apresentada; c) na possibilidade de, ausente o réu à audiência, o seu advogado apresentar contestação e documentos.

Ocasional abandono de nosso entendimento sobre determinado tema, manifestado na primeira edição do livro, decorreu da alteração das normas legais regentes da matéria. Logo, não houve, propriamente, renúncia a pontos de vista, senão que adaptação destes à nova ordem legal.

Incluímos nesta nova edição um Capítulo sobre a petição inicial — e seus requisitos — referente às tutelas provisórias, à ação mandamental e à ação rescisória.

De resto, o livro foi totalmente atualizado de acordo com o CPC de 2015, com a Lei n. 13.467/2017, e com a nova redação dada a algumas das Súmulas do TST e Orientações Jurisprudenciais de sua SBDI-1.

Curitiba, outono de 2017.

O Autor

Preâmbulo

Quando alguém invoca a prestação da tutela jurisdicional, com o objetivo de realizar, impositivamente, a satisfação de um interesse protegido pela ordem jurídica, ligado a um bem ou a uma necessidade da vida, não está, como se possa imaginar, solicitando um favor ao Estado, senão que exercendo um legítimo direito, que, entre nós, é assegurado pela Constituição da República (art. 5.º, inciso XXXV).

As raízes históricas desse direito subjetivo público estão presas ao compromisso ético-político que o Estado assumiu, perante os indivíduos, no momento em que, argumentando com a necessidade de preservação da estabilidade das relações jurídicas e sociais, os proibiu de seguir realizando justiça pelas próprias mãos (autotutela) e trouxe para si, em caráter monopolístico, o poder de solucionar os conflitos de interesses ocorrentes no âmbito dos grupamentos humanos.

Mais do que um poder, contudo, a jurisdição se inscreve na ordem constitucional — em decorrência do mencionado compromisso político assumido — como um indeclinável dever do Estado, ao qual, por esse motivo, incumbe efetuar a entrega da prestação jurisdicional não apenas de maneira célere e imparcial, senão que com a qualidade intrínseca exigida por tudo aquilo que o Direito representa para o microcosmos do indivíduo e para o macrocosmos social.

Em regra, a atividade jurisdicional, no plano das relações trabalhistas (e civis), não pode ser exercitada por iniciativa do juiz (*ex officio*), ainda que este tenha conhecimento pessoal da existência da lesão de direito de outrem ou da ameaça de iminente lesão (CPC, art. 2.º). Eventual faculdade que se atribuísse ao magistrado para solver, por sua iniciativa, os conflitos intersubjetivos de interesses, poderia não apenas fazer com que pessoas fossem levadas, contra a própria vontade, a litigar em juízo, mas, acima de tudo, colocar em risco o dever de neutralidade a que o juiz se encontra subordinado, como órgão estatal destituído de interesse no objeto da lide.

A jurisdição é, portanto, informada pelo princípio da inércia (ou da demanda), segundo o qual cabe ao indivíduo, na exata medida do seu interesse, provocar o exercício dessa função estatal, nos casos e forma previstos em lei (CPC, arts. 2.º e 262). Ao instrumento formal instituído para ativar a jurisdição deu-se o nome de petição inicial. Se, sob o aspecto técnico, essa petição deve ser considerada como o elemento deflagrador do processo, do ponto de vista do autor ela representa uma espécie de "projeto" de sentença que visa a obter — conquanto, na prática, razões de ordem diversa possam fazer com que o processo se extinga sem julgamento do mérito, ou que o resultado do exame deste seja desfavorável ao autor.

Pela importância que a petição inicial ostenta no universo do processo, a lei impôs, para a sua validade formal, a observância a determinados requisitos, sob pena de ser indeferida e provocar, com isso, o fim do processo sem pronunciamento a respeito das questões de fundo. O processo do trabalho, ainda que menos formalista do que o civil, também indica os requisitos a que a petição inicial deverá atender, para revestir-se da eficácia deflagradora do processo, que lhe atribui a lei (CLT, art. 840, § 1.º).

Ao direito de o autor provocar o exercício do poder-dever jurisdicional do Estado corresponde, no mesmo plano axiológico, o de o réu se defender com relação aos termos da petição inicial. O direito de defesa, em sentido amplo, está intimamente ligado aos postulados democráticos, razão por que, não por acaso, a restrição ou o cerceamento do exercício desse direito tem coincidido, historicamente, com o surgimento de regimes políticos dotados de vocação autoritária.

Entre nós, felizmente, a Constituição Federal assegura aos litigantes e aos acusados em geral o contraditório e a ampla defesa, com os meios e recursos a esta inerentes (art. 5.º, inciso LV), traduzindo, essa garantia, autêntica emanação do Estado Democrático de Direito, em que se constitui a nossa República (art. 1.º, *caput*).

O vocábulo *defesa*, na terminologia processual, possui um senso mais restrito do que o de resposta. Responder significa excepcionar, contestar, reconvir ou reconhecer a "procedência" do pedido (CPC, art. 297). Quem responde, portanto, nem sempre está se defendendo.

A mais expressiva — e clássica — das formas de resposta é a contestação, vez que ela consiste na reação jurídica manifestada pelo réu às pretensões formuladas pelo autor (*res in iudicio deducta*). Por motivos de ordem prática, a lei processual civil, em regra que é aplicável também ao processo do trabalho (com o imprescindível temperamento), colou à contestação dois princípios fundamentais, a saber: a) da eventualidade, pelo qual cumprirá ao réu alegar, em sua resposta, toda a matéria de defesa (CPC, art. 300), mesmo que lhe pareça ser suficiente, para o sucesso na causa, apenas uma dessas matérias; b) da impugnação específica, em decorrência da qual todos os fatos narrados pelo autor devem ser objeto de contrariedade, sob pena de serem presumidos verdadeiros os que não forem impugnados (art. 302), ficando, assim, o autor dispensado de prová-los (CPC, art. 334, II), segundo o ônus que lhe incumbia (CLT, art. 818).

As exceções, como modalidade de resposta do réu, devem anteceder, em princípio, por motivos de ordem lógica, à contestação, do mesmo modo como esta precede à reconvenção; situações excepcionais, entretanto, autorizam que a exceção seja oferecida depois da contestação, como quando se basear em fato superveniente a esta.

As exceções de suspeição e de impedimento se destinam, sob certo aspecto, a assegurar a presença de um juiz imparcial na condução do processo, a despeito da existência de outras razões de cunho ético que também as justificam.

Somente a incompetência relativa (em razão do lugar, por exemplo) pode ser arguida mediante exceção; a absoluta (em razão da pessoa, da matéria, da hierarquia) deve ser manifestada sob a forma de preliminar, na contestação, de acordo com o sistema introduzido pelo atual diploma de processo civil (art. 301, II), ao qual o processo do trabalho se amolda, no particular, sem risco de transfiguração.

A reconvenção, embora não prevista na CLT, acabou sendo admitida, por obra da jurisprudência, no processo do trabalho. Trata-se de ação do réu no mesmo processo em que é demandado pelo autor. A resposta excepcional pressupõe a existência de conexão entre as duas ações ou com os fundamentos da defesa (CPC, art. 315) e atende não apenas a uma política de economia de atos processuais (pela concentração das ações), mas à necessidade de evitar a ocorrência de pronunciamentos jurisdicionais eventualmente contrastantes entre si. Exatamente por isso, é que tanto a ação quanto a reconvenção serão apreciadas pela mesma sentença (CPC, art. 318).

No processo do trabalho, a reconvenção não é um instrumento à disposição exclusiva do empregador, podendo o próprio trabalhador dela fazer uso quando figurar como réu na causa. Numa ação de consignação em pagamento, e. g., ajuizada pelo empregador, o trabalhador poderá reconvir para tentar obter a sua reintegração no emprego, sempre que for o caso, pois, neste processo, a ação consignatória também se submete ao procedimento ordinário.

O reconhecimento do pedido, conquanto não figure no rol do art. 297, do CPC, constitui, sem dúvida, uma peculiar modalidade de resposta do réu (CPC, art. 269, II). Aqui, ele renuncia ao direito de resistir à pretensão *in iudicio deducta*, para submeter-se a ela. O efeito jurídico desse reconhecimento, porém, não ocorrerá na generalidade das situações, bastando argumentar com a existência de pedidos juridicamente inatendíveis.

A transação não é forma de resposta, senão que um negócio jurídico bilateral, por força da qual as partes, mediante concessões recíprocas, põem fim à lide; trata-se, pois, de uma solução negociada do conflito de interesses — que representa o escopo medular da Justiça do Trabalho (CLT, art. 764), embora, em rigor, a conciliação não se confunda com a transação.

Estas são, em síntese, as matérias que dão conteúdo ao livro que escrevemos. Para essa elaboração, valemo-nos, sobretudo, das experiências que a prática da advocacia, por oito proveitosos anos, nos propiciou, e do exercício da magistratura, onde estamos há três lustros. É evidente que o escrúpulo científico fez com que nos dedicássemos, sempre que fosse o caso, ao aprofundamento doutrinal que a complexidade da matéria examinada estava a exigir; mesmo nessas ocasiões, procuramos não perder de vista a realidade, dinâmica e palpitante, que caracteriza o cotidiano do foro. Afinal, nenhuma construção doutrinária se justifica, no universo do processo, se não trouxer, em seu arcabouço, essa bendita poeira que vem da turbulência dos fatos da vida.

Curitiba, verão de 1996.

O Autor

Livro I

Título Único — Petição Inicial

Capítulo I

Nótulas Propedêuticas

1. Jurisdição, ação e processo

Conforme escrevemos em obra anterior[1] a história do direito dos povos registra a existência de certa fase remota, envolvida pelas brumas da insensatez, em que se permitia ao indivíduo satisfazer, com os meios pessoais coercitivos de que dispusesse, as pretensões relativas a bens ou utilidades da vida. Era o execrando período da autotutela ou da autodefesa, no qual a prevalência nem sempre era do Direito — ao contrário, pois, do que seria desejável aos olhos dos tempos modernos — mas, da astúcia, da velhacada, do ardil, da prepotência, e, de certa forma, das classes ocasionalmente detentoras do poder político ou econômico.

Convencendo-se, não sem grande tardança, de que esse sistema iníquo estava colocando em risco a estabilidade não só das relações jurídicas, mas, também, sociais, o Estado se demoveu de sua passividade irresponsável e trouxe para si, em caráter monopolístico, o encargo de solucionar os conflitos de interesses ocorrentes entre os indivíduos e as coletividades ou entre uns e outros.

A partir desse episódio, de extraordinária importância para o direito dos homens, instaura-se a Justiça Pública, ou Oficial, e, com ela, surge essa tríade fundamental, que viria a constituir-se na viga-mestra de quase todos os modernos sistemas legais de solução heterônoma dos conflitos intersubjetivos de interesses juridicamente tuteláveis: a jurisdição, a ação e o processo.

Firma-se a *jurisdição* como o poder-dever do Estado de declarar, de maneira imparcial e irrecusável, com quem se encontra o direito disputado; a *ação*, como o direito subjetivo público de invocar-se a prestação da tutela jurisdicional, nos casos de lesão ou de ameaça de lesão ao patrimônio jurídico dos indivíduos ou das coletividades; o *processo*, como o método, a técnica, o instrumento de que se vale o Estado para solver os conflitos de interesses submetidos à cognição de seus órgãos. O *procedimento*, por sua vez, se apresenta como um conjunto de atos, logicamente preordenados, e, em regra, preclusivos, que se encaminham, num movimento sequente, para o seu polo de atração magnética: a sentença de mérito, ou seja, o provimento da jurisdição que comporá a lide (segundo o conceito carneluttiano de pretensão resistida e insatisfeita).

É a sentença, pois, o acontecimento máximo do processo, o seu ponto de culminância — e de exaustão, se considerarmos o conceito enunciado pelo art. 203, § 1.º, do Código de

(1) *A Sentença no Processo do Trabalho*. 5.ª ed. São Paulo: LTr, 2017. p. 35-37.

Processo Civil, no qual está implícita a *extinção do processo*, com resolução do mérito, ou não (arts. 485 e 487 do mesmo Código).

Tempos depois, insinua-se a provecta cláusula do *due process of law* (devido processo legal), na *Magna Charta Libertarum*, do Rei João-sem-Terra, de 1215, cujo art. 39 assim dispunha: "*Nenhum homem livre será detido ou sujeito a prisão, ou privado dos seus bens, ou colocado fora da lei, ou exilado, ou de qualquer forma molestado, e nós não procederemos nem mandaremos proceder contra ele senão mediante um julgamento regular pelos seus pares ou de harmonia com a lei do país*" (destacamos).

Na verdade, a garantia de um julgamento regular, mencionada na Carta de 1215, fora denominada de *law of the land*, sendo substituída, mais tarde, no Estatuto de 1354, de Eduardo III, por *due process of law*.

Nos Estados Unidos da América do Norte, a cláusula do *devido processo legal* foi introduzida na Constituição pela Emenda n. V, de 1789, assim redigida: "*Nenhuma pessoa poderá responder por qualquer grave ou infame crime senão mediante apresentação e libelo de um grande júri, exceto nos casos surgidos nas forças militares e policiais, quando em serviço no tempo de guerra ou em perigo público, nem poderá pessoa alguma, pela mesma ofensa, por mais de uma vez, ter exposta a vida ou integridade, nem ser compelida em qualquer caso criminal a testemunhar contra si mesmo, nem ser privada da vida, liberdade ou propriedade sem o devido processo legal; nem ter bens expropriados sem justa indenização*" (realçamos).

Ulteriormente, a Emenda n. XV exigiu que os Estados-membros concedessem essa garantia: "*Nenhum Estado privará qualquer pessoa de sua vida, liberdade ou propriedade sem o devido processo legal, nem denegará dentro de sua jurisdição, a qualquer pessoa, a igual proteção das leis*" (destacamos).

No plano brasileiro, a Constituição Federal de 1988 foi a primeira a referir a garantia do devido processo legal (art. 5.º, inciso LIV), embora essa cláusula estivesse contida, muito antes disso, em normas infraconstitucionais, respeitantes ao processo.

Por força de uma saudável tradição, em nosso meio, a própria *ação* tem sido inscrita como um direito constitucional dos indivíduos e das coletividades, malgrado o seu exercício haja sofrido, em certos períodos históricos, lamentáveis restrições, impostas por circunstâncias políticas que estimularam o desferimento de duros golpes nos princípios e nos ideais democráticos de nosso povo. O fenômeno da "constitucionalização" do direito subjetivo público de ação é de indiscutível relevância, por impedir que esse direito possa vir a ter o seu exercício cerceado ou limitado pelo legislador ordinário.

A Suprema Carta Política de nosso País, em vigor, declara, enfaticamente, que "*a lei não excluirá da apreciação do Poder Judiciário lesão ou ameaça a direito*" (art. 5.º, XXXV); desse modo, não só preserva a antiga tradição, de que falamos há pouco, como estende, em atitude elogiável, o direito de ação às situações de simples *ameaça* de lesão ao direito. Colocar-se-á, portanto, em manifesto antagonismo com essa garantia constitucional qualquer lei ordinária que, independentemente dos motivos de sua edição, procurar impedir os juízes de emitirem, *in limine*, medidas cautelares ou antecipatórias destinadas a conjurar situações que espelhem iminente lesão do direito.

Do quanto expusemos até este ponto, duas conclusões podem ser extraídas: a) a ação, como direito subjetivo público, não é "proposta", mas *posta* em juízo, ou, neste, *exercida*; b) o princípio da *inafastabilidade da jurisdição* foi ampliado pela Constituição vigente, para abranger, também, os casos de *direito periclitante*, de direito *ameaçado de lesão.*

Em que pese ao fato de a jurisdição constituir, sob o aspecto institucional, um manifesto *poder* do Estado, não menos exato é que, na mesma medida axiológica, traduz, sob a perspectiva do cidadão, um indeclinável *dever* estatal, considerando-se o veto legal à realização da justiça pelas próprias mãos — ou, conforme expressa o art. 345, do Código Penal, o *exercício arbitrário das próprias razões.* A despeito disso, as normas legais não autorizam o Poder Judiciário a subministrar a tutela jurisdicional por sua iniciativa, como consta do art. 2.º, do estatuto processual civil, de aplicação supletiva ao processo do trabalho (CLT, art. 769). Esse veto da lei à *incoação jurisdicional* é plenamente justificável, porquanto não seria conveniente à paz social que os juízes pudessem sair por aí a estimular conflitos de interesses, a fomentar lides, sem que os interessados requeressem a intervenção jurisdicional — ou, até mesmo, contra a vontade destes. Eventual prestação *ex officio* da tutela jurisdicional poderia provocar, inclusive, considerável quebra do princípio da neutralidade, a que os magistrados se encontram submetidos (CPC, art. 139, I).

Sempre, portanto, que o indivíduo sofrer uma lesão de direito, ou encontrar-se na iminência de sofrê-la, deverá, na razão do seu interesse, invocar a prestação da tutela jurisdicional, na forma prevista em lei, com o escopo de obter a reparação da ofensa ou o afastamento da ameaça. Nota-se, por isso, que a jurisdição se encontra em um ontológico estado de *inação* ou *inércia,* motivo por que a sua ativação deve ser obra exclusiva do interessado. O princípio da *inércia jurisdicional* ou da *demanda* significa, assim, que os juízes somente podem apreciar os conflitos intersubjetivos de interesses, e solvê-los, quando submetidos à sua cognição por iniciativa das pessoas nele envolvidas ou do terceiro a quem a lei atribua legitimidade para isso: *ne procedat iudex ex officio; nemo iudex sine actore* — (*não atue, o juiz, de ofício; não há processo sem autor*) já advertiam os sensatos apotegmas latinos, a exaltar o fato de que, desde aqueles tempos remotos, havia, no tocante ao exercício da função jurisdicional, necessidade de iniciativa do interessado, o que correspondente a dizer, a prevalência do interesse privado sobre o público.

Como aludimos à *demanda*, torna-se conveniente investigarmos o sentido desse vocábulo na terminologia jurídico-processual, lembrando que o sistema italiano menciona a *domanda*, e, o alemão, a *Klage.*

Ação e demanda não são, em rigor, vocábulos que guardem sinonímia entre si. Enquanto a ação, como vimos, é a faculdade que a Constituição atribui ao indivíduo para ativar a função jurisdicional, com vistas a obter a tutela de um bem ou de uma utilidade da vida, a demanda traduz o ato pelo qual ele pede o provimento correspondente, ou seja, a entrega da prestação jurisdicional invocada. Esse provimento pode ter efeito declaratório, constitutivo, condenatório, mandamental ou executivo, para admitirmos a classificação quinária das ações, proposta por Pontes de Miranda.

É por meio da demanda que o autor formula pedidos (*res in iudicio deducta*). A demanda é, assim, o ato mediante o qual ele postula o provimento da jurisdição. Concordamos, em razão disso, com o ilustre Barbosa Moreira quando assevera que a petição inicial é o instrumento da demanda[(2)]. Andou certo, por outro lado, *Chiovenda*, ao dizer que a demanda, na qual o pedido está contido, se apresenta como "*qualche cosa come la fondazione dell edificio*"[(3)].

No passado, distinguia-se a petição inicial do libelo. Aquele era o ato pelo qual o autor, após demonstrar, de maneira sucinta, o objeto da demanda, limitava-se a requerer a citação do réu para defender-se. Daí, falar-se, na época, em *petição inicial citatória,* uma vez que ela possuía essa finalidade específica de deflagrar o processo e de estabelecer a relação jurídica que lhe é inerente. Dita petição, em geral, antecedia ao *libelo*; este, originário do latim *libellus*, diminutivo de *liber, libri*, que significa o córtice da árvore (conquanto entendam, alguns, que a palavra provenha de *libra*, balança), por seu turno, consistia na exposição dos fatos da causa e continha o pedido feito pelo autor. Nele, enfim, vinham definidos os limites da demanda. Atento a essa particularidade, Affonso Fraga definiu o libelo como "*a exposição breve e clara, articulada ou não, feita em juízo, do conteúdo da pretensão do autor*"[(4)].

Tanto a petição inicial citatória quanto o libelo se apresentavam, habitualmente, sob a forma escrita, embora este fosse oferecido em audiência, a que compareciam os litigantes.

O Regulamento Imperial n. 737, de 1850, começou a romper essa dualidade consagrada pelas Ordenações reinóis portuguesas, ao tornar apenas facultativa a apresentação da petição inicial citatória e do libelo em peças apartadas e em momentos distintos. Posteriormente, o Código de Processo Civil de 1939 — o primeiro, de caráter *unitário*, que o País conheceu — exigiu que essas duas peças fossem aglutinadas na petição inicial (art. 158). O digesto de processo civil de 1973 (art. 282), assim como o de 2015, mantiveram essa acertada unificação (art. 319).

Modernamente, portanto, a petição inicial pode ser definida como instrumento pelo qual se *provoca* a ativação do poder-dever jurisdicional do Estado e se pede um provimento, cujos efeitos estarão vinculados ao direito material que se esteja procurando ver reconhecido ou protegido (conquanto o exercício do direito de ação não pressuponha, necessariamente, a existência do direito material, como sabemos). A petição inicial, destarte, é um instrumento não só de *provocação* da atividade jurisdicional (direito de ação), como de impetração da efetiva entrega da correspondente prestação estatal (demanda).

Na definição que apresentamos, não cogitamos do requerimento de citação do réu, seja porque o atual CPC (art. 319), ao contrário do Código de 1973 (art. 282, VII), não o exige, seja porque o fato de inexistir, eventualmente, esse requerimento não influi no campo dos conceitos.

O ato citatório é indispensável para estabelecer uma "angularidade" da relação processual (Estado/réu/autor), que, até então, era somente linear (autor/Estado).

---

(2) *O Novo Processo Civil Brasileiro*. vol. 4, 4.ª ed. Rio de Janeiro: Forense, 1980. p. 22.

(3) *Diritto e Processo*, n. 58, p. 99.

(4) *Instituições do Processo Civil do Brasil*. São Paulo: Saraiva, 1940. tomo II, p. 201.

A petição inicial não deixa de conter uma declaração da vontade do autor, como reconhece Pontes de Miranda[5], se levarmos em conta o fato de que, conforme já assinalamos, por intermédio dela é posto em atividade o poder-dever jurisdicional do Estado e pedida a entrega da pertinente prestação. Essa vontade, para produzir os efeitos desejados, deve ser jurídica, assim entendida a que se forma com base no ordenamento normativo, seja material ou processual, seja nos usos e costumes.

Se bem refletirmos, veremos que a petição inicial pode ser examinada por diversos ângulos. De tal arte, do ponto de vista do autor ela é, com efeito, um instrumento que as leis lhe colocam à disposição para ativar a função jurisdicional e obter a correspondente prestação, nos casos de lesão de direito ou de ameaça de lesão (sentença de mérito), sendo certo que o seu interesse se encontra, quase sempre, vinculado a um bem ou a uma utilidade da vida. Se a estudarmos, entretanto, sob o aspecto do pedido, verificaremos que ela figura como o elemento delimitador da demanda (ou da lide), motivo por que ao juiz será defeso conceder ao autor mais do que foi pleiteado, ou menos do que lhe deveria ter sido dado, ou proferir sentença, em prol deste, de natureza (melhor: efeito) diversa da pretendida, ou, ainda, condenar o réu em quantidade superior ou em objeto diverso do que lhe foi demandado (CPC, art. 492).

Resumindo, a petição inicial será sempre a craveira pela qual se poderá verificar se o juiz, ao emitir a sentença de mérito, atendeu ao princípio da *adstrição ao pedido*, ou dele extravasou, ressalvados os denominados "pedidos implícitos" (correção monetária, juros da mora, etc.) e a regra legal da interpretação *"a partir da conjugação de todos os seus elementos e em conformidade com o princípio da boa-fé"* (CPC, art. 489, § 3.º).

Diz-se, também, com certa propriedade, que a inicial constitui uma espécie de projeto ideal da sentença de mérito que se visa a obter.

Sendo, por outro lado, na petição inicial onde se encontra definido o *objeto litigioso*, isso permite verificar se ocorre a litispendência ou a coisa julgada. O mencionado objeto representa, desse modo, o elemento material desses dois fenômenos processuais, visto sob o ângulo da clássica tríplice identidade: a) de partes; b) de causa de pedir e c) de pedido, nos termos do art. 337, § 2.º, do CPC. Bulgaro, a propósito, já reconhecia nessas três identidades o traço característico das ações: *iudicium est actum trium personarum: judicis, actoris et rei*.

Em determinadas situações particulares, todavia, poderá haver litispendência mesmo que não se configure a tríplice identidade, de que estamos a falar. Isso ocorrerá, p. ex., quando, entre duas ações, houver mesmeidade de causa de pedir e de pedido, mas, numa, figure como parte o trabalhador, e, noutra, o sindicato, agindo na qualidade de substituto processual. Ora, a mera inexistência de identidade de partes é irrelevante para descaracterizar a litispendência, pois a tudo sobreleva o fato de que o titular do direito material (objeto litigioso) é o mesmo, em ambas as ações, ou seja, o trabalhador. Voltaremos ao assunto, para tratá-lo com maior profundidade, no Livro II, Segunda Parte, onde nos ocuparemos com a *resposta* do réu.

---

(5) *Comentários ao Código de Processo Civil*. 4.ª ed. São Paulo: Forense, 1979. tomo IV, p. 3-4.

Constituindo, a jurisdição, um poder-dever estatal, e, o processo, um método oficial de solução dos conflitos de interesses amparados pela ordem jurídica, compreende-se o motivo pelo qual o conceito de uma e de outro deva ser incindível. Quando se fala, contudo, em jurisdição *trabalhista* e em processo *do trabalho* não se está negando a unicidade daquela, nem a exclusividade deste, senão que, apenas, realçando a natureza das lides que esses instrumentos estatais se destinam a solucionar.

Foi, justamente, a especificidade das lides trabalhistas que justificou a especialização de um segmento do próprio Poder Judiciário, em nosso País; essa especificidade, por sua vez, se enastra com a necessidade de conceber-se um processo capaz de fazer valer, no plano da realidade prática, o direito material correspondente, sendo indispensável, para isso, que o referido processo seja dotado do mesmo escopo protetivo que assinala esse direito, do qual o trabalhador extrai as pretensões que costuma deduzir em juízo.

Capítulo II
Requisitos

1. Comentário

Vista sob o aspecto lógico, a petição inicial se assemelha a um silogismo, definido por Aristóteles como "*uma série de palavras em que, sendo admitidas certas coisas, delas resultará necessariamente alguma outra, pela simples razão de se terem admitido aquelas*".

A premissa maior, no caso, é representada pela demonstração de que os fatos alegados, que figuram como a premissa menor, produzem efeitos na ordem jurídica. Os pedidos derivantes desses fatos e fundamentos jurídicos correspondem à conclusão (dispositivo, *decisum*). Essa concepção silogística da petição inicial justifica, de certa forma, o seu indeferimento em algumas situações de inépcia, como quando, e. g., lhe faltar o pedido ou a causa de pedir; da narração dos fatos não decorrer, de maneira lógica, a conclusão, ou contiver pedidos entre si inconciliáveis (CPC, art. 330, § 1.º, incisos I, III e IV).

Muito mais do que um simples silogismo, a petição inicial, conforme pudemos demonstrar no Capítulo anterior, é o instrumento formal, instituído pelos sistemas processuais, de que se valem os indivíduos ou as coletividades para ativar a função jurisdicional (ação) e pedir um provimento de mérito (demanda), que poderá ser declaratório, constitutivo, condenatório, mandamental ou executivo, destinado a satisfazer ou a assegurar um bem ou uma utilidade da vida.

Essa petição é, também, o estalão pelo qual se poderá verificar se o juiz concedeu mais do que se pedia, ou menos do que era devido, ou fora do que havido sido postulado, sabendo-se que, em princípio, o juiz está obrigado a compor a lide nos limites em que foi estabelecida pelos litigantes (CPC, art. 492). Incumbe, assim, às partes traçar o perímetro do conflito de interesses, ou seja, precisar o objeto litigioso, e, ao juiz, respeitar esses lindes — particularidade a que se submetem, por igual, os juízes do trabalho, exceto quando no exercício do denominado *poder normativo* (CF, art. 114, § 2.º; CLT, arts. 856 a 875, quando, necessariamente, não precisam ficar adstritos aos mencionados limites. Diz-se, por isso, em doutrina, com certa dose de razão, que o poder normativo da Justiça do Trabalho é *confucionista de Poderes*, porquanto mescla o Judiciário com o Legislativo. .

2. Requisitos

O conjunto desses fatos coloca em evidência a extraordinária importância que a petição inicial ostenta no universo do processo. Essa importância, somada à finalidade da referida petição, fez com que o legislador de nosso país estabelecesse determinados requisitos para a sua validade formal. A CLT os indica, com justificável singeleza — porquanto não poderia ignorar a capacidade postulatória que o seu art. 791, *caput*, atribui às partes — no art. 840, § 1.º; o CPC, mais preciso, os minudencia no art. 319. De modo geral, o processo do trabalho tem aplicado, em caráter supletivo, essa norma do processo civil, salvo quanto à fixação do valor da causa e à indicação das provas que o autor pretende produzir, segundo veremos adiante.

Podemos separar os requisitos de validade da petição inicial em duas classes: a) subjetivos e b) objetivos. O art. 840, § 1.º, da CLT, e art. 319, do CPC, cuidam, apenas, dos objetivos. Os subjetivos fazem parte do senso comum.

Esquematicamente, os subjetivos compreendem: 1) a precisão, 2) a clareza e c) a concisão; os objetivos dizem respeito: 1) ao juízo a que a petição é dirigida; 2) aos nomes, prenomes, estado civil, à existência de união estável, à profissão, ao número de inscrição no CPC ou no CNPJ, ao endereço eletrônico, ao domicílio e à residência das partes; 3) ao fato e aos fundamentos jurídicos do pedido; 4) ao pedido, com as suas especificações e valor; 5) ao valor da causa; 6) às provas com que o autor pretende demonstrar a verdade dos fatos alegados; 7) à opção do autor pela realização ou não de audiência de conciliação ou de mediação (CPC, art. 319, I a VII, respectivamente).

Passemos, agora, ao exame pormenorizado desses requisitos, consoante a classificação que apresentamos, verificando se todos eles são exigíveis no processo do trabalho.

2.1. Subjetivos

1) *Precisão*. Significa que os fatos devem ser narrados, na iniciai, com determinação, ou seja, ser *precisados*. Uma exposição vaga, imprecisa, desses fatos dificultará não só a resposta do réu (e o regular exercício do seu *amplo* direito constitucional de defesa) como a própria intelecção do magistrado acerca de qual seja, efetivamente, o conjunto factual, com base no qual o autor extraiu os pedidos formulados (*res in iudicio deducta*).

Essa precisão dos fatos está ligada, por certo, às particularidades de cada caso concreto. Assim, p. ex., se o empregado pretende pedir a condenação do empregador ao pagamento de horas extras deve indicar, na petição inicial, não apenas o horário de início e de término da jornada e seus intervalos e o valor do salário e sua evolução cronológica, como a data da admissão, e, se for o caso, a da cessação do contrato. Cabe-lhe, ainda, esclarecer se havia, ou não, controle escrito da jornada e se os assentamentos constantes desses controles são corretos, ou não. Enfim, cumpre ao autor narrar, de modo preciso, todos os fatos necessários ao conhecimento do juiz, e, em seguida, formular os correspondentes pedidos.

Não seria admissível — retomando o exemplo que utilizamos há pouco —, por isso, que o autor se limitasse a dizer que prestou serviços ao réu (sem mencionar o período em que isso ocorreu) e que as horas extras trabalhadas não lhe foram pagas (sem indicar a jornada de trabalho a que estava sujeito, os intervalos concedidos, o valor do salário e sua evolução, etc.). Uma inicial, que assim se apresentasse, estaria roçando as fímbrias da inépcia. Devemos esclarecer que a petição inicial será inepta não somente quando lhe faltar a exposição dos fatos (*causa petendi*), mas, também, quando os fatos forem narrados de maneira imprecisa, de tal arte que não se possa saber, ao certo, quais sejam. É verdade que, em qualquer caso, o decreto jurisdicional de inépcia só será possível se o autor deixar de atender ao despacho do juiz, que lhe ordenou a emenda ou a complementação da inicial, no prazo de quinze dias (CPC, art. 321).

> 2) *Clareza*. Não basta que os fatos sejam precisados; impõe-se, ainda, que sejam expostos com clareza, para que possam ser entendidos pelo juiz e pela parte contrária. O requisito em exame concerne, pois, à inteligibilidade da manifestação do autor, lançada na peça de provocação da atividade jurisdicional do Estado. Se ele não se fizer entender, seguramente, não será atendido pelo juiz em sua postulação.

A clareza, aliás, é algo que não se exige, apenas, da petição inicial; claras devem ser, por igual, a resposta do réu, as razões finais, a sentença (esta, sob pena de render ensejo ao oferecimento de embargos declaratórios), as razões de recurso e as pertinentes contrarrazões, etc. A clareza, em síntese, deve estar presente em todos os atos processuais — para não dizermos que também é requerida em toda e qualquer manifestação do pensamento ou da vontade do indivíduo, mesmo no plano coloquial. Sem clareza não pode haver comunicação de vontade ou de ideia.

Não nos compete tentar empreender, aqui, um estudo das causas que levam a parte a elaborar petições obscuras, ininteligíveis, embora seja razoável supor que essa patologia mantenha íntimas ligações com certos estados de desordem mental ou emocional do indivíduo, fazendo com que o seu pensamento seja externado sob a forma de mistifório. Mas, uma coisa é certa: petições iniciais confusas, incompreensíveis, por serem enigmáticas tendem a causar prejuízo maior ao próprio autor do que ao réu. Ironia à parte, trata-se de uma das situações em que a criatura se volta contra o criador, para devorá-lo...

A linguagem forense, sem prejuízo da terminologia técnica que lhe é característica, deve ser simples, fluir com naturalidade, sem construções fraseológicas empoladas ou postiças, que só fazem impressionar ao próprio escrevinhador. Não raro, a grandiloquência verbal constitui ingênuo subterfúgio destinado a encobrir a falta ou a escassez de ideias. Evite-se, também, o uso de estrangeirismos, de neologismos ou de arcaísmos. Quanto a estes, merecem lembrança as sentenciosas palavras de Rui Barbosa: "*O gosto da antiguidade levado ao arcaísmo, isto é, a mania de rejuvenescer inutilmente formas anacrônicas, ininteligíveis ao ouvido comum na época em que se exumam com o vão intuito de as modernizar, avulta entre os mais ridículos e insensatos vícios do estilo, no falar idiomas vivos*".(6)

No tocante aos estrangeirismos (designadamente os galicismos, os anglicanismos e os italianismos), soem tornar o estilo presunçoso e afetado, sem nada contribuir para a força do argumento. Dispõe, aliás, o art. 192, *caput*, do CPC, que em todos os atos e termos do processo é obrigatório o uso da língua portuguesa. O CPC de 1973 (art. 156) aludia ao uso do *vernáculo*, fato que nos levou a observar, na primeira edição deste livro, o seguinte: "*A um primeiro lançar de olhos, parece ter sido intenção do legislador impor, na realização desses atos e termos, o uso exclusivo de línguas indígenas, sabendo-se que vernáculo significa aquilo que é*

(6) *Réplica*. 2. vols. Rio de Janeiro: Ministério da Educação e Saúde, 1953. p. 397, n. 481.

da própria terra. O que pretendeu o legislador, contudo, foi proibir o uso de línguas estrangeiras. Nesse sentido, talvez tivesse sido melhor que fizesse constar do art. 156 a referência à Língua Portuguesa, que é a adotada, oficialmente, em nosso país. A propósito, a expressão "Língua Portuguesa" estava no Anteprojeto daquela Código, vindo a ser substituída por "vernáculo" no Projeto encaminhado ao Congresso Nacional. Essa novidade trazida pelo estatuto processual civil de 1973 foi necessária para coibir o emprego de línguas alienígenas na linguagem forense, seja oral ou grafada, que tanto dificultam a defesa do réu e a própria intelecção do magistrado".

Essa regra do processo civil é compatível com o do trabalho, mormente se considerarmos a presença indispensável do trabalhador na relação jurídica processual (pois a resposta do réu poderia vir recheada de frases escritas em língua estrangeira). Mais do que isso, a norma precitada alcança, em princípio, os vocábulos e as expressões latinos. É inevitável reconhecer, entrementes, que o uso dessas expressões está arraigado com profundidade em nosso meio, sendo insensato, por isso, imaginar-se possível fazer desaparecer uma inveterada tradição mediante simples ato legislativo O que deve ser evitado é o emprego abusivo de termos latinos; ninguém pode negar, contudo, a utilidade e o extraordinário poder de síntese de locuções como *data venia, habeas corpus, ad iudicia, in itinere, a quo, ad quem, in limine, ad cautelam, verbis*, etc.

Dentre os vícios de linguagem mais frequentes, que temos verificado nos escritos forenses, destacam-se: a) a *cacografia* (erro de grafia); b) a *sínquise* (inversão tumultuária na ordem dos termos da oração, tornando a frase incompreensível); c) a *ambiguidade* (uso de palavra ou frase com mais de um sentido); d) a *tautologia* (pleonasmo vicioso; redundância); e) a *cacofonia* (som desagradável ou obsceno, oriundo da reunião da última sílaba de uma frase com a primeira, da seguinte); f) o *parequema* (variação abrandada do cacófato, consistente em um efeito sonoro apenas desagradável); g) a *assonância* (rima entre palavras próximas); h) a *colisão* (sequência desagradável de palavras em que se repete a mesma consoante); I) o *plebeísmo* (palavras ou expressões próprias do populacho); j) o *preciosismo* (de certo modo, a antítese do plebeísmo, caracterizado pelo emprego de palavras extravagantes, inusitadas, parecendo que o autor elaborou o texto com os olhos postos em um dicionário de vocábulos insólitos).

3) *Concisão*. Os fatos devem ser relatados, na petição inicial, não somente de maneira precisa e clara, mas concisa. O art. 840, § 1.º, da CLT, com grande descortino e sensibilidade, diz que o autor deverá fazer "*uma breve exposição dos fatos*". Essa brevidade se justifica, ainda mais, no processo do trabalho, em virtude da especialização (constitucional) do juízo, por força da qual esse ramo do Poder Judiciário somente soluciona conflitos de interesses oriundos da relação de trabalho, *lato sensu*.

Assim, bastará uma resumida exposição dos fatos para que os juízes façam incidir *a norma* correspondente, quando for o caso (*da mihi factum dabo tibi ius* — consta da antiga parêmia latina).

Petições iniciais verborrágicas trazem vários inconvenientes para o próprio autor, a saber: a) aumentam a possibilidade de serem cometidos erros gramaticais em geral; b) agravam o risco de serem omitidos determinados fatos, essenciais para a informação da demanda, pois o autor acaba se envolvendo com o relato de fatos irrelevantes ou impertinentes; c) tendem a provocar um fastio no juiz — que, na maioria das vezes, deixará para ler a inicial em outra oportunidade, dando preferência às elaboradas com laconismo; d) predispõem à contradição, ou seja, ao antagonismo entre os fatos expostos na própria inicial. Além disso, implicam maior consumo de tempo, e — *nos processos físicos* —, de papel, de tinta e de tudo o mais.

Concisão, nem por antonomásia, é sinônimo de omissão. Quando se afirma que a petição inicial deve ser concisa se está, na verdade, dizendo que o autor deverá, em primeiro lugar, fazer uma espécie de depuramento prévio dos fatos, selecionando aqueles que são, efetivamente, relevantes para a causa (e com a qual tenham pertinência) e menosprezando os demais, por serem desúteis. Se, *v. g.*, o empregado está pedindo equiparação salarial, é despiciendo, com vistas a essa postulação, o fato de haver sido demitido por justa causa, se nenhum pedido ele pretender formular com relação a isso. Logo, a causa da ruptura do contrato de trabalho constitui fato desprezável, para os efeitos da petição inicial em que o autor esteja pleiteando, exclusivamente, a equiparação salarial. Em segundo lugar, selecionados os fatos essenciais, incumbirá ao autor narrá-los com brevidade, o que equivale a dizer, de maneira objetiva. Unicamente em situações especiais a exposição factual deverá ser alongada. Em suma, a quantidade de narração deve estar articulada com a necessidade de intelecção dos fatos narrados. A falta, neste caso, não é menos prejudicial do que o excesso, conquanto as petições lacunosas possam acarretar maiores prejuízos para o autor do que as verborrágicas. Pior, muito pior, no entanto, são as petições iniciais que conseguem reunir essas duas falhas: omissas a respeito de alguns fatos essenciais e verborrágicas quanto a outros, essenciais ou não.

De modo genérico, não será equivocado concluir que a graforreia vicejante pelos foros judiciais deste país decorre, em larga medida, de nossa cultura "bacharelística", nascida nos bancos das Faculdades de Direito, onde o argumento, quase sempre, é avaliado segundo a quantidade de palavras que se empregam para formulá-lo, e, não, pela sua qualidade intrínseca. É oportuno observar que, na prática, a verborreia tem sido usada, amiúde, como artifício para dissimular a falta de razão jurídica de quem a ela se dedica. O advogado loquaz assim procede embalado pela esperança de confundir os juízes e, com isso, inverter a situação desfavorável de seu constituinte, perante os fatos e o Direito.

2.2. Objetivos

1) *o juízo a que é dirigida*. Esse é o primeiro requisito objetivo, a que a petição inicial deve atender, nos termos do art. 319, I, do CPC. A CLT determina que essa petição contenha a "designação do presidente da Vara, ou do Juiz de Direito, a quem for dirigida" (art. 840, § 1.º). Tratando-se, contudo, de matéria que integra a competência originária dos tribunais (ação rescisória, mandado de segurança, ação coletiva, etc.) a petição inicial, também no processo do trabalho, indicará, no seu cabeçalho, o tribunal a que é encaminhada. A propósito, o CPC revogado fazia referência à indicação *do juiz* (art. 282, I); o Código atual, em melhor técnica, se refere ao *juízo*.

O problema de se saber a quem a inicial deve ser dirigida se resolve, sem maiores dificuldades, segundo as normas legais definidoras da competência dos diversos órgãos jurisdicionais; algumas dessas normas são de ordem constitucional, como é o caso do art. 114, da Suprema Carta, que fixa a competência material da Justiça do Trabalho.

Seja como for, não deve a parte mencionar o nome do juiz, como destinatário da petição inicial, pois este não atua, na qualidade de diretor do processo, como pessoa física, senão como órgão estatal. Assim, no primeiro grau da jurisdição trabalhista a inicial deve ser dirigida à Vara do Trabalho ou ao Juiz de Direito que se encontrar, circunstancialmente, investido nessa jurisdição especializada — vale dizer, ao juízo. Demais, a referência nominal ao juiz pode insinuar uma certa intimidade da parte com o magistrado, o que é de todo desaconselhável, em decorrência do dever de neutralidade a que este se acha legalmente jungido. Sob este ângulo, podemos dizer que o juiz é sujeito não só desinteressado, como impessoal, do processo. É claro que o juiz não constitui uma abstração no mundo fenomênico, não é uma espécie de entidade mediúnica; ao contrário, ele é um elemento real e palpável, a quem a lei atribuiu o encargo de reger o processo, com vistas à solução dos conflitos de interesses que forem submetidos à sua cognição. Os traços pessoais da vida do magistrado só adquirem relevância para efeito de configurar a suspeição, proveniente, dentre outras coisas, de amizade íntima com o autor ou de inimizade com o réu.

De resto, a inaplicabilidade, ao processo do trabalho, do princípio da identidade física do juiz (TST, Súmula n. 136) demonstra a absoluta desrazão dos que costumam indicar, na petição inicial, o nome do magistrado que, naquele momento, está respondendo pelo órgão jurisdicional. Não só na inicial, mas em qualquer petição, portanto, deve ser evitada essa *nominalidade*, esse culto injustificável à personalidade do magistrado.

> 2) Nomes, prenomes, estado civil, existência de união estável, profissão, número de inscrição no CPF ou no CNPJ, domicílio e residência do autor e do réu. A CLT menciona, apenas, a qualificação das partes (art. 840, § 1.º).

O nome, o prenome, o estado civil, a existência de união estável, o número de inscrição no CPF, a profissão, o endereço eletrônico, o domicílio e a residência dos litigantes se destinam não só a propiciar o exame da legitimidade (ativa e passiva), como a verificar a configuração de litispendência ou de coisa julgada e a evitar certos problemas ligados à homonímia. A mera indicação do nome seria insuficiente para isso; daí por que a lei exige a consignação do prenome, ou apelido-de-família. A informação quanto ao estado civil, ou a existência de união estável, em rigor, só se justifica para definir se há necessidade de consentimento uxório ou marital ou de citação de ambos os cônjuges. Nas ações trabalhistas, quase sempre, o réu é pessoa jurídica; assim, caberá ao autor apontar a denominação do estabelecimento ("empresa"), e, de preferência, a sua forma de constituição (sociedade por quotas de responsabilidade limitada, sociedade anônima, etc.) e a sua natureza jurídica (de direito público ou de direito privado), assim como o número de inscrição no CNPJ do Ministério da Fazenda.

No caso de grupo econômico-financeiro, é indispensável a indicação de todas as sociedades que o integram, desde que o autor pretenda que elas se tornem responsáveis pelo adimplemento da obrigação que se contiver no título executivo emitido em seu favor. A pessoa jurídica que não fez parte da relação jurídica estabelecida no processo de conhecimento não terá legitimidade para figurar no polo passivo da relação processual que se constituir na execução. Embora a Súmula n. 205, do TST, tenha sido cancelada, não há razão jurídica para abandonar o entendimento que nela estava expresso. Essa regra deve ser observada, enfim, *mutatis mutandis*, sempre que o autor pretender que mais de um réu venha a satisfazer, patrimonialmente, no momento oportuno, os direitos que lhe forem reconhecidos pela sentença passada em julgado (regimes litisconsorciais).

No processo do trabalho, a menção ao domicílio e à residência do réu dizem respeito menos aos aspectos de definição da competência (porquanto esta se encontra fixada pelo art. 651, da CLT) do que à necessidade de comunicação dos atos processuais, máxime, o citatório. Se o réu estiver em lugar incerto, ou desconhecido, esse fato deverá ser esclarecido na inicial, cumprindo ao autor requerer que a citação seja efetuada por meio de edital (CLT, art. 841, § 1.º).

Nas ações de segurança (Lei n. 12.016/2009), por outro lado, não há réu, e, sim, autoridade apontada como coatora; a esta não cabe reparar, com seu patrimônio, eventuais prejuízos causados a direito líquido e certo do impetrante, por ato que tenha praticado. Logo, é desnecessário mencionar-lhe, p. ex., o estado civil, a profissão, o domicílio e a residência.

Se o trabalhador não tiver capacidade para estar em juízo (legitimidade *ad processum*) deverá ser representado pelo pai, mãe, tutor, curador, ou, na falta destes, pela Procuradoria da Justiça do Trabalho (CLT, art. 793), ou, finalmente, por um curador à lide. Nestas hipóteses, a petição inicial deverá referir a representação processual, a fim de que o juiz possa examinar a sua regularidade. A capacidade para estar em juízo (assim como a para ser parte, que a precede) traduz pressuposto legal indispensável para a constituição e o desenvolvimento regulares da relação jurídica processual, motivo por que a sua falta, não sendo suprida no prazo assinado pelo juiz (CPC, art. 76, *caput*), provocará a extinção do processo sem resolução do mérito da causa (CPC, art. 485, IV), podendo, exatamente por isso, ser declarada *ex officio* (*ibidem*, § 3.º).

Mesmo quando estiver atuando em causa própria, o autor deverá fornecer o endereço em que recebe intimações (CPC, art. 106, I).

3) *O fato e os fundamentos jurídicos do pedido*. A CLT, como dissemos, exige que o autor elabore, na inicial, "uma breve exposição dos fatos de que resulte o dissídio" (art. 840, § 1.º).

Os fatos e os fundamentos jurídicos dos pedidos formam a causa de pedir (*causa petendi*).

Fatos, para os efeitos dos art. 840, § 1.º, da CLT, e 319, III, do digesto processual civil, não compreendem apenas os acontecimentos da vida, mas, também, aqueles sucessos que se acham abstratamente previstos em lei. São, pois, fatos jurídicos, cuja subsunção à norma legal incidente é obra que compete ao juiz (*da mihi factum, dabo tibi ius*). Incumbe às partes, portanto, proceder à narração (fiel) dos fatos, e, ao juiz, à (precisa) categorização jurídica dos mesmos.

Em termos práticos, isso equivale a afirmar que eventual erro do trabalhador, na categorização jurídica dos fatos expostos na inicial, em nada o prejudicará porquanto essa conformação dos fatos ao ordenamento jurídico é mister que está afeto ao juiz. O processo do trabalho, mais do que qualquer outro, deve mostrar-se sensível a essa possibilidade de o juiz corrigir ocasional equívoco do autor na tipificação jurídica dos fatos, em nome do princípio da simplicidade — cada vez mais vergastado pelo formalismo injustificável que se vem instalando no âmbito desse processo. Referida providência judicial só não deverá ser adotada se passível de acarretar manifesto prejuízo ao direito de defesa do réu. De outro extremo, se o autor conferiu exata categorização jurídica aos fatos, mas formulou erroneamente os pedidos, não será lícito ao juiz realizar a necessária adequação dos pedidos. A solução, que se dá aqui ao problema, é diversa da sugerida no tocante à mera imperfeição na categorização dos fatos porque o juiz se encontra legalmente vinculado aos pedidos formulados pelo autor (CPC, art. 492). É por esse motivo que falamos, em linhas anteriores, no *princípio da adstrição aos pedidos* (Pontes de Miranda), que é subordinante da entrega da prestação jurisdicional, inclusive a trabalhista, exceto em sede de ação coletiva.

Não deve o autor, porém, relatar todo e qualquer fato que se relacione com o seu contrato de trabalho; cabe-lhe realizar uma prévia seleção desses fatos e indicar, somente, aqueles que sejam relevantes para a causa, tendo em vista os pedidos que pretende formular. Fatos que não se vinculem a esse objetivo são insignificantes, devendo, em decorrência disso, ser postos de lado. Podemos, por isso, enunciar a regra de que, considerado em si mesmo, o fato não é relevante nem irrelevante; a sua relevância ou irrelevância será determinada pelo pedido que o autor desejar formular em juízo. O fato, p. ex., de ele trabalhar em local insalubre é relevante (essencial, mesmo) para a causa em que esteja pleiteando o adicional correspondente; será, contudo, despiciendo numa demanda em que postule, exclusivamente, reintegração no emprego.

Como assinalamos no início deste comentário, não é bastante, para atender às exigências legais (e, por certo, aos ditames do bom senso), que o autor narre, tão só, os fatos relevantes; é imprescindível que o faça de modo preciso, claro e conciso, ou seja, com especificação, nitidez e brevidade, sob pena de não serem compreendidos pelo juiz, ou, se o forem, tornar-se maçante a leitura de sua narração.

Acrescentemos que a exposição dos fatos, além disso, deve obedecer a uma sequência lógica, ordenada, de tal forma que fluam com leveza e naturalidade, do primeiro ao último. Poucas coisas provocam tanta irritação no leitor quanto as narrações a que denominamos de "dessultórias", assim conceituadas aquelas em que o narrador salta de um fato para outro, vai ao fim e retorna ao começo, e nisso se consome, emaranhando e encambulhando os fatos com esses tumultuantes volteios do seu pensamento, que só fazem render tributos à obscuridade ou à ambiguidade, além de instalar uma justificável irritação no espírito do juiz e do adversário.

Fundamentos jurídicos do pedido. Após realizar a exposição dos fatos, o autor deverá mencionar os fundamentos jurídicos de sua pretensão. Tais fatos e fundamentos compõem, assim, a causa de pedir e revelam os motivos pelos quais o autor está a impetrar a prestação da tutela jurisdicional.

A ausência da *causa petendi* tornará inepta a petição inicial (CPC, art. 330, I e § 1.º) e ensejará a extinção do processo, sem pronunciamento sobre as questões de fundo, da demanda (CPC, art. 485, I), se o autor não a emendar ou a complementar no prazo de quinze dias (art. 321).

Nos domínios doutrinais, formaram-se duas correntes acerca da causa de pedir, que vieram a desembocar nas teorias: a) da *substanciação* e b) da *individuação*. Diz-se, pela primeira, de origem germânica, que a *causa petendi* corresponde ao fato ou ao conjunto factual capaz de fundamentar as pretensões do autor, pois é dele que emana a conclusão (pedido). Dessa forma, é bastante que o autor aponte a relação jurídica substancial, da qual decorre o seu pedido, para que a causa de pedir se defina. A segunda, também nascida no seio da doutrina alemã, considera que a causa de pedir é a relação ou estado jurídico afirmado pelo autor como base de sua pretensão, colocando-se, com isso, o fato em posição secundária, salvo quando indispensável para individualizar a relação jurídica. Em suma, a *causa petendi*, para essa teoria, é formada pelos fatos alegados e pela correspondente repercussão que esses fatos produzem na ordem jurídica.

Não versando, nosso comentário, sobre norma que trate de teoria geral do processo não nos cabe, aqui, entretecer demorados comentários a respeito de outros aspectos concernentes às teorias citadas. Cumpre-nos observar, entretanto, que o art. 319, inciso III, do CPC, ao exigir, como um dos requisitos para a validade da petição inicial, a indicação dos fatos e dos fundamentos jurídicos do pedido, dá mostras de haver perfilhado a teoria da *substanciação* da causa de pedir. Não há, nisso, aliás, nenhuma novidade, pois o art. 158, inciso III, do diploma processual anterior de 1939, já refletia a adoção da aludida teoria, advertindo, inclusive, que os fatos e os fundamentos jurídicos deveriam ser expostos "com clareza e precisão", de maneira que o réu pudesse preparar a defesa — e, também, que fosse possível ao juiz compreendê-los, aditamos.

Peculiarmente, contudo, o art. 840, § 1.º, da CLT, não menciona os fundamentos jurídicos do pedido como um dos requisitos da petição inicial. Teria havido, nisso, mera inadvertência do legislador, ou, ao contrário, uma sua efetiva intenção de dispensar a inicial trabalhista da indicação desses fundamentos? Por outras palavras: no processo do trabalho a *causa petendi* estaria circunscrita aos fatos?

Antes de respondermos a essa indagação, devemos investigar em que consistem, verdadeiramente, os fundamentos jurídicos do pedido, exigidos pelo processo civil.

Apressemo-nos em esclarecer que fundamentos jurídicos e fundamentos legais, ao contrário do que se tem imaginado, não são a mesma coisa. Enquanto estes últimos se referem aos dispositivos constantes do ordenamento normativo (leis, cláusulas contratuais ou inseridas em acordos ou convenções coletivas, ou, ainda, em acórdãos proferidos pelos tribunais, no exercício da jurisdição normativa), que atribuem ao autor o direito alegado, aqueles constituem a moldura jurídica dos fatos narrados, ou seja, a relação jurídica em que se baseiam os pedidos. Os fundamentos jurídicos, por estarem ligados ao objeto do processo, são extremamente importantes, entre outras coisas, para: a) aferir a juridicidade dos pedidos; b) determinar a individuação da demanda, com a finalidade de configurar a existência, ou não, de litispendência; c) estabelecer os limites — subjetivos e objetivos — da coisa julgada material.

Demais, conquanto o juiz possa apreciar os pedidos por fundamentos legais diversos dos apresentados pelo autor não lhe será lícito fazê-lo por fundamentos jurídicos não indicados pela parte.

Exaradas essas considerações, devemos concluir que, a despeito do silêncio do art. 840, § 1.º, da CLT, a petição inicial, no processo do trabalho, deve referir os fundamentos jurídicos do pedido, que não se confundem, como procuramos demonstrar, com os fundamentos legais. Para clarificar: embora não se exija (mas, também, não se proíba, como é óbvio) ao trabalhador a indicação, na inicial, dos dispositivos legais que, segundo ele, estariam a conter o direito alegado, não lhe será permitido deixar de especificar, nessa peça postulatória, os fundamentos jurídicos do pedido, que são integrados, num sentido geral, pela relação jurídica, pelos fatos constitutivos e pela violação do direito, praticada pelo adversário.

Estatuía o art. 264, *caput*, do CPC revogado, que após a citação do réu o autor somente poderia modificar a causa de pedir (e o pedido) mediante o consentimento daquele, concluindo o parágrafo único desse dispositivo que a modificação não seria admissível, em nenhuma hipótese, após o saneamento do processo. Perguntávamos, na altura, se essa norma incidiria no processo do trabalho; e nós mesmos respondíamos: "sim, em termos". Argumentávamos que o que parecia ter levado o legislador processual civil a redigir o normativo em exame fora o fato de que qualquer modificação da *causa petendi* após a citação do réu poderia trazer prejuízo a este, pois o prazo para a contestação era legalmente preestabelecido (art. 297). No processo do trabalho, contudo, onde a resposta é oferecida em audiência, isto é, sem prazo fixo, não haja razão para obstar-se a modificação da causa de pedir, mesmo após a citação. Dava-se que, de ordinário, a audiência era realizada muitos meses depois de praticado o ato citatório, motivo por que deveria ser permitida a modificação de que estávamos a cuidar. É elementar que se deveria definir um prazo máximo, para que dita modificação pudesse ser feita. Assim sendo, poder-se-ia consenti-la desde que fosse assegurado ao réu o prazo mínimo de cinco dias, de que fala o art. 841, § 1.º, da CLT, que seria quadruplicado no caso de tratar-se de pessoa jurídica abrangida pelas prerrogativas instituídas pelo Decreto-lei n. 779/69 (art. 1.º, inciso II). Não havendo, no processo do trabalho, despacho saneador, a modificação da *causa petendi* poderia ser autorizada, uniformemente, de acordo com o critério que de sugeríamos. O que não nos parecia recomendável era a estrita aplicação ao art. 294, do CPC, pois isso só faria render homenagem aos rigores formalísticos daquele processo, que não se coadunavam com a simpleza que deveria presidir o do trabalho.

O CPC atual permite o aditamento ou a alteração do pedido e da causa de pedir: a) independentemente de consentimento do autor, até a citação; b) depois disso, somente com a anuência do réu.

4) *O pedido, suas especificações e valor.* A CLT, em seu art. 840, § 1.º, como não poderia deixar de ser, faz expressa referência ao pedido e à indicação do seu valor.

Dada a importância de que se reveste o pedido, no corpo da petição inicial, em particular, e no contexto do processo, em geral, a ele dedicaremos comentário específico, mais à frente. Essa importância pode ser mensurada pelo fato de o pedido constituir-se numa espécie de bitola que delimita a lide, e, em consequência, a própria entrega da prestação jurisdicional. Rememore-se a advertência feita pelo art. 141, do CPC, de que o juiz deve solucionar o mérito "nos limites propostos pelas partes". Mencionemos, também, o art. 492.

Por enquanto, devemos apenas antecipar que o pedido constitui o objeto da demanda, o motivo, enfim, pelo qual alguém ingressa em juízo para impetrar a prestação da tutela jurisdicional. Ninguém vai a juízo, simplesmente, por ir; provoca-se o exercício da função jurisdicional do Estado para formular pedidos, para deduzir pretensões. Podemos, na verdade, classificar os pedidos em *imediatos* e *mediatos*. O *imediato* consiste, exatamente, na referida invocação da tutela jurisdicional; aqui, o indivíduo se limita a ativar essa função estatal. O *mediato* é representado pela utilidade ou pelo bem da vida, que o autor pretende obter, ao impetrar a proteção jurisdicional do Estado. Essa é a mais pura razão pela qual ele ingressa e juízo.

A propósito, as partes (e o autor, em especial), têm uma visão eminentemente pragmática do processo, diferente, portanto, daquela que muitas vezes os magistrados possuem — escolástica, com algum menosprezo à realidade concreta.

Como dissemos, um exame mais aprofundado da matéria será realizado mais adiante. Particularmente, a exigência contida no § 1.º do art. 840, da CLT, de que a petição inicial indique o *valor* do pedido, será examinada no item 9, do Capítulo VI.

5) *Valor da causa.* Exige o digesto de processo civil que a petição inicial indique o valor da causa. A CLT nada nos diz a respeito. Seria, então, de perguntar: no processo do trabalho a inicial não precisa mencionar esse valor? Respondamos com prudência.

É evidente que as causas judiciais, inclusive as trabalhistas, devem, em princípio, ter um valor econômico estimado (CPC, art. 291). No sistema do processo civil esse *quantum* deve ser apontado desde logo, ou seja, na petição inicial. No do trabalho, entretanto, embora não se proíba que o valor venha referido nessa peça, não se exige que ela o contenha. Tanto isso é certo, que o art. 2.º, *caput,* da Lei n. 5.584/70, dispõe que se o juiz verificar que a inicial não menciona o valor da causa, ele, antes de passar à instrução, o arbitrará. Ao contrário do CPC (art. 321), a norma trabalhista não diz que o juiz assinará prazo para que o autor supra a (suposta) omissão. Dessa maneira, podemos concluir que, a despeito de as causas trabalhistas também deverem possuir um valor econômico, este não necessita ser apontado na inicial.

No processo civil, vários são os motivos pelos quais as causas devem apresentar um valor econômico (na inicial, como vimos), entre os quais se destacam: a) a determinação da competência, em razão, exatamente, do valor da causa naqueles Estados cuja lei de organização judiciária haja criado cargos de juízes, togados ou leigos, incumbidos do julgamento das causas de que trata o art. 98, I, da Constituição Federal; b) a fixação da taxa judiciária, das custas e de outras despesas processuais; c) a limitação da interponibilidade de recurso extraordinário para o Supremo Tribunal Federal.

O CPC, em seu art. 292, estabelece os critérios a serem considerados para efeito de atribuir-se valor econômico à causa.

No processo do trabalho, a necessidade de dar-se valor à causa emana de três razões fundamentais: a) estabelecer o procedimento (ordinário ou sumariíssimo) a que a causa se submeterá; b) definir a possibilidade de a sentença, aí proferida, ser recorrível, ou não; c) calcular o valor das custas, em casos como o de extinção do processo, sem julgamento do mérito, decorrente da ausência injustificada do autor à audiência "inicial"; do indeferimento da petição inicial; da desistência da ação, etc.

No tocante à letra "a", devemos acrescentar que a Lei n. 5.584/70 (art. 2.º, § 4.º) instituiu as denominadas "ações de alçada exclusiva dos órgãos de primeiro grau", cujo efeito prático foi o de impedir a interposição de recurso (ordinário) das sentenças aí proferidas, exceto se a decisão violar a letra da Constituição Federal ou os princípios em que ela se apoia (Const. Fed., art. 52, § 2.º). Nesta hipótese, caberá recurso extraordinário ao STF, ficando a matéria impugnada ("devolução") restrita à que tenha perpetrado ofensa à Constituição.

Alguns intérpretes afoitos, do texto constitucional em vigor, chegaram a afirmar que o § 4.º, art. 2.º, da sobredita Lei n. 5.584/70, teria sido revogado pelo art. 5.º, inciso LV, da atual Suprema Carta Política. O fundamento dessa tese se concentra na suposição de que a antedita norma constitucional, ao assegurar aos litigantes e aos acusados em geral o contraditório e a ampla defesa, "com os meios e recursos a ela inerentes", teria feito desaparecer aquela norma infraconstitucional. *Data venia*, se esses intérpretes açodados houvessem se dedicado a um estudo de nossa história constitucional, teriam percebido que, com pequenas nuanças de literalidade, as Constituições Republicanas de 1891 (art. 72, n. 16), 1934 (art. 113, n. 24), 1946 (art. 141, § 25), 1967 (art. 150, § 15), com a Emenda n. 1/69 (art. 153, § 15), numa sequência cronológica somente quebrada (por motivos políticos conhecidos) pela Carta outorgada em 1937, sempre asseguraram aos indivíduos (e às coletividades) o contraditório e a ampla defesa, com os "meios e recursos" a esta imanentes. Sublinhando: o fato de a vigente Constituição empregar o vocábulo *recurso*, ao cuidar do contraditório e da ampla defesa, não constitui, portanto, nenhuma novidade, pois isso faz parte de nossa tradição constitucional, como procuramos demonstrar. É algo que coincide com a aurora de nossa vida republicana.

Além disso, a Constituição Federal não é um código de processo, de tal maneira que as palavras, nela inseridas, devam ser interpretadas segundo o rigor técnico da terminologia processual.

Em síntese, o art. 52, inciso LV, da Constituição Federal de 1988, não revogou o § 4.º, do art. 2.º, da Lei n. 5.584/70. Segue-se, que, tirante a possibilidade de ofensa à Constituição, continuam a ser irrecorríveis as sentenças emitidas nas ações de alçada exclusiva dos órgãos de primeiro grau da jurisdição trabalhista, salvo se implicarem violação à Constituição da

República. Daí, a importância que ostenta o valor atribuído à causa. Advirta-se que o valor a ser levado em conta para definir a recorribilidade, ou não, de tais sentenças, é o atribuído *à causa*, e, não, o do pedido ou o arbitrado à condenação. Expliquemo-nos.

Basicamente, cinco valores são fixados em uma ação: 1) o da causa; 2) o do pedido; 3) o da condenação; 4) o da execução; 5) o da transação. O que define a possibilidade de a sentença ser impugnada, ou não, é, como asseveramos, o valor dado *à causa*, seja na inicial ou mediante arbitramento do juiz, em audiência, antes de dar início à instrução. Dessa forma, se à causa se atribuiu valor inferior ao de dois salários mínimos, mas o da condenação corresponde, digamos, a cem salários mínimos, a sentença será irrecorrível, observada a ressalva feita quanto à violação constitucional.

Essa conclusão nos coloca diante de uma outra indagação, de relevante interesse prático: pode o juiz do trabalho, por sua iniciativa, alterar o valor que o autor deu à causa, na inicial?

Mesmo no tempo em que o sistema do CPC repelia essa possibilidade, sustentávamos o entendimento de que o juiz do trabalho poderia alterar, por sua iniciativa, o valor atribuído à causa, na inicial.

Em linhas gerais, estes eram os nossos argumentos: via de regra, o valor da causa deve corresponder ao do pedido. Isso era absolutamente essencial à compreensão do assunto. A razão era palmar: se a toda causa deve ser atribuído um valor econômico, é elementar que esse valor está ligado àquilo que o autor pede em juízo, vale dizer, ao pedido mediato, à obtenção de um bem ou de uma utilidade da vida, economicamente apreciáveis. Ora, se, por exemplo, os pedidos do autor, expressos sob a forma líquida, na inicial, equivalem a *cem* salários mínimos, nenhum motivo eticamente defensável haverá para o fato de atribuir, p. ex., valor inferior ao de *dois* salários mínimos.

Sabemos que, em situações como essa, o autor concede à causa um valor irrisório por encontrar-se seguro quanto ao sucesso na ação (talvez, em face da matéria que dá conteúdo à demanda). Com esse expediente, ele visa a impedir o réu de recorrer da sentença condenatória. O processo, no entanto, é provido de um substrato ético, enquanto método estatal de solução dos conflitos de interesses. Esse inafastável conteúdo ético, a propósito, justifica as sanções previstas no CPC para os casos de litigância de má-fé, assim como para os embargos de declaração protelatórios e para os atos atentatórios à dignidade do Poder Judiciário.

Sob o pano de fundo desse substrato ético, toma-se despicienda a circunstância de o réu não haver impugnado o valor dado à causa, na inicial. Sobreleva à sua inadvertência o fato de o processo consistir, como advertimos, um método não só oficial e heterônomo (logo, indisponível), mas, essencialmente, ético, de solução dos conflitos. Assim, se o juiz, na qualidade de condutor do processo, convencer-se de que qualquer das partes está praticando ato capaz de acarretar lesão ao mencionado conteúdo ético, deverá tomar a iniciativa de dar cobro a isso. Na espécie de que estamos a cuidar, caber-lhe-á modificar o valor dado à causa (seja para mais ou para menos), sempre que tiver diante de seus olhos elementos que lhe permitam concluir que o autor está atribuindo à causa um valor irreal.

Insistíamos nesse assunto, para que a nossa opinião fosse adequadamente entendida.

Então, prosseguíamos: não estamos a sugerir que o juiz, em todo e qualquer caso, tome a iniciativa de alterar o valor da causa. Por isso, formularemos algumas regras para que essa intervenção *ex officio* se legitime. Em primeiro lugar, a iniciativa judicial nessa matéria só se justifica se a modificação do valor da causa, por ele realizada, for capaz de gerar repercussão em tema de procedimento ou de recorribilidade da sentença. Exemplifiquemos. No primeiro caso, se o autor der à causa um valor não superior a quarenta salários mínimos, o procedimento será sumariíssimo (CLT, art. 852-A); no segundo — que mais nos interessa —, se a ela for atribuído valor inferior ao de *dois* salários mínimos, quando o do próprio pedido corresponde, *e. g*, a muito mais do que dois salários mínimos, torna-se necessária a intervenção judicial *ex officio*. O mesmo se diga na situação inversa: o valor pespegado à causa é muito superior ao de dois salários mínimos, quando o do pedido mal chega a um salário mínimo. Ademais, essa iniciativa do juiz deve ser norteada por elementos objetivamente perceptíveis, vale dizer, a elevação ou redução do valor da causa, que vier a efetuar, deverá, de modo geral, derivar de um confronto entre o valor constante da inicial e o do pedido. Isso significa afirmar que se o pedido não se encontrar expresso em valores líquidos, dificilmente o juiz terá condições (concretas) de alterar o valor dado à causa, na inicial, pois qualquer modificação que fizer, quanto a isso, poderá ser de foro subjetivo. É claro que se o valor do pedido for, eventualmente, ilíquido, mas os autos contiverem elementos objetivos, que permitam ao juiz concluir que o valor atribuído à causa não corresponde à realidade desses elementos, o valor daquela deverá ser modificado.

E concluíamos: o juiz do trabalho, a quem a lei concede ampla liberdade na direção do processo (CLT, art. 765), não pode permitir que sejam perpetrados, sob seus olhos, semelhantes assaltos contra o substrato ético desse mesmo processo. Nesse concerto, eventual tolerância do magistrado soaria a conivência lamentável. Ou a uma quase-prevaricação.

Nossos argumentos, embora não tenham sensibilizado a jurisprudência trabalhista da época, parecem ter sensibilizado o CPC atual. Realmente, estabelece o § 3.º do art. 292 desse Código que *"O juiz corrigirá, de ofício e por arbitramento, o valor da causa quando verificar que não corresponde ao conteúdo patrimonial em discussão ou ao proveito econômico perseguido pelo autor, caso em que se procederá ao recolhimento das custas correspondentes"*. Nunca nos sentimos desolados por havermos adotado, outrora, uma atitude heterodoxa em face da doutrina e da jurisprudência trabalhistas, que, apegadas a velhas concepções, não admitiam a possibilidade de o juiz do trabalho alterar o valor atribuído à causa, na inicial — ainda que esse valor estivesse a causar escoriações a certos princípios éticos do processo. Pois bem. Com o advento do atual CPC, somente por teimosia obstinada se poderá continuar sustentado a impossibilidade de o juiz do trabalho alterar, por sua iniciativa, o valor da causa, nos termos do § 3.º do art. 292 do CPC.

A fixação do valor da causa em salários mínimos, para efeito de recorribilidade da sentença, é estabelecida pela Lei n. 5.584/70 (art. 2.º, § 4.º, com a redação que lhe deu a Lei n. 7.402, de 5.11.85). Não estaria, contudo, esse dispositivo da norma ordinária revogado pelo art. 7.º, inciso IV, da Constituição Federal em vigor, que veda a vinculação do salário mínimo "para qualquer fim"? Entendemos que não. Como afirmamos em linhas anteriores, o que a

Constituição está a proibir, a nosso ver, é a utilização desse salário com vistas, p. ex., à fixação do valor de alugueis, de multas, de preços em geral, pois isso tem efeito reconhecidamente inflacionário. A simples adoção do salário mínimo, porém, para a definição das ações da alçada exclusiva dos órgãos de primeiro grau da Justiça do Trabalho não tem nenhuma repercussão inflacionária; logo, não afeta a economia do país. Destarte, a mantença do salário mínimo, para essa finalidade, não entra em conflito com os verdadeiros motivos que determinaram a elaboração da citada norma constitucional. Esse entendimento, que desde sempre sustentamos, acabou sendo perfilhado pela Súmula n. 356 do TST.

Também no processo do trabalho podem ser aplicados alguns dos critérios traçados pelo art. 292 do CPC, para efeito de fixar-se o valor da causa, seja pelo autor ou pelo juiz. Assim: 1) na cobrança de dívida, serão computados o principal e a correção monetária e outras penalidades, se houver (I). Conforme o CPC, entrarão ainda os juros da mora "vencidos até a propositura da ação". Esse critério, no entanto, não deve ser observado no processo do trabalho, onde os juros moratórios somente são devidos a contar do ajuizamento da inicial (CLT, art. 883); 2) havendo cumulação de pedidos, o valor da causa será obtido pela soma de todos eles (VI); 3) sendo alternativos os pedidos, considerar-se-á o de maior valor (VII); 4) existindo pedido subsidiário, adotar-se-á o valor do principal (VIII); 5) o valor do contrato ou de sua parte incontroversa (II); 6) nas ações de indenização, inclusive, por dano moral, o valor pretendido (V); 7) no caso de prestações vencidas e vincendas, levar-se-á em conta o valor de umas e de outras. O valor das prestações vincendas será igual a uma prestação anual, se a obrigação for por tempo indeterminado ou por tempo superior a um ano; se por tempo inferior, será igual á soma das prestações (§ 1.º).

As situações previstas nos demais incisos do art. 292 (III e IV), do CPC, são inaproveitáveis no terreno peculiar do processo do trabalho, por versarem sobre matérias que não se encaixam na competência desta Justiça Especializada.

O Supremo Tribunal Federal firmou o entendimento de que, na ação rescisória, o valor da causa deve ser o mesmo que se atribuiu à demanda que foi apreciada pelo acórdão rescindendo. Para que esse critério seja aceitável, torna-se indispensável, todavia, a correção monetária do aludido valor, que não é "rendimento" do capital, como tem alardeado a retórica oficial, senão que mero fator de recomposição do poder de compra, do dinheiro. O TST, no entanto, pela Instrução Normativa n. 31/2007, regulamentou a forma de realização do depósito prévio, em ação rescisória, previsto no art. 836 da CLT (arts. 2.º e 3.º).

Ainda se controverte, na doutrina, quanto à necessidade de a inicial, na ação de segurança, mencionar o valor da causa.

Sustentam, alguns estudiosos, que a indicação desse valor é dispensável, pois a reparação que se busca, nesse tipo de ação, não é em pecúnia, mas em espécie. Em que pese ao fato de a reparação aí pretendida não ser, efetivamente, de natureza pecuniária — pois o acórdão nunca é condenatório, mas declaratório ou constitutivo —, não pode ser colocado de parte o mandamento inscrito no art. 291, do CPC, no sentido de que a toda causa deve ser atribuído um valor certo, ainda que não tenha conteúdo econômico aferível de imediato.

Tanto na ação rescisória quanto na de segurança se o relator verificar que a inicial não contém o valor da causa não deve assinar prazo de quinze dias para que o autor supra a falta — sob pena de indeferimento (CPC, art. 321) e consequente extinção do processo sem resolução do mérito (CPC, art. 485, I) —, mas, fixar, ele próprio, esse valor, nos termos do art. 2.º, *caput*, da Lei n. 5.584/70.

Nas ações coletivas, torna-se necessária a menção do valor da causa, cuja falta poderá ser suprida mediante despacho do relator. Mesmo nas ações em que o pedido se restrinja à interpretação de norma legal ou de cláusula normativa (os comumente denominados "dissídios coletivos de natureza jurídica") esse valor deve ser indicado, pois a pretensão, aí formulada, que aparenta ser exclusivamente jurídico-interpretativa, se encontra, sempre, vinculada a um conteúdo econômico.

6) *As provas com que o autor pretende demonstrar a verdade dos fatos alegados.* A CLT não contém disposição nesse sentido. Conseguintemente, uma nova indagação se impõe: no processo do trabalho é necessário que o autor especifique, na inicial, as provas com as quais deseja provar a verdade dos fatos narrados?

Antes de formularmos a resposta, devemos fazer um pequeno reparo na dicção do art. 319, VI, do CPC, porquanto, em rigor, naquele processo, a inicial deve indicar não as *provas* com que o autor pretende demonstrar a veracidade dos fatos alegados, e, sim, os *meios* de prova que serão utilizados para esse fim. Prova não é meio, mas resultado. O CPC de 1939, mais preciso que o de 1973, e do que o atual, neste ponto, aludia aos meios de prova (art. 158, V).

São dois, basicamente, os motivos pelos quais o processo civil exige que o autor especifique, na inicial, os meios de prova a serem utilizados, a saber: a) atender ao princípio da boa-fé processual; b) permitir ao juiz verificar, em alguns casos, se o meio escolhido é, efetivamente, adequado, ou moralmente legítimo.

Apesar disso, pensamos que, no processo do trabalho, essa regra deve ser aplicada com certa cautela, não tanto pelo fato de a CLT nada dispor quanto a esse requisito, mas em virtude da simplicidade do procedimento. Não estamos a dizer que o autor tem o direito de esconder, do adversário, os meios de que se valerá para provar a veracidade dos fatos narrados na inicial, pois isso atentaria contra o dever de lealdade, a que estão submetidas as partes, mesmo no processo do trabalho. O que estamos a asseverar é que, naquela peça, poderá o autor, simplesmente, requerer a produção de "todas as provas em direito admitidas", vindo a especificar os meios adequados (e moralmente legítimos) no momento oportuno, por força de determinação do juiz.

A realidade prática tem revelado, a todo momento, que somente após a resposta do réu (máxime sob a forma de contestação) é que o autor se encontra, realmente, em condições de definir os meios de prova que necessitará empregar. Muitas vezes, o autor, tomando conhecimento do teor da resposta, acaba por eleger meio de prova diverso daquele que, a princípio, pensava utilizar. De outra parte, eventual ausência de resposta do réu, por implicar revelia e traduzir, quase sempre, a confissão fictícia, pode dispensar a produção de qualquer prova, pelo autor. Tudo isso demonstra a desnecessidade de a petição inicial trabalhista indicar os meios probantes de que o autor pretende fazer uso para comprovar a verdade dos fatos expostos.

Com *meios adequados de prova* queremos expressar aqueles que são aptos para demonstrar a verdade do fato probando. Podemos, mesmo, construir a regra de que, segundo seja a natureza do fato objeto da prova, será o meio legal a empregar-se. Ainda: a natureza do fato determina o pertinente meio de prova. Assim, para a prova de horas extras, *v. g.*, admitem-se os meios documental e testemunhal; para o pagamento de salários só é adequado o meio documental (CLT, art. 464, *caput*), do mesmo modo como a prova da insalubridade ou da periculosidade deve ser feita mediante perícia (CLT, art. 195, § 2.º).

Não basta, à evidência, que o meio de prova seja adequado; requer-se, acima de tudo, que seja *moralmente legítimo*. O art. 5.º, inciso LVI, da Constituição Federal, por seu turno, declara serem inadmissíveis as provas obtidas "por meios ilícitos". Deve-se entender por meios moralmente ilegítimos, dentre outros, os que atentem contra os direitos da personalidade, aí incluídos os relativos à liberdade de pensamento e à privacidade — que foram alteados à categoria constitucional (art. 52, incisos IV, X, XI e XII).

Independentemente disso, devemos renovar a nossa opinião de que, no processo do trabalho, não se deve exigir que o autor mencione, na inicial, os meios pelos quais procurará comprovar a veracidade dos fatos alegados. É suficiente que faça referência a fórmulas genéricas, como "todos os meios em direito permitidos", etc. Caberá ao juiz, no momento oportuno, exigir que ele e o próprio réu especifiquem os meios de que se valerão para provar a verdade dos fatos narrados.

Cabe aqui, no entanto, uma ressalva. Tratando-se de fato que deva ser comprovado mediante documentos, estes devem acompanhar, desde logo, a inicial, como impõe o art. 787, da CLT (o mesmo consta do art. 320 do CPC), exceto se os documentos se encontrarem em poder do adversário ou de terceiros, hipótese em que se adotará o procedimento da exibição (CPC, art. 393), seja antecedente ou incidental.

As considerações, até aqui expendidas, são aplicáveis, *mutatis mutandis*, à ação rescisória, que admite, em princípio, a produção de provas por todos os meios previstos em lei.

Nas ações de segurança, entretanto, não cabe ao juiz (relator) ordenar que o autor especifique os meios de prova de que fará uso, porquanto o art. 6.º, *caput*, da Lei n. 12.016/2009, deixa claro não apenas que o meio exclusivo é o documental, como que os documentos devem instruir, de imediato, a petição inicial. Trata-se, pois, de prova pré-constituída.

7) *A opção do autor pela realização ou não de audiência de conciliação ou de mediação.* O art. 165 do CPC determina que os tribunais criem centros judiciários destinados à solução consensual dos conflitos de interesses. Esses centros serão responsáveis pela realização das sessões e audiências de conciliação e mediação, entre outras incumbências. No processo civil, caso o outro pretenda submeter, ou não, a sua demanda a uma dessas sessões ou audiências, deverá manifestar a sua intenção na petição inicial. A regra não incide no processo do trabalho, pois aqui, em virtude do disposto no art. 764, *caput*, da CLT, os dissídios, individuais ou coletivos, "serão sempre sujeitos à conciliação",

razão pela qual os juízes deverão empregar os seus bons ofícios e poder de persuasão "no sentido de uma solução conciliatória do dissídio" (*ibidem*, § 1.º). No processo do trabalho não cabe, pois, à parte, manifestar sua intenção de optar pela realização ou não de audiência de conciliação, pois esta é inerente e essencial ao referido processo. Quanto à mediação, não tem sido posta em prática na Justiça do Trabalho.

Requerimento para a citação do réu. Devemos lançar alguns escólios sobre outro elemento da petição inicial, que era exigido pelo CPC revogado. Referimo-nos ao *requerimento para a citação do réu*. Aquele CPC, em seu art. 282, VII, impunha que a petição inicial contivesse o requerimento para a citação do réu.

Preso a um formalismo injustificável (e à influência da *ius vocatio*), entendia a doutrina daquele processo que a citação deveria ser *requerida* pelo autor, a fim de que o processo se formasse validamente e, também, de que a citação produzisse os efeitos descritos no art. 219, daquele CPC.

Esse requisito não era — e continua não sendo — encontrado no art. 840, § 1.º, da CLT. Não há, nisso, *omissão*, e sim, *silêncio intencional*, que é coisa diversa. Esse *silêncio intencional* deriva de razão de ordem lógica.

Com efeito, se o autor (trabalhador) provoca o exercício da função jurisdicional e deixa claro, na petição inicial, que está exercendo o seu direito de ação em face ("contra", costuma-se dizer, com grande equívoco) de determinada pessoa (réu), que deseja ver condenada a satisfazer-lhe uma pretensão (bem ou utilidade da vida), é elementar, é óbvio, que a citação constitui ato que se impõe, natural e automaticamente, sob pena de, a entender-se de modo diverso, imaginar-se que o autor possa (ou costume) ingressar em juízo movido por simples diletantismo, capricho, ou vaidade, sem desejar a citação do adversário. Isto é algo absolutamente inconcebível no processo do trabalho (para falarmos, apenas, deste), onde o trabalhador, ao exercer o seu direito constitucional de ação e nominar o réu, deixa patente o seu interesse em que este seja cientificado da demanda.

Esta é a visão pragmática do processo, que possuem as partes, e da qual falamos há pouco.

Usando outras palavras: o fato de o autor ajuizar a ação em face do réu deixa evidente o seu intuito de demandar, sendo, por isso, produto de censurável afetação formalista exigir-lhe que requeira, expressamente, a citação do adversário, como se essa comunicação não possa ser algo que decorra *naturalmente* do ato de ingressar em juízo.

Felizmente, o processo civil parecer haver-se convencido disso.

Data e assinatura. O CPC, curiosamente, não introduziu, no rol dos requisitos de validade da petição inicial, a data em que foi elaborada e a assinatura do advogado. A CLT menciona esses requisitos (art. 840, § 1.º); quanto à assinatura, alude à do "reclamante" ou de seu representante.

Entendíamos, porém, que a petição inicial deveria ser sempre assinada por advogado, pois o art. 791, *caput*, da CLT, que atribui a ardilosa capacidade postulatória aos litigantes, em nosso ver, fora tacitamente revogado pelo art. 68, da Lei n. 4.215, de 27-4-1963 (Estatuto da Ordem dos Advogados do Brasil); quando não, pelo art. 133, da Constituição Federal em vigor. Assim, banido o *ius postulandi*, a petição inicial deveria ser elaborada e assinada por advogado. A parte somente poderia exercer o direito de postular, pessoalmente, em juízo, na hipótese do art. 86, do CPC, ou seja, se não houvesse, no local, advogado, ou, havendo, se recusasse a aceitar o patrocínio da causa ou se encontrasse impedido de receber procuração, ou não ser, o advogado, por motivo relevante e provado, da confiança da parte. Entretanto, o STF, na ADI n. 1.127-8 (DJ de 29-6-2001), concedeu liminar para suspender a eficácia, dentre outras disposições, do inciso I do art. 1.º da Lei n. 8.906/94 (Estatuto atual da OAB), que declara ser privativa da advocacia a postulação a qualquer órgão do Poder Judiciário.

Diante disso, não há mais como sustentar a revogação do art. 791, *caput*, da CLT.

Tendo acoimado de ardilosa a capacidade postulatória de que trata o art. 791, *caput*, da CLT, cumpre-nos justificar essa afirmação.

Procurando criar um processo no qual as partes pudessem atuar sem advogado, o legislador trabalhista instituiu um procedimento simplificado. A CLT, como sabemos, entrou a viger em 1943. Nos primeiros momentos, as partes não encontraram maiores dificuldades para exercer o *ius postulandi* que lhes atribui o art. 791, *caput*, da CLT. A vida fluía simples. Todavia, os tempos, agora, são outros. Tudo mudou, de 1943 até esta parte. Ampliou-se, consideravelmente, a base do direito material dos trabalhadores. As novas exigências científicas, nascidas no período que se seguiu ao término da 2.ª Guerra Mundial, penetraram o próprio Direito Processual. As relações entre os homens também se tornaram mais complexas. Tudo isso foi, aos poucos, delineando esse fenômeno indesejável, a que se poderia denominar de "complexização do processo". Passou-se a fazer uso, no processo do trabalho, de figuras ou institutos próprios do processo civil (incidente de falsidade documental; ações cautelares, rescisória, de consignação e pagamento, monitória, embargos de terceiro; reconvenção; ação civil pública; embargos à expropriação e o mais).

Essa "complexização" do processo do trabalho não só o desfigurou, em diversos pontos, o *ius postulandi*, traduzido na faculdade legal de o indivíduo ingressar em juízo sem advogado, como tornou praticamente inviável o seu exercício.

E, o que é pior: a parte que vai a juízo, como autor ou réu, pessoalmente, fica em uma colossal inferioridade técnica diante daquela que se faz acompanhar por advogado. Nós mesmos, quando atuávamos como juiz em primeiro grau, vimos, em inúmeras ocasiões, p. ex., o réu, por seu advogado, oferecer, solene e pomposamente, exceção de incompetência *ratione loci* (e a frase vinha escrita em latim, realmente), oportunidade em que, com um certo desassossego no espírito, tínhamos que nos dirigir ao mísero trabalhador, que se encontrava na audiência, para dizer-lhe que (como excepto!...), dispunha do prazo de 24 horas para responder à exceção. Nunca a respondia, é evidente, pois nem sequer sabia como fazê-lo; nem tinha noção do que os prazos processuais representavam. Quanto menos, sabia contá-los. O mesmo ocorria nos casos de reconvenção. Não raro, aliás, o trabalhador levava à audiência, para serem inquiridas como testemunhas, pessoas sobre as quais, por serem suas amigas íntimas, pairava a reserva de suspeição. Era muito difícil para um humílimo trabalhador compreender a razão por que o seu melhor amigo não poderia ser sua testemunha.

Enfim, o processo do trabalho — designadamente, em decorrência de sua "complexização" — se tornou uma espécie de ardil, de esparrela para as partes que ingressam em juízo sem a companhia de advogado. Para sermos francos, mesmo antes dessa "complexização" o *ius postulandi* já correspondia a uma sutil armadilha para o trabalhador e para o próprio empregador, armada pelo legislador, pois enquanto, de um lado, os convidava a atuar em juízo pessoalmente, de outro, lançava sobre eles o escárnio da preclusividade dos prazos, da confissão fictícia e tantas outras regras que somente poderiam ser compreendidas por quem fosse advogado.

O *ius postulandi,* se propicia aos juízes maior liberdade na formulação das propostas conciliatórias e na própria direção do processo, é, na mesma proporção, em infindáveis ocasiões, a causa exclusiva do insucesso do trabalhador em juízo, que, em sua insciência acerca das regras processuais, vê os seus direitos se perderem pelos caminhos labirínticos do procedimento. Desse *due process of law,* que, para ele, soa a grego. Ou a uma irrisão.

Não nos iludamos: a dura realidade do processo fez frustrar os sonhos do legislador, quanto à utilidade do *ius postulandi.* Por isso, hoje, conscientes dessa realidade, estamos serenamente convencidos de que a presença obrigatória do advogado, nas causas trabalhistas, mais do que um imperativo de ordem legal, é uma condição de igualdade técnica, entre as partes, na calorosa disputa pelo direito. Ainda que a primeira razão inexistisse, os fatos da vida haveriam de fazer com que a segunda fosse consagrada.

Os fatos que emanam da realidade concreta — cuja dramaticidade a retórica dos argumentos de mera conveniência jamais consegue ocultar — demonstram que quando um dos litigantes vai a juízo pessoalmente, o que se presencia não é uma disputa justa pelo Direito, mas um massacre empreendido por parte daquele que tem a seu lado um advogado. A contar daí, a tarefa do juiz será fazer o recenseamento dos mortos.

Não foi, por certo, para estimular situações como esta que se instituiu o processo. Que disso se convençam os ardorosos defensores do *ius postulandi.*

Vale reiterar: a presença do advogado em juízo representa um pressuposto fundamental para o equilíbrio técnico na disputa; desacompanhada de advogado, a parte acaba se tornando adversária de si mesma, porquanto é insciente das normas que regem o procedimento, em especial, as relativas à preclusão. Nesse contexto, fica reservada ao juiz do trabalho a árdua tarefa de fazer a contagem das vítimas *do ius postulandi.*

Coloquemos à margem o *ius postulandi* para nos lançarmos a mais algumas considerações sobre a petição inicial.

Pode dar-se de o autor não possuir elementos que lhe propiciem atender aos requisitos previstos no inciso II, do art. 319 do CPC (indicação do nome, prenome, estado civil, existência ou não de união estável, profissão do réu, etc.). Diante disso, ele pode requerer ao juiz a adoção de providências necessárias à obtenção desses elementos de informação, mediante a expedição de ofícios a órgãos públicos (DRT, Secretaria da Receita Federal, Detran, etc.) ou privados (CPC, art. 319, § 1.º).

Com o objeto político de salvar a petição inicial da inépcia — e, em consequência o processo, de sua extinção —, a lei permite ao juiz não indeferir essa peça processual se for possível a citação do réu, mesmo faltante alguns dos elementos exigidos pelo inciso II do *caput*. É certo que, em determinadas situações, não será possível aplicar esse dispositivo legal, como quando o autor nem sequer indicar o nome do réu, o seu endereço, etc. (*ibidem*, § 2.º).

O juiz também estará impedido de indeferir a petição inicial se a obtenção das informações exigidas pelo inciso II tornar impossível ou excessivamente oneroso o acesso à justiça. Em termos práticos, cremos que os magistrados encontrarão alguma dificuldade em acatar a disposição da norma legal, pois se não se sabe, por exemplo, qual o nome e o prenome do réu como será possível citá-lo? (*ibidem*, § 3.º).

Capítulo III

Documentos Indispensáveis

1. Comentário

Prescreve o art. 787, da CLT, que a petição inicial deverá ser instruída, desde logo, com os "documentos em que se fundar". Regra semelhante consta do art. 320, do CPC, que alude aos documentos "indispensáveis à propositura da ação" (*sic*). Esta norma do estatuto processual civil é reiterada pelo art. 434, do mesmo Código, segundo o qual compete à parte instruir a petição inicial (ou a contestação) "*com os documentos destinados a provar suas alegações*".

Pondo ao largo pequenas variações literais, pode-se perceber que tanto o processo do trabalho quanto o civil exigem que à petição inicial sejam juntados os documentos tendentes a comprovar a veracidade dos fatos narrados pelo autor. Não nos parece muito correta a expressão inscrita no art. 320, do CPC, pois os documentos, aí referidos, não são, em rigor, aqueles indispensáveis ao ajuizamento da ação, mas, como dissemos, os necessários para demonstrar, desde logo, serem verdadeiros os fatos em que se baseiam os pedidos.

O importante a ser realçado é o fato de que ambos os textos legais fixam o momento oportuno para a produção de provas documentais, pelo autor. Quanto ao réu, iremos examinar esse momento na Segunda Parte do Livro II.

De modo geral, a lei estabelece não só o momento oportuno para a produção das diversas espécies de provas, como o próprio lugar em que deverão ser obtidas. Fica evidente, diante disso, a existência de uma *disciplina probatória*, imposta pelas normas legais às partes. A distensão dessa disciplina (ou, o que é mais grave, o seu abandono), pelo juiz, conduz, não raro, a grandes tumultos do procedimento, porquanto os litigantes procurarão coligir provas no momento, no lugar e sob a forma que desejarem.

A sempre brandida simplicidade do procedimento trabalhista não deve constituir pretexto para a quebra dessa disciplina salutar. Não confundamos simplicidade com indisciplina ou com subversão das fórmulas processuais. Quanto à prova documental, a propósito, é perceptível a presença dessa disciplina no processo do trabalho, como patenteia o art. 787, da CLT, já citado.

Sendo o documento um meio de prova *preconstituída*, é plenamente justificável a exigência legal de que instrua a petição inicial (e a resposta do réu), pois essa providência tem o inegável mérito de obviar o procedimento. Se, *v.g.*, o trabalhador tem em seu poder um documento comprovativo de sua demissão sem justa causa, deve juntá-lo, desde logo, à inicial, caso pretenda obter a condenação do empregador ao pagamento de aviso prévio, de indenização, enfim, de parcelas que derivem desse tipo de ruptura do contrato de trabalho. Na prática, muitas vezes, o trabalhador deixa de juntar esse documento à petição inicial, reservando-se, arbitrariamente, para fazê-lo somente depois de tomar conhecimento do conteúdo da resposta do réu (contestação, em especial), e, com esse expediente, surpreender o adversário e tirar proveito processual disso. Ao substrato *ético* do processo, todavia, repugna conduta dessa espécie. Mesmo no processo do trabalho, as partes estão subordinadas ao princípio da boa-fé; esta, na verdade, mais do que um princípio é um *dever*.

Assim, qualquer desvencilhar-se da disciplina probatória a que nos referimos antes trará o inconveniente de, a um só tempo: a) implicar um tumulto do procedimento; b) permitir que a parte aja com má-fé, beneficiando-se da própria torpeza; c) demonstrar que o juiz perdeu o controle do comando processual, ou nunca o teve.

Pode acontecer, em determinadas situações, de o trabalhador (estamos cogitando, apenas, do *autor*) não possuir, realmente, o documento apto para demonstrar, por si só, a veracidade dos fatos com base nos quais formulará os pedidos. A solução, nesta hipótese, será de natureza múltipla. Caso pretenda obter esse documento *antes* de ingressar em juízo, poderá valer-se da exibição documental, procedimento regulado pelos arts. 396 a 404, do CPC; se, ao contrário, preferir ajuizar a petição inicial para, *depois*, conseguir os documentos em que fundam os pedidos, terá algumas alternativas: a) fazer uso da exibição, em caráter incidental, se os documentos se encontrarem em poder do réu ou de terceiro; b) solicitar, com fulcro no art. 438, do mesmo Código, que o juiz requisite certidões dos documentos que se encontrem em repartições públicas, caso não tenha conseguido obtê-las pessoalmente.

Excluídas, pois, algumas situações particulares, o princípio a ser observado, inclusive no processo do trabalho, é o de que os documentos necessários para a demonstração dos fatos em que se apoiam os pedidos devem *acompanhar* a petição inicial.

O autor somente poderá juntar documentos *novos* quando destinados a provar fatos ocorridos após os articulados, ou para contrapô-los aos que foram produzidos pelo réu ou por terceiro (CPC, art. 435, *caput*). *Novos*, para esse efeito, não devem ser considerados, necessariamente, os documentos *produzidos* ulteriormente aos articulados ou à resposta do réu, mas aqueles cujo interesse do autor em juntá-los só nasceu após esses momentos: sob esse aspecto, não nos pareceu apropriado o uso do adjetivo *novos*, pelo legislador; melhor teria feito se falasse em *outros* documentos. Permite-se, ainda, a juntada posterior de documentos formados após a petição inicial ou a contestação, assim como dos que se tornaram conhecidos, acessíveis ou disponíveis após os mencionados atos, cabendo à parte que os produziu comprovar o motivo que a impediu de juntá-los anteriormente e incumbindo ao juiz, em qualquer caso, avaliar a conduta da parte de acordo com o princípio da boa-fé (CPC, art. 435, parágrafo único).

Afirmamos, há pouco, que os documentos a serem juntados, de plano, à inicial, são aqueles nos quais se fundam os pedidos feitos pelo autor; tratam-se, pois, de documentos essenciais, por serem pertinentes à causa e relevantes como meio de prova.

Lamentavelmente, porém, alguns juízes do trabalho, invocando, de maneira equivocada, a simplicidade do procedimento trabalhista e o fato de a instrução não estar encerrada, não têm feito cumprir a exigência que vem do art. 787 da própria CLT, permitindo, em decorrência disso, que o autor junte em momentos posteriores documentos em que se fundam os seus pedidos e que estavam em seu poder antes mesmo do ajuizamento da ação — e que, por isso, deveriam acompanhar a petição inicial.

Essa distensão da disciplina probatória, pertinente aos documentos que devam instruir, desde logo, a inicial, sói acarretar certas consequências tumultuárias do processo, além de estimular certas atitudes escusas da parte. Efetivamente, se o documento constituía o fundamento da causa de pedir e do pedido e já estava em poder do autor antes do ingresso em juízo, que razões éticas ou jurídicas seriam capazes de justificar o fato de ele diferir, retardar a apresentação desse documento em juízo, para apresentá-lo no momento em que melhor lhe conviesse (em audiência ou em razões finais) e, por certo, com o objetivo de surpreender o adversário e de comprometer a ampla defesa deste?

Somente se deveria admitir a apresentação de documentos, por iniciativa do autor, após o protocolo da petição inicial, se ele provasse que não pôde obter a tempo os documentos; se desconhecia a sua existência ou se os documentos se destinam a serem contrapostos a outros, apresentados tempestivamente pelo réu. É evidente que o autor poderia — na verdade, deveria — juntar documentos a qualquer tempo *por determinação do juiz.*

Na ação de segurança, *v. g.*, a inicial deve estar acompanhada de documentos que comprovem a prática de ato da autoridade pública, que tenha perpetrado lesão a direito líquido e certo do impetrante (Lei n. 12.016/2009, art. 6.º, *caput*). A prova é, pois, pré-constituída. Se o documento estiver em repartição pública, ou em poder de autoridade pública que se recuse a fornecê-lo por certidão, o juiz ordenará, preliminarmente, a exibição do documento, no original ou em cópia autêntica, fixando em dez dias o prazo para o cumprimento da ordem (§ 1.º).

Em sede de ação rescisória, a necessidade de a inicial ser instruída com documentos destinados a provar a verdade dos fatos narrados dependerá da *causa petendi*. Fundando-se o pedido de desconstituição da coisa julgada material, digamos, em violação de literal disposição ou em ofensa à *res iudicata*, deverá o autor juntar à inicial cópia do ato jurisdicional que haja perpetrado quaisquer dessas ofensas. Indispensável será, contudo, a juntada, à inicial, de documento comprovativo do trânsito em julgado da decisão rescindenda. No mesmo sentido, a Súmula n. 299, I, do TST. A propósito, o tema, antes, era tratado pela Súmula n. 107, do mesmo Tribunal, conforme a qual se o documento comprobatório do trânsito em julgado da decisão rescindenda não acompanhasse a petição inicial esta seria liminarmente indeferida. Pusemos, todavia, em dúvida a legalidade desse indeferimento *in limine* da inicial, em face do disposto nos arts. 283 e 284, do CPC revogado. Felizmente, a Súmula n. 299, que cancelou a de n. 107, dispôs que a inicial somente seria indeferida se a parte não suprir a falta do documento no prazo de dez dias, contado de sua intimação para esse fim (inciso II). A julgar pela cronologia dos fatos, nossa crítica foi acolhida.

No que respeita à ação monitória, é essencial a juntada da *prova escrita* a que alude o art. 700, do CPC, pois é com base nesse documento que o autor irá exercer a mencionada ação. Também aqui, a nosso ver, deve ser observada a regra contida no art. 321, do CPC, de tal modo que a inicial só deverá ser indeferida se o autor não atender ao despacho destinado a suprir a falta do documento.

Outros documentos há, entretanto, que devem ser apresentados no momento em que o autor ingressa em juízo, e que não podem ser considerados instrutores da inicial, vale dizer, necessários para a prova dos fatos originadores dos pedidos *(res in iudicio deducta).* Dentre eles, podem ser mencionadas a procuração e a cópia da própria inicial; esta acompanhará o instrumento de citação do réu.

Se, a despeito da regra inserta nos arts. 787, da CLT, e 320, do CPC, a petição inicial vier desacompanhada dos documentos em que o autor funda a sua pretensão, como dissemos, caberá ao juiz determinar que a falta seja suprida, no prazo de quinze dias (CPC, art. 321, parágrafo único), sob pena de indeferimento da petição inicial (CPC, art. 330, IV), com a consequente extinção do processo sem julgamento do mérito (CPC, art. 485, I). Vai, aqui, uma nótula de ordem prática: se a inicial não vier instruída com os documentos exigidos pelo art. 787, da CLT, nem o juiz ordenar que a omissão seja sanada, e, além disso, o réu não contestar, especificamente, os fatos alegados na inicial, que deveriam ter sido comprovados mediante os documentos faltantes, isso fará com que tais documentos se tornem inexigíveis, por força da regra estampada no art. 341, *caput,* do CPC, que faz gerar a presunção de veracidade dos fatos não contestados — exceto nos casos dos incisos I a III, do precitado dispositivo. É o denominado ônus da impugnação especificada, aplicável, com certos temperamentos, também ao processo do trabalho.

Capítulo IV

Saneamento da Inicial

1. Comentário

Vimos, no Capítulo anterior, que os arts. 840, § 1.º, da CLT, e 319 e 320, do CPC, alinham os requisitos *objetivos* necessário para a validade da petição inicial. Demonstramos, também, que há outros requisitos, de natureza *subjetiva,* que devem ser atendidos. Dissemos, ainda, que a inicial trabalhista deve ter como requisitos subjetivos: a) a precisão; *b)* a clareza e *c)* a concisão; como *objetivos:* a) o juiz juízo a que é dirigida; *b)* os nomes, prenomes, estado civil, existência de união estável, profissão, número de inscrição no CPF ou no CNPJ, o endereço eletrônico, domicílio e residência do autor e do réu; *c)* o fato e os fundamentos jurídicos do pedido; d) o pedido, suas especificações e valor; e) o valor da causa; f) a data e a assinatura da parte ou do advogado. Observamos, por fim, que a petição inicial trabalhista não precisa: a) mencionar o valor da causa e *b)* indicar as provas por meio das quais o autor procurará demonstrar a verdade dos fatos narrados; *c)* opção do autor pela realização ou não de audiência de conciliação ou de mediação.

Pois bem. Estabelece o art. 321, do CPC, que se o juiz verificar que a petição inicial não preenche os requisitos exigidos nos arts. 319 e 320, do mesmo Código, ou apresenta defeitos ou irregularidades capazes de dificultar o julgamento do mérito, determinará que o autor a emende ou a complete no prazo de quinze dias, "*indicando com precisão o que deve ser corrigido ou completado*".

Essa regra do processo civil incide no do trabalho, com algumas adaptações.

Em primeiro lugar, como deixamos esclarecido, os requisitos *objetivos,* necessários para a validade da petição inicial trabalhista, não compreendem todos aqueles arrolados no art. 319, do CPC.

Em segundo, no sistema do processo civil, há um momento próprio, em que o juiz verificará se a petição inicial não só atende aos requisitos do art. 319, como se se encontra instruída com os documentos em que o autor funda os pedidos, de que fala o art. 320: esse momento é o que antecede ao despacho ordenador da citação do réu. No processo do trabalho, entrementes, o juiz, via de regra, não despacha na inicial, com essa finalidade, porquanto a citação do réu é providência que incumbe, de forma automática, à secretaria do órgão (CLT, art. 841, *caput).* Isso corresponde a afirmar que, ressalvadas umas poucas situações, o juiz do trabalho somente toma conhecimento do teor da petição inicial na audiência em que o réu deverá oferecer a sua resposta.

Se o sistema do processo do trabalho tem, de um lado, o sentido prático de dispensar o juiz de exarar despacho nas petições iniciais, com o que evita agravar o congestionamento de autos em seu gabinete e, também, um maior consumo de tempo, de outro, apresenta o inconveniente de fazer com que, muitas vezes, o réu seja citado — e a própria resposta oferecida — sem que, a inicial tenha atendido aos requisitos de validade, previstos em lei.

Não raro, por isso, somente depois de ler essa resposta (exceção, contestação, reconvenção, etc.) é que o juiz fica ciente da existência de defeitos ou irregularidades na petição inicial.

Do ponto de vista do ideal de ordenação lógica do encadeamento dos atos integrantes do procedimento judicial, não há dúvida de que essa cientificação tardia, por parte do juiz, no tocante a tais imperfeições da inicial, faz gerar um certo tumulto do procedimento. Realmente, desejável seria que o réu só viesse a ser citado após o juiz comprovar a regularidade daquela petição; citá-lo para, só depois disso, proceder ao exame dessa regularidade, será subverter a ordem processual, além de submeter o réu ao encargo de responder a uma inicial defeituosa ou irregular. Imagine-se, por exemplo, uma petição inaugural que não contenha a necessária *causa de pedir* (narração dos fatos essenciais + fundamentos jurídicos do pedido), mas, unicamente, os pedidos. É elementar que o réu irá argumentar, em sua resposta, com a inépcia daquela peça; de qualquer modo, o princípio da eventualidade, insculpido no art. 336, do CPC, fará com que ele, *ad cautelam,* resista à pretensão do autor, impugnando, talvez, a presuntiva *causa petendi,* sob pena de ver desabar, sobre sua cabeça, as pesadas consequências de um outro princípio: o da Impugnação especificada dos fatos (CPC, art. 341).

Cumpre-nos dizer mais: a existência de eventuais irregularidades na petição inicial não é algo que somente possa chegar ao conhecimento do juiz em virtude de arguição feita pelo réu. Isso poderia levar à equivocada inferência de que se este nada disser a respeito o juiz estará proibido de mandar o autor emendar ou complementar a inicial, supondo-se que as falhas, nelas existentes, teriam sido convalidadas pelo silêncio do réu. Ora, a petição inicial *apta* constitui um dos pressupostos de *desenvolvimento válido* do processo, motivo por que o desrespeito a esse pressuposto autorizará a intervenção *ex officio* do magistrado, nos termos do art. 485, IV, do CPC, congeminado com o § 3.º, do mesmo dispositivo legal. Demais, ausente a causa de pedir (para ficarmos com o mesmo exemplo), ao juiz faltariam, até mesmo, condições para proceder à instrução processual, porquanto não terra o mínimo conhecimento acerca dos fatos essenciais da causa.

O que estamos a asseverar, em resumo, é que a citação do réu não tem efeito preclusivo, em tema de sanação de irregularidade ou de imperfeição da inicial; mais do que isso, que o juiz do trabalho pode (CLT, art. 765) e deve, por sua iniciativa, mesmo depois de oferecida a resposta do réu, mandar que o autor satisfaça os requisitos legais, pertinentes à validade dessa petição, emendando-a ou completando-a.

Essa afirmação reclama um pequeno comentário adicional. Se o juiz do trabalho não dispõe de tempo para proceder a um exame prévio da inicial, como reconhecemos, que não deixe de determinar a necessária regularização quando as falhas dessa petição forem apontadas pelo réu. Nota-se, vez e outra, que o juiz lê, apressadamente, a resposta do réu, e, com isso, não se dá conta de que, nesse instrumento, há alegações de defeitos ou irregularidades da petição inaugural. O resultado disso é que o procedimento tem curso (e o próprio réu, com frequência, se torna também responsável por isso, ao não insistir na denúncia), vindo o juiz a tomar ciência das mencionadas falhas somente no momento em que vai redigir a sentença. É que, nessa ocasião, ele sói dedicar-se a um detido manuseio dos autos, acabando por verificar a presença de certos vícios formais, na inicial, que, nas fases anteriores, lhe passaram despercebidos. Os efeitos práticos dessa averiguação serôdia são tumultuantes e devastadores, pois, em alguns casos, implicam o desfazimento de uma considerável quantidade de atos processuais realizados, aí incluídos os concernentes à instrução, em lamentável desperdício de atividade jurisdicional — e de tempo, para as partes.

Mesmo nos casos de revelia, a sentença não deverá ser proferida sem que o autor tenha emendado ou completado a inicial, sempre que essa providência for indispensável para a entrega da prestação jurisdicional. Pense-se em uma inicial que não contenha *pedidos:* como poderia o revel ser condenado no pagamento daquilo que nem sequer foi postulado? Petição inicial, aliás, sem pedido, não é petição (do latim *petitio,* verbo *petere* = pedir, reclamar); é, talvez, uma peça literária, de caráter narrativo. É como sino sem badalo, haveriam de dizer os italianos.

Todos esses episódios nos motivam a concluir que, idealmente, o juiz do trabalho deveria realizar um exame prévio da petição inicial, ou *seja,* antes da citação do réu, embora saibamos que, na prática, ele não encontra vagares para essa análise preliminar. Independentemente disso, o fato é que o *juiz,* ao verificar, *seja* em que momento for, que a inicial não preenche os requisitos legais (CLT, art. 840, § 1.º, e CPC, art. 319, I a IV) para a sua validez, ou contém defeitos ou irregularidades capazes de obstar um pronunciamento sobre o mérito, deverá determinar que o autor a emende ou a complete, no prazo de quinze dias. A mesma providência deverá ser adotada no caso de a inicial estar desacompanhada dos documentos pertinentes aos fatos em que se fundam os pedidos (CLT, art. 787 e CPC, art. 320). É o que estatui o art. 321, do CPC, supletivamente aplicável ao processo do trabalho, com o qual é compatível (CLT, art. 769).

Se o autor não cumprir a ordem, a petição inicial será indeferida, extinguindo-se o processo sem *julgamento* do mérito (CPC, art. 321, parágrafo único). Sobre o problema do indeferimento da petição inicial, em outros casos, iremos discorrer, mais a miúdo, no Capítulo VIII, deste Livro I.

Afirma o art. 321, do diploma processual civil, que os defeitos e irregularidades da petição inicial, que devam ser eliminados pelo autor, são aqueles capazes de "dificultar o *julgamento* do mérito". Não nos parece, todavia, que o *juiz* deva determinar a emenda ou a complementação da inicial apenas nas hipóteses em que tais falhas impeçam ou dificultem um pronunciamento a respeito do *meritum causae.* Admitamos, por exemplo, que a inicial não indique o estado civil ou a profissão de uma das partes (CPC, art. 319, II). Não se pode sustentar que essa omissão *esteja* a dificultar o *julgamento* da lide, a investigação das questões de fundo da causa. Apesar disso, a inicial deverá ser completada. Pensamos que o juiz deverá exigir a emenda ou a complementação da inicial sempre que essa providência for imprescindível, não apenas, para efeito de exame do mérito, mas, antes disso, com vistas ao atendimento dos pressupostos concernentes à *constituição* e ao *desenvolvimento* regulares do processo. É oportuno e, sobremodo, relevante lembrar que esses pressupostos, segundo a classificação que apresentamos em outro livro[7], são: a) de *constituição:* 1) *subjetivos:* 1.1 partes; 1.2 *juiz;* 2. objetivo: ação; b) de *desenvolvimento.* 1. quanto às partes: 1.1 capacidade de ser parte; 1.2 capacidade de estar em *juízo;* 1.3 capacidade postulatória; 2. quanto ao juiz: 2.1. jurisdição; 2.2. competência; 2.3. imparcialidade; 3. quanto ao procedimento: 3.1. inicial apta; 3.2. citação válida; 3.3. inexistência de perempção; 3.4 inexistência de litispendência; 3.5 inexistência de coisa *julgada;* 3.4. inexistência de conexão.

Um escólio conclusivo: a petição inicial, além de atender aos requisitos legais já examinados, não deve apresentar cotas marginais ou interlineares, sob pena de o juiz mandar riscá-las (CPC, art. 202). Em verdade, essa proibição não é restrita a iniciai, alcançando todas as manifestações escritas das partes, nos autos (exceção, contestação, reconvenção, petições avulsas, razões de recurso, contrarrazões, contraminutas, memoriais, etc.).

O substantivo *cota* (do latim *quotus)* designa as notas, os apontamentos, as citações, os comentários que são feitos à margem de um texto ou entre as suas linhas. O homógrafo *cota* pode significar a porção determinada de alguma coisa (quota); antiga medida da Índia Portuguesa; o lado oposto ao gume da ferramenta; certo peixe cartilaginoso dos mares do Sul; o mesmo que fortaleza, na Índia. O substantivo *cota* é, assim, polissêmico: na linguagem forense, entretanto, o seu sentido é um só.

Cotas marginais, portanto, são as anotações, comentários, etc., efetuados ao lado de um texto; *interlineares* são os que se introduzem entre as linhas do texto. Para os efeitos do art. 202, do CPC, no entanto, é defesa toda e qualquer cota (não somente as marginais e as interlineares), como as lançadas no cabeçalho ou no pé do escrito original. Enfim, em qualquer parte deste. A razão desse veto legal é menos estética do que ética. Elaborado o texto, não é recomendável que seja posteriormente acrescido, não tanto porque o acréscimo pode desfigurar o texto, emprestando-lhe uma aparência desagradável (estética), mas porque essas cotas, podem, em certos casos, dificultar a manifestação do adversário (ética). Pior serão as cotas introduzidas depois que a petição foi autuada; neste caso, referidos apontamentos apresentarão fortes traços de má-fé, de deslealdade processual, traduzindo, em alguns casos, autêntica adulteração do texto. Em qualquer hipótese, contudo, caberá ao juiz mandar riscar as cotas. Essa riscadura deve ser determinada *ex officio,* vale dizer, mesmo que não tenha sido requerida pelo adversário de quem as lançou nos autos ("O *juiz mandara* riscar", diz, em linguagem categórica, o art. 202 do CPC). Destacamos.

Entendemos, porém, ser inconciliável com o processo do trabalho a imposição de multa a quem tenha introduzido essas notas, observando que por elas responderá não o advogado, mas o seu constituinte — que poderia ser o trabalhador.

Não devem ser consideradas *cotas,* para os fins do art. 202, do CPC, as correções feitas ao texto e lançada à margem, entre as linhas ou em qualquer ponto deste, máxime se

(7) *A Sentença no Processo do Trabalho.* 5.ª ed. São Paulo: LTr, 2017. p. 153.

ressalvadas de modo expresso. Decorrem de mera intervenção corretiva, seja para realizar acréscimos ou supressões.

Na realidade, com o advento da tecnologia — em especial, dos computadores —, rareiam, na prática, as cotas marginais ou interlineares, porquanto os recursos tecnológicos permitem elaborar petições iniciais (assim como peças processuais em geral) livres dessas cotas, uma vez que o texto pode ser modificado no próprio computador, antes de ser impresso, se for o caso.

Capítulo V

Citação

1. Conceito e finalidade

Estabelece o art. 334, do CPC, que se a petição inicial atender a todos os requisitos essenciais — e não for o caso de rejeição liminar do pedido — o juiz a despachará, designando audiência de conciliação e mediação, e determinando a citação do réu, para responder. Pudemos ver, contudo, no Capítulo transato, que, no sistema peculiar do processo do trabalho, o juiz, em princípio, não despacha na inicial, para esse fim, pois a citação é ato que deve ser realizado, de maneira automática, pela secretaria do órgão jurisdicional (CLT, art. 841, *caput*).

O art. 213, do CPC de 1973, conceituava a citação como o ato pelo qual "*se chama a juízo o réu ou o interessado, a fim de se defender*". Sempre discordamos dessa definição feita pelo legislador, argumentando que, em rigor, a citação se destina a *dar ciência* ao réu da existência da ação, para que ele, se assim desejar, apresente sua resposta. Deste modo, o comparecer a juízo para responder constitui uma *faculdade* do réu, não um seu dever, embora, se não a exercer, venha a sofrer as consequências jurídicas do seu silêncio ou de sua contumácia.

O CPC atual, mais cuidadoso em sua linguagem, conceitua a citação como "*o ato pelo qual são convocados o réu, ou executado ou o interessado para integrar a relação processual*" (art. 238). Essa redação, todavia, também não é perfeita, pois o verbo *convocar* sugere a ideia de obrigatoriedade de comparecimento a juízo. Por isso, seguimos entendendo que a citação é o ato pelo qual o juiz dá *ciência* ao réu, ao executado ou ao interessado quanto à existência da ação. Ademais, da maneira como está redigida a norma legal sobredita, tem-se a falsa impressão de que se as pessoas aí referidas, depois de citadas, não vierem a juízo não estarão integrando a relação processual. Ora, sabemos que essa integração se dá não com o comparecimento a juízo, ou a postulação nos autos, mas com a simples citação. Este ato processual traduz, pois, *cientificação* e não, *convocação* — como se a parte, o executado ou o interessado, ao não atenderem a essa convocação, seriam conduzidos a juízo de modo coercitivo ("debaixo de vara", na linguagem do passado).

A citação é ato indispensável, pois será por meio dela que o réu tomará ciência de que o autor ajuizou ação, na qual pretende obter a condenação deste à satisfação de determinados bens ou utilidades da vida. Não será excessivo asseverar, em virtude disso, que a citação representa a mais importante manifestação dos princípios da bilateralidade e do contraditório. Declara, por isso, o art. 239, *caput* do CPC, que para a validade do processo e indispensável a citação do réu ou do executado. Entenda-se: a citação válida é um pressuposto para regular *desenvolvimento* do processo, não para a sua *constituição,* como parece insinuar a norma legal mencionada. O que se poderia, talvez sustentar, é a imprescindibilidade do ato citatório para a regular constituição da *relação jurídica processual*, ou melhor, para a sua angularização (autor/juiz + juiz/réu + autor/réu).

Se o escopo da citação, como expusemos, é o de cientificar o réu quanto à existência da ação, é evidente que a falta dessa comunicação tornará o processo tecnicamente inexistente, como inexistente será a sentença condenatória do réu, aí emitida. Ato inexistente é o não ato, o *nihil*. O problema da inexistência do ato jurídico ou jurisdicional é algo que precede à sua validade, pois, para que se possa dizer se é válido, ou não, é necessário que exista juridicamente — e, não apenas, sob o aspecto material. A sentença *nula* existe juridicamente, motivo por que pode ser, em alguns casos, objeto de ação rescisória; a sentença *inexistente*, por não produzir coisa julgada material, só é passível de ação declaratória, cujo exercício é imprescritível. Divergimos, neste ponto, de *Moacyr Amaral Santos*, que, segundo cremos, se equivocou ao não separar as sentenças *nulas* das *inexistentes*, e, em decorrência, disso, acabou admitindo a rescindibilidade destas.[8].

Para que o leitor possa ter uma visão mais ampla do tema pertinente à citação, transcreveremos as disposições do CPC a esse respeito, comentando-as, em seguida.

> Art. 239. Para a validade do processo é indispensável a citação do réu ou do executado, ressalvadas as hipóteses de indeferimento da petição inicial ou de improcedência liminar do pedido.
>
> § 1.º O comparecimento espontâneo do réu ou do executado supre a falta ou a nulidade da citação, fluindo a partir desta data o prazo para apresentação de contestação ou de embargos à execução.
>
> § 2.º Rejeitada a alegação de nulidade, tratando-se de processo de:
>
> I - conhecimento, o réu será considerado revel;
>
> II - execução, o feito terá seguimento.

Caput. O CPC anterior aludia, apenas, à citação do réu; o atual incluiu a do executado. Aquele Código do passado fazia referência, aliás, à citação *inicial* do réu, como se existissem citações posteriores, no mesmo processo.

Sem a citação do réu o processo de conhecimento será nulo; de igual modo se afirme quanto ao processo de execução em que não houver citação do executado.

Ao comentarmos o art. 238, dissemos que a citação é o ato pelo qual se dá ciência ao réu da ação ajuizada; ampliemos, a agora, esse conceito, para tê-lo como o ato indispensável pelo qual se dá ciência ao réu da existência da ação, e, ao executado, ciência da execução.

A citação é pressuposto legal para a *existência* do processo; logo, a sua falta faz com que o processo seja considerado juridicamente *inexistente*; se a citação for realizada com desrespeito à norma legal, o processo será nulo. Em que pese ao fato de a doutrina asseverar que a ausência de citação torna o processo inexistente, parece-nos mais apropriado à técnica e aos princípios cogitar, na espécie, de processo ineficaz. Como a ausência de citação pode ser convalidada pelo comparecimento espontâneo do réu a juízo, fica difícil admitir-se a possibilidade de validar-se um ato inexistente.

---

(8) *Primeiras Linhas de Direito Processual Civil*. 4.ª ed. São Paulo: Saraiva, 1979. 2.º vol., p. 142.

O art. 239, entretanto, dispensa a citação em dois casos: a) de indeferimento da petição inicial (art. 330); b) de "improcedência" liminar do pedido (art. 332).

§ 1.º Pode acontecer, todavia, de o réu ou o executado comparecerem a juízo, de maneira espontânea, ou seja, sem terem sido citados. Nesta hipótese, a nulidade estará suprida, contando-se o prazo (para a defesa ou para os embargos do devedor) a partir da data desse comparecimento.

É necessário, observar, contudo, que se o comparecimento não for pessoal, por parte do réu, mas de seu advogado, este deverá juntar aos autos não apenas a procuração, sendo necessário que desta constem também poderes para receber citação (CPC, art. 105).

Lancemos uma ponderação oportuna: se o réu, em uma ação trabalhista, não tiver sido formalmente citado, mas, a despeito disso, ficar ciente da existência da ação e do teor da petição inicial e, no prazo legal, oferecer contestação, na qual alega, em preliminar, a nulidade (ou inexistência jurídica) do processo por falta de citação, não deveria o juiz acolher a preliminar, pois a ausência de citação não acarretou nenhum prejuízo ao réu. Convém lembrar a particularidade de o processo do trabalho haver consagrado o princípio da transcendência, conforme o qual não há nulidade sem prejuízo (CLT, art. 794). Na situação por nós imaginada, seria render injustificado apego ao formalismo a declaração de nulidade processual, pelo simples fato de o réu não haver sido citado — embora tenha podido oferecer, sem prejuízo ou constrangimento, resposta à inicial. Razão teria o réu, isto sim, se viesse a saber, por acaso, da existência da ação dois ou três dias antes da audiência (em desrespeito ao art. 841, *caput*, da CLT), na qual deveria oferecer a sua resposta, e, em razão disso, elaborasse, às pressas, e de maneira imperfeita, essa resposta. Aqui, além de ter ocorrido violação à garantia constitucional da ampla defesa (CF, art. 5.º LV), o prejuízo seria manifesto, por modo a autorizar a declaração judicial de nulidade do processo, por falta de citação.

§ 2.º Sendo rejeitada a alegação de nulidade, as consequências processuais serão as indicadas nos incisos seguintes.

Inciso I. No processo de conhecimento, o réu será considerado revel; é necessário esclarecer, porém, que nem sempre ocorrerá o *efeito* característico da revelia, que é a presunção de veracidade dos fatos alegados na petição inicial (CLT, art. 844, *caput*, CPC, art. 344). O CPC prevê as situações em que esse efeito não se verificará (art. 345, I a IV). O art. 844, § 4.º, da CLT, pastichando a norma do processo civil, também as prevê. É oportuno destacar que a nova redação do art. 844, § 5.º, da CLT, dando cobro a uma controvérsia que grassava, há muito tempo, nos sítios da doutrina e da jurisprudência, dispôs: "Ainda que ausente o reclamado, presente o advogado na audiência, serão aceitos a contestação e os documentos eventualmente apresentados". Note-se o caráter imperativo da norma: serão aceitos. Não há espaço, portanto, à discricionariedade do juiz.

Inciso II. No processo de execução, diz a norma que "*o feito terá prosseguimento*". Essa declaração legal, contudo, precisa ser interpretada com certa reserva, pois também no processo de conhecimento *o feito terá prosseguimento* mesmo que o réu seja revel.

Art. 240. A citação válida, ainda quando ordenada por juízo incompetente, induz litispendência, torna litigiosa a coisa e constitui em mora o devedor, ressalvado o disposto nos arts. 397 e 398 da Lei n. 10.406, de 10 de janeiro de 2002 (Código Civil).

§ 1.º A interrupção da prescrição, operada pelo despacho que ordena a citação, ainda que proferido por juízo incompetente, retroagirá à data de propositura da ação.

§ 2.º Incumbe ao autor adotar, no prazo de 10 (dez) dias, as providências necessárias para viabilizar a citação, sob pena de não se aplicar o disposto no § 1.º.

§ 3.º A parte não será prejudicada pela demora imputável exclusivamente ao serviço judiciário.

§ 4.º O efeito retroativo a que se refere o § 1.º aplica-se à decadência e aos demais prazos extintivos previstos em lei.

Caput. O assunto era tratado no *caput* do art. 219 do CPC revogado.

A norma se ocupa dos *efeitos* processuais da citação válida.

Litispendência. Ocorre quando se repete ação que está em curso (CPC, art. 337, § 3.º). Uma ação é idêntica à outra quando tiverem as mesmas partes, a mesma causa de pedir e mesmo pedido (*ibidem*, § 2.º). Cuida-se, como se vê, de uma tríplice identidade. Quanto à identidade das partes, porém, queremos chamar a atenção para o fato de que, para os efeitos exclusivos da litispendência, deverão ser consideradas iguais as ações em que figure, numa, como autor, determinado trabalhador ou grupo de trabalhadores, consorciados na lide, e, noutra, o sindicato da classe, atuando como substituto processual, desde que as causas de pedir e os pedidos sejam os mesmos. O que se deve ter em mente, em situações como esta, é que, em ambas as ações, o titular do direito material é o mesmo: o trabalhador.

Em sede de mandado de segurança, estabelece a Lei n. 12.016, de 3 de agosto de 2009: "art. 22 (...). § 1.º O mandado de segurança coletivo não induz litispendência para as ações individuais, mas os efeitos da coisa julgada não beneficiarão o impetrante a título individual se não requerer a desistência de seu mandado de segurança no prazo de 30 (trinta) dias a contar da ciência comprovada da impetração da segurança coletiva".

Coisa litigiosa. A litigiosidade, aqui, se refere à coisa que constitui objeto da demanda. Este efeito processual da citação válida alcança tanto as partes quanto os terceiros. Sobre as partes se revela, por exemplo, sob a forma de proibição de inovarem o estado de fato da causa; se isto ocorrer, a parte prejudicada poderá invocar o poder geral de cautela do magistrado, a fim de que este imponha à parte a obrigação de abster-se da prática do ato.

Constituição em mora. Estamos diante de um dos efeitos materiais da citação válida. É legalmente considerado em mora o devedor que não efetuar o pagamento e o credor que não quiser recebê-lo, no tempo, lugar e forma que a lei ou o contrato estabelecer (Código Civil, art. 394). Duas observações se tornam necessárias, acerca do tema. Primeiramente, o devedor será constituído em mora mesmo que a citação tenha sido ordenada por juiz incompetente; segundamente, como procuramos demonstrar, no processo do trabalho deve ser levada em conta, para essa finalidade, não a citação, mas a simples entrega da petição inicial em juízo, ou a sua distribuição. A acrescentar, que a mora, como havíamos anotado há pouco, traduz um efeito de natureza material da citação válida.

Interrupção da prescrição. Em um primeiro lançar de olhos, pareceria haver omissão do *caput* do art. 240, do CPC, ao não mencionar a interrupção da prescrição, decorrente da citação válida. Pensamos, no entanto, que o legislador procurou separar as situações, que antes estavam englobadas no art. 219 do CPC revogado. Assim, é a *citação* (válida) que induz litispendência, torna litigiosa e coisa e constitui o devedor em mora, ao passo que o *despacho* que ordena a citação é a causa interruptiva da prescrição (art. 240, § 1.º)

É interessante observar que o § 1.º, do art. 219, do CPC anterior, possuía a seguinte redação: "A prescrição considerar-se-á interrompida na data do despacho que ordenar a citação". Por força da Lei n. 8.952/94, no entanto, a redação daquele dispositivo passou a ser esta: "A interrupção da prescrição retroagirá à data da propositura da ação". Diante disso, indagávamos: qual das duas disposições prevaleceria? Entendíamos que era a do Código Civil, pois este (Lei n. 10.406, de 10.1.2002) era posterior à Lei n. 8.952/94, que alterou a redação do § 1.º do art. 219, do CPC. O CPC atual volta a dizer que a prescrição é interrompida pelo *despacho* que ordena a citação. Logo, este é o princípio legal a ser observado.

É proveitoso ressaltar o seguinte, acerca da interrupção da prescrição: esta será interrompida somente uma vez (Código Civil, art. 202, *caput*). Em termos concretos, isto significa que, no processo do trabalho, se o processo em que ocorreu a citação do réu foi extinto, sem resolução do mérito, embora o autor possa intentar, novamente, a ação (CPC, art. 485, *caput*), a nova citação não interromperá a prescrição. De qualquer modo, mesmo tendo sido extinto o primeiro processo, terá havido interrupção da prescrição, ainda que restrita aos pedidos lá formulados (TST, Súmula n. 268).

O *caput* do art. 240, em exame, faz expressa ressalva aos arts. 397 e 398 do CC. O primeiro estabelece: "*O inadimplemento da obrigação, positiva e líquida, no seu termo, constitui de pleno direito em mora o devedor. Parágrafo único. Não havendo termo, a mora se constitui mediante interpelação judicial ou extrajudicial*"; e, o segundo: "*Nas obrigações provenientes de ato ilícito, considera-se o devedor em mora, desde que o praticou*".

§ 1.º A interrupção da prescrição, ainda que derivante de despacho exarado por juízo incompetente, retroagirá à da propositura da ação (*ibidem*, § 1.º).

§ 2.º No processo do trabalho, a citação (notificação) do réu, independe de requerimento formulado na inicial (CLT, art. 840, § 1.º), pois esse ato é praticado *ex officio* (CLT, art. 841, *caput*). Assim, dificilmente haverá situação que justifique a incidência, nesse processo, do art. 238, § 2.º, do CPC. Se, contudo, em situação verdadeiramente excepcional, o juiz do trabalho determinar que a parte promova a citação do réu, ela disporá do prazo de dez dias para cumprir o despacho. Não sendo cumprido no prazo, não se considerará interrompida a prescrição.

Uma nótula importante: no sistema do processo do trabalho, a interrupção da prescrição passou a dar-se, em rigor, não por força da citação, e sim, do simples *ajuizamento* da ação, em virtude do estabelecido no § 3.º do art. 11, da CLT (Lei n. 13.467, de 13-7-20170). Basta, portanto, para a deflagração do efeito interruptivo, que a petição inicial seja protocolada em juízo, mesmo que não seja o competente.

§ 3.º A parte não poderá ser prejudicada pela demora imputável exclusivamente aos serviços judiciários. A regra possui conteúdo ético.

§ 4.º Decadência. O CPC anterior era omisso quanto ao efeito interruptivo da decadência, produzido pela citação válida. O CPC atual supriu essa lacuna ao declarar que esse efeito se verificará não somente quanto à decadência, senão que também aos demais prazos extintivos previstos em lei.

Art. 241. Transitada em julgado a sentença de mérito proferida em favor do réu antes da citação, incumbe ao escrivão ou ao chefe de secretaria comunicar-lhe o resultado do julgamento.

A norma em apreciação está vinculada ao art. 332, nos termos do qual, independentemente da citação do réu, o juiz rejeitará, desde logo, o pedido nos casos previstos nos incisos I a IV do aludido artigo. Dispõe o § 2.º do mesmo dispositivo legal que se não for interposta apelação, pelo autor, o réu será intimado do trânsito em julgado da sentença.

O art. 241 esclarece que a comunicação do trânsito em julgado da decisão de mérito favorável ao réu, antes da citação, será feita pelo escrivão — ou pelo diretor da secretaria, no caso da Justiça do Trabalho. Mesmo que a comunicação seja efetuada por outro serventuário, que não o chefe da secretaria (no caso da Justiça do Trabalho), não haverá nulidade, desde que o réu tenha sido, efetivamente, cientificado do trânsito em julgado da decisão.

Art. 242. A citação será pessoal, podendo, no entanto, ser feita na pessoa do representante legal ou do procurador do réu, do executado ou do interessado.

§ 1.º Na ausência do citando, a citação será feita na pessoa de seu mandatário, administrador, preposto ou gerente, quando a ação se originar de atos por eles praticados.

§ 2.º O locador que se ausentar do Brasil sem cientificar o locatário de que deixou, na localidade onde estiver situado o imóvel, procurador com poderes para receber citação será citado na pessoa do administrador do imóvel encarregado do recebimento dos aluguéis, que será considerado habilitado para representar o locador em juízo.

§ 3.º A citação da União, dos Estados, do Distrito Federal, dos Municípios e de suas respectivas autarquias e fundações de direito público será realizada perante o órgão de Advocacia Pública responsável por sua representação judicial.

Caput. Regra semelhante estava no *caput* do art. 215, do CPC revogado.

O destinatário natural da citação, no processo de conhecimento, é o réu; no de execução, o devedor. Opostamente ao processo civil (CPC, art. 242), o processo do trabalho não exige que a citação seja *pessoal* no processo de conhecimento. Eventual exigência quanto a essa pessoalidade poderia permitir ao réu colocar em prática certas manobras protelatórias, que não conviriam ao autor, nem à seriedade da Justiça do Trabalho. Por isso, a citação é realizada via Correio, mediante registro postal, com aviso de recebimento (CLT, art. 841). Considera-se realizada a citação, tanto que o seu instrumento seja recebido no endereço dele constante. Se, por exemplo, esse instrumento for recebido pelo porteiro de edifício, seja comercial ou residencial, o fato de acabar não chegando ao conhecimento do destinatário (réu) é algo que a jurisprudência trabalhista atribui a uma desorganização interna dos serviços do prédio. A citação terá sido realizada.

A Súmula n. 16, do TST, presume recebida a "notificação" 48 horas depois de sua postagem, esclarecendo que o seu não recebimento ou a entrega após o decurso desse prazo constitui ônus da prova do destinatário. Esse prazo de 48 horas foi extraído do parágrafo único do art. 774, da CLT, de acordo com o qual se o réu não for encontrado ou recusar-se a receber a citação, "o Correio ficará obrigado, sob pena de responsabilidade do servidor, a devolvê-la no prazo de 48 horas, ao Tribunal de origem".

O CPC revogado, convém salientar, que só admitia a citação pelo correio quando o réu fosse comerciante ou industrial domiciliado no país (art. 222, *caput*, em sua redação primitiva); todavia, inspirado no processo do trabalho, aquele estatuto processual civil acabou convertendo essa exceção em regra, para admitir a citação por via postal, ressalvados os casos apontados as letras "*a*" a "*f*" da redação do art. 222, dada pela Lei n. 8.710, de 24-9-1993. O art. 247, do CPC em vigor, manteve essa norma.

No processo do trabalho, se o réu criar embaraços ao recebimento da citação, ou não for localizado, esta será feita por edital, inserto no jornal oficial ou particular, que publicar o expediente forense. Inexistindo quaisquer desses jornais, a citação será realizada mediante a afixação do seu instrumento na sede da Vara (CLT, art. 841, § 1.º). Pode-se aplicar ao processo do trabalho, em caráter excepcional, a citação com hora certa, prevista nos arts. 252/254, do CPC.

Na execução trabalhista, o devedor será citado por oficial de justiça (CLT, art. 880, § 2.º). Se o devedor, procurado por duas vezes no espaço de 48 horas, não for encontrado, a citação será realizada por meio de edital, publicado no jornal oficial ou, na falta deste, afixado na sede da Vara ou Juízo, durante cinco dias *(ibidem*, § 3.º).

Embora afirme que a citação será pessoal, o art. 240 do CPC permite que seja realizada na pessoa do representante legal ou do procurador do réu, do executado ou do interessado.

§ 1.º No sistema do CPC, se o réu estiver ausente, a citação será feita na pessoa de seu mandatário, administrador, preposto ou gerente, quando a ação decorrer de atos por eles praticados. No processo do trabalho, como dissemos, a citação será realizada pelo Correio, mediante registro postal (CLT, art. 841, § 1.º). Se o réu criar embaraços ao recebimento da citação ou não for encontrado, a citação será realizada por edital *(ibidem)*; e, em casos excepcionais, com hora certa.

§ 2.º A matéria de locação de imóveis não é da competência da Justiça do trabalho.

§ 3.º União, dos Estados, do Distrito Federal, dos Municípios e de suas respectivas autarquias e fundações de direito público serão citados perante o órgão da Advocacia Pública responsável por sua representação em juízo.

> Art. 243. A citação poderá ser feita em qualquer lugar em que se encontre o réu, o executado ou o interessado.
>
> Parágrafo único. O militar em serviço ativo será citado na unidade em que estiver servindo, se não for conhecida sua residência ou nela não for encontrado.

Caput. Repete-se a regra do *caput* do art. 216 do CPC revogado, acrescentando-se a referência ao executado e ao interessado.

O princípio legal é de que o réu, o executado ou o interessado serão citados em qualquer lugar em que se encontrarem. Essa norma só é aplicável ao processo do trabalho na execução, pois a citação, no processo cognitivo, é efetuada pelo Correio, mediante registro postal, sendo, por isso, irrelevante cogitar-se do lugar em que se encontra o citando: o instrumento de citação será entregue à pessoa que estiver no endereço constante desse instrumento.

Se, em situação excepcional, a citação do réu trabalhista dever ser efetuada por oficial de justiça, no processo de conhecimento, estará presente o pressuposto para a incidência do art. 243, *caput*, do CPC.

Parágrafo único. Mesmo no caso de militar, a citação, no processo do trabalho, será efetuada mediante registro postal, exceto se tratar-se de execução, quando o ato citatório será feito por oficial de justiça. Apenas neste último caso é que se atenderá à regra do parágrafo único do art. 243.

> Art. 244. Não se fará a citação, salvo para evitar o perecimento do direito:
>
> I - de quem estiver participando de ato de culto religioso;
>
> II - de cônjuge, de companheiro ou de qualquer parente do morto, consanguíneo ou afim, em linha reta ou na linha colateral em segundo grau, no dia do falecimento e nos 7 (sete) dias seguintes;
>
> III - de noivos, nos 3 (três) primeiros dias seguintes ao casamento;
>
> IV - de doente, enquanto grave o seu estado.

Caput. Repete-se o *caput* do art. 217 do CPC revogado.

Somente se for necessário para evitar o perecimento do direito é que se fará a citação nas situações indicadas nos incisos deste artigo. O perecimento do direito pode ocorrer em casos como os de prescrição e de decadência.

Inciso I. Ato de culto religioso. A pessoa que estiver assistindo a ato dessa natureza não pode ser citada. Algumas dificuldades de ordem prática podem surgir em relação a esse preceito legal. Em primeiro lugar, o que se deve entender como religião? O culto ou a devoção prestada a qualquer ser, entidade, mesmo que não possuam natureza divina ou extraterrena? A solução dessa questão deverá ficar reservada a cada caso concreto. Por outro lado, o que se deve entender por "estar assistindo" a ato de culto religioso? Se a pessoa estiver assistindo a esse ato pela televisão não poderá ser citada? Pensamos que o inciso em exame somente deverá ser aplicado em benefício da pessoa que estiver assistindo ao ato religioso no lugar em que este esteja sendo realizado. É o que se poderia denominar de assistência "presencial". Enfim, o escopo do preceito legal é respeitar o sentimento religioso das pessoas. Pela mesma razão, não poderá ser citado quem estiver *oficiando* o culto, como os padres, os pastores e outros líderes religiosos.

Inciso II. Falecimento. Também não poderá ser citado o cônjuge, o companheiro ou qualquer parente do falecido, consanguíneo ou afim, em linha reta ou na linha colateral em segundo grau, no dia do óbito e nos sete dias subsequentes, pouco importando o lugar em que se encontrem essas pessoas. O CPC anterior não incluía o *companheiro* (ou companheira) nesse rol.

Inciso III. Casamento. O CPC anterior aludia às *bodas*. O substantivo *bodas* tanto pode referir-se a aniversário de casamento (bodas de prata, de ouro, de rubi, etc.), quanto às próprias núpcias. É neste último sentido que se deveria interpretar a norma legal revogada. A atual substituiu o vocábulo, passando a falar, com mais acerto, em casamento. Assim, os noivos não poderão ser citados nos três dias de casamento, aqui incluído o próprio dia em que as núpcias se realizaram.

Inciso IV. Doentes. Por motivos piedosos, humanitários, a lei veda a citação dos doentes, enquanto for grave o seu estado de saúde. Em alguns casos, aliás, a pessoa, dado o seu elevado grau de enfermidade, nem mesmo teria lucidez ou discernimento para receber a citação. A gravidade do estado de saúde do "citando", ou, de qualquer modo, o seu discernimento para receber a citação deverá ser comprovado por declaração médica, seja mediante atestado, seja mediante laudo.

> Art. 245. Não se fará citação quando se verificar que o citando é mentalmente incapaz ou está impossibilitado de recebê-la.
>
> § 1.º O oficial de justiça descreverá e certificará minuciosamente a ocorrência.
>
> § 2.º Para examinar o citando, o juiz nomeará médico, que apresentará laudo no prazo de 5 (cinco) dias.
>
> § 3.º Dispensa-se a nomeação de que trata o § 2.º se pessoa da família apresentar declaração do médico do citando que ateste a incapacidade deste.
>
> § 4.º Reconhecida a impossibilidade, o juiz nomeará curador ao citando, observando, quanto à sua escolha, a preferência estabelecida em lei e restringindo a nomeação à causa.
>
> § 5.º A citação será feita na pessoa do curador, a quem incumbirá a defesa dos interesses do *citando.*

Caput. A norma constava do CPC anterior, cujo art. 218, *caput*, aludia, em linguagem inapropriada, à *demência* da parte.

A citação não será efetuada se o réu foi mentalmente incapaz ou, por qualquer motivo, estiver incapacitado de recebê-la. A razão é elementar: ele não terá consciência do conteúdo do ato judicial e das consequências que este acarretará.

§ 1.º Verificando quaisquer das situações mencionadas no *caput* deste artigo, o oficial de justiça descreverá e certificará de maneira minuciosa a ocorrência, vale dizer, demonstrará o motivo pelo qual deixou de cumprir o mandado citatório. Essa descrição detalhada é necessária para que o juiz verifique sobre a necessidade de agir da maneira prevista no parágrafo seguinte.

§ 2.º Devolvido o mandado aos autos, e certificando-se do que dele consta, o juiz nomeará médico para examinar o citando. O laudo médico deverá ser apresentado em cinco dias. A escolha do médico ficará, portanto, a critério do juiz, que deverá atender às qualificações e à especialização do referido profissional.

§ 3.º Não haverá necessidade de nomeação de médico, na forma do § 2.º, se algum familiar do citando apresentar declaração do médico deste, atestando a sua incapacidade.

§ 4.º Se o laudo concluir pela impossibilidade de a pessoa ser citada, o juiz — desde que concorde com as conclusões do *expert* —, dará um curador ao citando. Para efeito de designação do curador, deverão ser observadas as preferências estabelecidas na lei; além disso, a nomeação ficará restrita à causa.

A curatela pode ser conceituada como o instituto destinado à proteção da pessoa e à administração do seu patrimônio econômico. O art. 1.766 do CC declara estarem sujeitos à curatela: a) as pessoas que, por enfermidade ou deficiência mental, não possuírem o necessário discernimento para os atos da vida civil; b) aqueles que, por outra causa duradoura, não puderem manifestar a sua vontade; c) os deficientes mentais, os ébrios habituais e os viciados em tóxicos; d) os excepcionais sem completo desenvolvimento mental. A interdição pode ser promovida: a) pelos pais ou tutores; b) pelo cônjuge, ou por qualquer parente; c) pelo Ministério Público (CC, art. 1.768). O cônjuge ou o companheiro, desde que não esteja separado judicialmente ou de fato, é, de direito, curador do outro, quando interdito (CC, art. 1.775).

§ 5.º A citação será realizada na pessoa do curador, incumbindo a este promover a defesa judicial dos direitos e interesses do réu.

> Art. 246. A citação será feita:
>
> I - pelo correio;
>
> II - por oficial de justiça;
>
> III - pelo escrivão ou chefe de secretaria, se o citando comparecer em cartório;
>
> IV - por edital;
>
> V - por meio eletrônico, conforme regulado em lei.
>
> § 1.º Com exceção das microempresas e das empresas de pequeno porte, as empresas públicas e privadas são obrigadas a manter cadastro nos sistemas de processo em autos eletrônicos, para efeito de recebimento de citações e intimações, as quais serão efetuadas preferencialmente por esse meio.
>
> § 2.º O disposto no § 1.º aplica-se à União, aos Estados, ao Distrito Federal, aos Municípios e às entidades da administração indireta.
>
> § 3.º Na ação de usucapião de imóvel, os confinantes serão citados pessoalmente, exceto quando tiver por objeto unidade autônoma de prédio em condomínio, caso em que tal citação é dispensada.

Caput. Reproduz-se, com pequenas alterações, o *caput* do art. 221 do CPC revogado.

A norma passa a indicar, em seus incisos, as formas pelas quais a citação será realizada.

Inciso I. Pelo correio. Conforme afirmamos há pouco, no processo do trabalho a citação pelo correio, mediante aviso de recebimento, constitui o princípio a ser observado nos processos de conhecimento e cautelar (CLT, art. 841). De certa maneira, esse princípio acabou sendo adotado pelo processo civil, após longo período de hesitação. Mesmo assim, o CPC veda a citação por esse meio: 1) nas ações de estado; 2) quando o réu for incapaz; 3) quando o réu for pessoa jurídica de direito público; 4) quando o réu residir em local não atendido pela entrega domiciliar de correspondência; 5) quando o autor a requerer de outra forma (art. 247). O CPC atual excluiu, do elenco dessas exceções, os *processos de execução*, aos quais se referia a letra "d" do art. 222 do CPC de 1973.

Inciso II. Por oficial de justiça. No processo de conhecimento trabalhista, a citação do réu não é feita, em regra, pelo oficial de justiça, e sim mediante registro postal. Na execução, todavia, esse ato é praticado pelo oficial de justiça (CLT, art. 880, § 2.º). O mandado executivo não se destina, apenas, a citar o devedor. As outras finalidades (decorrentes da citação) são para que pague no prazo de 48 horas ou nomeie bens à penhora; se o devedor não fizer nenhuma coisa nem outra, ser-lhe-ão penhorados tantos bens quantos bastem para satisfazer o escopo da execução (CLT, art. 883). No mesmo mandado o oficial de justiça nomeará o depositário dos bens e intimará o devedor para oferecer embargos, no prazo de cinco dias (CLT, art. 884).

Embora a citação por oficial de justiça seja a forma consagrada na execução, isto não quer dizer que esses oficiais somente possam atuar na execução. Há casos, embora excepcionais, em que a citação no processo de conhecimento é efetuada por oficial de justiça. Tal ocorre, geralmente, nos casos em que o Correio não encontra o endereço do réu. Enfim, ficará sempre reservado ao prudente arbítrio do juiz do trabalho a possibilidade de — repitamos: em caráter excepcional — determinar a citação do réu por oficial de justiça. O próprio CPC permite a citação por oficial de justiça "nas hipóteses previstas neste Código ou na lei, ou quando frustrada a citação pelo correio" (art. 249).

Nas situações que justifiquem a citação por oficial de justiça, no processo de conhecimento trabalhista, o mandado deverá conter os requisitos do art. 250, do CPC: a) nomes do autor e do réu, com seus domicílios ou residências; b) o objetivo da citação, com todas as especificações da petição inicial, bem como a menção do prazo para contestar, sob pena de revelia, ou para embargar a execução; c) a aplicação de sanção, se houver; d) a intimação do citando para comparecer, acompanhado de advogado ou de defensor público, à audiência de conciliação ou de mediação, com a menção do dia, da hora e do lugar do comparecimento; e) a cópia da petição inicial, do despacho ou da decisão que deferir tutela provisória; f) VI — a assinatura do escrivão ou do chefe de secretaria e a declaração de que o subscreve por ordem do juiz.

Inciso III. Pelo escrivão ou chefe da secretaria. Essa forma de citação será possível quando o réu comparecer ao cartório ou à secretaria do juízo.

Inciso IV. Por edital. No processo do trabalho, há previsão de citação por edital quando: a) o réu, no processo de conhecimento, criar embaraços para recebê-la ou não for localizado (CLT, art. 841, § 1.º); b) o devedor, no processo de execução, procurado no espaço de 48 horas, não for encontrado (CLT, art. 880, § 3.º).

Levando em conta o conteúdo ético do processo, como método estatal de solução de conflitos de interesses tutelados pela ordem jurídica, a lei pune, com multa correspondente a cinco salários mínimos, a parte que requerer a citação por edital, alegando, de maneira dolosa, os requisitos do art. 256, I e II, do CPC (*ibidem*, art. 258, *caput*). A fixação da multa com base em salários mínimos atenta contra o disposto no art. 7.º, IV, da Constituição Federal, motivo por que o juiz deverá adotar um outro critério. A multa verterá para a parte contrária *(ibidem*, parágrafo primeiro).

Inciso V. Por meio eletrônico. A possibilidade de citação por este meio foi instituída pela Lei n. 11.419, de 19 de dezembro de 2006, que inseriu o inciso IV, no art. 221, do CPC anterior. O art. 6.º, da precitada norma legal, dispõe que, sendo observadas as formas e as cautelas do seu art. 5.º, as citações, inclusive da Fazenda Pública, poderiam ser feitas por meio eletrônico, "*desde que a íntegra dos autos seja acessível ao citando*". É evidente que se o réu não puder ter acesso integral ao conteúdo dos autos, a citação eletrônica será inválida, porquanto manifesto o seu prejuízo (CLT, art. 794). No CPC atual, a previsão de citação por meio eletrônico consta do inciso V do art. 246.

§ 1.º As empresas públicas e privadas devem manter cadastro junto aos sistemas de processo em autos eletrônicos, com a finalidade de receberem citações e intimações, cujos atos deverão ser realizados, de preferência, por esse meio. Excluem-se dessa exigência legal as microempresas e as empresas de pequeno porte.

§ 2.º A regra contida no § 1.º é aplicável à União, aos Estados, ao Distrito Federal, aos Municípios e às entidades da administração indireta.

§ 3.º A Justiça do Trabalho não possui competência para apreciar ações de usucapião.

> Art. 247. A citação será feita pelo correio para qualquer comarca do país, exceto:
>
> I – nas ações de estado, observado o disposto no art. 695, § 3.º;
>
> II – quando o citando for incapaz;
>
> III – quando o citando for pessoa de direito público;
>
> IV – quando o citando residir em local não atendido pela entrega domiciliar de correspondência;
>
> V – quando o autor, justificadamente, a requerer de outra forma.

Caput. Regra idêntica estava no *caput* do art. 222 do CPC revogado.

Após enunciar o princípio de que a citação pelo correio poderá ser efetuada para qualquer comarca do país, o texto legal aponta algumas exceções a essa regra.

Inciso I. Ações de estado. A Justiça do Trabalho não possui competência para apreciar ações a esse respeito.

Inciso II. Réu incapaz. Também no processo do trabalho deverá ser observada essa exceção. A incapacidade pode ser absoluta (CC, art. 3.º) ou relativa (CC, art. 4.º); no primeiro caso, o incapaz será representado por quem a lei designar; no segundo, será assistido. A citação será efetuada por oficial de justiça, na pessoa do representante ou do assistente.

Inciso III. Tratando-se de processo de conhecimento, a norma não incide no processo do trabalho. Aqui, como tantas vezes assinalamos, a citação é realizada pelo correio, mediante registro postal (CLT, art. 841, § 1.º).

Inciso IV. Elementarmente, se o local em que o réu residir ou exercer as suas atividades não for atendido pela entrega domiciliar de correspondência, a citação não poderá ser feita pelo correio, devendo ser realizada, isto sim, por oficial de justiça — mesmo no processo do trabalho.

Inciso V. Se o autor requerer que a citação não seja efetuada pelo correio, mas por outra forma, que indicar, cumprirá ao juiz verificar: a) se o fundamento desse requerimento é justificável; b) se a forma alternativa de citação, apontada pelo autor, é legalmente adequada. Se o fundamento não se justificar, o juiz indeferirá o requerimento. Deferindo-o, não significa que o ato citatório será realizado pela forma indicada pelo autor, pois o juiz poderá decidir-se pela forma que seja legalmente adequada ao caso concreto.

Uma observação complementar: o inciso em exame afirma que a citação não será realizada pelo correio "*quando o autor, justificadamente, a requerer de outra forma*". Não basta, portanto, que haja o requerimento do autor: é fundamental que esse requerimento seja: a) fundamentado; b) acolhido pelo magistrado. Logo, a não realização do ato citatório pelo correio não dependerá de instância do autor, como faz parecer a norma legal, senão que de acolhimento judicial dessa postulação.

Art. 248. Deferida a citação pelo correio, o escrivão ou o chefe de secretaria remeterá ao citando cópias da petição inicial e do despacho do juiz e comunicará o prazo para resposta, o endereço do juízo e o respectivo cartório.

§ 1.º A carta será registrada para entrega ao citando, exigindo-lhe o carteiro, ao fazer a entrega, que assine o recibo.

§ 2.º Sendo o citando pessoa jurídica, será válida a entrega do mandado a pessoa com poderes de gerência geral ou de administração ou, ainda, a funcionário responsável pelo recebimento de correspondências.

§ 3.º Da carta de citação no processo de conhecimento constarão os requisitos do art. 250.

§ 4.º Nos condomínios edilícios ou nos loteamentos com controle de acesso, será válida a entrega do mandado a funcionário da portaria responsável pelo recebimento de correspondência, que, entretanto, poderá recusar o recebimento, se declarar, por escrito, sob as penas da lei, que o destinatário da correspondência está ausente.

Caput. A matéria era regida pelo *caput* do art. 223 do CPC revogado.

Nos termos do art. 841, *caput*, da CLT, caberá ao escrivão ou ao diretor da secretaria, no prazo de 48 horas, remeter a segunda via da petição inicial (ou do termo) ao réu, notificando-o, ao mesmo tempo, para comparecer à audiência de julgamento, que será a primeira desimpedida, depois de cinco dias. Uma breve análise dessa norma legal nos autoriza às seguintes conclusões: a) a citação pelo correio constitui a forma clássica do processo do trabalho; logo, aqui não se cogita do *deferimento* judicial por essa forma, a que se refere o art. 248 do CPC: a citação mediante registro postal não só é *automática*, como característica do processo do trabalho; b) o prazo para a resposta do réu, em princípio, não é preestabelecido pois ela será apresentada ou formulada no dia da audiência; c) a audiência nem sempre será de julgamento: poderá ser meramente inicial naqueles juízos que adotarem a praxe de fragmentar a audiência; d) conquanto o art. 841, § 1.º, da CLT, não o exija, o instrumento trabalhista de citação ("notificação") indica o juízo por onde se processa o feito e o seu endereço.

§ 1.º O carteiro, ao fazer a entrega do instrumento de citação, no endereço deste constante, exigirá que a pessoa que o receber assine o recibo correspondente.

§ 2.º A norma não incide no processo do trabalho; aqui, como dissemos, mesmo que o réu esteja constituído sob a forma de pessoa jurídica, considerar-se-á realizada, validamente, a citação cujo recibo seja assinado por quem se encontrar no endereço estampado no correspondente instrumento, pouco importando se a pessoa é dotada, ou não, de poderes de gerência geral ou de administração. Essa pessoa pode ser, por exemplo, até mesmo o porteiro do edifício; o que não se admite é que seja simples cliente do réu.

§ 3.º No processo de conhecimento, o instrumento de citação deverá conter os requisitos do art. 250. Examinaremos esses requisitos ao comentarmos o precitado artigo.

§ 4.º O adjetivo *edilício* significa, no texto da lei, aquilo que se refere à edificação. O princípio insculpido neste parágrafo consagra, de certo modo, o procedimento há muito adotado pela Justiça do Trabalho, consistente em considerar válida a citação cujo instrumento é recebido pelo serviço de portaria de condomínio ou de loteamento com controle de acesso. A norma, porém, autoriza o empregado da portaria a recusar o recebimento da correspondência se declarar, por escrito e sob as penas da lei, que o destinatário está ausente. O que se deve entender por *ausência*, para os efeitos da norma legal em estudo? Antes de mais nada, não se trata, necessariamente, da ausência a que se refere o art. 22, do Código Civil, capaz, até mesmo, de autorizar a abertura provisória da sucessão (art. 26). Por outro lado, não se pode considerar ausente o citando que, por exemplo, estiver por algumas horas fora do local em que reside ou trabalha. É necessário, pois, que a ausência seja razoável, considerável, decorrente, digamos, do fato de o citando estar em viagem por alguns dias. O problema é que o empregado do serviço de portaria deve declarar a ausência do destinatário ao funcionário do Correio incumbido da entrega da correspondência. Em virtude disso, deverão surgir alguns problemas de ordem prática, a começar pelo fato de o referido funcionário do Correio nem mesmo esperar que o empregado da portaria redija a declaração de que fala a norma legal.

Havendo dúvida sobre se o destinatário está, ou não, ausente, a sua citação poderá ser feita por oficial de justiça.

Conquanto o § 4.º do art. 248 do CPC faça alusão a *condomínios* edilícios (e a loteamentos com controle de acesso), as suas disposições são aplicáveis aos edifícios em geral, mesmo que não integrantes de condomínio.

> Art. 249. A citação será feita por meio de oficial de justiça nas hipóteses previstas neste Código ou em lei, ou quando frustrada a citação pelo correio.

Preceito semelhante estava no art. 224 do CPC revogado.

Na Justiça do Trabalho, a citação por meio de oficial de justiça é realizada, de ordinário, no processo de execução; somente em casos excepcionais será efetuada por esse meio no processo de conhecimento, como quando o réu residir em local não servido pelo serviço domiciliar de entrega de correspondência, ou ficar frustrada a citação pelo correio.

Art. 250. O mandado que o oficial de justiça tiver de cumprir conterá:

I - os nomes do autor e do citando e seus respectivos domicílios ou residências;

II - a finalidade da citação, com todas as especificações constantes da petição inicial, bem como a menção do prazo para contestar, sob pena de revelia, ou para embargar a execução;

III - a aplicação de sanção para o caso de descumprimento da ordem, se houver;

IV - se for o caso, a intimação do citando para comparecer, acompanhado de advogado ou de defensor público, à audiência de conciliação ou de mediação, com a menção do dia, da hora e do lugar do comparecimento;

V - a cópia da petição inicial, do despacho ou da decisão que deferir tutela provisória;

VI - a assinatura do escrivão ou do chefe de secretaria e a declaração de que o subscreve por ordem do juiz.

Caput. Reproduziu-se a regra do *caput* do art. 225 do CPC.

Estabelecem-se, aqui, os requisitos que deverá conter o mandado citatório a ser cumprido pelo oficial de justiça.

Inciso I. Nomes do autor e do citando. São necessários para definir os limites subjetivos da lide. Não há necessidade de mencionar as suas qualificações pessoais. A indicação do endereço do domicílio ou residência do réu ou citando se destina à verificação da fidelidade do mandado em relação ao endereço contido na inicial. No tocante ao autor, essa exigência perde um pouco o sentido prático.

Inciso II. Finalidade da citação. No processo de conhecimento é dar ciência ao réu da existência da ação e dos pedidos formulados pelo autor — que são "*as especificações constantes da petição inicial*" a que alude o texto legal em estudo. Em princípio, no processo do trabalho não há necessidade de o mandado indicar o prazo para a contestação, pois esta, em regra, é apresentada em audiência. O que o mandado trabalhista deve conter é a advertência de que se a contestação não for oferecida no momento processual oportuno configurar-se-á a revelia. Por outras palavras, na Justiça do Trabalho o mandado citatório (CLT, art. 841, § 2.º) deverá expressar a advertência contida na parte final do *caput* do art. 844, da CLT. No processo de execução, o ato citatório se destina, entre outras coisas, a convocar o devedor a adimplir obrigação contida no título executivo e espelhada no correspondente mandado, sob pena de penhora.

Inciso III. Aplicação de sanção. Se o mandado consubstanciar alguma ordem judicial, dele constará a sanção aplicável no caso de descumprimento dessa ordem.

Inciso IV. Cuida-se, aqui, de intimação do citando para comparecer à audiência de conciliação ou de mediação, mencionando-se o dia, a hora e o lugar em que será realizada. Nos casos em que a norma puder ser aplicada ao processo do trabalho não haverá necessidade de o citando comparecer acompanhado por advogado, pois ainda vigora (contra nossa opinião) o art. 791, *caput*, da CLT, que atribui às partes a capacidade postulatória, mediante a qual podem ingressar em juízo e aí praticar todos os atos necessários à defesa dos seus direitos e interesses, sem a presença de advogado. Exige-se a presença de procurador judicial, apenas, A Súmula n. 425, do TST, limita o *ius postulandi* às Varas e aos Tribunais Regionais do Trabalho.

Do instrumento de intimação do citando deverá constar a advertência de que o seu não comparecimento injustificado à audiência configurará ato atentatório à dignidade da justiça, sendo-lhe aplicada multa de até dois por cento da vantagem econômica pretendida ou do valor da causa, cuja penalidade verterá em benefício da União ou do Estado, conforme seja o caso (art. 334, § 8.º).

Inciso V. Cópia da inicial e do despacho. No processo do trabalho, via de regra, o juiz não exara despacho na inicial, pois o ato de citação é realizado pelo escrivão ou pelo diretor da secretaria, *ex officio* (CLT, art. 841). Nos casos em que o juiz lançar o despacho na inicial (como se dá nas ações civis públicas, nas ações cautelares inominadas, nas ações consignatórias) cópia do despacho deverá acompanhar o mandado de citação, embora seja aceitável a sua transcrição nesse instrumento. Tendo ocorrido o deferimento de tutela provisória, cópia da correspondente decisão deve acompanhar o mandado.

Ordinariamente, como dissemos, a defesa, no processo do trabalho, é apresentada (escrita) ou formulada (oralmente) na própria audiência. Sob o rigor da lei, aliás, deveria ser sempre manifestada sob a forma oral (CLT, art. 847); no entanto, ponderáveis razões de ordem prática levaram os juízes do trabalho a aceitar as defesas escritas, de tal modo que, hoje, muitos magistrados chegam a irritar-se quando o réu informa que fará oralmente a sua defesa.

Em situações extraordinárias, como no caso de ações civis públicas, alguns juízes entendem que a resposta do réu não deverá ser apresentada em audiência, e sim em prazo por eles predeterminado; sendo assim, o mandado citatório deverá indicar qual será esse prazo. A propósito, alguns despachos judiciais exarados na inicial das mencionadas ações causam profundas inquietações no espírito dos réus quando dizem: "Cite-se o réu para contestar no prazo legal". Qual seria esse *prazo legal*, do ponto de vista do juiz, quando a lei não o define?

Inciso VI. O escrivão deverá assinar o mandado, explicitando que o faz por ordem do juiz. No processo do trabalho não há necessidade de dessa explicitação.

Art. 251. Incumbe ao oficial de justiça procurar o citando e, onde o encontrar, citá-lo:

I – lendo-lhe o mandado e entregando-lhe a contrafé;

II – portando por fé se recebeu ou recusou a contrafé;

III – obtendo a nota de ciente ou certificando que o citando não a apôs no mandado.

Caput. Reprodução literal do *caput* do art. 226 do CPC revogado.

O texto legal em exame afirma que o oficial de justiça deverá citar o réu no lugar em que o encontrar. Não se aplicará esta norma, entretanto, nas situações indicadas nos arts. 244 e 245.

Inciso I. No processo civil cumprirá ao oficial de justiça ler o mandado ao réu e entregar-lhe a contrafé (cópia da petição inicial). Se o réu for surdo-mudo, mas souber ler, entendemos que o fato de o oficial de justiça deixar de ler-lhe o conteúdo do mandado não será causa de nulidade processual; afinal, o réu tomou ciência, pela leitura realizada, do teor dessa ordem judicial. Nulidade haverá se o réu, embora não sendo surdo, seja cego ou não saiba ler.

Seja como for, no processo do trabalho a citação (processo de conhecimento) não é realizada por oficial de justiça e sim pelo correio. Nas situações em que se impõe a citação por meio de oficial de justiça não se tem exigido que leia o teor do mandado ao réu: basta que lhe informe o motivo da citação e lhe entregue a contrafé.

Inciso II. O oficial de justiça declarará, ainda, se o réu recebeu a contrafé ou se recusou a recebê-la.

Inciso III. O oficial de justiça deverá solicitar ao réu que aponha a sua nota de "ciente" na cópia do mandado, que ser juntado aos autos. Se o réu recusar-se a lançar essa nota, incumbirá ao oficial de justiça certificar o fato, submetendo-o à consideração do juiz. É aconselhável, por isso, que o oficial procure inteirar-se do motivo da recusa, mencionando-o no mandado, a fim de que o juiz possa avaliar se o ato do réu foi justificável, ou não. Muitas vezes, o citando alega não ser parte legítima, indicando outra pessoa para ser citada, caso em que o juiz deverá mandar intimar o autor para que se manifeste a respeito no prazo que lhe assinar.

> Art. 252. Quando, por 2 (duas) vezes, o oficial de justiça houver procurado o citando em seu domicílio ou residência sem o encontrar, deverá, havendo suspeita de ocultação, intimar qualquer pessoa da família ou, em sua falta, qualquer vizinho de que, no dia útil imediato, voltará a fim de efetuar a citação, na hora que designar.
>
> Parágrafo único. Nos condomínios edilícios ou nos loteamentos com controle de acesso, será válida a intimação a que se refere o *caput* feita a funcionário da portaria responsável pelo recebimento de correspondência.

Caput. Transcreveu-se o art. 227 do CPC revogado.

Sempre sustentamos, em livros, que a citação com hora certa não era admissível no processo do trabalho, em razão de a CLT não ser omissa (art. 769) quanto ao assunto. Com efeito, consta do art. 841, § 1.º, desse texto legal que se o réu criar embaraços para receber a citação esta será realizada por edital.

Estamos propensos a rever nossa opinião; aliás, já o fizemos em páginas anteriores deste livro.

A citação edilícia, prevista no § 1.º do art. 841, da CLT, não só consome muito tempo, como impõe ao autor o pagamento das despesas de publicação — salvo se for beneficiário da justiça gratuita. A citação com hora certa não apresenta os problemas acarretados pelo edital. Ademais, não expõe a imagem do réu à curiosidade popular. Por essas razões, cremos que o processo do trabalho possa adotar a citação com hora certa, nas situações em que não for possível realizar esse ato pelo correio e quando se verificar que o réu está se esquivando de receber a citação.

O procedimento atinente a essa modalidade citatória é este: a) o oficial de justiça comparecerá por três vezes, em dias (e, talvez, horários) diferentes ao endereço do réu, constante do mandado; b) não o encontrando, e havendo suspeita de ocultação, deverá intimar qualquer pessoa da família de que, no dia seguinte (sendo útil), retornará para realizar a citação na hora que indicar; c) se o oficial de justiça não encontrar pessoa da família do réu, deverá fazer a intimação a qualquer vizinho.

É necessário enfatizar este ponto: para que a citação com hora certa seja legalmente possível, é imprescindível que o oficial de justiça se convença de estar havendo intuito de ocultação ao recebimento da citação por parte do réu. Se, por exemplo, as diligências desse serventuário forem frustradas em razão de o réu estar ausente por motivo justificável (viagem, doença, etc.) não poderá haver citação com hora certa, incumbindo ao oficial certificar o fato e submetê-lo à apreciação do magistrado, que deverá adotar as providências que o caso comportar.

Estando presente o pressuposto legal para a citação com hora certa, o oficial de justiça deverá atender ao procedimento estabelecido no art. 252.

Parágrafo único. O adjetivo *edilício* significa, no texto da lei, aquilo que se refere à edificação.

Será válida a intimação de que trata o *caput* feita a empregado da portaria responsável pelo recebimento de correspondência.

Conquanto a norma legal faça alusão a *condomínios* edilícios (e a loteamentos com controle de acesso), as suas disposições são aplicáveis aos edifícios em geral, mesmo que não integrantes de condomínio.

> Art. 253. No dia e na hora designados, o oficial de justiça, independentemente de novo despacho, comparecerá ao domicílio ou à residência do citando a fim de realizar a diligência.
>
> § 1.º Se o citando não estiver presente, o oficial de justiça procurará informar-se das razões da ausência, dando por feita a citação, ainda que o citando se tenha ocultado em outra comarca, seção ou subseção judiciárias.
>
> § 2.º A citação com hora certa será efetivada mesmo que a pessoa da família ou o vizinho que houver sido intimado esteja ausente, ou se, embora presente, a pessoa da família ou o vizinho se recusar a receber o mandado.
>
> § 3.º Da certidão da ocorrência, o oficial de justiça deixará contrafé com qualquer pessoa da família ou vizinho, conforme o caso, declarando-lhe o nome.
>
> § 4.º O oficial de justiça fará constar do mandado a advertência de que será nomeado curador especial se houver revelia.

Caput. No dia e hora designados, o oficial de justiça voltará ao endereço de residência ou de domicílio do réu para realizar a diligência. Esse retorno ao local mencionado no mandado independe de despacho judicial.

§ 1.º Não estando presente o réu, o oficial de justiça deverá informar-se acerca do motivo da ausência, dando por feita a citação, mesmo que o réu se tenha ocultado em outra

comarca ou seção judiciária. Uma observação relevante: é recomendável que o oficial de justiça busque certificar-se do motivo da ausência do réu não neste momento, mas quando de suas anteriores tentativas de citação (art. 252), porquanto será este o momento oportuno para ele convencer-se de que a ausência do réu é justificável ou faz parte da estratégia deste de fugir à citação. Após decidir-se pela citação com hora certa (que, reitere-se, independe de novo despacho judicial) não faz muito sentido o oficial de justiça procurar saber a razão da ausência do réu.

§ 2.º A citação com hora certa será considerada efetivada em uma destas situações: a) se a pessoa da família ou o vizinho, que houver sido intimado, estiver ausente; b) embora presente uma dessas pessoa, se recuse a receber o mandado.

§ 3.º Em seguida, o oficial de justiça certificará a ocorrência, deixando contrafé com pessoa da família do réu ou com qualquer vizinho deste, conforme seja o caso. Da certificação deverá constar o nome do familiar ou do vizinho.

§ 4.º Incumbirá ao oficial de justiça fazer constar do mandado a advertência de que, se houver revelia, será nomeado curador especial.

> Art. 254. Feita a citação com hora certa, o escrivão ou chefe de secretaria enviará ao réu, executado ou interessado, no prazo de 10 (dez) dias, contado da data da juntada do mandado aos autos, carta, telegrama ou correspondência eletrônica, dando-lhe de tudo ciência.

Reprodução, quase integral, do art. 229 do CPC revogado.

A citação com hora certa nem sempre traduzirá a certeza de que o réu, o executado ou o interessado foi, efetivamente, cientificado da existência da ação, pois o vizinho pode não lhes entregar o instrumento citatório (contrafé) deixado pelo oficial de justiça. Por isso, a lei determina que, efetuada a citação com hora certa, o escrivão remeta, no prazo de dez dias, ao réu, ao executado ou ao interessado carta, telegrama ou correspondência eletrônica, dando-lhe conhecimento de tudo. A ausência do envio de carta, telegrama ou correspondência eletrônica às pessoas mencionadas no texto legal tornará, a nosso ver, nula a citação — exceto se, a despeito disso, elas oferecerem a contestação.

> Art. 255. Nas comarcas contíguas de fácil comunicação e nas que se situem na mesma região metropolitana, o oficial de justiça poderá efetuar, em qualquer delas, citações, intimações, notificações, penhoras e quaisquer outros atos executivos.

Repete-se, em essência, o art. 230 do CPC revogado.

Se as comarcas forem contíguas e entre elas houver fácil acesso ("comunicação", diz a lei), ou se estiverem situadas na mesma região metropolitana, o oficial de justiça poderá efetuar, em qualquer delas, citações, intimações, notificações, penhoras e quaisquer outros atos executivos.

Parece-nos, efetivamente, que a expressão legal "fácil comunicação" deva ser interpretada como "fácil acesso". Ocorre que, modernamente, com os expressivos e incessantes avanços tecnológicos, especialmente a *Internet*, a citação de alguém residente ou estabelecido a milhares de quilômetros de distância em relação ao juízo da causa poderia ser considerada lícita, tendo em vista essa facilidade de comunicação.

Seja como for, a incidência do art. 255 pressupõe: a) que as comarcas sejam contíguas; ou b) integrem a mesma região metropolitana. A Constituição Federal, em seu art. 25, § 3.º, autoriza os Estados federados, por meio de lei complementar, "instituir regiões metropolitanas, aglomerações urbanas e microrregiões, constituídas por agrupamento de municípios limítrofes, para integrar a organização, o planejamento e a execução de funções públicas de interesse comum". Foi dentro desse espírito e desse objetivo constitucionais que o art. 255 do CPC permitiu a citação de que se ocupa.

> Art. 256. A citação por edital será feita:
>
> I - quando desconhecido ou incerto o citando;
>
> II - quando ignorado, incerto ou inacessível o lugar em que se encontrar o citando;
>
> III - nos casos expressos em lei.
>
> § 1.º Considera-se inacessível, para efeito de citação por edital, o país que recusar o cumprimento de carta rogatória.
>
> § 2.º No caso de ser inacessível o lugar em que se encontrar o réu, a notícia de sua citação será divulgada também pelo rádio, se na comarca houver emissora de radiodifusão.
>
> § 3.º O réu será considerado em local ignorado ou incerto se infrutíferas as tentativas de sua localização, inclusive mediante requisição pelo juízo de informações sobre seu endereço nos cadastros de órgãos públicos ou de concessionárias de serviços públicos.

Caput. Disposição semelhante estava no *caput* do art. 231 do CPC revogado.

Cuida-se, aqui, dos casos em que a citação por edital será realizada.

Inciso I. Podem existir casos em que o autor desconhece ou não tem certeza de quem deva figurar na relação processual na qualidade de réu. Diante disso, a citação será feita por edital. Essa situação é remotíssima no processo do trabalho.

Inciso II. A citação também será realizada por edital quando for ignorado, incerto ou inacessível o lugar em que o réu se encontrar.

Inciso III. Nos demais casos previstos em lei a citação será edilícia. Insere-se aqui o § 1.º do art. 841 da CLT, em que pese ao fato de havermos manifestado propensão a admitir a citação com hora certa quando houver suspeita de que o réu esteja se esquivando à ação da justiça.

§ 1.º Lugar inacessível, para os efeitos da norma legal em estudo, não é apenas o país que recusar o cumprimento de carta rogatória — como parece sugerir o texto legal —, senão que todo aquele em que o acesso não for possível, por motivos geográficos (montanhas, rios caudalosos), perigosos (favelas hostis, áreas de terras tomadas por posseiros ou em permanente estado de conflito social), bélicos (guerras, guerrilhas), etc.

§ 2.º A citação por edital, nos casos de ser inacessível o lugar onde se encontre o réu, deverá ser divulgada pelo rádio, nas comarcas onde houver emissoras de radiodifusão. O objetivo é dar a maior publicidade possível a esse ato processual.

§ 3.º Este parágrafo articula-se com o inciso II, que alude ao fato de o citando estar em lugar incerto e inacessível. O réu será assim considerado se revelarem infrutíferas as tentativas de sua localização, inclusive mediante requisição pelo juízo de informações sobre seu endereço nos cadastros de órgãos públicos ou de concessionárias de serviços públicos.

Art. 257. São requisitos da citação por edital:

I – a afirmação do autor ou a certidão do oficial informando a presença das circunstâncias autorizadoras;

II – a publicação do edital na rede mundial de computadores, no sítio do respectivo tribunal e na plataforma de editais do Conselho Nacional de Justiça, que deve ser certificada nos autos;

III – a determinação, pelo juiz, do prazo, que variará entre 20 (vinte) e 60 (sessenta) dias, fluindo da data da publicação única ou, havendo mais de uma, da primeira;

IV – a advertência de que será nomeado curador especial em caso de revelia.

Parágrafo único. O juiz poderá determinar que a publicação do edital seja feita também em jornal local de ampla circulação ou por outros meios, considerando as peculiaridades da comarca, da seção ou da subseção judiciárias.

Caput. A matéria era tratada, de maneira algo diversa, no art. 232 do CPC revogado.

A norma estabelece os requisitos para a validade da citação por edital.

Inciso I. Aqui deverão ser e mencionadas a manifestação do autor ou a certidão do oficial de justiça sobre a ocorrência de uma das situações especificadas no art. 255.

Inciso II. A norma anterior determinava que houvesse publicação do edital uma vez no órgão oficial e pelo menos duas vezes no jornal local; exige-se, agora, que a publicação seja feita no sítio (*site)* eletrônico do respectivo tribunal e na plataforma de editais do CNJ, sendo certificada nos autos.

Inciso III. A determinação do juiz, fixando o prazo de vinte dias a sessenta dias, fluindo a contar da primeira publicação; havendo mais de uma o prazo será contado da primeira.

Inciso IV. A norma exige que do edital conste a advertência de que será nomeado curador especial em caso de revelia. Entendemos que deverá ser inserida antes a advertência de que, havendo revelia, serão considerados verdadeiros os fatos alegados na inicial.

Parágrafo único. Faculta-se ao juiz, tendo em vista as peculiaridades da comarca ou da seção judiciária, determinar que o edital seja publicado em jornal local, de grande circulação, por outros meios.

Art. 258. A parte que requerer a citação por edital, alegando dolosamente a ocorrência das circunstâncias autorizadoras para sua realização, incorrerá em multa de 5 (cinco) vezes o salário mínimo.

Parágrafo único. A multa reverterá em benefício do citando.

Caput. O assunto era regulado pelo *caput* do art. 233 do CPC revogado.

Trata-se de sanção processual, de natureza pecuniária, destinada a punir a parte que atenta contra o conteúdo ético das normas processuais ao requerer, de maneira dolosa, a citação edilícia sem que estejam presentes os requisitos legais. A multa será de cinco vezes o salário mínimo vigente na sede do juízo. Essa fixação com base em salários mínimos, a nosso ver, afronta o inciso IV do art. 7.º da Constituição Federal.

Parágrafo único. A multa não tem caráter de taxa judiciária; por isso, verterá em favor do réu (*citando*, diz a lei). Reverter é retornar ao ponto inicial; como a multa em questão nunca pertenceu ao réu, é evidente que não reverterá, senão que *verterá* em seu benefício.

> Art. 259. Serão publicados editais:
>
> I – na ação de usucapião de imóvel;
>
> II – na ação de recuperação ou substituição de título ao portador;
>
> III – em qualquer ação em que seja necessária, por determinação legal, a provocação, para participação no processo, de interessados incertos ou desconhecidos.

Caput. Inovação legal.

Inciso I. A Justiça do Trabalho não possui competência para apreciar ações de usucapião.

Inciso II. Também em tema de recuperação ou substituição de título ao portador a Justiça do Trabalho é desapercebida de competência.

Inciso III. Haverá necessidade de publicação de edital nas ações em que, por imposição legal, os interessados incertos ou desconhecidos devam ser provocados para participar do processo.

2. As cartas

Sobre as cartas de ordem, precatória e rogatória, estabelece o CPC:

> Art. 260. São requisitos das cartas de ordem, precatória e rogatória:
>
> I – a indicação dos juízes de origem e de cumprimento do ato;
>
> II – o inteiro teor da petição, do despacho judicial e do instrumento do mandato conferido ao advogado;
>
> III – a menção do ato processual que lhe constitui o objeto;
>
> IV – o encerramento com a assinatura do juiz.
>
> § 1.º O juiz mandará trasladar para a carta quaisquer outras peças, bem como instruí-la com mapa, desenho ou gráfico, sempre que esses documentos devam ser examinados, na diligência, pelas partes, pelos peritos ou pelas testemunhas.
>
> § 2.º Quando o objeto da carta for exame pericial sobre documento, este será remetido em original, ficando nos autos reprodução fotográfica.
>
> § 3.º A carta arbitral atenderá, no que couber, aos requisitos a que se refere o *caput* e será instruída com a convenção de arbitragem e com as provas da nomeação do árbitro e de sua aceitação da função.

Caput. Norma semelhante estava no *caput* do art. 202 do CPC revogado.

O texto legal indica os requisitos essenciais das cartas de ordem (art. 237, I), precatória (*ibidem*, III) e rogatória (*ibidem*, II).

Inciso I. Indicação dos juízes de origem e de cumprimento do ato. É medida necessária para saber-se qual o órgão expedidor da carta e qual o órgão que a deverá cumprir — embora as cartas possuam caráter itinerante (art. 262).

Inciso II. Inteiro teor da petição, do despacho judicial e da procuração outorgada ao advogado. Petição inicial: destina-se a permitir ao réu o exercício da ampla defesa, assegurado constitucionalmente. Despacho: visa a permitir ao juízo deprecado verificar se houve autorização do deprecante para a emissão da carta. Procuração: demonstrar que o autor está representado regularmente por advogado e quais são os poderes a este conferidos. Se a parte estiver postulando em causa própria (CLT, art. 791, *caput*), é evidente que não se cogitará de mandato judicial.

Inciso III. Menção do ato processual que lhe constitui o objeto. Tem como finalidade especificar qual o ato processual a ser praticado, a fim de evitar que outro ato seja realizado.

Inciso IV. O encerramento com a assinatura do juiz. A exigência tem natureza formal, com o escopo de dar autenticidade à carta.

§ 1.º Permite ao juiz mandar trasladar para a carta diversos outros documentos, sempre que estes devam ser examinados, na diligência, pelas partes, pelos peritos ou pelas testemunhas. A enumeração desses documentos, feita pela norma legal em exame, é meramente exemplificativa e não taxativa.

§ 2.º Se o objeto da carta for exame pericial de documento, este deverá ser remetido no original, ficando nos autos reprodução fotográfica. A exigência é plenamente justificável, pois, quase sempre, o perito não tem condições técnicas de verificar, por exemplo, a autenticidade de documento que lhe foi remetido sob a forma de fotocópia. Como medida de cautela, cópia fotográfica do documento deverá ficar nos autos, para o caso de extravio ou destruição do original.

§ 3.º Tratando-se de carta arbitral, esta atenderá, no que couber, aos requisitos mencionados no *caput* e deverá ser instruída com a convenção de arbitragem e com as provas da nomeação do árbitro e de sua aceitação para o exercício da função.

> Art. 261. Em todas as cartas o juiz fixará o prazo para cumprimento, atendendo à facilidade das comunicações e à natureza da diligência.
>
> § 1.º As partes deverão ser intimadas pelo juiz do ato de expedição da carta.
>
> § 2.º Expedida a carta, as partes acompanharão o cumprimento da diligência perante o juízo destinatário, ao qual compete a prática dos atos de comunicação.
>
> § 3.º A parte a quem interessar o cumprimento da diligência cooperará para que o prazo a que se refere o *caput* seja cumprido.

Caput. Reprodução literal do teor do art. 203 do CPC revogado.

A norma determina que, em todas as cartas, o juízo expedidor declare o prazo dentro do qual as diligências deverão ser cumpridas. Com vistas à fixação desse prazo, o juiz levará em conta alguns critérios objetivos, como a facilidade das comunicações e a natureza da diligência *(ibidem)*.

A fixação de prazo para o cumprimento da carta constitui providência necessária para que o juízo expedidor (ordenador, rogante ou deprecante) possa controlar o tempo do processo. A despeito da clareza dessa exigência legal, os juízes, raramente, a cumprem. A consequência é que o juízo a quem se ordenou, rogou ou deprecou o cumprimento da carta, muitas vezes, leva um tempo excessivo para desincumbir-se desse mister, em detrimento dos interesses das partes ou de uma delas. Nas cartas de ordem o problema não assume essa gravidade, porque como se trata de uma relação hierárquica entre os juízos ordenador e ordenado, este sempre se preocupa em dar-lhes rápido cumprimento. A situação se torna algo grave nas cartas precatórias, pois aqui não há relação de hierarquia e sim de colaboração entre os juízos deprecante e deprecado. Em decorrência disso, o deprecante, quase sempre, se sente constrangido de declarar o prazo para o cumprimento da precatória, o que é censurável, pois, conforme se disse, a fixação desse prazo decorre de exigência legal.

Nenhuma nulidade processual, todavia, haverá se a carta for cumprida em prazo superior ao fixado.

A propósito, alguns juízos do trabalho têm adotado um procedimento inovador, no tocante, principalmente, às cartas precatórias. Nestes casos, a testemunha (cogitemos apenas dela) comparece ao juízo deprecado, sendo estabelecido no sistema eletrônico um *link* com o deprecante, de tal forma que a testemunha passa a ser interrogada, diretamente, pelo juízo deprecante. Essa inovação merece elogios, uma vez que no sistema tradicional (presencial), muitas vezes, surgiam incidentes na audiência, para cuja solução o juízo deprecado não possuía competência. Citemos, como exemplo, a arguição de falsidade documental (CPC, arts. 430/433).

§ 1.º Expedida a carta, o juiz mandará intimar as partes. Nem sempre essa intimação será ordenada pelo "juiz do ato de expedição da carta", fato que não acarretará nulidade processual. Na verdade, deve-se entender que o legislador pretendeu aludir ao *juízo* do ato de expedição da carta.

§ 2.º Diz, a norma em exame, que as partes acompanharão o cumprimento da carta no juízo destinatário, a este cabendo a prática dos atos de comunicação. O texto legal não deixa claro se esse "acompanhamento" pelas partes constitui devedor ou faculdade, destas. Parece-nos que trata de faculdade, até porque nem sempre as partes terão condições (sejam financeiras, sejam de outra natureza) para acompanhar o cumprimento da carta.

§ 3.º Aqui, há um nítido dever de cooperação que o sistema impõe à parte à qual interessa o cumprimento da carta no prazo estabelecido pelo juízo expedidor. Em princípio, a ninguém mais do que ela se interessa em que esse prazo seja cumprido. O que pode ocorrer, na prática, é que a parte não tenha condições de realizar essa cooperação, por motivos diversos,

desde financeiros, de compromissos inadiáveis, anteriormente assumidos e coincidentes com o período de cumprimento da carta, etc.

> Art. 262. A carta tem caráter itinerante, podendo, antes ou depois de lhe ser ordenado o cumprimento, ser encaminhada a juízo diverso do que dela consta, a fim de se praticar o ato.
>
> Parágrafo único. O encaminhamento da carta a outro juízo será imediatamente comunicado ao órgão expedidor, que intimará as partes.

Caput. Reproduziu-se a regra do art. 204 do CPC revogado.

Ao examinarmos os requisitos essenciais legalmente previstos para a validade das cartas dissemos que o constante do inciso I, do art. 260, do CPC, se justificava pela necessidade de saber-se qual o juízo que a deveria cumprir. Devemos observar, no entanto, que como as cartas possuem caráter itinerante, antes ou depois de ser-lhes determinado o cumprimento poderão ser apresentadas a juízo diverso do nelas mencionado, a fim de praticar, neste, o ato ali previsto. Se, por exemplo, a carta precatória for encaminhada ao juízo "X", mas este considerar-se incompetente em razão do lugar para cumpri-la, poderá ordenar a remessa da carta ao juízo "Y", dando ciência ao deprecante.

Parágrafo único. Se o juízo ao qual a carta havia sido dirigida encaminhá-la a outro juízo, deverá comunicar, de imediato, ao expedidor da carta, que, por sua vez, dará ciência às partes. Essa intimação é necessária para que as partes, se desejarem, acompanhem o cumprimento da carta (art. 261, § 2.º) e cooperem para que o cumprimento ocorra no prazo estabelecido (*ibidem*, 3.º).

> Art. 263. As cartas deverão, preferencialmente, ser expedidas por meio eletrônico, caso em que a assinatura do juiz deverá ser eletrônica, na forma da lei.

Há um visível estímulo do sistema para que os atos processuais sejam praticados por meio eletrônico. Inserem-se nesse escopo as cartas, especialmente, as de ordem e as precatórias. O juiz assinará eletronicamente a carta, na forma da lei. A utilização do meio eletrônico traduz ato de aconselhamento, não de imposição legal.

> Art. 264. A carta de ordem e a carta precatória por meio eletrônico, por telefone ou por telegrama conterão, em resumo substancial, os requisitos mencionados no art. 250, especialmente no que se refere à aferição da autenticidade.

A remissão ao art. 250 é equivocada, porquanto esta norma legal se ocupada dos requisitos do *mandado* a ser cumprido pelo oficial de justiça. A remissão correta deveria ter sido ao art. 260, que versa sobre os requisitos das cartas em geral.

> Art. 265. O secretário do tribunal, o escrivão ou o chefe de secretaria do juízo deprecante transmitirá, por telefone, a carta de ordem ou a carta precatória ao juízo em que houver de se cumprir o ato, por intermédio do escrivão do primeiro ofício da primeira vara, se houver na comarca mais de um ofício ou de uma vara, observando-se, quanto aos requisitos, o disposto no art. 264.
>
> § 1.º O escrivão ou o chefe de secretaria, no mesmo dia ou no dia útil imediato, telefonará ou enviará mensagem eletrônica ao secretário do tribunal, ao escrivão ou ao chefe de secretaria do juízo deprecante, lendo-lhe os termos da carta e solicitando-lhe que os confirme.
>
> § 2.º Sendo confirmada, o escrivão ou o chefe de secretaria submeterá a carta a despacho.

Caput. Norma transportada do art. 207 do CPC revogado.

Quando a carta for transmitida por telefone, o procedimento a ser observado, nos termos do texto legal em exame, é o seguinte: a) o secretário do tribunal ou o escrivão do juízo de origem transmitirá, por telefone, a carta de ordem ou a precatória, ao juízo no qual deverá ser cumprida; b) essa transmissão será feita ao escrivão do primeiro ofício da primeira vara, se houver na comarca mais de um ofício ou de uma vara; c) a carta conterá, em resumo substancial, os requisitos exigidos pelo art. 260, do CPC.

§ 1.º O escrivão, no mesmo dia, ou no dia útil imediato, telefonará ou enviará mensagem eletrônica ao secretário do tribunal ou ao escrivão do juízo de origem, lendo-lhe os termos da carta e solicitando-lhe que os confirme.

§ 2.º Sendo confirmados os termos, o escrivão submeterá a carta a despacho judicial.

> Art. 266. Serão praticados de ofício os atos requisitados por meio eletrônico e de telegrama, devendo a parte depositar, contudo, na secretaria do tribunal ou no cartório do juízo deprecante, a importância correspondente às despesas que serão feitas no juízo em que houver de praticar-se o ato.

Ao declarar que serão praticados de ofício os atos requisitados por meio de correio eletrônico e de telegrama, a lei dispensa a parte de comparecer ao juízo ao qual foi endereçada a carta de ordem ou a precatória, para dar-lhe cumprimento. O que da parte se exige é que deposite, na secretaria do tribunal ou no cartório do juízo a que a carta foi encaminhada, a importância correspondente às despesas que serão neste realizadas (*ibidem*). Esta parte final da norma, em princípio, é inaplicável na Justiça do Trabalho.

> Art. 267. O juiz recusará cumprimento a carta precatória ou arbitral, devolvendo-a com decisão motivada quando:
>
> I – a carta não estiver revestida dos requisitos legais;
>
> II – faltar ao juiz competência em razão da matéria ou da hierarquia;
>
> III – o juiz tiver dúvida acerca de sua autenticidade.
>
> Parágrafo único. No caso de incompetência em razão da matéria ou da hierarquia, o juiz deprecado, conforme o ato a ser praticado, poderá remeter a carta ao juiz ou ao tribunal competente.

Caput. Houve transposição literal do *caput* do art. 208 do CPC revogado.

O texto prevê a possibilidade de o juiz deprecado recusar cumprimento à carta precatória nas situações indicadas nos incisos subsequentes.

Inciso I. No caso específico da *precatória*, o juízo deprecado poderá recusar-se a cumpri-la se não atender aos requisitos previstos na aludida norma legal. A carta, aqui, se ressente de formalidade que a lei considera fundamental. E se a carta *de ordem* não preencher os requisitos do art. 260, do CPC? Como se cuida, aqui, de uma relação hierárquica, o juiz não poderá recusar-se a cumprir a carta, e devolvê-la ao tribunal ou ao relator; caber-lhe-á, isto sim, comunicar ao remetente o fato, solicitando-lhe que a falha seja suprida, a fim de que a carta possa ser cumprida, assim como a fixação de novo prazo para o seu cumprimento.

Inciso II. Um dos motivos pelos quais o juízo deprecado poderá recusar-se a cumprir a carta precatória consiste na sua incompetência em razão da matéria ou da hierarquia — que é absoluta.

Inciso III. Pode ocorrer de o juízo deprecado colocar-se em dúvida quanto à autenticidade da carta. Diante disso, deverá devolvê-la ao deprecante, para que este determine, *e. g.*, a autenticação das peças ou confirme a sua assinatura.

Parágrafo único. A despeito do disposto no inciso II da norma legal *sub examen*, o juízo deprecado, conforme o ato a ser praticado, poderá encaminhar a carta ao juiz ou tribunal que considerar competente.

> Art. 268. Cumprida a carta, será devolvida ao juízo de origem no prazo de 10 (dez) dias, independentemente de traslado, pagas as custas pela parte.

Cumpridas a carta, seja precatória, de ordem ou rogatória, deverá ser devolvida ao juízo de origem, no prazo de dez dias, independentemente de traslado. Cumprirá à parte interessada, *quando for o caso*, o pagamento das custas.

Capítulo VI

O Pedido

1. Introdução. Conceito

O indivíduo ou as coletividades não invocam a tutela jurisdicional pela simples satisfação de invocá-la, mas para formular *pedidos*, ou seja, para obter um provimento estatal que lhes assegure um bem ou uma utilidade da vida. Esse pronunciamento da jurisdição terá efeito declaratório, constitutivo, condenatório, mandamental ou executivo, conforme exigir o direito material que se deseja ver assegurado.

Dissemos, por essa razão, em páginas anteriores, que o objeto imediato da ação é a tutela jurisdicional, e, o mediato, o pedido que se formula na causa.

É certo, por outro lado, que o pedido não pode ser apresentado sem um mínimo de motivação, vale dizer, da indicação das razões de fato e de direito que levaram o autor a formulá-lo. A causa de pedir é, portanto, a conjugação dos fatos originadores da demanda e dos fundamentos jurídicos em que se lastreia o pedido. Um pedido sem *causa petendi* conduzirá à inépcia da petição inicial, do mesmo modo como inepta será essa peça quando dela constar, apenas, a causa de pedir.

Essas considerações já nos permitem definir o pedido, no campo processual, como o objeto mediato da ação, a pretensão que se deduz em juízo, concernente a um bem ou a uma utilidade da vida. O conceito de *res in iudicio deducta,* entretanto, é um pouco mais amplo do que o de pedido, vez que o compreende. Com efeito, integram a *res* não somente o pedido, mas a causa de pedir, que enuncia a existência de uma relação jurídica (em regra, material) entre as partes, originadora das postulações do autor.

Pedido e requerimento, por sua vez, não se confundem. Aquele, como afirmamos, exprime a *pretensão* deduzida na causa; este, nada mais espelha do que uma providência que se solicita ao juiz, tendente a fazer com que o acolhimento do pedido se torne possível: requerimento para a juntada de documentos, produção de prova pericial, inquirição de testemunhas, etc. Os requerimentos se encontram, portanto, a serviço dos pedidos. Em um determinado aspecto, podemos dizer que enquanto o pedido está ligado ao mérito da causa, o requerimento concerne ao procedimento. Se examinarmos os requisitos para a validade da petição inicial, apontados pelo art. 319, do CPC, veremos que os incisos I, II, V, VI e VII aludem ao procedimento, ao passo que os incisos III (fatos e fundamentos jurídicos do pedido) e IV (pedido) dizem respeito ao mérito da demanda.

Vejamos os dispositivos do CPC, regentes da matéria:

2. Certeza

> Art. 322. O pedido deve ser certo.
>
> § 1.º Compreendem-se no principal os juros legais, a correção monetária e as verbas de sucumbência, inclusive os honorários advocatícios.
>
> § 2.º A interpretação do pedido considerará o conjunto da postulação e observará o princípio da boa-fé.

Caput. A disciplina do tema estava no art. 286 do CPC revogado, que aludia a *pedido certo* ou *determinado*. O CPC atual separou esses conceitos, cuidado do pedido certo no art. 322, e no determinado, no art. 324.

A *certeza* diz respeito à existência do pedido; a *determinação*, ao seu objeto.

O indivíduo ou as coletividades não invocam a tutela jurisdicional pela simples satisfação de invocá-la, mas para formular pedidos, ou seja, para obter um provimento estatal que lhes assegure um bem ou uma utilidade da vida. Esse pronunciamento da jurisdição terá efeito declaratório, constitutivo, condenatório, conforme exigir o direito material que se deseja ver assegurado. Podem ser incluídos, também, os efeitos mandamental e executivo, se admitirmos a classificação quinária das ações, formulada por Pontes de Miranda.

Dissemos, por essa razão, em páginas pretéritas, que o objeto imediato da ação é a tutela jurisdicional e, o mediato, o pedido que se formula na causa.

É certo, por outro lado, que o pedido não pode ser apresentado sem um mínimo de motivação, vale dizer, da indicação das razões de fato e de direito que levaram o autor a formulá-lo. A causa de pedir é, portanto, a conjugação dos fatos originadores da demanda e dos fundamentos jurídicos em que se lastreia o pedido. Um pedido sem *causa petendi* conduzirá à inépcia da petição inicial, do mesmo modo como inepta será essa peça quando dela constar, apenas, a causa de pedir (CPC, art. 330, I).

Essas considerações propedêuticas já nos permitem definir o pedido, no campo processual, como o objeto mediato da ação, a pretensão que se deduz em juízo, concernente a um bem ou a uma utilidade da vida. O conceito de *res in iudicio deducta,* entretanto, é um pouco mais amplo do que o de pedido, uma vez que o compreende. Com efeito, integram a *res* não somente o pedido, mas a causa de pedir, que enuncia a existência de uma relação jurídica (em regra, material) entre as partes, originadora das postulações do autor.

Pedido e *requerimento*, por sua vez, não se confundem. Aquele, como afirmamos, exprime a pretensão deduzida na causa; este, nada mais espelha do que uma providência que se solicita ao juiz, tendente a fazer com que o acolhimento do pedido se torne possível: requerimento para a juntada de documentos, produção de prova pericial, inquirição de testemunhas, etc. Os requerimentos se encontram, portanto, a serviço dos pedidos. Em um determinado aspecto, podemos dizer que enquanto o pedido está ligado ao mérito da causa, o requerimento concerne ao procedimento. Se examinarmos os requisitos para a validade da petição inicial, apontados pelo art. 319, do CPC, veremos que os incisos I, II, V, VI e VII aludem ao procedimento, ao passo que os incisos III (fatos e fundamentos jurídicos do pedido) e IV (pedido e suas especificações) dizem respeito ao mérito da demanda.

Não basta que o pedido seja precedido da correspondente *causa petendi;* é indispensável, ainda, que ele seja certo (CPC, art. 322). A certeza se refere ao seu objeto.

Embora o CPC anterior dissesse que o pedido deveria ser *certo* ou *determinado*, sempre entendemos que deveria, na verdade, reunir essas duas qualidades, ou seja, ser certo *e* determinado, sem que fosse, nisso, alguma redundância. Realmente, a *certeza* do pedido é algo que toca ao seu objeto: deseja-se saber o que dele consta. A sua *determinação*, contudo, é necessária para individualizá-lo, para especificá-lo, para desassemelhá-lo de outros. Pedir, *e. g.*, a repercussão das horas extras habituais no repouso semanal remunerado não é o mesmo que pleitear a diferença desse repouso em decorrência das diferenças provenientes da inclusão do adicional noturno no cálculo das horas extras.

§ 1.º Estão compreendidos na condenação a correção monetária, os juros da mora, as despesas da sucumbência e os honorários de advogado. Com relação a estes últimos, a norma deve ser aplicada, no processo do trabalho, mediante observância das Súmulas ns. 219 e 329, do TST, e da Instrução Normativa n. 27/2005, art. 5.º, do mesmo Tribunal.

§ 2.º Os pedidos não devem ser interpretados de maneira isolada, e sim, em conjunto com os demais. Além disso, a interpretação deverá atender ao princípio da boa-fé. Em um primeiro lançar de olhos, pode parecer que o legislador impôs, aqui, uma profunda modificação da regra estabelecida pelo CPC de 1973. Assim dizemos, porque o art. 293 do Código revogado dispunha: "Os pedidos são interpretados *restritivamente,* compreendendo-se, entretanto, no principal os juros legais" (destacamos). A norma impunha, portanto, uma interpretação restritiva das pretensões deduzidas em juízo, sob pena de o pronunciamento jurisdicional ser considerado *ultra* ou *extra petita*. Conquanto o § 2.º do art. 322, do CPC de 2015, conforme vimos, declare que os pedidos não devam ser interpretados de modo isolado, senão que em conjunto com os demais, isto não significa que tenha sido deitado por terra a regra que estava contida no art. 293, do CPC anterior. O texto atual apenas determina que os pedidos não sejam interpretados *per se*, isoladamente, e sim, em conjunto com as demais postulações formuladas pela parte. A interpretação deve, pois, ser *sistemática* e não, *insulada*. Se entendêssemos que, doravante, os pedidos poderiam ser interpretados de maneira *ampliativa*, transbordante dos seus limites objetivos, ficaríamos em dificuldade de: a) explicar a razão da existência do art. 10, do mesmo Código, que veda o que a doutrina e a jurisprudência passaram a denominar de "decisão surpresa"; b) justificar a lesão perpetrada às garantias constitucionais do contraditório, da ampla defesa e do devido processo legal. Os juízes em geral, e os juízes do trabalho, em particular, devem, por isso, ser extremamente comedidos na aplicação da regra inscrita no § 2.º do art. 322, do CPC.

3. Prestações sucessivas

> Art. 323. Na ação que tiver por objeto cumprimento de obrigação em prestações sucessivas, essas serão consideradas incluídas no pedido, independentemente de declaração expressa do autor, e serão incluídas na condenação, enquanto durar a obrigação, se o devedor, no curso do processo, deixar de pagá-las ou de consigná-las.

Em geral, a obrigação, a cargo do devedor, é satisfeita mediante uma única prestação; em determinadas situações, porém, a obrigação se desdobra em prestações *sucessivas*, que devem ser realizadas periodicamente. Daí vem a razão de essas prestações serem também denominadas de *periódicas*.

A CLT se ocupa das prestações dessa espécie nos arts. 890 a 892, separando-as em duas classes: a) por prazo determinado; b) por prazo indeterminado. No primeiro caso, o inadimplemento de uma prestação permitirá a exigibilidade imediata (execução) das que lhe sucederem (art. 891); no segundo, a execução abrangerá, a princípio, as prestações devidas até a data do início da execução (art. 892). Conquanto as expressões "contrato por prazo determinado" e "contrato por prazo indeterminado" estejam consagradas pela legislação, pela doutrina e pela jurisprudência, pensamos que seria melhor "contrato com prazo" e "contrato sem prazo".

A regra contida nos arts. 890 a 892, da CLT, é, sem dúvida, de grande utilidade prática, a par de colocar-se em harmonia com os princípios da simplicidade e da celeridade que informam o procedimento trabalhista, na medida em que dispensa o credor do embaraço de promover uma execução, relativamente a cada prestação não efetuada.

As prestações por tempo determinado são muito frequentes nas transações feitas em juízo, em que o réu se obriga a pagar ao autor determinada quantia, fracionada em diversas parcelas (prestações), nas datas, horários e locais preestabelecidos. É de praxe instituir-se, nesses negócios jurídicos bilaterais, cláusula penal (Código Civil, arts. 408 a 416) para o caso de a obrigação não ser cumprida nas condições fixadas. O vencimento das prestações subsequentes é automático, como declara o art. 891, da CLT.

São também encontradiças no processo do trabalho as prestações sucessivas por prazo indeterminado (ou melhor, sem prazo), como acontece, por exemplo, quando a sentença exequenda haja determinado o pagamento de diferenças salariais, estando ainda a viger o contrato de trabalho. A execução, aqui, abarcará, como vimos, as prestações vencidas até o início daquela (CLT, art. 892). A expressão legal "até a data do início da execução" é, a nosso ver, carecente de melhor técnica, devendo, assim, ser inteligida como até o momento em que a execução é promovida. Dessa forma, no exemplo que apontamos, seriam objeto de execução todas as prestações (diferenças salariais) vencidas até o instante em que a execução tivesse início, ainda que ulteriores à prolação da sentença exequenda, salvo, é certo, se, depois desta, o devedor tenha passado a pagar, corretamente, os salários.

Dissentimos, por isso, de Russomano, quando afirma que "*Se as prestações forem por tempo indeterminado, por não se conhecer, previamente, seu valor total, como no caso de pagamento de diferenças salariais, não se aplica a regra do art. 892*" (*Comentários à CLT*. 9.ª cd. Rio de Janeiro: Forense, 1982. p. 970); daí por que, conforme o festejado jurista, "A execução atinge apenas as prestações vencidas. Encerrada esta, far-se-á nova execução para cobrança das prestações que venham a vencer" (*Idem, ibidem*). *Data venia,* a locução legal "*devidas até a data do ingresso na execução*" — com o reparo técnico que inserimos — permite-nos concluir (para não dizer que deixa evidenciado) que estarão compreendidas na execução também as parcelas que se vencerem no ínterim que vai do proferimento da sentença condenatória ao momento em que a execução é promovida, contanto que, reiteremos: a) o contrato de trabalho ainda esteja em vigor; b) subsista a causa determinante da obrigação.

O CPC possui disposição análoga, de conformidade com a qual "*Na ação que tiver por objeto cumprimento de obrigação em prestações sucessivas, essas serão consideradas incluídas no pedido, independentemente de declaração expressa do autor; e serão incluídas na condenação, enquanto durar a obrigação, se o devedor, no curso do processo, deixar de pagá-las ou de consigná-las*" (art. 323). A referência a "enquanto durar a obrigação" parece ter sido trasladada do processo civil português. De acordo com o art. 323, do estatuto processual civil de nosso País, portanto, a sentença compreenderá não só as prestações exigíveis antes de sua prolação, como aquelas que se vencerem posteriormente a isso, sendo fundamental, para que essa abrangência ocorra, que subsista o negócio jurídico originador da obrigação.

Ao versar sobre a ação de consignação em pagamento, a propósito, o legislador, para não desfigurar o traço característico das prestações sucessivas, inscreveu no art. 541 do CPC o preceito de que "*Tratando-se de prestações sucessivas, consignada uma delas, pode o devedor continuar a consignar, no mesmo processo e sem mais formalidades, as que se forem vencendo, desde que os depósitos sejam efetuados até 5 (cinco) dias contados da data do respectivo vencimento*".

Dessa maneira, se o próprio processo civil consagra o princípio (altamente saudável) de que as prestações sucessivas, vincendas, são devidas enquanto perdurar a obrigação de que decorrem, e, em função disso, podem ser introduzidas na execução, contanto que subsistente o negócio ou o ato jurídico, por mais forte razão assim se deve entender no plano do processo do trabalho, até porque, como procuramos demonstrar, esta é a verdadeira inteligência do art. 892, da CLT.

José Alberto dos Reis, com muita perspicácia, afirma que a possibilidade de serem executadas as prestações sucessivas, num mesmo processo, reúne duas vantagens fundamentais, a saber: a) poupar o credor das despesas, incômodos e trabalhos, que, inevitavelmente, teria, se lhe fosse exigido promover nova execução para ver realizadas as prestações que se vencerem posteriormente à sentença exequenda; b) dotá-lo de uma sentença com trato sucessivo, isto é, de um título executivo que poderá ser exigido se o devedor deixar de efetuar, no futuro, quaisquer das prestações nele previstas (*Comentários ao código de processo civil.* Coimbra, 1953. v. III, p. 188/189).

Pires Chaves, com os olhos postos no art. 153, § 2.º, do CPC de 1939, embora admitisse a possibilidade de a condenação abranger as prestações vencidas e vincendas, enquanto perdurasse a obrigação de que provinham, pensava que as vincendas deviam estar "expressamente pedidas na inicial" (*Da execução trabalhista.* 2. ed. Rio de Janeiro: Forense, 1964. p. 39). Hoje, entretanto, não cabe nenhuma discussão a respeito do assunto, diante da redação translúcida do art. 323, do CPC.

Opinando sobre a execução por prestações sucessivas, o douto Arnaldo Süssekind imaginou que essa modalidade de execução "*só pode ser aceita quando o executado estiver em condições de poder cumprir desde logo o julgado ou o acordo*" (*Manual da Justiça do*

Trabalho. apud RUSSOMANO, Mozart Victor, obra citada, p. 969-970) parecendo a este jurista que a intenção do legislador, ao instituir essa espécie de execução, "*foi a de proteger apenas o empregador economicamente fraco, para o qual o pagamento imediato de grandes quantias poderá acarretar a falência*" (*idem, ibidem*), arrematando: "*assim sendo, cabe ao juiz, ou presidente do tribunal, verificar, em cada caso concreto, se se justifica a execução por prestações sucessivas*" (*idem, ibidem*).

Não concordamos, *concessa venia*, com o parecer desse notável jurista. E de questionar--se, antes de mais nada, se a amplitude de poderes que a lei (CLT, art. 765) atribui ao juiz do trabalho chegaria ao extremo de, afrontando a própria autoridade da coisa julgada material, fragmentar, em diversas parcelas, a obrigação pecuniária imposta pela sentença ao devedor, em nome de uma — presuntiva ou comprovada, pouco importa — dificuldade financeira deste, no que respeita a solver a obrigação, mediante uma só prestação. Até onde sabemos, esse parcelamento só será legítimo se com ele concordar, expressamente, o credor, sendo, por isso, defeso ao juiz substituí-lo nesse ato de manifestação da vontade, a que pretexto seja.

Qualquer decisão do juiz, por sua exclusiva iniciativa, de decompor, em diversas prestações, a obrigação contida, unitariamente, no título executivo, ensejará a que o credor a impugne por meio de agravo de petição (CLT, art. 897, "*a*"). É certo que o art. 916, *caput*, do CPC, permite que o devedor, se reconhecer o crédito do exequente, o pague da seguinte forma: 30% (acrescidos de custas e honorários de advogado) no ato e até seis parcelas mensais, acrescidas de correção monetária e juros da mora de um por cento ao mês. Essa norma, entretanto, não é de incidência obrigatória no processo do trabalho, pois, embora a CLT seja omissa quanto ao tema, o § 6.º do art. 9.º, da Lei n. 6.830/80 (CLT, art. 889), estabelece que o executado "*poderá pagar parcela da dívida, que julgar incontroversa, e garantir a execução do saldo devedor*". Não há, aqui, portanto, previsão para o pagamento parcelado do débito.

É conveniente lembrar, ainda, que a execução se processa no interesse do exequente (CPC, art. 797), ficando o devedor, em razão disso, em um ontológico estado de sujeição do comando que se esplende da sentença exequenda.

4. Determinação

Art. 324. O pedido deve ser determinado.

§ 1.º É lícito, porém, formular pedido genérico:

I – nas ações universais, se o autor não puder individuar os bens demandados;

II – quando não for possível determinar, desde logo, as consequências do ato ou do fato;

III – quando a determinação do objeto ou do valor da condenação depender de ato que deva ser praticado pelo réu.

§ 2.º O disposto neste artigo aplica-se à reconvenção.

Caput. A determinação do pedido deriva de seu objeto.

§ 1.º A despeito de a determinação do pedido constituir a regra a ser observada, a própria lei permite a formulação de pedido genérico, quando: 1) nas ações universais, o autor não

individuar na petição inicial os bens demandados; 2) não for possível determinar, desde logo, as consequências do ato ou do fato ilícito; 3) a determinação do objeto ou do valor da condenação depender de ato que deva ser praticado pelo réu (incisos I a III).

Inciso I. Se a pretensão recair em uma universalidade de bens, não haverá necessidade de o autor especificar esses bens (exceto, é evidente, se dispuser de elementos para individuá--los). Para esse efeito, a universalidade pode ser tanto de fato quanto de direito;

Inciso II. Se, ao ser ajuizada a petição inicial, o autor não puder indicar, desde logo, as consequências legais do ato praticado pelo réu, será suficiente que pleiteie a condenação deste ao ressarcimento dos danos, cujo montante será apurado oportunamente;

Inciso III. Em ações como a de prestação de contas o autor poderá apresentar pedido genérico, sempre que não lhe for possível precisar, desde logo, a quantidade do pedido, por depender, essa "quantificação", de ato a ser realizado pelo réu.

A faculdade relativa à formulação de pedidos genéricos é, sem dúvida, conciliável com o processo do trabalho, conquanto não tenha, aqui, larga aplicação. Uma das razões pelas quais isso ocorre, está, provavelmente, no fato de os valores devidos aos trabalhadores (a título de salários, férias, gratificação natalina, indenização etc.) serem legalmente preestabelecidos; outra, na circunstância de o processo do trabalho não conhecer ações universais (*universitatis facti e universitatis iuris*).

A maior incidência de pedidos genéricos, nas iniciais trabalhistas, tem como fundamento o inciso II, do art. 324, do CPC, pois nem sempre é possível ao trabalhador determinar, de plano a quantidade de horas extras prestadas, de adicional noturno, o montante das comissões retidas e o mais. Aqui, justamente por isso, o pedido é apresentado de maneira ilíquida.

Dispunha, aliás, o par. único do art. 459, do CPC, de 1973 que quando o autor houvesse formulado pedido certo era defeso ao juiz proferir sentença ilíquida. *Data venha*, quer nos parecer que a referência deveria ter sido a pedido *líquido*, não a pedido *certo*. Em primeiro lugar, porque, a entender-se de modo diverso, estar-se-ia imaginando a possibilidade de haver pedidos *incertos*, o que seria inconcebível (afinal, como iria o réu defender-se diante de algo indefinido, e, pelo mesmo motivo, como poderia ser prestada a tutela jurisdicional pretendida?); em segundo, ao requisito da liquidez da sentença deveria corresponder o da liquidez do pedido.

O CPC atual não reproduziu essa norma.

A propósito, uma advertência se faz necessária: o sentido genérico do pedido, a que se refere a lei, reside em seu aspecto quantitativo (*quantum debeatur*), não em seu elemento ontológico (*an debeatur*). Se assim não fosse, haveríamos de concluir que a norma legal autorizaria, até mesmo, as postulações incertas.

Hoje, em nosso meio, a certeza é um elemento que deve estar presente não só da inicial, como na sentença, pois esta deve ser certa ainda quando resolva relação jurídica condicional (CPC, art. 492, parágrafo único). A *condição* é elemento de direito material e está prevista no art. 121 do Código Civil: "Considera-se condição a cláusula que, derivando exclusivamente da vontade das partes, subordina o efeito do negócio jurídico a evento futuro e incerto".

Seria desejável, aliás, que os pedidos constantes das iniciais trabalhistas fossem feitos, sempre que possível, de maneira líquida, pois isso permitiria que eventual condenação, imposta pela sentença, fosse traduzida em valores definidos, obviando, dessa forma, a pertinente execução (por quantia certa). A fase de liquidação, nesta hipótese, no que tange ao principal, ficaria restrita à incidência da correção monetária e dos juros da mora. Na maioria das vezes, entretanto, os pedidos são formulados sem determinação dos valores, cujo fato provém muito menos da falta de elementos que possibilitem ao autor apresentá-los liquidamente do que de uma entranhada preguiça, por parte de seu advogado, de indicar a expressão monetária dos diversos pedimentos. Parece radicar nessa multiplicidade de pedidos, que são comumente postos nas iniciais trabalhistas, a causa imediata de serem apresentados de modo ilíquido.

Note-se: estávamos a asseverar ser desejável que os pedidos, *sempre que possível*, fossem apresentados em valores líquidos. Posteriormente a essa nossa manifestação, a Lei n. 13.467/2017 alterou a redação do art. 840, § 1.º, da CLT, para *exigir* a formulação de pedidos líquidos — com o que não podemos concordar, conforme demonstraremos no item 9, deste Capítulo.

§ 2.º Aplicam-se à reconvenção as disposições do art. 324.

5. Pedido alternativo

> Art. 325. O pedido será alternativo quando, pela natureza da obrigação, o devedor puder cumprir a prestação de mais de um modo.
>
> Parágrafo único. Quando, pela lei ou pelo contrato, a escolha couber ao devedor, o juiz lhe assegurará o direito de cumprir a prestação de um ou de outro modo, ainda que o autor não tenha formulado pedido alternativo.

Caput. Segundo o didatismo do art. 325, do CPC, o pedido será alternativo quando, pela natureza da obrigação, o devedor puder cumprir a prestação de mais de um modo. Dilucida o parágrafo único desse dispositivo que quando, por força de lei ou do contrato, a escolha couber ao devedor, o juiz lhe assegurará o direito de realizar a prestação de uma ou de outra maneira, ainda que o autor não tenha formulado pedido alternativo.

Caracteriza-se, portanto, a denominada obrigação alternativa pelo fato de ensejar mais de uma prestação, conquanto somente uma delas possa ser exigida do devedor. Satisfeita que seja, ficará extinta a obrigação. É por esse motivo que também se tem chamado de *disjuntiva* essa espécie de obrigação, que, sob esse ângulo, se contrapõe à *conjuntiva*.

Parece-nos, contudo, inadequado o conceito de obrigação alternativa, inscrito no art. 325, do CPC. Aí, se afirma que será alternativa a obrigação quando o devedor a puder cumprir por mais de um modo. Na verdade, insinua-se, nessa definição, a possibilidade de a correspondente prestação ser efetuada por mais de uma forma, o que é inexato, pois, em rigor, o que existe é mais de uma *prestação*, embora saibamos que o cumprimento de uma só seja apta para extinguir a obrigação. Mais uma vez, o legislador processual cometeu uma cincada, esquecido, por certo, da advertência que vem das fontes romanas de que toda definição em direito (civil) é perigosa (*omnis definitio in iure civile periculosa est*).

O pedido alternativo não se confunde com a cumulação de pedidos. Aquele, que constitui objeto de nossas investigações, está previsto no art. 325, do CPC e decorre da própria natureza alternativa da prestação a ser realizada; este, ao contrário, reflete a possibilidade de serem cumulados, num só processo, em face do mesmo réu, vários pedidos, ainda que entre eles não haja conexão (CPC, art. 327). Por outras palavras, o pedido alternativo, do art. 325, do CPC, é um só, a despeito de a prestação poder ser realizada por mais de um modo; a cumulação de pedidos revela uma pluralidade de pretensões, aglutinadas num mesmo processo.

Por outro lado, obrigações alternativas e obrigações de prestações complexas não são a mesma coisa. Aquelas, como vimos, são as que permitem ser a correspondente prestação efetuada por mais de um modo, com efeito extintivo de toda a obrigação; estas, contendo um feixe de prestações, exige, para a extinção das obrigações, que todas sejam realizadas. Em resumo: lá, exige-se uma única prestação; aqui, torna-se necessária a realização de todas as prestações para que a obrigação se exaura.

Parágrafo único. Como, na obrigação alternativa, só se requer que uma das prestações seja efetuada, isso significa que alguém deverá escolher essa prestação. Nos termos do art. 252, *caput,* do Código Civil, a escolha compete ao devedor, exceto se houver cláusula contratual atribuindo ao credor o direito de optar por esta ou por aquela prestação. Não permite a lei, entretanto, que o devedor imponha ao credor receber parte em uma espécie de prestação e parte em outra. O que pode haver, nesse terreno, é um acordo de vontades.

Se a escolha couber ao devedor, como está no texto legal, é óbvio que o credor não poderá formular pedido fixo, assim entendido aquele que não permita ao devedor exercer o seu direito de escolher uma ou outra prestação, conforme é da natureza da própria obrigação assumida. Mantemos nossa opinião mesmo no caso de revelia, pois o fato de o réu não vir a juízo para defender-se não torna morta a letra do art. 252, *caput,* do Código Civil, e 325, parágrafo único, do CPC. Não menos lógico é que se a escolha competir ao credor, este precisará indicar, na inicial, a espécie de prestação que deseja ver realizada, por parte do devedor.

Ao processo do trabalho não repugna a formulação de pedido alternativo, desde que essa disjuntividade emane, como frisamos, da índole da obrigação inadimplida, seja esta de foro legal ou convencional.

Havendo o empregador, *e. g.*, descumprido cláusula normativa (jurisdicional, ou não) que o obriga a conceder ao trabalhador alimentação gratuita *ou* (aqui está o elemento disjuntivo) o equivalente em dinheiro, e competindo àquele a escolha, deverá o trabalhador formular, na inicial, pedido alternativo, a fim de que o empregador indique a prestação que deseja realizar, com o objetivo de extinguir a obrigação. Cabendo a escolha ao trabalhador, este mencionará, na petição inicial, a prestação que colima ver realizada.

No caso de reintegração de empregado estável, a obrigação do empregador é uma só: devolver o emprego ao trabalhador. Não existe aqui, portanto, alternatividade. Logo, o pedido do trabalhador será único. A conversão da reintegração em indenização em dobro constitui ato-faculdade exclusivo do juiz, como se lê no art. 496, da CLT. Na prática, todavia, não se tem observado à risca essa regra legal, de tal modo que, muitas vezes, o autor postula, apenas, a indenização.

Cumprirá ao autor, enfim, sempre que for o caso, apresentar o pedido alternativo, incumbindo ao réu, já em sua resposta, especificar qual prestação deseja realizar. Excepcionalmente, permitir-se-á que o direito de escolha seja exercido na execução. De qualquer maneira, escolhida a prestação, a manifestação volitiva do réu será irretratável, salvo se, por motivos que não lhe possam ser irrogados, se tornar impossível a prestação eleita. Mesmo nesta hipótese, o devedor não perderá o direito de escolher uma nova prestação.

Se, por culpa do devedor, não se puder cumprir nenhuma das prestações, e não competindo ao credor a escolha, aquele ficará obrigado a pagar o valor da que por último se impossibilitou, mais as perdas e danos, se houver (Código Civil, art. 254).

Cabendo a escolha ao credor, e uma das prestações se tornar impossível por culpa do devedor, aquele terá direito de exigir ou a prestação subsistente ou o valor de outra, com perdas e danos (*ibidem*, art. 255). Se, por culpa ainda do devedor, nenhuma das prestações puder ser exigida, poderá o credor reclamar o valor de qualquer uma, sem prejuízo de indenização por perdas e danos (*idem, ibidem*).

Por fim, se todas as obrigações se tornarem inexequíveis, sem culpa do devedor, a obrigação ficará extinta (Código Civil, art. 256).

6. Pedido em ordem subsidiária

> Art. 326. É lícito formular mais de um pedido em ordem subsidiária, a fim de que o juiz conheça do posterior, quando não acolher o anterior.
>
> Parágrafo único. É lícito formular mais de um pedido, alternativamente, para que o juiz acolha um deles.

Caput. O autor pode formular mais de um pedido, em ordem subsidiária, a fim de que o juiz conheça do posterior, em não podendo acolher o anterior. É o que lhe faculta o art. 326, do atual digesto de processo civil. O CPC anterior aludia à formulação do pedido em ordem *sucessiva* (art. 289), expressão que nos parece mais apropriada do que "ordem *subsidiária*".

Visou o legislador, com isso, a evitar a multiplicação de demandas, fato que seguramente ocorreria se o autor não pudesse efetuar, no mesmo processo, pedidos em ordem subsidiária, porquanto teria de ajuizar tantas ações quantos fossem os pedidos que decorressem da mesma relação jurídica material. Nem se diga dos inconvenientes de ordem prática que esse procedimento acarretaria, a começar com as alegações de suposta litispendência. Além disso, ao ensejar a formulação de pedidos sucessivos, o legislador resguarda o direito do autor, que, sem essa subsidiariedade, poderia perecer.

Para que os pedidos possam ser formulados em caráter subsidiário, há necessidade de que a causa de pedir seja a mesma. Se a *causa petendi* for diversa, é evidente que os pedidos não só serão distintos como autônomos, independentes entre si, por não se encontrarem ligados por nenhum elemento comum. Tratar-se-ão, neste caso, daqueles pedidos acumulados, de que se ocupa o art. 327, do CPC, e sobre os quais nos pronunciaremos mais adiante.

A identidade da causa de pedir figura, portanto, como um dos requisitos essenciais para a subsidiariedade de pedidos. Assim o é porque, em determinadas situações, o ordenamento legal permite que do mesmo fato provenham consequências jurídicas diversas, que, por sua vez, dão origem a pretensões também distintas. Insistamos, contudo, na observação de que inexiste, na ordem subsidiária, cumulação de pedidos, mas, simples ordem preferencial de formulação, de tal modo que somente um possa vir a ser acolhido, se for o caso. Na cumulação, a propósito, há heterogeneidade de causas de pedir; na sucessividade, há unicidade.

Podemos asseverar que, de certa forma, a faculdade que a lei atribui ao autor de formular pedidos subsidiários representa uma espécie de repercussão, no campo da petição inicial, do princípio da eventualidade, materializado no art. 300 do CPC de 1973, que tinha, na contestação, o seu terreno característico. É bem verdade que esse princípio traduzia um dever do réu, ao passo que a subsidiariedade dos pedidos é algo que emana da vontade do autor; logo, é uma sua faculdade. De qualquer modo, tanto na eventualidade quanto na subsidiariedade o que se procurou foi concentrar, num mesmo processo, todas as alegações ou pretensões que possam ser deduzidas em decorrência de uma causa de pedir única. A nosso ver, o art. 300 do CPC de 1973 foi recepcionado, tacitamente, pelo CPC de 2015.

Em doutrina, aliás, quando se examina o tema dos pedidos subsidiários costuma-se aludir a uma cumulação eventual (em contraposição à cumulação efetiva, de que cogita o art. 327, do CPC), precisamente para demonstrar que o pedido posterior é feito na eventualidade de o anterior não ser acolhido.

Atento a essa nota particular, o Direito português fala, com muita propriedade, em pedido *subsidiário*, ao referir o que é apresentado posteriormente — ao qual também se pode chamar de secundário. O atual CPC de nosso país inspirou-se, por suposto, no Direito lusitano.

Para que os pedidos possam ser apresentados em ordem subsidiária, não é bastante a já mencionada identidade de causa de pedir, conquanto esta seja um pressuposto fundamental: é indispensável que os pedidos sejam compatíveis entre si. E oportuno recordar que o projeto do Código de Processo Civil de 1973 trazia, no art. 293, que regulava a matéria, um parágrafo único, do qual constava que se existisse contradição entre os pedidos o juiz consideraria prejudicado um deles; logo, o outro subsistiria. Essa disposição, embora movida por um objetivo didático, acabou sendo suprimida, com acerto, pois se a inicial contivesse pedidos inconciliáveis seria inepta, segundo o art. 295, parágrafo único, IV, daquele Código, cuja disciplina foi preservada pelo art. 330, § 1.º, IV.

Os pedidos ditos subsidiários apresentam uma relação de caráter preferencial, entre si, motivo por que o juiz deve apreciar, inicialmente, o primeiro pedido, somente lhe sendo lícito dedicar-se ao exame do segundo se o anterior foi rejeitado. Destarte, praticará ato tumultuário dessa ordem lógica e preferencial o juiz que apreciar, por primeiro, o pedido posterior, ainda que o acolha. Ora, não podemos esquecer que o primeiro pedido é o mais importante para o autor, é a razão-de-ser de seu ingresso em juízo. O segundo só é por ele apresentado na eventualidade de o primeiro ser repelido. Tendo em vista essa particularidade, sentimo-nos em boa sombra para dizer que o primeiro pedido é o principal, sendo, o posterior, meramente secundário.

O processo do trabalho aceita, com amplitude, a formulação de pedidos em ordem subsidiária, nomeadamente em virtude da multiplicidade de direitos que o contrato de trabalho produz. Se, p. ex., o empregado ingressar em juízo alegando possuir estabilidade no emprego e haver sido despedido sem justa causa, poderá pedir, não apenas, a concernente reintegração (pedido principal), mas, de modo sucessivo (pedido secundário), a condenação do réu a pagar-lhe as parcelas derivantes da rescisão injusta do contrato, caso não se reconheça a existência da alegada estabilidade, mas fique comprovada a inexistência de falta grave, por parte do trabalhador. Perceba-se que se verifica, aqui, a mesma *causa petendi* (fatos essenciais, que dão origem à pretensão + fundamentos jurídicos do pedido). Não se trata, pois, de acumulação de pedidos, porquanto esta supõe a diversidade de causas de pedir; nem de pedido alternativo, porquanto, no exemplo citado, a obrigação só pode ser cumprida de uma forma, segundo se cuide de reintegração ou pagamento de valores devidos pela rescisão injusta do contrato de trabalho.

Em que pese ao fato de a subsidiariedade dizer respeito, quase sempre, às prestações a serem realizadas pelo réu (pedido mediato), nada obsta que se refira à própria natureza do provimento jurisdicional: postula-se, *v. g.*, uma sentença condenatória (pedido principal) e, na hipótese de ser negada, uma declaratória (pedido secundário).

O cotidiano forense tem demonstrado que, no processo do trabalho, mais do que no civil, os autores vêm fazendo largo uso da faculdade legal de formular pedidos em ordem subsidiária, cujo fato, como dissemos, provém da multiplicidade de direitos a que o contrato de trabalho dá origem e da quantidade de pretensões que a lesão desses direitos acarreta.

Como deve ter ficado patente, embora possam ser feitos, em ordem subsidiária, dois ou mais pedidos, somente um deles poderá ser acolhido, conquanto todos possam ser rejeitados. É óbvio que o juiz, tirante situações excepcionais, deverá apreciar esses pedidos no momento em que for redigir a sentença de mérito. Incidiria em manifesto erro de procedimento, por isso, se antes mesmo da instrução, ou liminarmente, viesse a eliminar um dos pedidos, a pretexto de que o outro não lhe parecia "procedente". A arbitrariedade judicial seria, aí, manifesta e censurável.

Sendo pressuposto medular da subsidiariedade de pedidos a *causa petendi*, isso significa que a instrução processual terá como objeto os mesmos fatos; se houver necessidade de a instrução ocupar- se com fatos distintos, é provável que se esteja diante não de pedidos subsidiários (CPC, art. 326), mas de pedidos acumulados (CPC, art. 327), ou de uma falsa subsidiariedade.

Cumpre-nos colocar em foco, nesta altura da exposição, um problema de extrema relevância prática. Enunciemo-lo sob a forma de indagação: se o juiz acolher o primeiro pedido (principal), ficará prejudicada a apreciação do segundo (secundário)?

Uma interpretação superficial do art. 326, do CPC, por certo nos levaria a concluir que sim, pois essa norma legal deixa transparecer que o juiz somente poderá apreciar o pedido posterior se o anterior for rejeitado.

Não nos parece ser essa, contudo, a inferência que melhor atenda aos princípios e ao próprio sistema processual. Para que a nossa opinião possa ser adequadamente compreendida, retomemos o exemplo do trabalhador que alega possuir estabilidade no emprego e haver sido despedido sem justa causa, pedindo, em razão disso: a) reintegração (pedido principal); ou b) condenação do réu ao pagamento das denominadas (impropriamente, diga-se) "verbas rescisórias" (pedido secundário), na hipótese de a pretensão anterior ser repelida. Muito bem. Se concluirmos que o acolhimento do pedido principal prejudicará o exame do secundário, que solução jurídica poderemos oferecer a esse trabalhador, na eventualidade de o tribunal, dando provimento ao recurso interposto pelo réu, rejeitar o pedido, por entender que o autor não possuía estabilidade no emprego, embora reconheça que foi despedido sem justa causa? Como poderia o tribunal, em tal situação, condenar o réu ao pagamento das verbas emanantes da ruptura do contrato, sem que o juízo de primeiro grau tenha se pronunciado a respeito? Ou, acaso, se pretende argumentar que o autor deveria ingressar com outra ação, na qual pediria, exclusivamente, o pagamento dessas verbas, porquanto esse pedido não teria sido alcançado pela coisa julgada material produzida pelo acórdão do tribunal, no julgamento da primeira demanda?

Demais, por força do princípio da exaustão, contido no art. 489, § 1.º, IV, do CPC, ao juiz incumbe apreciar todos os argumentos apresentados pelos litigantes, capaz de, em tese, infirmar a decisão tomada pelo juiz. Desse modo, sem que, no exemplo em foco, o juiz examine, também, o segundo pedido (conquanto tenha acolhido o primeiro) esse princípio não terá sido atendido, o que equivale a afirmar, por outras palavras, a entrega da prestação jurisdicional não terá sido realizada integralmente. Nem se objete com o art. 1.013, § 1.º, do CPC, a teor do qual na apelação o tribunal poderá apreciar e julgar as questões suscitadas e discutidas no processo, mesmo que a sentença não as tenha julgado, porquanto o segundo pedido (pagamento das verbas decorrentes da ruptura injusta do contrato) não pode ser considerado simples *questão*, apresentando-se, muito acima disso, como autêntico *objeto da pretensão* deduzida pelo autor, ainda que de modo sucessivo.

Mesmo que o juiz acolha o primeiro pedido, portanto, deverá pronunciar-se acerca do segundo (posterior). Não estamos a sustentar que o réu deva ser condenado nos dois pedidos, e, sim, que a sentença, apesar de haver acolhido o primeiro, deverá manifestar-se sobre o segundo, sem efeito condenatório, para tornar completa a prestação jurisdicional e para evitar os inconvenientes de ordem prática, que mencionamos há pouco.

Não hesitamos, inclusive, em afirmar que se o primeiro for acolhido, mas rejeitado o segundo, o autor terá interesse em recorrer da sentença, adesivamente (quanto a este último pedido), atento à eventualidade de o tribunal dar provimento ao recurso do réu, quanto ao primeiro pedido.

Parágrafo único. O autor poderá formular mais de um pedido, de modo alternativo, a fim de que o juiz, não acolhendo um deles, acolha o outro. Sobre os pedidos alternativos já nos manifestamos nos comentários ao art. 325.

7. Cumulação de pedidos

Art. 327. É lícita a cumulação, em um único processo, contra o mesmo réu, de vários pedidos, ainda que entre eles não haja conexão.

§ 1.º São requisitos de admissibilidade da cumulação que:

I - os pedidos sejam compatíveis entre si;

II - seja competente para conhecer deles o mesmo juízo;

III - seja adequado para todos os pedidos o tipo de procedimento.

§ 2.º Quando, para cada pedido, corresponder tipo diverso de procedimento, será admitida a cumulação se o autor empregar o procedimento comum, sem prejuízo do emprego das técnicas processuais diferenciadas previstas nos procedimentos especiais a que se sujeitam um ou mais pedidos cumulados, que não forem incompatíveis com as disposições sobre o procedimento comum.

§ 3.º O inciso I do § 1.º não se aplica às cumulações de pedidos de que trata o art. 326.

Caput. Reproduziu-se o teor do art. 292 do CPC revogado.

Permite o processo civil que o autor cumule, num mesmo processo, diversos pedidos contra o réu, ainda que entre eles inexista conexão.

Essa regra é inteiramente aplicável ao processo do trabalho, em decorrência de sua finalidade de impedir a proliferação de demandas. Inexistente essa faculdade, o trabalhador teria de ajuizar diversas ações, perante o mesmo empregador, sempre que não houvesse conexão entre os pedidos, fato que geraria um transtorno generalizado: para o autor e para o réu, porque teriam de ir a juízo inúmeras vezes, a fim de participar das audiências concernentes a cada processo; e, também, para o juiz, que teria consideravelmente aumentada a sua carga de trabalho (mais audiências, mais sentenças, mais execuções, etc.). A cumulação de pedidos, por isso, vem sendo largamente utilizada no processo do trabalho, com indiscutíveis benefícios de ordem prática para todos.

Talvez fosse melhor que o legislador tivesse utilizado o vocábulo *demandas*, no lugar de *pedidos*, pois, como está, fica difícil admitir a possibilidade de pensar-se em conexão (ou falta desta) entre os pedidos. Essa ideia chega a ser perturbadora dos princípios.

Pondo de parte esse aspecto acirológico da norma, cumpre-nos salientar que a cumulação, de que se ocupa o art. 327, do CPC, é a *objetiva*, precisamente por dizer respeito aos pedidos; a cumulação *subjetiva* é característica dos regimes litisconsorciais, porquanto diz da aglutinação de partes em um dos polos da relação jurídica processual (litisconsórcio ativo ou passivo) ou em ambos (litisconsórcio misto).

A *cumulação de pedidos* não se confunde com o *pedido alternativo*, previsto no art. 325, do mesmo Código, pois, neste, embora haja mais de uma prestação a ser realizada, o cumprimento de uma só é suficiente para extinguir a obrigação, ao passo que, naquela, são várias as obrigações e várias as prestações. Ainda: o pedido dito alternativo é um só, pois deriva de obrigação *disjuntiva*; já a acumulação de pedidos, como a expressão indica, traduz uma reunião de pedidos, que emanam de obrigações distintas, motivo por que há diversas e heterogêneas prestações a serem efetuadas. A obrigação, aqui, é *conjuntiva*.

Não se confunde, também, a *cumulação de pedidos* com os *pedidos subsidiários*, a que alude o art. 326, CPC. Enquanto, naquela, como dissemos, há vários pedidos autônomos, provenientes de causas de pedir distintas, nestes o pedido é único, embora feito em ordem sucessiva, justamente por existir uma só *causa petendi*. Lá, todos os pedidos podem ser acolhidos (se for o caso); aqui, apenas um poderá sê-lo (seja o principal ou o secundário, de acordo com a terminologia que adotamos).

Cumulação de pedidos e *concurso de pedidos* são, também, coisas distintas. Na primeira situação, há dois ou mais pedidos independentes, provindo cada um, em regra, de causa de pedir específica, ou seja, distinta; na segunda, o pedido, em rigor, é um só, conquanto esteja fundado em mais de uma *causa petendi*. O trabalhador pode pedir, *e. g.*, reintegração, alegando possuir estabilidade prevista em norma legal e em cláusula de convenção coletiva de trabalho. O pedido, na espécie, é único: reintegração no emprego; são duas, contudo, as causas de pedir (fatos essenciais + fundamento jurídico do pedido): norma legal e convenção coletiva.

Afirmamos que a cumulação de pedidos é de natureza objetiva. E isso é certo. No campo dessa cumulação, todavia, podemos isolar, como espécies distintas, as cumulações: a) homogêneas; b) heterogêneas; c) independentes; d) dependentes.

> a) Na cumulação objetiva *homogênea*, os pedidos se fundam no mesmo fato: o trabalhador presta serviços das 20h às 6h e pede: 1) horas extras e 2) adicional noturno; b) Na *heterogênea*, os fatos em que se baseiam os pedidos são diversos: identidade de funções (= equiparação salarial) e trabalho em local insalubre (= adicional de insalubridade). O que define, portanto, a homogeneidade ou a heterogeneidade dos pedidos, para efeito da classificação que apresentamos, são os fatos da causa, em que se apoiam; c) Na cumulação *independente* os pedidos guardam, entre si, autonomia ontológica, provindo, quase sempre, de causas de pedir diversas: despedida sem justa causa (= aviso prévio, FGTS, etc.) e prorrogação da jornada (= horas extras). d) Na *dependente*, ao contrário, a causa de pedir é, em geral, a mesma, e há uma dependência de um pedido, com relação a outro: reconhecimento da existência do alegado vínculo de emprego (pedido condicionante) e estabilidade no emprego (pedido condicionado). Não reconhecido o vínculo de emprego, no exemplo trazido à balha, ficará prejudicado o pedido atinente à estabilidade. O fato, aqui, é um só: prestação de serviços, em caráter subordinado, pessoal, etc., durante o tempo previsto, digamos, em cláusula normativa.

Para que a cumulação objetiva de pedidos se torne possível, é indispensável que: a) estes sejam compatíveis entre si; b) seja competente para conhecer deles o mesmo juízo; c) seja adequado para todos os pedidos o tipo de procedimento (CPC, art. 327, I a III).

De modo geral, esses requisitos enumerados pelo processo civil não causam maiores embaraços ao processo do trabalho, em que: a) a compatibilidade entre os pedidos reunidos deriva da fonte obrigacional comum, de que soem decorrer: o contrato de trabalho;

b) a competência do juízo se estabelece a partir dos conflitos oriundos da relação jurídica material entre as partes, sendo estabelecida por norma constitucional; c) os procedimentos são ordinário e sumariíssimo.

Um comentário indispensável: quando a CLT (art. 840, § 1.º) e o CPC (art. 322) se referem ao pedido, estão, na verdade, a considerar o capítulo tipicamente postulatório da petição inicial, que sucede à *causa petendi* (e dela advém), e, não, a um só pedido, como se mais de um não fosse lícito formular. Ora, acabamos de ver que isso não somente é possível (CPC, art. 326), como o uso da cumulação de pedidos (demandas, para nós) deve ser estimulado, máxime no processo do trabalho, tendo em vista o efeito inibidor da dispersão (e da consequente proliferação) das demandas, que essa aglutinação enseja.

Ainda que o processo civil não autorizasse a cumulação de pedidos, o bom senso haveria de fazer com que o processo do trabalho a admitisse, ou a inventasse, pelas razões já mencionadas, às quais se deve acrescer a simplicidade do procedimento e as exigências sociais e políticas de um máximo de atuação do direito com um mínimo de atividade jurisdicional. O que se requer é que os pedidos sejam feitos segundo uma sequência lógica, a fim de evitar que a resposta do réu, a instrução processual e a entrega da prestação jurisdicional sejam prejudicadas. Como orientação geral, os pedidos poderiam ser apresentados na mesma ordem em que os correspondentes fatos, de que se originam, foram narrados. A noção de ordem é essencial no universo do processo. A desordem é tumultuária do procedimento, sendo tanto mais grave quanto consentida ou praticada pelo próprio juiz.

A cumulação de pedidos, a despeito de constituir, na maioria das vezes, iniciativa do autor, pode ser requerida pelo réu, ou promovida pelo juiz, *ex officio*. Isso se verificará nos casos de conexão ou continência entre as demandas, de que falam os arts. 55 e 56, do CPC. A iniciativa do juiz, aqui, é facultativa, como se infere do verbo *poder*, usado na redação dessa norma legal. E profícuo rememorar que haverá conexão quando existir identidade de pedido ou de causa de pedir, entre duas ou mais ações (CPC, art. 55); continência, quando ocorrer identidade entre as partes e a *causa petendi*, mas o pedido de uma, por ser mais amplo, abarcar o da outra (CPC, art. 56).

§ 1.º A norma legal estabelece, nos incisos I a III, os requisitos para que haja cumulação de pedidos, num mesmo processo.

Inciso I. Compatibilidade. Significa que os pedidos devem ser juridicamente harmoniosos entre si. No caso de os pedidos serem inconciliáveis cumprirá ao juiz determinar que o autor opte por um deles, ou adote outra providência que a situação exigir. Se o autor não atender ao despacho (CPC, art. 321), a inicial deverá ser indeferida, por inepta (*ibidem*, parágrafo único e art. 330, § 1.º, IV). O indeferimento da inicial, por implicar a extinção do processo (CPC, art. 485) sem resolução do mérito, é ato que se materializa por meio de sentença, não de mero despacho (CPC, art. 316).

Inciso II. A competência da Justiça do trabalho é definida pelo art. 114 da Constituição Federal e suplementada por normas infraconstitucionais. Para a cumulação não pedidos não é bastante que estes sejam compatíveis entre si: impõe-se que a Justiça do Trabalho (para cogitarmos apenas dela) seja materialmente competente para apreciá-los. Não será admissível a cumulação se, por exemplo, o autor pedir indenização por danos morais e indenização por acidente do trabalho: em relação a este último pedido a Justiça do Trabalho é destituída de competência (infelizmente).

Inciso III. Mesmo que os pedidos sejam compatíveis entre si, e a Justiça do Trabalho detenha competência para apreciá-los, nem por isso a cumulação desses pedidos estará legalmente autorizada, pois é necessário, ainda, que o procedimento seja adequado para todos eles.

§ 2.º Se acontecer (de maneira excepcional, sem dúvida) de para cada pedido feito pelo trabalhador ou pelo empregador (quando este for autor) corresponder um procedimento, a acumulação será permitida se o autor optar pelo ordinário (CPC, art. 327, § 2.º). Nada impede que, na falta de escolha, pelo autor, o próprio juiz do trabalho defina o procedimento a ser observado. Essa iniciativa judicial é indispensável, acima de tudo, para preservar os traços característicos deste procedimento. Nos casos em que o réu, *v. g.*, ingressa com ação de consignação e pagamento e o trabalhador reconvém, pode-se adotar o procedimento ordinário, fazendo com que desapareçam certas particularidades que a ação de consignação ostenta no processo civil.

§ 3.º A exigência de que os pedidos sejam compatíveis entre si (art. 327, § 1.º, I) não se aplica aos pedidos formulados em ordem subsidiária, de que trata o art. 326. Julgamos também que a norma não incida no caso de pedidos alternativos (art. 325)

8. Obrigação indivisível com pluralidade de credores

> Art. 328. Na obrigação indivisível com pluralidade de credores, aquele que não participou do processo receberá sua parte, deduzidas as despesas na proporção de seu crédito.

Diz-se que a obrigação é indivisível quando a prestação consiste em uma coisa ou fato não suscetíveis de divisão, por sua natureza, por motivo de ordem econômica ou em virtude da razão determinante do negócio jurídico (CC, art. 258).

Tratando-se de obrigação indivisível, com diversos credores, aquele que não fez parte do processo receberá a sua parte, depois de deduzidas as despesas na proporção do seu crédito.

A norma em foco diz respeito ao regime litisconsorcial do tipo facultativo-unitário, dada a indivisibilidade da obrigação.

Aditamento e alteração do pedido ou da causa de pedir

> Art. 329. O autor poderá:
>
> I – até a citação, aditar ou alterar o pedido ou a causa de pedir, independentemente de consentimento do réu;
>
> II – até o saneamento do processo, aditar ou alterar o pedido e a causa de pedir, com consentimento do réu, assegurado o contraditório mediante a possibilidade de manifestação deste no prazo mínimo de 15 (quinze) dias, facultado o requerimento de prova suplementar.
>
> Parágrafo único. Aplica-se o disposto neste artigo à reconvenção e à respectiva causa de pedir.

Caput. A norma dispõe sobre o aditamento ou alteração do pedido ou da causa de pedir. Em termos diversos, os arts. 264 e 294 do CPC revogado regulavam a matéria.

Efetivamente, o art. 294 do CPC anterior permitia ao autor *aditar* o pedido *antes da citação*. Citado o réu, o autor somente poderia *modificar* a causa de pedir ou o pedido se com isso concordasse o réu (art. 264, *caput*). Todavia, a *alteração* da causa de pedir ou do pedido era vedada após o saneamento do processo (*ibidem*, parágrafo único).

O CPC atual modificou esse sistema, ao permitir o aditamento ou a alteração do pedido ou da *causa petendi*: a) *até a citação*, independentemente da anuência do réu; b) *até o despacho saneador*, desde que nisso o réu consinta, e a ele se assegure o contraditório mediante a possibilidade de manifestar-se no prazo mínimo de quinze dias, facultando-lhe, ainda, formular requerimento de produção de prova complementar.

Antes de nos pronunciarmos sobre a incidência, ou não, no processo do trabalho, dessa norma do CPC, devemos lançar algumas considerações acerca dos conceitos de aditamento e de alteração, para os efeitos do art. 329.

Aditamento e *modificação* não se confundem. Aquele representa o acréscimo quantitativo de pedidos, vale dizer, a inclusão, na mesma causa, de pedidos inicialmente omitidos; esta não implica a formulação de novos pedidos, senão que a modificação dos já existentes (ou da causa de pedir). Em alguns situações de modificação, o autor altera, apenas, a causa de pedir, sem repercussão no pedido: alegou, equivocadamente, que a insalubridade era em grau médio e pediu o grau máximo; corrigida a causa de pedir, para esclarecer que a insalubridade era em grau máximo, o pedido (de adicional) ficará inalterado; em outras, a modificação da *causa petendi* acarreta, inevitavelmente, a alteração do pedido: afirmou ser estável no emprego e postulou a reintegração; ao modificar a causa de pedir, para dizer que não era estável, passa a pleitear as verbas concernentes à ruptura injusta do contrato.

Inciso I. O aditamento e a alteração referidos podem ser realizados até o momento da citação, mesmo sem a concordância do réu.

Ao tempo em que estava a viger o CPC de 1973, sustentamos que o processo do trabalho deveria admitir o aditamento ou a alteração da causa de pedir ou do pedido: a) mesmo depois da citação do réu, e b) independentemente da concordância deste.

Questionávamos: que prejuízo haveria de tolerar-se, no processo do trabalho, um acréscimo de pedidos à inicial, sabendo-se que o réu deve oferecer a sua resposta (defesa) em audiência, sendo esta, no geral, realizada muitos meses depois de efetuada a citação? A não se admitir o aditamento, isso conduziria a uma situação burlesca, quase surrealista: o autor ajuizaria outra ação, na qual formularia os pedidos omitidos na primeira, e, como há, quase sempre, conexão entre ambas, requereria ao juiz a reunião dos autos pertinentes, com fulcro no art. 105, daquele CPC, fazendo com que, a contar desse momento, a instrução (oral, principalmente) e a sentença fossem, uma só. Por que não se consentir que ele acrescentasse à mesma inicial alguns pedidos, como providência destinada a evitar todos esses transtornos, inclusive para o juiz (que teria de se pronunciar a respeito do requerimento de reunião de autos) e para a secretaria do órgão (que deveria proceder a essa junção, se deferida, e dar ciência às partes)? A menor distância entre dois pontos, despeito de toda a evolução científica, continua sendo a reta.

Não estávamos, com estas considerações, a preconizar ou a estimular aditamentos indiscriminados e tumultuários do procedimento. Nossa preocupação nuclear era pôr de parte os arts. 264 e 294, do CPC de 1973, em face de sua inconciliabilidade com o procedimento trabalhista, que é simplificado (ou deveria ser). Afastada a incidência daquela norma forânea, como se deveria comportar o processo do trabalho?

Em primeiro lugar, sustentávamos, ser indispensável fixar-se um momento que funcionasse como limite máximo para que o aditamento pudesse ser realizado. Fornecia-nos esse momento, ainda que por via analógica ou oblíqua, o art. 841, *caput*, da CLT, segundo o qual a audiência deverá ser a primeira desimpedida, depois de cinco dias. Segue-se, que o aditamento poderia ser permitido sempre que fosse possível resguardar-se o direito do réu de ter, no mínimo, o prazo de cinco dias para responder à ação, contados da citação "complementar", pertinente ao acréscimo de pedidos. Esse prazo de cinco dias tem sido considerado como de preparação para a defesa, não só pela doutrina e pela jurisprudência, mas pela própria lei (Decreto-lei n. 779/69, art. 1.º, inciso II). Sugeríamos, em virtude disso, a sua adoção com vistas ao aditamento.

Não era tudo. Quando falávamos em aditamento estávamos a cogitar de pequenos acréscimos de pedidos: o trabalhador, despedido sem justa causa, postulou aviso prévio, férias proporcionais e gratificação natalina, também proporcional, mas se esqueceu do FGTS. Este poderia ser objeto de aditamento, respeitadas as regras que alvitrávamos. O que não se deverá tolerar é um acréscimo substancial de pedidos, em número até mesmo superior ao constante da inicial, pois isso poderia ser produto de um meio artificioso, colocado em prática pelo autor, para criar dificuldades à defesa do réu — rememorando-se que este, talvez, só dispusesse de cinco dias para elaborá-la. Em situações como esta, ficaria reservado ao prudente arbítrio do juiz o deferimento, ou não, do acréscimo.

Nosso entendimento considerava, ainda, o *ius postulandi* que o art. 791, *caput*, da CLT atribui às partes, de tal ordem que a aplicação do rigor literal dos arts. 264 e 294, do estatuto processual civil, traduziria violência abominável a essa faculdade que os litigantes possuem, no processo do trabalho, de promoverem, pessoalmente, a defesa de seus direitos e interesses.

Ora, se, no passado, considerávamos algo rígidas, em face do processo do trabalho, as normas dos arts. 264 e 294 do CPC revogado, não podemos deixar de manifestar, agora, a mesma opinião em face do art. 329 do CPC atual.

Mantemos, por isso, o ponto de vista que sustentamos na vigência do CPC anterior: o processo do trabalho deve permitir a alteração ou o aditamento mencionados, mesmo depois da citação do réu, mas antes da apresentação defesa por parte deste, observando-se, para esse fim, o prazo mínimo previsto no art. 841 da CLT.

Inciso II. No processo do trabalho não há, em rigor, uma fase de saneamento. De qualquer forma, nossa opinião sobre o inciso II do art. 329 do CPC é a mesma que expendemos em relação ao inciso I dessa norma legal: o processo do trabalho deve permitir o aditamento ou alteração do pedido ou da causa de pedir mesmo depois da citação do réu, mas antes da apresentação defesa por parte deste, observando-se, para esse fim, o prazo mínimo previsto no art. 841 da CLT. Não é o caso, pois, de conceder-se ao réu o prazo de quinze dias, nem de cogitar-se de "requerimento de prova complementar".

Somente em situações extraordinárias é que se deverá fazer incidir no processo do trabalho o disposto nos incisos I e II, do art. 329 CPC.

Parágrafo único. O entendimento que manifestamos em relação ao *caput* do art. 329 também aplicamos no tocante à reconvenção. Não havia razão jurídica para o legislador da atualidade haver aludido à reconvenção "e à respectiva causa de pedir", pois quem diz reconvenção, diz tudo.

9. Pedido líquido. A nova redação do § 1.º do art. 840, da CLT

A imposição para que a peça de provocação da atividade jurisdicional do Estado contenha pedidos *líquidos* surgiu com a Lei n. 9.099, de 26-9-1995, que dispôs sobre os Juizados Especiais Cíveis e Criminais. Lê-se no art. 14, § 1.º, da precitada norma legal: "*Do pedido constarão, de forma simples e em linguagem acessível: I - (...); II - (...); III - o objeto e seu* ***valor***" *(destacamos)*. Ulteriormente, a Lei n. 9.957, de 12-1-2000, que alterou a CLT para introduzir no sistema do processo do trabalho o *procedimento sumariíssimo*[(9)], também passou a exigir que a petição inicial indicasse o valor do pedido (CLT, art. 825-B, I).

Essa última norma legal atribuiu a seguinte redação ao art. 852-I, § 2.º, da CLT: "*Não se admitirá sentença condenatória por quantia ilíquida*". Estabelecia-se, desse modo, uma sistematização harmônica dos dispositivos dessa Lei, porquanto se passou a exigir que se apresentassem *líquidos*: a) os pedidos constantes da inicial; e b) a condenação imposta pela sentença. Deu-se, porém, que o Sr. Presidente da República vetou o § 2.º do art. 852-I, da CLT,[(10)] quebrando, com isso, a sistematização harmoniosa a que nos referimos há pouco, pois ficou mantida a exigência de que a inicial contivesse pedidos líquidos, embora se tenha dispensado a sentença de trazer condenação líquida. Diante disso (e considerando que o valor definidor do procedimento não era o dos pedidos, e sim, o da causa), perguntávamos: qual a utilidade de os pedidos expressos na inicial serem líquidos, se poderiam ser alterados — como, geralmente, acontecia — pela contestação, pelas provas que a instruíssem, por outras provas produzidas em audiência ou mediante perícia?

Essas indagações, formuladas há cerca de 17 anos, não se justificam em face da nupérrima redação atribuída ao § 1.º, do art. 840, da CLT, porquanto, aqui, a imposição de

(9) Os adjetivos que apresentam io antes de uma consoante fazem o superlativo em dois ii: friíssimo, necessariíssimo, seriíssimo, sumariíssimo. Não havendo consoante antes de io, o superlativo apresenta apena um i: feíssima, cheíssima, dulcíssima (SACCONI, Luiz Antonio. *Não erre mais!*. 9.ª ed. São Paulo: Ática, 1987. p. 50).

(10) Foram estas as razões do veto: "O § 2.º do art. 852-I não admite sentença condenatória por quantia ilíquida, o que poderá, na prática, atrasar a prolação das sentenças, já que se impõe ao juiz obrigação de elaborar cálculos, o que nem sempre é simples de se realizar em audiência. Seria prudente vetar o dispositivo em relevo, já que a liquidação por simples cálculo se dará na fase de execução da sentença, que, aliás, poderá sofrer modificações na fase recursal".

pedidos líquidos não se vincula *à sentença*, senão que, conforme veremos, *ao princípio da sucumbência* (CLT, art. 791-A).

Pois bem. O § 1.º, do art. 840, da CLT, exige que da petição inicial conste o *valor do pedido*, vale dizer, *de cada pedido*. Não se suponha, portanto, que a exigência legal estaria cumprida com a indicação do valor total dos pedidos apresentados de maneira ilíquida.

A nova redação dada a esse preceptivo legal visou, a um só tempo, a atender:

a) a preceito de ordem *ética*, por modo a impedir a formulação de pedidos ilíquidos, ou, se líquidos, que excedam à própria repercussão pecuniária daquilo que o direito invocado concede. É oportuno observar que, não raro, alguns autores, mesmo podendo indicar o valor de cada *pedido* lançado na inicial, vinham se omitindo em fazê-lo, motivados por uma estratégia ardilosa destinada a fazer supor ao réu tratar-se de uma *causa* de pequena repercussão econômico-financeira, levando-o a negligenciar na elaboração da defesa. Acrescente-se a isso, o hábito de tais autores atribuírem *à causa* um valor muito inferior ao que decorreria da soma *dos pedidos* (se fossem apresentados de maneira líquida), e ter-se-á a medida da conveniência da estratégia processual que mencionamos;

b) a uma regra *pragmática*, porquanto será da diferença entre o valor do pedido, indicado na inicial, e o valor do acolhido pela sentença que se fará incidir o princípio da sucumbência (CLT, art. 791-A), por força do qual o autor será condenado a pagar honorários de advogado à parte contrária, naquilo em que não tiver êxito (CLT, art. 791-A, § 3.º). Estabelece essa norma legal: "*Na hipótese de procedência parcial, o juízo arbitrará honorários de sucumbência recíproca, vedada a compensação entre os honorários*".

É importante rememorarmos a Justificativa do Projeto de Lei n. 6.787/2016 para atribuir nova redação ao § 1.º, do art. 840, da CLT: "*As alterações promovidas no art. 840 têm como fundamento principal exigir que o pedido, nas ações trabalhistas, seja certo, determinado e que tenha o seu* valor *devidamente indicado. A exigência de que o pedido seja feito de forma precisa e com conteúdo explícito é regra essencial para garantia da boa-fé processual, pois permite que todos os envolvidos na lide tenham pleno conhecimento do que está sendo proposto, além de contribuir para a celeridade processual com* a *prévia liquidação dos pedidos na fase de execução judicial, evitando-se novas discussões e, consequentemente, atrasos para que o reclamante receba o crédito que lhe é devido*".

Não se ignora que, na prática, os autores encontrarão dificuldade para formular pedidos com valor expresso, por não disporem, no momento de elaborarem a petição inicial, de elementos concretos e fidedignos, que os possibilitem definir esses valores. Haverá casos em que a indicação do valor do pedido será inviável ou injustificável, como quando: a) somente mediante exame pericial contábil for possível apurar-se o valor das comissões devidas ao autor da ação; b) o autor pedir adicional de insalubridade, no grau máximo, e a perícia concluir pela existência de insalubridade, digamos, em grau mínimo. Neste último caso, como o autor poderia definir, a *priori*, o valor correto do pedido, se a própria classificação do grau de insalubridade dependia de exame pericial (CLT, art. 195, § 2.º)? Para situações que tais, deverá ser admitida a formulação de *pedido genérico*, com fundamento no inciso II, do art. 324, do CPC. A propósito, uma advertência se faz necessária: o sentido genérico do pedido, a que se refere a norma processual mencionada, reside em seu aspecto quantitativo (*quantum debeatur*), não em seu elemento ontológico (*an debeatur*). Se assim não fosse, haveríamos de concluir que a norma autorizaria, até mesmo, as postulações incertas. Hoje, em nosso meio, a certeza é um elemento que deve estar presente não só na inicial, como na sentença, pois esta deve ser certa, ainda quando resolva relação jurídica condicional (CPC, art. 492, parágrafo único). A *condição* é elemento de direito material e está prevista no art. 121 do Código Civil: "*Considera-se condição a cláusula que, derivando exclusivamente da vontade das partes, subordina o efeito do negócio jurídico a evento futuro e incerto*".

Haverá também situações em que a definição do valor dos pedidos somente será possível após a apresentação de documentos que se encontram em poder do réu. Nesta hipótese, poderão ser adotados alguns procedimentos, a saber:

a) *para que a petição inicial expresse, desde logo, o valor dos pedidos*, incumbirá ao autor ingressar com pedido de tutela de urgência de natureza cautelar (CPC, art. 301) ou com ação de produção antecipada de prova (CPC, art. 381), fundando-se no art. 324, § 1.º, III, do CPC, assim redigido: "§ 1.º É lícito, porém, formular pedido genérico: I – (...); III – quando a determinação do objeto ou do ***valor*** *da condenação* ***depender de ato a ser praticado pelo réu***" (destacamos). Apresentados os documentos necessários, os pedidos deverão ser liquidados antes de serem postos na inicial;

b) *para que o valor seja fixado após a apresentação da defesa*, o autor deverá suscitar o incidente de exibição de documentos, regulado pelos arts. 396 a 404, do CPC; exibidos os documentos, o juiz concederá prazo para que o autor emende a petição inicial, no prazo de quinze dias, indicando o valor dos pedidos formulados (CPC, art. 321, *caput*), sob pena de indeferimento da petição inicial (*ibidem*, parágrafo único).

Dir-se-á, talvez, que a possibilidade de haver essa emenda encontra óbice no art. 329, II, do CPC, que permite o aditamento ou a alteração do pedido e da causa de pedir, após o saneamento do processo, somente se houver consentimento do réu. Se assim se alegar, devemos contra-argumentar, em caráter proléptico, que a emenda à inicial, de que estamos a tratar, não implicará *aditamento* nem *alteração* do pedido. Expliquemo-nos. *Aditamento* e *modificação* não se confundem. Aquele representa o *acréscimo quantitativo de pedidos*, vale dizer, a inclusão, na mesma causa, de pedidos inicialmente omitidos; esta não implica a formulação de novos pedidos, senão que a *modificação dos já existentes* (ou da causa de pedir).

Ora, se o juiz do trabalho conceder prazo para que o autor, após haver obtido do réu os documentos necessários, indique o valor dos pedidos formulados na inicial, não estará autorizando nenhum aditamento e nenhuma alteração, se não que permitindo ao autor emendar a petição inicial, a fim de dar cumprimento à determinação contida no § 1.º, do art. 840, da CLT, para que o pedido possua uma expressão pecuniária. Efetuada a emenda, juiz concederá prazo de quinze dias, ao réu, para que se manifeste a respeito. Especificamente para essa finalidade, pode-se invocar a incidência analógica do disposto no inciso II, do art. 329, do CPC.

Em síntese:

a) a redação do § 1.º, do art. 840, da CLT, é inequívoca ao determinar que os pedidos lançados na inicial sejam formulados de maneira líquida, vale dizer, com a indicação do correspondente valor;

b) as razões pelas quais a Lei n. 13.467/2017 deu nova redação a esse dispositivo legal estão intimamente vinculadas a preceito ético e a regra *pragmática* — esta última, ligada ao princípio *da sucumbência*, trazido por essa mesma norma legal, mediante a inserção, na CLT, do art. 791-A;

c) para que a petição inicial expresse, *desde logo*, o valor dos pedidos — mas o autor não disponha de dados ou elementos para isso —, ele poderá ingressar com ação de tutela de urgência de natureza cautelar (CPC, art. 301) ou com ação de produção antecipada de provas (CPC, art. 381), fundando-se no art. 324, § 1.º, III, do CPC;

d) para que o valor seja fixado *após a apresentação da defesa, o* autor não fará, desde logo, na inicial, a indicação do valor do pedido, reservando-se (mediante requerimento dirigido ao juízo) para mencionar esse valor: d.a) após a apresentação da defesa, caso seja instruída com os elementos necessários à fixação do valor do pedido; d.b.) mediante a suscitação do incidente de exibição de documentos, regulado pelos arts. 396 a 404, do CPC, caso a defesa se apresente desacompanhada de documentos. Em ambos as situações, o juiz concederá o prazo de quinze dias para que o autor emende a petição inicial, indicando o valor dos pedidos formulados (CPC, art. 321, *caput*), sob pena de indeferimento dessa petição *(ibidem*, parágrafo único);

e) a exigência estampada no § 1.º, do art. 840, da CLT, também incide no caso de pedidos *alternativos* (CPC, art. 325), *subsidiários* (*ibidem*, art. 326) e *cumulados* (*ibidem*, art. 327). Para efeito de fixação do *valor da causa* (CPC, art. 291) deverão ser observados os incisos VII, VII e VI, respectivamente, do art. 292, do CPC;

f) em determinados casos, será lícito ao autor formular *pedido genérico,* com fulcro no inciso II, do art. 324, do CPC, hipótese em que a fixação do valor será estabelecida pela sentença ou diferida para a fase de liquidação (CLT, art. 879).

Cremos que não estaremos sendo acometidos de cerebração fantasiosa se afirmarmos que a imposição legal de formulação de pedidos líquidos terá caído como uma espécie de meteoro arrasador no cenário do processo do trabalho, por forma a gerar intensa inquietação tanto no espírito dos advogados quanto no dos juízes. Nos advogados, porque sobre eles recai a responsabilidade e a dificuldade de formulação de pedidos com valor líquido, situação agravada pelo risco da sucumbência; nos magistrados, porque poderão ser levados a apreciar infindáveis ações com pedido de tutela de urgência de natureza cautelar ou incidentes de exibição de documentos, ou a exarar incontáveis despachos, determinando que o autor emende a petição inicial, sob pena de indeferimento, por forma a sobrecarregar, ainda mais, o volume de trabalho nos gabinetes desses magistrados.

Nem mesmo o processo civil, com sua tradição formalista, se atreveu a impor que o pedido se apresentasse líquido, na inicial. O art. 319, IV, do CPC, mais sensato, exige que o pedido seja acompanhado de "suas especificações". Nem mesmo por antonomásia se poderá considerar os vocábulos *especificação* e *valor* como sinônimos entre si.

A exigência de indicação do valor dos pedidos, na inicial, não conflita com o art. 879, da CLT, que prevê a *liquidação* da obrigação materializada na sentença condenatória. Enquanto a menção do valor do pedido, na inicial, está vinculada, conforme dissemos, ao princípio da *sucumbência*, a liquidação se destina a quantificar o valor da *condenação* — que será, posteriormente, cotejado com o do pedido, para efeito da sucumbência.

No caso de revelia — que se configura pela ausência injustificada de contestação —, o juiz, em nome da presunção legal de veracidade dos fatos alegados na petição inicial (CLT, art. 844, *caput*; CPC, art. 344), não estará obrigado a impor ao revel uma condenação *segundo os valores apontados na inicial*, desde que possa demonstrar que esses valores são exorbitantes, à luz das normas legais ou convencionais incidentes.

Rememoremos que o *efeito* da revelia incide, unicamente, sobre *fatos*; não sobre normas legais.

Se o juiz entender que o autor possui condições de indicar o valor dos pedidos estampados na inicial, mas não o fez, não deverá, de plano, indeferir essa petição, como parece constar do § 3.º, do art. 840, da CLT: cumprir-lhe-á aplicar o art. 321, do CPC — de manifesta compatibilidade com o processo do trabalho —, determinando que o autor supra a falha, no prazo de quinze dias. Somente se o autor não atender a esse despacho é que a petição inicial deverá ser indeferida (CPC, art. 321, parágrafo único), com a consequente extinção do processo sem resolução do mérito (CPC, art. 485, I).

Por outro lado, cumprirá ao magistrado ser extremamente cauteloso na aplicação do art. 791-A, da CLT, consagradora do princípio da *sucumbência*. Como critério, alvitramos que faça incidir a precitada norma legal, em princípio, apenas no caso de comprovada *má-fé*, por parte do autor (CPC, art. 80), quanto à fixação do valor dos pedidos, sob pena de o magistrado perpetrar grave injustiça (*summa ius, summa iniuria*, advertimos). Nem se ignore o fato de, em alguns casos, o autor haver ingressado em juízo sem advogado, conforme lhe faculta o art. 791, *caput*, da CLT, elaborando, ele mesmo, a petição inicial, ou vir a fazer uso da faculdade que lhe defere o § 2.º, do art. 840, da CLT, exercendo, de modo oral, o direito constitucional de ação. Também neste último caso ele deverá apresentar ao serventuário os valores *exatos* de seus pedidos?

Nas duas situações supracitadas, a regra do § 1.º do art. 840, da CLT, se for interpretada à risca, ou seja, em sua expressão unicamente literal, beira a surrealismo institucional.

Perguntamos: para serem evitadas as dificuldades e os contratempos derivantes do atendimento ao disposto no § 1.º, do art. 840, da CLT, não seria possível entender que o *valor* a que se refere essa norma legal poderia ser apenas *estimado* pelo autor e não, necessariamente, *exato, preciso*?

Em que pese ao fato de essa interpretação parecer estar mais adequada aos princípios do processo do trabalho, devemos advertir que ela traz menos segurança jurídica ao autor. Expliquemo-nos. Conforme afirmamos há pouco, os honorários de sucumbência serão calculados entre a diferença do valor indicado na inicial e o que foi objeto da sentença condenatória. No caso de entender-se que o valor deva ser exato, o autor poderá valer-se de um dos procedimentos que sugerimos em linhas anteriores, fato que reduzirá, expressivamente, o risco da sucumbência. Caso, porém, cogitemos de um pedido apenas *estimado*, o risco será enorme. Digamos que o autor haja *estimado*, na inicial, em R$ 50.000,00 o valor das horas extras postuladas; apresentados os documentos pelo réu, o autor verifica que muitas dessas horas foram pagas, de tal modo que o seu pedido deveria ter sido, digamos, de R$ 20.000,00. Vindo a sentença a conceder-lhe R$ 20.000,00 a título de hora extras, ele sucumbiria em R$ 30.000,00 (diferença entre o que pediu e o que lhe era devido). Não vemos como, nesta hipótese, o autor possa aditar a petição inicial para corrigir o valor de R$ 50.000,00 para R$ 20.000,00.

Há mais. Se o autor, para tentar esquivar-se ao risco da sucumbência *estimar* um valor dos pedidos:

1) muito *abaixo* do que seria o correto, não evitará um outro risco: o de a sentença condenar o réu ao pagamento do valor apontado na inicial, e não em valor superior a isso, sob pena de perpetrar transgressão ao art. 492, *caput*, do CPC, e de ensejar a que o réu alegue a nulidade da sentença, no tocante ao excesso de condenação (*ultra petita*). Além disso, o advogado do autor poderia vir a ser responsabilidade pelo seu cliente por haver estimado um valor muito aquém do que seria devido a este;

2) muito *acima* do que o correto, e a sentença vier a conceder-lhe abaixo disso (ou seja, o valor correto), sujeitar-se-á ao risco de ser duramente atingido pela sucumbência (CLT, art. 791-A, § 3.º).

Conclusivamente, e para dissipar eventuais dúvidas remanescentes, concluíamos, nas edições anteriores deste livro:

a) entendemos que a nova redação dada ao § 1.º, do art. 840, da CLT, decorreu da preocupação de romper — por motivos de ordem ética e pragmática — com a antiga e arraigada tradição, consistente na formulação de pedidos ilíquidos, assim entendidos os que se apresentavam sem a sua expressão pecuniária;

b) ao aludir ao *valor* do pedido, a norma citada exige que este seja *exato*, e não, meramente *estimado* pelo autor da ação;

c) somente em casos excepcionais será admissível que a causa chegue a julgamento sem que o valor dos pedidos formulados na inicial tenha sido indicado, como no caso de *pedidos genéricos* (CPC, art. 324, II).

d) nos casos em que o autor, não sendo advogado, estiver fazendo uso do *ius postulandi* que lhe atribui o art. 791, *caput*, da CLT, cumprirá ao juiz atenuar (ou, em certas situações, até mesmo desconsiderar) a exigência expressa pelo § 1.º, do art. 840, da CLT, sob pena de inibir o exercício do direito constitucional de ação;

e) idealmente, o autor somente deveria ser condenado às sanções da sucumbência se o valor dos pedidos apontados na inicial houvesse decorrido de má-fé.

À guisa de arremate: a exigência da formulação de pedidos líquidos, na inicial, tende a converter-se, na prática, em um dos mais polêmicos temas processuais, de quantos foram trazidos pela Lei n. 13.467/2017. As opiniões que expressamos neste livro acerca dessa exigência legal traduzem a reflexão dos primeiros momentos. Só o tempo, com o valioso contributo da doutrina e da jurisprudência — designadamente desta — haverá de fixar um entendimento, se não unânime, ao menos majoritário sobre o assunto, a fim de pacificá-lo. Nessa tarefa de pacificação, o bom senso deverá ser o instrumento fundamental — como, aliás, em qualquer ato da vida humana. Não se requer o bom senso pelo bom senso, senão que o bom senso subordinado à preservação do exercício do direito constitucional de ação (CF, art. 5.º, XXXV), uma das mais preciosas conquistas de nosso Estado Democrático de Direito (CF, art. 1.º).

Pois bem. O tempo passou e acabamos revendo a nossa opinião sobre o assunto — à qual havíamos, com prudência, denominado de "reflexão dos primeiros momentos".

Nosso pensamento atual acerca do § 1.º do art. 840, da CLT, está expresso na matéria que remetemos aos ilustres desembargadores do TRT da 9.ª Região, a título de contributo para o julgamento do Incidente de Assunção de Competência n. 0001088-38.2019.5.09.0000. Reproduziremos, a seguir, essa matéria.

O ART. 840, § 1.º, DA CLT: POR UMA INTERPRETAÇÃO RAZOÁVEL

1. Nossa interpretação nas primeiras horas

Entre a publicação e a vigência da Lei n. 13.467, de 13-7-2017 — introdutora da midiaticamente denominada *Reforma Trabalhista* - escrevemos o livro: *O Processo do Trabalho e a Reforma Trabalhista* (São Paulo: LTr Editora, 2017), no qual expendemos comentários sobre os diversos dispositivos de natureza processual que foram objeto dessa norma legal.

Num primeiro lançar de olhos sobre o art. 840, § 1.º, da CLT, em sua nova redação[11], pareceu-nos — como a tantos outros exegetas — que a norma estaria a exigir que os pedidos formulados na inicial tivessem a sua expressão monetária exata, definida, significa dizer, fossem *líquidos*.[12]

Indignamo-nos, então, com essa disposição normativa, porque nem mesmo o processo civil, tradicionalmente mais formalista, se dera ao atrevimento de fazer imposição dessa

(11) Esta era a redação anterior: "§ 1.º Sendo escrita, a reclamação deverá conter a designação do Presidente da Vara, ou do Juiz de Direito, a quem for dirigida, a qualificação do reclamante e do reclamado, uma breve exposição dos fatos de que resulte o dissídio, *o pedido*, a data e a assinatura do reclamante ou de seu representante legal" (destacamos).

(12) Eis a redação atual: "§ 1.º Sendo escrita, a reclamação deverá conter a designação do juízo, o qualificação das partes, a breve exposição dos fatos de que resulte o dissídio, *o pedido*, que deverá ser certo, determinado *e com indicação de seu valor*, a data e a assinatura do reclamante ou de seu representante" (destacamos).

ordem. No sistema desse processo forâneo, como sabemos, é bastante que os pedidos sejam *certos* e *determinados* (CPC, arts. 322 e 324, *caput*, respectivamente)(13). A *certeza* diz respeito *à existência*; a *determinação*, ao *objeto*. Por outras palavras: pedido *certo* é o que deixa extreme de dúvida o que o autor pretende; *determinado*, o que tem como núcleo um bem jurídico definido. Em tema processual, o oposto de pedido *determinado* é pedido *genérico* (CPC, art. 324, § 1.º)(14).

Para além dos justificáveis e clássicos requisitos de *certeza* e *determinação*, entretanto, o art. 840, § 1.º, da CLT, *teria* passado a exigir a mencionada *liquidez* dos pedidos.

Tivemos, então, o cuidado de chamar a atenção, na altura, ao fato relevante de essa nova exigência ser produto de equívoco técnico do autor do Projeto de Lei n. 6.787/2916 — que se converteria na Lei n. 13.467/2017 — conforme revela esta sua afirmação: "*Vale ressaltar que o tratamento dado à matéria nesse artigo é o mesmo já estabelecido no CPC*" (destacamos). Não era, nem mesmo por metonímia jurídica, o mesmo tratamento, pois o CPC não exige a formulação de pedido *líquido*.(15) Logo, se o legislador processual trabalhista pretendeu pastichar o CPC, fê-lo de maneira equivocada, numa espécie de *pensamento desejoso* (*wishful thinking*)(16) malsucedido. Por outro lado, o seu argumento de que a indicação do valor *exato* dos pedidos, já na inicial, atenderia à regra da boa-fé processual era algo: a) tautológico, considerando-se que o aludido dispositivo legal incorporou ao processo do trabalho, via art. 793-B(17), a figura do *litigante de má-fé*, de amplo espectro, suficiente, por isso, para abarcar até mesmo a conduta que o legislador procurava combater com a nova e malsinada redação dada ao art. 840, § 1.º, da CLT; b) despiciendo, levando-se em conta a aplicação subsidiária do art. 292, § 3.º, do CPC, conforme o qual: "*O juiz corrigirá, de ofício e por arbitramento, o valor da causa quando verificar que não corresponde ao conteúdo patrimonial em discussão ou ao proveito econômico perseguido pelo autor (...)*". O valor da causa, como veremos adiante, corresponde, em princípio, à soma dos pedidos. Consequentemente, não pode haver descompasso entre aquele e esta. Ademais, o art. 5.º, do CPC, em regra também aplicável por subsidiariedade ao processo do trabalho (CLT, art. 769), estabelece: "*Aquele que de qualquer forma participar do processo deve comportar-se de acordo com a boa-fé*". O sistema do processo do trabalho impõe, portanto, aos *sujeitos* que nele atuam, *a lealdade* e a *probidade* processuais, não sendo necessária a inserção de regra impositiva da formulação

---

(13) Dispõe o art. 322: "o pedido deve ser certo"; e o art. 324, *caput*: "O pedido deve ser determinado".

(14) Consta desse dispositivo "§ 1.º É lícito, porém, formular *pedido genérico*: I – nas ações universais, se o autor não puder individuar os bens demandados; II – quando não for possível determinar, desde logo, as consequências do ato ou do fato; III – quando a determinação do objeto ou do valor da condenação depender de ato que deva ser praticado pelo réu (destacamos).

(15) Consulte-se a nota de rodapé n. 13.

(16) A expressão *wishful thinking* significa a crença fundada em desejos, não em fatos (*belief founded on wishes, not on facts*).

(17) Estatui o art. 793-B: "Considera-se litigante de má-fé aquele que: I – deduzir pretensão ou defesa contra texto expresso de lei ou fato incontroverso; II – alterar a verdade dos fatos; III – usar do processo para conseguir objetivo ilegal; IV – opuser resistência injustificada ao andamento do processo; V – proceder de modo temerário em qualquer incidente ou ato do processo; VI – provocar incidente manifestamente infundado; VII – interpuser recurso com intuito manifestamente protelatório".

de pedido líquido como providência destinada a combater eventuais atitudes ou postulações de má-fé, representadas por pedidos desmesurados, assim compreendidos os apresentados mediante valores fictícios, irreais.

Entendemos, enfim, naquele primeiro momento, que o sobredito preceptivo legal estaria a impor a indicação de valor *líquido* dos pedidos. Daí, contudo, à conclusão de que essa imposição legal seria inconciliável com a nossa ordem constitucional foi um pequeno passo.

Com efeito, impor que os pedidos se apresentassem com valores líquidos significava erigir censurável entrave, aos indivíduos e às coletividades, quanto ao amplo exercício do direito de invocar a prestação jurisdicional do Estado (pedido imediato), com a finalidade de promoverem a defesa de direitos ou interesses ligados a bens ou a utilidades da vida (pedido mediato). Dizendo-se por outro modo: implicaria coarctar o exercício do inalienável direito constitucional de ação, uma das mais expressivas manifestações dos Estados Democráticos de Direito.(18)

Os fatos da vida estavam — e ainda estão — a demonstrar que o autor encontraria enormes dificuldades para obter elementos capazes de permitir-lhe formular pedidos líquidos, já na inicial, pois a guarda de documentos pertinentes à relação jurídica material havida entre as partes incumbe ao empregador, como revelam, entre outros, os art. 74 e 464, da CLT. Em algumas situações, aliás, a obtenção desses documentos seria, praticamente, impossível, como no tocante à participação nos lucros nos casos em que o balanço empresarial nem sequer estava elaborado ou publicado. Nem ignoremos que as iniciais trabalhistas soem conter dezenas de pedidos, particularidade que dificulta, sobremaneira, a quantificação monetária de cada um deles.

> Insistimos, por esse motivo, em argumentar que o direito ao *acesso à justiça* não constitui simples rasgo de retórica do texto constitucional, traduzindo, ao contrário, uma das *garantias fundamentais* expressas nesse Texto Supremo — garantia que, por sua vez, aflora como típica e soberana manifestação do Estado Democrático de Direito em que se funda a nossa República (CF, art. 1.º, *caput*). Atendidas as *condições da ação*, quais sejam, a *legitimidade* e o *interesse processual* (CPC, art. 17), revela-se transgressora do art. 5.º, XXXV, da Constituição Federal, qualquer norma infraconstitucional que crie empecilhos, de que natureza sejam, à invocação da tutela jurisdicional destinada a evitar lesão de direito ou a obter reparação de direito lesado. O § 1.º do art. 840, da CLT, estaria, ainda, a malferir os incisos III e IV do art. 1.º da mesma Constituição, que proclamam a dignidade da pessoa humana e os valores sociais do trabalho (e da livre-iniciativa), nessa ordem. Nem poderíamos negar os reflexos dessa norma trabalhista no inciso LXXVIII do art. 5.º, do texto constitucional, que assegura a todos a razoável duração do processo e os meios que garantam a celeridade de sua tramitação.
>
> A prevalecer, enfim, o entendimento de que os pedidos deveriam, efetivamente, ser *líquidos*, o que restaria seria a *inconstitucionalidade* da expressão literal do § 1.º do art. 840,

(18) Estabelece o art. 5.º, inciso XXXV, da Constituição da República: "A lei não excluirá da apreciação do Poder Judiciário lesão ou ameaça a direito".

da CLT. Esse antagonismo com a Constituição da República poderia ser denunciado mediante controle difuso-incidental, significa dizer, nos casos concretos, conquanto fosse desejável que essa pronúncia adviesse do STF, em ação direta (controle concentrado), mercê do seu inerente efeito *erga omnes.*

Por todas essas razões, sugerimos, no precitado livro, algumas medidas de abrandamento do rigor excessivo inscrito no referido artigo da CLT, com o objetivo de preservar a incolumidade do direito constitucional de ação. Dentre tais medidas, estavam estas: a) que a indicação do valor dos pedidos fosse diferida para a fase pós-contestação, quando, provavelmente, o autor poderia obter elementos para a quantificação monetária dos pedidos; b) que fosse aceita a postulação genérica, com fundamento no art. 324, § 1.°, II e III, do CPC.

Advertíamos que nem mesmo a expressão eufemística: "no que couber", inserta no § 2.° do art. 840, da CLT, em sua tentativa de harmonizar a exigência contida no § 1.° com a capacidade postulatória das partes (CLT, art. 791, *caput*) — preservada pela Lei n. 13.397/2017 —, conseguia afastar a absurdidade da exigência estampada no *caput* do art. 840. Afinal, atribuir ao serventuário da Justiça o encargo de elaborar cálculos visando à quantificação monetária dos pedidos deduzidos nas denominadas *ações mediante redução a termo* (CLT, art. 786), para além de agravar-lhe a sobrecarga de serviços, implica colocá-lo em situação de vulnerabilidade perante a parte, como quando o valor dos pedidos não correspondesse ao que seria correto.

2. Nossa interpretação atual e definitiva

Tempos depois, já vigente a Lei n. 13.467/2017, e iniciada a contagem de suas inúmeras vítimas — em regra, os trabalhadores —, verificamos que as medidas que havíamos alvitrado no livro talvez não atingissem a sua finalidade, diante da hesitação de alguns juízes em adotá-las. Em razão disso, e refletindo com mais profundidade e preocupação sobre o assunto, concluímos que a melhor solução consistiria em admitir-se a formulação de pedidos *por estimativa.*

Não deixamos, naquele momento, de dirigir um apelo aos Juízes do Trabalho para que, em face do art. 840, § 1.°, da CLT, não se convertessem, por um lado, em leguleios, em mera *boca da lei* (*bouche de le loi*), e, por outro, não negassem vigência à lei, arvorando-se em *judge made* law (*juiz fazedor de leis*). O ideal seria que tivessem descortino e sensibilidade para, pondo à frente o truísmo de que o *processo* do trabalho existe para servir ao direito *material* do trabalho, reconhecerem os fins sociais das normas jurídicas em geral, e as exigências do bem comum (LINDB, art. 5.°), e, em consequência, aceitassem a possibilidade de formulação de pedidos *por estimativa.*

Afinal, conforme pondera Luís Recasens Siches: "*Na aplicação do Direito não há a uniformidade lógica do raciocínio matemático, e sim a flexibilidade do entendimento razoável do preceito*" (*Filosofia de la Interpretación Jurídica*", 1956, p. 128, *apud Carlos* Coqueijo Costa, *Direito Judiciário do Trabalho*, p. 9).

Esclarecemos, por fim, que com a interpretação que estávamos a extrair do § 1.° do art. 840, da CLT, não significava filiar-nos ao pensamento de Ripert, segundo o qual: "*Quando o Direito ignora a realidade, esta se vinga, ignorando o Direito*", conquanto reconhecêssemos a exação dessa máxima em muitos casos. Estávamos, isso sim, a atribuir à sobredita norma legal uma interpretação que, a um só tempo: a) a tornasse razoável; e b) a impedisse de afrontar o art. 5.º, inciso XXXV, da Constituição Federal.

Pois bem. O tempo seguiu o seu curso incessante. Três anos se passaram desde o início da vigência da Lei n. 13.467/2017.

Percebendo que o número de vítimas do art. 840, § 1.º, da CLT, aumentava de maneira exponencial, debruçamo-nos, novamente, sobre o texto da lei e acabamos por inferir que a norma, em rigor, não exige que o pedido seja líquido, exato: o que está na expressão literal do preceito é que haja, na inicial, mera "*indicação de seu valor*" — expressão extraída do próprio texto legal. Assim sendo, nada obstava a que o valor fosse *indicado por estimativa*. Erigimos, desse modo, mais um argumento em prol dessa modalidade de pedido. Com isso, estar-se-ia a preservar o amplo exercício do direito constitucional da ação, pois o autor veria afastado o grave obstáculo representado pela imposição de liquidez dos pedidos e pela extrema dificuldade de encontrar elementos para determinar essa quantificação monetária, já na inicial. O verbo *indicar* não possui sinonímia com o *liquidar*: aquele pode referir-se a valor apenas *estimado*; este, ao contrário, diz respeito a valor *preciso* e *definitivo*.

***Per summa ratio:* a intenção do legislador, refletida no 1.º do art. 840, da CLT, foi de que os pedidos formulados na inicial viessem sucedidos de *algum valor* (inclusive, por *estimativa*), e, não mais, de tradicionais reticências, pontos de interrogação ou de outros artifícios que ocultassem a expressão monetária da pretensão deduzida em juízo. Essa exigência visou: a) a combater eventual deslealdade processual do autor (por meio da indicação de *algum* valor para cada pedido) ; b) a propiciar ao réu condições de tornar efetiva a garantia constitucional da ampla defesa, mediante a impugnação, inclusive, dos valores indicados na inicial por estimativa; c) dotar o magistrado de elementos mais concretos para formular as propostas compulsórias tendentes à solução negociada, consensual, do conflito de interesses, pois teria diante de si elementos mais concretos para isso.**

É oportuno e relevante observar que a Instrução Normativa n. 41/2018, do TST, estabelece, no art. 12, § 2.º: "*Para fim do que dispõe o art. 840, §§ 1.º e 2.º da CLT, o valor da causa será estimado* (...)". Destacamos. Ora, bem. O valor da causa não pode ser produto da simples vontade arbitrária do autor, alienada do montante dos pedidos. Devemos dizer, por isso, que o valor da causa é formado, em princípio, pela soma dos valores dos pedidos. Destarte, a IN n. 41/2018, ao aludir à possibilidade de o valor da causa ser por *estimativa*, está, implicitamente, a reconhecer que o valor dos pedidos também pode ser realizado pelo mesmo modo, vale dizer, mediante *estimativa*. Não faria sentido lógico, nem jurídico, exigir-se, de um lado, que os *pedidos* devessem conter valores *exatos e definitivos*, mas, de outro, admitir-se que o *valor da causa* pudesse ser feito mediante *estimativa*. Estamos a asseverar, portanto, que para os efeitos do disposto no § 1.º do art. 840, da CLT, o valor dos pedidos — assim como o da causa — pode ser expresso, na inicial, por *estimativa*.

Há mais: o art. 879, da CLT, que determina a liquidação da sentença por meio cálculos, artigos ou arbitramento, não teve a sua redação alterada pela Lei n. 13.467/2017. Dessa maneira, se o aludido artigo ainda cogita de sentença *ilíquida*, é elementar que esta somente se justifica diante de pedidos também *ilíquidos* — por força de simetria lógica — do que se infere que os pedidos não necessitam ser *líquidos*, sendo suficiente a indicação de valor *estimado*. Um ligeiro reparo: embora esteja consagrada a expressão: *liquidação da sentença* — que, inclusive, acabamos de usar, por apego à tradição —, em rigor, o que se liquida é a *obrigação* (no caso, de pagar quantia certa) imposta pela sentença.

Nem se ignore o art. 791-A, da CLT, que prevê a condenação ao pagamento de honorários advocatícios, entre o mínimo de 5% e o máximo de 15%, "*sobre o valor que resultar da **liquidação da sentença***" (destacamos).

Em suma: o legislador de 2017 não anatematizou, não baniu do sistema do processo do trabalho o procedimento da *liquidação*, que deve ser realizado **após a emissão da sentença condenatória; jamais, com a petição inicial.** Logo, a exigência de pedidos "líquidos", na peça de provocação da atividade jurisdicional, é, absolutamente, *inconciliável* com a preservação do procedimento da *liquidação* — destinada, esta sim, a quantificar o montante da obrigação consubstanciada no pronunciamento jurisdicional de fundo, condenatório.

Arrematamos a nossa argumentação, naquela altura, vaticinando: "*Seria ideal que a jurisprudência, designadamente, do TST, consagrasse esse entendimento*"; referíamo-nos à admissão de pedidos por *estimativa*.

Tempos depois, sentimo-nos alentados pelo fato de um expressivo número de Tribunais do Trabalho haver perfilhado o nosso ponto de vista. Valham, como corolário, as ementas a seguir reproduzidas, por amostragem (os destaques em negrito foram por nós efetuados):

TRT-1

"AÇÃO TRABALHISTA AJUIZADA APÓS A ENTRADA EM VIGOR DA LEI N. 13.467/2017 (REFORMA TRABALHISTA). PEDIDO NÃO LIQUIDADO. INÉPCIA DA PETIÇÃO INICIAL. EXTINÇÃO DO PROCESSO SEM RESOLUÇÃO DO MÉRITO, NA FORMA DOS ARTS. 840, § 1.º, DA CLT C/C 485, I, DO CPC. O art. 840, § 1.º, da CLT, com redação dada pela Lei n. 13.467/2017 (reforma trabalhista), passou a exigir, como novo requisito de admissibilidade da petição inicial, a formulação de pedido certo, determinado e com indicação de seu respectivo valor para todas as ações trabalhistas, sob pena de extinção do processo, sem resolução de mérito. Entretanto, o novo dispositivo legal precisa ser interpretado à luz dos princípios da simplicidade, informalidade, economia e celeridade processuais, princípios cuja finalidade se traduz em informar e integrar o processo laboral na busca constante pela efetividade do provimento jurisdicional. Daí resulta que apenas em situações excepcionais, verificando que a petição inicial não preenche os requisitos exigidos em lei ou que apresenta defeitos ou irregularidades capazes de dificultar o julgamento de mérito da ação, poderá o juiz indeferir a petição inicial por inépcia, e, mesmo assim, somente após a oitiva da parte interessada, na forma do art. 321 do CPC, em consonância com o entendimento consubstanciado na Súmula n. 263 do C. TST. **Além disso, a indicação de valor exigida pelo art. 840, § 1.º, da CLT constitui mera estimativa de conteúdo econômico e não corresponde à liquidação antecipada do feito. De igual modo, não se exige do trabalhador a apresentação antecipada de memória ou planilha de cálculos anexa à petição inicial, com delimitação especificada da matéria e indicação exata, pormenorizada e atualizada dos valores perseguidos em juízo, mas tão somente a indicação do valor atribuído a cada pretensão de cunho condenatório mensurável em pecúnia. Sendo assim, é suficiente que o autor da ação apenas indique, por estimativa, o valor de cada pedido formulado, não havendo espaço para a imposição de obstáculos desarrazoados para o acesso à Justiça (art.**

5º, XXXV, da CRFB/88). No caso dos autos, o autor atribuiu a todos os pedidos formulados na petição inicial uma estimativa de conteúdo econômico, motivo pelo qual foi suprida a exigência estabelecida no art. 840, § 1.º, da CLT. Recurso do autor a que se dá provimento para reformar a sentença, que extinguiu o feito sem julgamento do mérito, e determinar o retorno dos autos à Vara de origem para o regular prosseguimento do feito." (TRT-1 – RO: 01003505120185010021, 1.ª Turma, relator: Gustavo Tadeu Alkmim, Data de Publicação: 04-10.2019)

"LIMITAÇÃO DOS VALORES POSTULADOS NA PETIÇÃO INICIAL. JULGAMENTO *ULTRA PETITA*. NÃO CONFIGURAÇÃO. ESTIMATIVA DE VALORES. **A lei não exige que o pedido esteja devidamente liquidado, com apresentação de cálculos detalhados, sendo os valores apontados na petição inicial mera estimativa econômica das pretensões do reclamante, relevantes apenas para fixação do rito processual a ser adotado e a possibilidade ou não de recorribilidade das decisões proferidas no processo, não podendo ser utilizado como limite das parcelas objeto da condenação. O § 1.º do art. 840 da CLT determina a indicação de valor aos pedidos, bastando a apresentação de valor determinado ou, até mesmo, o valor estimado, conforme autoriza o art. 12, § 2.º, da IN n. 41/2018 do C. TST. Nesse sentido, admitida a estimativa, não pode ser utilizada a indicação dos valores dos pedidos por estimativa como limitação dos valores apurados em liquidação de sentença.** Recurso da autora provido." (TRT-1 – RO: 01013913420195010501, 5.ª Turma, relatora: Gláucia Zuccari Fernandes Braga, Data de Publicação: 20-07-2020)

"NULIDADE DA SENTENÇA. INDICAÇÃO DO VALOR DO PEDIDO DA INICIAL. MERA ESTIMATIVA. **O novel § 1.º, do art. 840, da CLT, não exige do reclamante a liquidação prévia da pretensão, na petição inicial, mas, apenas, uma estimativa do seu valor. Sendo assim, não cabe qualquer interpretação extensiva do dispositivo supracitado, sob pena de se negar o acesso à justiça à parte. Como se não bastasse, a extinção do processo sem resolução do mérito sem antes ser dada oportunidade à parte para corrigir vício sanável ofende o princípio da primazia da decisão de mérito, concretizado no art. 317 do Novo CPC, e cerceia o direito de defesa."** (TRT-1 – RO: 01006579120195010078, 4.ª Turma, relator: Tania da Silva Garcia, Data de Publicação: 24-08-2020)

"NULIDADE DA SENTENÇA. INDEFERIMENTO DA INICIAL. INDICAÇÃO DO VALOR DO PEDIDO DE INDENIZAÇÃO POR DANOS MORAIS. MERA ESTIMATIVA. **O novel § 1.º, do art. 840, da CLT, não exige do reclamante a liquidação prévia da pretensão, na petição inicial, mas, apenas, uma estimativa do seu valor. Ademais, a extinção do processo sem resolução do mérito sem antes ser dada oportunidade à parte para corrigir vício sanável ofende o princípio da primazia da decisão de mérito, concretizado no art. 317 do Novo CPC, e cerceia o direito de defesa. Portanto, padece de nulidade a sentença que extingue de plano o feito, sendo flagrante o prejuízo ao reclamante."** (TRT-1 – RO: 01009280420195010207, 4.ª Turma, relatora: Tania da Silva Garcia, Data de Publicação: 08-10-2020)

TRT-2

"LIQUIDAÇÃO DOS PEDIDOS NA PETIÇÃO INICIAL. MERA INDICAÇÃO DE VALORES EM ESTIMATIVA. **A leitura atenta do § 1.º do art. 840 da CLT demonstra que a parte autora deve indicar o valor do pedido de forma estimada, não havendo obrigação de apresentar liquidação dos pedidos propriamente dita. Ademais, o juízo deve conceder à parte oportunidade de sanar eventual vício que entenda existir.** Recurso Ordinário a que se dá provimento." (TRT-2 – ROT: 10001336120205020610, 1.ª Turma, relator: Ricardo Apostolico Silva, Data de Publicação: 07-07-2020)

TRT-3

"EMENTA: EXIGÊNCIA DE INDICAÇÃO DO VALOR DO PEDIDO. MERA ESTIMATIVA. INÉPCIA DA INICIAL. **O art. 840 da CLT, § 1.º, da CLT, com redação dada pela Lei n. 13.467/2017, impõe a indicação de valores aos pedidos formulados pelo reclamante em processo submetido**

ao rito ordinário. No entanto, o apontamento trata-se de mera estimativa do conteúdo pecuniário da pretensão veiculada e presta-se para o fim de definição do rito. Indicado o valor do pedido pelo reclamante, não há inépcia da inicial que assim cumpre aos ditames do art. 840 da CLT." (TRT-3 – ROT: 00109928120185030098, 1.ª Turma, relator: Emerson José Alves Lage, Data de Publicação: 17-02-2020)

TRT-4

"MANDADO DE SEGURANÇA. EMENDA À PETIÇÃO INICIAL. LEI N. 13.467. PEDIDO LÍQUIDO. IMPOSIÇÃO DE LIQUIDAÇÃO DA INICIAL DA AÇÃO TRABALHISTA ILEGAL E OBSTACULIZADORA DO DIREITO FUNDAMENTAL DE ACESSO À JUSTIÇA. SEGURANÇA CONCEDIDA PARA CASSAR A EXIGÊNCIA. Tradicionalmente o art. 840 da CLT exige, da inicial da ação trabalhista, uma breve narrativa dos fatos, o pedido, o valor da causa, data e assinatura. A nova redação da Lei n. 13.467/17, denominada "reforma trabalhista" em nada altera a situação, considerando repetir o que está exposto no art. 291 do CPC quanto à necessidade de se atribuir valor à causa e não liquidar o pedido. **A imposição de exigência de liquidação do pedido, no ajuizamento, quando o advogado e a parte não tem a dimensão concreta da violação do direito, apenas em tese, extrapola o razoável, causando embaraços indevidos ao exercício do direito humano de acesso à Justiça e exigindo do trabalhador, no processo especializado para tutela de seus direitos, mais formalidades do que as existentes no processo comum.** No ajuizamento da inicial foram cumpridos todos os requisitos previstos na lei processual vigente, não podendo ser aplicados outros, por interpretação, de forma retroativa. Não cabe invocar a reforma trabalhista para acrescer novo requisito a ato jurídico processual perfeito. Inteligência do art. 14 do CPC. **Segurança concedida.**" (TRT da 4.ª Região, 1.ª SDI, processo n. 0022366-07.2017.5.04.0000 (MS), relator Desembargador Marcelo Ferlin D'Ambroso, em 26-02-18)

"AGRAVO REGIMENTAL. MANDADO DE SEGURANÇA. DETERMINAÇÃO DE EMENDA À PETIÇÃO INICIAL PARA ADEQUAÇÃO À NOVA REDAÇÃO AO ART. 840, § 1.º, DA CLT. DESNECESSIDADE DE LIQUIDAÇÃO PRÉVIA DOS PEDIDOS. PARCELAS VINCENDAS. POSSIBILIDADE DE PEDIDO GENÉRICO. ILEGALIDADE DO ATO COATOR. DEFERIMENTO DE LIMINAR. (...) **Ordem judicial em que exigidos requisitos além daqueles previstos no art. 840, § 1.º, da CLT, com redação dada pela Lei n. 13.467/2017, que a torna abusiva e destoa do caráter instrumental do processo do trabalho, o que autoriza a concessão de liminar para cassar o ato em que determinada a emenda à petição inicial. Pretensão relativa ao pagamento de parcelas vincendas que pode ser formulada de forma genérica para fins de arbitramento aproximado, cuja hipótese pode ser enquadrada nos incisos II e III, do art. 324 do CPC.**" (TRT da 4.ª Região, 1.ª SDI, processo n. 0020054-24.2018.5.04.0000 (MS), relator Desembargador João Paulo Lucena, em 23-04-2018)

"RECURSO ORDINÁRIO DO RECLAMANTE. INÉPCIA DA PETIÇÃO INICIAL E EXTINÇÃO DO FEITO. **Da interpretação da redação do § 1.º do art. 840 da CLT depreende-se que há exigência, na petição inicial, de uma mera estimativa, uma indicação dos valores referentes aos pedidos, e não de uma verdadeira liquidação. Caso em que, embora o reclamante não tenha indicado o valor correspondente a cada pedido, a extinção do feito, sem resolução do mérito, sem que seja oportunizada a emenda ou complementação da petição inicial, constitui óbice à garantia constitucional de acesso à Justiça.** Recurso provido." (TRT-4 – ROT: 00205123020185040812, 11.ª Turma, relatora: Flavia Lorena Pacheco, Data de Publicação: 03-06-2020)

"RECURSO ORDINÁRIO DA RECLAMANTE. LIMITAÇÃO DA CONDENAÇÃO AOS VALORES INDICADOS NA INICIAL. **O art. 840 da CLT prevê a necessidade de indicação do valor do pedido. Todavia, a quantia indicada consiste em mera estimativa no rito ordinário, não sendo vinculante, portanto.** Recurso provido." (TRT-4 – ROT: 00209640820185040661, 1.ª Turma, relatora: Rosane Serafini Casa Nova, Data de Publicação: 19-10-2020)

"INDICAÇÃO DO VALOR DOS PEDIDOS NA PETIÇÃO INICIAL. MERA ESTIMATIVA. ART. 840, § 1.º DA CLT. **Os valores apontados na inicial são meramente indicativos, não servindo de teto para a condenação. Isto porque, a parte, ao ingressar com a ação, não tem conhecimento amplo daquilo que lhe é devido, o que somente poderá ser alcançado mediante a análise da documentação em poder da empregadora."** (TRT-4 – RO: 00207945520185040202, 3.ª Turma, relator: Gilberto Souza Dos Santos, Data de Publicação: 16-06-2020)

"INDICAÇÃO DO VALOR DOS PEDIDOS NA PETIÇÃO INICIAL. MERA ESTIMATIVA. ART. 840, § 1.º DA CLT. **Os valores apontados na inicial são meramente indicativos, não servindo de teto para a condenação. Isso porque, a parte, ao ingressar com a ação, não tem conhecimento amplo daquilo que lhe é devido, o que somente poderá ser alcançado mediante a análise da documentação em poder da empregadora.**" (TRT-4 – RO: 00200818720205040662, 3.ª Turma, relator: Gilberto Souza dos Santos, Data de Publicação: 14.10.2020)

TRT-12

"AGRAVO DE INSTRUMENTO EM RECURSO ORDINÁRIO. RECLAMANTE. DESERÇÃO. JUSTIÇA GRATUITA. (...). RECURSO ORDINÁRIO. INDICAÇÃO DOS VALORES DOS PEDIDOS. REQUISITO DA PETIÇÃO INICIAL. ART. 840, § 1.º, DA CLT. **O teor do § 1.º do art. 840 da CLT, na redação dada pela Lei n. 13.467/17, evidencia que o valor informado na petição inicial pode resultar de mera estimativa. Não há exigência legal de que os pedidos elencados na inicial estejam previamente liquidados, tampouco acompanhados de cálculo e/ou com indicação dos critérios de cálculo utilizados, mas, tão somente, a indicação de seu valor, para fins de admissibilidade da reclamação trabalhista escrita.**" (TRT-12 – AIRO: 00004803020195120041, 1.ª Câmara, relator: Roberto Luiz Guglielmetto, Data de Publicação: 10-09-2020)

"LIQUIDAÇÃO DE PEDIDOS. ART. 840, § 1.º, DA CLT. **Sedimentado, na esfera trabalhista, que a indicação de valores exigida pelo art. 840 da CLT pode se dar por mera estimativa, passo a adotar o entendimento de ser prescindível a demonstração circunstanciada dos cálculos dos quais decorreram os valores dos pedidos indicados na petição inicial.**" (TRT-12 – AgrROT: 00006190520195120001, 5.ª Câmara, relatora: Ligia Maria Teixeira Gouvêa, Data de Publicação: 04-05.2020)

TRT-17

"EMENTA: Liquidação dos Pedidos. Extinção sem Resolução de Mérito. A Lei n. 13.467/17, alterou a redação do art. 840 da CLT, reiterando elementos da petição inicial e acrescentando a necessidade de que os pedidos sejam certos, determinados e com indicação de seu valor. **Entretanto, isso significa que a reforma trabalhista determinou a mera estimativa dos valores e não a liquidação precisa dos cálculos, sob pena de afronta ao acesso à justiça, com uma dificuldade infindável especialmente para o empregado.**" (TRT-17 – RO: 00002223920185170001, 1.ª Turma, relator: Gerson Fernando da Sylveira Novais, Data de Publicação: 16-10-2018)

Uma nótula elucidativa: para que o pedido possa ser admitido por *estimativa*, há necessidade de que essa forma de apresentação do respectivo valor seja, expressamente, *ressalvada* pelo autor, sob pena de ter-se o pedido como exato, líquido e imutável, atraindo, como consectário, a incidência dos arts. 141 e 492, do CPC.

Esse é, por igual, o entendimento do TST:

RECURSO DE EMBARGOS. REGÊNCIA DA LEI N. 13.015/2014. JULGAMENTO *"ULTRA PETITA"*. LIMITAÇÃO DA CONDENAÇÃO AO VALOR ATRIBUÍDO AO PEDIDO NA PETIÇÃO INICIAL.

1. A Quarta Turma considerou que o requerimento, na petição inicial, de *"pagamento de 432 horas* 'in itinere' *no valor de R$ 3.802,00 (fl. 11 – numeração eletrônica)"* traduziu *"mera estimativa, tendo o magistrado feito a adequação de acordo com as provas do processo"*, razão pela qual não reputou violados os arts. 141 e 492 do CPC.

2. Todavia, esta Corte Superior adota firme entendimento no sentido de que a parte autora, ao formular pedidos com valores líquidos na petição inicial, sem registrar qualquer ressalva, limita a condenação a tais parâmetros, por expressa dicção do art. 492 do CPC. Precedentes.

Recurso de embargos conhecido e provido.

Proc. n. TST-E-ARR-10472-61.2015.5.18.0211, rel. Min. Walmir Oliveira da Costa, DEJT de 29-05-2020).

Na mesma linha escorreita coloca-se o TRT da 18.ª Região:

EMENTA: CONDENAÇÃO. LIMITAÇÃO AOS VALORES REQUERIDOS NA PETIÇÃO INICIAL. Havendo a expressa indicação dos valores requeridos em relação a cada pedido constante da petição inicial, sem a ressalva de que se trata de mera estimativa ou amostragem, é vedada a condenação da parte reclamada a montante superior. Recurso da reclamada a que se nega provimento, no particular. (TRT-18 – RORSum: 00115513520195180082, 2.ª Turma, relator: Platon Teixeira de Azevedo Filho, Data de Publicação: 21-07-2020).

2.1. Não vinculação da prestação jurisdicional ao pedido com valor por estimativa

Como o substantivo *estimativa* traduz, lexicamente, *cálculo aproximado*, ou seja, *sem ser exato, preciso*, isso significa que o pedido feito por estimativa, ao contrário do que supõem alguns, não vincula o magistrado à regra dos arts. 141[(19)] e 492[(20)], do CPC, cuja adstrição somente é exigível em relação a pedidos monetariamente *exatos* e *imutáveis*. Fere o senso lógico imaginar que um valor meramente *aproximado* teria eficácia para constranger o magistrado a realizar a prestação jurisdicional desse limite, sem poder desbordar, quando fosse o caso, dessa mera *aproximação*. Convençam-se, pois, doutrina e jurisprudência de que valor *estimado* é o *conjeturado* pela parte. O substantivo *conjetura* indica "*presunção, juízo formado sobre aparência, fundado em indícios, em probabilidades; hipótese, suposição*" (Caldas Aulete, *Dicionário Contemporâneo da Língua Portuguesa*, Rio de Janeiro, Editora Delta, II Vol., 5.ª ed., 1964, p. 905). Encontra-se subentendido, portanto, no pedido por estimativa, o simples traço conjetural, mutável, indiciário.

Devemos lembrar que o julgamento que se realiza nos órgãos jurisdicionais deve fundar-se em uma relação entre o fato alegado e o Direito aplicável. De tal arte, se o Direito aponta para um valor ou proveito econômico acima do simplesmente *estimado* pelo autor, a prevalência deve ser do Direito. A esse respeito, é oportuno rememorar o apotegma legado pelo Direito Romano: "*Da mihi factum dabo tibis ius*" (dê-me o fato e dar-te-ei o Direito).

A propósito, o entendimento de que o valor feito por estimativa *não vincula* a prestação jurisdicional foi manifestado por ocasião do XIX Congresso Nacional dos Magistrados da Justiça do Trabalho — CONAMAT, realizado em Belo Horizonte/MG, nos dias 2 a 5 de maio de 2018:

"COMISSÃO 4-A. Reforma Trabalhista: acesso, garantias processuais e efetividade Ordem

4 Título da Tese INDICAÇÃO DE VALOR DO PEDIDO NA INICIAL NÃO É LIQUIDAÇÃO E NÃO LIMITA O VALOR DA CONDENAÇÃO

(19) "Art. 141. O juiz decidirá o mérito nos limites propostos pelas partes, sendo-lhe vedado conhecer de questões não suscitadas a cujo respeito a lei exige iniciativa da parte".

(20) Art. 492. É vedado ao juiz proferir decisão de natureza diversa da pedida, bem como condenar a parte em quantidade superior ou em objeto diverso do que lhe foi demandado".

Ementa INDICAÇÃO DE VALOR DO PEDIDO NA INICIAL NÃO É LIQUIDAÇÃO E NÃO LIMITA O VALOR DA CONDENAÇÃO.

Autor(es) PATRÍCIA MAEDA

Tipo Individual

Situação da tese Aprovada Conamat."

3. Oportunidade para emenda ou complementação da inicial

Se, todavia, em que pese aos argumentos que expendemos, o juiz, mercê de alguma razão jurídica que repute defensável, entender que o valor a constar da inicial deva ser, efetivamente, exato, líquido, e verificar, em determinado caso concreto, que o pedido assim não se apresenta, que tenha, então, um mínimo de bom senso para efeito de atribuir *interpretação razoável e sistemática* à regra do § 3.º do art. 840, da CLT, por forma a vir a indeferir a referida peça processual — com a consequente extinção do processo sem resolução do mérito (CPC, art. 485, I) — somente se o autor não atender ao despacho fixador de prazo para emendá-la ou completá-la (CPC, arts. 317[(21)] e 321[(22)]).

Ausente a concessão dessa oportunidade saneadora, o que resta é apenas insensibilidade judicial — não para com a parte, necessariamente, mas para com os princípios que justificam, sob a perspectiva histórica, a razão da existência do processo do trabalho. Essa *ratio* está jungida, intimamente, à atuação do direito material, com sua vocação protetiva do hipossuficiente. O processo, afinal, não é um fim em si mesmo, senão método, técnica ou instrumento estatal de solução de conflitos de interesses, aos quais é subjacente, via de regra, o direito material.

4. À guisa de epílogo: uma lenda preocupante

Os fatos do cotidiano forense estão a demonstrar que a Reforma Trabalhista, em virtude da inserção, no sistema do processo do trabalho, do princípio civilista da *sucumbência* — em tema de honorários advocatícios (CLT, art. 791-A) — afugentou, em larga medida, o trabalhador da Justiça do Trabalho, pelo receio de este vir a ser vítima das consequências pecuniárias de tão danoso ato de sucumbir em demanda na qual busca o reconhecimento dos seus alegados direitos. Se, além disso, viermos a concluir — apenas para efeito de argumentação em tese — que os pedidos formulados na inicial devem ser, efetivamente, *líquidos* (CLT, art. 840, § 1.º), não poderemos evitar de reconhecer que, por força da conjugação desses dois dispositivos, o legislador terá entregue ao trabalhador de nosso País uma insidiosa caixa (na verdade, jarro) de Pandora.[(23)]

---

(21) "Art. 317. Antes de proferir decisão sem resolução de mérito, o juiz deverá conceder à parte oportunidade para, se possível, corrigir o vício".

(22) "Art. 321. O juiz, ao verificar que a petição inicial não preenche os requisitos dos arts. 319 e 320 ou que apresenta defeitos e irregularidades capazes de dificultar o julgamento de mérito, determinará que o autor, no prazo de 15 (quinze) dias, a emende ou a complete, indicando com precisão o que deve ser corrigido ou completado.

Parágrafo único. Se o autor não cumprir a diligência, o juiz indeferirá a petição inicial".

(23) Mitologia grega. Zeus criou Pandora para punir os homens, por estes haverem aceitado o fogo roubado por Prometeu à forja de Hefesto, Deus do fogo, no Olimpo. O fogo era uma metáfora que significava a inteligência, a

A propósito, fala-nos a lenda de um imperador tirânico, prepotente, em cujos domínios não havia um Poder Judiciário. Preocupados com isso, alguns dos seus assessores mais íntimos ponderaram-lhe quanto à necessidade de ser instituído esse Poder, uma vez que os países com os quais o do imperador mantinha relações diplomáticas e comerciais não aceitavam o fato de aquele governante solucionar, pessoalmente, os conflitos de interesses ocorrentes entres os indivíduos e as coletividades; mais do que isso, solucionar segundo a sua conveniência e seus interesses particulares. Após reiteradas argumentações, o imperador, ainda que a contragosto, resolveu ceder. Convocou, então, os assessores, dizendo-lhes para prepararem um projeto de criação do Poder Judiciário; mas fez-lhes uma enérgica advertência: quem desejasse fazer uso desse Poder deveria pagar pesada taxa ao Estado; o mesmo deveria ocorrer com quem pretendesse produzir prova, receber sentença, interpor recurso, etc. E concluiu: "*Criem, enfim, tantas e tão pesadas taxas, que o povo, verdadeiramente, tenha receio de ingressar em juízo!*".

Temo que o fantasma desse imperador possa estar, *mutatis mutandis*, sub-repticiamente embuçado no § 1.º do art. 840, da CLT.

Tudo dependerá, por certo, da interpretação que viermos a dar a esse inquietante dispositivo legal.

Curitiba, 7 de dezembro de 2020.

Manoel Antonio Teixeira Filho

DIZER O RESULTADO DO JULGAMENTO.

racionalidade entregue à humanidade. Antes remeter Pandora à Terra, Zeus entregou-lhe uma caixa, recomendando que ela jamais a abrisse. Dentro, os deuses haviam colocado todas as desgraças humanas, como a discórdia, a guerra, a inveja, o ódio, a dor. Pandora, todavia, abriu a caixa e, sem querer, libertou todos esses males – menos a esperança, que era o único bem que havia sido colocado no fundo da caixa. Inspirado nessa lenda, o polímata Johann Wolfgang von Goethe produziu o notável Fragmento Dramático: *Prometheus*.

Capítulo VII

Indeferimento da Petição Inicial

1. Casos de indeferimento

O CPC prevê, no art. 330, as situações que autorizam o juiz a indeferir a petição inicial. Consta, efetivamente, desse preceptivo legal:

> Art. 330. A petição inicial será indeferida quando:
>
> I - for inepta;
>
> II - a parte for manifestamente ilegítima;
>
> III - o autor carecer de interesse processual;
>
> IV - não atendidas as prescrições dos arts. 106 e 321.
>
> § 1.º Considera-se inepta a petição inicial quando:
>
> I - lhe faltar pedido ou causa de pedir;
>
> II - o pedido for indeterminado, ressalvadas as hipóteses legais em que se permite o pedido genérico;
>
> III - da narração dos fatos não decorrer logicamente a conclusão;
>
> IV - contiver pedidos incompatíveis entre si.
>
> § 2.º Nas ações que tenham por objeto a revisão de obrigação decorrente de empréstimo, de financiamento ou de alienação de bens, o autor terá de, sob pena de inépcia, discriminar na petição inicial, dentre as obrigações contratuais, aquelas que pretende controverter, além de quantificar o valor incontroverso do débito.
>
> § 3.º Na hipótese do § 2.º, o valor incontroverso deverá continuar a ser pago no tempo e modo contratados.

Vejamos.

Caput. O tema constava do art. 295 do CPC revogado.

Quando alguém invoca a prestação da tutela jurisdicional do Estado é elementar que está pretendendo obter um provimento que lhe assegure um bem ou uma utilidade da vida. Isso corresponde a dizer, por outras palavras, que o autor visa, sempre, a um pronunciamento da jurisdição respeitante ao mérito da demanda. Analisado o assunto sob esse ângulo, surge logicamente a conclusão de que apenas os provimentos que examinassem o *meritum causae* deveriam receber a denominação de sentença, pois esta representa a resposta jurisdicional às pretensões formuladas pelo demandante (*res in iudicio deducta*).

O atual Código de Processo Civil, no entanto, conceitua como sentença "o pronunciamento por meio do qual o juiz, com fundamento nos arts. 485 e 487, põe fim à fase cognitiva do procedimento comum, bem como extingue a execução" (art. 203, § 1.º).

Não raro, todavia, surgem certos "acidentes de percurso", que impedem o desenvolvimento do processo rumo à sentença de fundo, fazendo com que se finde prematuramente. A sentença, que assim o extingue, a doutrina de outrora, estribada na legislação da época, chamava de *terminativa* — terminologia que os estatutos processuais civis de 1973 e atual abandonaram. Fala-se, hoje, em sentença que resolve o mérito (antiga definitiva) e sentença que não o resolve (antiga terminativa). A CLT, pouco científica, continua a aludir a decisões terminativas e a decisões definitivas (art. 895, I e II).

Variações terminológicas ao largo, o fato é que o processo se extingue por modo *anormal* sempre que a sentença não aprecia o mérito da causa. Essa terminação anômala, mesmo assim, produz alguns efeitos, de caráter endoprocessual para os litigantes. Basta argumentar com o decurso do prazo para a interposição de recurso da sentença, que faz gerar a preclusão, por força da qual as partes ficam impedidas de discutir, novamente, a demanda, na mesma relação processual. A esse fenômeno a doutrina tem designado de "coisa julgada formal", em contraposição à material. A locução referida, embora consagrada, apresenta uma intransponível contradição entre os próprios termos pelos quais é enunciada. Com efeito, se o processo foi extinto *sem* pronunciamento acerca do mérito, não se pode dizer, sem falta contra a lógica, que houve *coisa julgada* (mesmo que "formal" ou "processual") — simplesmente porque a *res*, entendida como a *pretensão de natureza material,* que constitui objeto da lide, não foi julgada!

O que a sentença "terminativa" traz, implícita, é uma declaração de que, em decorrência de determinados empecilhos, a *res* não pôde ser *iudicata*, vale dizer, que a prestação da tutela jurisdicional, em sua mais pura expressão, foi frustrada por esses obstáculos fatais.

Investigada sob a óptica de sua natureza ou de seus efeitos, a sentença "terminativa" pode ser considerada declaratória-negativa, porque afirma a existência de óbices ao exame do mérito, e a impossibilidade de a tutela jurisdicional da *res in ludicio deducta* ser efetivamente realizada. Nesta hipótese, não atua a regra estampada no art. 492, do CPC, que proíbe o juiz de emitir sentença de natureza diversa da pedida, pois o fato de o provimento ser de índole distinta da pleiteada pelo autor se deveu à singularidade de não se poder chegar ao exame do mérito.

A extinção do processo, sem resolução das questões de fundo da demanda (ou da lide), é algo que se dá, na generalidade dos casos, em detrimento dos interesses do autor, porquanto a ele, mais do que ao réu, convinha o prosseguimento do processo em direção ao seu ponto de culminância: a sentença de mérito. Já a extinção do processo com julgamento do mérito pode ocorrer em benefício ou em desfavor de qualquer dos litigantes, tudo dependendo da formação do convencimento jurídico do juiz acerca dos fatos da causa, das provas produzidas e do direito aplicável.

O indeferimento da petição inicial figura como uma das causas de extinção do processo sem resolução do mérito (CPC, arts. 485, I). O objetivo de nossos comentários faz com que nos detenhamos, exclusivamente, sobre essa causa.

A inicial será indeferida quando: a) for inepta; b) a parte for manifestamente ilegítima; c) o autor carecer de interesse processual; d) não atendidas as prescrições dos arts. 106 e 321, do CPC (art. 330, I a IV).

O CPC atual eliminou duas das causas arroladas no art. 295 do Código revogado, a saber: 1) quando o juiz verificasse, desde logo, a decadência ou a prescrição; 2) o tipo de procedimento escolhido pelo autor fosse inadequado.

A petição inicial somente será indeferida se o autor não atender ao despacho judicial de que trata o art. 321.

Inciso I. Inépcia. Tem-se por inepta a petição inicial quando: 1) lhe faltar o pedido ou a causa de pedir; 2) o pedido for indeterminado, exceto nos casos em que se permite a formulação de pedido genérico; 3) da narração dos fatos não decorrer, de maneira lógica, a conclusão; 4) contiver pedidos incompatíveis entre si.

O exame dessas causas de inépcia será realizado no ensejo dos comentários ao § 1.º do art. 330.

Inciso II. Ilegitimidade de parte. Poderá ser motivo de indeferimento da petição inicial tanto a ilegitimidade para a causa (*ad causam*) quanto para o processo (*ad processum*), embora esta última seja de maior ocorrência, até mesmo porque pode ser verificada sem maiores dificuldades, ou seja, de plano. A investigação da legitimidade para a causa é, muitas vezes, complexa, exigindo, em certos casos, um indisfarçável lançar de olhos nos próprios pedidos formulados. Persistamos, contudo, neste ponto: a ilegitimidade para a causa, apesar das dificuldades de ordem prática, quanto a identificá-la num primeiro exame, também pode ensejar o indeferimento da petição inicial, desde que manifesta.

Preocupamo-nos em expor, desde logo, o nosso ponto de vista a respeito do assunto, tendo em conta o fato de que alguns autores sustentam somente ser possível o indeferimento da inicial se a ilegitimidade for *ad processum*. Ora, se observarmos, com a necessária atenção, o conteúdo do art. 330, do CPC, que se ocupa com o tema, veremos que ele refere a falta de interesse processual (inciso III), elemento que, no sistema do atual Código de Processo Civil, integra as condições da ação (arts. 17 e 485, VI). Sendo assim, não há nenhuma razão para imaginar-se que a única ilegitimidade capaz de autorizar o indeferimento da petição inicial seria a *ad processum*, sabendo-se que a *ad causam* integra o elenco das condições da ação.

Dita ilegitimidade, por outro lado, pode ser ativa ou passiva, contanto que evidente — convém reiterar. O que se deve considerar, a propósito, para os efeitos do art. 330, II, do CPC, como ilegitimidade manifesta? Assim há que ser entendida a que é patente, que salta aos olhos já no primeiro momento, que independe de investigações ou de reflexões aprofundadas.

A legitimidade *ad processum*, em regra, é do titular do direito (material) que se deseja ver judicialmente reconhecido ou protegido: é a pertinência subjetiva da lide, a que se refere a doutrina. Há situações, entretanto, em que a lei atribui legitimidade para invocar a prestação da tutela jurisdicional a quem não detém a titularidade do direito material: tem-se, aqui, uma legitimação extraordinária, a traduzir a figura da substituição processual.

Inciso III. Falta de interesse processual. A legislação e a doutrina do passado aludiam ao *interesse de agir*. Em termos gerais, podemos dizer que o interesse processual se encontra vinculado à necessidade que tem a parte de obter um provimento jurisdicional capaz de assegurar-lhe um bem ou uma utilidade da vida, ou à utilidade que, com vistas a esse objetivo, representa o pronunciamento da jurisdição.

É, precisamente, diante desse binômio necessidade/utilidade que deve ser avaliada a existência do interesse de atuar em juízo, seja ativa ou passivamente. A falta desse interesse torna o autor carecente da ação e conduz à extinção do processo sem julgamento do mérito, ou seja, das pretensões materiais por ele deduzidas.

Sempre afirmamos, em obras anteriores, que o interesse processual, em princípio, deve estar presente no momento em que a inicial é posta em juízo. Todavia, há situações em que esse interesse pode ser aferido mais tarde. Mencionemos o caso em que o empregado invoca a prestação da tutela jurisdicional, com a finalidade de compelir o empregador a conceder-lhe férias, sem, contudo, haver-se esgotado o prazo concessivo, de que cuida o art. 134, *caput*, da CLT. Embora a inicial pudesse ser indeferida, liminarmente, com fulcro no art. 330, III, do CPC (pois se o empregado ainda não poderia exigir a concessão das férias, qual o seu interesse processual em demandar?), se esse indeferimento não ocorrer (talvez, por inadvertência do juízo) e vir a vencer-se o prazo para o empregador conceder as férias, sem que o faça, nascerá para o empregado, ainda que arrevesadamente, no curso da ação, o interesse processual.

De tal arte, se, ao proferir a sentença de mérito, o órgão jurisdicional cientificar-se de que as férias não foram concedidas, deverá condenar o empregador a fazê-lo.

Continuamos com essa opinião, por entendermos que a solução preconizada se ajusta, com absoluta perfeição, à simplicidade do processo do trabalho, à qual repugnam determinados princípios herméticos do processo civil. O que desejamos, agora, é efetuar um indispensável esclarecimento, para que esse nosso entendimento não seja equivocadamente interpretado.

Em primeiro lugar, no exemplo há pouco citado, o órgão jurisdicional poderia indeferir, de plano, por sentença, a petição inicial, na medida que se o trabalhador não podia, ainda, exigir que as férias lhe fossem concedidas, estaria evidente a sua falta de interesse processual, vale dizer, a carência da ação, impondo-se, por isso, a extinção do processo sem apreciação do mérito. Na eventualidade, porém, de a inicial não ser indeferida e o período de concessão do gozo das férias esgotar-se durante a ação, aflorará o seu interesse em obter um pronunciamento jurisdicional sobre o pedido lançado na inicial. Em segundo, não será em todas as situações que o interesse processual sobrevirá ao ajuizamento da petição inicial.

Nesta hipótese, a inicial deve ser indeferida, *in limine* ou na primeira oportunidade em que o juízo se der conta da falta do necessário processual para demandar. Exemplifiquemos com a ação em que o trabalhador, reconhecendo, na inicial, haver sido despedido sem justa causa, pleitear a denominada "rescisão indireta" do contrato (informando, ainda, que se afasta do serviço, conforme a faculdade que lhe atribui o art. 483, § 3.º, da CLT). Qual a sua necessidade de obter, nesse caso, um provimento jurisdicional, se o contrato de trabalho, quando do ingresso em juízo, já se encontrava rompido, sem motivo justo, por parte do empregador?

De igual maneira se diga no caso de o trabalhador pedir equiparação salarial a paradigma que recebe salários inferiores aos daquele.

Como escreveu Liebman, "*Interesse processual ou interesse de agir existe quando há para o autor utilidade e necessidade de conseguir o recebimento do pedido, para obter, por esse meio, a satisfação do interesse (material) que ficou insatisfeito pela atitude de outra pessoa. E, pois, um interesse de segundo grau, porque consiste no interesse de propor o pedido, tal como foi proposto, para a tutela do interesse que encontrou resistência em outra pessoa, ou que, pelo menos, está ameaçado de encontrar essa resistência. Por isso, brota diretamente do conflito de interesses surgido entre as partes, quando uma delas procura vencer a resistência encontrada, apresentando ao juiz um pedido adequado. A existência do conflito de interesses fora do processo é a situação de fato que faz nascer no autor interesse de pedir ao juiz uma providência capaz de resolver. Se não existe o conflito ou se o pedido do autor não é adequado para resolvê-lo, o juiz deve recusar o exame do pedido como inútil, anti-econômico e dispersivo*" (*Estudos sobre o processo civil brasileiro*. São Paulo: José Bushatsky, 1976. p. 125-126).

Inciso IV. Não atendimento às prescrições dos arts. 106 e 321. Embora o art. 330 faça alusão genérica ao art. 106, é necessário esclarecer que a petição inicial somente será indeferida no caso do o advogado *do autor* deixar de indicar, na petição inicial, o endereço em que receberá intimações. Nesta hipótese, conforme consta do § 1.º do sobredito artigo, o juiz mandará o autor suprir a falta no prazo de cinco dias, "sob pena de indeferimento da petição". No tocante ao art. 321, o indeferimento dessa peça processual dar-se-á se o autor deixar de emendá-la ou completá-la, no prazo legal, a fim de serem preenchidos os requisitos dos arts. 319 e 320.

Decadência e prescrição. No sistema do CPC anterior, o art. 295 incluía no rol das causas que determinavam o indeferimento da petição a decadência ou a prescrição que fossem verificadas "desde logo" pelo juiz (IV).

O CPC atual preferiu deslocar essas causas para o art. 332, que cuida da inovadora "improcedência"(*sic*) liminar do pedido (§ 1.º) e sobre o qual lançaremos comentários específicos no momento oportuno.

Procedimento inadequado. O art. 295 do CPC anterior previa o procedimento inadequado, escolhido pelo autor, como causa de indeferimento da petição inicial (V), com a ressalva de que a inicial não seria indeferida se a ação pudesse adaptar-se ao procedimento legal adequado (*ibidem*).

O CPC em vigor não manteve essa previsão.

2. Casos de inépcia

O § 1.º, do art. 330, do CPC, indica os casos que caracterizam a inépcia da petição inicial.

Inciso I. Falta de pedido ou de causa de pedir. A causa de pedir e o consequente pedido constituem requisitos indispensáveis à validade da petição inicial. A petição apta, por sua vez, é pressuposto fundamental para o regular desenvolvimento do processo. A causa de pedir é formada pelos fatos essenciais da causa, mais os fundamentos jurídicos do pedido. O pedido é a razão de ser da demanda, o objeto da pretensão (geralmente de direito material) formulada pelo autor. A petição inicial sem pedido não é petição. Não basta, porém, que ela contenha pedidos; é necessário que faça a *especificação* desses pedidos, justamente para permitir verificar, mais tarde, se a entrega da prestação jurisdicional foi efetuada nos limites em que a demanda foi proposta (CPC, art. 141).

Inciso II. Pedido indeterminado. O pedido deve ser certo (art. 322) e determinado (art. 324). Dessa forma, em princípio, deverá ser liminarmente indeferida a petição inicial que contiver pedido indeterminado, exceto se era lícito ao autor formular pedido genérico.

Inciso III. Da narração dos fatos não decorrer a conclusão. O autor (e, também, o réu) deve narrar os fatos da causa (relevantes, portanto) de modo preciso, claro e conciso. *Fatos*, para esse efeito, são não somente os acontecimentos da vida, mas aqueles sucessos que se acham abstratamente previstos em lei (fatos jurídicos), cuja subsunção à regra de direito pertinente é tarefa que incumbe ao juiz. O *pedido*, como conclusão silogística, deve decorrer, logicamente, dos fatos alegados. A premissa maior são os fundamentos jurídicos; a menor, os fundamentos de fato; a conclusão, o pedido. Se o autor afirma que se demitiu do emprego, não fará sentido (= será ilógico) o seu pedido relativo ao aviso prévio, que vier a formular. A desconformidade manifesta entre os fatos e os pedidos que deles decorrem configura a inépcia da petição inicial porque coloca em evidência a falta de senso lógico entre ambos.

Inciso IV. Pedidos incompatíveis entre si. O autor pode formular, na mesma petição inicial, mais de um pedido, ainda que entre eles não haja conexão. O art. 327, do digesto processual civil, lhe faculta essa cumulação objetiva, que tem o mérito de evitar a proliferação de demandas, mediante a concentração de todas as pretensões materiais em uma só causa. Um dos requisitos essenciais para essa cumulação é, justamente, a compatibilidade dos pedidos, entre si (CPC, *ibidem*, § 1.º, inciso I). Os demais requisitos são a competência do juízo e a adequação do procedimento (incisos II e III). Não pode o autor alegar, p. ex., a um só tempo, que era estável no emprego e que não o era, cumulando os pedidos de reintegração e de pagamento de aviso prévio, etc. O que lhe será lícito fazer, em situações como a descrita, é formular pedidos em ordem sucessiva, de tal modo que se o juiz rejeitar o primeiro, poderá apreciar o segundo.

§ 2.º A Justiça do Trabalho não possui competência para apreciar conflitos de interesses que tenham por objeto a revisão de obrigação oriunda de empréstimo, financiamento ou alienação de bens.

§ 3.º Não há competência da Justiça do Trabalho, conforme asseveramos no parágrafo anterior, ao que o atual se liga.

3. Recurso cabível

Estabelece o CPC, no art. 331:

> Art. 331. Indeferida a petição inicial, o autor poderá apelar, facultado ao juiz, no prazo de 5 (cinco) dias, retratar-se.
>
> § 1.º Se não houver retratação, o juiz mandará citar o réu para responder ao recurso.
>
> § 2.º Sendo a sentença reformada pelo tribunal, o prazo para a contestação começará a correr da intimação do retorno dos autos, observado o disposto no art. 334.
>
> § 3.º Não interposta a apelação, o réu será intimado do trânsito em julgado da sentença.

Caput. A regra estava no art. 296 do CPC revogado.

Antes de investigarmos se a sentença extintiva do processo, em decorrência do indeferimento da petição inicial, é recorrível no processo do trabalho devemos fazer um comentário algo correlato.

O fato de o juiz receber uma petição inicial, que eventualmente devesse ser indeferida, não tem efeito preclusivo para o réu, que, por isso, poderá denunciar a irregularidade dessa peça em outro momento, seja antes ou depois da citação ter sido realizada. Como sabemos, no processo do trabalho, em regra, o juiz não despacha a inicial, para efeito de ordenar a citação do réu; ainda que, em situação particular, a despachasse, o seu ato não teria efeito preclusivo para o réu, por ser mero despacho (logo, ordinatório), e, não, decisão interlocutória.

O ato pelo qual o juiz de primeiro grau indefere a petição inicial traduz sentença, porquanto dotado de aptidão para extinguir o processo, ainda que sem resolução do mérito (CPC, art. 485); sendo assim, ela pode ser impugnada por meio de recurso ordinário (CLT, art. 895, I).

Sendo a inicial indeferida pelo relator — porque a competência para apreciar a causa é do tribunal, como ocorre na ação rescisória e em alguns casos de mandado de segurança — dessa decisão monocrática os regimentos internos, de modo geral, preveem a interposição de agravo regimental.

Indeferida a petição inicial, o autor poderá apelar (recorrer ordinariamente, no processo do trabalho), sendo facultado ao juiz, no prazo de cinco dias, reformar a decisão, ou seja, retratar-se.

Algumas nótulas a respeito dessa norma legal são necessárias:

a) a possibilidade de o juiz reformar a sua decisão não se aplica no caso de o recurso haver sido interposto de sentença *que examinou o mérito,* uma vez que, quanto a esta, segue imperando a regra do art. 494, do CPC;

b) a simpleza e o caráter vanguardeiro do processo do trabalho autorizam a conferir uma interpretação ampliativa do *caput* do art. 486, do CPC, de modo a permitir que o juiz possa *desfazer* todo e qualquer ato extintivo do processo *sem* resolução do mérito, não se justificando, assim, que essa possibilidade fique circunscrita às sentenças indeferidoras de iniciais;

c) o prazo de cinco dias, para que o juiz reveja a sentença de indeferimento da inicial (CPC, art. 331, *caput)*, não deve ser interpretado como peremptório; sendo assim, pensamos que, no processo do trabalho, possa o magistrado, em situações especiais, anular a sentença anterior mesmo *depois* de esgotado esse prazo. De qualquer modo, a "reforma" da sentença, dentro ou fora do prazo legal, constitui faculdade do juiz, como evidencia o texto do art. 331, do CPC. Isso corresponde a asseverar, por outro lado, que se o juiz mantiver a sentença, dessa decisão, por ser interlocutória, não caberá recurso (CLT, art. 893, § 1.º).

Convém repetirmos: o juiz ou o relator somente estarão legalmente autorizados a indeferir a petição inicial se o autor deixar de cumprir o despacho previsto no art. 321.

§ 1.º Se o juiz não reformar a sentença, mandará processar o recurso ordinário e citar o réu para oferecer resposta, portanto, para contra-arrazoar o recurso.

Uma nótula complementar: embora a norma legal em exame aluda à citação do réu, este não poderá apresentar contestação à inicial. A citação será, exclusivamente, para que ofereça contrarrazões ao recurso ordinário. Se o tribunal der provimento ao recurso, e o acórdão transitar em julgado, os autos retornarão ao juízo de primeiro grau, que deverá intimar o réu para apresentar defesa, seja em audiência, seja em prazo preestabelecido.

Ao tribunal, portanto, será vedado examinar o mérito da causa, mesmo nos casos previstos no art. 330 do CPC. A rejeição liminar da demanda, de que cuida a precitada norma legal, é ato da competência do juízo de primeiro grau. Admitir que o tribunal pudesse fazê-lo seria, ao menos no sistema do processo do trabalho, impedir que réu pudesse exercer o direito ao contraditório e à ampla defesa, até porque, não se tratando de competência originária do tribunal, o réu somente poderia dispor da visa estreita do recurso de revista para impugnar o acórdão regional.

Assim, caberia ao juiz de primeiro grau, quando fosse o caso, indeferir a petição inicial (CPC, art. 330) ou rejeitar liminarmente a demanda (art. 332). Não poderia ele deixar de indeferir a inicial (quando isso fosse necessário) para rejeitar, *in limine,* a demanda. Se o autor ou o réu fossem parte ilegítima, como poderia o magistrado fechar os olhos para a falta dessa condição da ação e rejeitar, de plano, a demanda?

§ 2.º No caso de o tribunal reformar a sentença, o prazo para a contestação passará a fluir da intimação do réu quanto ao retorno dos autos ao juízo de primeiro grau. Caberá ao juiz designar audiência de conciliação ou de mediação, nos termos do art. 334 do CPC. No processo do trabalho, a audiência deverá ser designada no prazo mínimo de cinco dias, e o réu ser intimado no mesmo prazo (CLT, art. 841, *caput*).

§ 3.º Não sendo interposto recurso ordinário (no processo do trabalho), o réu será intimado do trânsito em julgado da sentença.

4. Rejeição liminar do pedido

Dispõe o CPC:

> Art. 332. Nas causas que dispensem a fase instrutória, o juiz, independentemente da citação do réu, julgará liminarmente improcedente o pedido que contrariar:
>
> I – enunciado de súmula do Supremo Tribunal Federal ou do Superior Tribunal de Justiça;
>
> II – acórdão proferido pelo Supremo Tribunal Federal ou pelo Superior Tribunal de Justiça em julgamento de recursos repetitivos;
>
> III – entendimento firmado em incidente de resolução de demandas repetitivas ou de assunção de competência;
>
> IV – enunciado de súmula de tribunal de justiça sobre direito local.
>
> § 1.º O juiz também poderá julgar liminarmente improcedente o pedido se verificar, desde logo, a ocorrência de decadência ou de prescrição.
>
> § 2.º Não interposta a apelação, o réu será intimado do trânsito em julgado da sentença, nos termos do art. 241.
>
> § 3.º Interposta a apelação, o juiz poderá retratar-se em 5 (cinco) dias.
>
> § 4.º Se houver retratação, o juiz determinará o prosseguimento do processo, com a citação do réu, e, se não houver retratação, determinará a citação do réu para apresentar contrarrazões, no prazo de 15 (quinze) dias.

Caput. O art. 285-A, do CPC revogado, tratava de assunto algo correlato.

O *caput* do art. 332 do CPC atual também se ocupa de situações que autorizam a rejeição liminar do pedido. A diferença em relação ao art. 330 está em que, no caso deste último, o indeferimento da petição inicial implicará extinção do processo *sem* resolução do mérito (art. 485, I), ao passo que nas situações previstas no art. 332 a extinção, ao contrário, dar-se-á com resolução do mérito (CPC, art. 487) — eis a razão de o legislador haver atribuído ao Capítulo em que se contém o art. 332 de "improcedência liminar do pedido". Conquanto a legislação, a doutrina e a jurisprudência tenham manifestado apego, gosto pela utilização da expressão "improcedência da ação", "improcedência do pedido", etc., expressões que tais deveriam ser evitadas, por serem, a nosso ver, inadequadas. O verbo *proceder* significa *ter como ponto de partida, vir, provir de algum lugar*. Ora, o pedido provém da inicial; logo, não se pode dizer que seja "improcedente". Se o juiz entende que o autor não possui o direito alegado, deverá *rejeitá-lo*, e não, julgá-lo "improcedente". Como bem observa o art. 490 do próprio CPC, "O juiz resolverá o mérito *acolhendo ou rejeitando*, no todo ou em parte, os pedidos formulados pelas partes" (destacamos).

Se o juiz tiver diante de si um caso em que se justifique: a) o indeferimento liminar da petição inicial e b) a rejeição liminar do pedido, não poderá optar por esta última, especialmente, nos casos de ilegitimidade de parte e de falta de interesse processual. Assim, cumprir-lhe-á indeferir a petição inicial (art. 330, II e III). Se o autor interpuser recurso ordinário da sentença, o juiz poderá reconsiderar a sua decisão — o que significa dizer, em termos práticos, que revogará a sentença. Não reconsiderando a decisão, o juiz mandará citar o réu para oferecer contrarrazões.

Para que o juiz possa rejeitar, de plano, o pedido formulado pelo autor, é imprescindível que a causa dispense a fase instrutória, vale dizer, esteja em condições de ser julgada desde logo.

Como se cuida de pronunciamento sobre o mérito, colocamos em dúvida a possibilidade de o art. 332 do CPC ser aplicado ao processo do trabalho, sem que se tente, antes da rejeição do pedido, a conciliação. Cabe lembrar a declaração inscrita no art. 764 da CLT, de que "Os dissídios individuais ou coletivos submetidos à apreciação da Justiça do Trabalho serão sempre sujeitos à conciliação". Só em casos excepcionais, como quando o processo extinguir-se sem exame do mérito, ou o pedido for juridicamente impossível, é que se poderá deixar de tentar conduzir as partes a uma solução negociada, consensual do litígio. Destarte, quando o juiz do trabalho tiver diante de si uma situação que se conforme à previsão do art. 330 do CPC, deverá designar audiência, visando à conciliação; somente se esta restar frustrada é que ele deverá, por sentença, rejeitar *in limine* o pedido.

Inciso I. Enunciado da Súmula do STF. Se o pedido formulado pelo autor estiver em confronto com Súmula do Supremo Tribunal Federal ou do Superior Tribunal de Justiça, o magistrado poderá rejeitar, liminarmente, o pedido, vale dizer, sem citar o réu. Entendemos que, no processo do trabalho, essa norma poderá ser aplicada também no caso de o pedido contrariar Súmula do TST. Não há razão jurídica para excluir-se o TST dessa política de imposição da preeminência da jurisprudência dos Tribunais Superiores.

Inciso II. O pedido será rejeitado, de plano, quando contrariar acórdão do STF ou do STJ, proferido em julgamento de recursos repetitivos. Do mesmo modo se afirme em relação a acórdão do TST. A propósito, ao dispor que "A decisão firmada em recurso repetitivo não será aplicada aos casos em que se demonstrar que a situação de fato ou de direito é distinta das presentes no processo julgado sob o rito dos recursos repetitivos" (*distinguishing*), o art. 896-C, § 16, da CLT, permite entrever que se, ao contrário, a situação factual e jurídica de outros casos *for idêntica* à revelada no julgamento do recurso repetitivo, a decisão aqui proferida será aplicada àqueles casos.

Inciso III. Rejeição liminar do pedido também haverá se este contrariar entendimento firmado em incidente de resolução de demandas repetitivas ou de assunção de competência. O mencionado incidente é regido pelos arts. 976 a 987; a assunção de competência, pelo art. 947.

Inciso IV. Merecerá rejeição de plano, igualmente, o pedido que contrastar com enunciado da Súmula de Tribunal de Justiça sobre direito local.

§ 1.º A decadência e a prescrição, quando ocorrentes, também autorizam o juiz a rejeitar, *in limine*, o pedido. Como essa rejeição é feita independentemente de citação do réu, isso significa que o juiz pode conhecer *ex officio* dessas matérias. Essa disposição não estaria em

antagonismo com a do art. 141, segundo a qual "*O juiz decidirá o mérito nos limites propostos pelas partes, sendo-lhe vedado conhecer de questões não suscitadas a cujo respeito a lei exige iniciativa da parte*"? Afinal, no caso do § 1.º, art. 332 o réu nada alegou quanto à prescrição e à decadência. Respondendo: como, no sistema do processo civil, a prescrição foi elevada à categoria de matérias de ordem pública (*status* que já era ostentado pela decadência), o juiz pode dela conhecer por sua iniciativa. Nesse tema não incide, portanto, a proibição contida no art. 141. Se, todavia, vier a entender-se que o juiz do trabalho não pode se manifestar, *ex officio*, sobre a prescrição não podemos deixar de concluir que haveria, aqui, um contraste do art. 141 do CPC com o art. 332, § 1.º, do mesmo Código, sob a perspectiva do processo do trabalho.

§ 2.º Se o autor não recorrer da sentença que rejeitou *in limine* a demanda, o réu será intimado do trânsito em julgado desse pronunciamento jurisdicional. Como o *caput* do art. 332 permite esse indeferimento "independentemente da citação do réu", poderá ocorrer de este somente vir a tomar conhecimento da ação ajuizada quando for intimado do trânsito em julgado da sentença.

Aplicado o § 2.º ao processo do trabalho, teríamos que levar em consideração a especificidade deste. Assim: a) se houvesse um só pedido, e este incorresse em uma das situações previstas nos incisos I a IV, e também no § 1.º, do art. 330, o ato pelo qual o juiz o rejeitasse, liminarmente, constituiria *sentença* (CPC, art. 316), sendo, por isso, impugnável por meio de recurso ordinário (CLT, art. 895); b) se a inicial contivesse diversos pedidos, mas apenas um ou alguns deles se amoldassem aos incisos I a IV, e ao § 1.º do art. 330, o ato pelo qual o juiz os rejeitasse traduziria *decisão interlocutória*, não sendo passível, e decorrência disso, de impugnação imediata, mas, apenas, quando da emissão da sentença que solucionasse a lide (CLT, art. 893, § 1.º).

Conquanto seja razoável admitir-se que, em princípio, o réu não possui interesse processual em recorrer (ordinariamente) da sentença que rejeitou, *in limine*, o único pedido formulado pelo autor, não se lhe pode recusar o reconhecimento da presença desse interesse, em certos casos, para efeito de oferecer embargos de declaração, como quando a sentença apresentar-se omissa, contraditória ou obscura. Dir-se-á, talvez, que como ele somente tomará ciência da ação quando de sua intimação do *trânsito em julgado* da sentença que rejeitou, de plano, o pedido, já não disporá de prazo para oferecer embargos declaratórios. Nada mais equivocado. O trânsito em julgado somente se opera, no caso em exame, *para o autor*. Destarte, o réu será intimado do trânsito em julgado da sentença, oportunidade em que poderá ingressar com embargos de declaração, pois seria juridicamente desarrazoado qualquer argumento de que essa possibilidade estaria preclusa para ele.

§ 3.º Se o autor recorrer da sentença que rejeitou liminarmente o pedido, o juiz poderá retratar-se no prazo de cinco dias.

§ 4.º Havendo retratação, o juiz determinará o prosseguimento do processo, citando o réu. Não havendo retratação, fará citar o réu para apresentar contrarrazões. O prazo para isso, no processo civil, será de quinze dias; no do trabalho, de oito dias.

Não nos parece que o tribunal, provendo o recurso do autor, possa apreciar os pedidos formulados na inicial. Fazê-lo seria violar, em relação ao réu, as garantias constitucionais do contraditório e da ampla defesa — pois o réu, no caso, nem sequer teria tido oportunidade para apresentar contestação à inicial. Em suas contrarrazões ele teria, quando muito, sustentado que a sentença andou bem ao entender configurada uma das situações previstas nos incisos I a III do art. 332. As contrarrazões, entrementes, nem por antonomásia podem ser havidas como substitutas da contestação. Desse modo, o tribunal, se der provimento ao recurso do autor, deverá limitar-se a afastar a causa que levou o juízo de primeiro grau a rejeitar, de plano, a demanda. Transitado em julgado o acórdão, os autos retornarão ao juízo de primeiro grau, que intimará o réu para apresentar contestação, sendo certo que esse juízo monocrático deverá julgar o mérito sem possibilidade de invocar (novamente) uma das situações previstas nos incisos I a III do art 332 CPC, que haviam sido reconhecidas pela sentença cassada pelo tribunal.

TST – IN 39/2016: o art. 332 é aplicável ao processo do trabalho, com as adaptações apontadas.

Capítulo VIII

Petições Iniciais Específicas

Neste Capítulo, faremos considerações gerais acerca da petição inicial referente a algumas ações próprias do CPC, que apresentam maior incidência no processo do trabalho.

1. Petição inicial nas tutelas provisórias

O art. 303, do CPC, declara:

> Art. 303. Nos casos em que a urgência for contemporânea à propositura da ação, a petição inicial pode limitar-se ao requerimento da tutela antecipada e à indicação do pedido de tutela final, com a exposição da lide, do direito que se busca realizar e do perigo de dano ou do risco ao resultado útil do processo.
>
> § 1.º Concedida a tutela antecipada a que se refere o *caput* deste artigo:
>
> I - o autor deverá aditar a petição inicial, com a complementação de sua argumentação, a juntada de novos documentos e a confirmação do pedido de tutela final, em 15 (quinze) dias ou em outro prazo maior que o juiz fixar;
>
> II - o réu será citado e intimado para a audiência de conciliação ou de mediação na forma do art. 334;
>
> III - não havendo autocomposição, o prazo para contestação será contado na forma do art. 335.
>
> § 2.º Não realizado o aditamento a que se refere o inciso I do § 1.º deste artigo, o processo será extinto sem resolução do mérito.
>
> § 3.º O aditamento a que se refere o inciso I do § 1.º deste artigo dar-se-á nos mesmos autos, sem incidência de novas custas processuais.
>
> § 4.º Na petição inicial a que se refere o *caput* deste artigo, o autor terá de indicar o valor da causa, que deve levar em consideração o pedido de tutela final.
>
> § 5.º O autor indicará na petição inicial, ainda, que pretende valer-se do benefício previsto no *caput* deste artigo.
>
> § 6.º Caso entenda que não há elementos para a concessão de tutela antecipada, o órgão jurisdicional determinará a emenda da petição inicial em até 5 (cinco) dias, sob pena de ser indeferida e de o processo ser extinto sem resolução de mérito.

Examinemos essas disposições legais.

Caput. Para melhor compreensão do artigo a ser examinado, devemos rememorar que o atual CPC empreendeu uma profunda modificação da sistematização dos temas pertinentes às medidas cautelares e à antecipação dos efeitos da tutela, constantes do Código revogado.

1.1. Comentário

Essa modificação consistiu no fato de o seu Livro V disciplinar o que ali se denominou de "Tutela Provisória". Esta compreende: a) a *tutela de urgência*, que se subdivide em: a.a.) tutela antecipada; e a.b.) tutela cautelar; e b) a *tutela da evidência*. As tutelas de urgência (cautelar e antecipada) subdividem-se em *antecedente* e *incidental*, e podem ser concedidas tanto *liminarmente* quanto após *justificação prévia* (art. 294).

A tutela *de urgência*, como se nota, possui, peculiarmente, caráter heterogêneo, pois tanto pode ser *cautelar* (art. 305) quanto antecipada (art. 303). Sendo antecipada antecedente, poderá tornar-se provisoriamente satisfativa (durante a sua *estabilidade*: art. 304). Nesse caso, a medida revela tênue semelhança com a antecipação dos efeitos da tutela, de que cuidava o art. 273 do CPC revogado, que não possuía, entretanto, possibilidade de tornar-se *estável*. A *tutela da evidência*, por sua vez, tem natureza, essencialmente, satisfativa (art. 311).

O art. 303 versa, de modo específico, *sobre a tutela de urgência antecipada requerida em caráter antecedente*.

Lamentavelmente, contudo, a disciplina legal dessa tutela está a revelar-se extremamente confusa, sendo razoável imaginar, em razão disso, que provocará intensa controvérsia nos domínios da doutrina e da jurisprudência. Feito o registro, devemos ocupar-nos com a interpretação dos arts. 303 e 304.

Se ocorrer de a parte necessitar de uma tutela urgente ao tempo em que já poderia ingressar com a ação cabível, a petição inicial poderá limitar-se ao requerimento de tutela antecipada e à indicação do pedido de tutela final, expondo: a) o conflito de interesses; b) o direito que busca realizar; c) o perigo de dano ou de risco ao resultado último do processo. Como o art. 300 afirma que a tutela de urgência será concedida quando houver elementos que revelem, além do perigo de dano ou o risco ao resultado útil do processo, também a *probabilidade do direito*, articulando-se esse dispositivo legal com o art. 303 temos que, no caso da letra "*b*", por nós mencionada, cumprirá ao autor indicar não só o *direito que busca realizar*, como a *probabilidade desse direito*, porquanto se trata de tutela *de urgência*.

Em resumo: nos termos do art. 303, o autor terá diante de si duas possibilidades (ou faculdades), quais sejam: a) requerer apenas a tutela provisória urgente satisfativa, indicando o pedido de tutela final; b) requerer, ao mesmo tempo, a tutela provisória urgente antecedente e a tutela satisfativa final. Somente na primeira situação é que ocorrerá a *estabilidade* da tutela, a que se refere o art. 304, *caput*.

O que está no art. 303 do CPC não é uma imposição do sistema, e sim uma *faculdade* que este defere ao autor, como evidencia o verbo *poder*, utilizado na redação dessa norma legal. Deste modo, o autor poderá ingressar com a ação tradicional, de mérito, ou optar pelo procedimento da tutela de urgência antecipada requerida em caráter antecedente. Neste caso, a petição inicial será simplificada, contendo apenas os elementos básicos para que o juiz se convença do direito à tutela pretendida.

O que se deve entender, porém, por "tutela final"? A própria tutela antecipada antecedente concedida ou a tutela de mérito? Aqui se inicia a obscuridade do texto legal. Parece-nos que se trata da própria tutela antecipada antecedente, pois a decisão que a concede, mesmo não sendo impugnada (por meio de recurso, no sistema do CPC: art. 304, *caput*), não fará coisa julgada (art. 304, § 6.º), embora se torne estável (*ibidem*). Se a parte desejar rever, reformar ou invalidar essa decisão deverá ajuizar ação específica ("demandar"), em face da outra (art. 304, § 2.º).

Entrementes, se a "tutela final" não se referir à lide, ou seja, ao mérito, de tal maneira que a tutela antecipada, sobre a qual estamos a discorrer, seja autossuficiente, baste a si, por que razão o legislador a teria rotulado de antecedente? Antecedente a que, se nada mais haveria, além dela? Ademais, que motivo levou o legislador a afirmar, no art. 303, § 6.º, que se o autor não emendasse a inicial, no prazo de cinco dias, a inicial seria indeferida "sem resolução do mérito"? Destacamos.

O tema está aberto a controvérsia.

§ 1.º Da concessão da tutela antecipada decorrerão as consequências mencionadas nos incisos I e II, a serem examinados. Antes disso, devemos dizer que, segundo entendemos, a norma legal em exame está a referir-se, de maneira implícita, à concessão liminar da tutela, possibilidade prevista no § 2.º do art. 300. Sendo assim, a sua concessão ou denegação ensejará a impetração — pelo réu ou pelo autor, respectivamente —, de mandado de segurança, com fundamento analógico no item II, da Súmula n. 414, do TST. Embora a precitada Súmula aluda à concessão da tutela (antes da sentença), é evidente que o *mandamus* será cabível também no caso de denegação da tutela. Seria iníquo argumentar-se que o mandado de segurança caberia somente no caso de concessão, negando-se, com isso, a possibilidade de impugnação da decisão denegatória da tutela. Não menos desarrazoado seria sustentar-se que a concessão autorizaria o uso do *mandamus*, devendo a decisão denegatória ser objeto de agravo de instrumento, sabendo-se que essa modalidade de recurso, no sistema do processo do trabalho, possui finalidade única: impugnar decisão monocrática denegatória da admissibilidade de recurso.

Inciso I. Intimado da concessão, o autor terá o prazo de quinze dias (ou em prazo maior, que o juiz estabelecer) para: a) aditar a petição inicial, complementando os argumentos inicialmente nela lançados; b) juntar novos documentos, se for o caso; c) confirmar o pedido de tutela final. Pela redação da norma, verifica-se que o juiz poderá fixar prazo maior, ao determinar a intimação do autor. Nada impede, pois, que, aludindo o despacho judicial a quinze dias, o autor requeira a ampliação desse prazo, quando houver comprovada necessidade.

É oportuno insistir neste ponto: por força do disposto no art. 303, *caput,* do CPC, quando a urgência for contemporânea à propositura da ação de mérito, a petição inicial será simplificada, podendo limitar-se, nesta ordem: a) à declaração do autor de que pretende valer-se da faculdade prevista no *caput* do art. 303; b) a exposição dos fatos e do direito; c) à indicação do pedido de tutela final; d) a menção ao direito que visa a realizar; e) a indicação do perigo de dano ou do risco ao resultado útil do processo.

Essa simplificação da inicial é justificável, pois decorre da necessidade de ser obtida, com urgência, a tutela.

Concedida a providência jurisdicional destinada a acautelar o direito do autor, este deverá, no prazo de quinze dias (preconizamos que seja de cinco dias, no processo do trabalho): a) aditar a petição inicial (que era simplificada); b) complementar a argumentação nela exposta; c) juntar outros documentos; e d) confirmar o pedido de tutela final, de mérito (art. 303, § 1.º). Se o autor não adita a inicial, o processo será extinto (art. 303, § 2.º).

Inciso II. Feito o aditamento à petição inicial, o réu será citado e, ao mesmo tempo, intimado para comparecer à audiência de conciliação ou mediação. A remissão que a norma *sub examen* faz ao art. 334 significa que a audiência deverá ser designada com antecedência mínima de trinta dias, e o réu ser citado com, pelo menos, vinte dias de antecedência. Se, nessa audiência, houver autocomposição (acordo), o processo será extinto com o cumprimento do que foi objeto da transação (CPC, art. 487, III, "*b*"). Não havendo acordo, o prazo para a contestação será contado da audiência ou da última sessão de conciliação (arts. 303, III, e art. 335, I).

Não cremos que esse procedimento deva ser observado por inteiro no âmbito da Justiça do Trabalho, por ser incompatível com o processo que nela se pratica. Basta ver que, enquanto a CLT estabelece que a audiência deva ser a primeira desimpedida, depois de cinco dias (art. 841, *caput*), o art. 334 do CPC exige que a audiência seja designada com antecedência mínima de trinta dias. Ademais, o réu deverá ser citado com antecedência mínima de vinte dias, e terá o prazo de quinze dias, ou mais, para contestar, que será contado da mencionada audiência (art. 335, I)

Preconizamos, diante disso, que o procedimento da tutela de urgência antecipada, em caráter antecedente, seja adaptado ao processo do trabalho, de tal arte que se poderia aplicar o disposto no *caput* do art. 303 do CPC; entretanto, concedida a tutela: a) o autor aditaria a inicial, juntaria documentos (se fosse o caso) e confirmaria o pedido de tutela final em cinco dias, por simetria ao art. 841, *caput*, da CLT; b) o réu seria citado para comparecer à audiência, a ser designada com observância do prazo fixado no art. 841, *caput*, da CLT. Não havendo autocomposição, o réu teria o prazo de cinco dias para oferecer contestação, a ser protocolada na secretaria do juízo ou remetida eletronicamente. Havendo necessidade, o juiz designaria audiência para a instrução oral do procedimento (depoimento das partes, inquirição das testemunhas e o mais), adução de razões finais e reiteração da proposta conciliatória. O julgamento poderia ser realizado na mesma audiência, ou em outra, especificamente marcada para esse fim.

No processo do trabalho, da decisão que conceder ou denegar a tutela antecipada, seja em caráter antecedente ou incidental, caberá mandado de segurança (TST, Súmula n. 414, II). No processo civil, a decisão será impugnável por agravo de instrumento (CPC, art. 1.015, I).

§ 2.º Deixando, o autor, de efetuar, no prazo legal, sem justificativa juridicamente sustentável, o aditamento a que se refere o inciso I do art. 1.º, o processo será extinto sem resolução do mérito (CPC, art. 485, X). Nada o impede, contudo, de ingressar com nova ação (art. 303, § 2.º, art. 486).

§ 3.º O aditamento será efetuado nos mesmos autos, sem que custas adicionais devam ser pagas. Não haveria mesmo razão jurídica para que o aditamento fosse efetuado em autos distintos, posteriormente reunidos aos primitivos.

§ 4.º A petição inicial mencionada no *caput* do art. 303 deverá conter o valor da causa. Para esse efeito, o autor considerará o pedido de tutela final, a ser obtido na forma do art. 292 do CPC. A dicção legal *sub examen* poderá suscitar controvérsias no plano do processo do trabalho, pois aqui não se exige que da inicial conste o valor atribuído à causa: basta que se leia o art. 840, § 1.º, da CLT, para constatar-se a veracidade de nossa afirmação, que, de resto, é robustecida pelo art. 2.º, *caput*, da Lei n. 5.584, de 26-6-1970, conforme o qual o juiz, antes de passar à instrução da causa, fixará o seu valor "se este for indeterminado no pedido". O juiz do trabalho, portanto, não determina à parte que supra essa presuntiva omissão; cumpre ao próprio magistrado arbitrar um valor à causa. Não se aplica ao processo do trabalho, conseguintemente, a regra do art. 292, *caput*, do CPC. Por hábito, os advogados soem indicar nas iniciais trabalhistas o valor da causa, o que é sempre aconselhável; em tais casos, o juiz pode corrigir *ex officio* o referido valor quando se verificar uma das situações previstas no art. 292, § 3.º.

§ 5.º Na petição inicial, diz a norma, caberá ao autor mencionar que pretende valer-se do benefício previsto no *caput*. Essa opção deve ser manifestada, portanto, de maneira expressa e inequívoca. Não se trata, a nosso ver, de "benefício", mas de *faculdade* a ele concedida pelo sistema, e que a exercerá segundo a sua conveniência ou necessidade. Essa exigência da lei deve constar do preâmbulo da petição inicial.

Embora possa admitir-se a possibilidade de o autor, na inicial, também manifestar a sua intenção de ver o processo prosseguir, após a estabilização da tutela, não cremos que ele tenha interesse quanto a isso, porquanto a tutela conservará os seus efeitos enquanto não for revista, reformada ou invalidada, considerando-se que decisão a concessiva produziu coisa julgada formal (art. 304, § 3.º). Por outras palavras, o autor já obteve, com a estabilização da tutela, o resultado útil que buscava alcançar por meio da sentença de mérito.

Quando o § 6.º do art. 304 declara que a decisão concessiva da tutela "não fará coisa julgada" está a referir-se à *res iudicata material*, não à *formal*.

§ 6.º Pode ocorrer de o juiz entender que não há elementos capazes de autorizar a concessão de tutela antecipada. Diante disso, mandará que o autor emende a inicial, em cinco dias. Sendo emendada no prazo, o juiz verificará se é o caso, ou não, de deferir a tutela. Não havendo emenda, a petição inicial será indeferida, extinguindo-se o processo sem resolução do mérito (CPC, art. 485, I), e condenando-se o autor condenado ao pagamento das custas processuais.

1.2. Na tutela cautelar requerida em caráter antecedente

Está no art. 305, do CPC:

> Art. 305. A petição inicial da ação que visa à prestação de tutela cautelar em caráter antecedente indicará a lide e seu fundamento, a exposição sumária do direito que se objetiva assegurar e o perigo de dano ou o risco ao resultado útil do processo.

Parágrafo único. Caso entenda que o pedido a que se refere o *caput* tem natureza antecipada, o juiz observará o disposto no art. 303.

Caput. Estamos diante de *tutela de urgência cautelar antecedente,* que não se confunde com a antecipada (art. 303), conquanto uma e outra pressuponham *urgência.* A tutela cautelar antecedente pode ser deferida de plano (liminar) ou após justificação prévia determinada pelo juiz.

A redação do art. 305 contém elementos do art. 801 do CPC revogado, inserido nas disposições gerais acerca do processo cautelar. Examinemos os requisitos legais da petição inicial.

Vejamos os requisitos legais para a validade da petição inicial da ação visando à obtenção de uma tutela cautelar antecedente.

A lide e seu fundamento. Na doutrina de Carnelutti, lide é o conflito de interesses qualificado pela pretensão manifestada por um dos litigantes e pela resistência oferecida pelo outro.

Uma nótula sobre o requisito em apreço é importante: ele somente será exigido nas medidas *antecedentes,* pois não há razão lógica para impô-lo no caso das *incidentais,* em que, por definição, há um processo em curso e, nele, a indicação da lide referida pelo texto legal em foco. Nada impede, é verdade, que, ainda assim, a parte faça menção a essa lide, na cautelar incidental.

A lide, a que se refere a norma legal em estudo, é o conflito de interesses que será revelado no processo principal (de conhecimento) e no qual serão formulados os pedidos daí emanantes.

Sempre que nas medidas de urgência antecedentes o autor deixar de mencionar a lide e seu fundamento, o juiz ordenará, por despacho, que a omissão seja sanada, sob pena de indeferimento da inicial (CPC, art. 321, parágrafo único) e extinção do processo (CPC, art. 485, I).

Exposição sumária do direito que se visa a assegurar. Ao utilizar o adjetivo *sumária,* após aludir à exposição, o legislador, de um lado, procurou fazer com que a narração da *causa petendi* se harmonize com o traço de sumariedade, que identifica os procedimento concernente às tutelas de urgência de natureza cautelar; de outro, afastou-se da regra genérica do art. 319, III, do CPC, onde esse adjetivo não foi empregado, e, com isso, aproximou-se do sistema procedimental *ordinário* trabalhista, que recomenda "uma breve exposição dos fatos" (CLT, art. 840, § 1.º).

Poderíamos mesmo proclamar que o processo do trabalho edificou uma regra de ordem prática, voltada às petições em geral, inspirada na máxima latina *esto brevis et placebis* (sê breve e agradarás).

Os estudos doutrinários que tinham como objeto a *causa de pedir* acabaram por produzir correntes diversas; por apego à brevidade, todavia, dediquemo-nos à apreciação de apenas duas delas, consideradas as mais expressivas e de maior prestígio.

A primeira, chamada de *teoria da substanciação*, entende ser a *causa petendi* representada pelo fato ou pelo conjunto de fatos capazes de sustentar a pretensão deduzida pelo autor, porquanto são eles que fornecem o elemento do qual promana a conclusão; a segunda, denominada de *teoria da individualização*, vê na causa de pedir a relação (ou estado) jurídica afirmada pelo autor, em que se baseia a sua pretensão, deixando o fato em um plano secundário, exceto quando for necessário à individualização da relação jurídica.

O inciso III do art. 319 do CPC revela que o legislador brasileiro perfilhou a teoria da *substanciação*, porquanto fez da narrativa dos fatos e da indicação dos fundamentos jurídicos do pedido um dos requisitos da petição inicial. O Código de 1939, aliás, não só havia adotado essa teoria, como ido mais longe do que o atual, ao dispor que a referida peça deveria mencionar o fato e os fundamentos do pedido "expostos com clareza e precisão, de maneira que o réu possa preparar a defesa" (art. 158, III).

O "direito que se objetiva assegurar" não é, necessariamente, o material, podendo ser, também, o direito ao processo, direito de ação. Com efeito, não é suficiente que se assegure ao indivíduo o direito subjetivo público de invocar a tutela jurisdicional do Estado; é imprescindível que se ponha ao seu alcance um instrumento eficaz para eliminar as situações de periclitância ao direito de agir em juízo. Esse "instrumento" é a tutela de urgência.

Perigo de dano. O perigo deve ser seja *iminente*, vale dizer, o dano esteja prestes a ocorrer; caso contrário, não se justificará a expedição de uma medida de urgência. Sem o *periculum in mora* (quando este for o caso) a pretensão à segurança é mero capricho do solicitante da medida.

Resultado útil do processo. Refere-se ao processo de conhecimento, não ao cautelar. Por meio do processo cognitivo, o autor pretenderá ver reconhecido o seu direito a um bem ou a uma utilidade da vida. Esse é o resultado útil do processo. Caso esse resultado possa estar em risco, a parte terá à sua disposição a tutela de urgência antecipada, de natureza cautelar, para assegurar esse resultado.

Os requisitos para a validade formal da petição inicial da ação que visa a obter a tutela de urgência em caráter antecedente, entretanto, não se resumem à indicação da lide, ao seu fundamento, à exposição sumária do direito que se pretende assegurar, ao perigo de dano e ao risco ao resultado útil do processo, como se lê do art. 303, *caput*. Esse instrumento de provocação da atividade jurisdicional acautelatória deve, ainda, conter os elementos exigidos pelo art. 319, a saber:

Juiz ou tribunal a que é dirigida. O juiz é, antes de tudo, pessoa integrante de um *órgão* da jurisdição estatal. Revela, portanto, um censurável culto ao personalismo o hábito, tantas vezes percebido, de a inicial ser dirigida *nominalmente ao magistrado* e não ao *órgão* (Vara), impessoalmente considerado.

Tratando-se de cautelar requerida antecedentemente, ou seja, não incidental, a petição inicial será dirigida à autoridade judiciária que seria competente para conhecer da ação principal.

Rege-se a elaboração da peça inaugural trabalhista, enfim, nesse aspecto, pelas regras de competência fixada pelo art. 114, da Constituição Federal, pelo art. 651 da CLT e, subsidiariamente, pelas disposições do CPC, naquilo que forem compatíveis com o processo do trabalho (CLT, art. 769) — sem prejuízo de nosso pensamento de que as *medidas de urgência* (especialmente, a cautelar), em situações excepcionais, podem ser emitidas por órgão jurisdicional relativamente incompetente, a quem, em consequência, a petição inicial será dirigida.

Qualificação do requerente e do requerido. A indicação do nome, do prenome, do estado civil, a existência de união estável, da profissão, número de inscrição no CPF ou no CNPJ, do domicílio e da residência do requerente e do requerido se destina não só a identificá-los como pessoas, com vistas ao exame da legitimidade (pertinência subjetiva da ação), mas também a evitar certas confusões provenientes de eventual homonímia e, ainda, a permitir verificar eventual litispendência ou coisa julgada. Mesmo na Justiça do Trabalho, há necessidade da qualificação das partes), e da indicação do domicílio da residência de ambas. O endereço, quanto ao réu, tem a finalidade precípua de possibilitar a sua citação, embora também se destine à comunicação dos demais atos do procedimento. No que tange ao autor, a exigência de a inicial conter o seu endereço tem em conta permitir-lhe a comunicação de tais atos. Se a parte mudar de endereço, sem disso dar ciência ao juízo, considerar-se-ão válidas as comunicações enviadas para o endereço constante dos autos.

Verificando, o juiz, que a peça vestibular não fornece o endereço do autor, deverá intimá-lo, na pessoa do seu advogado, se houver, para suprir a omissão, no prazo que lhe for assinado, sob pena de a inicial ser indeferida, o processo, extinto sem resolução do mérito (CPC, art. 482, I).

As provas que serão produzidas. Por princípio, podem ser utilizados nos procedimentos relativos às tutelas de urgência todos os meios legais de prova, assim como os moralmente legítimos, atendendo-se todavia, à exceção de que independem de provas os fatos: *a)* notórios; *b)* afirmados por uma parte e confessados pela contrária; *c)* admitidos, no processo, como incontroversos; *d)* em favor dos quais milita presunção legal de existência ou de veracidade (CPC, art. 374, I a IV). Devemos reconhecer, porém, que no sistema do processo do trabalho não há exigência legal para que o autor faça alusão às provas que pretende produzir (CLT, art. 840, § 1.º), conquanto, de modo geral, essa alusão seja realizada, o que não deixa de ser recomendável.

Nas hipóteses em que o fato alegado não dependa de prova; possa ser destinatário das regras (ou máximas) de experiência comum subministradas pela observação do juiz acerca daquilo que ordinariamente acontece; esteja provado documentalmente, etc., o pedido do autor poderá ser acolhido sem necessidade de designação de audiência, quando esta fosse exigível.

Os fatos que concernem ao objeto da prova não são aqueles relativos ao mérito do processo principal e sim os pertinentes ao pedido formulado no procedimento (tutela de urgência, cautelar), em especial os envolventes de alegação de risco de dano iminente.

Em tema de processo judicial — é oportuno assinalar —, a *cognição* significa a relação que se estabelece entre o juiz, como sujeito cognoscente, e os fatos da causa, como objeto cognoscível. No processo cautelar, a cognição é superficial e sumária, porquanto está vinculada ao juízo de mera probabilidade; basta ao juiz, portanto, a aparência do "bom" direito (*fumus boni iuris*), somada ao perigo na demora (*periculum in mora*), para conceder a providência de acautelamento solicitada. A probabilidade a que nos referimos é de que o autor possa provar, de maneira cabal, no processo de conhecimento, os fatos alegados na inicial. No referido processo de conhecimento, ao contrário, a cognição é aprofundada e exauriente, pois se liga ao juízo de certeza, de convicção. Foi, portanto, com inegável razão que Piero Calamandrei afirmou, em sua "Introduzione", que "*A providência cautelar representa uma conciliação entre duas exigências contrastantes de justiça: de um lado, a de celeridade, e de outro, a de comedimento; entre fazer mal, mas rápido, e fazer bem, embora tarde, o processo cautelar optou pela primeira solução, deixando que o problema do bem e do mal, ou seja, da justiça intrínseca da decisão, seja apreciado, com a ponderação necessária, no processo principal*".

Outras considerações sobre o binômio: processo/cognição serão expendidas quando dos comentários ao art. 369, no item "prova e cognição".

O pedido e suas especificações. Embora o pedido não se encontre incluído entre as exigências formuladas pelo art. 303, a sua formulação é absolutamente essencial, mesmo do campo das tutelas de urgência ou de evidência, por inflexão do art. 319, IV.

Se a inicial não contiver o necessário pedido, o juiz fixará prazo para que a falta seja suprida (CPC, art. 321); não sendo atendido o despacho, a inicial deverá ser indeferida (*ibidem*, parágrafo único, I), pois ausente o objeto da tutela jurisdicional invocada. É perfeitamente possível ao requerente, por outro lado, formular mais de um pedido, em ordem subsidiária, a fim de que o juiz conheça do último, caso recusar acolhimento ao primeiro (CPC, art. 326).

Ocorrendo, no entanto, de o autor omitir, na petição inicial, pedido que lhe era lícito fazer, somente por ação distinta poderá formulá-lo, conquanto lhe seja permitido aditar ou alterar o pedido e a causa de pedir, enquanto não proferida a sentença, desde que o faça de boa-fé e não importe prejuízo ao réu, a quem se assegurará o contraditório mediante a possibilidade de sua manifestação no prazo mínimo de quinze dias, facultando-lhe, ainda, a produção de prova suplementar.

Entendemos que mesmo em sede de tutela de urgência o juiz não poderá conceder ao autor medida diversa da pedida, exceto nas hipóteses em que lhe seja lícito adequar os fatos narrados pelo requerente à regra de direito incidente *(da mihi factum, dabo tibi ius)*.

Valor da causa. No processo de trabalho não se exige, em princípio, que o valor da causa figure nas iniciais, conforme demonstra o art. 840, § 1.º, da CLT. Somente no procedimento sumariíssimo é que se pode exigir que a inicial indique o valor. Como toda *causa* trabalhista deve ter um valor — com vistas, em certos casos, ao cálculo das custas, e sempre para possibilitar um exame quanto à interponibilidade, ou não, de recurso —, verificando o juiz que a inicial não contém esse valor o fixará em audiência, antes de passar à instrução

(Lei n. 5.584/70, art. 2.º, *caput*). Considerando, porém, que a falta de indicação do valor da causa, na inicial, renderá ensejo a uma disputa acerca do valor que vier a ser fixado pelo juiz, com provável pedido de revisão (Lei n. 5.584/70, art. 2.º, § 1.º), que, por sua vez, trará o grave inconveniente de protrair a emissão da medida solicitada pela parte, torna-se recomendável que a inicial indique esse valor, a fim de evitar os transtornos aqui mencionados.

Citação do réu. Embora nossa opinião possa discrepar da predominante, acreditamos inexistir exigência legal de que a peça inaugural traga *requerimento para a citação do réu*. Assim dizemos porque nem o art. 305, nem o art. 319 exigem a formulação desse requerimento. Desde sempre, aliás, sustentamos que o processo do trabalho dispensava esse requerimento, como demonstra o art. 840, § 1.º, da CLT)

Se o réu criar embaraços ao recebimento do instrumento de citação, remetido por via postal, ou não for encontrado, o ato será realizado por intermédio de edital (CLT, art. 841, § 1.º), ou, excepcionalmente, com hora certa (CPC, arts. 252/254), modalidade mais rápida e menos dispendiosa do que a edilícia.

Parágrafo único. Se o juiz verificar que o pedido de tutela de *urgência* em caráter *cautelar* possui natureza de *antecipada*, deverá processá-la nos termos do art. 303. Cuida-se, nesta hipótese, de uma heterotópica incidência do princípio da fungibilidade, assente em tema de recurso. É evidente que, neste caso, o autor deverá ser intimado, a fim de amoldar o procedimento ao traçado pelo art. 303. Em princípio, não vemos prejuízo ao autor, em decorrência dessa convolação de uma ação em outra, embora o procedimento da tutela de urgência antecipada seja um pouco mais embaraçante do que o da tutela cautelar.

No sistema do processo do trabalho, o ato concessivo ou denegatório da tutela cautelar, antecedente ou incidental, pode ser impugnado por meio de mandado de segurança (TST, Súmula n. 414, II).

2. Petição inicial na ação mandamental

2.1. Requisitos

No tocante, em particular, à petição inicial da ação de segurança, diz a Lei n. 12.016/2009 que ela deverá "*preencher os requisitos estabelecidos pela lei processual*" (art. 6.º, *caput*). Embora o art. 840, § 1.º, da CLT, indique os requisitos que a petição inicial deva conter, devemos considerar, para efeito da ação de mandado de segurança, os requisitos previstos no art. 319, do CPC. Ocorre que os requisitos mencionados no art. 840, § 1.º, da CLT, dizem respeito às petições trabalhistas típicas, não se amoldando, com perfeição, às petições relativas a ações reguladas pelo direito processual civil incidentes no do trabalho.

Analisemos esses requisitos.

a) Juízo a que é dirigida a que é dirigida

Na Justiça do Trabalho, anteriormente à Emenda Constitucional n. 45/2004, a competência para apreciar ação assecuratória era exclusiva dos tribunais (entrava na competência originária destes); desta maneira, o cabeçalho da petição inicial jamais faria menção ao juízo monocrático e sim, ao tribunal competente.

Com o advento da precitada EC, os órgãos de primeiro grau da jurisdição trabalhista (Varas) passaram a ser dotados de competência para apreciar ações de mandado de segurança. Sendo assim, a petição inicial deverá mencionar o juízo monocrático ou o tribunal a que é dirigida, conforme seja a competência deste ou daquele.

Valemo-nos da oportunidade para esclarecer que o juiz, enquanto juiz, não pode ser visto subjetivamente pelas partes, vale dizer, em sua individualidade, pois ele é órgão da jurisdição. Reflete, por isso, reprovável culto ao personalismo o hábito de a inicial ser encaminhada nominalmente ao magistrado, quando o que se deveria ter em conta é a sua presença *impessoal* no processo, para esse efeito, O traço pessoal do magistrado só deve ser realçado quando se desejar inquiná-lo de impedido ou de suspeito para atuar no processo. Cumpre, pois, que se dirija a petição inicial ao juízo monocrático (primeiro grau) ou ao tribunal. Não sejamos, contudo, cultores do formalismo: se a petição inicial contiver a indicação errada no juízo, mas for protocolada no juízo correto (competente), aquela referência equívoca deverá ser ignorada por quantos hajam de atuar no processo. O que não se poderia aceitar é que a inicial, conquanto fizesse alusão ao juízo competente, fosse protocolada em juízo diverso, ou seja, incompetente.

b) Os nomes, prenomes, estado civil, existência de união estável, profissão, número de inscrição no CPF ou no CNPJ, endereço eletrônico, domicílio e residência

Embora o art. 319, inciso II, do CPC, exija que esses dados digam respeito ao autor e ao réu, poder-se-ia imaginar que no caso da petição inicial concernente à ação de segurança essa exigência não incidiria por inteiro, porquanto não havendo, aqui, réu no sentido clássico (mesmo que se trate de mandado de segurança impetrado contra ato da Administração), deveriam ser indicados, apenas, o nome, prenome, estado civil, profissão, domicílio e residência do autor.

Ocorre, no entanto, que pode haver, em alguns casos, uma espécie de "réu *sui generis*" nas ações de mandamentais. Assim afirmamos porque o art. 24 da Lei n. 12.016/2009 determina a aplicação aos processos de mandado de segurança o disposto nos arts. 46 a 49, do CPC de 1973 — que correspondem, *mutatis mutandis,* aos arts. 113 a 118, do CPC de 2015. Estas normas legais regulam os regimes litisconsorciais. Litisconsorte *é parte*; por isso, deve ser citado. E, para tanto, há necessidade de, sendo pessoa física, ser indicado o seu nome, prenome, estado civil, profissão, residência e domicílio. Se o litisconsorte for pessoa jurídica deverá ser mencionada a sua denominação, a sua inscrição no CNPJ, o seu endereço, quando menos.

Note-se que não estamos a referir-nos à pessoa jurídica de direito público interessada (que deverá ser também indicada na petição inicial, quando for o caso) a que se encontra vinculada a autoridade apontada como coatora (porquanto aquela pessoa jurídica somente poderá ingressar no processo, segundo nossa opinião, na qualidade de assistente litisconsorcial), e sim àquela pessoa cujo direito material possa estar em causa. É o caso típico do mandado de segurança impetrado na Justiça do Trabalho pelo réu (geralmente, um empregador) contra decisão judicial monocrática emitida em ação ajuizada por trabalhador em que este último deverá ser citado para integrar a lide na qualidade de litisconsorte necessário, conforme o entendimento jurisprudencial predominante.

Não concordamos com os juristas que sustentam ser, a pessoa de direito público interessada, litisconsorte passiva necessária na ação de mandado de segurança. Ora, o inciso II, do art. 7.º, da Lei n. 12.016/2009 é claro ao estatuir que, ao despachar a inicial, o juiz deverá dar *ciência* da ação à mencionada pessoa jurídica, para que, querendo, ingresse no feito. A norma legal não mandar *citar* essa pessoa, senão que, apenas, dar-lhe *ciência* do processo — a fim de que, se desejar, intervenha na qualidade de assistente litisconsorcial, acrescentamos. Se se tratasse de litisconsórcio passivo necessário (CPC, art. 114), o caso seria de *citação* (CPC, art. 238). Observe-se que o próprio inciso II, do art. 7.º, da Lei n. 12.016/2009, dispensa a remessa à pessoa jurídica de direito público dos documentos que instruem a inicial, bastando, apenas, o envio desta peça de provocação da atividade jurisdicional.

A exigência contida no inciso II, do art. 319, do CPC — notadamente quando se tratar de pessoa física — constitui providência destinada não apenas a identificá-lo, com vistas à legitimidade, mas também a evitar certos transtornos ou inconvenientes oriundos de eventual homonímia.

Não se justifica, entretanto, a indicação do estado civil e da residência da autoridade apontada como coatora, porque esta, como dissemos, deve ser notificada da ação, para prestar informações, no endereço do órgão em que exerce as suas funções ou atribuições.

O advogado deverá indicar, também, na inicial, o endereço em que receberá intimações, além de comunicar ao escrivão qualquer mudança de seu endereço. Se o advogado descumprir o disposto no inciso I, o juiz, antes de determinar a notificação da autoridade apontada como coatora ou a citação do litisconsorte necessário, mandará que a omissão seja suprida no prazo de 48 horas, sob pena de indeferimento da petição inicial; se descumprir o contido no inciso II, serão consideradas válidas as intimações remetidas ao endereço constante dos autos.

c) Os fatos e os fundamentos jurídicos do pedido

Fatos, para os efeitos do inciso III do art. 319, do CPC; não são apenas os acontecimentos da vida, mas aqueles sucessos que se encontram abstratamente previstos na lei; são, pois, *fatos jurídicos*, cuja subsunção à norma legal incidente é obra que compete ao juiz realizar (da *mihi factum dabo tibi ius*). A *causa de pedir* é algo mais do que isso, pois traduz o produto da conjugação do fato jurídico, da relação jurídica que em virtude daquele se estabelece, e daquilo que o autor pretende. Esses elementos são indispensáveis para a definição da *causa petendi*, motivo por que de nenhum deles poderá a inicial prescindir.Narrados os fatos, passará o autor (impetrante) à apresentação dos fundamentos jurídicos do pedido; o pedido tem, portanto, origem nos fatos expostos. A falta de causa de pedir ou de pedido acarretará o indeferimento da petição inicial, por inépcia (CPC, art. 330, I e § 1.º). Igual sorte merecerá essa peça quando da narração dos fatos não decorrer, de maneira lógica, a conclusão (inciso III). O mesmo se diga quando a inicial for ininteligível.

No plano doutrinal, formaram-se duas correntes acerca da causa de pedir, que vieram a desaguar nas teorias: a) da *substanciação* e b) da *individuação*. A primeira sustenta que a *causa petendi* corresponde ao fato ou conjunto de fatos capazes de fundamentar as pretensões do autor, porquanto é deles que deriva a conclusão; a segunda considera que a causa de pedir é a relação ou estado jurídico afirmado pelo autor como base de sua pretensão, colocando-se, assim o fato em posição secundária, exceto quando imprescindível para individualizar a relação jurídica. O vigente Código de Processo Civil, ao introduzir no elenco dos requisitos para a validade da petição inicial o indigitamento dos fatos e dos fundamentos jurídicos do pedido (art. 319, III), demonstra haver perfilhado a teoria da *substanciação* da causa de pedir — o que não constitui novidade em nosso sistema, pois essa teoria já encontrara ressonância no inciso I do art. 158 do estatuto processual civil de 1939, no qual se impunha que tais fatos e fundamentos jurídicos fossem "*expostos com clareza e precisão, de maneira que o réu possa preparar a defesa*".

De modo geral, o pedido formulado em juízo pode ser de natureza declaratória, constitutiva ou condenatória, Na ação de segurança, todavia, a natureza do direito que por meio o dela se visa a proteger e o procedimento especial estabelecido impede a existência de pedido de condenação a reparar danos decorrentes do ato ilegal ou abusivo de poder. Não se admite, ainda, a formulação de pedido destinado ao recebimento de créditos, porquanto "*O Mandado de Segurança não é substitutivo de ação de cobrança*", como declara a Súmula n. 269, do Supremo Tribunal Federal.

Não pode o impetrante, por isso, pretender o ressarcimento de danos provocados no seu patrimônio econômico, pelo ato da autoridade coatora; pedido dessa natureza deverá ser efetuado em ação distinta e adequada.

Lembra, porém, Alfredo Buzaid que a Lei n. 5.021, de 9 de junho de 1966, trouxe uma exceção a essa regra ao dispor sobre o pagamento de vencimentos e vantagens pecuniárias assegurados em sentença concessiva de mandado de segurança a servidor público civil, vindo essa norma legal a dar fim à controvérsia surgida na jurisprudência, que motivou o Excelso Pretório a editar a Súmula n. 271, assim redigida: "*Concessão de mandado de segurança não produz efeitos patrimoniais, em relação ao período pretérito, os quais devem ser reclamados administrativamente ou pela via judicial própria*". Posteriormente, a Lei n. 5.021/66 proibiu a concessão de liminar, "*para efeito de pagamento de vencimentos e vantagens pecuniárias*". Essa norma legal, todavia, foi revogada pela Lei n. 12.016/2009 (art. 29), cujo art. 14, § 4.º, permite a impetração do *mandamus* por servidor público da administração direta ou autárquica federal, estadual ou municipal, com a finalidade de obter o pagamento de vencimentos e vantagens pecuniárias — que serão devidos, apenas, a contar da data do ajuizamento da petição inicial.

d) O pedido e suas especificações

O art. 322, do CPC, determina que o pedido deva ser *certo*; o art. 324, que seja *determinado*, conquanto possa o autor formular pedido genérico, no caso do § 1.º do art. 324. O pedido não deve ser certo *ou* determinado, e sim, certo *e* determinado. Certeza e determinação não são termos que se contrapõem, e sim, que se fundem, formando um só corpo, para os efeitos dos arts. 322 e 324, do CPC. *Certo* é o pedido apto a expressar, com clareza, aquilo que o autor pretende obter em juízo, não só em qualidade, mas, também, em quantidade e extensão; *determinado*, o que tem em mira um bem ou uma utilidade da vida, perfeitamente caracterizados Em matéria de ação de segurança o pedido deve ser certo e determinado, não sendo admissível a formulação de pedido genérico.

Na hipótese de o impetrante, descumprindo o mandamento inscrito nos arts. 322 e 324, do CPC, deduzir pedido que não seja certo e determinado, estará, com isso, impedindo o proferimento da decisão de mérito de forma certa e determinada; constatando o juiz essa falha da petição inicial, deverá fixar prazo de quinze dias para que o impetrante a corrija (CPC, art. 321, *caput*), sob pena de ser indeferida (*ibidem*, parágrafo único), com a consequente extinção do processo sem pronunciamento sobre as questões de fundo (CPC, art. 485, I).

Na inicial da ação de segurança cabe ao autor solicitar um provimento que restabeleça o seu direito subjetivo líquido e certo, violado por ato ilegal ou abusivo do poder, praticado por autoridade pública, ou que afaste a ameaça de lesão grave e iminente.

e) O valor da causa

Controverte-se, na doutrina, quanto à necessidade de a petição inicial da ação de segurança indicar o valor da causa. Celso Agrícola Barbi entende estar essa inicial sujeita às mesmas exigências relativas às ações em geral, motivo por que dela deverá constar o valor dado à causa, sob pena de ser indeferida.[24] Para Othon Sidou, contudo, "*Não há caso de mandado de segurança a que se possa dar valor à causa sem o arrimo a simbolismo, e assim porque a reparação não se faz nunca* in pecunia, *mas em espécie*"[25].

Em que pese ao fato de, efetivamente, a reparação buscada por via do *mandamus* não ser de natureza pecuniária (pois a sentença ou o acórdão nunca é condenatório, mas declaratório ou constitutivo), e, desse modo, ser ponderável o pensamento de Othon Sidou, não podemos ignorar o mandamento que emana do art. 291, do atual digesto de processo civil, de que "*A toda causa será atribuído valor certo, ainda que não tenha conteúdo econômico imediatamente aferível*" (sublinhamos).

Sendo assim, fica patente que o valor da causa figura como requisito indispensável da inicial de ação de segurança; isso significa dizer que se o juiz ou o relator, constatando que dita exigência não foi atendida pelo impetrante, deverá assinar-lhe o quinze de dez dias (CPC, art. 321, *caput*) para suprir a falta, sob pena de indeferimento daquela peça (*ibidem*, parágrafo único), de sorte a gerar a extinção do processo sem julgamento do mérito (CPC, art. 485, I).

A petição inicial também deverá ser indeferida liminarmente (por decisão fundamentada), quando não for caso de mandado de segurança; quando faltar algum dos requisitos legais; quando a ação for ajuizada intempestivamente (Lei n. 12.016/2009, art. 10, *caput*).

(24) *Código de Processo Civil comentado*. vol. I, 2.ª ed. Rio de Janeiro: Forense, 1981. p. 72.

(25) *As garantias ativas dos direitos coletivos*. Rio de Janeiro: Forense, 1977. p. 120.

Como a referida norma legal cogita do indeferimento dessa peça quando lhe faltar "algum dos requisitos desta lei" e como um desses requisitos, como vimos, é o valor da causa, poder-se-ia pensar que ao juiz ou relator caberia: a) assinar prazo para o impetrante mesmo quando "não fosse o caso de mandado de segurança", ou b) indeferir, de plano, a inicial, quando não fizesse menção ao valor da causa.

Nada disso. A fixação de prazo, na hipótese de faltar o valor da causa, é expressamente prevista pelo art. 291, do CPC; já a assinação desse prazo quando não for o caso de mandado de segurança seria rigorosamente inútil, na medida em que nada poderia fazer o impetrante para tomar o *writ* cabível na espécie.

As custas serão calculadas de acordo com os arts. 789 e 789-A, da CLT, no que couberem. A dispensa do pagamento das custas é regida pelo art. 790, do mesmo texto legal. A União, os Estados, o Distrito Federal, os Municípios e suas autarquias; as

f) As provas com que o autor pretende demonstrar a verdade dos fatos alegados.

Via de regra, o autor requer, na inicial, a produção das provas necessárias para demonstrar a veracidade dos fatos narrados naquela peça.

A especificação dos meios probantes, no entanto, é dispensável na ação de segurança, porquanto a prova, aqui, é exclusivamente documental; e os documentos em que o autor funda a sua pretensão devem ser juntados à petição inicial (Lei n. 12.016/2009, art. 6.º, *caput*). Cuida-se, pois, por princípio, de prova pré-constituída, que só perderá essa característica na situação prevista no § 1.º, do art. 6.º, da Lei n. 12.016/2009, assunto de que trataremos no próximo parágrafo.

Se o documento necessário à prova do alegado encontrar-se em repartição ou estabelecimento público, ou em poder de autoridade que se recuse a fornecê-lo por certidão, ou de terceiro, o juiz ordenará, preliminarmente, por ofício, a exibição desse documento, em original ou em cópia autêntica, e marcará prazo de dez dias para o cumprimento da determinação, cabendo ao funcionário do juízo extrair cópias do documento para juntá-las à segunda via da petição (Lei n. 12.016/2009, art. 6.º, § 1.º). Se a autoridade que houver procedido desse modo for a própria coatora, a ordem será dada no mesmo instrumento da notificação (*ibidem*, § 2.º). Como se trata de exibição de documento, pode-se utilizar, em caráter supletivo, as disposições dos arts. 396 a 404, do CPC, naquilo em que não forem incompatíveis com a necessária celeridade do procedimento da ação de mandado de segurança.

Fique claro: embora o juiz ou o relator não esteja obrigado a intimar o impetrante, no que tange à juntada de documentos pela autoridade coatora, aquele, caso tenha ciência desses documentos (talvez por mera casualidade) poderá trazer outros aos autos, para contrapô-los aos apresentados pela autoridade coatora.

O que não nos parece aceitável é a arguição de falsidade documental, seja pelo impetrante ou pelo coator, pois a celeridade que se exige do procedimento do *mandamus* repele a instauração dessa espécie de incidente, máxime se considerarmos a circunstância de que essa arguição deságua, inevitavelmente, em exame pericial (CPC, art. 432, *caput*).

É oportuno destacar que o documento oferecido pela autoridade coatora deve ser presumido como verdadeiro (salvo prova em contrário), pois a administração pública tem, em seu benefício, essa presunção (Decreto-lei n. 779/69, art. 1.º, inciso I).

No caso de o mandado de segurança ser impetrado por telegrama ou radiograma, ou outro meio eletrônico de autenticidade comprovada (Lei n. 12.016/2009, art. 4.º, *caput*), em virtude de urgência, é óbvio que os documentos, que acaso o impetrante possua, não acompanharão o telegrama, o radiograma ou o meio eletrônico, embora devam ser juntados aos autos na primeira oportunidade. A própria autoridade coatora será intimada pelos referidos meios e, em decorrência disso, é muito provável que ainda não conheça o teor dos documentos quando tiver de prestar as informações solicitadas. Sem descuidar-se do imperativo da celeridade do procedimento, deverá o juiz dar ciência a essa autoridade dos aludidos documentos, assim que sejam trazidos aos autos, mesmo que as informações já tenham sido fornecidas. Nada obsta a que, ciente do conteúdo dos documentos, a autoridade coatora apresente informações complementares, mesmo que a liminar tenha sido concedida: é que tais informações poderão ser úteis para o julgamento da ação.

Convém ressaltar, a esta altura, a advertência contida na Súmula n. 415, do TST: "*MANDADO DE SEGURANÇA. PETIÇÃO INICIAL. ART. 321 DO CPC DE 2015. ART. 284 DO CPC DE 1973. INAPLICABILIDADE. (atualizada em decorrência do CPC de 2015) - Res. n. 208/2016, DEJT divulgado em 22, 25 e 26-4-2016. Exigindo o mandado de segurança prova documental pré-constituída, inaplicável o art. 321 do CPC de 2015 (art. 284 do CPC de 1973) quando verificada, na petição inicial do* "mandamus", *a ausência de documento indispensável ou de sua autenticação. (ex-OJ n. 52 da SBDI-2 - inserida em 20-9-2000)*".

O art. 6.º, *caput*, da Lei n. 12.016/2009 exige que a petição inicial seja apresentada em duas vias "*com os documentos que instruírem a primeira reproduzidos na segunda*". Todavia, o inciso II, do art. 7.º, da mesma norma legal, ordena que se dê ciência do feito ao órgão de representação judicial da pessoa jurídica interessada, "*enviando-lhe cópia da inicial sem documentos*".

Ora, o art. 6.º, *caput*, deixa claro que o impetrante deverá apresentar a inicial em duas vias, sabendo-se que a primeira será autuada, e a segunda, remetida à autoridade apontada como coatora. Como o inciso II, do art. 7.º, impõe o envio de (outra) cópia ao órgão de representação da pessoa jurídica interessada, conclui-se que, na verdade, a petição inicial deverá ser apresentada em *três* vias: uma, original; as duas outras sob a forma de cópias. Não é só. Se for o caso de litisconsórcio (Lei n. 12.016/2009, art. 24), mais uma via deverá ser oferecida. Assim, teremos *quatro* vias: a original e três cópias.

Inclui-se no elenco dos documentos a serem apresentados com a petição inicial a procuração outorgada ao advogado. A este respeito, é conveniente transcrevermos o conteúdo da OJ n. 151, da SBDI-2, do TST: "*AÇÃO RESCISÓRIA E MANDADO DE SEGURANÇA. PROCURAÇÃO. PODERES ESPECÍFICOS PARA AJUIZAMENTO DE RECLAMAÇÃO TRABALHISTA. IRREGULARIDADE DE REPRESENTAÇÃO PROCESSUAL. FASE RECURSAL. VÍCIO PROCESSUAL SANÁVEL. (nova redação em decorrência do CPC de 2015) - Res. n. 211/2016, DEJT divulgado em 24, 25 e 26-8-2016. A procuração outorgada com poderes específicos para ajuizamento de reclamação trabalhista não autoriza a propositura de ação rescisória e mandado de segurança. Constatado, todavia, o defeito de representação processual na fase recursal, cumpre ao relator ou ao tribunal conceder prazo de 5 (cinco) dias para a regularização, nos termos da Súmula n. 383, item II, do TST*".

g) O requerimento para a citação do réu

Citação, segundo o didatismo do art. 238 do CPC, é o ato pelo qual "*são convocados o réu, o executado ou o interessado para integrar a relação* processual". *Data venia*, essa definição legal é imperfeita, pois faz supor que se essas pessoas não atenderem à convocação do juízo não integrarão a relação processual. Melhor teria feito o legislador se dissesse, por exemplo, que a citação seria o ato pelo qual se daria ciência à parte contrária da existência da ação, para que, caso pretendessem, oferecessem a resposta cabível (exceção, contestação, reconvenção).

No processo de mandado de segurança, a autoridade indicada como coatora não é citada, mas notificada (melhor: intimada) para apresentar as suas informações no prazo de dez dias (Lei n. 12.016/2009, art. 7.º, inciso I). O litisconsorte necessário, caso haja, será citado.

Entendemos não ser necessário o requerimento do impetrante para a intimação da autoridade; é que o inciso I do art. 7.º da precitada norma legal declara que o juiz, ao despachar a inicial, *ordenará* que se notifique o coator, deixando transparecer, portanto, que essa comunicação deverá ser feita *ex officio*.

Indeferimento da petição inicial

Embora já tenhamos feito referências passageiras aos casos que autorizam o juiz a indeferir a petição inicial, julgamos conveniente retornar ao assunto, para, desta feita, sistematizá-lo em item específico.

Comecemos por observar que o art. 10, da Lei n. 12.016/2009, determina o indeferimento *liminar* da petição inicial de mandado de segurança quando: a) não for o caso de mandado de segurança; b) faltar-lhe algum dos requisitos legais; c) a inicial for ajuizada a destempo. Ao fazer menção ao indeferimento "desde logo" da inicial, a norma legal está a significar que não cabe ao juiz ou ao relator invocar o art. 321, do CPC, para mandar o impetrante sanar os defeitos ou irregularidades daquela peça processual — só podendo indeferi-la se a parte não adotar, no prazo da lei, a providência corretiva que lhe cabe. As situações previstas no art. 10, da Lei n. 12.016/2009, quando verificadas, impõem o indeferimento de plano ("desde logo") da inicial, exceto, a nosso ver, quanto ao valor da causa.

Vejamos quais são essas situações.

a) Não for o caso de mandado de segurança.

De certo modo, podemos extrair do art. 5.º, da própria Lei n. 12.016/2009, algumas situações que autorizam o indeferimento da inicial da ação mandamental. São eles: 1) quando o ato possa ser objeto de recurso administrativo com efeito suspensivo, independentemente de caução (inciso I). Observe-se, porém, que "*A existência de recurso administrativo com efeito suspensivo não impede o uso do mandado de segurança contra omissão da autoridade*" (STF, Súmula n. 429); 2) tratando-se de decisão judicial da qual caiba recurso com efeito suspensivo (inciso II). Complemente-se: "*Não cabe mandado de segurança contra decisão judicial passível de recurso ou correição*" (STF, Súmula n. 267); 3) de decisão judicial transitada em julgado (inciso III). Assim também dispõem as Súmulas n. 33, do TST, e 268, do STF.

A petição inicial deverá ser igualmente indeferida, *in limine,* quando o mandado for impetrado contra ato de gestão comercial praticado pelos administradores de empresas públicas, de sociedades de economia mista e de concessionárias de serviço público (Lei n. 12.0162009, art. 1.º, § 2.º), em que pese ao fato de entendermos que esta norma legal seja de duvidosa constitucionalidade.

b) Falta de requisito legal

A ausência de qualquer requisito previsto em lei para o ajuizamento da ação de segurança levará ao indeferimento liminar da inicial.

Um desses casos é a inexistência de documento comprobatório dos fatos em que se funda o pedido. Como tantas vezes assinalamos, ao longo deste livro, a prova, em processo de mandado de segurança, é sempre documental, sendo, portanto, pré-constituída, como evidencia o *caput* do art. 6.º, da Lei n. 12.016/2009.

A despeito da regra peremptória, contida no caput do art. 10, da Lei n. 12.016/2009, entendemos que, *no processo do trabalho*, ela deva receber um certo temperamento, por forma a permitir que o juiz faça uso do art. 319, do CPC, como providência destinada a evitar o indeferimento, de plano, da petição inicial e a extinção do processo sem resolução do mérito.

Assim, se o advogado da parte não declarar, nos termos do art. 830, *caput,* da CLT, que os documentos juntados sob a forma de cópias (reprográficas, por exemplo) são autênticos, e houver impugnação pela parte contrária, nada obsta a que o juiz fixe prazo para que o advogado formule essa declaração; apresente cópias autenticadas por tabelião; ou exiba os originais, para que o serventuário efetue a conferência e certifique a conformidade entre os originais e as respectivas cópias (CLT, art. 830, parágrafo único). Somente se o despacho judicial não for cumprido é que se deverá extinguir o processo — sem resolução do mérito, esclareça-se. É imprescindível, pois que o TST reformule a sua Súmula n. 415, assim redigida: "*MANDADO DE SEGURANÇA. PETIÇÃO INICIAL. ART. 321 DO CPC DE 2015. ART. 284 DO CPC DE 1973. INAPLICABILIDADE. (atualizada em decorrência do CPC de 2015) – Res. n. 208/2016, DEJT divulgado em 22, 25 e 26-4-2016. Exigindo o mandado de segurança prova documental pré-constituída, inaplicável o art. 321 do CPC de 2015 (art. 284 do CPC de 1973) quando verificada, na petição inicial do* "mandamus", *a ausência de documento indispensável ou de sua autenticação. (ex-OJ n. 52 da SBDI-2 - inserida em 20-9-2000)*".

A revisão da Súmula, que estamos a alvitrar, consiste na supressão da expressão: "*ou de sua autenticação*". Com isto, seria causa de indeferimento, desde logo, da petição inicial, apenas, o fato de esta peça processual não estar acompanhada dos documentos a que se refere o art. 6.º, da Lei n. 12.016/2009. A falta de autenticação desses documentos constituiria — como, para nós, constitui — irregularidade perfeitamente sanável, mesmo em sede de ação de mandado de segurança, se não perdermos de vista a particularidade de estarmos a cogitar do uso desse *writ* no processo do trabalho.

No caso específico do impetrante, é inadmissível — sob a perspectiva do *dever* constitucional a que o Estado está submetido, qual seja, de subministrar a tutela jurisdicional da qual é detentor monopolístico — que o direito dos indivíduos ou das coletividades possa vir a sofrer lesão grave, irreparável ou de difícil reparação, simplesmente porque o impetrante não atendeu a uma formalidade que, há muito, deveria ter sido anatematizada dos foros judiciais, em nome da simplicidade do processo e da honestidade das pessoas que vão a juízo: a autenticação de documentos apresentados em forma de cópias.

c) Ajuizamento fora do prazo legal

Se a petição inicial for protocolada no juízo competente quando já excedido o prazo de cento e vinte dias contados da data da ciência, pelo interessado, do ato impugnado (Lei n. 12.016/2009, art. 23), a inicial será indeferida desde logo.

Com vistas a esse risco, citamos, mais uma vez, as Súmulas ns. 310 e 632, do STF. Estabelece a primeira: "*Quando a intimação tiver lugar na sexta-feira, ou a publicação com efeito de intimação for feita nesse dia, o prazo judicial terá início na segunda-feira imediata, salvo se não houver expediente, caso em que começará no primeiro dia útil que se seguir*"; e a segunda: "É constitucional a lei que fixa prazo de decadência para a impetração de mandado de segurança".

Oportuna é, por igual, a reprodução da OJ n. 127, da SBDI-2, do TST: "*Mandado de segurança. Decadência. Contagem. Na contagem do prazo decadencial para ajuizamento de mandado de segurança, o efetivo ato coator é o primeiro em que se firmou a tese hostilizada e não aquele que a ratificou*".

Há situações, no entanto, em que o indeferimento da petição inicial da ação de mandado de segurança não se dá "desde logo", senão que depois de não haver sido cumprido o despacho judicial que impôs determinada providência ao impetrante. É que poderíamos denominar de "indeferimento diferido", em contraposição ao que ocorre de plano (*in limine*).

Vamos aos exemplos.

Se o mandado de segurança for impetrado, nos casos de urgência, por telegrama, radiograma, fac-símile ou outro meio eletrônico, incumbirá ao impetrante apresentar o texto original da petição nos cinco dias úteis que se seguirem à impetração (Lei n. 12.016/2009, art. 4.º, § 2.º). Não o fazendo, a inicial será indeferida. Nesta hipótese, em rigor, o indeferimento não será desde logo, nem dependerá de despacho determinando o cumprimento do prazo legal.

Conforme mencionamos em linhas anteriores, na hipótese de o impetrante, descumprindo a regra inscrita nos arts. 322 e 324, do CPC, deduzir pedido que não seja certo e determinado, estará impedindo o proferimento da decisão de mérito de forma certa e determinada; verificando, o juiz ou o relator, essa falha da petição inicial, deverá fixar prazo de quinze dias para que o impetrante a corrija (CPC, art. 321, *caput*) pena de ser indeferida (*ibidem*, parágrafo único), com a consequente extinção do processo sem resolução do mérito (CPC, art. 485, I).

Se o advogado deixar de indicar, na inicial, o endereço em que receberá intimações, o juiz, antes de determinar a notificação da autoridade apontada como coatora ou a citação do litisconsorte necessário, mandará que a omissão seja suprida no prazo de 48 horas. Não sendo cumprido o despacho, a petição inicial será indeferida.O valor da causa constitui exigência legal (CPC, art. 291), mesmo no caso de ação de mandado de segurança, segundo entendemos. Isso significa dizer que se o juiz ou o relator, verificando que essa exigência não foi atendida pelo impetrante, deverá assinar-lhe o prazo de quinze dias (CPC, art. 321, *caput*) para suprir a falta, sob pena de indeferimento daquela peça (*ibidem*, par. único), por modo a gerar a extinção do processo sem julgamento do mérito (CPC, art. 485, I).

O art. 10, da Lei n. 12.016/2009, como vimos, alude ao indeferimento, *desde logo*, da petição inicial da ação de mandado de segurança. Por outro lado, o § 5.º do art. 6.º da mesma norma legal prevê a *denegação* do mandado de segurança nos casos previstos no art. 267, do CPC de 1973 — que corresponde ao art. 485, do CPC de 2015. Trata-se, neste último caso, de extinção do processo sem resolução do mérito. Dentre as situações aqui previstas para a extinção do processo está a do indeferimento da petição inicial (inciso I), de que cuida o art. 10, da Lei n. 12.026/2009.

Em síntese, o processo de mandado de segurança pode ser extinto, sem apreciação do mérito, nas situações referidas no art. 485, do CPC (no que couber), e no art. 10, da Lei n. 12.016/2009.

O indeferimento da petição inicial, por qualquer motivo que seja, não impede que o impetrante postule, por ação própria, os seus direitos e os efeitos patrimoniais que lhes correspondem, como dilucida o art. 19, da Lei n. 12.016/2009. Por outro lado, se a decisão negatória da segurança não houver apreciado o mérito, o pedido de concessão do *mandamus* poderá ser renovado (*ibidem*, art. 6.º, § 6.º), salvo, é certo, se o impetrante já houver decaído desse direito, pela exaustão de prazo de cento e vinte dias, de que trata o art. 23, da mesma norma legal.

Segundo, ainda, *o caput*, do art. 10, da Lei n. 12.016/2009, a decisão que indeferir a petição inicial de mandado de segurança deverá ser fundamentada. Não havia necessidade dessa exigência, por estar contida, muito antes, e com preeminência hierárquica, no inciso IX, do art. 93, da Constituição Federal. Da sentença que indeferir a petição inicial caberá recurso ordinário (CLT, art. 895, letra "*a*"). Caso a competência para apreciar a ação de mandado de segurança seja originária do tribunal, a decisão do relator, que indeferir a inicial, poderá ser objeto de agravo (Lei n. 12.016/2009, art. 10, § 1.º).

Merece análise particular, agora, o disposto no art. 19, da Lei n. 12.016/2009, conforme o qual a sentença ou o acórdão denegatório do mandado de segurança, *sem decidir o mérito*, não impedirá que o impetrante, por ação própria, postule os seus direitos e os respectivos efeitos patrimoniais.

Não se cuida, aqui, exclusivamente, de indeferimento da petição inicial, senão que de extinção, em geral, do processo, *sem* resolução do mérito (CPC, art. 485). Pois bem. No sistema da Lei n. 1.533/51: a) a decisão proferida em processo de mandado de segurança não impedia que o requerente pleiteasse, mediante ação própria, os seus direitos e os correspondentes efeitos patrimoniais (art. 15), embora também permitisse ao impetrante ingressar com mandado de segurança idêntico ao anterior sempre que a decisão houvesse extinto o processo sem resolução do mérito (art. 16). No sistema atual, da Lei n. 12.016/2009, não foi reproduzida a regra do art. 16, da Lei n. 1.533/51. Diante disto, deve-se entender que, nos dias de hoje, o interessado já não pode renovar o mandado de segurança, mesmo nos casos em que o processo tenha sido extinto sem resolução do mérito? Entendemos ser possível essa renovação. O silêncio do art. 19, da Lei n. 12.016/2009, no tocante ao tema, não pode ser interpretado como intenção do legislador de vedar a possibilidade de o interessado ingressar, novamente, com a ação mandamental. A interpretação, que cabe, é a sistemática. Deste modo, a renovação do pedido de mandado de segurança — nos casos em que se dá fim ao processo sem prospecção do mérito — é possível em decorrência da regra geral contida no art. 268, do CPC, com a ressalva ali consignada.

Nossa conclusão, portanto, em face do art.19, da Lei n. 12.016/2009, conjugado com o art. 486, do CPC, é esta: a) se a decisão houver acolhido os pedidos do impetrante (portanto, terá julgado o mérito), este poderá postular, por ação própria, os efeitos patrimoniais relativos ao período anterior à impetração do *mandamus*, como prevê a Súmula n. 271, do STF: "*Concessão de mandado de segurança não produz efeitos patrimoniais em relação ao período pretérito, os quais devem ser reclamados administrativamente ou pela via judicial própria*", e no § 4.º, do art. 14, da Lei n. 12.016/2009: "*O pagamento de vencimentos e vantagens pecuniárias assegurados em sentença concessiva de mandado de segurança a servidor público da administração direta ou autárquica federal, estadual e municipal somente será efetuado relativamente às prestações que se vencerem a contar da data do ajuizamento da inicial*"; b) se a decisão não apreciou o mérito (e extinguiu o processo), o interessado poderá: b.a.) ajuizar, novamente, a ação mandamental; ou b.b.) postular os seus direitos mediante ação própria (sem fazer uso, pois, da ação mandamental).

3. Petição inicial na ação rescisória

3.1. Requisitos

Dispõe o art. 968, do CPC:

> Art. 968. A petição inicial será elaborada com observância dos requisitos essenciais do art. 319, devendo o autor:
>
> I – cumular ao pedido de rescisão, se for o caso, o de novo julgamento do processo;
>
> II – depositar a importância de cinco por cento sobre o valor da causa, que se converterá em multa caso a ação seja, por unanimidade de votos, declarada inadmissível ou improcedente.
>
> § 1.º Não se aplica o disposto no inciso II à União, aos Estados, ao Distrito Federal, aos Municípios, às suas respectivas autarquias e fundações de direito público, ao Ministério Público, à Defensoria Pública e aos que tenham obtido o benefício de gratuidade da justiça.

§ 2.º O depósito previsto no inciso II do *caput* deste artigo não será superior a 1.000 (mil) salários mínimos.

§ 3.º Além dos casos previstos no art. 330, a petição inicial será indeferida quando não efetuado o depósito exigido pelo inciso II do *caput* deste artigo.

§ 4.º Aplica-se à ação rescisória o disposto no art. 332.

§ 5.º Reconhecida a incompetência do tribunal para julgar a ação rescisória, o autor será intimado para emendar a petição inicial, a fim de adequar o objeto da ação rescisória, quando a decisão apontada como rescindenda:

I – não tiver apreciado o mérito e não se enquadrar na situação prevista no § 2.º do art. 966;

II – tiver sido substituída por decisão posterior.

§ 6.º Na hipótese do § 5.º, após a emenda da petição inicial, será permitido ao réu complementar os fundamentos de defesa, e, em seguida, os autos serão remetidos ao tribunal competente.

Caput. A matéria era tratada no art. 488 do CPC revogado.

A norma determina que a petição inicial da ação rescisória seja elaborada com observância do contido no art. 319.

Examinemos esses requisitos.

a) *Juízo a que é dirigida.* Esse é o primeiro requisito objetivo, a que a petição inicial deve atender, nos termos do art. 319, I, do CPC. A CLT determina que essa petição contenha a "*designação do presidente da Vara, ou do Juiz de Direito, a quem for dirigida*" (art. 840, § 1.º). Tratando-se, contudo, de matéria que integra a competência originária dos tribunais (ação rescisória, mandado de segurança, ação coletiva, etc.) a petição inicial, também no processo do trabalho, indicará, no seu cabeçalho, o juízo a que é encaminhada.

O problema de se saber a quem a inicial deve ser dirigida se resolve, sem maiores dificuldades, segundo as normas legais definidoras da competência dos diversos órgãos jurisdicionais; algumas dessas normas são de ordem constitucional, como é o caso do art. 114, da Suprema Carta, que fixa a competência da Justiça do Trabalho. No caso da ação rescisória, a competência é originária dos tribunais, estando prevista na CLT (art. 678, I, "*c*", 2, por exemplo) e nos regimentos internos.

Anotam, porém, Nelson Nery Junior e Rosa Maria Andrade Nery (*Código de processo civil comentado.* 3.ª ed. São Paulo: Revista dois Tribunais, 1997. p. 488): "*Quando tratar-se de acórdão de mérito complexo, para o qual tenham concorrido mais de um órgão judiciário, a competência para o processamento e julgamento da rescisória será do órgão maior, já que não se admite caber rescisória a mais de um tribunal. Assim, se, por exemplo, o órgão plenário ou especial do tribunal conheceu do incidente, pronunciando-se sobre a inconstitucionalidade de lei (CPC, art. 480 — atual art. 948), julgando o mérito do incidente, mas o julgamento do mérito da ação ou recurso coube à câmara, a rescisória do acórdão é da competência do pleno ou órgão especial, tenha ou não declarado a inconstitucionalidade da lei*".

A Súmula n. 429, do STF, por sua vez, estabelece que: "É competente o STF *para a ação rescisória, quando embora não tendo conhecimento do recurso extraordinário, ou havendo negado provimento a agravo, tiver apreciado a questão federal controvertida*".

Sob outro aspecto, dispõe a Súmula n. 515, do mesmo Tribunal: "*A competência para a ação rescisória não é do Supremo Tribunal Federal, quando a questão federal, apreciada no recurso extraordinário ou no agravo de instrumento seja diversa da que foi suscitada no pedido rescisório*".

b) *Nomes, prenomes, estado civil, existência de união estável, profissão, número de inscrição no CPF ou no CNPJ, o endereço eletrônico, domicílio e residência do autor e do réu.* A CLT menciona, apenas, a qualificação das partes (art. 840, § 1.º).

Os nomes, prenomes, estado civil, existência de união estável, profissão, número de inscrição no CPF ou no CNPJ dos litigantes se destinam não só a propiciar o exame da legitimidade (ativa e passiva), como a verificar a configuração de litispendência ou de coisa julgada e a evitar certos problemas ligados à homonímia. A mera indicação do nome seria insuficiente para isso; daí por que a lei exige a consignação do prenome, ou apelido-de-família e outros dados pessoais. A informação quanto ao estado civil, em rigor, só se justifica para definir se há necessidade de consentimento uxório ou marital ou de citação de ambos os cônjuges. Nas ações trabalhistas, quase sempre, o réu é pessoa jurídica; assim, caberá ao autor apontar a denominação do estabelecimento ("empresa"), e, de preferência, a sua forma de constituição (sociedade por quotas de responsabilidade limitada, sociedade anônima, etc.) e a sua natureza jurídica (de direito público ou de direito privado), além do número da inscrição no CNPJ.

No caso de grupo econômico-financeiro, é indispensável a indicação de todas as sociedades que o integram, desde que o autor pretenda que elas se tornem responsáveis pelo adimplemento da obrigação que se contiver no título executivo emitido em seu favor. A pessoa jurídica que não fez parte da relação jurídica estabelecida no processo de conhecimento não terá legitimidade para figurar no polo passivo da relação processual que se constituir na execução. Embora a Súmula n. 205, do TST, tenha sido cancelada, não há razão jurídica para abandonar o entendimento que nela estava expresso. Essa regra deve ser observada, enfim, *mutatis mutandis*, sempre que o autor pretender que mais de um réu venha a satisfazer, patrimonialmente, no momento oportuno, os direitos que lhe forem reconhecidos pelo acórdão rescisório, condenatório, passado em julgado (regimes litisconsorciais).

No processo do trabalho, a menção ao domicílio e à residência do réu dizem respeito menos aos aspectos de definição da competência do que à necessidade de comunicação dos atos processuais, máxime, o citatório. Se o réu estiver em lugar incerto, ou desconhecido, esse fato deverá ser esclarecido na inicial, cumprindo ao autor requerer que a citação seja efetuada por meio de edital (CLT, art. 841, § 1.º).

Se o trabalhador não tiver capacidade para estar em juízo (legitimidade *ad processum*), deverá ser representado pelo pai, mãe, tutor, curador, ou, na falta destes, pela Procuradoria da Justiça do Trabalho (CLT, art. 793), ou, finalmente, por um curador à lide. Nestas hipóteses, a petição inicial deverá referir a representação processual, a fim de que o juiz possa examinar a sua regularidade. A capacidade para estar em juízo (assim como a para ser parte, que a precede) traduz pressuposto legal indispensável para a constituição e o desenvolvimento regulares da relação jurídica processual, motivo por que a sua falta, não sendo suprida no prazo assinado pelo relator (CPC, art. 321, *caput*), provocará a extinção do processo sem julgamento do mérito da causa (CPC, arts. 321, parágrafo único, e 485, IV), podendo, exatamente por isso, ser declarada *ex officio* (*ibidem*, § 3.º).

A petição inicial deve conter, ainda, o endereço do advogado do autor, para efeito de intimação (CPC, art. 106, I); verificando que a inicial é omissa nesse ponto, o relator, antes de ordenar a citação do réu, imporá ao autor que a complete, no prazo de 48 horas, sob pena de indeferimento da petição inicial e consequente extinção do processo sem exame do mérito (CPC, arts. 106, § 1.º, e 485, I). Mesmo quando estiver atuando em causa própria, o autor deverá fornecer o endereço em que recebe intimações.

c) *O fato e os fundamentos jurídicos do pedido*. A CLT, como dissemos, exige que o autor elabore, na inicial, "uma breve exposição dos fatos de que resulte o dissídio" (art. 840, § 19).

Os fatos e os fundamentos jurídicos do pedido formam a causa de pedir *(causa petendi)*.

Fatos, para os efeitos ao art. 319, III, do digesto processual civil, não compreendem apenas os acontecimentos da vida, mas, também, aqueles sucessos que se acham abstratamente previstos em lei. São, pois, *fatos jurídicos*, cuja subsunção à norma legal incidente é obra que compete ao juiz (*da mihi factum, dabo tibi ius*). Incumbe às partes, portanto, proceder à narração (fiel) dos fatos, e, ao juiz, à (precisa) categorização jurídica correspondente.

Em termos práticos, isso equivale a afirmar que eventual erro do autor, na categorização jurídica dos fatos expostos na inicial, em nada o prejudicará, porquanto essa conformação dos fatos ao ordenamento jurídico é mister que está afeto ao juiz. O processo do trabalho, mais do que qualquer outro, deve mostrar-se sensível a essa possibilidade de o juiz corrigir ocasional equívoco do autor na tipificação jurídica dos fatos, em nome do princípio da simplicidade — cada vez mais vergastado pelo formalismo injustificável que se vem instalando no âmbito deste processo. Referida providência judicial só não deverá ser adotada se passível de acarretar manifesto prejuízo ao direito de defesa do réu.

De outro extremo, se o autor conferiu exata categorização jurídica aos fatos, mas formulou erroneamente os pedidos, não será lícito ao juiz realizar a necessária adequação dos pedidos. A solução, que se dá aqui ao problema, é diversa da sugerida no tocante à mera imperfeição na categorização dos fatos porque o juiz se encontra legalmente vinculado aos pedidos formulados pelo auto. É por esse motivo que falamos, em linhas anteriores, no princípio da *adstrição* aos pedidos (Pontes de Miranda), que é subordinante da entrega da prestação jurisdicional, inclusive a trabalhista, exceto em sede de ação coletiva.

Como assinalamos no início deste comentário, não é bastante, para atender às exigências legais (e, por certo, aos ditames do bom senso), que o autor narre, tão só, os fatos relevantes; é imprescindível que o faça de modo preciso, claro e conciso, ou seja, com especificação, nitidez e brevidade, sob pena de não serem compreendidos pelo juiz, ou, se o forem, tornar-se maçante a leitura de sua narração.

Acrescentemos que a exposição dos fatos, além disso, deve obedecer a uma sequência lógica, ordenada, de tal forma que fluam com leveza e naturalidade, do primeiro ao último. Poucas coisas provocam tanta irritação no leitor quanto as narrações a que denominamos de "dessultórias", assim conceituadas aquelas em que o narrador salta de um fato para outro, vai ao fim e retorna ao começo, e nisso se consome, emaranhando e encambulhando os fatos com esses tumultuantes volteios do seu pensamento, que só fazem render tributos à obscuridade ou à ambiguidade.

Fundamentos jurídicos do pedido. Após realizar a exposição dos fatos, o autor deverá mencionar os fundamentos jurídicos de sua pretensão. Tais fatos e fundamentos compõem, assim, a causa de pedir e revelam os motivos pelos quais o autor está a impetrar a prestação da tutela jurisdicional.

A ausência da *causa petendi* tornará inepta a petição inicial (CPC, art. 330, § 1.º, I) e ensejará a extinção do processo, sem pronunciamento sobre as questões de fundo, da demanda (CPC, art. 485, I).

Entrementes, dispõe a Súmula n. 408, do TST: "*Não padece de inépcia a petição inicial de ação rescisória apenas porque omite a subsunção do fundamento de rescindibilidade no art. 966 do CPC de 2015 (art. 485 do CPC de 1973) ou o capitula erroneamente em um de seus incisos. Contanto que não se afaste dos fatos e fundamentos invocados como causa de pedir, ao Tribunal é lícito emprestar-lhes a adequada qualificação jurídica (*"iura novit curia"*). No entanto, fundando-se a ação rescisória no art. 966, inciso V, do CPC de 2015 (art. 485, inciso V, do CPC de 1973), é indispensável expressa indicação, na petição inicial da ação rescisória, da norma jurídica manifestamente violada (dispositivo legal violado sob o CPC de 1973), por se tratar de causa de pedir da rescisória, não se aplicando, no caso, o princípio "iura novit curia"*".

Nos domínios doutrinais, formaram-se duas correntes acerca da causa de pedir, que vieram a desembocar nas teorias: a) da *substanciação;* e b) da *individuação*. Diz-se, pela primeira, de origem germânica, que a *causa petendi* corresponde ao fato ou ao conjunto factual capaz de fundamentar as pretensões do autor, pois é dele que emana a conclusão (pedido). Dessa forma, é bastante que o autor aponte a relação jurídica substancial, da qual decorre o seu pedido, para que a causa de pedir se defina. A segunda, também nascida no seio da doutrina alemã, considera que a causa de pedir é a relação ou estado jurídico afirmado pelo autor como base de sua pretensão, colocando-se, com isso, o fato em posição secundária, salvo quando indispensável para individualizar a relação jurídica. Em suma, a *causa petendi*, para essa teoria, é formada pelos fatos alegados e pela correspondente repercussão que esses fatos produzem na ordem jurídica.

Não versando, este Capítulo, sobre questões atinentes à teoria geral do processo, não nos cabe, aqui, entretecer demorados comentários a respeito de outros aspectos concernentes às teorias citadas. Cumpre-nos observar, porém, que o art. 319, inciso III, do CPC, ao exigir, como um dos requisitos para a validade da petição inicial, a indicação dos fatos e dos fundamentos jurídicos do pedido, dá mostras de haver perfilhado a teoria da *substanciação* da causa de pedir. Não há, nisso, aliás, nenhuma novidade, pois o art. 158, inciso III, do diploma processual de 1939, já refletia a adoção da aludida teoria, advertindo, inclusive, que os fatos e os fundamentos jurídicos deveriam ser expostos "com clareza e precisão", de maneira que o réu pudesse preparar a defesa — e, também, que fosse possível ao juiz compreendê-los, aditamos.

Apressemo-nos em esclarecer que fundamentos jurídicos e fundamentos legais, ao contrário do que se tem imaginado, não são a mesma coisa. Enquanto estes últimos se referem aos dispositivos constantes do ordenamento normativo (leis, cláusulas contratuais ou inseridas em acordos ou convenções coletivas, ou, ainda, em acórdãos proferidos pelos tribunais, no exercício da jurisdição normativa), que atribuem ao autor o direito alegado, aqueles constituem a moldura jurídica dos fatos narrados, ou seja, a relação jurídica em que se baseiam os pedidos. Os fundamentos jurídicos, por estarem ligados ao objeto do processo, são extremamente importantes, dentre outras coisas, para: a) aferir a juridicidade dos pedidos; b) determinar a individuação da demanda, com a finalidade de configurar a existência, ou não, de litispendência; c) estabelecer os limites — subjetivos e objetivos — da coisa julgada material.

Demais, conquanto o juiz possa apreciar os pedidos por fundamentos legais diversos dos apresentados pelo autor, não lhe será lícito fazê-lo por fundamentos jurídicos não indicados pela parte.

d) *O pedido com as suas especificações*. A CLT, em seu art. 840, § 1.º, como não poderia deixar de ser, faz expressa referência ao pedido.

Dada a importância de que se reveste o pedido, no corpo da petição inicial, em particular, e no contexto do processo, em geral, a ele dedicaremos um Capítulo específico, neste livro. Essa importância pode ser mensurada pelo fato de o pedido constituir-se numa espécie de bitola que delimita a lide, e, em consequência, a própria entrega da prestação jurisdicional. Rememore-se a advertência feita pelo art. 141, do CPC, de que o juiz deve solucionar a demanda "nos limites em que foi proposta".

Por ora, devemos apenas antecipar que o pedido constitui o objeto da demanda, o motivo, enfim, pelo qual alguém ingressa em juízo para impetrar a prestação da tutela jurisdicional. Ninguém ingressa em juízo, simplesmente, por ingressar; ingressa-se para formular pedidos, para deduzir pretensões. Podemos, na verdade, classificar os pedidos em *imediatos* e *mediatos*. O *imediato* consiste na invocação da tutela jurisdicional; aqui, o indivíduo se limita a ativar essa função estatal. O *mediato* é representado pela utilidade ou pelo bem da vida, que o autor pretende obter, ao impetrar a proteção jurisdicional do Estado. Essa é a mais pura razão pela qual ele ingressa e juízo.

No plano da ação rescisória, *imediato* é o pedido ligado à consecução da tutela rescindente; *mediato*, o que reside na efetiva desconstituição da coisa julgada (pronúncia constitutiva negativa), seguida, em alguns casos, de novo julgamento da causa (pronúncia virtualmente condenatória). A propósito, é conveniente lembrar que o art. 968, inciso I, do CPC, determina que o autor, quando for o caso, cumule ao pedido de rescisão (*iudicium rescindens*) o de novo julgamento da lide (*iudicium rescissorium*).

e) *O valor da causa*. Toda causa deverá ter um valor certo, ainda que não possua valor econômico imediato (CPC, art. 291). O Código estabelece, no art. 292, os critérios objetivos para a determinação do valor da causa. Nada refere, todavia, quanto à ação rescisória; daí, a polêmica doutrinária e jurisprudencial que há sobre o assunto. De modo geral, vinha-se entendendo que o valor da causa, na ação rescisória, seria o da causa originária, em que foi proferida a decisão rescindenda, corrigido monetariamente. Todavia, o TST editou a Instrução Normativa n. 31, de 27-9-2007, para estabelecer que esse valor, no caso de a decisão rescindenda haver sido proferida no processo de conhecimento, corresponderá: "*I – no caso de improcedência, ao valor dado à causa no processo originário ou aquele que for fixado pelo Juiz; II – no caso de procedência, total ou parcial, ao respectivo valor arbitrado à condenação*" (*art. 2.º*). *Se a decisão rescindenda foi emitida no processo de execução, o valor da causa corresponderá "ao valor apurado em liquidação de sentença*" (art. 3.º). Há, contudo, uma situação não prevista nessa Instrução: quando a rescisória for exercida na fase de execução, sem que o valor do débito tenha sido, ainda, "apurado em liquidação de sentença". Como não se pode inibir o exercício da ação rescisória, sob o argumento de que ainda não foi fixado nenhum valor na fase de liquidação, a solução será considerar-se o valor atribuído à causa, no processo original, ou o valor arbitrado à condenação, conforme seja o caso. O valor da causa, na ação rescisória, será reajustado pela variação acumulada do INPC do IBGE até a data do seu ajuizamento (art. 4.º).

O Supremo Tribunal Federal firmou o entendimento de que, na ação rescisória, o valor da causa deve ser o mesmo que se atribuiu à demanda que foi apreciada pelo acórdão rescindendo. Para que esse critério seja aceitável, torna-se indispensável, todavia, a correção monetária do aludido valor, que não é "rendimento" do capital, como tem alardeado a retórica oficial, senão que mero fator de recomposição do poder de compra, do dinheiro. O TST, no entanto, como vimos, pela Instrução Normativa n. 31/2007 regulamentou a forma de realização do depósito prévio, em ação rescisória, previsto no art. 836 da CLT (arts. 2.º e 3.º).

Nas edições anteriores deste livro escrevemos: "Tanto na ação rescisória quanto na de segurança se o relator verificar que a inicial não contém o valor da causa não deve assinar prazo de quinze dias para que o autor supra a falta — sob pena de indeferimento (CPC, art. 321) e consequente extinção do processo sem resolução do mérito (CPC, art. 485, I) —, mas, fixar, ele próprio, esse valor, nos termos do art. 2.º, *caput*, da Lei n. 5.584/70". Esse procedimento, contudo, somente é compatível com as ações ("reclamações") da alçada exclusiva dos órgãos de primeiro grau. No caso de ação rescisória e de ação mandamental, se o relator verificar que o autor deixou de atribuir valor à causa deverá intimá-lo para suprir a falta no prazo de quinze dias, sob pena de indeferimento da inicial.

Por outro lado, nos termos do § 3.º, do art. 292, do CPC, o juiz deverá corrigir o valor da causa quando verificar que não corresponde ao conteúdo patrimonial em discussão ou ao proveito econômico buscado pelo autor.

f) *As provas com que o autor pretende demonstrar a verdade dos fatos alegados.* Conforme seja o fundamento da ação rescisória a o conteúdo da contestação que o réu vier a oferecer, haverá necessidade de serem produzidas provas. Sendo assim, cumprirá ao autor indicar, já na petição inicial, os meios probantes de que se valerá para demonstrar a veracidade dos fatos alegados naquela peça. Mais adiante, examinaremos a produção de provas no âmbito da ação rescisória. Para já, todavia, é proveitoso observar que se houver necessidade de produção de provas orais, caberá ao relator mandar expedir carta de ordem a juiz de primeiro grau, fixando-lhe o prazo de um a três a meses dias para a devolução dos autos, com as diligências cumpridas (CPC, art. 972). Nem se ignore a regra contida no art. 787, da CLT, segundo a qual a petição inicial deverá, desde logo, ser instruída com os documentos em que se funda a ação.

Uma nótula sobre o requerimento para a citação do réu.

No sistema do CPC de 1973, cabia ao autor, também, formular requerimento de citação do réu. Procurando justificar esse requisito da petição inicial, Nelson Nery Junior e Rosa Maria A. Nery, (obra cit., p. 567) argumentaram que "A relação processual só se aperfeiçoa com a citação do réu, motivo por que o autor deverá requerer essa providência, já na petição inicial. O requerimento tem, ainda, sentido porque, dado o princípio dispositivo, que fundamenta o direito processual civil, ninguém é obrigado a litigar contra quem não queira. O autor, portanto, não é obrigado a dirigir sua ação contra determinado réu. Daí, a necessidade de a citação ser requerida para poder ser deferida pelo juiz".

Não concordávamos, *data venia*, com essa opinião. Particularmente, entendíamos que seria perfeitamente dispensável a exigência legal para que o autor requeresse a citação do réu. Se é certo que o autor não estava obrigado a litigar contra quem não tivesse sido por ele indicado, não menos verdadeiro é que fato de ele haver ingressado em juízo e indicado, na petição inicial, o nome do réu, deixava clara a sua intenção de demandar em face da pessoa nominada. A não se entender desse modo, por que motivo ele teria ingressado em juízo? Concluíamos, dizendo: sejamos francos, de *lege ferenda* poderia ser dispensada essa exigência, sem prejuízo da clareza quanto à pessoa que devesse figurar no polo passivo da relação processual.

O atual CPC parece haver acolhido a nossa sugestão (art. 319).

Inciso I. A lei permite ao autor cumular ao pedido de desconstituição da coisa julgada material o de novo julgamento da lide. Em determinadas situações, será suficiente a desconstituição da coisa julgada (*iudicium rescindens*), como ocorre quando a ação rescisória é fundada na ofensa à coisa julgada (art. 966, IV): rescindida a segunda sentença (ou acórdão), estará automaticamente restabelecida a coisa julgada produzida pela primeira sentença. Em outros casos, no entanto, o simples desfazimento da *res iudicata* não é bastante para atender aos interesses do autor; por isso, a ele incumbirá requerer, na inicial, que além do *iudicium rescindens* o tribunal realize o *iudicium rescissorium*, proferindo um novo julgamento da causa após haver desconstituído a coisa julgada. O novo julgamento da causa, todavia, não significa que seja realizado de maneira favorável ao autor: o acórdão rescindendo, ainda que em situações extraordinárias, poderá rejeitar-lhe o pedido de mérito.

Inciso II. Depósito pecuniário. O CPC de 1973, nos arts. 488, I, e 494, exigia que o autor depositasse quantia correspondente a 5% do valor da causa a título de multa, caso a ação rescisória fosse, por unanimidade de votos, "declarada inadmissível, ou improcedente" (*sic*). O art. 836, *caput*, da CLT, por força da Lei n. 7.351, de 27 de agosto de 1985, passou a admitir a ação rescisória na Justiça do Trabalho, "*dispensado o depósito referido nos arts. 488, inciso I, e 494 daquele diploma legal*" (destacamos). O argumento que estava implícito nessa norma legal dizia respeito à incompatibilidade da multa prevista no CPC com o processo do trabalho. Ulteriormente, no entanto, edita-se a Lei n. 11.495, de 22 de junho de 2007, que dá nova redação ao art. 836, *caput*, da CLT, para dispor que, na ação rescisória, o autor deverá efetuar o "depósito prévio de 20% (vinte por cento) do valor da causa, salvo prova de miserabilidade jurídica do autor". Ora, que lógica seria capaz de justificar o fato de, até então, o depósito de 5%, previsto no art. 488, II, do CPC, ser incompatível com o processo do trabalho, mas, agora, o depósito de 20% ser plenamente compatível com esse processo? Estamos, na verdade, diante de um assombroso surrealismo legislativo, que somente pode ser entendido como produto de uma imperscrutável conveniência do legislador em atender aos interesses dos Tribunais do Trabalho, pois deles é a competência originária para o julgamento de ações rescisórias. Se o escopo do legislador era reduzir, drasticamente, o número dessas ações, não podemos deixar de reconhecer a eficiência de sua estratégia, conquanto lamentemos a possibilidade, por exemplo, de violações à própria Constituição da República, perpetradas por sentenças ou acórdãos, se tornarem definitivas, imutáveis. Podemos dizer que embora o exercício da ação rescisória seja legalmente admitido na Justiça do Trabalho, na prática, esse exercício está gravemente coarctado pela mesma lei, ao exigir a realização de prévio depósito pecuniário. Só nos resta contar os mortos.

O CPC atual, mais sensato, manteve a exigência do depósito de somente cinco por cento sobre valor da causa (art. 968, II). Essa quantia verterá para a parte contrária, caso a ação rescisória seja julgada inadmissível ou improcedente por unanimidade de votos.

O TST, pela Resolução n. 141, de 27.9.2007, editou a Instrução Normativa n. 31, regulamentando a forma de realização do depósito prévio em ação rescisória, previsto no art. 836, da CLT.

Dispõe a referida Instrução:

> Art. 1.º (...)
>
> Art. 2.º O valor da causa da ação rescisória que visa desconstituir decisão da fase de conhecimento corresponderá:
>
> I – no caso de improcedência, ao valor dado à causa do processo originário ou aquele que for fixado pelo Juiz;
>
> II – no caso de procedência, total ou parcial, ao respectivo valor arbitrado à condenação.
>
> Art. 3.º O valor da causa da ação rescisória que visa desconstituir decisão da fase de execução corresponderá ao valor apurado em liquidação de sentença.
>
> Art. 4.º O valor da causa da ação rescisória, quer objetive desconstituir decisão da fase de conhecimento ou decisão da fase de execução, será reajustado pela variação cumulada do INPC do IBGE até a data do seu ajuizamento.

Art. 5.º O valor depositado será revertido em favor do réu, a título de multa, caso o pedido deduzido na ação rescisória seja julgado improcedente.

Art. 6.º O depósito prévio não será exigido da massa falida e quando o autor perceber salário igual ou inferior ao dobro do mínimo legal, ou declarar, sob as penas da lei, que não está em condições de pagar as custas do processo sem prejuízo do sustento próprio ou de sua família.

Art. 7.º Esta Instrução Normativa entra em vigor na data de sua publicação.

Sala de Sessões, 27 de setembro de 2007.

Ana Lúcia Rego Queiroz

Secretária do Tribunal Pleno.

O art. 6.º dessa Instrução, ao mencionar que estará dispensado do depósito prévio o autor que perceber salário igual ou inferior ao dobro do mínimo legal, ou declarar, sob as penas da lei, não estar em condições de pagar as custas do processo sem detrimento do sustento pessoal ou familiar, não está como se possa imaginar, restringindo o benefício da dispensa do depósito a quem aufere salário, ou seja, ao empregado. Fazê-lo, seria contravir o art. 836, *caput*, da CLT, que isenta desse depósito o autor (da rescisória) — seja este empregado, seja empregador —, contanto que faça prova de sua miserabilidade. Haveria, também, escoriação ao art. 5.º, *caput*, da Constituição Federal, que proclama a igualdade de todos perante a lei. Em suma, comprovando o empregador — pessoa física ou jurídica — não dispor, efetivamente, de condições financeiras para realizar o depósito prévio de que fala o art. 836, *caput*, da CLT, deverá ser dele dispensado.

Se a ação rescisória se dirigir apenas a parte da decisão rescindenda, o valor do depósito prévio, no caso do inciso II do art. 2.º da Instrução Normativa n. 31/2007 corresponderá a 20%dessa parte, e será reajustado na forma do § 4.º da aludida Resolução.

Posteriormente, o TST editou a Resolução n. 154, de 16.2.2009, alterando a redação do art. 5.º da Instrução Normativa n. 31/2007:

Art. 1.º O art. 5.º da Instrução Normativa n. 31, aprovada pela Instrução n. 141, passa a vigorar com a seguinte redação:

'Art. 5.º O valor depositado será revertido em favor do réu, a título de multa, caso o pedido deduzido na ação rescisória seja julgado, por unanimidade de votos, improcedente ou inadmissível.'

Art. 2.º Esta Resolução entra em vigor na data de sua publicação.

Ministro RIDER DE BRITO

Presidente do Tribunal Superior do Trabalho.

§ 1.º A exigência do depósito pecuniário não se aplica à União, ao Estado, ao Distrito Federal, ao Município, suas autarquias e fundações de direito público, ao Ministério Público, à Defensoria Pública e a todos os que tenham obtido o benefício da gratuidade da justiça.

§ 2.º A fim de evitar que o depósito previsto no inciso II fosse abusivo, descomedido, o legislador impôs-lhe o limite de mil salários mínimos. Esse salário mínimo deverá ser o

vigente na sede do tribunal, na data da propositura da ação. A norma não se aplica ao processo do trabalho, cujo art. 836, *caput*, não fixa limite parta a realização do depósito: exige que corresponda a 20% do valor da causa.

§ 3.º A petição inicial da ação rescisória será indeferida não somente nos casos mencionados no art. 330 do CPC — lembrando-se que esse dispositivo legal faz remissão integrativa aos arts. 106 e 321 do mesmo Código —, como também quando não for efetuado o depósito pecuniário previsto no art. 836, *caput*, da CLT, exceto se o autor tiver sido dispensado desse encargo.

§ 4.º É aplicável à ação rescisória o disposto no art. 332 do mesmo CPC, que trata da rejeição liminar do pedido. Consta essa norma legal: "*Art. 332. Nas causas que dispensem a fase instrutória, o juiz, independentemente da citação do réu, julgará liminarmente improcedente o pedido que contrariar: I - enunciado de súmula do Supremo Tribunal Federal ou do Superior Tribunal de Justiça; II - acórdão proferido pelo Supremo Tribunal Federal ou pelo Superior Tribunal de Justiça em julgamento de recursos repetitivos; III - entendimento firmado em incidente de resolução de demandas repetitivas ou de assunção de competência; IV - enunciado de súmula de tribunal de justiça sobre direito local. § 1.º O juiz também poderá julgar liminarmente improcedente o pedido se verificar, desde logo, a ocorrência de decadência ou de prescrição. § 2.º Não interposta a apelação, o réu será intimado do trânsito em julgado da sentença, nos termos do art. 241. § 3.º Interposta a apelação, o juiz poderá retratar-se em 5 (cinco) dias. § 4.º Se houver retratação, o juiz determinará o prosseguimento do processo, com a citação do réu, e, se não houver retratação, determinará a citação do réu para apresentar contrarrazões, no prazo de 15 (quinze) dias*".

§ 5.º Na hipótese de o tribunal declarar a sua incompetência para julgar a ação rescisória, o autor deverá ser intimado para emendar a petição inicial com a finalidade de adequá-la ao objeto da ação, redirecionando-a ao tribunal competente, quando a decisão indicada como rescindenda ajustar-se a uma das situações previstas nos incisos I e II. Cuida-se, portanto, de uma espécie de reengenharia judiciária destinada, entre outras coisas, a preservar os efeitos processuais inerentes ao protocolo da petição inicial da rescisória.

Inciso I. Não tiver apreciado o mérito e não se enquadrar na situação referida no § 2.º do art. 966, que declara ser rescindível a decisão transitada em julgado, mesmo que não tenha apreciado o mérito, impedindo, com isso: a) a propositura da demanda; ou b) a admissibilidade do recurso correspondente.

Inciso II. Substituída por decisão posterior. É evidente que se a decisão rescindenda tiver sido substituída por outra não poderá ser objeto de ação rescisória, pela simples razão de haver sido eliminada da ordem jurídica. Neste caso, faltará ao autor o indispensável interesse processual.

§ 6.º Feita a emenda da petição inicial, nos termos do § 5.º, será facultado ao réu complementar os fundamentos da defesa; em seguida, os autos serão remetidos ao tribunal competente.

Livro II

Título Único — Resposta do Réu

Primeira Parte — Propedêutica

Capítulo I

Introdução

1. Comentário

Vedada, por motivos historicamente justificáveis, a autotutela de direitos ou de interesses, incumbe ao indivíduo invocar a prestação jurisdicional do Estado, sempre que desejar obter o restabelecimento do direito lesado, ou afastar o risco de lesão. Ao fazê-lo, narrará, na petição inicial, os fatos, com base nos quais formulará, sob a forma de pedidos, as consequências jurídicas. O que o autor faz, na verdade, é apresentar ao juiz a sua versão a respeito dos fatos da causa.

Os princípios do contraditório e da bilateralidade, que informam os modernos sistemas processuais *(due process of law)*, exigem, todavia, que o juiz, antes de pronunciar-se acerca das pretensões deduzidas pelo autor, ofereça ao réu a oportunidade para defender-se, ou seja, para apresentar a sua versão acerca dos fatos.

A citação constitui o instrumento pelo qual se dá a conhecer, ao réu, a existência da ação. Por isso, discordamos, em páginas anteriores, do conceito legal dessa comunicação de ato processual porquanto, pela citação, não se *chama* o réu a juízo para defender-se (CPC, de 1973, art. 213), nem ele é *convocado* para participar da relação processual (CPC de 2015, art. 238), mas, apenas, se lhe comunica o ajuizamento da petição inicial, ao mesmo tempo em que se lhe cria a necessária oportunidade para responder aos termos daquela, se assim pretender. Dizer-se que a citação tem a finalidade de *chamar* o réu a juízo, para defender-se, faz brotar a ideia, equivocada, de que o processo somente será regularmente instaurado se ele comparecer a juízo. Não menos equivocado é cogitar-se *convocação* para integrar a relação processual, pois mesmo que ele não atenda a essa *convocação* fará parte da relação processual, como revel. Ora, somente em eras priscas é que se impunha a presença do réu em juízo para que o processo (e a relação processual) se constituísse. Hoje, como sabemos, o processo se forma, se desenvolve e se extingue mesmo sem a comparência do réu; o que se impõe, para a validade do processo, é que se ofereça ao réu a *oportunidade* para responder à ação.

Não há, contudo, no tocante ao réu, nenhuma obrigação, ou, mesmo, dever, de defender-se. A apresentação de defesa constitui, apenas, uma sua faculdade. Isso não significa que a ausência injustificada de defesa não produza determinados efeitos jurídicos contrários aos possíveis interesses do réu revel. Tanto produz, que a revelia induz, quase sempre, a confissão fictícia, pela qual se presumem verdadeiros os fatos alegados pelo autor, na inicial. Podemos asseverar, por isso, que há, para o réu, um ônus de defender-se, de colocar-se em antagonismo com as pretensões postas em juízo pelo adversário. Nesse sentido, é extremamente elucidativa a regra do art. 335, do CPC, ao enunciar que o réu *poderá* oferecer, no prazo lá fixado, a sua resposta. *Poderá* — e, não, *deverá*, justamente por tratar-se, a defesa, de um ato cuja prática dependerá, exclusivamente, de sua manifestação volitiva. Não será errado asseverar, por esse motivo, que o réu pode, nos processos civil e do trabalho, dispor, com certa liberdade, do seu direito de defesa.

Somente em casos excepcionais é que a resposta do réu se torna imprescindível, com quando o direito for indisponível; nesta hipótese, devendo a defesa ser promovida pelo Ministério Público, esta perde o seu caráter de ônus para converter-se em autêntico *dever*.

A Lei n 9.028, de 12 de abril de 1995, por outro lado, estatui em seu art. 5.º, *caput*, que mesmo na ausência do representante legal da União a contestação, por ele assinada, deverá ser entregue ao juiz pelo preposto, como providência tendente a evitar a revelia da União. A referida norma legal não reproduziu o parágrafo único do art. 5.º, da Medida Provisória n. 365, de 28-10-1993, segundo o qual não seria aplicável "à União a *comissão de revelia e confissão* (CLT, art. 844)".

Sob o ângulo político, devemos reconhecer que o direito de defesa, que as normas processuais (e, acima de tudo, constitucionais) asseguram ao réu, decorre de mais pura expressão dos princípios democráticos, pois a História demonstra que as ocasionais restrições ou cerceamentos desse direito coincidiram com a instauração de regimes ditatoriais.

Particularizando o tema de que estamos a nos ocupar, afirmemos que, no processo do trabalho, o empregador responderá à ação judicial do trabalhador se assim o desejar, vez que, quanto a isso, não está jungido a nenhum dever ou a nenhuma obrigação legal. A defesa, como ficou esclarecido, traduz simples ônus processual, conquanto seja certo que, ao não se desincumbir desse encargo, o réu sofrerá as consequências específicas, previstas no ordenamento processual, dentre as quais se destaca a revelia e a *ficta confessio*. A propósito, precisamente por inexistir, para o réu, qualquer dever ou obrigação de defender-se é que não se pode considerar a revelia como "pena". A revelia nada mais é do que um *fato processual*, caracterizado pela ausência de resposta. Nem mesmo a confissão fictícia pode ser havida como "pena": a presunção de veracidade dos fatos narrados pela parte contrária consiste, unicamente, em uma regra de ordem prática, encontrada pelos sistemas processuais para superar o silêncio de um dos litigantes, em face das alegações expendidas por outro.

Assim como a ação, o direito de defesa se acomoda na classe dos direitos subjetivos públicos. Nem poderia ser de modo diverso. Se o autor tem o direito de invocar a prestação da tutela jurisdicional do Estado, para obter um provimento que lhe assegure um bem ou uma utilidade da vida, o correspondente direito possui o réu de solicitar a sua absolvição, de reclamar, enfim, um provimento da jurisdição que o declare, por exemplo, desobrigado da prestação que lhe está a exigir o autor. Ação e resposta representam, assim, faces distintas da mesma moeda, embora se distingam quanto ao objeto material da causa. Realmente, enquanto o autor formula *pedidos*, o réu se limita a *resistir* a essa pretensão, sem nada *pedir* (enquanto réu). Nossa afirmação requer duas breves explicações, para que não seja mal interpretada. Em primeiro lugar, o réu, enquanto réu, nada pede do ponto de vista de um acréscimo patrimonial; a observação é necessária para justificar o fato de o réu poder pedir (máxime no processo civil) a condenação do autor ao pagamento de honorários de advogado. Esse pedido, entretanto, não tem o objetivo de permitir um aumento do patrimônio econômico do réu, e, sim, o de reembolsá-lo das despesas que teve de realizar com a contratação de advogado, para defender-se. O fato de o réu ser, eventualmente, um advogado atuando em causa própria não invalida o argumento, por tratar-se de situação excepcional.

Em segundo, se o réu reconvir ao autor, deixará de ser, simplesmente, um sujeito passivo do processo para tornar-se também um sujeito ativo, no que diz respeito ao objeto reconvencional.

Tirante essas exceções, permanece inabalada a regra de que o réu, enquanto réu, não formula *pretensões materiais,* circunscrevendo-se a sua atuação no processo a resistir às deduzidas do autor, e, nessa resistência, está compreendida a negação do direito reclamado pelo adversário.

Nem sempre, porém, o réu responde para *resistir,* ainda que rareiem na prática, há casos em que ele responde para *concordar* ou para *submeter-se* às pretensões do autor. Isso ocorre, *e. g.,* quando vem a juízo para reconhecer a "procedência do pedido", na linguagem pouco científica do art. 487, III. Em rigor, o que ele reconhece é *o direito alegado pelo autor,* não a "procedência" desse direito. Seja lá como se entenda, o fato é que esse reconhecimento acarreta a extinção do processo com julgamento do mérito, o que é absolutamente lógico, pois deixou de haver controvérsia sobre *a res in iudicio deducta.* Cabe aqui, de passagem, um outro retoque na regra legal mencionada. O reconhecimento, pelo réu, do direito afirmado pelo autor, por si só, não extingue o processo. Esse reconhecimento, como dissemos, tem o efeito, apenas, de fazer com que o direito deixe de ser controvertido. A extinção do processo decorrerá da sentença que tornar concretas as consequências do aludido reconhecimento.

A defesa do réu pode ter como objeto: a) apenas o processo; *b)* apenas o direito material que dá conteúdo aos pedidos; *c)* um e outro, simultaneamente.

> a) *Defesa quanto* ao *processo.* De modo geral, a defesa se realiza com vistas ao direito material alegado pelo autor, em que pese ao fato de, em situações extraordinárias, pode haver processo sem direito material, ou melhor, ser possível o exercício da ação sem que o autor pretenda a tutela de um direito material, como se dá, *v. g.,* na ação declaratória negativa.

Em alguns casos, no entanto, o réu se defende não mediante uma resistência às pretensões materiais formuladas pelo autor, mas por meio de objeções de natureza puramente processual. Diz-se, por isso, que a defesa aqui é *indireta,* em contraposição à *direta,* que tem como objeto o mérito da causa.

Justifica-se a denominada "defesa indireta" pela existência de duas relações jurídicas distintas, que se colocam no processo: uma, de natureza *material;* outra, *processual.* Aquela representa o conteúdo; esta, o continente, embora a fórmula ideada não possa ser aplicada à generalidade das situações, porquanto, como dissemos, pode haver ação sem direito material. É, portanto, dessa inegável duplicidade de relações jurídicas, que afloram em juízo, que emana a possibilidade de a defesa ser feita com relação, apenas, ao processo (ou com relação, somente, ao mérito; ou quanto a ambos, simultaneamente, conforme veremos).

A defesa quanto ao processo (indireta), por sua vez, pode levar em conta: 1) o processo em si, como método ou técnica de solução estatal de conflitos de interesses; 2) a figura do juiz, como condutor do processo e seu sujeito desinteressado.

Comumente, a defesa (1) quanto ao processo em si é efetuada em sede de *preliminar*, na contestação, abrangendo, p. ex., os pressupostos de *constituição* e de *desenvolvimento* regulares do processo. Os primeiros podem ser de caráter subjetivo *(partes)* ou objetivo (ação); os segundos dizem respeito a certos atributos das partes (capacidade de ser parte, capacidade de estar em juízo, capacidade postulatória), e ao procedimento (inicial apta, citação válida, inexistência de perempção, de litispendência, de coisa julgada ou de conexão). Também se compreendem na defesa quanto ao processo em si a alegação de falta das condições da ação, da autorização conjugal, quando necessária, da inexistência de procuração, etc.

A defesa relativa ao processo, que tenha como escopo a pessoa do juiz, (2) é efetuada, quase sempre, mediante *exceção:* de incompetência, de impedimento e de suspeição.

Sob certo aspecto, é lícito afirmar que toda defesa do réu, que não tenha como objeto o mérito da causa, pode ser considerada *indireta,* o que equivale a dizer, *processual.* A finalidade da defesa indireta, aliás, é, exatamente, a de impedir um pronunciamento jurisdicional sobre o mérito, ou, quando menos, de retardar esse pronunciamento, até que seja removida a causa da objeção, como se dá, *v.g.*, nos casos de incompetência, impedimento e suspeição.

b) Defesa quanto ao mérito. Aqui, o réu não formula nenhuma objeção de índole essencialmente processual, senão que se dedica a resistir às pretensões materiais formuladas pelo autor.

A defesa quanto ao *meritum causae* pode ser *direta* ou *indireta.*

Diz-se que é *direta* quando se volta para a causa de pedir e para os pedidos. Neste caso, o réu tanto pode impugnar os fatos narrados pelo autor, afirmando, por exemplo, que não são verdadeiros (jornada de trabalho, despedida sem justa causa, prestação de serviços em locais insalubres, perigosos ou penosos, etc.) ou que deles não decorrem as consequências jurídicas imaginadas (reintegração de quem não é estável no emprego, equiparação salarial com paradigma que é empregado de outra empresa, etc.).

Será *indireta* a defesa quanto ao mérito sempre que o réu, reconhecendo os fatos constitutivos do direito alegado pelo autor, outros lhe opuser, capazes de modificar (houve novação), Impedir (a dívida ainda não se venceu) ou extinguir (ocorreu o pagamento do valor pleiteado) esse direito.

Inserem-se, ainda, no conceito de defesa *indireta,* com relação ao mérito, as alegações de *prescrição extintiva* e de *decadência.* Ambas são, também, classificadas por muitos como "prejudiciais de mérito" ou "exceções substanciais". Seja qual for o título que se lhes pespegue ou a posição taxinômica que se lhes reserve, o certo é que uma e outra não constituem defesa *processual* (indireta) nem defesa *direta* quanto ao mérito, mas, defesa *indireta* com relação a este, ou seja, quanto às pretensões materiais postas em juízo pelo autor.

c) Defesa quanto ao processo e *quanto ao mérito.* Conquanto nada obste a que o réu se defenda, apenas, no tocante ao processo, ou, apenas, quanto ao mérito, os fatos da realidade prática estão a revelar que ele, sempre que é o caso, cuida em oferecer defesa com relação a ambos, mormente quando se encontra assistido por bom advogado.

Considerando-se, aliás, a possibilidade de a defesa quanto ao processo ser de eficiência capaz de impedir, até mesmo, o exame do mérito, compreende-se o conceito, difundido nos meios forenses, de que os advogados que dominam as normas processuais são os semideuses do processo. Só não se esclarece quem são os deuses plenos... Se é que possui alguma importância essa "divinização".

Se a defesa tiver como objeto o *processo* e o *mérito,* é elementar que, por primeiro, deve ser formulada aquela, para, só depois disso, ser apresentada esta. Em princípio, apesar dessa ordem lógica a que nos referimos, as duas espécies de defesa devem ser feitas numa só peça, como se dá com as preliminares à contestação. Em outras situações, porém, as defesas devem ser oferecidas em peças separadas, como acontece quando a pertinente ao processo tiver como fundamento a incompetência do juízo, ou o impedimento ou a suspeição do juiz. Sendo a exceção e a contestação modalidades distintas de resposta, não devem ser encambulhadas em peça única.

De qualquer modo, as considerações que exaramos, até este ponto, acerca das respostas que o réu possa apresentar em juízo, tiveram um sentido nitidamente propedêutico — daí o título que demos a este capítulo. Empreenderemos um aprofundamento da matéria na Segunda Parte do livro, onde nos dedicaremos, especificamente, ao exame das diversas espécies de resposta.

Capítulo II

Prazo para Responder

1. Comentário

Já se afirmou, com propriedade, que o tempo constitui uma das dimensões fundamentais da vida humana *(Arruda Alvim)*. Nos domínios do processo judicial — designadamente, no processo do trabalho —, a visão que as partes têm do tempo não é a mesma: para o autor, a lentidão do tempo é um inimigo; para o réu, um aliado. Um e outro têm as suas razões para assim entender, mas, abstraindo-se a visão das partes, o legislador deve ter sempre a preocupação de instituir um processo em que a marca fundamental seja a *celeridade*, sem menosprezo à ampla defesa. Tanto uma quanto outra traduzem garantias constitucionais relevantes.

No processo, quem diz tempo, diz prazo. Efetivamente, sendo o processo um método oficial de solução heterônoma de conflitos intersubjetivos de interesses, e dele não podendo as partes, em princípio, dispor, é absolutamente necessário que os atos processuais sejam praticados dentro de prazos determinados, sejam fixados por lei ou assinados pelo juiz, sob pena de eternizar-se o conflito.

O estabelecimento de prazos visa a permitir, assim, um controle, por parte do magistrado, dos atos que devam ser realizados pelos litigantes — lembrando-se que a perda do prazo gera, no mais das vezes, a preclusão "temporal" — controle que, por sua vez, se destina a assegurar a solução do conflito dentro do espaço de tempo legal, ou no menor prazo possível, como se queira entender.

Dissentem os dicionaristas quanto à etimologia do vocábulo *prazo*. Para *Caldas Aulete* ele é originário do latim *placitum* (de *placere:* agradar, estar contente). *De Plácido* e *Silva* sustenta que o termo é oriundo de *platea* (praça, espaço), também do latim, de onde proveio a forma *plazo,* da língua espanhola, para expressar o espaço de tempo em que as coisas são realizadas. Parece-nos mais congruente a origem apontada por De *Plácido* e *Silva,* pois, na terminologia processual, o substantivo *prazo* significa, exatamente, o espaço de tempo em que um ato deve ser praticado.

Do verbete prazo derivam o verbo *aprazar* (marcar prazo) e os substantivos *aprazamento* (designação de prazo) e *aprazador* (o que dá prazo).

No processo do trabalho, tradicionalmente, toda e qualquer resposta deveria ser apresentada, oralmente, na audiência (CLT, art. 847). Com as alterações introduzidas pela Lei n. 13.467/2017, entretanto, diversificaram-se os prazos ou momentos de apresentação das respostas do réu, que passaram a ser os seguintes:

a) exceção de incompetência territorial: no prazo de cinco dias a contar do recebimento da notificação (CLT, art. 800, *caput*);

b) exceções de suspeição e de impedimento: também no prazo de cinco dias, contados do conhecimento do fato, por simetria com o art. 800, da CLT;

c) contestação, no processo físico: na audiência (CLT, art. 847, *caput*);

d) contestação, no processo eletrônico: até a audiência (CLT, art. 847, parágrafo único);

e) reconvenção: na audiência (CLT, art. 847, *caput*).

Como a contestação, no processo físico, e a reconvenção devem ser apresentadas na audiência, na prática, o prazo variará de juízo para juízo, conforme tenha sido a data designada para a audiência. O mesmo se afirme quanto à contestação no processo eletrônico, cujo marco final é a audiência.

Apreciemos, a seguir, o problema dos prazos, no processo do trabalho, para o oferecimento da resposta do réu, segundo as modalidades acima mencionadas. Esclareçamos, antes, que o exame dessas respostas será efetuado sob a óptica exclusiva do prazo para a apresentação; considerações de maior fôlego acerca de cada uma das referidas respostas serão expendidas na Segunda Parte deste livro.

1.1. Exceção

Conforme asseveramos, no processo do trabalho a resposta do réu, em qualquer das suas espécies, deve ser apresentada, via de regra, em audiência. Não é diferente o que se passa com as exceções de suspeição e de impedimento. A exceção de incompetência territorial, entretanto, deve ser apresentada no prazo de cinco dias que se seguir à citação do réu (CLT, art. 800), significa dizer, *antes* da audiência. Esta foi uma das inovações introduzidas pela Lei n. 13.467/2017 (*Reforma Trabalhista*).

Desta maneira, em audiência, o réu, sempre que for o caso, deverá arguir, mediante *resposta excecional*, o impedimento ou a suspeição do juiz. Considerando que *exceção* e *contestação* constituem modalidades distintas de resposta, e, acima de tudo, que o órgão jurisdicional somente poderá apreciar a contestação após remover o obstáculo trazido pela exceção, a lógica sugere que o réu só ofereça contestação depois de *julgada* a exceção. Sob o aspecto rigorosamente técnico, esta é a solução a ser adotada, em concreto, até porque seria inconcebível que o réu devesse apresentar a contestação perante um magistrado a quem inquina de impedido ou de suspeito. Somente, portanto, depois de apreciada a exceção é que a contestação deverá ser apresentada. Sendo a exceção rejeitada — e independentemente da causa alegada — a contestação será entregue no mesmo juízo; se for acolhida a exceção de incompetência, a contestação será oferecida perante o juízo para o qual se declinou a competência; se for acolhida exceção de impedimento ou de suspeição, dar-se-á a entrega da contestação no mesmo juízo que julgou a exceção, embora deva ser apreciada por outro juiz.

Conquanto tenhamos deixado clara nossa opinião de que a contestação só deve ser apresentada após o julgamento da exceção (procedimento que é tecnicamente correto), coloquemos um grão de sal no problema.

Se a contestação vier a ser oferecida juntamente com a exceção, seja em peça distinta ou numa só, e o juiz mandar autuá-las, não se pode dizer que a contestação terá sido nula, exceto se o réu comprovar que esse procedimento judicial lhe acarretou manifesto prejuízo (CLT, art. 794). É evidente que o juiz não deverá permitir a prática de nenhum ato pertinente à contestação (ou ao processo principal, melhor dizendo) sem que a exceção seja definitivamente julgada. Cumpre lembrar que a exceção acarreta a automática suspensão do processo principal ao qual se liga a contestação (CLT, art. 799). A conveniência de ordem prática, quanto ao oferecimento simultâneo da exceção e da contestação, está em que, sendo aquela rejeitada, não haverá necessidade de proceder-se à intimação do réu, a fim de apresentar contestação, porquanto esta já se encontra juntada aos autos. Assim, rejeitada a exceção e decorrido o prazo para recurso (se cabível, na espécie), competirá ao juiz, apenas, designar audiência relativa a instrução oral do processo principal, disso mandando intimar as partes. Por aí se percebe que embora tecnicamente correto o procedimento segundo o qual a contestação só deve ser apresentada, após a exceção ser julgada em definitivo, a sua inconveniência está em que, rejeitada a exceção, deverá ser designada data específica para o oferecimento da contestação, o que, na prática, implica considerável perda de tempo, tendo em conta o congestionamento das pautas trabalhistas.

1.2. Reconhecimento do pedido

Cabe, aqui, uma justificação topológica (ou metodológica): examinaremos, antes da contestação o reconhecimento do direito alegado pelo autor para demonstrar que, na prática, as coisas podem também assim se dispor, embora o aludido reconhecimento possa, de igual maneira, ser manifestado no momento da contestação, ou, até mesmo, depois dela.

Com efeito, se, ao tomar ciência do pedido formulado pelo autor (em decorrência da citação), o réu admitir que ele possui, efetivamente, o direito alegado, poderá dirigir-se ao juízo, antes da audiência aprazada para a contestação, e, aí, manifestar, de modo formal, esse reconhecimento. Se, por exemplo, o empregado alega que não lhe foram pagos os salários de determinados meses, e o réu com isso concordar, poderá antecipar-se à audiência já designada, para dizer que deve, realmente, os mencionados salários. Essa antecipação, no tocante a audiência, pode convir ao réu, que, com isso, evitará que a correção monetária e os juros da mora não sejam tão elevados quanto serram se aguardasse a audiência. Demais o reconhecimento do direito do trabalhador, externado antes da audiência evita os riscos da revelia e da condenação em dobro dos salários.

Na hipótese, todavia, de a inicial conter diversos pedidos e o réu reconhecer, digamos, que somente em um o autor tem razão, caber-lhe-á aguardar a audiência, oportunidade em que dirá da sua concordância com esse pedido e manifestará sua contestação quanto aos demais.

Muitas vezes, o reconhecimento do direito alegado pelo trabalhador se converte em transação (acordo), vale dizer, em solução negociada do conflito de interesses, dando fim ao processo mediante exame do mérito. A causa imediata de transações dessa espécie é, portanto, o precitado reconhecimento do direito do autor. Não queremos, com isso, afirmar que reconhecimento e transação sejam coisas idênticas. Em verdade, desassemelham-se por diversos pontos: enquanto o reconhecimento traduz ato unilateral do réu, a transação decorre da convergência da vontade dos litigantes, sendo, portanto, um negócio jurídico bilateral; por outro lado, o reconhecimento faz com que o direito do autor seja integralmente atendido, ao passo que a transação não apenas não implica reconhecimento de direito, como pode ser realizada em valor inferior ao que corresponderia a eventual direito do autor; além disso, o reconhecimento do direito se conforma aos limites da lide, estabelecidos na petição inicial, sendo que na transação pode haver um "redimensionamento" da lide, de tal modo que possam ser objeto desse negócio jurídico bilateral até mesmo direitos não alegados na ação (CPC, art. 515, § 2.º). Ainda: só a transação (aqui tomada como sinônimo de conciliação) constitui escopo fundamental da Justiça do Trabalho (CLT, art. 764); o processo do trabalho, aliás, nem sequer dedicou atenção ao reconhecimento do pedido.

O ponto de contato mais visível, que há entre o reconhecimento do direito pleiteado pelo autor e a transação, está em que ambos provocam a extinção do processo mediante pronunciamento jurisdicional sobre o mérito da causa (CPC, art. 487, III, "*a*" e "*b*"), motivo por que a sentença, tanto num quanto noutro caso, será sempre suscetível de ataque pela via rescisória.

1.3. Contestação

Bem se pode dizer que a contestação figura como a mais característica — e, por isso mesmo, a mais frequente — das espécies de resposta do réu.

Assim o é porque, ao contestar, o réu se volta para a pretensão material formulada pelo autor, para a *res in iudicio deducta.* O interesse em fazê-lo decorre da circunstância de que o acolhimento dos pedidos, pela sentença, poderá acarretar um considerável desfalque do seu patrimônio econômico (obrigação de pagar quantia certa).

Como não há sinonímia entre os vocábulos *resposta* e *contestação* (na verdade, aquela é o gênero, do qual esta representa uma espécie), temos visto, na prática, o réu dar o nome de contestação àquilo que de contestação não se trata, como acontece quando ele reconhece determinado direito alegado pelo autor. Quem reconhece não contesta: são duas ideias inconciliáveis. Isso demonstra que, numa só peça, a que se tenha chamado de contestação, pode haver duas formas de resposta: contestação (quanto a alguns pedidos) e reconhecimento do direito (quanto a outros). A observação não é inútil, bastando ressaltar que só devem ser objeto de prova os fatos *controvertidos;* no reconhecimento do direito, por definição, não há controvérsia, mas aceitação. Ou submissão do réu à pretensão do autor.

A contestação, no processo de conhecimento trabalhista, no que respeita ao prazo, não apresenta maiores dificuldades de compreensão (e de formulação), uma vez que, como assinalamos, deve ser oferecida em audiência.

1.4. Reconvenção

A reconvenção traduz uma ação do réu em face do autor, no mesmo processo. É apresentada após a contestação. Deste modo, o réu, ao comparecer à audiência, poderá:

a) oferecer apenas contestação (atitude passiva); ou b) oferecer contestação e reconvenção (atitudes passiva e ativa, nessa ordem).

A reconvenção, como ação, apresenta os seguintes pressupostos:

a) uma causa pendente, pois a reconvenção, como afirmamos, é uma ação exercida pelo réu no mesmo processo, provocando, com isso, uma aglutinação de ações, onde o autor, na primeira, é réu na segunda, e vice-versa;

b) o exercício no momento oportuno, porque a reconvenção deve ser apresentada na fase de defesa. No processo do trabalho, como não há prazo preestabelecido para o oferecimento de resposta, por parte do réu, este deverá apresentar reconvenção na audiência destinada à sua defesa. Sob o aspecto lógico, a reconvenção vem depois da contestação, conquanto se vá examinar, mais adiante, se quem não contestou poderá reconvir. Se o réu perder o prazo para reconvir, só mediante ação específica poderá manifestar as pretensões que poderia ter deduzido em sede reconvencional;

c) a identidade de procedimentos, porquanto a ação e a reconvenção (que também é ação) devem ser julgadas na mesma sentença, e, para isso, é imprescindível que se subordinem ao mesmo procedimento;

d) a conexão com a ação principal ou com o fundamento da defesa (CPC, art. 343), pois, conforme ficou esclarecido, ambas as ações devem estar vinculadas ao mesmo negócio (*in eodem negotio*), que, no processo do trabalho, cumpre ser entendido, na maioria dos casos, como o contrato de trabalho firmado entre partes;

e) a competência do juízo, pois seria inadmissível que a reconvenção fosse apresentada a juízo incompetente para examiná-la, embora este possuísse competência para a ação principal. Esse pressuposto merece especial destaque, com vistas ao processo do trabalho, porquanto o réu (empregador) não poderia reconvir ao autor (empregado), *v. g.*, para tentar receber, deste, o valor de aluguel vencido ou algum título de crédito proveniente de relação meramente civil ou mercantil.

Segunda Parte
Das Respostas, em Espécie

Seção I — Exceções

Capítulo I

Introdução

1. O CPC de 2015

O CPC de 2015 eliminou a *exceção* como modalidade autônoma de resposta do réu. No sistema daquele Código, a incompetência relativa passou a ser objeto de *preliminar da contestação* (art. 64); e a suspeição e o impedimento deverão ser arguidos mediante *petição específica* (art. 146).

Essa profunda alteração realizada nos sítios do processo civil não significa que a *exceção* também tenha desaparecido do processo do trabalho, pois a CLT não é omissa quanto ao tema (art. 769), conforme demonstram os seus arts. 799 a 802.

Haverá, doravante, considerável dificuldade — seja de ordem prática, seja de ordem doutrinária — para disciplinar-se o procedimento da exceção no processo do trabalho, uma vez que essa disciplina era, em grande parte, estabelecida pelo CPC de 1973, revogado.

Na verdade, a solução para superar essa aporia consiste em admitir-se que o processo do trabalho recepcionou, por força da praxe, as disposições do CPC de 1973 alusivas à exceção, naquilo em que não forem incompatíveis com o processo especializado (CLT, art. 769).

2. Etimologia e conceito

O vocábulo *exceção* provém da forma latina *exceptio,* do verbo *excipiere* e significa, de um modo geral, a ação de excetuar; de isentar; de pôr de parte. Têm previsão léxica, ainda, o adjetivo *excecional,* o substantivo *excecionalidade* e o verbo *excecionar.*

No particularismo da terminologia jurídica, o substantivo *exceção* expressa o instrumento que a lei coloca à disposição das partes sempre que desejarem arguir a incompetência relativa do juízo, a suspeição ou o impedimento do juiz.

No sistema do processo do trabalho, a exceção constitui uma das modalidades de resposta do réu, ao lado da contestação e da reconvenção. Embora estejamos certos ao afirmarmos que a exceção figura como uma das respostas do réu, no processo do trabalho, devemos esclarecer que ela também pode ser manejada pelo autor, em situações, verdadeiramente, excepcionais.

Este, p. ex., poderá fazer uso da exceção para alegar a suspeição ou o impedimento do juiz. Seria insensato imaginar que somente o réu pudesse arguir a suspeição ou o impedimento, como se o autor devesse submeter o julgamento da sua ação a juízes suspeitos ou impedidos. Em princípio, não cabe ao autor fazer uso da exceção para alegar a incompetência relativa, do juízo. O motivo é elementar: como a incompetência em razão do território é relativa, isso significa que o autor, ao ajuizar a petição inicial perante o órgão jurisdicional relativamente destituído de competência, "elegeu", ainda que de maneira inadvertida, esse juízo como competente. Tanto isso é verdadeiro, que se o réu não arguir, mediante exceção, a incompetência, o juízo perante o qual foi posta a demanda se torna competente para apreciá-la. Embora a doutrina e a jurisprudência costumem dizer que, neste caso, a competência se "prorroga", preferimos pensar em *deslocamento* da competência, pois a "prorrogação" sugere uma ideia de dilatação, de ampliação, que não reflete, com a necessária fidelidade terminológica, o fenômeno processual derivante do silêncio do réu, no que respeita a denunciar a incompetência relativa do juízo.

Imaginemos, contudo, que o réu haja oferecido exceção de incompetência, alegando que seria competente para apreciar a causa não o juízo A, por onde se processa o feito, mas o juízo B. O magistrado acolhe a exceção, mas, por algum motivo que não vem agora ao caso investigar, determina a remessa dos autos para o juízo C. Não se pode negar, tanto ao réu quanto ao autor, o direito de, nesta hipótese, arguirem a incompetência do juízo C, considerando-se que a decisão pela qual o magistrado ordenara ao envio dos autos a este juízo era irrecorrível, de imediato, em razão de sua natureza interlocutória (CLT, art. 893, § 1.º; CPC, art. 203, § 2.º).

Feitas essas ressalvas, podemos conceituar a exceção, sob o seu aspecto formal, como o instrumento pelo qual o autor pode arguir a suspeição, ou o impedimento do juiz, e, o réu, a incompetência relativa do juízo, além da suspeição ou do impedimento do juiz. Trata-se, portanto, de um direito subjetivo processual dos litigantes, que o exercerão em qualquer tempo ou grau de jurisdição. Esse direito subjetivo, do ponto de visto do réu, se manifesta sob a forma de *resposta excecional;* o mesmo não se pode afirmar com relação ao autor, pois quando este faz uso da exceção não está, à evidência, *respondendo* ao adversário, senão que procurando evitar que um juiz suspeito ou impedido participe do processo. Basta verificar que a exceção pode ser oferecida pelo autor mesmo antes da citação do réu, sempre que for o caso.

Se nos detivermos no estudo do tema, aliás, seremos tentados a concluir que a exceção, mesmo quando apresentada pelo réu, não deveria ser havida como *resposta* deste, por tratar-se de mero procedimento incidental destinado a impedir que a causa seja instruída e decidida por juízo incompetente ou por juiz suspeito ou impedido. A exceção, aqui, como se nota com clareza, não se liga diretamente às pretensões de direito material formuladas pelo autor (ao contrário, portanto, do que acontece, em regra, com a contestação, a reconvenção e o reconhecimento do direito alegado), uma vez que tem como objeto o próprio órgão jurisdicional. A despeito disso, no sistema do processo do trabalho, como foi dito, a exceção integra o rol das respostas possíveis de serem apresentadas pelo réu.

3. Escorço histórico

As exceções processuais apareceram no Direito Romano especificamente, quando as ações da lei deram lugar ao sistema formulário. A admissão das exceções, nesse Direito, decorreu, na opinião dos estudiosos, de um princípio de equidade. Assim afirmamos porque os direitos integrantes da ordem civil só poderiam ser extintos por força de algum fato que atingisse o seu fundamento. Isso significa que ditos direitos, quando impugnados, se extinguiam.

Em virtude dessa particularidade, cabia ao juiz verificar se o direito alegado pelo autor a este pertencia, ou não; se se convencesse de que não lhe pertencia, poderia julgar extinto o direito. É bem verdade que, neste aspecto, o período das fórmulas não difere das ações da lei, porquanto, tanto num quanto noutro, o réu, mesmo que reconhecesse a existência do direito invocado pelo autor, podia alegar a sua extinção *ipso iure*. Como lembra *Affonso Fraga*, além desse direito, que se assegurava aos réus, havia um outro, baseado na equidade, que lhe atribuía o pretor, sempre que a condenação pudesse ser iníqua, embora a pretensão do autor se estribasse no direito civil(26). Desse modo, toda vez que, no exercício da ação, houvesse um conflito entre a equidade e a regra de direito civil, o réu podia fazer uso, em sua defesa, da *exceção;* esta não fulminava o direito de ação, malgrado paralisasse os seus efeitos.

Percebe-se, pois, que as exceções tinham origem pretoriana. Demais convém ressaltar que o pretor, por uma clausula *edjectio,* introduzida na fórmula entre a *intentio* e a *condemnatio,* recomendava ao juiz que deveria condenar o réu se a condenação, conquanto o juiz fosse obrigado a cancelá-la, por exceção, se os fatos narrados pelo réu fossem comprovados(27).

Mais tarde, com a supressão da *iudiciorum ordum,* houve a aglutinação do *ius* e do *iudicium,* no processo extraordinário. Mesmo com o desaparecimento das formulas, o espírito das exceções permaneceu, ainda que o procedimento relativo a elas tenha experimentado consideráveis modificações, que se tornaram mais acentuadas com o passar do tempo. Na Idade-Média, por exemplo, o oferecimento das exceções produzia um retardamento da sentença, sendo que, algumas vezes, chegava a inibir a sua prolação. Essa delonga era acarretada pelas, então, denominadas exceções dilatórias, aí inseridas a suspeição do juiz, as declinatórias de foro, a incapacidade das partes, etc. O impedimento do juiz, por sua vez, era objeto das exceções peremptórias(13).

O que nos parece importante realçar, neste momento, é o fato de que, desde o Direito Romano, a ideia fundamental de *exceção* se mantém, designadamente do ponto de vista de sua natureza, e, também, teleológico. Realmente, se observarmos com atenção, veremos que as transformações a que a exceção se submeteu ao longo das épocas, *em sua essência,* foram mínimas; as modificações de maior monta ocorreram, como dissemos, no tocante ao *procedimento.*

4. Classificação

Tradicionalmente, a doutrina classifica as exceções em: *a)* dilatórias e *b)* peremptórias.

---

(26) *Instituições do Processo Civil do Brasil.* São Paulo: Saraiva, 1940. tomo II, p. 48.

(27) *Idem.*

4.1. Dilatórias

São aquelas que ampliam o curso do procedimento, retardando, dessa forma, o proferimento da sentença de mérito. Essa distensão do procedimento, que lhes é própria, não se reveste, em princípio, daquele intuito procrastinatório, de que se fazem providos certos atos que as partes — máxime o réu — soem praticar no processo. Constituem exemplos característicos das exceções do tipo dilatório as que têm como objeto a suspeição ou o impedimento do juiz e a incompetência relativa do juízo.

4.2. Peremptórias

São as exceções que findam o processo, com ou sem exame, do mérito, quando acolhidas. Note-se que as denominadas *dilatórias* apenas suspendem o curso do procedimento não acarretando, portanto, a extinção do processo. Outrora, eram indicadas como exemplos de exceções *peremptórias* as que se fundassem, *v. g.*, em litispendência, coisa julgada ou perempção. Essa posição doutrinária estava em harmonia com o disposto no art. 182, II, do CPC de 1939, colocando-se, porém, em antagonismo com o sistema introduzido pelo vigente estatuto processual civil, que deslocou esses temas *(ad Instar* do que fez quanto à ilegitimidade e a prevenção) para o terreno da contestação, onde devem ser alegados como preliminares (art. 337, V a VII).

Assim, a litispendência e a coisa julgada, que, na vigência do Código de 1939, possuíam o *status* processual de exceção, foram, no texto do CPC de 1973, e do atual, convertidas em preliminar de mérito. Essa modificação topológica foi acertada, valendo recordar que a exceção tem o efeito de suspender o processo principal, que só prosseguirá quando aquela for definitivamente resolvida.

Moacyr Amaral Santos entende que o fato de o CPC de 1973 não aludir à coisa julgada, à litispendência à perempção e outras mais, *como exceções,* não significa que as tenha excluído[(28)]. Invoca, em amparo ao seu argumento, a opinião ilustre de *Pontes de Miranda,* para quem "os legisladores que apenas vão tratar do seu processo (relativo às exceções), de modo nenhum podem excluí-las somente porque delas não falam. O problema de técnica legislativa, que se lhes apresenta, é o de determinar qual a espécie de defesa formal *(contestação, via excetiva)* em que devem entrar e quais as que devem entrar numa e noutra".[(29)]

Divergimos desses notáveis juristas. A litispendência e a coisa julgada, no sistema do atual Código de Processo Civil, devem ser alegadas (exclusivamente) como preliminar, na contestação, não por mero capricho do legislador, mas por não se submeterem ao fenômeno da *preclusão.* Tanto isso é verdadeiro, que o juiz, delas, poderá conhecer *ex officio,* em qualquer tempo ou grau de jurisdição, contanto que não a sentença não tenha transitado em julgado (CPC, art. 485, § 3.º).

---

(28) *Primeiras Linhas de Direito Processual Civil.* 4. ed. 2.º v. São Paulo: Saraiva, 1979. p. 142.

(29) *Idem, ibidem.*

A singularidade, aliás, de o legislador haver transferido a litispendência, a coisa julgada e a perempção para os domínios da contestação, fez com que perdessem a razão de se as antigas exceções da espécie *peremptória,* de tal modo que não seria desarrazoado asseverar que, no sistema do Código vigente, só restaram as exceções *dilatórias.* Essa atitude inovadora do legislador foi, a nosso ver, elogiável, porquanto a litispendência e a coisa Julgada, como afirmamos, não estão sujeitas à preclusão.

A CLT em seu art. 799, *caput,* alude, apenas às exceções de suspeição e de incompetência, vale dizer: *a)* não trata do impedimento e *b)* não diz que somente a incompetência relativa pode ser objeto de exceção. Há uma justificativa histórica (ou cronológica) para esse fato. Sucede que a CLT foi dada a lume quando estava a viger o CPC de 1939 — o primeiro Código unitário que o país conheceu. No art. 182, desse álbum processual: a) também não se falava do impedimento (inciso I), mas só da suspeição e da incompetência; b*)* o inciso II, do mesmo dispositivo, deixava claro que a incompetência *absoluta* também poderia constituir fundamento da exceção, ainda que ao juiz fosse permitido pronunciar essa incompetência "em qualquer tempo ou instância" (§ 1.º).

5. Espécies de exceção

Como ficou dito, no passado ensejavam o uso da exceção a suspeição do juiz; a incompetência do juízo; a litispendência; a coisa julgada; a ilegitimidade de partes; a prevenção; e, ainda, a transação; o pagamento; a coação, etc.[30]

Nos tempos modernos, no entanto; as exceções compreendem, exclusivamente, as de: a) suspeição; b) impedimento e c) incompetência relativa (CLT, art. 799, *caput*), pois matérias como a litispendência, a coisa julgada, a ilegitimidade de parte, a incompetência absoluta, e outras mais, devem ser alegadas em sede de contestação como preliminar do mérito (CPC, art. 337).

As exceções de suspeição ou de impedimento do juiz podem ser formuladas tanto pelo autor quanto pelo réu; a de incompetência (relativa) *em princípio,* só pode ser da iniciativa do réu porquanto, conforme opinamos anteriormente, ao autor, que "escolheu" o foro (território), com vistas ao ajuizamento da inicial, não é lícito alegar a incompetência relativa, conquanto possam surgir situações *sui generis,* em que essa legitimidade lhe seja reconhecida.

Devemos lembrar que o art. 304, do CPC de 1973, dispunha ser lícito a "qualquer das partes" arguir as exceções de incompetência, de impedimento e de suspeição.

Poderia, contudo, o autor alegar a incompetência absoluta do juízo? Respondamos, fazendo um resumo do que expusemos até esta altura: nossa opinião, é de que o autor: *a)* em princípio, não pode alegar a incompetência relativa, por uma questão de ordem lógica, na medida que o foro (território) foi por ele escolhido e eventual silêncio do réu fará com que a competência se transfira para o juízo, a princípio, incompetente; em caráter excepcional, ele estará legitimado a formular essa modalidade de exceção; *b)* não pode arguir, formalmente, a incompetência absoluta, porquanto, também aqui, foi ele quem deu causa à escolha do

(30) Ob. cit., p. 235.

juízo incompetente. A situação, nesta hipótese, contudo, é *sui generis:* conquanto não se deva reconhecer ao próprio autor o direito de arguir, de modo *formal,* a incompetência absoluta, não há a menor dúvida de que se ele o fizer, o juiz não poderá desconsiderar a *comunicação* do fato e, se for o caso, declarar-se incompetente. Vê-se, pois, que, em última análise, a pronúncia jurisdicional de incompetência absoluta acabou sendo provocada, ainda que por via oblíqua, pela iniciativa do autor. Neste caso, o juiz não estará, em rigor, *acolhendo* nenhuma alegação, mas, declarando, tecnicamente, *ex officio,* a incompetência absoluta. A intervenção do autor teve a finalidade exclusiva, digamos, de alertar o magistrado para o fato. Eventual recusa do juiz em tomar conhecimento da petição do autor, elaborada com essa finalidade, teria o grave inconveniente de fazer com que o processo continuasse, por mais ou por menos tempo, sendo conduzido por um juiz absolutamente desapercebido de competência para isso.

6. Prazo

Do ponto de vista estritamente do réu, o assunto pertinente ao prazo para o oferecimento da *resposta excecional* já foi examinado no Capítulo II, retro. a) *exceção de incompetência territorial*: deve ser apresentada no prazo de cinco dias a contar do recebimento da citação e antes da audiência (CLT, art. 800, *caput*); b) *exceções de suspeição e de impedimento*: devem ser também no prazo de cinco dias, contados do conhecimento do fato, por simetria com o art. 800, *caput*, da CLT.

Pretendemos, agora, empreender uma investigação mais ampla da matéria alusiva ao prazo para a arguição de impedimento e de suspeição do juiz e de incompetência relativa do juízo, levando em conta, também, quando for o caso, a possibilidade de a exceção correspondente ser apresentada *pelo autor.*

Separemos, com vistas a isso, as três espécies de exceção para melhor nos desincumbirmos dessa tarefa de as estudarmos sob o aspecto do prazo, colocando-as em uma ordem lógica.

6.1. Incompetência

Conforme deixamos expresso em páginas antecedentes, só pode ser objeto de exceção a incompetência *relativa,* porquanto a absoluta, no sistema do processo do trabalho, deve ser alegada na contestação, como preliminar (CPC, art. 337, II).

Por outro lado, devemos reiterar a afirmação de que, em princípio, apenas ao réu será lícito arguir a incompetência relativa, pois não seria lógico permitir-se ao autor fazê-lo, uma vez que o fato de a ação ser exercida perante juízo relativamente destituído de competência proveio de ato exclusivo do próprio autor. Dessa forma, não seria concebível que este, havendo escolhido o juízo, viesse, depois, a inquiná-lo de incompetente. Há situações extraordinárias, entrementes, em que o autor não *escolhe* o juízo (como no exemplo que mencionamos em linhas anteriores), hipótese em que não se lhe poderá recusar legitimidade e interesse em oferecer exceção.

Assim, como a exceção de incompetência relativa cabe, notadamente, ao réu, este deverá apresentá-la no prazo de cinco dias a contar do recebimento da notificação, ou, melhor: da citação (CLT, art. 800, *§ 1.º*), sob pena de preclusão "temporal", decorrente da perda do momento oportuno para oferecê-la. Transcorrido o prazo legal, sem que o réu tenha apresentado a exceção, a competência se desloca para o juízo no qual a ação foi exercida.

Estabelecia o art. 305, do CPC de 1973, que o direito de alegar a incompetência relativa do juízo (para cogitarmos, por ora, apenas desta) poderia ser exercido "em qualquer tempo", devendo a exceção ser oferecida no prazo de quinze dias, contado do fato que ocasionou a incompetência. Essa norma legal — embora possamos considerá-la recepcionada pelo processo do trabalho — impunha ser adequadamente interpretada, sob pena de conduzir a graves distorções de seu sentido literal e de sua finalidade.

Já esclarecemos que, com relação ao réu, a *resposta excecional* deve ser manifestada em audiência, sob pena de preclusão. Desse modo, o art. 305, do CPC de 1973, ao declarar que a exceção poderia ser apresentada "em qualquer tempo", dentro do prazo de quinze dias, contados do conhecimento, pela parte, da causa da incompetência: *a)* não se aplicava à *resposta excecional* se o réu já tivesse ciência, antes da audiência inicial, do motivo determinante da incompetência. O seu silêncio, nesta oportunidade, como reiteradamente assinalamos, faria gerar, contra si, a preclusão "temporal"; *b)* significava que o réu poderia ingressar com a exceção antes mesmo da audiência, desde que razões ponderosas justificassem essa antecipação. Neste caso, a exceção deveria ser formulada no prazo de quinze dias, a que se referia aquela norma processual, salvo se a audiência inicial fosse realizada antes da exaustão desse prazo. Se a arguição não ocorresse dentro dos quinze dias, a exceção deveria ser oferecida na audiência inaugural.

Poder-se-á dizer que, no processo do trabalho, a exceção deverá ser sempre apresentada em audiência (pelo réu), por força do disposto no art. 846, da CLT. Não ignoramos que, em regra, deva ser assim, segundo o princípio de que toda e qualquer espécie de resposta do réu deve ser manifestada (de forma oral) em audiência. Na esmagadora maioria dos casos, é exatamente dessa maneira que as coisas se passam, no campo da realidade prática (ou seja, em audiência). O que estamos procurando colocar em destaque é a possibilidade de, em situações inusuais, a exceção de incompetência ser entregue antes da audiência inicial. Com esse procedimento, o processo principal ficará suspenso (inclusive, a sua audiência inaugural). Eventual audiência que vier a ser realizada, estando suspenso o processo principal, será destinada a instruir a exceção. Entendemos, a propósito, que, nas exceções, não há obrigatoriedade de o juiz formular propostas tendentes à conciliação — até porque seria um contrassenso pensar que um juízo arguido de incompetente estivesse legalmente compelido a obter uma solução negociada de um conflito (processo principal, suspenso), para cuja solução talvez não possua competência.

6.2. Impedimento

Ao contrário da incompetência relativa, o impedimento do juiz pode ser alegado por qualquer dos litigantes. Se, por exemplo, o juiz for irmão do autor, a exceção deverá ser oferecida pelo réu; se o parentesco do magistrado for com o réu, a arguição de impedimento haverá de ser formulada pelo autor.

No que concerne ao prazo para o oferecimento dessa exceção, devemos separar as situações: a) anterior à Lei n. 13.467/2017; b) posterior a essa norma legal.

a) Anteriormente à Lei n. 13.467/2017, todas as modalidades de resposta do réu (exceção, contestação, reconvenção) no processo físico, eram apresentadas na audiência.

b) Posteriormente a essa Lei, o panorama de alterou. Expliquemos. Essa norma legal deu nova redação ao art. 800, da CLT, para declarar que a exceção de incompetência *territorial* (*rationae loci*) deve ser apresentada no prazo de cinco dias que seguir à notificação (citação) do réu; de modo geral, portanto, antes da audiência. A razão pela qual o legislador atribuiu nova redação a esse preceptivo legal está vinculada à celeridade processual e a um princípio de ordem lógica. *Celeridade processual*, porque, antes da Lei n. 13.467/2017, a parte (ré, principalmente) precisava a aguardar a audiência para arguir a incompetência de que estamos a tratar. Ocorre, que a audiência poderia ser designada para meses e meses após a citação. Preocupado com o fato, o legislador determinou que a exceção de incompetência territorial fosse oferecida, conforme salientamos, no quinquídio que se seguir à citação do réu. *Princípio de ordem lógica*, porque, primeiro, há necessidade de definir-se se o juízo possui, ou não competência territorial para apreciar a ação principal.

O motivo pelo qual estamos a mencionar o prazo para a apresentação da exceção de incompetência *territorial* é por entendermos que as mesmas razões que conduziram o legislador a alterar o momento em que essa exceção deve ser apresentada devem ser levadas em conta pelo intérprete, para efeito de adotar o idêntico critério para a apresentação da exceção de *impedimento* (e de suspeição), qual seja, o de excluir, como momento-referência, a audiência, substituindo-o por prazo preestabelecido. Num primeiro impulso, poder-se-ia pensar em fixar esse prazo em quinze dias — a contar do conhecimento do fato causador do impedimento do magistrado —, por analogia ao art. 146, do CPC (conquanto este não trate, em rigor, de exceção). Pensamos, contudo, que o prazo deverá ser de *cinco dias*, a fim de estabelecer-se uma harmonia sistemática, uma necessária simetria com o estatuído no art. 800, *caput*, do CLT, que versa sobre a exceção de incompetência territorial. O mesmo diremos, mais adiante, sobre a exceção de suspeição.

Mesmo antes da publicação da Lei n. 13.467/2017, vínhamos preconizando a possibilidade de a exceção de impedimento, ser apresentada *antes* da audiência. Dizíamos: imaginemos que o réu tenha justificado receio de que, antes da audiência, o juiz impedido venha a praticar certos atos processuais relevantes, capazes de exercer influência na sua vida ou no seu patrimônio. Neste caso, seria insensato exigir que a exceção de impedimento somente fosse formulada em audiência, quando as referidas influências poderiam estar consumadas. Pensemos na ação em que o trabalhador procura conseguir um provimento jurisdicional declaratório na nulidade da transferência de local de trabalho, que lhe está sendo impingida, cuja inicial tenha sido distribuída para um juiz impedido. Se o réu devesse aguardar a audiência, para ingressar com a exceção, correria o risco de ver o juiz conceder, *liminarmente*, a medida inibitória (CLT, art. 659, IX), que corresponde, em sua essência, a uma espécie de antecipação provisória dos efeitos inerentes ao provimento de mérito. É evidente que, no exemplo citado, o réu teria inegável interesse — mais do que isso: necessidade — de afastar o juiz da condução do processo, logo de início, a fim de colocar-se a salvo de ocasional constrangimento jurídico, pessoal ou patrimonial, causado pela atuação do juiz impedido.

Assim também afirmávamos, *mutatis mutandis,* quanto às tutelas provisórias, onde um juiz impedido poderia conceder, de plano e sem audiência do réu, a providência acautelatória solicitada.

A propósito, em caráter excepcional, o réu pode também alegar o impedimento do juiz *depois* da audiência, ou seja, após haver contestado a ação, desde que a causa do impedimento seja superveniente (o juiz vem a casar-se com uma das partes; tornar-se tio ou sobrinho de uma delas, etc.). Admitida essa possibilidade, seria de supor-se que esse direito de exigir o afastamento do magistrado deveria ser exercido no prazo de cinco dias, sob pena de preclusão. Estamos convencidos, porém, de que eventual silêncio do réu não acarretará preclusão, pois o dever de abstenção de atuar no processo, no caso de juiz impedido, é *absoluto.* Violado esse dever, aberta estará a via rescisória para a desconstituição dos efeitos da coisa julgada material (CPC, art. 966, II). Queremos dizer, com isso, que o réu poderá alegar o impedimento do juiz, sob a forma de exceção, em qualquer tempo, desde que não proferida a sentença de mérito. Proferida a sentença, só restará ao réu arguir a nulidade do processo, em grau de recurso, ou fazer uso da ação rescisória, uma vez que, lançada a sentença que compôs a lide, o juiz estará impedido de tocá-la, exceto, em decorrência de embargos declaratórios ou para corrigir-lhe inexatidões materiais (CPC, art. 494).

2) Também ao autor será lícito alegar, mediante exceção, o impedimento do juiz, no prazo de cinco dias, contados do conhecimento do fato (CPC, art. 146, *caput*).

Se, por exemplo, ele souber que a petição inicial foi distribuída a um juiz impedido, cumpre-lhe, ingressar com a exceção no prazo de cinco dias. Em algumas Regiões da Justiça do Trabalho, a propósito, adotou-se um procedimento, que, se não está previsto em lei, com esta não conflita: por ato do Diretor do Fórum ou do Corregedor, determina-se que as petições iniciais subscritas por certo advogado não sejam distribuídas a determinado órgão de primeiro grau, a fim de ser evitado o impedimento do juiz. E óbvio, que, neste caso, haverá compensação na distribuição. Não se cuida, portanto, com esse procedimento, de permitir que a parte escolha o magistrado de sua predileção, e sim, de evitar que a inicial seja distribuída a magistrado que seja, legalmente, impedido de atuar no processo.

Se a causa do impedimento surgir supervenientemente ao ingresso do autor em juízo, a este caberá apresentar a exceção, dentro de *cinco* dias da ciência do fato.

Nesse sentido, é importante sublinhar o fato de que, também para o autor, o decurso em branco do prazo de cinco dias não produzirá efeitos preclusivos, porquanto o impedimento é vício que contamina, com profunda gravidade, a relação jurídica processual, que se forma entre ele e o Estado-juiz (para cogitarmos, apenas, desse ângulo da referida relação).

Seria, acima de tudo, absurdo admitir-se que a violação do dever de abstenção, por parte do juiz, implicasse a preclusão do direito das partes, no que toca à possibilidade de arguir-lhe o impedimento. A lei não diz que o magistrado impedido *poderá* deixar de atuar no processo; declara, de maneira inequívoca e peremptória, que é proibida a sua atuação (CPC, art. 144). Um dos pressupostos subjetivos indispensáveis à constituição regular da relação processual não é, somente, a presença de juiz, no processo, mas de juiz imparcial, o que equivale, sob certo aspecto, a afirmar: juiz *insuspeito* e *desimpedido*.

Nos tribunais, o impedimento do juiz será arguido na forma como dispuser o Regimento Interno, atendidos os requisitos indicados pelo art. 96, I, "*a*", da Constituição Federal (observância das normas de processo e das garantias processuais dos litigantes). De modo geral, com pequenas adaptações, aplicam-se, nos tribunais, as mesmas regras pertinentes às exceções que tenham como destinatários os juízes de primeiro grau. Nada obsta, por isso, a que a parte, chegando os autos ao tribunal (no caso de recurso), ofereça, de pronto, a exceção, ou se reserve para fazê-lo no prazo de cinco dias, desde que antes da conclusão do julgamento. O impedimento pode ser arguido da própria tribuna, no ensejo da sustentação oral. Se se tratar de ação da competência originária do tribunal (rescisória, de segurança, coletiva, etc.), o impedimento poderá ser alegado a partir do momento em que houver o sorteio do relator ou do revisor, caso o impedimento diga respeito a um deles. Se o impedimento for de outro juiz, a arguição poderá ser formulada, como dissemos, até antes da conclusão do julgamento, inclusive da tribuna.

É inegável que o relator ou o revisor deverão, por despacho nos autos, declarar-se impedidos. Tratando-se de outros juízes, deverão dizer do seu impedimento na própria sessão de julgamento. A sessão será adiada, ou não, conforme o impedimento tenha influência no *quorum* para a abertura dos trabalhos ou no julgamento do feito em que se verificou a impossibilidade de participação do juiz.

As normas *interna corporis* dos tribunais costumam, ainda, dispor que se o impedimento for do relator, os autos serão encaminhados ao presidente da Corte, para nova distribuição; se do revisor, serão remetidos ao juiz que o seguir na ordem de antiguidade.

6.3. Suspeição

Tal qual o impedimento, a suspeição do magistrado pode ser alegada por qualquer das partes.

Comumente, é o réu quem a argui. O momento oportuno para fazê-lo é o do comparecimento à audiência. Neste caso, a suspeição será objeto de *resposta excecional*, que, como é lógico, antecede à contestação. A fixação desse momento é relevante para determinar a eventual ocorrência de preclusão. Esclareçamos. O dever de abstenção do juiz *impedido*, como afirmamos, é absoluto, cuja quebra pode ensejar o acesso à via rescisória. Por esse motivo, não há preclusão quanto ao impedimento. Na *suspeição*, todavia, o dever de abstenção do juiz é, apenas, relativo. Afinal, há, contra ele, unicamente, uma *suspeita* de imparcialidade, em decorrência da configuração objetiva de uma das causas previstas em lei (CPC, art. 145). Em termos práticos, isso corresponde a afirmar que se o réu deixar de arguir a suspeição no prazo de cinco dias, contado da ciência do fato motivador da suspeição, formar-se-á, contra ele, a preclusão temporal, que o impedirá, mais tarde, de alegar a suspeição com fundamento na causa preexistente a esse prazo.

Tratando-se de causa de suspeição *superveniente,* vale dizer, da qual nem o autor nem o réu tinham, no início, conhecimento, a correspondente arguição deverá se efetuada no prazo de cinco dias, a contar do momento em que passaram a ter ciência da referida causa. Decorrido esse prazo, sem que a exceção seja apresentada, ocorrerá preclusão, em virtude da qual os litigantes não mais poderão manifestar suspeita quanto ao magistrado, com fundamento na mesma causa. Como se percebe, o regime da suspeição difere, neste ponto, com grande intensidade, do que é próprio do impedimento, pois apenas no que concerne àquela é que se forma a preclusão.

A despeito de essa possibilidade estar insinuada nos comentários que fizemos no parágrafo antecedente, é aconselhável explicitar que a preclusão estará sempre circunscrita a determinada causa, motivo por que as partes poderão alegar, mais tarde, a suspeita do juiz, com base em causa diversa da anterior.

Mesmo diante do silêncio das partes, o juiz poderá declarar-se suspeito por motivo de foro íntimo — sem necessidade de declarar suas razões — segundo lhe faculta o parágrafo único do art. 145, § 1.º, do CPC. Essa declaração poderá ser formulada assim que ele tomar conhecimento da petição inicial ou da contestação, ou em fase mais avançada do procedimento, tudo dependendo do momento em que ficar ciente do fato bastante para autorizá-lo a dar-se por suspeito.

Por enquanto, não nos ocupamos com outros aspectos concernentes à suspeição (e ao impedimento) como, *e. g.*, a suas causas legais, o seu procedimento e o mais, porque o escopo deste Capítulo se restringe ao exame dos prazos ou dos momentos em que ela deve ser apresentada, no processo do trabalho.

Capítulo II

Suspensão do Processo

1. Comentário

Estabelecia o art. 306, do CPC de 1973, que, recebida a exceção, o processo ficaria suspenso até que aquela fosse definitivamente julgada. A CLT, por sua vez, declarava que somente acarretariam a suspensão do processo as exceções de suspeição e de incompetência (art. 799, *caput*). Sempre sustentamos que também a exceção de impedimento acarretaria esse efeito no processo. Afinal, o impedimento é algo mais grave do que a suspeição, consistindo em um veto absoluto à atuação do juiz no processo. Ulteriormente, por força da Lei n. 13.467/2017, foram inseridos alguns parágrafos no art. 800, da CLT, dentre os quais, o § 1.º, conforme o qual, protocolada a petição de exceção de incompetência territorial, *"será suspenso o processo e não se realizará a audiência a que se refere o art. 843 desta Consolidação até que se decida a exceção"*. Sob este aspecto, a nova redação do art. 800, § 1.º, da CLT, reforçou a declaração que já constava do art. 799, *caput*, do mesmo texto legal, quanto à exceção de incompetência territorial.

Em síntese, no processo do trabalho as exceções sempre suspendem o curso do processo principal.

A regra legal da suspensão do processo principal, em decorrência da exceção, é de boa lógica, porquanto não seria prudente que esse processo tivesse curso perante um órgão jurisdicional que se afirma ser destituído da indispensável competência, ou sob a condução de um juiz a quem se inquina de impedido ou de suspeito.

Dispunha o art. 306, do estatuto processual civil de 1973, contudo, que a suspensão do processo se daria com o *recebimento* da petição relativa à exceção. Essa dicção legal estava a reclamar alguns comentários esclarecedores.

Em primeiro lugar, parecia haver uma antinomia entre os arts. 306 e 265, III, daquele CPC, pois enquanto o primeiro declarava, como vimos, que o processo principal ficaria suspenso com o *recebimento* da exceção, este afirmava que a suspensão se daria quando fosse *oposta* a exceção. Essa antinomia, embora existisse, era parcial, conforme procuraremos demonstrar, a seguir.

Com efeito, o adjetivo *recebida,* utilizado pelo legislador na redação do art. 306, do CPC de 1973, trazia, implícita, a possibilidade de a petição concernente à exceção ser *indeferida:* o que pode ser *recebido,* pode ser *rejeitado.* Tida como verdadeira essa premissa, concluíamos que o *recebimento* da exceção, como requisito para operar a suspensão do processo principal, só fazia sentido quando se tratasse de *incompetência* (relativa, como é evidente). Dá-se que, em princípio, as petições referentes às exceções de *impedimento* e de *suspeição* não poderiam ser indeferidas (não cogitávamos do tema no âmbito dos tribunais, onde alguns regimentos internos admitiam o indeferimento liminar da exceção, por ato do relator). Desse modo, bastava que fossem apresentadas em juízo para que produzissem o efeito suspensivo mencionado pelo legislador. No tocante à *incompetência,* entretanto, o regime era diverso, pois o art. 310, do CPC de 1973, previa, de forma expressa, a possibilidade de a petição inicial ser indeferida, *"quando manifestamente improcedente"*. Neste caso, a exceção só provocaria a suspensão do processo principal se fosse, efetivamente, admitida ("recebida") pelo juiz. Sob este ângulo, ficava patente o antagonismo entre os arts. 306 e 265, III, ambos do mencionado CPC.

Em face da importância do assunto, é conveniente deixarmos bem esclarecido o nosso ponto de vista a respeito: a) considerando que as petições atinentes às exceções de *impedimento* e de *suspeição* não podem ser indeferidas (exceto, no plano de alguns tribunais, por força de suas normas *interna corporis),* por falta de previsão legal, basta a sua entrega em juízo (no protocolo do juízo ou em audiência) para que se produza a *suspensão* do processo principal. Malgrado essa suspensão se dê de modo automático, é sempre recomendável que o juiz a declare, seja por despacho exarado na própria inicial, seja na ata da audiência, a fim de evitar possíveis controvérsias ou dúvidas (ainda que injustificadas) sobre a suspensão; *b)* já a petição inicial da exceção de *incompetência* pode ser indeferida, se considerarmos a recepção, pelo processo do trabalho, do art. 310, do CPC de 1973. Assim, o processo principal só ficará suspenso se essa petição for *recebida.* Cumpre-nos elucidar que esse recebimento não precisa ser expresso: basta que o juiz não indefira, liminarmente, a petição inicial, para concluir-se que a recebeu. Para deixarmos claro o assunto: no caso específico da exceção de incompetência *territorial,* o ato que acarretará, de maneira automática, a suspensão do processo principal é o *protocolo* da respectiva petição (CLT, art. 800, § 1.º); isso não significa que o juiz não poderá indeferir a referida petição, quando for manifestamente destituída de amparo.

Não ignoramos a existência de algumas opiniões doutrinais de que também será possível o indeferimento, em primeiro grau, das petições relativas às exceções de *impedimento* e de *suspeição.* O argumento dessa corrente, na verdade, se restringe a uma interpretação ampliativa do art. 310, do CPC de 1973, que, como sabemos, só aludia ao indeferimento da petição de exceção de incompetência. Curiosamente, nós nos baseamos nesse mesmo dispositivo legal para chegar a conclusão inteiramente diversa. Quer nos parecer que se estivesse na intenção do legislador conceder ao juiz a faculdade de indeferir, *in limine,* a petição inicial relativa às exceções de *impedimento* e de *suspeição,* ele a teria manifestado, como o fez quanto à de *incompetência.* Parece-nos elementar que, havendo o legislador disciplinado as três espécies de exceção e somente dito que a inicial alusiva à de incompetência poderia ser rejeitada, isso significava que as outras iniciais não poderiam ser indeferidas.

Há mais. O indeferimento da inicial, no caso de incompetência, se justifica não só pelo fato de a incompetência poder ser objetivamente constatada, mas, principalmente, porque a causa da exceção nada tem a ver com a *pessoa* do juiz, e, sim, com o juízo. Bem ao contrário, as exceções de *suspeição* e de *impedimento* se fundam, em essência, na pessoa do magistrado, razão por que seria desaconselhável permitir que o próprio juiz inquinado de suspeito ou de impedido pudesse rechaçar, de plano, a inicial.

Nos terrenos dos tribunais, como asseveramos, as coisas se passam de maneira diversa, não tanto porque os regimentos internos costumam regular a matéria, mas porque, nessa regulação, o juiz relator da exceção não é aquele que se aponta como suspeito ou impedido. Com isso, eventual indeferimento da petição inicial da exceção não é feito pelo próprio juiz suspeito ou impedido, o que retira, ainda que em tese, uma possível carga de represália ou de amargor, desse ato de indeferimento.

O art. 306 do CPC de 1973 dispunha que a suspensão do processo principal perduraria até o julgamento *definitivo* da exceção. Alguns intérpretes poderiam pensar que a resolução definitiva da exceção só se verificaria com o trânsito em julgado da sentença ou do acórdão, na hipótese de ser interposto recurso daquela. Nada disso.

Devemos advertir que, no sistema peculiar do processo do trabalho, as decisões sobre impedimento e suspeição são irrecorríveis, podendo o interessado impugná-las, apenas, quando do recurso que interpuserem da sentença de fundo (CLT, art. 799, § 2.º). As decisões em sede de incompetência só serão recorríveis se implicarem a subtração da causa da jurisdição trabalhista ("terminativas do feito", a teor da norma legal sobredita). Como só pode ser objeto de exceção a incompetência relativa, e, como a absoluta, que deve ser alegada na contestação, como preliminar, é a única dotada de aptidão para gerar efeito "terminativo", vê-se que, em rigor, há uma contradição nos termos do art. 799, § 2.º, da CLT, ao aludir, de um lado, às exceções, e, de outro, à decisão, nela proferida, como capaz de acarretar a terminação do feito, ou seja, de deslocar a apreciação da causa para outro juízo, não trabalhista.

O TST procurou esclarecer o tema por meio da Súmula n. 214: "*DECISÃO INTERLOCUTÓRIA. IRRECORRIBILIDADE (nova redação) – Res. n. 127/2005, DJ 14, 15 e 16-3-2005. Na Justiça do Trabalho, nos termos do art. 893, § 1.º, da CLT, as decisões interlocutórias não ensejam recurso imediato, salvo nas hipóteses de decisão: a) de Tribunal Regional do Trabalho contrária à Súmula ou Orientação Jurisprudencial do Tribunal Superior do Trabalho; b) suscetível de impugnação mediante recurso para o mesmo Tribunal; c) que acolhe exceção de incompetência territorial, com a remessa dos autos para Tribunal Regional distinto daquele a que se vincula o juízo excepcionado, consoante o disposto no art. 799, § 2.º, da CLT*".

Deve-se entender, portanto, que a declaração contida no art. 306, do CPC de 1973, de que o processo principal ficaria suspenso até que a exceção fosse definitivamente resolvida estava a significar, quando transportada para o campo do processo do trabalho, que esse *julgamento definitivo* se referia ao efetuado pelo juízo acerca da própria exceção, e, não ao supostamente proferido pelo tribunal, em grau de recurso, pois se sabe que a decisão pertinente à exceção é irrecorrível, de imediato.

É oportuno alertar, a propósito, que o processo do trabalho atribui o caráter de decisão interlocutória ao ato pelo qual o órgão jurisdicional resolve as exceções. Exatamente por isso, é que não permite a sua impugnação autônoma. A impugnação, na verdade, é diferida para a oportunidade do recurso a ser interposto da sentença de mérito (TST, Súmula n. 214).

Pelo quanto expusemos até esta parte, arrematamos: com o julgamento da exceção, realizado em primeiro grau, cessará a suspensão do processo principal, que, dessa forma, terá seu curso retomado. A precitada decisão não se sujeita à via impugnativa autônoma, em decorrência de uma atitude ideológica perfilhada pelo legislador trabalhista. De qualquer modo, ainda que fosse possível a interposição imediata de recurso — o que se admite, apenas, para argumentar —, o curso do processo principal ficaria restabelecido, porquanto o recurso ordinário (para falarmos somente deste) trabalhista não possui efeito suspensivo (CLT, art. 899, *caput).*

Um outro escólio se faz imprescindível. O art. 315, do CPC de 2015, declara que durante o período de suspensão do processo é proibido praticar qualquer ato processual, podendo o juiz, contudo, determinar a realização de atos urgentes a fim de evitar dano irreparável, salvo no caso de arguição de impedimento e de suspeição.

Note-se que o legislador optou entre duas situações aparentemente contrapostas, representada, a primeira, pela proibição quanto à prática de atos atinentes ao processo principal, enquanto este estiver suspenso, e, a segunda, pela possibilidade de serem realizados atos considerados urgentes. Se bem examinarmos a espécie, veremos que esse entrechoque de situações não existe, pois os "atos urgentes" derivam de um processo de natureza cautelar, sendo certo que a regra legal só torna defesa a prática de atos ligados diretamente ao processo *suspenso,* que é, às escâncaras, o *principal* (cognitivo).

O problema da prática de atos urgentes, durante a suspensão do processo principal, provocada pela exceção, ainda não se encontra, inteiramente, investigado. Indagamos: seja qual for o *fundamento* da exceção, o juiz poderá realizar os atos que considerar urgentes? Entendemos que não. A nosso ver, tais atos somente podem ser praticados no caso de a exceção calcar-se na incompetência *relativa* do juízo. Assim afirmamos, porque sendo a incompetência meramente relativa, nada impede que o ato seja efetivado por juízo distinto daquele que se indica como competente. Se a competência em razão da matéria, da pessoa ou da hierarquia for, efetivamente, da Justiça do Trabalho, não há razão jurídica plausível para impedir-se que simples divisão territorial constitua obstáculo à outorga de uma providência cautelar tendente a pôr a salvo direitos em estado de periclitância. É, justamente, com vistas à incompetência relativa que deve ser interpretada a regra do art. 314, do CPC.

Não podemos admitir, todavia, que se permita a um juiz suspeito ou impedido praticar atos, ainda que urgentes, estando suspenso o processo principal. De duas, uma: a) o ato urgente é requerido pela própria parte que ofereceu a exceção, e, nesta hipótese, torna-se incoerente a sua atitude de dirigir-se a um juiz que considera suspeito ou impedido (o que é pior), para solicitar uma providência acautelatória; *b)* a prática de ato urgente é requerida pelo adversário do excipiente, que, ao ser atendido, só fará realçar a suspeição ou o impedimento do magistrado, e, o que é mais grave, em detrimento do adversário, que ingressou com a exceção. A solução que preconizamos, portanto, é que a medida cautelar seja impetrada a outro juiz, ainda que atuando no mesmo órgão jurisdicional onde funciona o juiz inquinado de suspeito ou de impedido, para evitar os transtornos ou inconvenientes indicados.

No processo civil, essa opinião adquire maior consistência diante do fato de que o julgamento da exceção de impedimento ou de suspeição é feito não pelo próprio juiz destinatário dessas objeções, mas pelo tribunal, como revela o art. 313, do Código. Este assunto, porém, como é próprio do Direito — que não integra a categoria das ciências exatas — é suscetível de polêmica; depositamos, aqui, o nosso contributo para a discussão do problema, sem termos a ousadia de pretender solucioná-lo.

Capítulo III

Exceção de Incompetência

1. Comentário

Conforme procuramos demonstrar nos Capítulos antecedentes, apenas a incompetência *relativa* pode ser objeto de exceção, ou seja, aquela que diz respeito ao *território.* A incompetência *absoluta* — em razão da matéria, da pessoa, da hierarquia —, no processo do trabalho, deve ser alegada na contestação, como preliminar (CPC, art. 337, II), embora possa ser alegada em qualquer tempo ou grau de jurisdição e deva ser declarada de ofício (CPC, art. 64, § 1.º).

No sistema do CPC de 2015, a incompetência relativa (*rationae loci*, portanto) passou a ser alegada como preliminar da contestação (art. 337, II), a exemplo do que já ocorria com a incompetência absoluta, desde o CPC de 1973.

Uma das diferenças quanto aos efeitos processuais entre a incompetência absoluta e a relativa é que somente a sentença proferida por juízo absolutamente destituído de competência pode ser atacada pela via rescisória (CPC, art. 966, II). Ao contrário do que se passa em sede de incompetência relativa, na absoluta não há preclusão. Convém elucidar, contudo, que a regra inscrita no art. 64, § 1.º, do CPC, encontra seu limite "temporal" no fenômeno da coisa julgada material. Assim, formada *a res iudicata,* é certo que a sentença proferida pelo juízo absolutamente incompetente produzirá efeitos jurídicos até que venha a ser desconstituída mediante ação rescisória — com acórdão transitado em julgado.

A exceção de incompetência figura como uma das respostas típicas do réu, no processo do trabalho. Trata-se, assim, de *resposta excecional.* O autor, em princípio, não pode arguir a incompetência do próprio juízo por ele escolhido para ingressar com a ação; permitir que o faça será transgredir uma regra de ordem lógica (porquanto o autor estará, em última análise, em antagonismo com o seu ato, consistente na escolha do juízo, sob o aspecto territorial) e ignorar o princípio legal de que o próprio silêncio do réu faz com que a competência se desloque para o juízo que não a possuía, levando em conta o fato de que a incompetência estava jungida, com exclusividade, ao aspecto territorial.

A despeito das considerações acima, não seria sensato de nossa parte afirmar, em caráter dogmático, que em nenhum caso será lícito ao autor alegar a incompetência relativa do juízo. Como alertamos anteriormente, a realidade da vida forense é muito mais rica do que possa prever a nossa imaginação, de tal sorte que seríamos imprudentes se fechássemos os olhos a essa realidade, viva e dinâmica. Admitamos, *v. g.*, que a ação tenha sido ajuizada em Vara do Trabalho da cidade A, onde o conflito de interesses ocorreu. Passado o prazo para a resposta do réu (tendo esta sido oferecida, ou não), vem a ser criada e instalada na cidade B uma Vara do Trabalho. Diante disso, o juiz, por onde tramita o processo, equivocadamente, determina, por sua iniciativa, a remessa dos autos para a nova Vara, supondo que esta seja competente para dar continuidade ao processo. Ora, é elementar que, na hipótese, o autor poderia alegar, por meio de exceção, a incompetência relativa do juízo para o qual os autos foram remetidos (cidade B), pois, para tanto, possuiria interesse e legitimidade. O fato de este último juízo poder suscitar conflito negativo de competência não retira o direito do autor, no que tange a arguir a incompetência, até porque o referido conflito poderia não vir a ser suscitado.

Devemos nos ocupar, agora, com o *procedimento* característico da exceção de incompetência.

2. Procedimento

2.1. Petição inicial

No prazo de cinco dias, contado da data da citação, a parte deverá arguir a incompetência territorial do juízo em petição fundamentada e devidamente instruída (CLT, art. 800), indicando o órgão jurisdicional para o qual declina. Esse prazo é contado em dias úteis (CLT, art. 775, *caput*).

Algumas anotações devem ser feitas, a respeito do assunto.

A petição inicial deverá, no processo do trabalho, ser elaborada mediante observância dos requisitos *subjetivos* e *objetivos*, com os quais nos ocupamos no Capítulo II, do Livro I, desta obra. Desse modo, a inicial haverá de ser precisa, clara e concisa (requisitos subjetivos), além de indicar o juízo a que é dirigida; os nomes e prenomes das partes (pode-se dispensar a referência ao estado civil, profissão, residência e domicílio, etc., porquanto essas informações já constam dos autos principais); o pedido, com as suas especificações (requisitos objetivos).

O valor da causa e as provas com que o excipiente pretende demonstrar a veracidade dos fatos alegados, mencionados no art. 319, do CPC (incisos V e VI, respectivamente), são inexigíveis no processo do trabalho, em face do art. 840, § 1.º, da CLT. Por outro lado, embora o referido dispositivo do digesto processual civil não aluda à data e à assinatura do advogado, esses elementos são necessários no processo do trabalho, por força do contido no art. 840, § 1.º, da CLT.

A petição inicial deve ser, ainda, *fundamentada.* Isso significa que o excipiente deverá mencionar as razões pelas quais entende ser incompetente, *ratione loci,* o juízo. A essa exigência se soma uma outra, consistente na indicação do juízo para o qual se declina. Articulando-se essas duas imposições legais, pode-se concluir que não basta o excipiente indicar os motivos pelos quais reputa ser o juízo incompetente: é necessário, ainda, que aponte aquele que, segundo julga, seja o competente, e para o qual deverão ser remetidos os autos.

Estamos pressupondo, por certo, que a petição inicial da exceção de incompetência seja *escrita,* até porque é por essa forma que ela habitualmente tem sido apresentada. Caso, no entanto, o excipiente queira arguir, *oralmente,* em audiência, a incompetência, o juiz não poderá impedir que o faça, pois ainda está em vigor o art. 846, da CLT, que prevê essa forma de resposta (defesa). Mesmo que a exceção seja oferecida oralmente, cumprirá ao excipiente atender aos requisitos legais, em especial, quanto à apresentação dos motivos que o levam a considerar o juízo incompetente e à menção daquele que reputa ser o dotado de competência.

Cabem, a propósito, algumas indagações: a) se a inicial não for fundamentada, deverá ser indeferida? b) se o excipiente deixar de mencionar o juízo para o qual declina a competência, a petição inicial merecerá indeferimento?; c) e se ele apontar, nessa peça, juízo diverso daquele que, efetivamente, detém a competência?

Passemos às respostas.

a) Acabamos de ver que a exigência de que a petição inicial da exceção de incompetência seja *fundamentada* está jungida à necessidade de dar-se a conhecer ao juízo os motivos pelos quais se o considera incompetente em razão do território. Todavia, se, em determinado caso, o excipiente deixar de indicar essas razões jurídicas, a inicial não deverá ser indeferida, de plano. Conquanto a falta de motivação da inicial implique desrespeito ao art. 319, III, do CPC, caberá ao juiz fixar prazo de quinze dias para que a falta seja suprida (CPC, art. 321), vindo a indeferir aquela peça, tão só, se a sua determinação não for cumprida (*ibidem,* parágrafo único). Se assim dispõe o processo civil, a despeito de seu formalismo acentuado, por mais forte razão haverá de adotar-se essa providência no processo do trabalho, menos preocupado e menos comprometido com os aspectos formais do procedimento.

Nossas considerações, acerca da ausência de motivação na inicial de exceção de incompetência, provavelmente se consumam no plano das abstrações, uma vez que nos parece muito rara, na prática, a possibilidade de o excipiente arguir a incompetência territorial do juízo sem mencionar as razões por que o faz.

b) Pode acontecer, no entanto, de o excipiente apresentar, os motivos segundo os quais está convencido da incompetência do juízo, mas deixar de apontar qual o juízo que reputa ser competente. Como dissemos há pouco, é razoável exigir de alguém, que alega a incompetência de certo juízo, a indicação do competente. Uma coisa está, de maneira entranhada, enlaçada a outra.

Não queremos, com isso, afirmar que a inexistência de menção ao juízo que seria o competente conduza, de imediato, ao indeferimento da petição inicial. Valem, aqui, as mesmas ponderações que fizemos na letra antecedente, quanto à falta de fundamentação dessa peça. Assim, o juiz, verificando que não há a especificação do juízo que o excipiente julga ser o competente, devera assinar-lhe o prazo de quinze dias, para que a omissão seja sanada (CPC, art. 321). Perguntamos, contudo: não cumprida a determinação, a inicial deverá ser indeferida, à semelhança do que ocorreria se a falta fosse de fundamentação? Sejamos sensatos: nem sempre. Embora o juiz não possa conhecer, *ex officio,* da incompetência relativa, essa particularidade não o inibe de, apresentada a exceção e convencendo-se da incompetência territorial alegada, ordenar a remessa dos autos ao juízo competente, ainda que este não tenha sido indigitado pelo excipiente.

De tal arte, se, no sistema do processo civil, a falta de atendimento à determinação judicial constitua causa inexorável para o indeferimento da inicial, no terreno do processo do trabalho esse descumprimento nem sempre deve produzir tais consequências. Podemos, mesmo, dizer que este processo, em decorrência de seus princípios informadores e de sua razão teológica indeclinável, deve, no particular, converter em regra o que, provavelmente, no processo civil constitua exceção. Por outras palavras: no processo do trabalho, a regra a ser observada, do juízo que repute ser o competente, é a de que a falta poderá ser suprida pelo juiz. Afinal, a jurisdição e a competência dos órgãos da Justiça do trabalho são fixadas em lei, motivo por que o próprio juízo que considerar competente, bastando, para isso, que consulte a norma legal incidente.

Somente, pois, em situações excepcionais, a petição inicial de exceção de incompetência *ratione loci* deverá ser indeferida, por inexistência de indicação do juízo que seria o competente; ainda assim, desde que o excipiente deixe de atender ao despacho destinado a permitir-lhe o suprimento da omissão (CPC, art. 321, parágrafo único).

c) Questão que se entrelaça, profundamente, com a anterior, concerne à equivocada designação, pelo excipiente, do juízo dotado de competência territorial para apreciar a demanda. Digamos, que ele aponte, como competente, o juízo A, quando, na verdade, a competência seria do juízo B. Estaria o juízo perante o qual se ingressou com a exceção de incompetência vinculado aos termos da inicial, de tal modo que, pronunciando a sua incompetência, deverá determinar o envio dos autos ao juízo mencionado pelo excipiente, ainda que este seja, também, incompetente? Pensamos que não.

Conforme argumentamos na letra pretérita, a competência dos órgãos da Justiça do Trabalho se encontra fixada em lei. Segue-se, que, vindo o juízo a declarar a sua incompetência, em virtude de arguição formulada, deverá ordenar o encaminhamento dos autos ao juízo que, segundo norma legal, é provido de competência territorial. Nem se diga sendo a incompetência *ratione loci* relativa ao excipiente poderia eleger o juízo que melhor lhe aprouvesse. Esse argumento só se justifica com relação aos autos (excepto), nunca quanto ao réu (excipiente). A reação deste, por meio de exceção, tem o objetivo exclusivo de manifestar a sua discordância quanto ao juízo escolhido pelo autor, com a finalidade de que a ação seja apreciada pelo juízo legalmente provido de competência. Não pode, pois, a exceção ser utilizada como forma artificiosa de o réu-excipiente eleger o juízo de sua ocasional predileção.

O tema pertinente à incompetência, aliás, tem produzido episódios pitorescos. Tivemos conhecimento de um deles, cujos nomes dos protagonistas não iremos mencionar, por motivos éticos. Tratava-se de uma ação trabalhista, promovida perante juiz de direito investido nessa jurisdição especializada (CLT, art. 668), na qual o autor pretendia o reconhecimento da existência de relação de emprego com o réu. Este, ao responder à ação, arguiu, sob a forma de *exceção*, a incompetência *absoluta* do juízo trabalhista, sob a alegação de que o autor havia prestado serviços como representante comerciai autônomo. O juiz, jejuno no ofício, não se deu conta de duas falhas elementares: a) a incompetência absoluta não deveria ser arguida mediante exceção, e, sim, na contestação, como preliminar (CPC, de 1973 arts. 113 e 301, II); b) de qualquer modo, a existência, ou não, de relação de emprego é algo que dizia respeito ao mérito, não podendo, por isso, ser apreciada (salvo em situações invulgares) em sede de preliminar. Em razão disso, sem ao menos realizar a instrução (oral), ele acolheu a "exceção" de incompetência e determinou a remessa dos autos ao juízo de direito, que, segundo estava convencido, seria o competente, porquanto o litígio não teria natureza trabalhista, pois estava a envolver um representante comercial e sua representada. Qual não foi a sua surpresa, entrementes, quando, dias depois, o escrivão coloca sobre a sua mesa os autos, para que, agora como juiz de direito, desse prosseguimento ao processo!... Só aí foi que o referido juiz percebeu que havia remetido os autos para si mesmo, conquanto fossem distintos os juízos. Só não sabemos informar se ele suscitou conflito de competência...

Colocando de parte episódios jocosos, como o narrado, retornemos ao assunto de que nos havíamos afastado, para observar que sendo a exceção uma das modalidades de resposta do réu, é curial que deva ser apresentada em peça específica. Sob esse aspecto, o oferecimento da exceção, como uma espécie de preliminar, no próprio instrumento de contestação, espelha, a um só tempo, no processo do trabalho, dois erros técnicos. Primeiramente, porque, como dito, sendo a exceção uma resposta específica, deve ser apresentada em peça apartada, até porque a lei permite o indeferimento dessa inicial, quando for o caso (CPC, art. 321, parágrafo único); segundamente, porque se revela ilógico apresentar a contestação a um juízo que se alega (na exceção) ser incompetente. Há um outro patente ilogismo, nesse ato, pois se a exceção precede à contestação e, por força de lei (CLT, art. 799, *caput*), suspende o processo principal, não se concebe como, suspenso este, possa ser oferecida a contestação, sabendo-se que esta se prende ao referido processo.

Não queremos, com isso, dizer que o juiz do trabalho deva se recusar a admitir uma exceção de incompetência (logo, em função do território), pelo simples fato de vir encambulhada com a contestação. Nada disso. O que pretendemos, em um primeiro momento, é advertir quanto ao deslize técnico, à mera irregularidade formal que implica o oferecimento, em peça única, da exceção e da contestação; em um segundo momento, entretanto, queremos advertir que o juiz deve receber a exceção e processá-la, declarando, porém, na ata da audiência, a imediata suspensão do processo principal, a fim de que nenhum ato, relativo a este, venha a ser praticado sem que a exceção tenha sido definitivamente julgada.

Se a petição inicial estiver em desacordo com os arts. 840, § 1.º, da CLT, e 319, do CPC, incumbirá ao juiz, como tantas vezes assinalamos, abrir o prazo de quinze dias para que a irregularidade seja sanada (CPC, art. 321); deixando o excipiente de cumprir, sem qualquer justificativa plausível, a diligência, a petição inicial será indeferida (*ibidem*, parágrafo único).

Não será, contudo, apenas nesse caso que a petição inicial haverá de ser rechaçada. Pode-se aplicar, via recepção tácita, o art. 310, do CPC de 1973, conforme o qual esse indeferimento *in limine* poderia ocorrer quando a exceção fosse "manifestamente improcedente". Essa expressão legal deve ser entendida no sentido de que a exceção carece de um mínimo de razoabilidade jurídica para sustentar-se como quando estiver contra literal disposição de norma legal fixadora da competência.

Questão de extrema relevância, que nos cumpre investigar, atine a saber se o ato pelo qual o juiz indefere a petição inicial de exceção é recorrível. Sabemos que o ato pelo qual ele *julga* a exceção é não comporta recurso de imediato, por força da regra inscrita nos arts. 799, § 2.º, e 899, § 1.º, da CLT. Na questão que suscitamos, no entanto, a situação é outra: o juiz indefere a petição inicial da exceção. Para que possamos encontrar a resposta adequada, devemos, antes, verificar qual a natureza jurídica desse ato judicial: despacho, decisão interlocutória, ou sentença? De despacho não se trata, pois não se destina à mera propulsão do processo; nem de decisão interlocutória, pois, no processo do trabalho, a exceção constitui modalidade distinta e autônoma de resposta do réu. Cuida-se, portanto, de sentença, não por exclusão dos demais atos judiciais examinados, mas porque é dotado de aptidão para dar fim ao processo referente à exceção (CPC, art. 203, § 1.º). Logo, é impugnável por meio de recurso ordinário (CLT, art. 895, I).

2.2. *Manifestação do excepto*

Verificando o juiz que a petição da exceção de incompetência está regularmente elaborada, deve abrir vista ao excepto, para que se manifeste no prazo de cinco dias (CLT, art. 800, § 2.º). Havendo litisconsortes, o prazo será comum (*ibidem*). A primitiva redação do art. 800, da CLT, concedia ao excepto um dos mais exíguos prazos que o sistema deferia à parte, para manifestar-se: 24 horas.

Se o excepto deixar de responder, no prazo legal, será confesso quanto à matéria factual, fazendo com que a competência se fixe em benefício do juízo que, a princípio, talvez não a detivesse (CPC, art. 65), qual seja, aquele no qual a petição inicial foi protocolada.

2.3. *Instrução*

Vindo o excepto a manifestar-se no prazo legal, e havendo necessidade de produção de prova oral, o juiz designará audiência para esse fim.

Dois comentários devem ser feitos, a respeito do assunto.

Poderia parecer despropositada a produção de provas orais, em sede de exceção de incompetência. Sabemos que, na fase do Anteprojeto do Código de Processo Civil de 1973, alguns juristas chegaram a manifestar profunda divergência quanto à designação de audiência para essa finalidade. O douto *Luiz Antônio de Andrade* em Congresso realizado na cidade de Campos de Jordão, chegou a afirmar: "*Realmente difícil, senão impossível, é conceber-se a necessidade ou conveniência de prova testemunhal para que o juiz fique habilitado a decidir questão de competência, matéria estritamente de direito, que é, e não de fato*". Sem discutirmos o mérito do argumento desse eminente jurista, podemos dizer que, no plano do processo do trabalho, há situações em que se torna absolutamente *indispensável* a realização de audiência destinada à produção de provas testemunhais (e, antes, ao interrogatório das partes), porquanto as exceções de incompetência, por serem exatamente em razão do lugar, podem exigir a inquirição de testemunhas para determinar-se, por exemplo, o local em que o trabalhador foi contratado, ou aquele em que prestou serviços, tendo em vista o contido no art. 651 e parágrafos, da CLT, supondo-se, como é óbvio, a existência de controvérsia acerca disso.

Tem-se dito, ainda, que a possibilidade de realização de audiência para a produção de provas orais, em exceção de incompetência, constituiria um grande estímulo para manobras procrastinatórias, por parte do réu-excipiente. O argumento, *data venia*, não convence. Em primeiro lugar, se há, efetivamente, necessidade de serem comprovados determinados *fatos*, pertinentes e relevantes, não se pode pensar em manobras protelatórias, e, sim, em imprescindibilidade da produção de provas orais, mormente, a testemunhal. Em segundo, se o requerimento alusivo à produção de provas dessa natureza possuir, na verdade, o objetivo de fazer com que seja retardado o restabelecimento do processo principal, vale dizer, o julgamento de lide, caberá ao juiz indeferi-lo, nos termos do art. 370, parágrafo único, do CPC.

Vamos além. Há situações em que se torna indispensável a realização, até mesmo, de exame pericial, com o objetivo, *e. g.*, de determinar se há, ou não, falsidade material quanto à cláusula do contrato concernente ao local da contratação ou da prestação dos serviços. É elementar que deverá ser evitada, o quanto possível, a realização de exame pericial, seja pelo retardamento da solução da exceção, que ele acarreta, seja pelas despesas com honorários, que provoca. Não é, todavia, porque se trata de exceção de incompetência (que deve, sem dúvida, ter um procedimento célere) que se irá eliminar a produção de provas fundamentais para a formação do convencimento jurídico do juízo a respeito dos *fatos* descritos na resposta excecional. Muitas vezes, não se pode evitar nem mesmo a inquirição de testemunhas mediante carta-precatória, exceto se o requerimento, nesse sentido, for motivado pela intenção, perceptível, de retardar a sentença de mérito (processo principal).

A prova emprestada, por todas essas situações narradas, pode ser de grande utilidade, por apresentar a vantagem de economizar tempo; esclareça-se, todavia, que essa espécie de prova deve ser aceita pelos litigantes, não podendo, por isso, ser imposta por um deles, ao outro, ou pelo juiz, a ambos. A economia de tempo, que a prova emprestada produz, não é razão jurídica bastante para retirar, das partes, o direito de livre escolha quanto aos meios probantes de que se pretendam utilizar, tendo em conta o ônus que a cada uma incumbe e as consequências processuais do não atendimento a esse encargo.

Foi por essas razões que o art. 800, § 3.º, da CLT, estabeleceu que se o juiz entender haver necessidade de produção de prova oral, designará audiência. A expressão legal: "*Se entender necessária a produção de prova oral*" não significa que o magistrado é quem terá a iniciativa de ordenar a produção dessa prova, e sim, que ela deverá ser *requerida* pela parte interessada, cabendo ao magistrado — como no geral ocorre — decidir a respeito.

2.4. Decisão

O ato pelo qual o juízo soluciona a exceção de incompetência é mera *decisão*, e, não sentença. O motivo é evidente: não tendo, esse ato, aptidão para dar fim ao processo principal, de sentença não poderá ser denominado, sob pena de grave deturpação do conceito inscrito no art. 203, § 1.º, do CPC. O processo do trabalho, conforme demonstramos, atribui a essa decisão um caráter marcadamente *interlocutório* (conquanto, em sua essência, não o seja), haja vista o fato de não permitir a sua impugnação autônoma, mas, apenas, quando da interposição de recurso da sentença proferida no processo principal (CLT, art. 799, § 2.º), seja de mérito, ou não.

Convém lembrar que o art. 309 do estatuto de processo civil de 1973, em sua redação original, aludia à *sentença* proferida pelo juiz, o que traduzia injustificável erro, sabendo-se que o ato judicial resolutivo da exceção não provoca a extinção do processo (principal). Mais tarde, a Lei n. 5.925/73 alterou a redação daquele dispositivo, para fazer constar que o juiz *decidiria* no prazo mencionado.

Dispunha o art. 311, do CPC de 1973, que, sendo "procedente" a exceção, os autos seriam remetidos ao juízo competente. Alguns escólios se fazem oportunos:

a) em primeiro lugar, torna-se óbvio que se o juízo acolher a arguição de incompetência, isso corresponde a um seu reconhecimento expresso quanto a não ser competente para apreciar a demanda; sendo assim, nada mais lógico do que a determinação legal para que envie os autos ao juízo competente;

b) em segundo, cabe ao excipiente apontar, na inicial, qual o juízo que entende ser dotado de competência, valendo destacar que: 1) ao reconhecer a sua incompetência, o juízo não está obrigado a remeter os autos ao juízo indicado pelo excipiente, caso esteja convencido de que um outro, na verdade, é o competente, para o qual então deverá encaminhar os autos; 2) mesmo que o excipiente não aponte o juízo que reputa ser competente, pode o juízo, acolher a exceção, suprir essa falta, fazendo com que os autos sejam remetidos ao que detém a competência, segundo a lei.

O juízo para o qual os autos foram endereçados não está, entretanto, obrigado a acatar a decisão do juízo que o reconheceu como competente. Não concordando com aquela decisão, poderá suscitar conflito negativo de competência, que será apreciado pelo Tribunal, nos moldes dos arts. 803 a 810, da CLT, e do que dispuserem sobre o assunto o Regimento Interno da Corte, e, ainda, em caráter supletivo, os arts. 951 a 959, do CPC;

c) cuidando-se de incompetência *absoluta* (que não deve ser objeto de exceção, mas de preliminar de mérito, como tantas vezes assinalamos), nem sempre o juiz que se declara incompetente deve determinar a remessa dos autos ao que considerou competente. Esse envio dos autos só deverá ocorrer quando o conteúdo da petição inicial puder ser apreciado por este juízo. Estamos a falar, portanto, do *princípio* (por nós concebido) *do aproveitamento da petição inicial*. Expliquemo-nos. Se o autor ingressa na Justiça do Trabalho pretendendo obter um provimento declaratório da existência de relação de emprego com o réu, formulando, em razão disso, pedidos típicos do contrato de trabalho (aviso prévio, ferias, 13.º salário, horas extras e o mais), e o juízo concluir que ele não era empregado, mas representante comercial autônomo, de nada valerá a ordem de encaminhamento dos autos a Justiça Comum, porquanto esta não terá como apreciar pedidos que pressupunham a existência de um contrato de trabalho não reconhecido pela Justiça do Trabalho. Sendo assim, motivos de foro pragmático sugerem que, quando o juízo que se declarar incompetente perceber que a petição inicial não poderá ser aproveitada por aquele que entende ser competente, deverá extinguir o processo sem exame do mérito, permitindo, com isso, que o autor possa ingressar perante o Juízo Comum com a ação que desejar, exceto se pretender impugnar, por mero de recurso ordinário, a sentença (e aqui se trata mesmo de sentença) declaratória da incompetência da Justiça do Trabalho.

Dupla exceção. Questão importante respeita a saber sobre a possibilidade de, no mesmo processo, uma das partes apresentar, digamos, exceção de incompetência e a outra, de suspeição ou de impedimento e qual delas deverá ser apreciada por primeiro.

Está fora de qualquer discussão razoável o direito que cada litigante possui de oferecer as exceções previstas em lei. O que se deve considerar, para esse fim, é se ditas exceções são realmente cabíveis. Seria, mesmo, desatinado supor que o fato de uma das partes haver apresentado certa exceção isso inibisse o direito da outra quanto a oferecer a exceção que desejasse.

Houve um caso concreto, de que tivemos conhecimento, em que o réu alegou a incompetência do juízo, e, na mesma audiência, o autor arguiu a suspeição do magistrado. Não nos interessa, neste momento, examinar qual o procedimento a ser observado pelo juiz, em situações como essa. Admitida a possibilidade da apresentação simultânea dessas exceções, só nos resta opinar sobre qual delas deveria ser apreciada em primeiro lugar.

A dificuldade que alguns estudiosos têm enfrentado, ao debruçar-se sobre o tema, talvez derive do fato de que tanto a *imparcialidade* do juiz (que pode ser comprometida pela suspeição) quanto a *competência* do juízo constituem pressupostos de *desenvolvimento* regular da relação processual, estando, assim, situados no mesmo plano axiológico. Se bem refletirmos, no entanto, logo veremos que, na espécie em estudo, a exceção de suspeição deveria ser apreciada por primeiro, pois um juízo inquinado de suspeito não pode praticar nenhum ato no processo, exceto os concernentes à própria instrução dessa exceção. Poder-se-ia pensar que a exceção de incompetência deveria ser apreciada com precedência quanto às demais, pois não se compreende como um juízo, que se alega incompetente, possa se pronunciar sobre qualquer outro assunto, ainda que este se refira à suspeição. Não é bem assim. A suspeição, como sabemos, está intimamente vinculada à necessidade de as partes terem a causa julgada por magistrado *imparcial.* A ser apreciada, em primeiro lugar, a exceção de incompetência territorial, e vindo esta a ser rejeitada, poderia ficar ainda mais destacada a suspeição do juiz, que teria decidido contra o réu por ser, talvez, amigo íntimo do autor. Ou inimigo figadal do réu.

Sendo acolhida a exceção de impedimento, ou a de suspeição, ou ambas, o juiz impedido ou suspeito se afastará do processo, devendo, em virtude disso, a exceção de incompetência ser apreciada pelo que os substituir. Caso as exceções de impedimento e de suspeição sejam, ao contrário, rejeitadas, a de incompetência será examinada pelo próprio juiz a que a parte considerou impedido ou suspeito. Assim dizemos, porque as decisões sobre exceções, no processo do trabalho, são irrecorríveis autonomamente. É inegável que essa irrecorribilidade pode fazer com que, mais tarde, o tribunal, por força de recurso interposto pelo réu, quanto à sentença de mérito, venha a declarar o impedimento ou a suspeição do juiz, com a consequente nulidade do processo. Essas circunstâncias e vicissitudes são próprias do tratamento que o processo do trabalho dispensa as exceções em geral.

Exceção e *litisconsórcio.* Situações de solução mais difícil poderão ocorrer no caso de a exceção de incompetência vir a ser formulada nos regimes litisconsorciais.

Admitamos, p. ex., que haja dois autores, no mesmo processo (litisconsórcio ativo) e que o réu venha a alegar, mediante exceção, a incompetência do juízo, apenas, com relação a um deles.

Em tese, várias soluções poderiam ser propostas, a saber: *a)* indeferir a petição de exceção, por tratar-se de incompetência ligada, somente, a um dos litisconsortes; *b)* receber a exceção, com a consequente suspensão do processo principal; *c)* receber a exceção, sem suspender o processo principal quanto ao outro litisconsorte; *d)* desmembrar as ações, de tal modo que ficasse desfeito o regime litisconsorcial. Examinemo-las.

a) Indeferir a petição. Esta solução é inaceitável. Se a petição concernente a exceção de incompetência se encontra regularmente elaborada, vale dizer, atende a todos os requisitos legais, não há fundamento jurídico para repeli-la. Fazê-lo seria, além disso, subtrair do réu a possibilidade, que lhe é assegurada em lei, de arguir a incompetência territorial do juízo perante o qual a ação foi posta. Nem se ignore que a formação do regime litisconsorcial ativo foi algo que não derivou da vontade do réu, e, sim dos autores, motivo por que não seria ético prejudicar-se aquele em virtude de um ato a que não deu causa. Mais ainda: estar-se-ia, de certa forma, permitindo que os autores se beneficiassem do fato de haverem exercido a ação perante um juízo destituído de competência para apreciá-la.

b) Receber a exceção e suspender o processo principal. Embora esta proposta tenha em seu favor o mérito de não prejudicar o réu, em seu direito de excepcionar o juízo, pesa contra ela, com certa gravidade, o fato de fazer com que o outro litisconsorte (não o excepto) seja altamente prejudicado pela suspensão do processo principal. Mais do que isso, poderia acontecer de o juízo acolher a alegação de incompetência e determinar a remessa dos autos ao que considerasse competente, abrindo, com isso, oportunidade para que o réu apresentasse, diante daquele juízo, nova exceção de incompetência, desta feita pertinente ao outro litisconsorte. Imagine-se, então, se o juízo, para o qual os autos haviam sido encaminhados em decorrência do acolhimento da primeira exceção, resolvesse acatar a segunda e, em consequência, ordenasse o envio (ou devolução?) dos autos ao juízo anterior...

Caso, aliás, o juiz mandasse encaminhar os autos ao órgão jurisdicional declarado competente, teríamos uma daquelas situações extremamente escassas, insólitas mesmo, em que o outro litisconsorte (mais uma vez: não excepto), embora fosse autor na ação, poderia alegar a incompetência do juízo, no que respeita a ele...

Logo, pelas consequências tumultuárias do procedimento, que a solução *sub examen* inevitavelmente acarretaria, deve ser desprezada.

c) Receber a exceção, sem suspender o processo principal. A solução, nesta hipótese, não seria menos aberrante do que a anterior. Se a não suspensão do processo principal teria o objetivo meritório de evitar prejuízos ao outro litisconsorte (não excepto), por outro lado, conduziria a uma subversão dos princípios e das normas legais regentes da matéria, que ordenam a (imediata) suspensão desse processo, assim que a exceção de incompetência *ratione toei* for recebida (CLT, art. 799, *caput*). Acima de tudo, seria ilógico prosseguir-se com o processo principal, inclusive quanto ao excepto, sem que o problema da incompetência tivesse sido resolvido em definitivo.

Mantido o regime litisconsorcial, a prossecução do processo principal poderia ensejar a que o excipiente impetrasse mandado de segurança, contra o ato do juiz, argumentando com o seu direito líquido e certo de ver suspenso esse processo, com o oferecimento da exceção de incompetência. Descartamos o uso da correição parcial por não vermos, nessa atitude do juiz, um ato tumultuante do procedimento, mas, sim, lesivo de um direito subjetivo, "líquido e certo", do excipiente. Não se configuraria, aí, enfim, uma inversão tumultuária do "devido processo legal", o desrespeito judicial a um dispositivo de lei, que impõe a suspensão do processo.

d) Desmembramento das ações. Conquanto não haja previsão legal acerca da possibilidade de serem disjungidas as ações que correspondem a cada litisconsorte, não menos verdadeiro é que a lei não proíbe essa separação, em situações excepcionais, como a que estamos a examinar.

Em termos práticos, o juiz, para evitar os inconvenientes a que conduziria a adoção de quaisquer das soluções até este ponto apreciadas, poderia determinar que o advogado dos autores (litisconsortes) reproduzisse as principais peças dos autos, a fim de serem autuadas em separado, ou seja, de constituírem novos autos, que se destinariam à ação do litisconsorte-excepto, ficando o outro liberado para prosseguir com o seu processo. Do ponto de vista estatístico, ou, mesmo, da distribuição dos feitos, os novos autos, por tal modo obtidos, poderiam receber o mesmo número do anterior, de que se desmembraram, apondo-se, apenas, ao lado da numeração, por exemplo, a letra "A", para distingui-los daqueles.

Por mais de uma vez assim agimos, ao tempo em que exercíamos a judicatura em primeiro grau de jurisdição, sem que tivesse ocorrido qualquer contrariedade dos litigantes. Bem ao contrário, estes aplaudiram a providência, cuja finalidade foi a de não acarretar prejuízos ou transtornos a eles.

Esse procedimento, já submetido, portanto, ao crivo da realidade prática, consistiu, como se percebe, no desfazimento do regime litisconsorcial (que era originário), em decorrência de um fato imprevisto (logo, superveniente), representado pela arguição de incompetência territorial no juízo, com relação a um só dos litisconsortes.

Separadas as ações, cada parte poderá seguir livremente o seu caminho, a sua "via sacra processual", sem as amarras do regime litisconsorcial, que, se de início eram convenientes, passaram a ser um enorme empecilho em decorrência da exceção apresentada pelo réu.

Desnecessário alertar que nossas considerações estão sendo expendidas com vistas ao litisconsórcio do tipo *facultativo*, que se caracteriza pela ausência de obrigatoriedade de sua formação; nos regimes litisconsorciais *necessários*, a solução que preconizamos não seria possível, sendo, por isso, de receber-se a exceção de incompetência e determinar-se a suspensão do processo principal, ainda que isso venha contra os interesses do outro litisconsorte, não excepto. O litisconsórcio *necessário*, como a própria denominação está a indicar, não pode ser desfeito, sob pena de nulidade da sentença que vier a compor a lide.

Cogitamos, até aqui, do litisconsórcio ativo. Vejamos, agora, como se passam as coisas no terreno do litisconsórcio passivo.

Havendo um só autor, mas dois ou mais réus, pode acontecer de um destes vir a arguir, via exceção, a incompetência territorial do juízo. Ainda que não se trate de litisconsórcio *necessário* (sendo, portanto, meramente *facultativo*), as particularidades da exceção farão com que o processo principal seja suspenso para ambos os litisconsortes. Será aplicável à espécie, por isso, a regra geral contida no art. 117, do CPC.

É inegável que a vida poderá apresentar situações que não se amoldem à solução que estamos a alvitrar, pois sabemos que a realidade concreta é muito mais rica e dinâmica do que possam imaginar os doutrinadores. Em princípio, contudo, a exceção oferecida por um dos litisconsortes ao outro aproveita, fazendo com que a suspensão do processo principal se dê no tocante a ambos. Se, em determinado caso, uma particularidade relevante desaconselhar a adoção dessa regra, caberá ao juiz encontrar a solução mais adequada. Queremos, apenas, advertir que não lhe será lícito desfazer o regime litisconsorcial *passivo*, que tenha sido regularmente constituído, porque essa espécie de litisconsórcio se destina a acender aos interesses do autor, com vistas, muitas vezes, a execução da sentença condenatória. Cabe-nos lembrar, *e. g.*, que, em consonância com a Súmula n. 205, do TST, "*O responsável solidário, integrante de grupo econômico, que não participou da relação processual como reclamado (sic) e que, portanto, não consta do título executivo judicial como devedor, não pode ser sujeito passivo da execução*".

Uma outra consequência se extrai de nossos comentários: no litisconsórcio passivo, mesmo sendo facultativo, se apenas um dos litisconsortes arguir a incompetência do juízo, em razão do lugar, o silêncio do outro em nada o prejudicará, ainda que a incompetência pudesse ser também alegada por este. Em resumo: havendo um dos litisconsortes apresentado exceção de incompetência, o fato de o outro nada alegar a respeito não fará com que a competência se desloque para o juízo perante o qual a ação foi posta.

Capítulo IV

Exceção de Impedimento

1. Comentário

O estatuto processual civil de 1939 não estabelecia nenhuma distinção de ordem sistemática entre as causas de impedimento e de suspeição. Todas elas vinham enfeixadas sob o título de suspeição e se encontravam arroladas no art. 185.

Pedro Baptista Martins chegou a afirmar ser inteiramente destituída de interesse pragmático qualquer separação nesse sentido.[31]

A CLT, editada na vigência do CPC, deixou-se influenciar por este, de tal modo que também não distinguiu os casos de suspeição dos de impedimento (art. 801). Tudo aqui foi tratado como suspeição, embora o parentesco (letra "*c*") diga respeito ao impedimento.

Conforme demonstraremos adiante, o impedimento, no processo do trabalho, não deriva, apenas, do parentesco do juiz, senão que também de todas aquelas causas mencionadas no art. 144, do atual CPC (incisos I a IX).

O diploma processual civil de 1973, mais didático tratou de maneira separada, os casos de impedimento e de suspeição (arts. 134 e 135, nessa ordem). Essa separação não derivou de mero capricho do legislador, justificando-se, acima de tudo, por motivos científicos e práticos. Científicos, porque as causas de impedimento do magistrado são muito mais graves do que as de suspeição, vale dizer, apresentam-se muito mais comprometedoras de sua atuação; práticos, porque o silêncio da parte, diante do impedimento, é irrelevante, pois o fato de ela nada alegar acerca do assunto não faz com que se torne sem efeito a proibição legal de o juiz impedido funcionar no processo; na suspeição, ao contrário, a falta de manifestação da parte, no momento oportuno, implicará aceitação da presença do juiz na direção do processo. Além disso, somente a sentença emitida por juiz impedido e rescindível (CPC, de 2015, art. 966, , II).

O CPC de 2015 também manteve essa separação, conforme demonstram os arts. 144 e 145.

A doutrina de nosso país tem sustentado, de maneira uniforme, que a razão de as normas legais haverem instituído o veto à atuação judicial, nas situações de impedimento (e, também, de suspeição), decorreu da preocupação de assegurar-se a *imparcialidade* do magistrado na condução do processo. Nós mesmos, em páginas transatas, escrevemos que a

(31) *Comentários ao Código de Processo Civil!* vol. III, tomo I, p. 54.

neutralidade do juiz constitui um dos pressupostos necessários ao regular desenvolvimento da relação jurídica processual. Isso não quer dizer que estejamos plenamente de acordo com aqueles que veem no impedimento uma política legislativa devotada à necessidade de evitar a participação no processo de um juiz parcial, tendencioso. Expliquemo-nos. Não há negar que o juiz, como órgão estatal incumbido de solucionar os conflitos de interesses, deve ser imparcial e que o fato, por exemplo, de ele ser parente ou cônjuge de um dos litigantes, ou, mesmo, parte, coloca em risco esse princípio fundamental da neutralidade. Todavia, se admitirmos a hipótese em que um juiz impedido tenha conduzido o processo, desde o início, e decidido contra a parte a quem, em princípio, se imaginava que estaria propenso a favorecer (por ser seu cônjuge ou parente), parece-nos que ficará um pouco abalado o argumento segundo o qual o veto legal, sob a forma de impedimento, se vincula, exclusivamente, ao receio de imparcialidade do magistrado. Pensamos, assim, que há, nesse veto, também um conteúdo de natureza ética (pois não podemos nos esquecer que o processo é o método formal de que se utiliza o Estado para solucionar as lides), de tal sorte que mesmo vindo o juiz a decidir contra os interesses de um seu parente ou de seu cônjuge, qualquer destes poderá tentar obter um decreto jurisdicional de nulidade do processo ou de desconstituição dos efeitos da coisa julgada material, conforme seja o caso.

Em resumo, a proibição legal de o magistrado atuar em determinadas causas provém não somente da preocupação de assegurar-se aos litigantes a imparcialidade judicial, mas, também, de razões de ordem ética — capazes, por si sós, em algumas situações, de conduzir à nulidade do processo ou à desconstituição da *res iudicata*, quando o magistrado não observar essa imposição legal de abstenção, no que toca ao exercício das suas funções.

A propósito, determinado setor da doutrina tem entendido que se o juiz violar essa proibição legal serão nulos apenas os atos decisórios.[32] Divergimos, *data venia*, dessa corrente de opinião. Tratando-se de impedimento, a declaração de nulidade deve afetar *todo o processo* (e, não apenas, os atos decisórios), pois o art. 144, do digesto de processo civil é claro ao advertir que o juiz estará proibido de *exercer* as *suas funções* no processo em que se configurou o seu impedimento. Essa proibição legal, portanto, não está circunscrita aos denominados "atos decisórios", abarcando, por isso, todo e qualquer ato que o juiz possa ou deva praticar no processo. Seria insensato, *e. g.*, supor que o juiz impedido pudesse inquirir testemunhas e apreciar as contraditas apresentadas; mandar juntar ou desentranhar documentos; nomear perito e o mais.

Por traduzir, o impedimento, um veto legal *absoluto* à atuação do juiz, estamos convencidos de que essa proibição alcança todos os atos processuais, motivo por que eventual desrespeito do magistrado a essa proibição acarretará a nulidade total do processo, tirante a petição inicial. De nada adiantaria, para a parte interessada, ver anulados somente os atos decisórios, ou desconstituídos os efeitos da coisa julgada material, se o pronunciamento de mérito se baseou em atos processuais anteriores, que foram praticados sob a direção do juiz impedido. Tais atos estão, fora de qualquer dúvida razoável, contaminados pelo desacato judicial à proibição que emana do art. 144, do CPC.

---

(32) Assim, Arruda Alvim: *Código de Processo Civil comentado*. vol. II. São Paulo: Revista dos Tribunais, 1981. p. 30.

Não se pense, entretanto, que os atos praticados por juiz impedido integram a classe (algo inexplorada pela doutrina) dos *inexistentes*. Nada disso. Inexistentes seriam esses atos se quem os realizasse não fosse juiz. Sendo por eles realizados, os referidos atos existem, ainda que comprometidos por vícios insanáveis. Se fossem inexistentes, é óbvio que não poderiam ser objeto de ação anulatória ou rescisória, e, sim, de ação declaratória (de inexistência), embora esta nem sempre seja necessária.

Dissemos, há pouco, que o impedimento corresponde a um veto legal *absoluto* à atuação do juiz. Essa afirmação é inteiramente verdadeira, não apenas em face da dicção inequívoca da norma legal (CPC, art. 144, *caput),* mas também se levarmos em conta o fato de que, na suspeição, o dever judicial de abstenção é relativo, haja vista que se a parte deixar de arguir a suspeição no momento oportuno esse seu silêncio permitirá a participação do juiz no processo, ainda que seja amigo íntimo ou inimigo capital de uma das partes; credor ou devedor de qualquer delas; tenha interesse no objeto da lide, etc.

As próprias causas de impedimento, legalmente prevista, justificam a razão por que o veto legal, neste caso, é inflexível. Essas causas, aliás, podem ser objetivamente constatadas, pois a prova, em regra, é documental (sem prejuízo de outros meios, por lei admitidos), ao passo que as causas de suspeição envolvem, muitas vezes, aspectos fortemente subjetivos, como se dá com a amizade íntima, com a inimizade capital, com o interesse no objeto do litígio e o mais.

O juiz togado, como representante, por excelência, do Estado, tem o dever de ser neutro, imparcial, seja na condução do processo — oportunidade em que deve ministrar um tratamento equânime às partes, nos termos do art. 139, I, do CPC —, seja no momento da entrega da prestação jurisdicional. Eventual quebra desse dever de imparcialidade poderá conduzir à decretação de nulidade do processo.

2. Casuística

São estas as disposições do CPC sobre o impedimento do magistrado.

> Art. 144. Há impedimento do juiz, sendo-lhe vedado exercer suas funções no processo:
>
> I - em que interveio como mandatário da parte, oficiou como perito, funcionou como membro do Ministério Público ou prestou depoimento como testemunha;
>
> II - de que conheceu em outro grau de jurisdição, tendo proferido decisão;
>
> III - quando nele estiver postulando, como defensor público, advogado ou membro do Ministério Público, seu cônjuge ou companheiro, ou qualquer parente, consanguíneo ou afim, em linha reta ou colateral, até o terceiro grau, inclusive;
>
> IV - quando for parte no processo ele próprio, seu cônjuge ou companheiro, ou parente, consanguíneo ou afim, em linha reta ou colateral, até o terceiro grau, inclusive;
>
> V - quando for sócio ou membro de direção ou de administração de pessoa jurídica parte no processo;
>
> VI - quando for herdeiro presuntivo, donatário ou empregador de qualquer das partes;

> VII – em que figure como parte instituição de ensino com a qual tenha relação de emprego ou decorrente de contrato de prestação de serviços;
>
> VIII – em que figure como parte cliente do escritório de advocacia de seu cônjuge, companheiro ou parente, consanguíneo ou afim, em linha reta ou colateral, até o terceiro grau, inclusive, mesmo que patrocinado por advogado de outro escritório;
>
> IX – quando promover ação contra a parte ou seu advogado.
>
> § 1.º Na hipótese do inciso III, o impedimento só se verifica quando o defensor público, o advogado ou o membro do Ministério Público já integrava o processo antes do início da atividade judicante do juiz.
>
> § 2.º É vedada a criação de fato superveniente a fim de caracterizar impedimento do juiz.
>
> § 3.º O impedimento previsto no inciso III também se verifica no caso de mandato conferido a membro de escritório de advocacia que tenha em seus quadros advogado que individualmente ostente a condição nele prevista, mesmo que não intervenha diretamente no processo.

Dediquemo-nos a examinar esses casos.

Caput. Ainda que por outras palavras, o veto à atuação do juiz impedido estava expresso no *caput* do art. 134 do CPC revogado.

O estatuto processual civil de 1939 não estabelecia nenhuma distinção de ordem sistemática entre as causas de impedimento e de suspeição. Todas elas vinham enfeixadas sob o título de suspeição e se encontravam arroladas no art. 185.

Pedro Baptista Martins chegou a afirmar ser inteiramente destituída de interesse pragmático qualquer separação nesse sentido (*Comentários ao Código de Processo Civil*. V. III, tomo I, p. 54).

A CLT, editada na vigência do CPC, deixou-se influenciar por este, de tal modo que também não distinguiu os casos de suspeição dos de impedimento (art. 801). Tudo aqui foi tratado (e encambulhado) como suspeição, embora o parentesco (letra "*c*") diga respeito ao impedimento.

Conforme demonstraremos adiante, o impedimento, no processo do trabalho, não deriva, apenas, do parentesco do juiz, senão que também de todas aquelas causas mencionadas nos incisos do art. 144 do CPC.

O atual CPC (a exemplo do CPC de 1973), mais didático, trata, de maneira separada, os casos de impedimento e de suspeição (arts. 144 e 145, nessa ordem). Essa disjunção não derivou de mero capricho do legislador, justificando-se, acima de tudo, por motivos científicos e práticos. Científicos, porque as causas de impedimento do magistrado são muito mais graves do que as de suspeição, vale dizer, apresentam-se muito mais comprometedoras de sua atuação e do dever legal de neutralidade inerente ao exercício das funções; práticos, porque o silêncio da parte, diante do impedimento, é irrelevante, pois o fato de ela nada alegar acerca do assunto não faz com que se torne sem efeito a proibição legal de o juiz impedido funcionar no processo; na suspeição, ao contrário, a falta de manifestação da parte, no momento oportuno, é interpretada pelo sistema como aceitação tácita da presença do magistrado no comando processual.

A doutrina de nosso País tem sustentado, de maneira uniforme, que a razão de as normas legais haverem instituído o veto à atuação judicial, nas situações de impedimento (e, também, de suspeição), decorreu da preocupação de assegurar-se a imparcialidade do magistrado na condução do processo. Nós mesmos, em linhas transatas, escrevemos que a neutralidade do juiz constitui um dos pressupostos necessários ao regular desenvolvimento da relação jurídica processual. Isso não quer dizer que estejamos plenamente de acordo com aqueles que veem no impedimento uma política legislativa devotada, *exclusivamente*, à necessidade de evitar a participação no processo de um juiz parcial, tendencioso. Expliquemo-nos. Não há negar que o juiz, como órgão estatal incumbido de solucionar os conflitos de interesses, deve ser imparcial e que o fato, por exemplo, de ele ser parente ou cônjuge de um dos litigantes, ou, mesmo, parte, coloca em risco esse princípio fundamental da neutralidade. Todavia, se admitirmos a hipótese em que um juiz impedido tenha conduzido o processo, desde o início, e decidido contra a parte a quem, em princípio, se imaginava que estaria propenso a favorecer (por ser seu cônjuge ou parente), parece-nos que ficará um pouco abalado o argumento segundo o qual o veto legal, sob a forma de impedimento, se vincula, de maneira exclusiva, ao receio de imparcialidade do magistrado. Pensamos, assim, que há, nesse veto, também um conteúdo de natureza ética (pois não podemos nos esquecer que o processo é o método formal de que se utiliza o Estado para solucionar as lides), de tal sorte que mesmo vindo o juiz a decidir contra os interesses de um seu parente ou de seu cônjuge, qualquer destes poderá tentar obter um decreto jurisdicional de nulidade do processo ou de desconstituição dos efeitos da coisa julgada material, conforme seja o caso.

Em resumo, a proibição legal de o magistrado atuar em determinadas causas provém não somente da preocupação de assegurar-se aos litigantes a imparcialidade judicial, mas, também, de razões de ordem ética — capazes, por si sós, em algumas situações, de conduzir à nulidade do processo ou à desconstituição da *res iudicata*, quando o magistrado não observar essa imposição legal de abstenção, no que tange ao exercício das suas funções.

Por traduzir, o impedimento, um veto legal *absoluto* à atuação do juiz, estamos convencidos de que essa proibição alcança todos os atos processuais, motivo por que eventual desrespeito do magistrado a essa proibição acarretará a nulidade total do processo, tirante a petição inicial. De nada adiantaria, para a parte interessada, ver anulados somente os atos decisórios, ou desconstituídos os efeitos da coisa julgada material, se o pronunciamento de mérito se baseou em atos processuais antecedentes, que foram praticados sob a direção do juiz impedido. Tais atos estão, fora de qualquer dúvida razoável, contaminados pelo desacato judicial à proibição que emana do art. 144, do CPC.

Não se pense, entretanto, que os atos praticados por juiz impedido integram a classe (algo inexplorada pela doutrina) dos inexistentes. Nada disso. Inexistentes seriam esses atos se quem os realizasse não fosse juiz. Sendo realizados por juiz, referidos atos *existem*, ainda que comprometidos por vícios insanáveis. Se fossem inexistentes, é óbvio que não poderiam ser objeto de ação anulatória ou rescisória, e, sim, de ação declaratória (de inexistência), embora esta nem sempre seja necessária.

Dissemos, há pouco, que o impedimento corresponde a um veto legal absoluto à atuação do juiz. Essa afirmação é inteiramente verdadeira, não apenas em face da dicção inequívoca da norma legal (art. 144, *caput*), mas também se levarmos em conta o fato de que, na suspeição, o dever judicial de abstenção é relativo, haja vista que se a parte deixar de arguir a suspeição no momento oportuno esse seu silêncio permitirá a participação do juiz no processo, ainda que seja amigo íntimo ou inimigo capital de uma das partes; credor ou devedor de qualquer delas; tenha interesse no objeto da lide, etc.

As próprias causas de impedimento, legalmente previstas, justificam a razão por que o veto legal, neste caso, é inflexível. Essas causas, aliás, podem ser objetivamente constatadas, pois a prova, em regra, é documental (sem prejuízo de outros meios, por lei admitidos), ao passo que as causas de suspeição envolvem, muitas vezes, aspectos fortemente subjetivos, como se dá com a amizade íntima, com a inimizade capital, com o interesse no objeto do litígio e o mais.

O juiz, como representante, por excelência, do Estado, tem o dever de ser neutro, imparcial, seja na condução do processo — oportunidade em que deve ministrar um tratamento equânime às partes, seja no momento da entrega da prestação jurisdicional. Eventual quebra desse dever de imparcialidade poderá conduzir à decretação de nulidade do processo.

> Inciso I. Em que interveio como mandatário da parte, oficiou como perito, funcionou como membro do Ministério Público ou prestou depoimento como testemunha.

Constituía o inciso II do art. 134 do CPC revogado.

Em um único inciso, a lei enfeixa diversas causas de impedimento à atuação do juiz. Passemos a examiná-las.

a) *Mandatário da parte*. Embora, em geral, na prática, o impedimento do magistrado decorra de mandato judicial, o veto legal à sua atuação no processo alcança também os casos de mandato extrajudicial. Desse modo, pouco importa que o juiz figure nos autos como advogado de uma das partes, como representante legal ou como preposto, porquanto, em todas essas situações, estará impedido de atuar.

São frequentes os casos em que o advogado se torna juiz do trabalho, e, mais tarde, tem diante de si autos de processo no qual funcionou como procurador judicial de um dos litigantes. O impedimento, aqui, estará configurado, impondo-lhe o dever de abster-se de funcionar nesse processo. Mesmo que a procuração recebida tenha sido revogada ou haja ele renunciado ao mandato, não deixará de existir o impedimento, ainda que tenham sido mínimos os atos praticados. Pensamos, mesmo, que o impedimento se caracteriza pela mera outorga da procuração, ainda que o advogado, agora juiz, não tenha praticado nenhum ato no processo. Sucede que essa simples outorga já revela uma relação (profissional) entre o juiz e a parte, fato que é suficiente para obstar a atuação do primeiro nos autos em que esta figura como parte. Não ignoramos que a lei se refere à *intervenção* do advogado no processo. A despeito disso, seguimos entendendo que o fato de a procuração por ele recebida habilitá-lo a intervir no processo é bastante para fazer nascer o seu impedimento, tempos depois, como juiz. Como dissemos, a existência dessa procuração demonstra que houve uma relação de confiança (portanto, com certa intimidade) entre o juiz (então, advogado) e a parte.

Questão ainda não arrostada a fundo pela doutrina respeita ao fato de o juiz haver emitido *parecer*, cujas conclusões sejam favoráveis a um dos litigantes. Estamos, como se nota, cogitando daquelas situações em que o magistrado é, também, o que se convencionou denominar de jurista ou jurisconsulto.

O assunto deve ser examinado sob dois ângulos distintos:

1) se o parecer foi elaborado a pedido de terceiro, sem qualquer vinculação com o caso concreto, nenhuma restrição haverá à atuação do magistrado. Nesta hipótese, a parte apenas usou o mencionado parecer como adminículo doutrinal às suas razões, à semelhança do que ocorre com os artigos elaborados pelos juristas em geral e publicados em revistas, jornais especializados ou na *Internet*, que são juntados aos autos pelos litigantes;

2) se o parecer foi produzido a pedido de uma das partes, a situação, também aqui, se desdobra, conforme essa elaboração tenha ocorrido: a) antes do ajuizamento da ação, ou b) no curso do processo.

No primeiro caso, não se poderá cogitar de impedimento, pois não há previsão legal para ao fato. Haveria, entretanto, motivo para suspeição do magistrado, não por eventual amizade íntima com a parte que encomendou o parecer, mas pela justificável tendência de o juiz julgar de acordo com as conclusões lançadas no parecer, particularidade que faria aflorar o seu interesse no julgamento da lide em favor do mencionado litigante (CPC, art. 145, IV). No segundo, a suspeição seria ainda mais nítida, porquanto o juiz, ao confeccionar o parecer a pedido de uma das partes, encontrando-se em curso o processo, estaria, ainda que por vias transversas, sutis, aconselhando, censuravelmente, essa parte acerca do objeto da causa, e, com isso, incidindo na restrição legal (CPC, art. 145, IV).

b) *Perito*. Havendo o juiz oficiado nos autos como perito, estará impedido de aí atuar. É elementar que se trata de hipótese em que o perito funcionou antes de haver-se tornado juiz; se já o fosse, não poderia exercer as suas funções de experto.

Haverá impedimento mesmo que o juiz tenha atuado como assistente do perito.

Pergunta-se: a partir de que momento se estabelece, para o magistrado o impedimento, em decorrência de haver atuado nos autos como perito: da prestação do compromisso legal; da realização do exame técnico; da apresentação do laudo?

A simples prestação do compromisso legal, a nosso ver, não cria o impedimento, pois esse ato não traduz uma efetiva atuação do perito, senão que o atendimento a uma formalidade legal. Cabe esclarecer que a despeito do disposto no art. 466, *caput*, do CPC, a CLT o exige que o *expert* preste compromisso formal, como demonstra o art. 827.

Quanto ao fato de haver realizado o exame (mas não tendo chegado a apresentar o laudo correspondente), em princípio deve gerar o impedimento, pois o juiz poderá ser levado a decidir sob forte influência de seus conhecimentos privados do fato, adquiridos em função da perícia, o que é inadmissível, porquanto não se trata de fato notório, nem incontroverso.

Por mais forte razão, o impedimento se caracterizará se houve a entrega do laudo. Realmente, se já consta dos autos o parecer do perito, e considerando que constitui meio de prova, não será lícito ao juiz formar o seu convencimento jurídico com base em um laudo por ele próprio produzido, ao tempo em que exercia as funções de experto. Mesmo que o juiz — argumentando-se em tese — não acatasse as conclusões estampadas no laudo, isso não tornaria lícita a sua atuação nos autos, vez que, neste, oficiou como experto.

c) *Membro do Ministério Público*. Tendo o juiz funcionado como agente do Ministério Público estará impedido de exercer as funções no processo.

d) *Testemunha*. É óbvio que se o juiz prestou declarações nos autos, como testemunha, estará impedido de aí atuar. Sendo o testemunho um meio de prova, seria aberrante do bom senso imaginar que o juiz pudesse decidir com fulcro nas próprias declarações prestadas como testemunha. Mesmo que ele desprezasse essas declarações, o seu impedimento subsistiria, em face de sua participação.

É irrelevante, ainda, que viesse a decidir contra a parte que o arrolou como testemunha, ou que a sua indicação haja decorrido da iniciativa do juiz, que, na época, conduzia o processo ("testemunha referida").

Assinale-se que a situação contemplada pela norma legal em exame é a do juiz que presta declarações, como testemunha, antes de haver ingressado na magistratura. Assim dizemos porque se o juiz da causa for apontado como testemunha, deverá: a) declarar-se impedido, se tiver conhecimento de fatos, que possam influir na decisão; b) se nada souber, mandará excluir o seu nome (art. 452, I e II).

Preceitua o § 4.º do art. 447, do digesto processual civil, contudo, que, sendo estritamente necessário, poderão ser ouvidas "testemunhas" menores, impedidas ou suspeitas. Em rigor, a menção legal às testemunhas é equivocada, dado que se tais pessoas ficam dispensadas do compromisso legal (art. 458), como afirma o art. 447, § 5.º, é evidente que serão ouvidas como meros informantes. Essa nossa objeção, entrementes, não alcança o juiz da causa. Assim, como asseveramos há pouco, se ele for arrolado como testemunha e tiver conhecimento de fatos capazes de influir no resultado do julgamento deverá dar-se por impedido, caso em que a parte que o indicou não poderá desistir do seu depoimento (art. 452, I). A proibição quanto a essa desistência visa a impedir que a parte indique o juiz como testemunha apenas para afastá-lo da direção do processo. Dessa forma, ele deverá ser inquirido, pelo juiz que for designado em seu lugar, não como informante, e, sim, como testemunha. O impedimento, de que fala o art. 452, I, é quanto ao exercício das funções de magistrado, não sendo defeso, portanto, ao juiz (que se afastou do processo) ser ouvido como testemunha.

O que não se pode admitir é que o juiz se ofereça como testemunha para ser inquirido no processo a que dirige. Essa atitude seria comprometedora do prestígio e da dignidade do Poder Judiciário, pois o que as partes desejam é que o juiz conduza com imparcialidade o processo e profira a sentença, e, não, que se disponha, por iniciativa própria, a servir como testemunha em favor de uma delas.

Inciso II. De que conheceu em outro grau de jurisdição, tendo proferido decisão.

Esta causa de impedimento constava do inciso III do art. 134 do CPC revogado.

Por força da norma legal supracitada, o juiz estará proibido de exercer as suas funções no processo que conheceu em primeiro grau de jurisdição, tendo-lhe proferido sentença ou decisão.

Uma notícia histórica: no texto do Projeto do Código de Processo Civil de 1973, esse veto era previsto, apenas, com relação aos processos em que o juiz houvesse emitido *sentença*. Em decorrência de alteração introduzida por Emenda apresentada pela Comissão Especial do Senado, acrescentou-se ao texto o vocábulo *decisão*, de maneira a tornar mais ampla a proibição dirigida ao magistrado. Essa modificação foi acertada, considerando-se os termos segundo os quais se encontrava redigido, primitivamente, o dispositivo citado. Ocorre que se a referência fosse, apenas, à sentença, o juiz poderia funcionar no mesmo processo, em segundo grau, ainda que, em primeiro, houvesse proferido, nele, alguma decisão (geralmente, interlocutória). Por outro lado, se o texto aludisse, somente, às decisões, isso poderia levar à absurda conclusão que o fato de haver proferido sentença não criaria o impedimento do magistrado. Assim dizemos tendo em conta a classificação e a conceituação dos atos judiciais estabelecidas pelo art. 162, daquele CPC, que compreendiam os despachos (ordinatórios e decisórios), as decisões interlocutórias e as sentenças (e, ainda, os acórdãos).

A regra inscrita no art. 144, inciso II, do atual digesto de processo civil, merece alguns escólios exegéticos.

Em primeiro lugar, o impedimento do juiz se prende ao fato de haver proferido, num mesmo processo, sentença ou decisão interlocutória. Em princípio, portanto, esse impedimento inexistirá se, embora sendo idêntica a matéria, ele a tenha apreciado em primeiro grau, mediante sentença, num determinado processo, vindo a examiná-la, mais tarde, no tribunal, em outro processo. Em segundo, como o impedimento se constitui no tocante ao mesmo processo, algumas conclusões lógicas se extraem: a) esse veto subsistirá ainda que o juiz tenha sido, digamos, relator do acórdão num Tribunal Regional, e, mais tarde, quando integrante do Tribunal Superior do Trabalho, venha a ser sorteado como relator, no mesmo processo, em face do recurso de revista interposto do acórdão emitido pelo Regional. Não cremos que mereça interpretação restritiva a referência que o Código faz à atuação do juiz em primeiro grau; ora, se ele funcionou no mesmo processo, ainda que, num primeiro momento, num Tribunal Regional, e, num segundo, num Tribunal Superior, terá sido desrespeitado o verdadeiro sentido da vedação contida no texto, legal em exame; b) se, porém, o juiz proferiu a sentença rescindenda, não estará impedido de participar do julgamento (inclusive como relator) da ação rescisória. Esse é o entendimento jurisprudencial cristalizado na Súmula n. 252, do Supremo Tribunal Federal. Dá-se que, nesse caso, a atuação do juiz, na ação rescisória, ocorre em outro processo, vale dizer, em processo diverso daquele em que foi lançada a sentença rescindenda. A ação rescisória — nunca é inútil recordar — instaura uma nova relação jurídica processual, razão por que dela pode participar o juiz que haja funcionado no julgamento que produziu a sentença cujos efeitos se visa a desconstituir.

Impõe-se, aqui, uma regra de temperamento, de bom senso. Parece-nos que, a despeito da Súmula n. 252, do Excelso Pretório, haverá impedimento se a ação rescisória fundar-se em certos fatos que digam respeito à *pessoa* do magistrado, como se verifica, por exemplo, nas alegações de prevaricação, concussão, corrupção e impedimento. A considerar-se que inexistirá impedimento, ter-se-á de admitir que o juiz, em sede de ação rescisória, pode manifestar-se, sob a forma de voto, acerca da afirmação, feita pela parte, de atos de corrupção ou de concussão que ele teria praticado quando do proferimento da sentença rescindenda. Se bem pensarmos, veremos que ele estaria, nesta hipótese, sendo juiz em causa própria, o que é inconcebível em um regime democrático; c) se o magistrado houver, tão somente, proferido despacho em primeiro grau, não estará impedido de participar do processo, em segundo grau. Uma ressalva, entretanto, se faz necessária. O despacho, que não inibe a atuação do juiz no processo, em outro grau de jurisdição, é, apenas, aquele do tipo ordinatório ou de expediente, destinado à simples impulsão processual. Sabemos, contudo, que há certos despachos que contêm um *plus*, com relação aos ordinatórios: são os *decisórios*, que traduzem um ato resolutivo, por parte do juiz, com carga mais intensa do que aquela que pode ser encontrada em alguns despachos de mero expediente. Exemplo característico do despacho-decisório (conquanto não seja o único), de que estamos a cuidar, é aquele pelo qual o juiz não admite recurso. O caráter profundamente *decisório* desse despacho fez, inclusive, com que o legislador trabalhista o tornasse suscetível de ataque pelo agravo de instrumento (CLT, art. 897, "b"). Desta forma, se o juiz emitiu o despacho-decisório, denegatório do recurso, não poderá participar do julgamento, no tribunal, do agravo de instrumento interposto daquele despacho, pois a sua atuação estaria se dando no mesmo processo. É sempre relevante lembrar que o recurso, ao contrário da ação rescisória, não instaura uma nova relação jurídica processual, senão que, de certa maneira, distende, amplia a que se formou em primeiro grau.

Para efeito de configuração do impedimento, pouco importa se a sentença (para cogitarmos somente desta) tenha apreciado, ou não, o mérito da causa. Assim, se, em primeiro grau, o juiz extinguiu o processo sem exame do mérito, por haver, *e. g.*, declarado inepta a petição inicial, estará impedido de participar do julgamento do recurso ordinário que vier a ser interposto dessa sentença, ou mesmo do recurso interposto da sentença de mérito, proferida no mesmo processo, no caso de o tribunal haver afastado o decreto de inépcia e ordenado a devolução dos autos ao juízo de primeiro grau, para apreciar os pedidos formulados pelo autor, como entendesse de direito. Em todas essas situações, ao juiz seria defeso participar do julgamento do recurso, por haver proferido a sentença impugnada.

Podemos, mesmo, à luz do art. 144, inciso II, do CPC, construir as seguintes regras, de ordem prática: a) o juiz estará impedido de atuar no mesmo processo, em outro grau de jurisdição, sempre que, nele, houver emitido decisão ou sentença, seja de mérito, ou não. É despiciendo, para esse fim, que a sentença (sendo de mérito) tenha sido desconstituída em virtude de ação rescisória; b) o juiz, contudo, não estará impedido de participar do julgamento da sentença rescindenda por ele proferida, exceto se a ação rescisória fundar-se em fatos que digam respeito, essencialmente, à pessoa do juiz, à sua honorabilidade, ao seu caráter, etc. (prevaricação, concussão, corrupção, impedimento).

Inciso III. Quando nele estiver postulando, como defensor público, advogado ou membro do Ministério Público, seu cônjuge ou companheiro, ou qualquer parente, consanguíneo ou afim, em linha reta ou colateral, até o terceiro grau, inclusive.

Em termos gerais, a regra já figurava no inciso IV do art. 134 do CPC revogado.

Se estiver postulando nos autos, como defensor ou advogado de um dos litigantes, ou como membro do Ministério Público o cônjuge ou companheira do juiz ou qualquer parente seu, consanguíneo ou afim, em linha reta, ou na colateral até o segundo grau inclusive, o juiz estará impedido de exercer as suas funções nesse processo.

O texto anterior não fazia menção ao defensor e ao membro do Ministério Público, assim como não aludia ao companheiro (ou companheira) do(a) magistrado(a).

A razão do veto legal à atuação do juiz é óbvia: presume-se que ele terá o seu senso (e, acima de tudo, o dever) de imparcialidade perturbado pelo fato de o defensor ou advogado da parte, ou o membro do Ministério Público ser seu cônjuge ou parente, consanguíneo ou afim, na linha reta ou na colateral, até o segundo grau, inclusive. Por esse motivo, o legislador, cauteloso, o afastou da direção do processo.

Cônjuge é o marido ou a mulher. Na vigência do CPC de 1973 entendíamos que a *companheira* ou a *concubina* do magistrado, por não estarem relacionadas no art. 134, que tratava do impedimento, seriam causa de *suspeição*, pois o fato se amoldaria à previsão do art. 135, inciso I, daquele Código (amizade íntima).

O texto atual, entretanto, incluiu, de maneira expressa, o companheiro (ou companheira), que estiver postulando em juízo, como causa de *impedimento* do magistrado. O mesmo tratamento deve ser dado á *concubina*. Essa nossa opinião tanto mais se robustece quando houver filhos comuns e desde que a filiação seja reconhecida, na forma da lei. Neste caso, a presença de filho (ou de filhos) faz com que o vínculo efetivo entre o juiz e a concubina se torne mais concreto e expressivo, de tal modo que se possa considerá-lo impedido de funcionar nos autos em que a concubina sejam parte (mesmo não sendo ele, juiz, réu...).

Como ficará, porém, a situação em que o casamento foi desfeito (divórcio) ou declarado nulo? Não se podendo, neste caso, falar em cônjuge, e não sendo razoável imaginar-se que o ex-cônjuge jamais pudesse influir na disposição do ânimo do juiz, julgamos que, aqui, haverá causa de *suspeição*.

É oportuno rememorarmos, nesta altura, algumas regras a respeito da fixação dos graus de parentesco. Antes, observemos que parente é a pessoa que se vincula a uma outra por um mesmo tronco (consanguinidade) ou por ser uma delas consanguínea do cônjuge da outra (afinidade). Linha reta é a que liga ascendentes e descendentes: avós, pais, filhos, netos; linha colateral é a que se estabelece entre pessoas que têm o mesmo tronco, excluídos os ascendentes e os descendentes: irmãos, primos.

O grau de parentesco se define segundo o número de gerações que separam duas pessoas. Há, entretanto, uma peculiaridade quanto à contagem das gerações, pois se considera uma na linha reta e outra na colateral. Desse modo, na primeira, subimos ou descemos os graus necessários para ir de uma pessoa para outra. Se desejarmos seguir, p. ex., do filho para o pai, subiremos um grau; se pretendermos o contrário, deveremos descer um grau. Temos, pois, que pai e filho são parentes em primeiro grau; avô e neto, em segundo; bisavô e bisneto, em terceiro, e, assim, sucessivamente. Contagem diversa ocorre na linha colateral. Aqui, subimos de uma pessoa até o descendente comum, para, depois, descermos até a outra. Daí vem, que irmãos são parentes em segundo grau; tios e sobrinhos, em terceiro; primos, em quarto, e, assim, por diante.

O mesmo critério é utilizado para definir os graus de parentesco por afinidade. Por isso, cunhados são parentes em segundo grau; sobrinho (por afinidade) em terceiro, etc.

Para os efeitos do inciso III do art. 114, do CPC, deve ser dito que não há limite para o impedimento na linha reta; já na colateral, o dever de abstenção do magistrado só existe até o parentesco em segundo grau (irmão).

> Inciso IV. Quando for parte no processo ele próprio, seu cônjuge ou companheiro, ou parente, consanguíneo ou afim, em linha reta ou colateral, até o terceiro grau, inclusive.

Este motivo de impedimento estava previsto, com menor amplitude, no inciso V do art. 134 do CPC revogado. Expliquemo-nos. O precitado artigo mencionava, em inciso específico (I), como fator de impedimento da atuação do magistrado, o ser *parte* na causa. O Código atual cuida do tema no inciso IV do art. 144, ao fazer uso da expressão "quando ele próprio", ou seja, o magistrado (além do seu cônjuge, companheiro ou parente) for parte no feito.

O magistrado como parte. Conquanto o juiz, na qualidade de representante estatal, seja sujeito do processo, está legalmente impedido de funcionar nos casos em que seja parte. É proveitoso lembrar que o vocábulo *parte* é originário do latim *pars, partis*, sugerindo a ideia de porção de um todo — que é a lide —, de elemento fragmentário de alguma coisa. A proibição legal, a que nos referimos, corresponde, na ordem processual, ao dito popular, segundo o qual "ninguém pode ser juiz em causa própria".

Embora se entenda como parte a pessoa integrada na relação jurídica processual, como sujeito do contraditório estabelecido perante o juiz (Liebman), o conceito dessa figura, para os efeitos da vedação contida no preceito legal *sub examen*, é amplo. Assim, haverá de ser considerado parte o juiz que figurar nos autos como chamado ao processo, terceiro embargante, assistente.

Do mesmo modo, será tido como parte o juiz que se encontre na qualidade de substituído nos autos. Se, por exemplo, o juiz é professor em determinado estabelecimento de ensino superior, em face do qual o sindicato representativo da correspondente categoria profissional ingressa em juízo na qualidade de "substituto" processual, e coincidindo de a ele ser distribuída a inicial, deverá declarar-se impedido. Ainda que o juiz não seja parte, na ação ajuizada pelo sindicato (este, sim, na verdade é parte), nem por isso deixará de existir o veto legal à sua atuação no processo, pois não se pode ignorar o fato de que ele é o titular do direito material postulado naquela ação. E isso é o quanto basta para fornecer a medida do seu interesse na demanda.

A entender-se de modo diverso, na situação de que estamos a nos ocupar, estar-se-á a consagrar o absurdo de autorizar o juiz a proferir sentença em uma causa na qual são evidentes os seus interesses como processualmente substituído. Estar-se-á, em derradeira análise, a permitir que seja juiz de sua própria causa.

Como regra, podemos dizer que o juiz estará impedido de atuar no processo, à luz do art. 144, IV, do CPC, sempre que ficar patente o seu interesse pessoal (e direto) no objeto da ação.

Somente em casos verdadeiramente excepcionais, onde nenhuma outra solução jurídica possa ser encontrada, será permitida a atuação do juiz em processo no qual figure como parte ou como interessado direto. Se, digamos, os juízes federais ajuizarem ação diante da União, visando à obtenção de determinado reajuste dos vencimentos, que venha a beneficiar toda a magistratura federal (juízes de primeiro e de segundo graus, e, até mesmo, os Ministros do Supremo Tribunal Federal), a competência para apreciar a ação será da própria Justiça Federal. Desse modo, a ter-se como suspeitos os juízes federais, a ação ficaria sem ser apreciada, o que é inadmissível diante do art. 52, inciso XXXV, da Constituição da República. O mesmo se afirme quanto aos Ministros do STF, no caso de haver sido exercida, neste Tribunal, "ação em que todos os membros da magistratura sejam direta ou indiretamente interessados" (CF, art. 102, I, "*n*").

Fora disso, o impedimento deve ser declarado pelo juiz, logo que tomar conhecimento do fato determinante, sob pena de ensejar que a parte o faça, por meio de exceção específica.

Nunca é desútil observar que a participação, no processo, de juiz impedido, é de tal modo grave que a sentença, por ele proferida, pode ser objeto de ação rescisória (CPC) art. 884, II).

Cônjuge, companheiro ou parente. Não se confundem as situações previstas nos incisos IIII e IV, do art. 144, do estatuto processual civil. Enquanto na primeira (inciso III), por nós já examinada, o parentesco é entre o defensor, o advogado da parte ou o membro do Ministério Público e o juiz, na segunda (inciso IV), esse parentesco se dá entre a própria parte e o magistrado.

Nesta hipótese, o juiz estará impedido sempre que seu cônjuge, companheiro ou parente (consanguíneo ou afim) em linha reta, ou na colateral, até o terceiro grau, for parte no feito.

Tanto no caso do inciso III, quanto no do IV, o parentesco, por consanguinidade ou afinidade, em linha reta, será sempre causa de impedimento do magistrado. A diferença (além da já destacada no início) entre os dois incisos está em que, neste, o impedimento existirá, na linha colateral, até o terceiro grau (tio ou sobrinho), inclusive. Conclui-se, pois, que, no processo civil, não haverá impedimento se o juiz for, digamos, primo de uma das partes, pois o parentesco, aqui, é em quarto grau.

O processo do trabalho, no entanto, não faz nenhuma distinção entre a linha reta e a colateral, afirmando, apenas, que o impedimento ("suspeição", diz, mal, o art. 801, letra "*c*", da CLT) haverá se o juiz for parente de uma das partes, por afinidade ou consanguinidade, até o terceiro grau civil.

Estabelece o art. 1.595, § 2.º, do Código Civil, que o parentesco por afinidade, na linha reta, não se extingue com a dissolução do casamento ou da união estável, que a originou. Está implícita, na mesma norma legal, a afirmação de que a dissolução do casamento ou da união estável faz cessar o parentesco, por afinidade, na linha colateral. Pensamos, entretanto, que para efeito de impedimento do juiz se deva considerar que a dissolução do casamento não extingue o parentesco por afinidade, mesmo na linha colateral. Digamos que o juiz seja cunhado de uma das partes. O fato de vir a falecer a mulher do juiz, irmã do cunhado deste, não faz desaparecer, só por isso, as sensatas razões pelas quais o legislador processual redigiu a regra do art. 144, inciso IV, do CPC.

Inciso V. Quando for sócio ou membro de direção ou de administração de pessoa jurídica parte no processo.

A matéria era tratada no inciso VI do art. 134 do CPC revogado. O CPC atual substituiu o vocábulo *órgão* por *sócio ou membro* (de direção ou de administração de pessoa jurídica parte na causa).

Se o juiz for ocupante de cargo de direção ou de administração de pessoa jurídica, parte na causa, estará impedido de exercer as suas funções nesse processo. Pouco importa, para esse fim, que se trate de pessoa física de direito público ou de direito privado.

É bem verdade que dispondo o art. 95, parágrafo único, inciso I, da Constituição Federal em vigor, ser vedado ao juiz "exercer, ainda que em disponibilidade, outro cargo ou função, salvo uma de magistério", torna-se praticamente impossível que ele acumule, com as suas funções de magistrado, a de sócio ou membro de direção ou de administração de pessoa jurídica, ainda que esta não tenha finalidade econômica.

Em rigor, havia um certo equívoco na dicção do art. 134, V, do CPC anterior, porquanto o juiz não se tornava "órgão", e, sim, integrante de órgão. De qualquer modo, colocando-se de lado o problema da ilegalidade dessa acumulação, o fato é que se o juiz for, realmente, sócio ou membro de direção ou de administração de pessoa jurídica, parte na relação processual, estará impedido de atuar nesses autos, por força do estatuído inciso V do art. 144 do vigente estatuto processual civil.

A Lei Orgânica da Magistratura Nacional (Lei Complementar n. 35, de 14 de março de 1979), aliás, também proíbe o juiz de: a) exercer o comércio ou participar de sociedade comercial, inclusive de economia mista, exceto como acionista ou cotista; b) exercer cargo de direção ou técnico de sociedade civil, associação ou fundação, de qualquer natureza ou finalidade, salvo de associação de classe, e sem remuneração (art. 36, incisos 1 e II).

Eventual desrespeito, por parte do magistrado, a essas normas legais e constitucionais proibitivas da acumulação de cargos ou funções o submeterá às penalidades previstas na LOMAN.

Uma ressalva: como é óbvio, não há impedimento legal para que o juiz ocupe certos cargos, como o de Presidente de Associação de magistrados, de Diretor de Escola Judicial, etc.

Inciso VI. Quando for herdeiro presuntivo, donatário ou empregador de qualquer das partes.

Esta causa de impedimento do magistrado constava como de suspeição no CPC revogado (art. 135, III).

Herdeiro presuntivo (ou presumido) é a pessoa que está apta a herdar. O adjetivo "presuntivo" revela, assim, tratar-se de situação futura. Para os efeitos da norma legal em exame, é irrelevante investigar se o herdeiro presuntivo é legítimo (herda em virtude de parentesco) ou testamentário (herda por força de disposição inserta em testamento), porquanto, em ambos os casos, haverá impedimento do juiz.

Se, porém, o testamento excluir o juiz da herança, é óbvio que não se poderá pensar em impedimento. É evidente que se o testamento for cerrado somente se saberá se o juiz é herdeiro com a abertura do testamento, o que se dá, em regra, após o falecimento do testador.

Por outro lado, se o juiz for herdeiro legítimo isso não significa, necessariamente, que estará impedido de dirigir o processo, porquanto, para tanto, cumprirá verificar se não há parentes mais próximos, que possam afastá-lo da herança.

Donatário. Se o juiz recebeu alguma doação da parte, esse fato faz presumir um certo sentimento de gratidão do magistrado, que, em função disso, poderá desviar-se do seu dever de imparcialidade para favorecer, ainda que de maneira inconsciente, o doador. Por esse motivo, a lei considera impedido o magistrado que seja donatário de um dos litigantes, como forma de preservar o direito do adversário deste, quanto a um julgamento imparcial.

Cremos, todavia, que só deva constituir causa de impedimento a doação espontânea, ou seja, a que deriva de um ato de liberalidade do doador. A doação remuneratória nada possui de espontaneidade, representando, isto sim, uma contraprestação pelos serviços realizados.

Embora a lei não se refira ao valor da doação, ao incluí-la como motivo de impedimento do magistrado, uma vez mais, as regras de bom senso alvitram que só as de considerável monta devam ser consideradas para esse fim. No entanto, as doações de pequeno valor, desde que reiteradamente feitas pela mesma pessoa, podem representar um indício da existência de amizade íntima, de uma afeição profunda, entre o juiz e o doador, por forma a considerá-lo, senão como impedido, ao menos como suspeito de atuar no processo (art. 145, I).

Empregador. Prevê o processo civil, como causa de impedimento do juiz, o fato de ele ser empregador da parte.

Transportada essa disposição para o terreno peculiar do processo do trabalho, devemos examiná-la sob alguns aspectos, que nos parecem relevantes: a) se o juiz do trabalho for empregador do autor (geralmente, doméstico ou rural) e estiver figurando no processo como parte (réu), o impedimento estará configurado pelo inciso VII do art. 144, e não pelo inciso VI; b) não sendo o juiz parte na causa, o impedimento estará caracterizado pelo inciso VI do art. 144 (a singularidade de ser empregador de um dos litigantes tenderá a fazer com que certos sentimentos de afetividade o levem a decidir em prol do empregado, seja este autor ou réu na ação); c) se o juiz for ex-empregador da parte (e não for réu na causa) será prudente perscrutar se guarda, com relação a esta, sentimentos que possam refletir amizade íntima ou inimizade capital — circunstâncias que, uma vez comprovadas, o tornarão *suspeito* de atuar no processo.

Inciso VII. Em que figure como parte instituição de ensino com a qual tenha relação de emprego ou decorrente de contrato de prestação de serviços.

Não raro, o juiz exerce cargo de magistério em estabelecimento de ensino, com a qual possua relação de emprego. Esta é, a propósito, a única exceção destacada pelo art. 95, parágrafo único, I, da Constituição Federal, ao vedar ao magistrado o exercício de outro cargo ou função, ainda que em disponibilidade. Destarte, se o juiz for empregado de instituição de ensino, ou com ela mantenha contrato de prestação de serviços, estará impedido de atuar na causa em que essa instituição figure como parte.

Em que pese ao fato de a norma legal fazer referência à *parte*, entendemos que haverá impedimento do juiz mesmo que a instituição de ensino haja intervindo na causa na qualidade de *assistente*, seja simples (CPC, art. 121) ou litisconsorcial (CPC, art. 124) embora o assistente não seja parte, mas, *terceiro*. O litisconsorte, entretanto, é parte (CPC, art. 113).

Inciso VIII. Em que figure como parte cliente do escritório de advocacia de seu cônjuge, companheiro ou parente, consanguíneo ou afim, em linha reta ou colateral, até o terceiro grau, inclusive, mesmo que patrocinado por advogado de outro escritório.

Se, na causa, figurar como parte cliente do escritório de advocacia do seu cônjuge, companheiro ou parente, consanguíneo ou afim, na linha reta ou colateral, até o terceiro grau, inclusive, o juiz estará impedido de atuar no processo. O motivo de impedimento, previsto no inciso em exame, não se confunde com o constante do inciso III, do mesmo artigo. Enquanto, no caso deste inciso, o impedimento deriva do fato de as pessoas ali mencionadas estarem atuando na qualidade de defensor público, advogado ou membro o Ministério Público, no inciso VIII as pessoas mencionadas figuram no processo como parte.

Inciso IX. Quando promover ação contra a parte ou seu advogado.

Pode ocorrer de o juiz haver promovido, em outra Vara do Poder Judiciário a que se encontra vinculado, ou mesmo de outro ramo do Judiciário, ação em face da parte ou do advogado que figuram no processo que lhe cabe dirigir. Neste caso, ele estará impedido de atuar no processo. Um retoque doutrinário: em rigor, a ação não é exercida "contra" o réu, e sim, contra o Estado, que é o detentor monopolístico da atividade jurisdicional. Isso fica tanto mais claro se entendermos que a ação constitui o direito (de natureza constitucional, entre nós), pelo qual os indivíduos ou as coletividades invocam a prestação jurisdicional com o objetivo de evitar a lesão de um bem ou utilidade da vida, ou de reparar essa lesão. Por esse motivo, a ação é dirigida *contra* o Estado e *diante* do réu. A realidade demonstra, no entanto, haver uma forte e arraigada tradição de aludir-se ao ajuizamento da ação "contra" o réu. O deslize não é grave.

§ 1.º O tema era tratado pelo parágrafo único do art. 134 do CPC revogado.

A caracterização do impedimento do magistrado, na espécie em exame, pressupõe que o defensor, o advogado ou o membro do Ministério Público já se encontrassem postulando nos autos.

§ 2.º A parte final do parágrafo único do art.134 do CPC revogado dispunha ser "*vedado ao advogado pleitear no processo, a fim de criar o impedimento do juiz*". Em termos práticos,

isso significava que o impedimento era do advogado, cuja quebra desse dever configuraria infração disciplinar, punível pela Ordem dos Advogados do Brasil (Lei n. 8.906, de 4-7-1994, art. 34).

O texto atual adverte ser "*vedado criar fato superveniente a fim de caracterizar a impedimento do juiz*" (art. 144, § 2.º). Esta norma tem sentido mais ampla do que a anterior, pois as suas disposições não são restritas ao advogado, compreendendo, também, a parte, o defensor, o Ministério Público e os terceiros em geral. Na prática, poderão existir controvérsias quanto à incidência do § 2.º, *sub examen*, a começar pela imprecisa redação da norma. Com efeito, o texto legal proíbe ("É vedado") a parte, o advogado ou terceiro "criar fato superveniente" (expressão pleonástica); ora, se a parte e o juiz decidirem casar-se este será o "fato superveniente", todavia, a norma legal não pode proibir esse casamento. O que se passa é que o casamento acarretará o impedimento do magistrado (inciso IV).

§ 3.º Este parágrafo esclarece, por assim dizer, que estará configurado o impedimento do juiz, no caso do inciso III, mesmo que o mandato outorgado a membro de escritório de advocacia em cujo quadro figure advogado que, individualmente, esteja abrangido pelo precitado inciso, ainda que não pratique, de maneira direta, atos no processo.

Capítulo V

Exceção de Suspeição

1. Comentário

No momento em que o Estado avocou o monopólio da administração da justiça assumiu, também, o dever de solucionar os conflitos de interesses, submetidos à cognição jurisdicional, de maneira não apenas rápida e boa, mas, sobretudo, por meio de juízes imparciais.

A imparcialidade do magistrado constitui, por isso, um dever do Estado e um correspondente direito das partes. No que respeita, em especial, à suspeição, o próprio *caput* do art. 145, do CPC, reputa haver suspeição do juiz, nos casos que menciona.

Daí, a existência, em nosso sistema processual, de vetos à atuação de juízes considerados, aprioristicamente, impedidos ou suspeitos.

Conforme havíamos bosquejado no capítulo anterior, diferem-se, entre si, o impedimento e a suspeição, segundo determinados traços específicos. Demonstremo-los.

O *dever de abstenção* do magistrado, no caso do impedimento, é *absoluto*, inflexível. Disso derivam algumas consequências de ordem jurídica e prática. A primeira delas é que embora a parte deva arguir o impedimento, mediante exceção, no prazo da resposta ou dentro de cinco dias (processo do trabalho), contados do fato que ocasionou o impedimento (CPC, art. 146), o seu silêncio, quanto a isso, não implica preclusão nem legitima a atuação do magistrado, naquele processo. Dessa maneira, pode a parte alegar o impedimento mesmo depois de ultrapassado o momento oportuno. A segunda é que somente a sentença emitida por juiz impedido é rescindível, conforme patenteia o inciso II, do art. 966, do CPC. O impedimento traduz, pois, matéria de ordem pública.

No tocante à suspeição, o dever de abstenção do magistrado é, apenas, relativo. Desta particularidade também emanam algumas consequências jurídicas e práticas. Em primeiro lugar, se a parte deixar de alegar a suspeição no prazo legal (cinco dias, no processo do trabalho), formar-se-á, contra ela, a preclusão "temporal", que a impedirá de arguir a suspeição mais tarde. Em segundo, a sentença proferida por juiz suspeito não é rescindível.

Se levarmos em conta os diversos sistemas continentais existentes, a respeito do dever de abstenção do magistrado, podemos dizer que, em nosso meio, as situações de *impedimento* traduzem o *iudex inhabilis*, e as de suspeição, o *iudex suspectus*. O sistema do *iudex inhabilis* se caracteriza pelo fato de a própria lei proibir a atuação do magistrado que se encontre em uma das situações por ela previstas (dever absoluto de abstenção); pelo do *iudex suspectus*, como a denominação evidencia, a lei embora especifique os casos de suspeição do magistrado, exige a iniciativa das partes, no que tange a alegá-la (dever relativo de abstenção).

Cada sistema de processo, enfim, deverá ocupar-se com o problema da suspeição e do impedimento dos juízes, procurando solucioná-lo segundo a tradição legislativa; as novas necessidades sociais e as singularidades do processo correspondente. O sistema adotado pelo Código de Processo Civil brasileiro em vigor, se não é perfeito, sob os ângulos prático e doutrinário, também não contém falhas de tal gravidade que possam comprometer a sua eficiência.

Contêm, o impedimento e a suspeição, entretanto, pontos comuns, a saber: a) tanto um quanto outra podem ser pronunciados *ex officio*, pelo juiz, a qualquer tempo. Seria insensato pensar-se que haveria preclusão para o magistrado, nesse tema. *b)* ambos podem ser alegados tanto pelo autor quanto pelo réu (conquanto, como vimos, só a suspeição tenha efeito preclusivo, se não arguida no prazo legal, trate-se de suspeição originária ou superveniente).

As causas de suspeição se encontram arroladas no art. 145, do CPC. Essa atitude do legislador foi correta, porque se se limitasse a dizer que o juiz suspeito estaria impedido de atuar no processo, sem, contudo, indicar as causas de suspeição, isso levaria, por certo, a discussões intermináveis acerca do assunto, não só na doutrina e na jurisprudência, como — e o que seria mais preocupante — nos próprios casos concretos. Pensamos, todavia, que o mencionado rol de causas não seja, em rigor, exaustivo, podendo o juiz ser também considerado suspeito sempre que a sua atitude, o seu comportamento estiver proibido por norma legal. Argumentemos com o inciso III, do art. 36, da LOMAN. Nos termos dessa norma, é defeso ao juiz manifestar, por qualquer meio de comunicação, opinião sobre processo pendente de julgamento, a que esteja dirigindo. Se, por exemplo, o magistrado formular um juízo depreciativo a respeito de uma das partes, ou antecipar o resultado do julgamento (prejulgar), fazendo-o com certa publicidade, é elementar que se tornara suspeito para continuar a exercer as suas funções naquele processo. Essa causa de suspeição, como se vê, não está prevista no art. 145, do diploma processual civil, mas na LOMAN, ainda que esta não aluda a suspeição. Mas, o que se insinua no seu art. 36, III, primeira parte, é exatamente isso.

A CLT, influenciada pelo CPC de 1939, encambulhou num mesmo dispositivo, casos de impedimento e de suspeição (art. 801). A inimizade pessoal; a amizade íntima e o interesse particular na causa, são, efetivamente, causas de suspeição; o parentesco consanguinidade e ou, afinidade até o terceiro grau civil, porém, é, sob a óptica o rigor lógico, motivo de impedimento.

Mesmo no processo do trabalho, as causas de suspeição devem ser as apontadas pelo art. 145, da CLT, não se justificando que situações como a e ser, uma das partes, credora ou devedora do juiz, do seu cônjuge ou de parentes destes, em linha reta ou na colateral até terceiro grau civil, não possam conduzir à suspeição do magistrado. O mesmo se afirme quanto ao fato de o juiz receber dádivas, antes ou depois de iniciado o processo; de aconselhar uma das partes sobre o objeto da ação; ou subministrar, a um dos litigantes, meios para atender às despesas do litígio. Ou ainda ser o juiz herdeiro presuntivo, donatário ou empregador de uma das partes.

Todas essas causas de suspeição, e outras mais, serão examinadas a seguir, sob o inarredável prisma do processo do trabalho e da organização judiciária trabalhista.

2. Casuística

Dispõe o CPC:

> Art. 145. Há suspeição do juiz:
>
> I – amigo íntimo ou inimigo de qualquer das partes ou de seus advogados;
>
> II – que receber presentes de pessoas que tiverem interesse na causa antes ou depois de iniciado o processo, que aconselhar alguma das partes acerca do objeto da causa ou que subministrar meios para atender às despesas do litígio;
>
> III – quando qualquer das partes for sua credora ou devedora, de seu cônjuge ou companheiro ou de parentes destes, em linha reta até o terceiro grau, inclusive;
>
> IV – interessado no julgamento do processo em favor de qualquer das partes.
>
> § 1.º Poderá o juiz declarar-se suspeito por motivo de foro íntimo, sem necessidade de declarar suas razões.
>
> § 2.º Será ilegítima a alegação de suspeição quando:
>
> I – houver sido provocada por quem a alega;
>
> II – a parte que a alega houver praticado ato que signifique manifesta aceitação do arguido.

Caput. O CPC revogado (art. 134, *caput*) *reputava* suspeito o magistrado nas situações que indicava; o texto atual, mais inciso, afirma *haver* suspeição nesses casos.

No momento em que o Estado avocou o monopólio da administração da justiça assumiu, também, o dever de solucionar os conflitos de interesses submetidos à cognição jurisdicional, de maneira não apenas rápida e boa, mas, sobretudo, por meio de juízes imparciais.

A imparcialidade do magistrado constitui, por isso, um dever do Estado e um correspondente direito das partes.

Vem daí, a existência, em nosso sistema processual, de vetos à atuação de juízes considerados, aprioristicamente, impedidos ou suspeitos.

Conforme havíamos bosquejado no item anterior, diferem-se, entre si, o impedimento e a suspeição, segundo determinados traços específicos. Demonstremo-los.

O dever de abstenção do magistrado, no caso do impedimento, é absoluto, inflexível. Disso derivam algumas consequências de ordem jurídica e prática. A primeira delas é que embora a parte deva arguir o impedimento (art. 146, *caput*), o seu silêncio, quanto a isso, não implica preclusão nem legitima a atuação do magistrado naquele processo. Dessa maneira, pode a parte alegar o impedimento mesmo depois de ultrapassado o momento oportuno. A segunda é que somente a sentença emitida por juiz impedido é rescindível, conforme patenteia o inciso II, do art. 966 do CPC. O impedimento traduz, pois, matéria de ordem pública.

No tocante à suspeição, o dever de abstenção do magistrado é, apenas, relativo. Desta particularidade também emanam algumas consequências jurídicas e práticas. Em primeiro lugar, se a parte deixar de alegar a suspeição formar-se-á, contra ela, a preclusão "temporal", que a impedirá de alegar a suspeição mais tarde. Em segundo, a sentença proferida por juiz suspeito não é rescindível.

Se levarmos em conta os diversos sistemas continentais existentes, a respeito do dever de abstenção do magistrado, podemos dizer que, em nosso meio, as situações de impedimento traduzem o *iudex inhabilis*, e as de suspeição, o *iudex suspectus*. O sistema do *iudex inhabilis* se caracteriza pelo fato de a própria lei proibir a atuação do magistrado que se encontre em uma das situações por ela previstas (dever absoluto de abstenção); pelo do *iudex suspectus*, como a denominação evidencia, a lei embora especifique os casos de suspeição do magistrado, exige a iniciativa das partes, no que tange a alegá-la (dever relativo de abstenção).

Cada sistema de processo, enfim, deverá ocupar-se com o problema da suspeição e do impedimento dos juízes, procurando solucioná-lo segundo a tradição legislativa, as novas necessidades sociais e as singularidades do processo correspondente. O sistema adotado pelo Código de Processo Civil brasileiro em vigor, se não é perfeito, sob os ângulos prático e doutrinário, também não contém falhas de tal gravidade que possam comprometer a sua eficiência.

As causas de suspeição se encontram arroladas no art. 145, do CPC. Essa atitude do legislador foi correta, porque se se limitasse a dizer que o juiz suspeito estaria impedido de atuar no processo, sem, contudo, indicar as causas de suspeição, isso levaria, por certo, a discussões intermináveis acerca do assunto, não só na doutrina e na jurisprudência, como — e o que seria mais preocupante — nos próprios casos concretos. Pensamos, todavia, que o mencionado rol de causas não seja, em rigor, exaustivo, podendo o juiz ser também considerado suspeito sempre que a sua atitude, o seu comportamento estiver proibido por norma legal. Argumentemos com o inciso III, do art. 36, da LOMAN. Nos termos dessa norma, é defeso ao juiz manifestar, por qualquer meio de comunicação, opinião sobre processo pendente de julgamento, a que esteja dirigindo. Se, por exemplo, o magistrado formular um juízo depreciativo a respeito de uma das partes, ou antecipar o resultado do julgamento (prejulgar), fazendo-o com certa publicidade, é elementar que se tornará suspeito para continuar a exercer as suas funções, naquele processo. Essa causa de suspeição, como se vê, não está prevista no art. 145, do diploma processual civil, mas na LOMAN, ainda que esta não aluda a suspeição. Mas, o que se insinua no seu art. 36, III, primeira parte, é exatamente isso.

A CLT, influenciada pelo CPC de 1939, encambulhou, num mesmo dispositivo, casos de impedimento e de suspeição (art. 801). A inimizade pessoal; a amizade íntima e o interesse particular na causa, são, efetivamente, causas de suspeição; o parentesco por consanguinidade ou afinidade até o terceiro grau civil, porém, é, sob a óptica do rigor lógico, motivo de impedimento.

Mesmo no processo do trabalho, as causas de suspeição devem ser as apontadas pelo art. 145, do CPC, não se justificando que situações como a de ser, o magistrado, herdeiro presuntivo, donatário ou empregador de alguma das partes não possam conduzir à suspeição do julgador. O mesmo se afirme quanto ao fato de o juiz receber dádivas, antes ou depois de iniciado o processo; de aconselhar uma das partes sobre o objeto da ação; ou subministrar, a um dos litigantes, meios para atender às despesas do litígio.

Todas essas causas de suspeição, e outras mais, serão examinadas a seguir, sob o inarredável prisma do processo do trabalho.

Inciso I. Amigo íntimo ou inimigo de qualquer das partes ou de seus advogados.

Esta causa era mencionada, com pequena alteração, no inciso I do art. 135 do CPC revogado.

Amizade íntima. O ser humano é, naturalmente, gregário. O convívio em sociedade faz com que os indivíduos se relacionem entre si. Conforme seja o grau desse relacionamento, poderão surgir amizades. Algumas delas não passarão de consequência natural e efêmera desse contato social e das circunstâncias que o caracterizam; outras, contudo, traduzirão um profundo sentimento de afeição entre as pessoas, fazendo com que a amizade se torne íntima.

Do ponto de vista da necessidade de harmonia nas relações sociais, seria ideal que todos os indivíduos se unissem, uns aos outros, por vínculos de amizade profunda, pois isso, por certo, evitaria muitos dos conflitos que soem eclodir nas sociedades organizadas, colocando em risco a sua estabilidade e, o que é pior, a sobrevivência dos seus integrantes.

O juiz é um ser a quem a lei não proíbe, propriamente, de possuir amizades íntimas, embora o impeça de exercer as suas funções nos processos em que figure como parte pessoa à qual se ligue por essa espécie de amizade. Conquanto seja desagradável dizer, o fato é que o juiz, na qualidade de órgão estatal incumbido de solucionar os conflitos de interesses ocorrentes entre os indivíduos ou as coletividades, deve ter uma vida social algo reservada, nomeadamente nas pequenas cidades, onde haja uma ou duas varas, porquanto a amizade íntima com as pessoas poderá torná-lo suspeito de atuar nas causas em que estas sejam parte. Sob este aspecto, pode-se afirmar que o juiz está condenado a não possuir sentimentos de afeição aprofundada, exceto para com os de seu círculo familiar.

Cabe recordar que o vocábulo *suspeição* é originário do latim *suspectio,* que significa suspeita, desconfiança, conjectura desfavorável quanto à probidade de alguém.

Perceba-se, no entanto, que não é qualquer amizade que tornará o juiz suspeito, mas, apenas, aquela a que a lei denomina de *íntima,* vale dizer, a entranhada, a que é extremamente profunda, capaz, por isso mesma, de causar influência considerável no seu espírito, no seu dever de neutralidade. Andou bem, sem dúvida, o legislador em incluir a amizade íntima entre as causas de suspeição do magistrado, pois este, na prática, poderia, mesmo que de modo inconsciente, decidir a favor do amigo, para não o desagradar, ainda que a prova dos autos sugerisse decisão oposta. Não é próprio da natureza humana contrariar os interesses dos amigos especiais.

O que separa a simples amizade da amizade íntima é uma questão de grau de intensidade. Nos casos concretos, nem sempre estará desembaraçada de dificuldades a mensuração desse grau, até porque a lei não oferece critérios ou métodos para isso. Por outras palavras, sabe-se que a amizade íntima constitui motivo de suspeição do magistrado; o que não se pode precisar, muitas vezes, é se a amizade é, verdadeiramente, íntima.

Podem ser apontados, todavia, como indícios dessa amizade: o fato de a parte frequentar, de maneira habitual, a casa do magistrado, ou vice-versa; a troca de favores ou de obséquios entre eles; o fato de o juiz ser namorado ou noivo de uma das partes.

Dentro dessa linha de raciocínio, o compadrio pode ser indicado como causa de suspeição do magistrado, pois é razoável imaginar que este só se compadrou com outrem em virtude de uma amizade íntima.

É interessante observar a disposição constante do Código de Manu, filho de Brahma, a respeito da suspeição das testemunhas, cuja regra pode ser aplicada, em certa medida, aos magistrados: "*Não devem ser admitidos em juízo homens cúpidos; nem aqueles dominados por interesse pecuniário; nem os amigos; nem os inimigos; nem os criados de servir; nem os homens de reconhecida má-fé; nem os enfermos; nem os criminosos; nem os que estão na dependência de outrem; nem os que se dedicam a misteres cruéis; nem os velhos e as crianças; nem os homens da classe mista; nem os ébrios; nem os loucos; nem os que sofrem fome e frio; nem os afadigados; nem os coléricos; nem os enamorados; nem os ladrões*".

O mesmo Código de Manu considerava as pessoas enamoradas "privadas de sentido" para comparecer a juízo. E, com razão, sabendo-se que o amor profundo representa, sob esse aspecto, uma espécie de paroxismo da amizade íntima, devotada a alguém do outro sexo.

Em outras situações, contudo, torna-se tormentoso investigar — e, sobretudo, definir — se se trata de mera amizade ou de amizade íntima. O fato, por exemplo, de o juiz ser visto com determinado indivíduo, ou grupo de indivíduos, de maneira habitual, em acontecimentos sociais, como inaugurações, festas, casamentos, práticas esportivas, etc., por si só não induz a existência de uma amizade entranhada; talvez essa amizade se conforme ao conceito daquelas a que se tem denominado de "sociais", "formais" ou "protocolares". Pode dar-se, todavia, que por trás dessa aparente amizade "social" esteja um intenso sentimento de afeição entre o juiz e tais pessoas, de modo a poder-se sustentar a sua suspeição, nos processos de que participem esses indivíduos.

De qualquer modo, ainda que tenhamos referido alguns exemplos em que estaria delineada a amizade íntima do magistrado, e outros, em que essa intimidade não se configuraria, em princípio, o certo é que não se pode, de maneira apriorística, estabelecer os casos em que a amizade se situa num ou noutro polo. A verificação do grau de intensidade da amizade deverá ser realizada com vistas a cada caso concreto, segundo as particularidades que estejam a assinalá-lo. O juiz, *v. g.*, pode ter sido, efetivamente, amigo íntimo de uma das partes, mas já não ser quando do ajuizamento da ação, em virtude de o longo período sem contato com a parte ter feito diluir ou, mesmo, desaparecer o sentimento profundo de afeição que havia para com esta. Em outros casos, o que se vê não é uma amizade íntima, e, sim, uma profunda manifestação de afinidade ideológica, política, religiosa, etc. do juiz, com relação a um dos litigantes, que se evidencia, *e. g.*, pelo fato de o magistrado saudá-lo, de maneira efusiva, em audiência... e quase ignorar a presença do adversário, por tal forma discriminado.

Enfim, em tema de amizade íntima, o que mais há são aquelas zonas cinzentas, grises, que impedem uma nítida percepção dos fatos, fazendo com que, não raro, à míngua de elementos palpáveis, se conclua pela inexistência dessa amizade arraigada.

A norma legal também considera suspeito o juiz que possui amizade íntima com o *advogado* da parte, pois esse fato pode ter influência no espírito do magistrado não só durante a tramitação do processo (como na fase de instrução), mas, em especial, no julgamento da causa. O fato de o juiz poder considerar-se suspeito *por motivo íntimo* não justificaria a eliminação da sua amizade íntima com os advogados das partes como causa de suspeição.

Inimizade. A inimizade representa a antítese da amizade íntima, embora possam ser seus destinatários, indiferentemente, o autor ou o réu, conforme for o caso. Seja naquela ou nesta, porém, o que as caracterizam é o marcante traço da intensidade: ambas devem ser figadais, profundas, de sorte a perturbar o senso de equilíbrio e de justiça do magistrado.

Ocupemo-nos da inimizade.

No sistema do CPC de 1973, a inimizade para constituir causa de suspeição do magistrado, deveria ser *capital*, ou seja, profunda, entranhada. Pelo sistema do Código atual basta haver inimizade — sem qualquer adjetivação.

Pareceu ao legislador dispensável pespegar qualquer adjetivo à inimizade, por entender que esta, por si só, já configura a suspeição do magistrado, independentemente de sua intensidade.

Se levarmos em conta o ontológico dever de neutralidade do magistrado na solução dos conflitos de interesses, haveremos de concordar com a supressão do adjetivo *capital* feita pelo legislador

Do mesmo modo como a vida em sociedade conduz ao estabelecimento de amizades íntimas, também produz inimizades. Não interessa ao escopo deste livro examinar as causas sociológicas dessa inimizade, nada obstante se saiba que decorrem de múltiplas razões, dentre as quais sobressaem o espírito de emulação entre os indivíduos, o contraste de opiniões e de paixões, que podem ser de natureza política, econômica, cultural, étnica (infelizmente) e o mais. A vaidade também tem contribuído, consideravelmente, para alimentar a fogueira das dissensões humanas. Assim como a competitividade.

Como elementos indicativos (ou indiciários, como se preferir) de inimizade do juiz para com a parte, podemos apontar, entre tantos, os seguintes: haver ajuizado ação, civil ou criminal, em face da parte, ou ter figurado como réu em ação promovida por esta, pouco importando o resultado do julgamento; haver, o juiz, agredido, física ou moralmente, a parte, ou ter sido por ela agredido, mesmo que, em virtude desse fato, a vítima não tenha ingressado em juízo (criminal); haver, o juiz, manifestado, publicamente, atos de repúdio profundo à parte, ou vice-versa, independentemente dos motivos que determinaram a sua atitude e de possuir, ou não, razão nessa diatribe infamante.

Mesmo nos casos acima apontados, uma regra de temperamento se impõe: se tais fatos ocorreram há muito tempo, é provável que a inimizade tenha cedido lugar a uma simples malquerença sem maiores consequências no senso de imparcialidade do juiz, de tal modo a autorizar a sua atuação no processo em que figure o antigo desafeto. Apressamo-nos a esclarecer, todavia, que o tempo, nem sempre, é um dissipador de inimizades; em muitos casos, ao contrário, ele a exacerba, impregnando, cada vez mais, o espírito do juiz e obliterando o seu dever de proceder a uma reta aplicação da norma legal. Percebe-se, por isso, o extremo cuidado que deve ter aquele a quem couber decidir se, no exemplo mencionado, a inimizade nascida de um fato ocorrido há vários anos já se diluiu na esteira do tempo, ou, inversamente, recrudesceu.

Um juiz não se tornará inimigo da parte, entretanto, pelo simples motivo de havê-la advertido em audiência ou por despacho ou com ela discutido, de forma acalorada, acerca de fatos da causa. Mesmo uma objurgação do magistrado não o fará, por si só, inimigo da parte, a ponto de torná-lo suspeito de exercer as suas funções no processo. Por mais forte razão, uma sua antipatia para com o litigante não o converterá em inimigo deste.

Um esclarecimento se torna necessário: a despeito de a norma legal aludir à parte, é elementar que será suspeito, também, o juiz que for inimigo do *advogado* da parte. Não concordamos, portanto, com certo segmento da jurisprudência que não admite, como causa de suspeição, o fato de o juiz ser inimigo do advogado da parte. Ora, não há motivo lógico para separar o destinatário dessa inimizade. Se o magistrado tiver o seu espírito dominado por forte aversão ao advogado, é evidente que haverá de deixar-se influenciar por esse sentimento mesquinho e, em função disso, tenderá a decidir contra o constituinte do advogado, máxime se levarmos em consideração que os contatos pessoais do juiz são mais frequentes com o advogado do que com a parte. Ou seja, para o juiz é mais "visível" a figura do procurador judicial, motivo por que não nos parece sensato afirmar que a suspeição somente haveria se a inimizade fosse com relação à parte, que quase não mantém contatos pessoais com o magistrado, exceto na audiência.

Conforme asseveramos há pouco, se o juiz censurar ou advertir o advogado, por algum ato ou omissão deste, seja em audiência ou não, isso não será motivo bastante para considerá-lo inimigo do advogado. Se, todavia, esse procedimento do juiz for sistemático, ou seja, ele costumeiramente advertir ou censurar o advogado, em quase todos os processos de que este participa, ainda que inexistam razões relevantes para tais admoestações, é bem provável que essa reiteração (mormente se infundada) de censuras e de advertências, por espelharem uma "perseguição" obsessiva do juiz, uma retaliação, podem assumir a feição de efetiva inimizade, e, em decorrência disso, torná-lo suspeito para atuar nas causas de que participa o advogado.

Será suspeito, contudo, o juiz que for inimigo de um ascendente ou descendente da parte, ou do cônjuge desta? Em princípio, não, pois a aversão profunda deve ser direta, equivale a dizer, ter como destinatária a própria parte. Há situações, por exemplo, em que o juiz é, longe de qualquer dúvida, inimigo de um dos litigantes, embora mantenha amizade com os filhos, com os pais ou com o cônjuge deste. De qualquer maneira, ficará reservado a cada caso concreto o prudente exame sobre a configuração dessa inimizade com o ascendente, o descendente ou o cônjuge da parte e o grau de comprometimento desse estado de espírito do juiz no tocante a esta.

Em que pese ao fato de não ser possível, conforme dissemos, fixar-se, de modo apriorístico, os exemplos (não as causas, pois estas se encontram previstos em lei) de suspeição derivante de inimizade (e de amizade íntima), podemos enunciar, com objetivo pragmático, a seguinte regra norteadora de ambas as causas de suspeição: sempre que a amizade ou a inimizade do juiz para com a parte ou seu advogado forem capazes, por sua intensidade, de influir, poderosamente, no espírito daquele, e, em razão disso, perturbar o seu dever legal de imparcialidade, ele tornará suspeito para exercer as suas funções no processo em que figure a parte — ou seu advogado —, acrescentemos.

> Inciso II. Receber presentes de pessoas que tiverem interesse na causa antes ou depois de iniciado o processo, que aconselhar alguma das partes acerca do objeto da causa ou que subministrar meios para atender às despesas do litígio.

Constituía o inciso IV do art. 135 do CPC revogado.

O inciso II do art. 145 enfeixa, na verdade, três causas de suspeição, a saber: a) receber presentes; b) aconselhar alguma das partes; c) subministrar meios a alguma das partes.

Receber presentes. O CPC anterior aludia ao recebimento de *dádivas*. O vocábulo, ao contrário do que supunham alguns estudiosos, não apresentava sinonímia com *doação*. Desta se ocupava o inciso III, do art. 134, daquele Código. *Dádiva* tinha o sentido de presente, oferenda, oblação, sendo produto de um sentimento, de uma afeição, que, nem sempre, se encontram presentes na doação.

O legislador da atualidade preferiu fazer uso do substantivo *presentes*.

Se o juiz receber algum presente, de uma das partes, ou de pessoa que tenha interesse na causa, antes ou depois de iniciado o processo, tornar-se-á suspeito para exercer, aí, as suas funções. O motivo pelo qual o legislador inseriu o presente no elenco das causas de suspeição do magistrado não foi, supostamente, a amizade íntima que possa estar insinuada ou evidenciada nesse ato da parte presenteadora (se fosse assim, o inciso II, do art. 145, do CPC, seria tautológico, pois a espécie já se encontra disciplinada pelo inciso I, do mesmo artigo), ou de terceiro, mas o natural sentimento de gratidão que brotaria no espírito do juiz, fazendo-o, talvez, afastar-se do seu dever de imparcialidade, para retribuir, com uma prestação jurisdicional facciosa, a generosidade da parte ou do terceiro.

É indiscutível que o presente recebido no curso do processo é muito mais comprometedor da neutralidade do juiz do que o realizado antes da instauração do processo. Pouco importa, entretanto, esse elemento cronológico. Aceito o regalo, antes ou depois de iniciado o processo, a suspeição do magistrado estará configurada. Elementarmente, se este o recusar, não se cogitará de suspeição. Note-se que a lei fala em "receber presentes". Cabe, nesta altura, um escólio a respeito do substantivo mencionado. Nada obstante o legislador o tenha utilizado no plural ("presentes"), isso não quer dizer que a suspeição do magistrado somente ocorrerá se ele receber *mais de um presente* da parte, no mesmo processo. É claro que se o mimo for de pequena monta, como um simples chaveiro, uma lapiseira comum, contendo propaganda de determinada marca, haverá necessidade de que esses presentes sejam dados com alguma repetição, e com certa exclusividade, pois, isoladamente, nada representam como elemento de risco à imparcialidade do magistrado. Quem sabe, nem sequer possam ser considerados presentes, e, sim, meros brindes promocionais. Se, contudo, o chaveiro ou a lapiseira ofertados forem de ouro e incrustados com brilhantes ou outras pedras preciosas, é patente que, pelo seu elevado valor econômico, tornará suspeito o magistrado que os aceitar, porquanto, neste caso, não têm, essas verdadeiras joias, o mínimo traço de promoção comercial, publicitária, ou, como dissemos, de "brindes" despretensiosos.

O que irá definir o presente, como causa de suspeição do juiz, nem sempre será, portanto, a espécie de objeto que lhe é ofertado, e, sim, o seu valor econômico. Alguns bens, a propósito, são, por sua natureza, de grande valor econômico, como, *e. g.*, automóveis, apartamentos, lanchas, etc. Neste caso, a suspeição do juiz, que os aceitar, é manifesta — e, sobremaneira, lamentável.

Aconselhamento acerca do objeto da causa. A função institucional do juiz é dirigir o processo e efetuar a entrega da prestação jurisdicional solicitada, nunca a de dar conselhos aos litigantes, a respeito da causa.

Se o juiz, desatento à sua posição teleológica no processo, dedicar-se a aconselhar uma das partes a agir desta ou daquela maneira; a requerer a produção de certas provas; a impugnar documentos apresentados pelo adversário; a ensiná-la a formular quesitos e o mais, é elementar que a sua atitude delineará uma censurável parcialidade, da qual brotará a suspeição inevitável. Como tantas vezes assinalamos, ao longo deste livro, o juiz é o Estado ministrando justiça; e, nesse mister, ele deve ser rigorosamente, neutro, imparcial, subministrando um tratamento igualitário às partes. Colocado entre os contendores, mas acima deles, incumbe-lhe dirigir o processo rumo ao seu acontecimento máximo, ao seu ponto de culminância, que é a sentença de mérito. Nesse iter, não lhe é dado lançar conselhos a nenhum dos litigantes, pois isso corresponde a uma inclinação iníqua, a um afastamento de seu ponto de equilíbrio. Sempre temos dito que nenhum juiz consegue propender para a esquerda sem se afastar da direita, e vice-versa, sem que vá, nessa advertência, algum traço de ideologia política.

O aconselhamento do juiz a uma das partes implica, a um só tempo, quebra do seu inomitível dever de imparcialidade, e ato de deslealdade ou de discriminação para com o outro litigante. Nem se imagine que inexistirá suspeição se o juiz ocupar-se em dar conselhos a ambas as partes. Duas violações de um mesmo dever, longe de converter-se em ato regular, logo, tolerável, sublinham a gravidade da violação. Juízes que assim agem, mais do que transgressores de deveres essenciais, são destemperados emocionalmente. Melhor seria que pusessem de lado a toga e vestissem beca.

Tenha-se em conta, porém, que o aconselhamento capaz de suscitar a suspeição do magistrado é o realizado nos casos concretos, submetidos à sua cognição jurisdicional. A ressalva é necessária para elucidar que se a parte reproduzir, nos autos, trechos de opiniões do juiz, manifestadas em livros, em artigos doutrinais, em conferências, ou em aulas, não fará com que este se torne suspeito, ainda que se saiba de sua natural tendência de fazer prevalecer, no caso concreto, ditas opiniões, pois estas foram expendidas abstratamente. Essas opiniões, convém observar, ele não as emitiu na qualidade de magistrado, senão que de jurista ou de professor. Mesmo que as tivesse externado como juiz, em outros casos concretos, isso não o faria suspeito para funcionar nos processos futuros, como é de uma obviedade ofuscante.

Solução diversa haveria de ser adotada se ele viesse a elaborar um parecer, sob encomenda de uma das partes, ainda que antes do ajuizamento da ação, e esse parecer fosse, mais tarde, juntado aos autos do processo. Dá-se que esse parecer, por certo, foi pago pela parte, cujo fato faz surgir determinado vínculo entre esta e o juiz. Não só por isso. É que o parecer foi pedido pela parte ao juiz-jurista, seguramente, com vistas a uma demanda futura, concreta, que, por obra da coincidência, acabou sendo submetida à apreciação jurisdicional do mesmo magistrado. Queremos crer que haja, aqui, razões ponderáveis para reputá-lo suspeito.

Para concluir: conquanto a lei (CPC, art. 145, II), se refira ao fato de o juiz haver aconselhado a parte quanto ao "objeto da causa", não se deve tomar o vocábulo "objeto" em sua acepção técnica, restrita, no sentido de pedido, ou de bem que se visa a obter ou a assegurar com o provimento jurisdicional impetrado. *Objeto*, para os efeitos do inciso II do art. 145, há de ser conceituado como tudo aquilo que diga respeito à ação ou ao processo, *lato sensu*: fundamentos jurídicos do pedido; espécie de ação adequada; requerimentos cabíveis; impugnações; provas, etc. Sempre que o juiz aconselhar uma das partes acerca desse objeto, estará rendendo ensejo à sua suspeição, decorrente de uma parcialidade injustificável.

Subministração de meios. Se o juiz, por algum motivo, fornecer à parte meios materiais para atender às despesas do processo, tornar-se-á suspeito, pois o seu ato faz transparecer uma parcialidade vedada por lei.

Certo setor da doutrina vê, nessa subministração de meios, um interesse do magistrado em relação à causa. Pode acontecer, com efeito, em algumas situações, de o juiz propiciar a um dos litigantes meios para atender às despesas processuais por estar interessado no resultado do julgamento. Em rigor, contudo, a suspeição do juiz estará caracterizada pelo fato objetivo de fornecer esses recursos financeiros à parte, pouco importando que possua, ou não, interesse na causa. A presença de eventual interesse do magistrado, a propósito, é tratada no inciso III, do art. 145, do CPC, não no II, sobre o qual estamos a discorrer.

Ainda que o juiz forneça tais recursos financeiros a ambos os litigantes isso não fará com que semelhante tratamento isonômico anule a causa da suspeição. Ao contrário, ambas as partes poderão argui-la, em peças autônomas.

A sua suspeição não deixará, ainda, de existir, se houver, apenas, emprestado à parte quantia necessária para o pagamento das despesas do processo. Esse gesto do magistrado revela, mesmo assim, a sua inclinação no tocante a essa parte, ainda que tenha sido movido por sentimentos nobres, como de filantropia ou de compaixão. Ao juiz não é dado tê-los, nos processos a que preside, pois tais sentimentos, conquanto sejam nobres e elogiáveis no geral, tornam o juiz suspeito, no particular.

Não se encaixa, à evidência, na previsão do inciso II, do art. 145, do CPC, a concessão, pelo juiz, do benefício da justiça gratuita aos necessitados, desde que regularmente requerido

(CLT, art. 790, § 3.º). Por outro lado, se esse benefício for concedido à parte que a ele não fazia jus o reconhecimento da suspeição do juiz será inevitável, porquanto, em última análise, o que acabou fazendo foi subministrar, por sua iniciativa, meios para que a parte fosse dispensada do pagamento de despesas processuais, sem, como se disse, que tivesse direito a esse benefício. A parcialidade do juiz, na hipótese, seria indisfarçável, levando-se em consideração que as despesas processuais ficam a cargo das partes e que, muitas vezes, o pagamento delas constitui pressuposto para exercício de determinados direitos, como o de interpor recurso, contanto que — no caso — as custas devidas sejam pagas.

Sempre, portanto, que o juiz conceder o benefício da justiça gratuita a um dos litigantes, sem que este a ela faça jus, estará colocando à disposição do outro litigante fortes argumentos para arguir a sua suspeição, com fulcro no inciso II, do art. 145, do digesto de processo civil.

Em alguns casos, a propósito, o juiz dispensa uma das partes do pagamento das custas a que foi condenada. Se essa dispensa decorrer de comprovada modificação da situação financeira da parte, levando-a ao empobrecimento, não se há que cogitar de suspeição; se, todavia, nada justificava essa dispensa — por possuir a parte, digamos, excelente situação econômico-financeira — o ato do juiz poderá ser indicativo de parcialidade; logo, de suspeição.

> Inciso III. Quando qualquer das partes for sua credora ou devedora, de seu cônjuge ou companheiro ou de parentes destes, em linha reta até o terceiro grau, inclusive.

Sendo a parte credora do juiz, de seu cônjuge, companheiro ou de seus parentes, em linha reta ou na colateral até terceiro grau inclusive, haverá suspeição do magistrado. Assim o é, porque se presume que ele poderia estar propenso, no plano psicológico, a agradar ao seu credor, e, dessa forma, afastar-se do seu dever de neutralidade na condução do processo. Não há negar que, em princípio, a parte, sendo credora do juiz, possui uma certa ascendência sobre este, designadamente se considerarmos os casos em que o débito do magistrado seja de elevada monta.

Para esse efeito, não importa se se trata de dívida vencida, ou não: leva-se em conta, unicamente, o fato objetivo de a parte ser credora do juiz.

Uma ponderação, no entanto, parece-nos indispensável. Embora, segundo a vetusta parêmia latina, não seja lícito ao intérprete distinguir onde a lei não o faz, pensamos que o bom senso esteja a sugerir a inferência de que não deverá ser reputado suspeito o juiz que for devedor de uma das partes, como diversas pessoas o são, por fazer parte dos objetivos sociais desta, digamos, a concessão de crédito pessoal ou financiamento para a aquisição de bens. Citemos, como exemplo, o juiz que obteve, de determinado estabelecimento bancário, um financiamento para a aquisição de casa própria e que, mais tarde, esse estabelecimento venha a ser réu em uma ação, cujo processo deva ser conduzido pelo referido juiz. Conquanto este seja, na verdade, devedor do réu, não nos parece que deva ser, de maneira inexorável, considerado suspeito. É provável que o réu possua milhares e milhares de devedores, nas mesmas condições do juiz, razão por que o fato de este haver obtido (mediante os procedimentos usuais) um crédito junto a tal estabelecimento não o torna, só por isto, suspeito, aos olhos do autor, imaginando-se que ele, juiz, estaria predisposto a decidir em favor do réu, para não desagradar ao seu credor. Estamos afirmando, pois, que a suspeição somente estará caracterizada quando o crédito obtido pelo juiz contenha uma nota algo particular, pessoal, vale dizer, tenha sido concedido em decorrência de sua qualidade de magistrado, expressando, assim, uma espécie de deferência seletiva, de tratamento especial para com ele.

À luz desse critério que estamos a preconizar, não deverá ser inquinado de suspeito o juiz que haja adquirido mercadorias, mediante prestações periódicas, em determinada loja comercial. Assim como os estabelecimentos bancários, as lojas comerciais costumam conceder créditos, ou realizar vendas a prazo, sem que isso represente um tratamento especial, diferenciado, para com o juiz. Muitas vezes, aliás, pela quantidade de devedores que possuem, os estabelecimentos bancários ou as lojas comerciais nem sequer ligam o nome do juiz ao universo de devedores, de tal arte que a relação que se estabelece entre aqueles e o magistrado é marcadamente impessoal, abstrata e, não, particular, ou seja, em caráter especial.

O mesmo se diga quanto ao crédito obtido pelo cônjuge do juiz, ou pelos parentes destes, em linha reta, ou, na colateral, até o terceiro grau.

A propósito, o art. 145, III, do CPC, não alude ao parentesco por afinidade; apesar disso, julgamos que estes estejam alcançados pelo mencionado dispositivo. Assim também pensamos quanto ao parentesco civil, proveniente da adoção; neste caso, a situação nos parece mais nítida, em virtude do uso do substantivo *parentes*, pelo legislador, ao redigir a norma sobredita.

Suspeição haverá, também, sempre que o juiz for *credor* de uma das partes, de cônjuge ou de companheiro ou de parentes desta. Aqui, portanto, a situação é inversa das examinadas anteriormente: a parte deve ao juiz, ao seu companheiro, cônjuge ou a parentes destes.

Se, no caso de o juiz ser devedor da parte, a sua suspeição emana da presunção de que estará, psicologicamente, propenso a agradar ao credor, o que justifica o veto à sua atuação, na hipótese de ser, ao contrário, credor da parte, é uma situação algo ambivalente. Com efeito, sendo o juiz credor de um dos litigantes, tanto poderá tender a favorecer a quem lhe deve, para, desse modo, assegurar a satisfação do crédito que possui junto à parte (pois a sentença favorável poderá atribuir a esta um considerável acréscimo patrimonial), quanto poderá sentir-se motivado a decidir contra o devedor, como medida de represália, por encontrar-se este, suponhamos, em estado de inadimplência, ou, até mesmo, discutindo no juízo civil a existência da dívida, o seu valor ou a sua quitação.

Seja qual for, enfim, o móvel psicológico da inclinação do juiz, o fato concreto é que, sendo ele credor ou devedor de um dos litigantes, do cônjuge, companheiro ou parentes destes, em linha reta, até o terceiro grau, inclusive, torna-se suspeito de exercer as suas funções no processo de que este participe.

Inciso IV. Interessado no julgamento do processo em favor de qualquer das partes.

Reprodução literal do inciso V do art. 134 do CPC revogado.

O juiz não é parte na relação processual. É, isto sim, sujeito desinteressado do processo. Assim dizemos porque a ele não é lícito possuir interesse nos processos que dirige, utilizado aqui o vocábulo *interesse* em seu sentido técnico, ligado à necessidade de a parte obter um provimento jurisdicional ou à utilidade que esse provimento pode representar para o seu círculo jurídico ou patrimonial.

Sendo, o magistrado, o Estado distribuindo justiça, não seria tolerável que pudesse, sempre que isso fosse de sua conveniência, abandonar o seu ontológico dever de neutralidade para manifestar interesse no julgamento da causa e, mais do que isso, procurar fazer com que, por suas mãos, as coisas se dispusessem, em concreto, segundo tais interesses que possuísse.

A imparcialidade, por ser, como frisamos, um elemento ontológico da magistratura, faz, até mesmo, com que soem pleonasticamente expressões como: "juiz imparcial"; "juiz neutro", como se fosse possível a existência, como regra, de juízes "parciais".

O interesse, capaz de conduzir à suspeição do magistrado, tanto pode ser de natureza econômica, moral, política, religiosa, étnica, etc. É conveniente rememorar, aliás, que o Código de Processo Civil de 1973, ao contrário de 1939, não exigia que o interesse, como uma das condições da ação, fosse econômico ou moral, embora afirmasse que seria necessário para "propor ou contestar ação". Havia, porém, nessa dicção do Código de 1973 um manifesto *minus dixit quam voluit*, por nós tantas vezes denunciado, porquanto o interesse era — e continua sendo —, indispensável também para excepcionar, contestar, recorrer, impugnar, embargar e o mais. Em suma, o interesse, como uma das condições da ação e como requisito para a prática de qualquer ato processual, não precisa ser qualificado de econômico ou moral. O CPC em vigor não incidiu no mesmo deslize, pois assevera que o interesse (ao lado da legitimidade) é indispensável para "*postular em juízo*" (art. 17).

Embora o magistrado não seja parte, ele acaba por externar, em determinados casos, e contra a lei, interesse na causa. Faz-se recomendável, entretanto, uma ponderação: se o interesse do juiz for daqueles essencialmente *jurídicos*, não deverá ser considerado suspeito. Se, por exemplo, se discute na causa a constitucionalidade, ou não, de lei ou de ato normativo do poder público, o juiz, como um estudioso do Direito, pode ter, em abstrato, "legítimo" interesse em pronunciar o antagonismo da norma infraconstitucional com a Suprema Carta Política do País. O interesse *intelectual* na matéria sobre a qual contendem as partes não torna o juiz interessado no julgamento. Caso, entretanto, esse interesse intelectual não seja abstrato, estando, ao contrário, vinculado a um outro, de natureza econômica, moral, política, religiosa, etc., que o juiz possua, a sua suspeição adquire contornos visíveis, motivo por que poderá a parte requerer, mediante exceção (CLT, arts. 801 e 802), o seu afastamento da condução do processo.

Questão instigante, por nós já enfrentada, pela rama, em páginas transatas, diz respeito à suspeição do magistrado quando o direito em disputa também lhe pertencer. Perceba-se que estamos falando, a partir de agora, em direito, não em simples interesse. Imaginemos, *v. g.*, que o juiz seja condômino em um imóvel, que esteja sendo reivindicado por um dos condôminos, perante terceiro. Conquanto o juiz não apareça como parte, nesse processo, há um seu direito, como condômino, sendo debatido em juízo. Poder-se-ia pensar, aqui, em suspeição do magistrado, em face do seu notório interesse na causa; entendemos, contudo, que ele estará, na verdade, impedido de exercer as suas funções nesse processo, em decorrência de o seu direito, derivante do condomínio, estar em disputa.

Há, também, controvérsia doutrinária a respeito da suspeição do magistrado que tiver de apreciar ação em que estão sendo postulados direitos dos quais ele será beneficiário imediato. Imaginemos, por exemplo, que os juízes federais (aí incluídos os do trabalho), de determinada região, ingressem na Justiça Federal, pretendendo obter um reajuste de vencimentos, que lhes teria sido sonegado pelo Governo Federal. É evidente que o Juiz Federal, a quem a petição inicial for distribuída, terá interesse na causa, na medida que se beneficiará da sentença que vier a proferir, caso acolha os pedidos formulados pelos autores — em cujo rol ele está inserido. A nosso ver, não se poderia pensar, na espécie, em suspeição, pois o referido juiz é parte da causa; logo, a discussão deve ser deslocada para o campo do impedimento (CPC, art. 114, IV). Ainda que a solução seja perturbadora dos princípios, parece-nos que o caráter excepcional da situação autorizaria a participação desse magistrado, no processo. A entender-se que ele estará impedido, estar-se-á conduzindo o problema a um impasse, a uma aporia, pois se todos os juízes federais de primeiro grau, de determinada região, são parte na ação, isso significa que a eventual lesão de direito material, por eles sofrida, ficaria sem apreciação, sendo violentado, desse modo, o direito público subjetivo de ação, que a Constituição Federal assegura a todos os indivíduos (art. 5.º, inciso XXXV). Dizer-se, por absurdo, que a ação deveria ser apreciada por juízes federais de outra região judiciária seria, não apenas, deitar por terra as regras fixadoras da competência territorial, mas, sobretudo, pensar-se que essa providência resolveria o problema, em sua raiz. Ora, ainda que tais juízes não fossem impedidos, por não serem parte no processo, possuiriam interesse na causa, em decorrência da matéria debatida nos autos. Dessa forma, nada mais se faria do que contornar o impedimento para cair na suspeição. Não é o caso de aplicar-se, aqui, a regra do art. 102, I, "*n*", da Constituição Federal, pois o interesse na causa não é de *todos* os membros da magistratura, senão que, apenas, dos juízes federais.

A situação em foco, contudo, difere daquela em que o juiz tem diante de si uma ação idêntica à que ajuizou. Digamos, *e. g.*, que o autor esteja alegando a nulidade de determinado ato de autoridade administrativa, contra o qual o magistrado também havia se insurgido e, em razão disso, ingressado em juízo, visando a anulá-lo. Neste caso, a identidade de matéria faz aflorar a suspeição do magistrado, pois é razoável supor que ele tenderá a decidir, em prol do autor, exatamente porque ajuizou ação igual, perante outro juízo, onde pretende obter o mesmo resultado prático que o daquele. A respeito desse exemplo, duas observações se impõem. Primeiramente, não há, aqui, mero interesse intelectual do magistrado, senão que um interesse concreto, material, de índole provavelmente econômica; segundamente, a sua suspeição deriva não só desse interesse, mas é reforçada pelo fato de que um outro juiz poderia apreciar a demanda, supondo-se que tal magistrado não estivesse a buscar em juízo a decretação da nulidade do referido ato administrativo.

No exemplo anterior, em que a ação foi ajuizada por todos os juízes federais de determinada região, nenhum outro haveria, na mesma região, que pudesse apreciá-la sem estar, virtualmente, impedido, por ser parte na relação jurídica processual. Para situações excepcionais, há que se encontrar soluções também excepcionais, insólitas. É o que poderíamos denominar de "lógica das excepcionalidades".

§ 1.º Após haver arrolado, no art. 145, *caput*, as causas de suspeição do magistrado, o CPC estatui, no § 1.º, que ele poderá, ainda, declarar-se suspeito por motivo de foro íntimo.

Essa disposição não constitui novidade, no plano do processo civil, porquanto já constava do Código de 1939 (art. 119) e do de 1973 (art. 135, parágrafo único). A diferença os textos legais de 1939 e de 1973 estava em que, no 1939, o juiz, ao considerar-se suspeito por motivo íntimo, deveria comunicar os correspondentes motivos "ao órgão disciplinar competente" (art. 119, § 1.º). Se o juiz deixasse de efetuar essa cientificação, e os motivos da suspeição (apreciados em segredo de justiça) fossem reputados irrelevantes, o juiz ficaria sujeito à pena de advertência (art. 119, § 2.º). O Código de 1973 não exigiu essa comunicação. O CPC atual manteve a regra ao dispor que o juiz poderia considerar-se suspeito por motivo íntimo "sem necessidade de declarar suas razões".

A expressão: "motivo de foro íntimo", contida no art. 145, § 1.º, do CPC em vigor, é algo vaga, porque deixa ao talante exclusivo do magistrado a natureza da razão pela qual se considerou suspeito para exercer as suas funções no processo. O que se pode construir, doutrinariamente, acerca do assunto, é que esse motivo "de foro íntimo" não pode ser identificado com nenhuma das causas mencionadas pelo art. 145, do mesmo Código.

Teria sido acertado o fato de o legislador da atualidade haver dispensado o juiz de informar ao órgão competente o motivo de a sua íntima suspeição? Entendemos que não. Se, de um lado, pode-se dizer que essa comunicação poderia criar um certo constrangimento ao magistrado, de outro deve ser levado em conta o fato de que a desnecessidade dessa comunicação à Corregedoria pode fazer com que alguns juízes usem o "motivo íntimo" como pretexto para reduzir o seu volume de trabalho, pois, por tal modo censurável, deixarão de participar de alguns ou de muitos processos.

Não estamos, com isso, asseverando que todos os juízes seriam tentados a tais expedientes pouco éticos, até porque os juízes são altamente operosos e responsáveis no desempenho das funções inerentes ao cargo. Parece-nos, todavia, que a existência de um dever do magistrado comunicar as razões determinantes de sua íntima suspeição corresponderia não só a dar uma certa satisfação à Corregedoria, mas a evitar que, mesmo em situações esporádicas, a falta da revelação desses motivos pudesse deixar a critério exclusivo do juiz a escolha dos processos de que não desejasse participar, sem uma razão ponderável.

Embora não haja, no sistema do processo civil vigente, um dever de o juiz indicar os motivos íntimos pelos quais se declarou suspeito (bem ao contrário, a lei o dispensa dessa comunicação) é sempre recomendável que ele os revele ao corregedor, por uma questão de ordem *ética*, mesmo que não venha a ser solicitado a fazê-lo. De qualquer modo, é óbvio que o juiz terá de cientificar ao presidente do tribunal a sua declaração de suspeição por motivo íntimo, a fim de que seja designado outro juiz, para funcionar naquele processo. É proveitoso registrar que o texto do anteprojeto do CPC de 1973, após referir a faculdade de o juiz considerar-se suspeito por motivo íntimo, trazia a expressão: "cuja revelação lhe cause grave dano moral". Por força da Emenda n. 196, apresentada pelo Deputado Dias Menezes, foi suprimida a mencionada expressão. Em todo o caso, ela deixava claro que o juiz só poderia declarar-se suspeito por motivo íntimo se a revelação dos motivos fosse capaz de acarretar-lhe grave dano moral. Embora essa locução haja sido eliminada do texto, cremos que o seu espírito deve constituir uma espécie de diretriz ética a ser observada pelo magistrado, sempre que estiver propenso a dar-se por suspeito, em virtude de razões de foro íntimo.

Mesmo reconhecendo que o juiz não está obrigado a indicar o motivo íntimo de sua suspeição, isso não quer dizer que ele poderá fazer uso abusivo dessa faculdade, sem submeter-se a nenhum controle, por parte do corregedor. Se, com frequência, ele declarar-se suspeito sob com esse fundamento, é indispensável que o corregedor procure inteirar-se acerca dos motivos que levam o juiz a afastar-se, seguidamente, da condução dos processos. Não se pode desconsiderar, em episódios como tais, o direito das partes a uma prestação jurisdicional célere (CF, art. 5.º, LXXVIII) — direito que poderá ficar duramente comprometido com a reiterada designação de outros juízes para atuarem nos processos em que o titular se deu por suspeito e a demora que essa designação, muitas vezes, acarreta. A situação fica tanto mais grave se considerarmos as regiões em que o número de juízes substitutos é escasso.

Anteriormente ao advento do atual CPC, o Conselho Nacional de Justiça editou a Resolução n. 82/2009, determinando aos magistrados de primeiro e segundo graus que comunicassem à Corregedoria Regional ou à Corregedoria do próprio CNJ, respectivamente, os motivos que os levaram a declarar-se suspeitos por motivo íntimo. Entretanto, a Associação Nacional dos Magistrados do Trabalho — Anamatra — e a Associação dos Magistrados Brasileiros — AMB — ingressaram, no Supremo Tribunal Federal, com a ADI n. 4.260, por entenderem que a referida Resolução do CNJ ofendia alguns dispositivos constitucionais, como os pertinentes às garantias da imparcialidade e da independência dos juízes e do devido processo legal; ao direito à privacidade e à intimidade dos magistrados; à isonomia de tratamento entre os magistrados, pois somente estavam obrigados à indicação dos motivos de suspeição por foro íntimo os magistrados de primeiro e de segundo graus de jurisdição, e não os dos Tribunais Superiores. A Anamatra e a AMB argumentaram, ainda, que o CNJ não em competência em razão da matéria, pois esta é da competência privativa da União. Posteriormente, a AMB, a Anamatra e a Ajufe impetraram mandado de segurança no STF (autos n. 34.316), tendo o relator, Ministro Teori Zavacski, concedida liminar aos impetrantes. Algum tempo depois, o CNJ, pelo Ato Normativo n. 0003154-94.2016.2.00.0000, revogou a Resolução n. 82/2009.

Nas edições anteriores deste livro, já afirmávamos que essa Resolução do CNJ havia ficado prejudicada com o advento do CPC de 2015.

Assim afirmávamos por entendermos que o parágrafo único do art. 145 do CPC seria aplicável, em caráter supletivo (CLT, art. 769), ao processo do trabalho.

§ 2.º Em vez de declarar que a alegação de suspeição seria "ilegítima", o legislador teria andado em melhor caminho se dissesse que ela *não seria admitida.*

Inciso I. Há um vetusto apotegma jurídico, de origem latina, segundo o qual ninguém pode beneficiar-se da própria torpeza (*nemo turpitudinem potest*). Deste modo, se a parte provocar a suspeição do magistrado, não a poderá denunciar na causa. Em princípio, apenas a parte possui legitimidade para arguir a suspeição, pois somente ela pode *alegá-la*. É à parte que se dirigem os arts. 146, *caput*, e 148, § 1.º, do CPC.

Inciso II. Incumbe à parte alegar a suspeição do magistrado no prazo de quinze dias do conhecimento do fato; se não o fizer, estará precluso o seu direito de alegá-la. Por outro lado, se ela vier a praticar determinado ato, após ter conhecimento da existência de causa justificadora da suspeição do magistrado, essa sua atitude é interpretada pelo Código como aceitação tácita da atuação do magistrado. Cuida-se de uma espécie de transposição para o terreno processual do difundido ditado popular: "Quem cala, consente".

No sistema do atual CPC, a suspeição deve ser alegada "em petição específica" (art. 146, *caput*), não mais sob a forma de exceção. No processo do trabalho, conforme procuraremos demonstrar no comentário ao próximo artigo, a exceção e o impedimento devem continuar sendo objeto de *exceção*.

Capítulo VII

Procedimento

1. Exceção de incompetência

1.1. Perante os órgãos de primeiro grau

Em circunstâncias normais, o procedimento relativo à exceção de incompetência é o seguinte:

a) protocolada a petição, o processo será suspenso (CLT, art. 800, § 1.º). Entendemos que a suspensão é automática, independendo, pois, de despacho judicial;

b) a petição deverá ser devidamente fundamentada e instruída com os documentos em que se baseia, cumprindo ao excipiente indicar o juízo para o qual a competência é declinada,

c) os autos serão imediatamente conclusos ao juiz, que intimará o excepto e, se for o caso, os litisconsortes, para se manifestarem no prazo comum de cinco dias (CLT, art. 800, § 2.º);

d) havendo necessidade de produção de prova oral, o juiz designará audiência (*ibidem*, § 3.º). Faculta-se ao excipiente e suas testemunhas serem ouvidos, mediante carta precatória, no juízo que aquele houver indicado como competente (*ibidem*, § 3.º).

É óbvio que, no terreno da realidade prática, nem sempre as coisas se passam da maneira remansada, como acima se referiu.

Devemos considerar, logo de início, a possibilidade de a petição inicial ser indeferida. O ato pelo qual isso ocorre traduz sentença (CPC, art. 203, § 1.º), podendo, por esse motivo, ser objeto de recurso ordinário (CLT, art. 895, I).

Somente deve ser objeto de exceção a incompetência *relativa* (em razão do território, por exemplo), porquanto a *absoluta* (pessoa, matéria, funcional, etc.) constitui preliminar da contestação (CPC, art. 337, II, em parte).

Isso corresponde a afirmar, sob o ângulo do rigor da técnica processual, que no sistema do processo do trabalho constitui erro de procedimento alegar: a) a incompetência *relativa* como preliminar da contestação; b) a *absoluta,* sob a forma de exceção.

Esses erros de procedimento, contudo, não devem conduzir ao indeferimento da petição, mormente no plano do processo do trabalho, onde deve ter ampla incidência o princípio da *instrumentalidade,* consagrado pelos arts. 188 e 277, do CPC, conforme o qual, quando a lei prescrever determinada forma, sem a cominação de nulidade, valerá o ato se, realizado de maneira diversa, atingir a sua finalidade. Assim, se, *v. g.*, a parte alegar a incompetência *relativa* como preliminar da contestação incumbirá ao juiz aplicar, em nome da simplicidade que devem ter os atos do procedimento trabalhista, por analogia, um outro princípio, próprio dos recursos, que é o da *fungibilidade,* de tal arte a fazer com que a incompetência relativa seja processada sob a forma prevista em lei, vale dizer, de exceção.

É evidente que essa "fungibilidade analógica" deverá ser registrada na ata da audiência, em que a petição for apresentada. A primeira consequência prática dessa atitude do juiz consistirá na suspensão do processo principal, por força do disposto no art. 800, § 1.º, da CLT. Como, na situação que estamos a examinar, a incompetência relativa foi arguida como preliminar da contestação, e, segundo vimos, sendo tratada como exceção acarretará a suspensão do processo principal, temos que nenhum ato respeitante ao processo primacial poderá ser praticado, sem que a exceção haja sido definitivamente julgada. Deste modo, a contestação será juntada aos autos (para que a incompetência, nela embutida, possa ser processada como exceção), sem que o juiz dê vista à parte contrária, a fim de pronunciar-se sobre a contestação e sobre os documentos que, porventura, a instruam. Essa oportunidade para que parte contrária se manifeste acerca da contestação só lhe será concedida, como dissemos, após o julgamento da exceção de incompetência.

Em seguida, o juiz intimará o excepto, para falar a respeito da exceção, no prazo de cinco dias, procedendo, a partir daí, da forma como indicamos anteriormente.

Caso a alegação de incompetência *absoluta* seja efetuada sob a forma de exceção, e não de preliminar, na contestação, o mesmo princípio da instrumentalidade dos atos do procedimento recomenda que o juiz a processe como preliminar, e não como exceção. É certo que se a única resposta apresentada pelo réu tiver como conteúdo exclusivo a mencionada alegação de incompetência, este correrá o risco de, rejeitada a alegação, ver desabar sobre si a regra inserta no art. 341, *caput* do CPC, de acordo com a qual presumir-se-ão verdadeiros os fatos não contestados (princípio da *impugnação especificada).*

Na primeira edição deste livro, escrevemos:

> "Uma outra questão a ser analisada — e que, de certa forma, se enastra com as anteriores — concerne ao *meio* pelo qual a exceção de incompetência (logo, relativa) deve ser oferecida. Em rigor, a petição relativa à exceção de incompetência (assim como às de impedimento e de suspeição) deve ser apresentada em peça específica, apartada da contestação. Assim o é, em primeiro lugar, porque sendo a exceção e a contestação modalidades distintas de *resposta* do réu, não devem ser encambulhadas na mesma petição; em segundo, por um motivo de ordem lógica, que será agora exposto: se argui a incompetência de determinado juízo, não faz sentido apresentar, perante ele, a contestação, pois isso traduz um certo ilogismo — contesta-se perante órgão jurisdicional que se alega ser desapercebido de competência (relativa).

A despeito de provir de uma base lógica a apresentação, em peças e em momentos distintos, da exceção de incompetência e da contestação, não se deve, em concreto, indeferir a petição que contiver, de forma aglutinada, essas duas espécies de resposta. Estamos falando, convém lembrar, de processo do trabalho. Pois bem. Se o oferecimento da exceção de incompetência ocorresse em petição separada (o que seria legalmente correto, sem dúvida), haveria um inconveniente de ordem prática, na hipótese de ser rejeitada, como vimos. Realmente, rechaçada a alegação de incompetência, expendida pelo réu, este teria de ser intimado para apresentar contestação (podendo, inclusive, reconvir), o que provocaria, na prática, um considerável consumo de tempo, vez que haveria necessidade de ser designada audiência específica para a formulação da sua defesa. Se a exceção de incompetência, ao contrário, fosse formulada na mesma peça da contestação, rejeitada a arguição de incompetência (cuja decisão, em princípio, é irrecorrível: CLT, art. 799, § 2.º), poderia ser aprazada, desde logo, audiência destinada à instrução oral do processo principal, assegurando-se, antes disso, o direito do autor de manifestar-se sobre o teor da contestação e dos documentos que a instruem.

De igual forma se haveria de proceder caso fossem apresentadas, no mesmo ato, embora em peças diversas, a exceção de incompetência e a contestação: esta poderia ser recebida (juntada aos autos), conquanto saibamos que o processo principal esteja suspenso, em decorrência da exceção de incompetência. A despeito de a contestação fazer parte do aludido processo, a sua juntada aos autos não corresponderia a uma violação do art. 799, *caput*, da CLT, senão que a uma louvável providência no sentido de atender às expressivas particularidades do processo do trabalho e aos seus princípios informativos, dentre os quais sobressaem os da simpleza e da celeridade."

Essas nossas considerações foram reproduzidas apenas para efeito de registro histórico. Atualmente, por força da nova redação atribuída pela Lei n. 13.467/2017 ao art. 800, da CLT, a exceção de incompetência deve ser apresentada no prazo de cinco dias, contados da data da citação do réu, significa dizer, o protocolo da respectiva petição inicial ocorrerá antes da audiência.

Como asseveramos há pouco, no sistema do processo do trabalho a decisão resolutiva das exceções em geral é irrecorrível, de imediato. Assim, se for rejeitada a exceção, a parte deverá aguardar o proferimento da sentença de mérito, para, só então, impugnar aquela decisão; se a decisão acolher a exceção, os autos serão encaminhados ao juízo havido como competente, hipótese em que, se este não suscitar conflito (negativo) de competência, caberá à parte aguardar a emissão da sentença de fundo para poder atacar, preliminarmente, no recurso que interpuser perante aquele juízo, a decisão pertinente à exceção de incompetência.

A CLT, no entanto, estampa uma exceção a respeito do assunto ao admitir a interposição de recurso quando a decisão for "terminativa do feito" (art. 799, § 2.º). A imprecisa redação dessa norma legal, entrementes, tem conduzido a interpretações discrepantes. Em termos gerais, a doutrina e a jurisprudência têm entendido que a locução: "*salvo (...) se terminativas do feito*" deve ser interpretada no sentido de que a decisão possa acarretar o afastamento da causa da jurisdição trabalhista. Destarte, se, por exemplo, o juízo trabalhista concluir que a competência é. da Justiça Estadual, será admissível o recurso ordinário, ao Tribunal do Trabalho. Em que pese ao fato de, sob o aspecto teórico, ser aceitável essa posição doutrinária e jurisprudencial, parece-nos que, do ponto de vista estritamente legal, essa posição mereça ser submetida a uma análise percuciente.

Efetivamente, tendo em vista que, em regra, a exceção só se justifica quando se tratar de incompetência *relativa (ratione loci),* de duas, uma: a) ou o Juízo de Direito Estadual tem, verdadeiramente, competência, por encontrar-se investido na jurisdição trabalhista (CLT, art. 668), e, neste caso, não se deveria admitir recurso da decisão que acolhesse a exceção de incompetência; *b)* ou o Juízo de Direito tem competência por ter sido de natureza civil ou comercial a relação jurídica estabelecida entre as partes, e, nesta hipótese, a incompetência, por ser absoluta, deveria ter sido alegada não como exceção, mas como preliminar do mérito, sem se ignorar a particularidade de que, nas ações versando sobre a existência, ou não, de relação de emprego, constitui erro inescusável alegar, o réu, a incompetência do juízo (mesmo que o faça sob a forma de preliminar), vez que à Justiça do Trabalho compete, constitucionalmente, não apenas declarar a existência de relação de emprego entre as partes, como a inexistência dessa relação — cuja investigação, portanto, se imbrica, de modo *sui generis,* com a do próprio mérito da ação; sendo assim, negado o vínculo, não se há de ordenar a remessa dos autos ao MM. Juízo de Direito, pois, perante este, não seria aproveitável a petição inicial, que conteria pedidos característicos das lides trabalhistas: aviso prévio, horas extras, adicionais noturno, de periculosidade e insalubridade, equiparação salarial, FGTS, etc.

Essas duas conclusões, embora possam ser juridicamente sustentadas, acabam, todavia, por tornar sem sentido a expressão: "*salvo se terminativas do feito*", inscrita no § 2.º do art. 799, da CLT. Provavelmente por isso, a doutrina e a jurisprudência viram-se forçadas a realizar engenhosa construção, segundo a qual, na primeira situação indicada, a sentença resolutiva da exceção de incompetência seria recorrível por implicar o afastamento ("término") da jurisdição *tipicamente* trabalhista, ao submeter a apreciação da causa ao Juiz de Direito, investido, apenas de maneira circunstancial, no exercício daquela jurisdição especializada.

Embora, pois, o Juiz de Direito tenha competência para solucionar conflitos de interesses individuais, entre trabalhadores e empregadores, nas localidades onde não haja órgão da Justiça do Trabalho (CLT, art. 668), a decisão acolhedora da exceção de incompetência faz com que o trabalhador seja obrigado a ver a causa apreciada por um órgão estranho à organização judiciária trabalhista, ao qual falta, dentre outras coisas, a composição colegiada que caracteriza as Varas do Trabalho.

Tendo em vista, pois, o princípio de que os pronunciamentos do juízo trabalhista, em sede de exceção de incompetência (e, também, de impedimento e suspeição), são irrecorríveis, salvo se "terminativos" do feito (CLT, art. 799, § 2.º), chega-se às conclusões de que: a) no primeiro caso, esse pronunciamento assume o caráter de decisão interlocutória *sui generis,* em virtude do veto legal à sua impugnação imediata e autônoma; b) no segundo, o pronunciamento é tratado como sentença, também *sui generis*, pois é dotado de aptidão para dar fim, não ao processo, mas à atuação dos órgãos característicos da Justiça do Trabalho, em primeiro grau de jurisdição. É, precisamente, esse traço, ainda que imperfeito, de sentença, que permite a sua impugnação por meio de recurso ordinário, conforme a construção doutrinária e jurisprudencial já mencionada.

Advirtamos, porém, ser notório que, sob o rigor da ciência processual e dos conceitos que lhe são inerentes, não há, no primeiro caso, decisão interlocutória genuína, porquanto a exceção de incompetência não pode ser considerada como *incidente processual* (CPC, art. 203, § 2.º), do mesmo modo como, no segundo, inexiste sentença, porquanto o pronunciamento do juízo não tende a dar fim ao processo (CPC, art. 203, § 1.º), senão que a determinar a remessa dos autos a outro órgão jurisdicional. Como frisamos, no entanto, a engenhosa solução encontrada pela doutrina e pela jurisprudência trabalhistas para admitir a interposição de recurso ordinário, nesta última hipótese, não só se justifica como medida necessária para dar sentido à locução legal: "salvo se terminativas do feito" (CLT, art. 799, § 2.º), como vem robustecida por uma notável sensibilidade diante da presença do trabalhador na relação jurídica processual, a quem o afastamento da causa da cognição trabalhista típica sói acarretar, mais do que desconforto, certos constrangimentos, porquanto se trata de um juízo muito mais formalista e, não raro, desconhecedor dos princípios medulares do processo do trabalho.

Visando a dar cobro à controvérsia doutrinária e jurisprudencial sobre o tema, o TST adotou a Súmula n. 214.

Como estamos a discorrer sobre o procedimento da exceção de incompetência, devemos ocupar-nos, ainda que por breve tempo, com um problema, ou melhor, com um equívoco geralmente verificado nas ações em que o autor pretende obter um provimento jurisdicional declaratório da existência de relação de emprego com o réu, cumulado com um condenatório.

É frequente, nessas ações, o réu alegar, em sua resposta, ser parte ilegítima, e, em decorrência disso, ser o autor carecedor da ação, e, ainda, a incompetência do juízo.

No que tange à primeira alegação, é manifesta a sua impropriedade, pois ainda que inexista o vínculo de emprego pretendido pelo autor, o réu será a única pessoa legitimada para responder às pretensões por aquele deduzidas. É o que a doutrina tem denominado de "pertinência subjetiva da ação". Ilegitimidade passiva haveria, isto sim, se o autor houvesse ajuizado a ação em face de pessoa diversa daquela para qual efetivamente prestou serviços. Fora disso, o réu será parte legítima para integrar a relação jurídica processual, cuja legitimidade não deixará de existir mesmo que a sentença venha a declarar a inexistência de vínculo de emprego entre as partes. Incidirá em erro inescusável o pronunciamento jurisdicional, que, neste caso, considerar o réu parte ilegítima, pois estará baralhando as condições da ação (das quais a legitimidade *ad causam* é uma delas) com o mérito *(res in iudicio deducta)*. Deste modo, se o juízo ficar convencido de que não se configuraram os pressupostos constitutivos da relação de emprego, deverá rejeitar os pedidos formulados pelo autor (CPC, art. 490), ou seja, emitir um pronunciamento acerca do mérito. Aliás, se, na espécie, ele preferisse declarar, erroneamente, a ilegitimidade do réu, e, sendo esta, como dissemos, uma das condições da ação, como justificaria o fato de, sendo o autor (supostamente) carecente do direito de ação, haver provocado uma dicção jurisdicional sobre o fundo da demanda, vale dizer, sobre o mérito?

Ponha-se de lado, portanto, de uma vez por todas, esse equívoco primário de imaginar-se que a inexistência do vínculo de emprego pretendido (mérito) torna o autor carecedor da ação, por ser o réu parte ilegítima (condição da ação), exceto se desejar-se deitar por terra todos os avanços científicos obtidos no campo processual.

Deslize técnico, não menos comprometedor, haverá se, após declarar-se que a relação jurídica material havida entre as partes não era de emprego, mas civil ou comercial, ordenar-se a remessa dos autos para a Justiça Comum.

Reiteremos o exemplo da ação em que o autor se considera empregado do réu e este alega que entre ambos havia, ao contrário, um contrato comercial de representação. Convencendo-se, o juízo trabalhista, que não havia, realmente, um contrato de trabalho, mas, sim, de representação comercial, de nada valerá a remessa dos autos à Justiça Comum, porquanto, perante esta, a petição inicial será inaproveitável, na medida que dela constam pedidos típicos de um contrato de trabalho, como: horas extras, adicional noturno, equiparação salarial, férias, gratificação natalina e o mais. Logo, transitando em julgado a sentença que não reconheceu a existência do colimado vínculo de emprego, a consequência deverá ser, apenas, a extinção do processo sem exame do mérito (CPC, art. 485), com o arquivamento dos autos, desde que pagas as custas a que o autor, porventura, tenha sido condenado.

Conforme alertamos em outros escritos, um juízo somente deve determinar a remessa dos autos para outro quando, perante este, a petição inicial puder ser aproveitada. Podemos pois, formular o princípio do *aproveitamento da petição,* como critério a ser observado com vistas à correta interpretação da aludida norma do digesto de processo civil.

1.2. Perante os tribunais

O processamento da exceção de incompetência, no âmbito dos Tribunais, reger-se-á pelo que dispuser a respeito o Regimento Interno, sendo aplicáveis, todavia, em caráter supletivo, as normas do CPC.

Sob o ângulo prático, será necessário separar as causas que entram na competência *originária* do Tribunal daquelas que fazem parte da sua competência como órgão de reexame.

No primeiro caso, será possível o oferecimento da exceção, porquanto a competência originária faz com que o Tribunal funcione como uma espécie de órgão de primeiro grau. Tomemos como exemplo a ação rescisória. Se a sentença, que a parte pretende rescindir, foi proferida por Vara do Trabalho integrante da jurisdição de outro Tribunal *de* Trabalho, caberá ao réu, em sua resposta, arguir, por meio de exceção, a incompetência *ratione loci,* a fim de que a ação seja apreciada pelo Tribunal competente. No segundo (competência em grau de recurso), todavia, não caberá a exceção, por um motivo elementar. É que somente sendo passível de exceção a incompetência relativa, de duas, uma: a) ou a incompetência foi alegada em primeiro grau, sob a forma de exceção, sendo rejeitada, e, nesta hipótese, a parte deverá voltar a alegá-la como preliminar do recurso que vier a interpor da sentença de mérito, *b)* ou não foi alegada em primeiro grau, e, neste caso, operou-se a preclusão "temporal".

Retornemos à primeira situação examinada, para esclarecer que a despeito de a incompetência relativa dever ser apresentada sob a forma de exceção, em primeiro grau de jurisdição, ela passa a ser discutida, em grau de recurso, como preliminar. Se for acatada, o Tribunal determinará a remessa dos autos ao juízo competente. Duas observações são imprescindíveis diante da afirmação que acabamos de fazer. Primeiramente, o Tribunal não estará obrigado a remeter os autos ao juízo apontado pela parte; assim, se esta indica como competente o juízo A, mas o Tribunal se convence de que a competência é de outro, *a*, os autos deverão ser encaminhados para este, não para aquele, sem que vá, nisso, qualquer pronunciamento *extra petita.* Segundamente, aplica-se ao processo do trabalho a regra do art. 64, § 3.º, do CPC, conforme a qual "*Salvo decisão judicial em sentido contrário, conservar--se-ão os efeitos de decisão proferida pelo juízo incompetente até que outra seja proferida, se for o caso, pelo juízo competente*".

2. Exceções de impedimento e de suspeição

2.1. Perante os órgãos de primeiro grau

Tanto no processo civil, quanto no do trabalho, o impedimento ou a suspeição do juiz devem ser alegados no momento oportuno.

Conforme deixamos exarado em outras páginas deste livro, embora seja algo infrequente, nada obsta a que o próprio autor recuse o juiz, por meio de exceção. Neste caso, deverá fazê-lo no prazo de cinco dias, "a contar do conhecimento do fato" (art. 800, § 2.º, da CLT, conjugado com o art. 146, *caput*, do CPC, ambos por analogia). Uma observação oportuna: o prazo não é contado do *surgimento* do fato capaz de ensejar a recusa do magistrado, pela parte, mas do *conhecimento* que esta teve do fato. Muitas vezes, p. ex., o autor ignora que o juiz é amigo íntimo, credor ou devedor do réu, só vindo a sabê-lo no curso do processo. A partir do momento em que tiver ciência disso disporá do prazo preclusivo de quinze dias para alegar a suspeição.

Pouco importa que o fato determinante da *suspeição* do magistrado preexista ao ajuizamento da ação ou surja no curso do processo: o autor (estamos cuidando, apenas, dele, por enquanto) deverá exercer o seu direito de objeção dentro do prazo legal; se não o fizer, haverá, contra si, a preclusão, de tal forma que somente poderá arguir o impedimento ou a suspeição se calcar-se em outro fato.

O mesmo não ocorre, porém, quanto ao impedimento. Embora este deva, em princípio, ser também alegado no prazo de cinco dias (art. 800, § 2.º, da CLT, conjugado com o art. 146, *caput*, do CPC, ambos por analogia), eventual silêncio do autor a respeito não terá efeito preclusivo, uma vez que o impedimento, como demonstramos, constitui um veto absoluto à atuação do juiz, daí porque a parte (inclusive, o autor) poderá manifestar o seu direito de recusa mesmo depois de exaurido o prazo legal. Tanto é absoluto esse veto, que o desrespeito a ele autoriza o exercício da ação rescisória (CPC, art. 966, II). O mesmo não acontece, como sabemos, com a suspeição, pois a sentença proferida por juiz suspeito não pode ser desconstituída pela via rescisória.

No que concerne ao réu, contudo, o momento oportuno para alegar o impedimento ou a suspeição é, em regra, o do seu comparecimento a juízo, para defender-se. O meio pelo qual deverá externar a sua recusa é a *exceção,* que constitui uma das espécies de *resposta* de que se pode valer; as outras são a contestação, a reconvenção (CPC, art. 343) e o reconhecimento da "procedência" do pedido (CPC, art. 487, III, "a").

Tenha-se como certo, portanto, que o réu poderá alegar o impedimento e a suspeição mesmo depois de decorrido o prazo legal para a sua *resposta,* contanto que se funde em fato superveniente a esta. A sua situação, neste ponto, iguala-se à do autor: deverá manifestar-se no prazo de cinco dias, contado da data em que teve ciência do motivo do impedimento ou da suspeição. Tratando-se de suspeição, o decurso em branco desse prazo terá efeito preclusivo; sendo o caso de impedimento, inexistirá preclusão.

Impõe-se, nesta quadra de nossa exposição, uma nota de grande relevância. Estatuía o CPC de 1939, no art. 186: "*Será ilegítima a suspeição quando o excipiente a provocar ou, depois de manifestada a sua causa, praticar qualquer ato que importe a aceitação do juiz recusado*". O vigente estatuto processual civil não repetiu essa regra. Apesar disso, entendemos que ela seja plenamente compatível não só com este Código como com o próprio processo do trabalho. O princípio da "atitude incompatível" — por nós assim denominado —, aliás, está presente no CPC de 1973, no campo dos recursos, como revela o art. 503: "*A parte, que aceitar expressa ou tacitamente a decisão não poderá recorrer. Parágrafo único. Considera-se aceitação tácita a prática, sem nenhuma reserva, de ato incompatível com a vontade de recorrer*".

Assim, se, no terreno das exceções, a parte tinha conhecimento do motivo da *suspeição,* mas, a despeito disso, praticou no processo algum ato que possa ser interpretado como aceitação tácita do juiz suspeito, não mais poderá ingressar com a exceção, mesmo que dentro do prazo legal. Essa regra, todavia, não alcança o impedimento, porquanto, conforme já alertamos, nesta matéria não há preclusão (seja "temporal" ou lógica), pois o impedimento expressa um veto absoluto à atuação do magistrado.

Quanto ao *procedimento,* propriamente dito, da arguição de impedimento e de suspeição, na esfera do *processo civil* (onde, segundo vimos, já não se dá por meio de *exceção*), é o seguinte, em traços gerais:

a) o motivo da recusa (impedimento ou suspeição) deverá ser apresentado mediante petição específica, dirigida ao juiz da causa, na qual a parte indicará o fundamento da recusa, podendo ser instruída com documentos e conter o rol das testemunhas, se houver (CPC, art. 146, *caput*);

b) ao despachar a petição inicial, o juiz terá dois caminhos a seguir: 1) se admitir o motivo da recusa, determinará, imediatamente, a remessa dos autos ao seu substituto legal (CPC, art. 146, § 1.º, primeira parte); 2) caso contrário, determinará a autuação em apartado da petição e, no prazo de quinze dias, oferecerá as suas razões, acompanhadas de documentos e do rol de testemunhas, se for o caso, ordenando, depois disso, a remessa dos autos ao Tribunal, onde, então, ocorrerá o julgamento da exceção *(ibidem,* segunda parte);

c) no tribunal, distribuída a petição, o relator deverá declarar o efeito em que a recebe: c.a.) se for sem efeito suspensivo, o processo voltará a tramitar; c.b.) se, ao contrário, for no suspensivo, o processo permanecerá suspenso até o julgamento do incidente (CPC, art. 146, § 2.º, I e II, respectivamente);

d) acolhida a alegação de impedimento ou de suspeição, o tribunal condenará o juiz nas custas e remeterá os autos ao seu substituto legal, assegurando-se ao juiz o direito de recorrer da decisão *(ibidem,* § 3.º).

Seria esse, também o procedimento a ser observado no processo do trabalho?

No sistema do atual CPC o impedimento e a suspeição já não são manifestados por meio de exceção, e sim, de *petição específica* (art. 146, *caput*), ao passo que, no processo do trabalho, essas restrições à atuação dos magistrados seguem sendo objeto de *exceção.*

Pois bem. Pode-se aplicar ao processo do trabalho o disposto no art. 146, *caput*, do CPC, na parte em que exige que a petição (de exceção, no caso) seja dirigida ao juiz da causa, com indicação do fundamento da recusa, podendo ser instruída com documentos em que se baseia a exceção e com rol de testemunhas.

De resto, grassa, sobre o assunto, acentuada controvérsia, que deriva da má redação do art. 802, § 1.º, da CLT, *verbis:* "*Nas Varas e nos Tribunais Regionais, julgada procedente a exceção de suspeição, será logo convocado, para a mesma audiência ou sessão, ou para a seguinte, o suplente do membro suspeito, o qual continuará a funcionar no feito até decisão final. Proceder-se-á da mesma maneira quando algum dos membros se declarar suspeito*".

Antes de nos dedicarmos à interpretação dessa norma legal, façamos um retoque indispensável: conquanto o texto reproduzido só se refira à exceção de *suspeição,* o procedimento, por ele traçado, é igualmente aplicável ao *impedimento.* Como anotamos antes, embora o art. 801, da CLT, só mencione a suspeição, na verdade inclui, no rol das causas que a determinam, o *parentesco* (letra *c),* que é, à evidência, motivo de *impedimento.* Neste particular, a norma trabalhista cedeu à influência exercida pelo art. 185, do CPC de 1939.

Voltemos à pergunta formulada. Tudo depende da interpretação que se der ao art. 802, § 1.º, da CLT. Preocupemo-nos, por enquanto, apenas, com a exceção oferecida em primeiro grau de jurisdição, embora a norma aludida também a preveja perante os Tribunais Regionais.

O nó górdio do problema, a *vexata quaestio,* reside, principalmente, na expressão: "*será logo convocado, para a mesma audiência (...), o suplente do membro suspeito*". Sob o ângulo estritamente literal, parece-nos irrecusável a conclusão de que o dispositivo sobredito autoriza a participação do juiz inquinado de impedido ou de suspeito, tanto na instrução quanto no julgamento da exceção. A não se entender dessa maneira, por que motivo o legislador teria dito que só se a exceção fosse julgada "procedente" seria convocado, para a mesma audiência ou para a próxima, o suplente, a não ser para demonstrar que o juiz recusado atua na instrução e no julgamento da exceção? Note-se que, no sistema do processo civil, como dissemos, o juiz, se não reconhecer o móvel da recusa, apresentará as suas razões, acompanhadas de documentos e do rol das testemunhas, após o que enviará os autos ao Tribunal competente, onde o *incidente* será julgado (art. 146, § 1.º). No processo do trabalho, contudo, a *exceção* não somente é apreciada pelo órgão de primeiro grau, de que faz parte o juiz impedido ou suspeito, como este participa da instrução e do julgamento da exceção. Bem ou mal, este é o sistema característico do processo do trabalho.

É provável que o legislador processual trabalhista haja assim estabelecido levando em conta a particularidade de que, em princípio, quem votaria seriam os juízes classistas, integrantes do colegiado de primeiro grau (Junta de Conciliação e Julgamento: CLT, art. 850, parágrafo único). Dessa forma, o juiz togado, inquinado de impedido ou de suspeito, não participaria do julgamento.

Tendo em vista argumentos dessa ordem, escrevemos, na edição anterior deste livro:

> "Ainda que seja forçoso reconhecer ser esta a natural interpretação que decorre da expressão literal do art. 802, da CLT, algumas ponderações devem ser efetuadas. Em primeiro lugar, a pressuposição de que o julgamento da exceção dirigida ao juiz togado será realizada pelos classistas (pois só estes votam) deriva de um paralogismo, seja porque, em concreto, quem decide, efetivamente, é o juiz togado, seja porque, havendo empate entre os classistas, ele desempatará, como lhe faculta a lei. Em segundo, mesmo que o juiz togado não votasse, por ocasião do julgamento, em decorrência de serem convergentes os votos dos classistas, isto não evitaria o constrangimento das testemunhas, que seriam levadas a juízo para narrar, perante o próprio juiz togado, que preside a audiência de instrução, fatos destinados a comprovar a sua suspeição (a prova do Impedimento, quase sempre, é documental)."

A Emenda Constitucional n. 24/1999, contudo, extinguiu a representação classista, em todos os graus da Justiça do Trabalho; em razão disso, o primeiro grau passou a ser monocrático. Esse fato poderia fazer com que se devesse rever a interpretação que, até então, se vinha extraindo do art. 802, § 1.º, da CLT. O assunto é polêmico, como dissemos. Talvez, seja mesmo possível atribuir-se nova interpretação à norma legal precitada. Independentemente da conclusão que se chegar a respeito, será sempre aconselhável que, apresentada a exceção de impedimento ou de suspeição, o juiz, destinatário dessa objeção, se afaste do processo, dando ciência disso ao tribunal e solicitando a designação de juiz *ad hoc*.

Mantemos, portanto, o entendimento manifestado na edição anterior deste livro:

> "Por tudo isso, sentimo-nos à vontade para sugerir que, embora o juiz inquinado de impedido ou de suspeito possa, legalmente, participar da instrução e do julgamento da exceção, procure ele, sempre que possível, afastar-se do processo, quando a exceção for oferecida, para evitar, em derradeira análise, que acabe realizando um comprometedor julgamento em causa própria. Devemos lembrar

que o princípio constitucional do juiz natural (Const. Fed., art. 5.º, XXXVII) não deve ser inteligido, apenas, como juiz preexistente a lide, senão que como *juiz imparcial*, a despeito do sentido algo pleonástico dessa expressão. Sendo assim, é razoável pensar que o juiz inquinado de suspeito tenderá, ainda que inconscientemente, a conduzir, de modo seletivo, as declarações das testemunhas (...). De certa forma, pois, a participação do juiz impedido ou suspeito na instrução e no julgamento da exceção se coloca em antagonismo com a garantia fundamental do juiz natural (e imparcial), que a Constituição da República atribui aos indivíduos (art. 52, XXXVII).

O bom senso recomenda, portanto — é proveitoso iterar — que o juiz, ao qual se recusa em decorrência de impedimento ou de suspeição, procure, na medida do possível, afastar-se do processo, disso dando ciência ao Tribunal, a fim de designar outro juiz, e, desse modo, assegurar à parte o direito a um julgamento justo.

Somente se ficar patente que a exceção nada mais representa do que estratagema da parte para afastar o juiz do processo que este deverá participar da instrução e do julgamento da exceção. A linha fronteiriça entre a exceção honesta e a artificiosa, todavia, nem sempre é perceptível; na dúvida, melhor será que o juiz a tenha como honesta e, em face disso, ponha-se de parte, para que um outro juiz seja convocado."

2.2. Perante os tribunais

No âmbito dos Tribunais, o processamento das exceções de impedimento e de suspeição atenderá ao que dispuser o Regimento Interno.

A norma *interna corporis* do Tribunal Superior do Trabalho, por exemplo, disciplina a matéria nos arts. 260 a 265:

> **Art. 260.** Os Ministros declarar-se-ão impedidos ou suspeitos nos casos previstos em lei.
>
> **Art. 261.** A suspeição ou o impedimento do Relator ou Revisor serão declarados por despacho nos autos. Se feita na sessão de julgamento, a arguição será verbal, devendo constar da ata e da certidão.
>
> **Parágrafo único.** Na suspeição ou no impedimento do Relator, o processo será redistribuído pelo Presidente do órgão julgador entre os demais Ministros que o compõem, observada oportuna compensação.
>
> **Art. 262.** A arguição de suspeição ou impedimento deverá ser suscitada até o início do julgamento, em petição assinada pela parte ou por procurador com poderes especiais, e dirigida ao Relator do processo, indicando os fatos que a motivaram, e acompanhada de prova documental e rol de testemunhas, se houver. *(Redação dada pela Emenda Regimental n. 4, de 14 de setembro de 2012)*
>
> **Parágrafo único.** A arguição será sempre individual, não ficando os demais Ministros impedidos de apreciá-la, ainda que também recusados. *(Incluído pelo Ato Regimental n. 4, de 14 de setembro de 2012)*

Art. 263. O Relator, reconhecendo a suspeição ou o impedimento, determinará a juntada da petição aos autos, e, por despacho, submeterá o processo à Presidência do Colegiado, para sua redistribuição, na forma regimental. *(Redação dada pela Emenda Regimental n. 4, de 14 de setembro de 2012)*

§ 1.º O Ministro, não aceitando a suspeição ou o impedimento, continuará vinculado ao processo, ficando sua apreciação suspensa até a solução do incidente, que será autuado em separado, com designação de Relator. *(Redação dada pela Emenda Regimental n. 4, de 14 de setembro de 2012)*

§ 2.º No curso do julgamento do incidente, havendo necessidade de deliberação sobre medida urgente relativa ao processo principal, o Presidente do órgão julgador a encaminhará à apreciação do Ministro imediato em antiguidade dentre os seus integrantes não recusados. *(Incluído pelo Ato Regimental n. 4/2012)*

§ 3.º Excepcionalmente, no caso de arguição de impedimento ou suspeição de todos os integrantes do órgão julgador, o exame da medida urgente caberá ao Presidente do Tribunal. *(Incluído pelo Ato Regimental n. 4, de 14 de setembro de 2012)*

Art. 264. Conclusos os autos, o Relator mandará ouvir o Ministro recusado, no prazo de cinco dias.

Parágrafo único. Vencido o prazo, com ou sem resposta, o Relator ordenará o processo, colhendo as provas requeridas.

Art. 265. Reconhecida a suspeição ou o impedimento do Relator, declarar-se-ão nulos os atos praticados pelo Ministro suspeito ou impedido, e o processo será redistribuído, na forma regimental. *(Redação dada pela Emenda Regimental n. 4, de 14 de setembro de 2012).*

De modo geral, os Tribunais Regionais têm adotado o procedimento traçado pelo Regimento Interno do Tribunal Superior do Trabalho. Em alguns casos, a norma regional tem permitido o indeferimento liminar da petição inicial, quando a exceção for "manifestamente improcedente", pois, nesta hipótese, a investigação da causa alegada pode ser feita segundo critérios eminentemente objetivos, sendo oportuno recordar que somente pode dar conteúdo a esse tipo de exceção a incompetência relativa (em razão do território). No caso de impedimento, essa verificação também pode ser realizada de forma objetiva, uma vez que, como dissemos, a prova do motivo alegado sói ser documental. Cuidando-se, porém, de suspeição, modifica-se o quadro, pois o motivo determinante, quase sempre, deve ser demonstrado mediante prova testemunhal, vale dizer, por meio probante que não pode ser previamente examinado pelo relator. A suspeição, ademais, está impregnada de subjetivismo, no que respeita à sua configuração. A despeito disso, os regimentos internos dos tribunais poderão prever indeferimento da petição de exceção nos casos de impedimento e de suspeição, desde que assegurem à parte o direito de impugnar a decisão do relator, o que pode ser feito mediante agravo regimental. Fora disso, será violar norma de processo e garantia processual da parte (Const. Fed., art. 96, I, *a)*.

Nada impede, também, que as normas *interna corporis* disponham sobre a faculdade de o juiz declarar-se suspeito *por motivo de foro íntimo*, pois essa possibilidade está expressa no art. 145, § 1.º, do CPC.

2.3. Entre juízes do mesmo tribunal

Declara o art. 147, do CPC, que quando dois ou mais juízes forem parentes, consanguíneos ou afins, em linha reta e na colateral até o terceiro grau, inclusive, o primeiro, que conhecer do processo no tribunal, impede que o outro nele atue, hipótese em que o segundo se escusará, encaminhando os autos ao seu substituto legal.

Estamos diante de uma situação de *impedimento* que se estabelece entre juízes integrantes de um mesmo tribunal. A expressão legal: "conhecer do processo" significa que o impedimento do segundo juiz surgirá: a) quanto for sorteado como relator ou revisor, ou b) na sessão de julgamento, se não funcionar como relator ou revisor.

Inexistirá impedimento quando os juízes, embora parentes entre si, e integrantes de um só tribunal, tiverem votado em julgamentos *distintos,* ainda que no mesmo processo.

No que respeita ao *procedimento* a ser trilhado, podemos afirmar que, regra geral, será o descrito no Regimento Interno. Não havendo disposições regimentais acerca do assunto, atuarão os arts. 144 a 148, do CPC, no que couberem. Aliás, mesmo que a norma *interna corporis* do tribunal contenha normas disciplinadoras da matéria, estas não podem contravir o que se contém nos sobreditos dispositivos do CPC, do digesto de processo civil, como adverte o art. 96, I, "a", da Constituição Federal *("elaborar seus regimentos internos, com observância das normas de processo"*).

Considerando que, a nosso ver, o impedimento só se verifica quando o juiz "conhecer do processo", devemos reconhecer que a exceção, na espécie em exame, não teria a finalidade de recusar um determinado juiz, como geralmente acontece, mas, num primeiro momento, comprovar o parentesco entre dois ou mais juízes, e, num segundo, alertar para o fato de que somente um deles poderá participar do julgamento. Seria, assim, uma peculiar modalidade de exceção de "acautelamento". Do ponto de vista essencialmente prático, vê-se que a exceção, como procedimento formal, seria de pouca utilidade, pois como o impedimento não tem efeito preclusivo, conforme tantas vezes assinalamos, a parte poderia, se comparecer à sessão de julgamento, ocupar a tribuna para chamar a atenção do tribunal, ou dos juízes vinculados por parentesco, acerca do impedimento. Se apenas um desses juízes estiver presente, não estará impedido de participar da sessão. A propósito, o que o art. 147, do CPC, procura evitar não é que qualquer dos juízes parentes entre si atue no processo, e, sim que o segundo possa fazê-lo, depois de havê-lo feito o primeiro, caracterizando, assim, um "julgamento em família», que tanto compromete a dignidade do Poder Judiciário.

É certo que, acima de tudo, o próprio juiz deve declarar-se impedido, por sua iniciativa. Se ele não for relator, nem revisor, essa declaração haverá de ser feita na sessão de julgamento, e, ainda assim, desde que estejam presentes os juízes ligados pelo parentesco de que fala o art. 147, do CPC. Pragmaticamente considerado o assunto, devemos dizer que após o primeiro juiz-parente votar, o segundo deverá declarar-se impedido de proferir seu voto. Nada impede que o advogado da parte, percebendo que o segundo juiz está prestes a votar, peça a palavra ao presidente da sessão, invocando uma questão de ordem, a fim de alertar quanto ao impedimento do mencionado juiz.

É o que poderíamos denominar de exceção *informal* e, por certo, *ad cautelam...*

Seção II

Contestação

Capítulo I

Considerações Gerais

Dentre as formas legalmente previstas de *resposta* do réu às pretensões manifestadas pelo autor, a contestação figura, sem dúvida, como a mais importante. Assim afirmamos porque se o réu deixar, por exemplo, de oferecer exceção ou reconvenção, as consequências danosas para o seu círculo jurídico serão, por certo, muito menos graves do que as derivantes da falta de contestação, conforme procuraremos demonstrar ao longo das páginas seguintes.

Devemos, aliás, desde logo observar que a falta de contestação caracteriza não só a *revelia*, senão que traz consigo, quase sempre, a aceitação tácita da veracidade dos fatos alegados na petição inicial, segundo o ônus da impugnação especificada, de que se ocupa o art. 341, do CPC.

A contestação representa, por assim dizer, a forma clássica de resposta do réu, sendo, por isso, a mais frequente de todas, inclusive, no terreno do processo do trabalho. Mais do que isso, ela é uma expressão dos regimes democráticos, aos quais repugna a ideia de que alguém possa ser condenado sem haver recebido oportunidade para defender-se. Lembremo-nos de Franz Kafka em *O Processo*. A história política dos povos demonstra que o direito de defesa, em sentido amplo — no qual se inclui o processual — tende a ser coarctado ou cerceado nos regimes de vocação ditatorialesca. Os argumentos dos acusados não convêm aos tiranos.

Vista, a contestação, sob o prisma estritamente processual, podemos afirmar que se traduz na mais alta manifestação do princípio da bilateralidade, segundo o qual o juiz não deve emitir nenhuma decisão acerca de pedido ou requerimento formulado por uma das partes sem ouvir, antes, a parte contrária. Só em situações verdadeiramente excepcionais, expressamente previstas em lei, será lícito ao juiz atender à solicitação de um dos litigantes sem audiência prévia do outro, como se passa, *e. g.*, nos domínios das tutelas provisórias, cautelares. Essa concessão *inaudita altera parte* da medida, contudo, encontra no caráter "provisório" do provimento de cautela a sua justificativa; afinal, a medida liminar pode ser revogada por despacho ou pela sentença proferida no próprio processo em que foi concedida. O mesmo se afirme quanto à liminar, na ação de segurança.

Nenhum princípio tuitivo do patrimônio jurídico do trabalhador, por mais fortes e inveteradas que sejam as razões históricas e políticas em que se assente, será capaz de justificar eventual eliminação do direito de defesa do empregador. Mesmo nos sítios peculiares do processo do trabalho seria inconcebível a ideia de que a tuteia dos direitos dos trabalhadores pudesse (ou devesse) ser empreendida, na prática, mediante o sacrifício do direito de resposta do empregador.

Ao direito subjetivo público, do trabalhador, de ver apreciada pelo Poder Judiciário qualquer ameaça ou lesão de direito (Const. Federal, art. 5.º, XXXV), corresponde o do empregador de *responder* às pretensões deduzidas pelo adversário (Const. Federal, arts. 5.º, V e LV, por extensão). Veja-se, porém, que a lei não exige que o réu responda à ação, e, sim, que lhe seja oferecida a *oportunidade* para responder, se o desejar. Como anotamos, páginas atrás, se a exigência legal fosse de que o réu efetivamente respondesse estaríamos diante de uma norma absurda, não tanto pelo fato de impor que alguém se defendesse contra a sua vontade, mas, acima de tudo, por propiciar aos maus réus condições de fazer com que o procedimento não tivesse curso, enquanto não resolvesse demover-se de seu intuito de não responder.

Tanto no sistema do processo civil, quanto no do processo do trabalho, portanto, o réu resistirá (estamos cogitando, agora, da contestação) às pretensões formuladas pelo autor se isso for de sua conveniência. O que importa, reitere-se, é a concessão de *oportunidade* para que se defenda.

Quando falamos em autor e réu não estamos a nos referir, necessariamente, a trabalhador e empregador, segundo essa ordem nominal. Embora, na ampla maioria dos casos, no processo do trabalho o autor seja o trabalhador, e o réu, o empregador, há situações em que essas posições se invertem, passando o empregador a figurar no polo ativo da relação processual, e o autor, no passivo, como se dá, por exemplo, nos (impropriamente) chamados "inquéritos" para apuração de falta grave (CLT, art. 494) e na ação de consignação em pagamento (CPC, arts. 539/549). Essa ocasional alteração topológica, todavia, em nada altera o direito de ampla defesa, constitucionalmente assegurado (art. 5.º, LV) — que, na hipótese, será exercido pelo trabalhador.

1. Etimologia e conceito

O substantivo *contestação* é originário da forma latina *contestatio*, de *contestari*. Para *Antenor Nascentes*, todavia, o termo provém de *contestare*, cujo significado é o de contender com alguém por meio de testemunhas *(testis)* e de provas, embora tenha adquirido o sentido antonímico de refutar.[33]

Desde há muito os estudiosos se preocupam em enunciar um conceito de contestação; assim, colhem-se, na seara doutrinal, dentre outros, os seguintes: "É a direta contradição do réu à ação do autor" (*João Monteiro*); "É a negação dos fatos em que se apoia o direito em ação ou a adução de outros que importem o seu desapare*cimento*"*(Affonso Fraga)*. Os conceitos reproduzidos, no entanto, são, *data venia*, insuficientes para refletir o verdadeiro alcance da contestação. O de *João Monteiro*, *v. g.*, peca por aludir, apenas, à *direta contradição* do réu, como se não fosse possível a ocorrência da denominada "defesa indireta"; o de *Affonso Fraga*, conquanto tenha o mérito de insinuar a possibilidade de haver defesa indireta, não refere a viabilidade de a contestação ter um objeto meramente processual.

---

(33) *Dicionário Etimológico da Língua Portuguesa*. 1.ª ed., 2.ª tir. Rio de Janeiro 1955. p. 133.

Para nós, a contestação consiste no instrumento pelo qual o réu se opõe, direta ou indiretamente, às pretensões formuladas pelo autor. Justifiquemos o conceito.

Em regra, a contestação se dirige ao direito material alegado pelo autor, aos pedidos por este formulados *(res In iudicio deducta)*, seja para negar a existência da situação jurídica em que se baseia a pretensão, seja para contrapor um fato que faça eliminar tal situação. Em vários casos, entretanto, o réu, antes de resistir, propriamente dito, às pretensões de direito material do autor, apresenta objeções de ordem puramente processual, como é o caso das preliminares, a que alude o art. 337, do CPC e de alguns dos incisos do art. 485, do mesmo Código. É o que a doutrina tem denominado de *defesa processual.*

Sendo assim, qualquer conceito de contestação, para ser completo, deve considerar, também, a defesa processual ou indireta. Em suma: a contestação pode ser como objeto não somente a pretensão deduzida pelo autor, de direito material (defesa direta), como o próprio processo (defesa indireta). Na defesa direta, como ficou dito, o réu visa a obter um provimento jurisdicional que rejeite os pedidos apresentados pelo autor; na indireta, ele se dirige ao processo como instrumento pelo qual o autor impetra a tutela da jurisdicional, seja para obter a extinção do processo sem julgamento do mérito, seja para sanar eventuais irregularidades processuais.

Na contestação, o réu, de ordinário, não formula *pedidos*, não deduz nenhuma pretensão, senão que *resiste* a ela. Sob este aspecto, pode-se asseverar que a contestação não altera as dimensões da lide não modifica, enfim, os lindes objetivos da entrega da prestação jurisdicional, embora deva ser reconhecido que ela amplia o campo de cognição do juiz, pelo trazimento de fatos capazes de modificar, de impedir ou de extinguir o direito em que o autor funda a ação. Os limites da lide são estabelecidos pelo autor, na petição inicial. Em caráter excepcional, o réu formulará pedido de direito material na contestação, como são os casos da retenção e da compensação (CLT, art. 767). Somente na reconvenção é que o réu deduz, naturalmente, pretensões de direito material, oportunidade em que se transforma em autor, para os efeitos dessa modalidade reversiva de resposta.

2. Escorço histórico

Não há uma uniformidade doutrinária quanto ao momento em que a contestação surgiu no direito romano. Para alguns, ela já era encontrada no período das *legis actiones;* para outros, contudo, só apareceu na época do processo *formulário.*

Uma coisa é certa: a contestação já era conhecida na fase do processo *por fórmulas,* onde aparecia com as denominações de *lis ordmata, iuatctum acceptum, constitutum,* etc.

Este processo se caracterizava pelo fato de determinadas fórmulas de ações e de defesas serem elaboradas por jurisconsultos, cabendo aos litigantes pronunciá-las em juízo, na presença do pretor. O rigorismo dessas fórmulas fazia com que se a parte deixasse de mencionar uma única sílaba ou palavra não lhe fosse concedida a ação. Se o fosse, o pretor autorizava o uso da ação, cabendo ao autor formular as suas alegações, e ao réu, responder. Tanto as alegações do autor quanto as do réu deveriam ser comprovadas por meio de testemunhas, derivando daí a denominação de *litiscontestação* (*litis et cum testatio*).

A *litiscontestatio* constituía, por isso, o procedimento por meio do qual se firmava, com testemunhas, o acordo necessário para a formação da instância.

Com *Justiniano*, a contestação da lide sofreu algumas alterações (mas não deixou de existir), seja quanto à forma, à natureza ou aos efeitos. Basta observar que se estabelecia entre as partes um outro contrato, que não afetava a relação jurídica original, em que se baseava a *res in iudicio deducta*, e que permitia a reparação do erro causado na ação durante todo o curso do processo.

Na síntese de *Affonso Fraga*, a contar do momento em que se formava a *litiscontestatio*, surgia um vínculo obrigatório que unia as partes, sujeitando-as a acatar os efeitos que produzia, e que eram estes: a) cada litigante tinha o direito de exigir que a demanda prosseguisse da maneira como fora iniciada, e que fosse resolvida por sentença; b) os pontos essenciais da causa se consideravam fixados, não podendo, por essa razão, o autor modificá-los; c) nenhum dos contendores poderia alienar o objeto ou o direito disputado; d) o autor, se vencedor na demanda, devia ser reposto na situação em que se encontraria se a sentença fosse prolatada ao tempo do surgimento da *litiscontestatio;* e) o objeto da lide deveria, no caso de a sentença ordenar a sua restituição, ser entregue com os seus pertences e acessórios, da mesma forma como se achava à época em que a lide foi contestada; f) a obrigação proveniente da instância atingiria o patrimônio de ambos os litigantes; g) a contestação da lide interrompia a prescrição, tanto a aquisitiva quanto a extintiva.(34)

Em termos gerais, o direito canônico abeberou-se dessas disposições do direito romano, conquanto haja efetuado pequena adaptação da *litiscontestatio*, mediante as alterações introduzidas pelos glosadores na Idade Média.

Conforme pudemos ver, a fase processual *in iure* se realizava ante o magistrado, culminando com a *litiscontestatio*, por meio da qual os litigantes se obrigavam a prosseguir no processo, perante o juiz nomeado (fase *apud iudicem)* e a acatar a sentença que fosse por ele proferida. A *litiscontestio* não deixava de representar, também, o momento formal em que o réu se opunha às pretensões do autor, advindo dessa particularidade, provavelmente, o fato de o vocábulo passar para os tempos modernos com o sentido de contestação, de defesa, de objeção.

O CPC de 1939 não dedicou mais do que dois artigos (180 e 181) à contestação. O Código de 1973, ainda que haja disciplinado a matéria em quatro artigos (300 a 303), fê-lo de maneira minuciosa. O CPC de 2015 dispõe sobre a contestação em oito artigos (335 a 342). A CLT, por sua vez, em nome de uma concisão injustificável, cuida do tema em único artigo (846), e, ainda assim, sem aludir às matérias que podem ser objeto de defesa, exceto no tocante à compensação e à retenção, que são previstas no art. 767.

3. Finalidade e efeitos

Vista sob os interesses do réu, podemos sustentar que a contestação se destina a permitir-lhe que se oponha aos fatos e pretensões deduzidas pelo autor. Que se defenda,

---

(34) *Instituições do Processo Civil do Brasil*. São Paulo: Saraiva, 1940. Tomo II, p. 269.

enfim, seja de maneira direta, atacando o direito material em que se funda a *res in tudicio deducta,* seja indireta, oferecendo objeção ao próprio processo.

Convém rememorar que a contestação figura como uma das espécies de resposta do réu, à qual é inerente a ideia de resistência, de oposição. Se o réu reconhecer a "procedência" (melhor: o direito em que se fundam as pretensões do autor) do pedido não estará, por certo, oferecendo contestação, e, sim, manifestando uma espécie de resposta, que, ao contrário, implica reconhecimento do direito alegado pelo adversário.

A contestação, como asseveramos há instantes, constitui uma das mais significativas expressões dos regimes democráticos, de tal maneira que a doutrina e a jurisprudência não devem admitir eventual renúncia do réu ao direito de defender-se. O que se tolera é a possibilidade de o réu, citado, deixar de responder à ação.

Examinada, porém, sob o ângulo de seus efeitos processuais, a contestação possui esse escopo característico de definir os limites objetivos da *lide* (e, não, necessariamente do *mérito,* como procuramos demonstrar a seguir). Efetivamente, embora a inicial estabeleça os limites do pedido, das pretensões formuladas pelo autor, à contestação se reserva a finalidade de fixar os contornos da lide, entendida esta, na lição carnellutiana, como a pretensão *resistida e insatisfeita.* Sob este aspecto, é correto dizer que, sem resistência, não há lide, embora o processo possa ser extinto mediante julgamento do mérito como acontece, *v. g.*, em casos como o de revelia.

A contestação faz surgir, ainda, a preclusão das razões de defesa que não foram alegadas no momento oportuno, exceto se: a) relativas a direito superveniente; b) competir ao juiz conhecer delas de ofício; c) por expressa autorização legal puderem ser formuladas em qualquer tempo e juízo (CPC, art. 342, I a III).

Por outros termos, podemos dizer que cabe à contestação definir os lindes da controvérsia, para os efeitos da produção de provas. Deveras, se só podem ser destinatários de prova os fatos controvertidos (além de pertinentes, relevantes e determinados), e se os fatos não impugnados especificamente fazem gerar a presunção de sua veracidade (CPC, art. 341), logo se percebe que a contestação também atua no sentido de delimitar o campo da prova. Se o réu deixar de impugnar algum fato alegado pelo autor tal fato se tornará incontroverso, razão por que o juiz não deverá permitir que o réu produza prova a respeito, com fundamento nos arts. 370 e 374, II e III, do CPC.

A propósito do assunto, convém advertir que o juiz, com vistas à correta aplicação da regra contida no art. 370, do estatuto de processo civil, deverá, sempre, empenhar-se em realizar uma leitura meticulosa da petição inicial e da contestação, a fim de inteirar-se acerca dos limites da controvérsia, com o que evitará duas situações desagradáveis, não raro encontradas na prática, consistentes em: a) deferir a produção de provas desnecessárias; b) indeferir a produção de provas necessárias. O mesmo se afirme, particularmente, quanto à instrução oral, onde, muitas vezes, o juiz defere perguntas (dirigidas às partes ou às testemunhas) que dizem respeito a fatos incontroversos (e vai, nisso, uma perda de atividade jurisdicional, com resultados, quase sempre, tumultuários) ou indefere as que têm como objeto fatos controvertidos, imaginando que não os sejam (e, desse modo, restringe ou cerceia o direito de defesa da parte, rendendo ensejo à arguição de nulidade processual).

4. Defesas direta e indireta

Alguns juristas desceram às minúcias no campo da classificação das defesas. *José Frederico Marques*, por exemplo, refere às defesas: a) *processual*, como a que o réu apresenta antes de discutir o mérito da causa. Nesse sentido, menciona os arts. 301 e 267, do CPC de 1973, a que correspondem os arts. 337 e 485, do CPC de 2015. Alude, o renomado escritor, ainda, à subespécie de defesa *processual peremptória*, que, segundo ele, é aquela cujo acolhimento acarreta fim ao processo, por inadmissibilidade da prestação jurisdicional; como exemplo, cita os incisos IV, V, VI, VII, IX e X, do art. 267, e II, III, IV, V, VI, VIII, X e XI, do art. 301, ambos do CPC de 1973. Os incisos do art. 267, do CPC de 1973, correspondem aos mesmos incisos do art. 485, do CPC de 2015. Os incisos do art. 301, do CPC de 1973, correspondem aos incisos II, IV, V, VI, VII, IX XI e XII; do art. 337, CPC de 2015; *b) dilatória*, que não extingue o processo, mas apenas dilata o curso do procedimento, como é o caso da fundada nos incisos I, II, VIII, IX e X, do art. 337, do CPC, e IV, do art. 485, do CPC de 2015; *c) de mérito*, a de que fala o art. 336, do CPC; d) *direta*, quando o réu impugna o fato constitutivo do direito do autor; e) *indireta*, quando o réu opuser fato capaz de modificar, impedir ou extinguir o direito do autor (CPC, art. 350).(35)

A despeito de classificações como a realizada por *Frederico Marques* possuírem caráter didático, as consideramos destituídas de maior interesse prático, porque, a nosso ver, decorrem de uma fragmentação excessiva de um tronco básico, formado pelas defesas: a) *direta* e b) *indireta*, consoante o conceito de cada uma, que formulamos em linhas anteriores.

Efetivamente, segundo o próprio sistema concebido pelo código de Processo Civil, as defesas do réu podem se dirigir, em essência: a) ao mérito da causa (arts. 336 e 341) b) ou ao próprio processo (arts. 337 e 485).

Talvez seja prudente esclarecer que estamos tomando o vocábulo *defesa* em seu significado estrito da *contestação*, motivo por que não estamos a fazer referência, *e. g.*, as exceções (incompetência, impedimento e suspeição).

Não vemos, também, maior proveito prático na classificação da contestação em: a) *direta*, como sendo aquela em que o réu nega o fato constitutivo do direito do autor e b) *indireta*, pela qual opõe um fato modificativo, impeditivo ou extintivo do direito do adversário.(36)

Como dissemos há pouco, a classificação fundamental, medular, deve ter em mira, de um lado, o direito material alegado pelo autor (contestação direta), e de outro, o processo (contestação indireta). Tudo o mais, *concessa venia*, representa a "quinta roda do carro", no terreno da realidade prática. Assim, se o réu contesta a estabilidade no emprego pretendida pelo autor, pouco importa se está alegando um fato modificativo, impeditivo ou extintivo

---

(35) *Manual de Direito Processual Civil*. 4.ª ed. São Paulo: Saraiva, 1979. vol. II, p. 77-81.

(36) MOREIRA, José Carlos Barbosa. *O Novo Processo Civil Brasileiro*. 4.ª ed. Rio de Janeiro: Forense, vol. I, p. 65.

desse direito, pois a verificação, sob esse ângulo, só interessa ao tema do ônus da prova. Como conceito, a contestação, na espécie, será *direta* porquanto voltada para o direito material em que se funda a ação. Se o réu asseverar, no entanto, que não houve citação, que o juízo e absolutamente incompetente, que a inicial é inepta, que há perempção, litispendência, coisa julgada ou conexão, que o autor é carecedor da ação, etc., estará realizando uma contestação pela via *indireta*, porquanto o seu alvo não é o direito material (estabilidade no emprego), mas o universo poliédrico do processo, como método estatal de solução dos conflitos de interesses.

Apreciada a matéria sob o aspecto pragmático, a contestação indireta deve *anteceder* a direta, como patenteia o art. 337, do digesto de processo civil, conquanto ambas sejam realizadas na mesma peça.

5. Contestação e exceção

O Código de Processo Civil de 1939, sob o influxo da tradição doutrinal, aludia a *exceção* no sentido de ser toda e qualquer defesa *indireta*, fosse quanto ao mérito ou quanto ao processo. Estatuía o seu art. 4.º: "*O juiz não poderá pronunciar-se sobre o que não constitua objeto do pedido, nem considerar exceções não propostas para as quais seja por lei reclamada a iniciativa da parte*".

Em resumo, aquele Código considerava *exceção* não só a defesa que tivesse por objeto a incompetência, o impedimento, a suspeição, a litispendência e a coisa julgada, mas o próprio mérito da causa, sempre que o réu alegasse fato modificativo ou extintivo do direito do autor, pois essa espécie de defesa era igualmente havida como *indireta*. Pelo que se tem notícia, o anteprojeto do Código atual, elaborado pelo Prof. *Alfredo Buzaid*, mantinha essa orientação; entrementes, por força de Emenda introduzida no Senado, rompeu-se com essa tradição, para atribuir à palavra *exceção* um senso mais estrito, do qual foi excluída a defesa indireta de mérito. Entendemos que a modificação foi acertada, pois todo o ataque ao mérito, à *res in iudicio deducta*, deve ficar reservado, verdadeiramente, à contestação, tendo em conta o fato de que o autor visa a obter um pronunciamento a respeito do mérito (que lhe seja favorável, é óbvio), daí por que a objeção que ele vier a manifestar quanto ao fundo da demanda deve receber o nome de contestação — ainda que esta possa dirigir-se, também, a certos aspectos do processo.

No sistema do atual estatuto de processo civil, portanto, a contestação tanto pode voltar-se para o mérito da causa (direito substancial) ou para o processo (no geral, sob a forma de preliminares). A incompetência relativa (assim como a absoluta) deve ser objeto de preliminar da contestação (CPC, art. 337); o impedimento e a suspeição deverão ser alegados mediante petição específica (CPC, art. 146, *caput*).

No processo do trabalho, as *resposta*s do réu à petição inicial compreendem: a) as exceções (de incompetência relativa, de impedimento e de suspeição (CLT, art. 799); b) a contestação (CLT, art. 847; CPC, arts. 335 a 342); c) a reconvenção (CPC, art. 343), e, por que não, d) o reconhecimento do direito alegado pelo autor (CPC, art. 487, III, "*a*").

6. Requisitos

Conquanto o Código de Processo Civil e o processo do trabalho não indiquem os requisitos formais para a validade da contestação, é certo que esta se rege, em determinados pontos, pelas disposições do CPC atinentes à petição inicial (art. 319).

Desta maneira, a contestação deverá mencionar:

a) *O juízo para o qual é dirigida.* Na petição inicial, não há condições de o autor apontar o juízo a que se dirige, pois este só será conhecido após a distribuição, exceto se houver, na base jurisdicional, uma só Junta de Conciliação e Julgamento. Ao elaborar a contestação, entretanto, o réu já tem conhecimento de qual seja o juízo, razão por que deverá mencioná-lo. Se houver equívoco na referência ao juízo, mas a contestação for entregue àquele por onde se processa a ação, essa escorregadela não acarretará a nulidade do ato, nem qualquer prejuízo processual ao réu. A mesma solução não poderia, contudo, ser adotada se a contestação, embora aludindo ao juízo correto, fosse entregue em juízo diverso daquele para o qual a petição inicial foi distribuída. É verdade que há uma certa divergência doutrinária acerca do assunto, mas, pelo que nos cabe opinar, um dos requisitos para que se repute *efetivamente* realizada a contestação é a sua entrega no juízo correto. Realmente, não basta que o réu se defenda: é imprescindível que o faça no juízo incumbido de proceder à entrega da prestação jurisdicional invocada pelo autor. Reconhecemos, todavia, que esse problema não é muito frequente no processo do trabalho, porquanto a resposta do réu (e, em particular, a contestação) é oferecida em audiência, sendo, por isso, raro acontecer de a sua apresentação se dar perante juízo diverso.

Estamos, em nossas considerações, pressupondo a contestação por escrito, forma pela qual, por força do costume, ela vem sendo apresentada. Se ela for realizada sob a forma oral, em audiência, é evidente que não fará sentido exigir que o réu refira, inicialmente, o juízo;

b) *Nomes, prenomes, estado civil, a existência de união estável, profissão, o número de inscrição no CPF ou no CNPJ, o endereço eletrônico, domicílio e residência das partes.* Em rigor, essas indicações são desnecessárias na contestação, vez que já constam da petição inicial. Nada impede, contudo, que a contestação as repita, no tocante ao réu. Em outros casos, há erro, na inicial, quanto ao nome, prenome, estado civil, profissão — e, até mesmo, domicílio e residência — do réu, sendo necessário que a contestação os corrija, lembrando, todavia, que, em geral, no processo do trabalho o empregador-réu está constituído sob a forma de pessoa jurídica.

A propósito, há situações, p. ex., em que a inicial qualifica a ré como sociedade de economia mista, quando esta é entidade autárquica. Diante disto, é indispensável que a contestação chame a atenção do juízo para o fato, pois sendo, a ré, uma autarquia, será beneficiária das prerrogativas inscritas no Decreto-lei n. 779/69, dentre as quais se inclui o prazo em quádruplo para contestar, em dobro para recorrer, e a remessa *ex officio,* na hipótese de o pronunciamento jurisdicional lhe ser desfavorável;

c) Os *fatos e os fundamentos jurídicos do pedido.* Esse requisito, próprio da petição inicial, deve ser adaptado à contestação, de tal modo que esta mencionará os fatos e os fundamentos jurídicos pelos quais o réu resiste às pretensões deduzidas pelo autor. O réu, na contestação, não formula pedidos. Fá-lo, somente, na reconvenção, quando, para esse efeito, se convola para a qualidade circunstancial de autor;

d) *O pedido e suas especificações.* Como dissemos na letra anterior, o réu, na contestação, não efetua pedidos, senão que, apenas, se opõe às pretensões do autor;

e) *O valor da causa.* Incumbe ao autor, no processo civil, indicar, logo na inicial, o valor da causa. No processo do trabalho, porém, se a peça inaugural for omissa quanto a esse valor, caberá ao juiz arbitrá-lo, nos termos do art. 2.º, *caput,* da Lei n. 5.584/70.

Mencionando, a inicial, o valor da causa, e com ele não concordando o réu, deverá impugná-lo. A impugnação não tem efeito suspensivo do processo. O autor deverá manifestar-se sobre a impugnação em cinco dias (CPC, art. 218, § 3.º). Havendo necessidade, o juiz nomeará perito, decidindo o incidente no prazo de dez dias (CPC, art. 226, II). Inexistindo impugnação, presume-se aceito o valor atribuído à causa, na inicial, embora o juiz possa (melhor: *deva*) corrigir, de ofício, esse valor, "*quando verificar que não corresponde ao conteúdo patrimonial em discussão ou ao proveito econômico perseguido pelo autor, caso em que se procederá ao recolhimento das custas correspondentes*" (CPC, art. 292, § 3.º).

Se o valor da causa foi fixado pelo juiz (por ser a inicial omissa, neste ponto), a parte que não concordar com o valor poderá, nas razões finais, impugná-lo; se o juiz o mantiver, terá, o interessado, o prazo de 48 horas para pedir, ao Presidente do Tribunal correspondente, a revisão desse *quantum.*

Diz a lei que o pedido de revisão não tem efeito suspensivo, o que é absurdo. Com efeito, imaginemos que o juiz tenha arbitrado à causa um valor inferior a dois salários mínimos. Neste caso, não só a sentença que vier a ser proferida será irrecorrível (exceto se implicar transgressão de norma constitucional), como "*será dispensável o resumo dos depoimentos, devendo constar da Ata a conclusão da Junta quanto à matéria de fato*" (Lei n. 5.584/70, art. 2.º, § 3.º). Ora, segundo a lei citada, o juiz poderia fazer constar da ata, tão somente, a conclusão quanto à matéria factual, por tratar-se de ação da alçada exclusiva do órgão de primeiro grau. Se, todavia, por força de pedido de revisão feito pela parte, o Presidente do Tribunal modificar o valor, elevando-o, por exemplo, para o equivalente a três ou mais salários mínimos, haverá nulidade da instrução, porquanto não se fez inserir na ata o depoimento das partes e das testemunhas, senão que uma síntese conclusiva acerca dos fatos — que só seria justificável se a ação fosse da alçada exclusiva da Junta de Conciliação e Julgamento. Com a elevação do valor da causa, por decisão monocrática e irrecorrível do Presidente do Tribunal, a sentença poderá ser impugnada por meio de recurso, oportunidade em que será lícito ao recorrente alegar a nulidade da instrução oral do procedimento em virtude de a ata não conter as declarações prestadas pelas partes e pelas testemunhas.

Na realidade, há uma falha da Lei n. 5.584/70 quanto ao momento em que a parte poderá impugnar o valor que o juiz arbitrar à causa. Se esse momento fosse ato contínuo, dando-se efeito suspensivo à impugnação, seguramente ficaria afastado o risco de nulidade processual, derivante do fato de, em virtude da alteração do valor da causa, feita pelo Presidente do Tribunal, dever constar da ata a íntegra dos depoimentos dos litigantes e das testemunhas, e, não apenas uma simples conclusão da Junta quanto à matéria de fato.

No processo do trabalho, se bem atentarmos, veremos que a impugnação do valor da causa (seja o constante da inicial ou o arbitrado pelo juiz) somente se justifica se for capaz de influir na alçada. Expliquemo-nos. Se, em razão desse valor, a sentença que vier a ser proferida for irrecorrível, qualquer das partes possuirá interesse em impugná-lo, no sentido de majorá-lo, e, com isso, permitir a interposição de recurso da sentença. O mesmo argumento cabe na situação inversa: a impugnação com o objetivo de fazer com que o valor fique aquém de dois salários mínimos, de sorte a impedir o ataque à sentença mediante recurso ordinário.

Poder-se-ia, no entanto, objetar que o réu teria interesse de impugnar o valor atribuído à causa, na inicial, mesmo que o acolhimento da impugnação não repercutisse na alçada. Dir-se-ia, por exemplo, que ele poderia pretender elevar o valor da causa de cinco para dez salários mínimos, alegando que, no caso de extinção do processo, sem exame do mérito, o autor seria condenado no pagamento das custas, que, por sua vez, seriam calculadas com base no valor dado à causa. *Data venia,* o interesse de agir em juízo há que ser entendido no sentido de a parte necessitar do provimento jurisdicional para obter ou recuperar um bem ou uma utilidade da vida, nunca para impor, ao adversário, um agravamento de sua situação de vencido. Se interesse jurídico (e financeiro) há, na situação em foco, é unicamente da Fazenda Pública Federal, pois as custas pertencem à União Federal.

Como nenhuma regra é absoluta, talvez em um caso o réu tenha interesse em impugnar o valor que o autor atribuiu à causa, ainda que essa impugnação não altere a irrecorribilidade da sentença. Sucede que a multa pecuniária a ser paga pela parte que fez uso de embargos de declaração com intuito protelatório será calculada com base no valor (atualizado) dado à *causa* (CPC, art. 1.026, § 2.º), cujo critério legal deverá ser observado mesmo na hipótese de reiteração, embora, aqui, a multa possa ser elevada a até dez por cento e o seu depósito constitua um novo pressuposto objetivo para a admissibilidade do recurso que vier a ser interposto. Aceito que a imposição dessa multa seja também possível ao trabalhador, não se poderá negar o interesse do réu em impugnar o valor da causa, com o escopo de elevá--lo — mesmo que acabe, por ironia, se tornando vítima de sua atitude, como quando ele, réu, for condenado ao pagamento de multa em benefício do trabalhador, em decorrência de embargos de declaração procrastinatórios.

f) *As provas com que pretende demonstrar a verdade dos fatos alegados.* Esta é uma disposição aplicável tanto ao autor (inicial) quanto ao réu (contestação). Está intimamente ligada ao ônus da prova (CLT, art. 818).

Para sermos francos, o processo do trabalho nem sequer exige que o autor aluda às provas que pretende produzir oportunamente. Basta uma simples leitura do art. 840, § 1.º, da CLT. Logo, se assim é com relação à inicial não há motivo para que seja diferente quanto à contestação. Mercê da natural influência que o processo civil exerce no espírito dos advogados que atuam na Justiça do Trabalho, estes tendem a transportar, para o procedimento desta, certas exigências ou particularidades daquele. Uma delas é, justamente, a menção dos meios de prova de que a parte se valerá. Embora o processo do trabalho não proíba, como é elementar, essa referência, não menos exato é que não a exige. Logo, se o réu deixar de expressar, na contestação, os meios de prova com que buscará demonstrar a verdade dos fatos em que se funda a defesa, isso não terá efeito preclusivo, pois faz parte do sistema singular do processo do trabalho a possibilidade de produção de provas (por ambas as partes, aliás), independentemente de requerimento expresso.

Apesar de havermos dito, no início deste tópico, que os requisitos da contestação correspondem, *mutatis mutandis,* aos legalmente previstos para a petição inicial, é necessário acrescentar que, ao contrário do que se passa com a inicial, a falta de qualquer desses requisitos não torna a contestação inepta, de sorte a justificar o seu indeferimento. Pior seria pensar-se que haveria, além disso, a extinção do processo *sem* exame do mérito, em manifesto benefício para o infrator.

Se o réu deixar, *e. g.*, de indicar os fatos e os fundamentos jurídicos de sua resistência à pretensão, estará, muitas vezes, deixando de contestar as alegações expendidas pelo autor, fazendo com que sejam presumidas verdadeiros (CPC, art. 341, *caput)*, ficando, por isso, dispensada a prova dos fatos a que elas dizem respeito (CPC, art. 334, II e III). Se, por outro lado, o réu deixar de impugnar o valor atribuído à causa, na inicial, a presunção legal é de aceitação tácita desse valor. Deixando, a contestação, de apontar o nome e o prenome, o estado civil, a profissão, o domicílio e a residência do réu, etc., o fato não terá, em princípio, nenhuma consequência, como ponderamos, uma vez que esses elementos de informação constam da petição inicial. Problema haverá se o réu, devendo retificar eventuais incorreções contidas na inicial acerca desses dados, descurar-se de fazê-lo.

7. Técnica de elaboração

A primeira providência a ser tomada pelo réu, com vistas à feitura da contestação, consistirá na leitura atenta da petição inicial. Essa leitura minudente se destina, não apenas, a permitir-lhe uma exata compreensão dos fatos alegados pelo adversário, a fim de refutá-los eficientemente, como a propiciar-lhe oportunidade para detectar eventual inépcia daquela peça. Muitas vezes, a inicial contém a causa de pedir (exposição dos fatos, mais os fundamentos jurídicos do pedido), mas não extrai o pedido correspondente; e outras situações, ocorre o inverso: o autor formula o pedido sem a necessária indicação da *causa petendi.* Em outras, ainda, da narração dos fatos não decorre, de maneira lógica, o pedimento. Todas essas falhas só poderão ser percebidas se o réu dedicar-se a uma leitura acurada dos termos da inicial. A essa fase preliminar podemos designar de *conhecimento dos fatos,* à qual é inerente a *compreensão* desses fatos.

A segunda fase consiste na *crítica dos fatos,* ou seja, na submissão dos fatos ao ordenamento jurídico, para saber se, deles, o autor poderia ter extraído os pedidos formulados.

Em uma sequência lógica, surge a terceira fase, que podemos designar de *tomada de posição*, em que o réu irá, concretamente, elaborar a sua defesa, podendo ser direta (resistência à pretensão de direito material) ou indireta (objeções de ordem processual).

Estudadas essas fases sob outro ponto de vista, poderíamos chamar a primeira de *cientificação;* a segunda, de *racionalização* e a terceira, de *reação*.

Em que pese ao fato de todas essas fases serem absolutamente importantes para a eficiente elaboração da defesa, iremos ocupar-nos, doravante, com a última, a que denominamos de *tomada de posição* ou de *reação*. Esta fase, na verdade, é uma espécie de decorrência lógica das antecedentes, refletindo o resultado da *percepção* (e *compreensão)* dos fatos narrados na petição inicial e na subsequente *crítica desses fatos (racionalização)*. Sem um esgotamento adequado dessas duas primeiras fases, a terceira será imperfeita e comprometedora.

O conjunto dessas três fases diz respeito à *técnica de elaboração* da defesa; se aumentarmos o grau da lente, contudo, veremos ser possível dizer que a última, em particular, está ligada a uma técnica especial, qual seja a *de redação*, que constitui uma espécie de elemento celular da *técnica de elaboração*, cujo sentido é mais amplo. Efetivamente, *elaborar* uma contestação significa tomar conhecimento dos fatos; submetê-los a um exame crítico, e, por fim, reagir juridicamente (tomar posição) às pretensões do autor. *Redigir* a contestação, porém, revela esse momento particular da elaboração, em que se materializa, sob a forma de palavras, a reação jurídica do réu. Em síntese, para os efeitos do tema sobre o qual estamos a discursar, a nosso ver, *redigir é menos do que elaborar*.

Como havíamos anunciado, ocupemo-nos com a fase de *redação* da defesa e com a técnica pertinente.

Se, nas fases precedentes, o réu verificou, por exemplo, que o juízo era absolutamente incompetente; a inicial era inepta; havia perempção, litispendência, coisa julgada ou conexão, assim como incapacidade da parte, defeito de representação, falta de autoriza*ção ou carência da ação, deverá, agora, no momento de redigir a contestação, alegar quaisquer dessas situações sob a forma de preliminar* (CPC, art. 301). Do mesmo modo agirá se lhe ocorrer que há confusão entre autor e réu (CPC, art. 267, X).

Diz-se *preliminar* porque a alegação de quaisquer desses fatos antecede, lógica e topologicamente, à contestação do mérito *(res in iudicio deducta)*. Lógica, porque o acolhimento de uma só dessas alegações pode implicar a extinção do processo sem pronunciamento sobre o mérito. Topológica, porque, ao redigir a contestação, incumbirá ao réu, sendo o caso, levar ao conhecimento do juízo esses fatos, *antes* de se contrapor aos pedidos apresentados pelo adversário. Evidencia, pois, uma falta contra o senso lógico o hábito, tantas vezes percebido, de alegar-se, *depois* da refutação do mérito, matérias como carência da ação, inépcia da inicial, incompetência absoluta do juízo, etc. Trata-se, na verdade, de uma censurável "técnica tumultuária", que, subvertendo a ordem lógica, desloca as *preliminares* para além da impugnação quanto ao mérito. Deverá o juiz tomar o cuidado de, ao redigir a sentença, colocar as coisas em seus devidos lugares, sob pena de realizar um pronunciamento jurisdicional teratológico, segundo o qual acolheria os pedidos do autor, para, só depois disso, declarar a inépcia da inicial, a carência da ação e o mais...

No que concerne à ordem de colocação das preliminares, dependerá de cada caso concreto. Devemos, contudo, desde já, advertir que a *sequência estabelecida pelo art.* 337, do CPC, não é perfeita. Veja-se, por exemplo, que a carência da ação XI) e a incapacidade da parte, o defeito de representação e a falta de autorização (IX) foram colocados após a perempção (V), a litispendência (VI), a coisa julgada (VII) e a conexão (VIII).

Ressalvadas as eventuais necessidades de modificações impostas pelas particularidades de cada situação real, a ordem das preliminares deveria ser: a) incompetência absoluta; b) inexistência ou nulidade de citação; c) inépcia da petição inicial; d) carência da ação; e) incapacidade de parte, defeito de representação ou falta de autorização; f) convenção de arbitragem; g) perempção; h) conexão ou continência; I) falta de caução ou de outra prestação, exigida por lei; j) coisa julgada; k) litispendência; l) incorreção do valor da causa; m) indevida concessão do benefício de gratuidade de justiça.

Apresentadas as preliminares, ou não existindo, estaria desentravado, em princípio, o caminho para a impugnação ao mérito, ou seja, para a contraposição aos pedidos formulados pelo autor. Pode ocorrer, porém, de, antes disso, haver uma daquelas matérias que a doutrina classifica como *prejudiciais de mérito*, como a prescri*ção extintiva e a decadência. Sendo assim, competirá ao réu alegá-las. Isto feito, o passo subsequente será a contestação direta, co*mo tal entendida a reação às pretensões de direito material deduzidas pelo autor (mérito).

Com vistas a esse momento, algumas recomendações se tornam necessárias.

Como é de sabença geral, as petições iniciais, no processo do trabalho, costumam narrar inúmeros fatos, fazendo com que seja elevado o número de pedidos que decorrem dessa narração. Não são raras as iniciais que contêm 15, 20 ou 30 pedidos. Essa nota particular das petições iniciais trabalhistas faz com que o réu deva prover-se de cautela redobrada ao responder à ação, ou melhor, ao dirigir-se ao mérito da demanda.

Em primeiro lugar, o princípio da *eventualidade* (ou da *concentração)* exige que ele alegue, nessa oportunidade, toda matéria de defesa (CPC, art. 336), sob pena de preclusão. Isso significa que, mesmo estando convencido de que um só argumento é suficiente para fazer com que as pretensões do autor sejam rechaçadas pela sentença, deverá aduzir outros argumentos (ou alegações jurídicas), na *eventualidade* de o primeiro não ser acolhido.

Trata-se, como se vê, de uma atitude de cautela, a ser observada pelo réu, com vistas à possibilidade de o primeiro ataque à inicial não obter sucesso.

Em segundo, o *ônus da impugnação especificada* impõe-lhe refutar todos os fatos alegados pelo autor, sob pena de, não o fazendo, gerar a presunção de veracidade dos fatos que não tenham sido contrariados (CPC, art. 341).

Uma outra regra deve ser observada pelo réu, nesse momento: a *concisão eficiente.* Com isso, queremos dizer que a contestaç*ão (como as demais espécies de resposta) deve ser elaborada de maneira lacônica, evitando-se, assim, as redações extremamente lon*gas, que, muitas vezes, causam mais prejuízos do que benefícios ao réu.

Como acabamos de assinalar, as petições iniciais trabalhistas geralmente contêm uma quantidade expressiva de fatos e de pedidos. Se o réu dedicar-se à elaboração de uma contestação muito longa, na qual procure esmiuçar cada fato alegado, fazendo, ainda, considerações laterais a respeito, tenderá, em virtude dessa "empolgação contestadora", *a esquecer-se de impugnar um ou mais fatos,* fazendo com que desabem sobre si as drásticas consequências do princípio da *eventualidade,* e, principalmente, do ônus da *impugnação especificada.* A contestação deve — como todas as manifesta*ções e postulações em juízo* —, *portanto, ser realizada de forma bre*ve, lacônica, para evitar os riscos mencionados. Esse laconismo, contudo, não significa que o réu deverá saltar sobre fatos relevantes da causa, senão que lhe caberá impugnar, de forma concisa, cada fato alegado, dos quais o autor haja extraído pedidos. Mesmo que do fato o autor não haja, por inadvertência, deduzido nenhuma pretensão, será recomendável ao réu contestar tal fato, *ad cautelam.*

É sempre aconselhável rememorar que a Justiça do Trabalho é especializada, razão por que se torna desnecessário que a inicial e a contestação se apresentem prolixas, representando autênticos cartapácios de argumentos repetitivos. Há sempre uma regra de razoabilidade para todas as coisas. O bom senso é a melhor medida para determinar o momento em que se deve parar de expender alegações e argumentos. Por isso, sugerimos a *concisão eficiente* como tal entendida, para os efeitos da contestação, a que impugna, de maneira sucinta (mas extraindo do ordenamento jurídico o máximo que ele oferece) todos os fatos alegados pelo adversário.

Ironia à parte, é necessário advertir que, quanto mais se escreve, maior é o risco de se tornar vulnerável em face do adversário, de incorrer em contradições, e de cometer erros gramaticais ...

Como estamos a cuidar de técnica de elaboração, um dos métodos mais eficientes consiste em contestar, um por um, os fatos narrados pelo autor (e os correspondentes pedidos formulados), segundo a ordem em que foram apresentados. Desse modo, evita-se o risco da omissão comprometedora.

É elementar que à concisão eficiente, a que nos referimos, são inerentes as exigências de clareza e coerência.

Após expugnar, passo a passo, os fatos afirmados pelo autor, deverá o réu, se for o caso, formular os requerimentos cabíveis, como os de *compensação* e de *retenção,* cujos temas constituem matéria de defesa (CLT, art. 767). Requererá, também, desde que necessário, a apresentação de documentos, por parte do autor, como, e. *g.*, de sua Carteira de Trabalho, assim como a expedição de ofícios a entidades privadas ou a órgãos públicos; indicará critérios para a incidência da correção monetária, dos juros da mora e do imposto de renda, assim como das contribuições acaso devidas do INSS. Requererá, ainda, a declaração da natureza jurídica das parcelas que venham a compor a condenação, e a prévia intimação da liberação de valores em prol do autor, etc. Enfim, incumbirá ao réu formular os requerimentos que julgar úteis ou indispensáveis para comprovar os fatos alegados em contraposição aos contidos na petição inicial.

Providenciará, por fim, a juntada da procuração outorgada ao seu advogado, assim como de todos os documentos em que se baseou para resistir às pretensões apresentadas pelo autor. Entendemos ser aplicável ao processo do trabalho a disposição estampada no art. 434, do CPC, conforme a qual deverá o réu instruir a sua resposta (e, o autor, a inicial) com os documentos necessários para provar as alegações expendidas, só sendo permitida a juntada de documentos novos (ou seja, após a inicial e a contestação) se destinados a fazer prova de fatos supervenientes ou a serem contrapostos aos documentos existentes nos autos (CPC, art. 435).

8. A contestação no processo eletrônico

a) *No sistema tradicional*, a contestação deve ser apresentada oralmente, em audiência (art. 847), embora a praxe, em elogiável descortino pragmático, tenha consagrado a apresentação por escrito dessa modalidade de resposta do réu, que a todos agradou: a) ao juiz, porque pôde inserir na pauta diversas audiências "iniciais", com espaço de cinco ou dez minutos, uma em relação a outra, atitude que não poderia adotar se tivesse de conceder o prazo de vinte minutos para cada réu formular, de maneira oral, a defesa (CLT, art. 847); b) às partes e seus advogados, porque puderam elaborar a defesa no âmbito dos seus escritórios, amparados por toda a tecnologia moderna.

Indaga-se: essa praxe não estaria contaminada de nulidade por haver-se afastado do devido processo legal? Certamente, que não. Incidem, no caso, os *princípios da instrumentalidade* e da *transcendência*. O primeiro está contido no art. 277, do CPC: "*Quando a lei prescrever determinada forma, o juiz considerará válido o ato se, realizado de outro modo, lhe alcançar a finalidade*"; o segundo, nos arts. 794, da CLT: "*Nos processos sujeitos à apreciação da Justiça do Trabalho só haverá nulidade quando resultar dos atos inquinados manifesto prejuízo às partes litigantes*", e 282, § 1.º, do CPC: "*O ato não será repetido nem sua falta será suprida quando não prejudicar a parte*".

b) *No sistema novo* (processo eletrônico), a contestação escrita pode ser apresentada *até a audiência* (CLT, art. 847, parágrafo único).

O processo eletrônico é regido pela Lei n. 11.419, de 19 de dezembro de 2006, que autorizou, no art. 18, os órgãos do Poder Judiciário a regulamentarem-na. Em decorrência disso, o Conselho Superior da Justiça do Trabalho editou a Resolução n. 136, de 25 de abril de 2014, instituindo o Sistema Processo Judicial Eletrônico da Justiça do Trabalho — Pje-JT "*como sistema informatizado de processo judicial na Justiça do Trabalho (...)*"

Dispõe o art. 29 da sobredita Resolução: "*Os advogados credenciados deverão encaminhar eletronicamente contestação, reconvenção ou exceção, e respectivos documentos*, antes *da realização da audiência designada para recebimento da defesa*". O art. 22, da revogada Resolução n. 94, de 23-3-2012, do mesmo Conselho, continha disposição semelhante à do art. 29, da Resolução n. 136/2014, embora exigisse que o advogado comparecesse à audiência.

Note-se que o parágrafo único do art. 847, da CLT, introduziu uma pequena alteração no art. 29, da Resolução n. 136, do CSJT, pois enquanto este prevê o encaminhamento da contestação "**antes** *da realização da audiência*" (destacamos), aquele admite esse encaminhamento "***até*** *a audiência*" (destacamos). A redação do art. 29, da citada Resolução, permitia aos juízes estabelecer, por exemplo, que a contestação deveria ser encaminhada até cinco ou dez dias antes da data designada para a realização da audiência. Agora, por força do estatuído no parágrafo único do art. 847, da CLT, esse procedimento não poderá mais ser *imposto* pelo magistrado, pois a norma legal assegura o *direito* de o réu apresentar a contestação *até o momento da realização da audiência*. Eventual imposição, pelo magistrado, ensejará a que o réu alegue nulidade processual, caso tenha sofrido manifesto prejuízo com essa imposição (CLT, art. 794). Ficará ao exclusivo arbítrio do réu, conseguintemente, decidir se oferecerá a contestação *antes* da audiência ou até o *momento de realização desta*. Sai de cena, portanto, o advérbio *antes*, e entra a preposição *até* — para alívio ou gáudio dos réus.

Cabe, nesta quadra de nossa exposição, uma observação adicional. Alguns juízes, *antes* do advento da Lei n. 13.467/2017, passaram a adotar o seguinte procedimento: a) designavam audiência destinada, exclusivamente, à conciliação; b) não havendo conciliação, fixavam prazo de cinco ou dez dias para a apresentação da defesa; c) designavam data para a realização da audiência de instrução. Com a vigência da Lei n. 13.467/2017, não se nega a possibilidade e a eventual conveniência de ser designada uma audiência exclusiva para a primeira tentativa de conciliação. Ocorre, todavia, que, frustrada essa tentativa conciliatória, o juiz não mais poderá fixar prazo de cinco, dez ou mais dias para a apresentação da defesa, porquanto isso implicaria manifesto desrespeito ao parágrafo único do art. 847, da CLT. A *audiência*, a que se refere essa norma legal, não é, por certo, aquela instituída pela praxe (destinada, apenas, à conciliação), e sim a prevista no art. 843, da CLT. Sendo assim, doravante dois procedimentos podem ser adotados:

1) *da praxe, conjugado com o da lei:* a) designa-se audiência destinada somente para a formulação da primeira proposta conciliatória (praxe); b) não havendo sucesso dessa proposta, designa-se audiência para que o réu apresente a defesa e se proceda à instrução oral do processo (lei);

2) *da lei*: a) designa-se audiência para a primeira tentativa de conciliação (CLT, art. 846, *caput*); b) não havendo conciliação, o juiz, na mesma audiência, recebe a defesa do réu, que pode ser tanto oral quanto escrita (CLT, art. 847).

É relevante lembrar o princípio da *legalidade* ou da *reserva legal*, inscrito no art. 5.º, II, da Constituição Federal, por força do qual ninguém será obrigado a fazer ou deixar de fazer alguma coisa senão em virtude de lei. Ressalte-se: não há norma legal que *obrigue* o réu, no processo eletrônico, a oferecer contestação alguns dias *antes* da audiência; bem ao contrário, como afirmamos, a norma legal lhe assegura o *direito* de apresentar essa modalidade de resposta *até* a audiência. O mesmo art. 840, parágrafo único, da CLT, que lhe atribui esse direito, em contrapartida deixa claro que a contestação não poderá ser apresentada *depois* da audiência. É a outra face da Lei.

É curioso registrar que o Relatório do Projeto de Lei n. 6.787/2016 considerou que a contestação, no processo eletrônico, vinha sendo apresentada somente "no momento da audiência" (o que não correspondia à realidade), de tal sorte que, com a inserção do parágrafo único no art. 847, da CLT, permitiu-se a prática desse ato do réu *até a audiência*. Na verdade, pondo-se à frente o art. 29 da Resolução n. 136, do CSJT, que prevê a apresentação da contestação "*antes da realização da audiência*", verifica-se que o parágrafo único do art. 847, da CLT, ampliou um pouco esse prazo, ao admitir que o mencionado ato processual seja praticado "*até a audiência*".

Nem tudo, entrementes, está elucidado; afinal, o que se deve entender da expressão legal "até a audiência", significa indagar: até que *momento* da audiência a contestação pode ser apresentada? Para logo, é necessário lembrar que, no processo do trabalho, a audiência é inaugurada com o pregão das partes (CLT, art. 815, *caput*). Em seguida, o juiz formulará a primeira proposta de conciliação (CLT, art. 846, *caput*). Não havendo acordo, abrirá prazo para a apresentação da defesa, que poderá ser oral (CLT, art. 847), ou por escrito (praxe). Este é o momento final do prazo para a apresentação da contestação, no processo eletrônico e no próprio processo tradicional; é o momento que corresponde à locução legal: "até a audiência".

Seria aberrante do bom senso imaginar que a sobredita expressão legal estivesse a permitir a apresentação da defesa até mesmo depois da colheita da prova oral, das razões finais e da segunda proposta de conciliação. "Até a audiência" não pode ser interpretada como "até o *final* da audiência", que se dá com a assinatura da ata correspondente (CLT, art. 851, § 2.º).

Aludimos, em linhas anteriores, à possibilidade de o juiz adotar, mesmo depois da vigência da Lei n. 13.467, um procedimento que imbrique a *praxe* de designar audiência destinada, exclusivamente, a conduzir as partes a uma solução negociada do conflito com a norma legal (CLT, art. 847, parágrafo único).

Esse procedimento atende à letra e ao espírito do art. 846, da CLT, consistente em fazer com que a formulação da primeira proposta conciliatória anteceda à apresentação da defesa.

Com vistas a isso, é razoável que o juiz determine que o réu apresente, nessa audiência, alguns documentos, como: termo de rescisão do contrato de trabalho, recibos salariais, de férias, de entrega de equipamentos de proteção individual, etc. Esses documentos servem para o magistrado cotejá-los com a petição inicial, com vistas a formular uma proposta razoável, equilibrada, de solução negociada do conflito. Não devem, portanto, ser juntados aos autos (até porque o processo é eletrônico), uma vez que constituem elementos da contestação, e, como tais, devem ser apresentados simultaneamente com esta, e não, antes dela.

Se o réu deixar de comparecer, ainda que injustificadamente, a essa audiência de conciliação não poderá ser considerado revel. A razão é, juridicamente, elementar: a revelia se configura com a ausência oportuna de *contestação*, e, nessa audiência, não era o momento oportuno de o réu oferecê-la. Reiteremos: o parágrafo único do art. 847, da CLT, assegura ao réu o direito de apresentar contestação escrita *até a audiência* — que não é a instituída pela praxe judicial, com a finalidade exclusiva de formular a (primeira) proposta de solução consensual do litígio.

9. Prazo para contestar

Conforme escrevemos no item 8, retro, no sistema tradicional da CLT, a contestação deve ser apresentada *oralmente*, em audiência (art. 847), embora a praxe, em elogiável descortino pragmático, tenha consagrado a apresentação *por escrito* (também na audiência) dessa modalidade de resposta do réu. Logo, o prazo variará conforme tenha sido a data designada para a realização da audiência.

No processo eletrônico, a contestação pode ser apresentada, por escrito, até a audiência (CLT, art. 847, parágrafo único). Também aqui, o prazo variará muito, seja porque o réu a pode oferecer a qualquer momento, anterior à audiência, ou mesmo na audiência.

Lançadas essas considerações de natureza introdutória, examinemos, a seguir, os dispositivos do CPC que se ocupam da contestação, comentando-os.

10. O princípio da eventualidade

Dispõe o CPC de 2015:

> Art. 336. Incumbe ao réu alegar, na contestação, toda a matéria de defesa, expondo as razões de fato e de direito com que impugna o pedido do autor e especificando as provas que pretende produzir.

A matéria constava do art. 300 do CPC revogado.

Estamos diante do *princípio da eventualidade*, a que se refere a doutrina.

O vocábulo processo, do latim *processus*, sugere a ideia de avançar, de ir adiante. O procedimento, que constitui as suas "vestes formais", traduz o conjunto de atos, legalmente preordenados, que devem ser praticados pelo juiz, pelas partes, por terceiros, pelos serventuários, com a finalidade de preparar o provimento jurisdicional de fundo: a sentença, que é, sem dúvida, o principal acontecimento do processo, o seu ponto de culminância e de exaustão.

Por isso, deixamos dito em linhas passadas que todos os atos praticados no processo visam, direta ou indiretamente, com maior ou menor intensidade, à sentença de mérito, que, sob este aspecto, representa o polo de atração magnética de tais atos, legal e logicamente encadeados.

Esse objetivo de "seguir adiante", que é inerente ao processo (e ao procedimento), ficaria, por certo, gravemente comprometido se fosse possível, como regra, a regressão a fases anteriores do procedimento, ou seja, o retrocesso. A fórmula que o legislador encontrou para impedir esse retroceder foi a preclusão, designadamente, a "temporal". Encarada sob esse aspecto, a preclusão pode ser conceituada como o expediente legal destinado a evitar o recuo do procedimento a fases anteriores, já consumadas; subjetivamente considerada, entretanto, a preclusão corresponde à perda de um direito ou de uma faculdade processual, pelo fato de não haverem sido exercidos no momento oportuno.

A preclusão é, portanto, uma das notas características do processo judicial, inclusive, o trabalhista.

Se estamos a falar, neste momento, de preclusão, é, justamente, porque dela deriva o princípio da eventualidade, por força do qual o réu deve alegar, na contestação, toda a matéria de defesa (CPC, art. 336). Por isso, o princípio em exame também foi chamado "da concentração", por José Alberto dos Reis, uma vez que a defesa do réu deve ser concentrada na contestação.

Já é possível perceber, a esta altura, que enquanto a preclusão diz respeito a ambas as partes, e, em alguns casos, aos terceiros, o princípio da eventualidade está jungido, apenas, ao réu. A denominação atribuída a esse princípio é apropriada, pois é como se o réu devesse dizer: "na eventualidade de o argumento que acabo de expor não ser acatado, submeto à consideração do juízo este outro...", ou: "na eventualidade de ser acolhido o pedido do autor, peço que me seja reconhecido o direito quanto a fazer tal coisa, ou a deixar de fazê-la". Em suma, a atitude que se exige do réu é de que, na oportunidade da contestação, apresente todos os requerimentos cabíveis ou todos os argumentos úteis ou necessários à sua defesa, ainda que lhe pareça ser suficiente um só desses argumentos. Essa exigência, que está na base do princípio da eventualidade, se destina não apenas a evitar o retorno a fases já vencidas do procedimento, senão que também a impedir uma outra espécie de tumulto do procedimento, consistente na apresentação, pelo réu, de outras alegações ou de novos requerimentos, relativos aos mesmos fatos, segundo as circunstâncias de cada momento.

Se, por exemplo, o réu impugnar o fato constitutivo do direito invocado pelo autor, e, além, disso, pretender a compensação de alguma quantia que entende lhe haver pago a mais, deverá alegá-la (requerê-la) na contestação, pois a compensação é matéria de defesa, como esclarece o art. 767, da CLT. Se não o fizer, e o direito postulado pelo autor vier a ser reconhecido pela sentença, não poderá deduzir as quantias que pagara, comprovadamente.

O princípio da eventualidade não significa, como se possa imaginar, que o réu deva formular todos os tipos de respostas que o caso concreto ensejar. Esse princípio está circunscrito à contestação, que nada mais é do que uma das modalidades de resposta do réu, como vimos. Estabelece, com efeito, o art. 336, do estatuto processual civil, que "compete ao réu alegar, na contestação, toda a matéria de defesa" (destacamos).

Não importa, conseguintemente, em face da norma legal reproduzida, qual seja a matéria de defesa: todas elas devem ser alegadas na contestação, sob pena de preclusão. É bem verdade que a própria lei refere algumas exceções a esse princípio. Três delas constam do art. 342, do CPC, a saber: a) quando as alegações forem relativas a direito superveniente; b) quando competir ao juiz conhecer delas *ex officio*, como a incompetência absoluta, a inépcia da inicial, a perempção, a litispendência, a coisa julgada, a conexão e a continência, a carência da ação, etc.; c) quando, por expressa disposição de lei, puderem ser formuladas em qualquer tempo e juízo, como a incompetência absoluta (CPC, art. 64, § 1.º). A prescrição figura como uma das matérias que podem ser alegadas em qualquer tempo e grau de jurisdição (Código Civil, art. 193), embora, dela, o juiz, no sistema do processo civil, possa conhecer *ex officio* (CPC, art. 332, § 1.º).

Em livros anteriores, dissemos que sob a perspectiva *ética* nada justificava o fato de a parte silenciar-se sobre a prescrição, ao contestar os pedidos do autor, reservando-se para fazê-lo, a seu exclusivo alvedrio, nas razões finais, no recurso ou na sustentação oral — como se o processo e suas regras devessem ficar sujeitos aos caprichos dos litigantes.

Se, como asseveramos no início deste comentário, o processo encerra a noção de um "marchar para a frente", em direção à sentença de mérito, e a preclusão representa um expediente legal devotado à necessidade de impedir um retorno a fases ultrapassadas do procedimento (retrocesso), ficava evidente que a opinião de que a prescrição extintiva poderia ser alegada, pela primeira vez, mesmo em grau de recurso, conspirava, duramente, contra os objetivos que levaram o legislador a redigir o art. 336, do CPC.

Quantas vezes a realidade prática — essa vestal a quem ninguém ilude — já demonstrou que, após uma lide extenuante, que consumiu tempo, paciência e, não raro, dinheiro do trabalhador, este vê todo o seu sacrifício ser em vão quando o tribunal, acolhendo a alegação de prescrição, feita no recurso do réu, extingue o processo com exame do mérito (CPC, art. 487, II). Quanta atividade jurisdicional também não foi aí desperdiçada em virtude da negligência ou, o que é pior, da astúcia do réu! Tudo isso, em nome do art. 193, do Código Civil, que, segundo nossa óptica, foi fulminado pelo art. 336, do CPC — não sem grande tardança. O art. 193, do Código Civil, deu causa, inúmeras vezes, a transgressões aos princípios éticos do processo, por parte de alguns réus, e deixou, atrás de si, legiões de vítimas.

Nem se diga que o art. 337, do CPC, não faz referência à prescrição. Esse dispositivo legal, como se sabe, declara que o réu deverá, antes de discutir o mérito, alegar as matérias constantes dos incisos I a XIII, dentre as quais, como se afirmou, não se inclui a prescrição. Ora, esses incisos do art. 337 dizem respeito às preliminares; a prescrição extintiva, como se sabe, é prejudicial de mérito, exatamente porque se liga a este. Assim, não poderia o legislador introduzir a prescrição no rol das preliminares a que alude o art. 337, do CPC.

Também não se contra-argumente que o art. 342, III, do CPC, permite ao réu deduzir novas alegações quando, por expressa autorização legal, puderem ser formuladas em qualquer tempo e juízo, pois essa dicção legal se refere a fatos novos (não a "direitos supervenientes", pois esta matéria está prevista no inciso I do mesmo dispositivo), não à prescrição, que, para esse efeito, deve ser tida como fato antigo.

Estes nossos argumentos, no entanto, pareceram perder um pouco a relevância que pudesse ter, em virtude da superveniência da Lei n. 11.280/2006, que deu nova redação ao § 5.º, do art. 219, do CPC de 1973, por força do qual o juiz deveria pronunciar, de ofício, a prescrição.

O CPC em vigor, todavia, não reproduziu, de maneira expressa, essa regra, fato que poderia motivar-nos a sustentar o ponto de vista de que o juiz já não pode pronunciar, por sua iniciativa, a prescrição. Entretanto, ao dispor que o juiz rejeitará, liminarmente, o pedido quando, entre outras coisas, *"verificar, desde logo, a ocorrência de decadência ou de prescrição"*, o art. 332, § 1.º, do CPC revela que o juiz — no plano do processo civil — continua podendo conhecer *ex officio* da prescrição. Assim dizemos porque a rejeição liminar do pedido deverá ocorrer "independentemente de citação do réu".

Uma ponderação indispensável: os juízes do trabalho devem ser extremamente cautelosos na aplicação do art. 336 do CPC quando o réu estiver atuando sem advogado, conforme lhe faculta o art. 791, *caput*, da CLT (*ius postulandi*). Não podemos nos esquecer que a precitada norma legal foi elaborada com vistas a um processo no qual, por princípio, a presença do advogado é indispensável (CPC, art. 103, *caput*).

11. As preliminares

Estabelece o art. 337, do CPC:

> Art. 337. Incumbe ao réu, antes de discutir o mérito, alegar:
>
> I - inexistência ou nulidade da citação;
>
> II - incompetência absoluta e relativa;
>
> III - incorreção do valor da causa;
>
> IV - inépcia da petição inicial;
>
> V - perempção;
>
> VI - litispendência;
>
> VII - coisa julgada;
>
> VIII - conexão;
>
> IX - incapacidade da parte, defeito de representação ou falta de autorização;
>
> X - convenção de arbitragem;
>
> XI - ausência de legitimidade ou de interesse processual;
>
> XII - falta de caução ou de outra prestação que a lei exige como preliminar;
>
> XIII - indevida concessão do benefício de gratuidade de justiça.
>
> § 1.º Verifica-se a litispendência ou a coisa julgada quando se reproduz ação anteriormente ajuizada.
>
> § 2.º Uma ação é idêntica a outra quando possui as mesmas partes, a mesma causa de pedir e o mesmo pedido.
>
> § 3.º Há litispendência quando se repete ação que está em curso.
>
> § 4.º Há coisa julgada quando se repete ação que já foi decidida por decisão transitada em julgado.
>
> § 5.º Excetuadas a convenção de arbitragem e a incompetência relativa, o juiz conhecerá de ofício das matérias enumeradas neste artigo.
>
> § 6.º A ausência de alegação da existência de convenção de arbitragem, na forma prevista neste Capítulo, implica aceitação da jurisdição estatal e renúncia ao juízo arbitral.

Caput. Ocupava-se do tema o art. 301 do CPC revogado.

A norma especifica, em treze incisos, as matérias que o réu deve alegar antes de impugnar o mérito.

Como o autor, via de regra, invoca a prestação da tutela jurisdicional para promover a reparação de direito material lesado, ou para evitar que a lesão se consume, é natural que a defesa do réu tenha como objeto, quase sempre, esse direito invocado pela contraparte.

O autor, entretanto, para demandar em juízo, deve atender a determinados requisitos exigidos pelas leis processuais, uma vez que o processo não é propriedade das partes, senão que — como tantas vezes dissemos — método ou técnica pelo qual o Estado soluciona os conflitos de interesses estabelecidos entre os indivíduos ou as coletividades. Por outro lado, sob o aspecto do direito material, o processo possui caráter instrumental, porquanto o seu fim radica no interesse da parte de que as coisas se disponham, em concreto, conforme aquele direito.

À defesa que tenha como alvo o direito material do autor, ou seja, a própria *res in iudicio deducta*, costuma-se denominar de direta. Nenhuma falta contra o senso lógico haveria, contudo, se viéssemos a chamá-la de defesa típica, justamente porque, em termos clássicos e históricos, a reação jurídica do réu sempre teve como centro de provocação o direito material alegado pelo autor.

Em algumas situações, todavia, o réu, antes de manifestar-se sobre as questões de fundo da demanda, verifica que o autor não respeitou as normas processuais incidentes (*due process of law*); caber-lhe-á, diante disso, formular as objeções de natureza processual, que o caso comportar. Trata-se, aí, de defesa indireta, pois não tem em mira o direito material sustentado pelo autor, mas o próprio processo.

Essas objeções, por antecederem, topologicamente, à impugnação do mérito, recebem, por isso mesmo, o nome de preliminares. Sob o rigor dos princípios processuais e acribológicos, entrementes, não são preliminares de mérito, e sim, preliminares ao mérito.

O efeito prático (e jurídico, por certo) mais expressivo dessas preliminares é revelado pela possibilidade de — tirantes raras exceções —, quando acolhidas, acarretarem a extinção do processo, sem pronunciamento jurisdicional acerca do mérito (CPC, art. 485).

Dessa regra legal, extrai-se a conclusão de que as preliminares representam uma espécie de obstáculos eficientes ao julgamento do mérito, pois dotadas de aptidão para dar cobro ao processo sem que o juiz possa, em princípio, se pronunciar a respeito das pretensões formuladas pelo autor.

Por motivos de ordem presumivelmente pragmática, o CPC (art. 337) arrola as preliminares que devam ser suscitadas pelo réu, na contestação — sendo sempre recomendável lembrar que, posto de parte a convenção de arbitragem e a incompetência relativa, delas o juiz pode (e deve) conhecer *ex officio* (*ibidem*, § 5.º).

Inciso I. Inexistência ou nulidade da citação.

A citação, contanto que regularmente efetuada, tem a finalidade de abrir, para o réu, a oportunidade de exercer o seu direito constitucional de ampla defesa (Const. Federal, art. 5.º, LV), em face das alegações expendidas pelo autor. Esse direito de resposta constitui cláusula inerente aos Estados Democráticos de Direito, pois não é concebível que alguém venha a ser condenado sem haver podido se defender, ou seja, sem que tenha recebido, do Estado, a possibilidade de apresentar a sua versão acerca dos fatos da causa.

Deste modo, se não houve citação (inexistência), ou se esta foi realizada mediante violação de norma legal (nulidade), incumbirá ao réu, na contestação, antes de impugnar o mérito da causa, alegar o fato. O verbo *incumbir*, utilizado na redação da norma legal em estudo demonstra que estamos diante de um ônus do réu. É necessário esclarecer, entrementes, que em determinados casos, como os de inexistência ou de nulidade de citação, o juiz pode conhecer *ex officio* dessas matérias, por serem de ordem pública.

Citação inexistente é aquela que não houve, que não foi realizada; citação nula é a que, embora tenha sido efetuada, o foi contra as normas legais regentes. Ato inexistente é o não ato, o *nihil* jurisdicional. É ato que, por não atender a uma exigência fundamental da lei, só existe materialmente (vale dizer, no mundo sensível), e, não, juridicamente.

Se bem refletirmos, veremos que o problema da inexistência do ato processual é algo que precede à sua validade, pois sem que o ato efetivamente exista, não se pode, por uma questão de lógica elementar, dizer se é válido, ou não. A existência constitui, assim, pressuposto para a verificação da validade do ato.

Uma das características mais expressivas dos atos inexistentes repousa na desnecessidade de uma ação judicial específica, declaratória do seu não ser, conquanto o exercício desta ação, em determinados casos, seja aconselhável. Não estamos, com esta opinião, a afirmar que a inexistência prescinda de um pronunciamento jurisdicional a respeito, e, sim, que ela não precisa ser, sempre, objeto de ação declaratória, inversamente, portanto, ao que se passa com a nulidade, que reclama a ação rescisória, se já tornada imutável a sentença pela autoridade da coisa julgada material.

A citação constitui ato de extrema importância para a regular constituição da relação jurídica processual: autor/Estado/réu (tríplice angularidade). Mais do que isso, é o ato pelo qual se dá ciência ao réu da existência da ação, a fim de que, desejando, possa exercer o direito constitucional ao contraditório e à ampla defesa. Conforme afirmamos quando do comentário ao art. 238 do CPC, a citação não é ato pelo qual se convoca o réu para integrar a relação processual. O verbo convocar, por possuir um sentido de compulsoriedade, é inapropriado, pois o ato de defender-se entra na faculdade do réu. Por isso, preferimos conceituá-lo como o ato por meio do qual se cientifica o réu quanto à existência da ação; a partir disso, caberá a ele, segundo seu prudente arbítrio, decidir se contestará, ou não os termos da petição inicial, sabendo, por certo, das consequências processuais de sua eventual opção pelo silêncio (CPC, arts. 341 e 344).

Convém repisarmos: a citação se apresenta como um ato processual de suprema importância para o réu, pois é por meio dessa comunicação processual que ele fica ciente da existência da ação. A citação pode ser tida, portanto, como a mais elevada manifestação do princípio constitucional do contraditório, que se encontra umbilicalmente atada à cláusula processual do devido processo legal (*due process of law*), consagrada pela Suprema Carta Política do País (art. 5.º, LIV). Considerada sob esse ângulo, a citação não deixa de refletir um enunciado característico dos regimes democráticos.

Consta do art. 280, do CPC, a advertência de que a citação (assim como a intimação) será nula quando realizada sem observância das prescrições legais. O atendimento a essas prescrições figura, sem dúvida, como uma garantia do direito de defesa do réu. Em que pese à redação imperativa do preceito legal indicado, não podemos ignorar que o processo não é um fim em si mesmo, mas um simples instrumento de tutela do direito material (conquanto saibamos que a ação constitui um direito abstrato de agir, cujo exercício não reclama, necessariamente, a presença de um direito material).

Exatamente por isso, a jurisprudência trabalhista, com sua vocação vanguardeira, acabou por placitar o procedimento adotado por alguns juízos de primeiro grau, consistente em realizar a citação do réu residente ou estabelecido em outra jurisdição sem o instrumento formal da carta precatória, mas pelo correio, com aviso de recebimento. Certamente inspirado nesse procedimento, o art. 247 do CPC declara que a citação será efetuada pelo correio para qualquer comarca do país, exceto nos casos ali previstos.

Inciso II. Incompetência absoluta e relativa.

Não é de todo equivocado o conceito, há muito difundido pela doutrina, de que a competência constitui a medida da jurisdição que as leis atribuem aos órgãos do Poder Judiciário. Afinal, embora os juízos possam deter, em regra, jurisdição a respeito de determinado limite territorial, nem sempre terão competência para apreciar as lides ocorrentes dentro desses lindes.

Além de traduzir esse elemento delimitador da porção jurisdicional, a competência figura como um princípio constitucional do processo, em nosso meio, pois a Suprema Carta Política Federal, em vigor, inscreveu, no Capítulo dos Direitos e Garantias Individuais e Coletivos, a solene declaração de que ninguém será processado nem sentenciado "senão pela autoridade competente" (art. 5.º, LIII); (destacamos).

A competência, do mesmo modo como a jurisdição, não é de quem a quer, mas de quem a lei a atribui. Portanto, esse possuir de competência emana de norma legal, porquanto não fica reservado ao arbítrio dos juízes definir a sua competência, seja quanto à matéria, ao valor, à pessoa, ao local, à hierarquia e o mais. No caso específico da Justiça do Trabalho, a sua competência é material, estando fixada no art. 114, da Constituição da República.

Rigor à frente, pode-se dizer que a competência não está ligada à pessoa física do juiz, senão que ao juízo, pela mesma razão lógica que o impedimento e a suspeição, ao contrário, dizem respeito ao juiz, nunca ao juízo.

São absolutas as incompetências em razão da matéria, da pessoa, e da hierárquica; logo, será relativa a que disser respeito ao território e ao valor.

No sistema do CPC revogado, somente a incompetência absoluta poderia ser objeto de preliminar da contestação; a relativa deveria ser arguida por meio de exceção.

O CPC atual, em atitude acertada, determina que ambas as incompetências sejam alegadas como preliminar da contestação (arts. 64 e 337, II). Dissemos ter sido acertada essa modificação introduzida pelo legislador porque simplificou o procedimento ao dispensar o uso da exceção para veicular a incompetência relativa. Conforme temos sustentado ao longo deste livro, espera-se que a doutrina e a jurisprudência trabalhista se sensibilizem quanto à utilidade dessa inovação do CPC para o processo do trabalho, sendo necessário, para isso, conferir uma interpretação derrogante dos arts. 799 a 802, da CLT, que cuidam das exceções. Essa atitude do intérprete trabalhista tanto mais se justifica se considerarmos a sobrevivência do art. 791, *caput*, da CLT, que atribui às partes a faculdade de atuar em juízo sem o patrocínio de advogado. Sem essa atitude, a incompetência relativa continuará sendo objeto de exceção.

Inciso III. Incorreção do valor da causa.

O art. 292 do CPC indica os critérios objetivos que o autor deverá observar para efeito de indicar, na petição inicial, o valor da causa. Em termos gerais, essa norma do CPC é aplicável ao processo do trabalho. Em todo o caso, remetemos o leitor aos comentários específicos que lançamos ao art. 292. Pois bem. Se o autor desvencilhar-se dos critérios estampados na precitada norma legal, incumbirá ao réu, em preliminar, sob pena de preclusão, alegar a incorreção do valor dado à causa, cabendo ao juiz decidir o incidente (CPC, art. 293). Essa decisão, por ter caráter interlocutório, é irrecorrível no processo do trabalho (CLT, art. 893, § 1.º). Seja como for, a norma legal autoriza o juiz a corrigir, por sua iniciativa, mediante arbitramento, o valor atribuído à causa (CPC, art. 292, § 3.º).

Embora possa configurar-se a preclusão para réu, isso não impedirá que o juiz, *ex officio,* altere o valor atribuído à causa, sempre que houver, por parte do autor, desacato aos critérios fixados pelo art. 292 do CPC, ou quando a causa não possuir um conteúdo econômico imediato.

Inciso IV. Inépcia da petição inicial.

Regra geral, a jurisdição se mantém em um estado de inércia, motivo por que o exercício dessas funções, pela magistratura, deve ser provocado pelo interessado (CPC, art. 2.º). Assim o é, porquanto seria algo comprometedor da estabilidade das relações sociais e jurídicas que se cometesse ao juiz o poder de sair pelo mundo a fomentar lides. Demais, esse poder o faria imparcial, tendencioso, pois estaria a substituir-se ao autor. A provocação do exercício desse poder-dever estatal, a que se chama jurisdição, deve emanar, como salientamos, da parte, na exata medida do seu interesse em obter essa tutela jurisdicional, com o objetivo de preservar um bem ou uma utilidade da vida.

A petição inicial, tomada por essa óptica, representa o instrumento pelo qual o interessado torna ativa a jurisdição, retirando-a do estado inercial a que há pouco aludimos.

Em face de sua elevada importância para o processo, a petição inicial tem a sua validade condicionada ao atendimento de determinadas exigências legais. Além disso, ela estabelece os limites subjetivos e objetivos da lide, pois não apenas identifica as pessoas envolvidas no conflito de interesses como define, quantitativamente, as pretensões que deseja ver acolhidas pelo provimento jurisdicional invocado. Em suma, a petição se revela como uma espécie de estalão, pelo qual se delimita, subjetiva e objetivamente, a lide, para os efeitos do art. 492, do CPC, dentre outros. Ao juiz será defeso proferir sentença que conceda mais (ultra) ou fora (extra) do que foi pedido, assim como conceder menos (*minus*) do que o direito assegura à parte (CPC, arts. 141 e 492).

No processo do trabalho, os requisitos para a validade da petição inicial são os indicados no art. 840, § 1.º, da CLT; no CPC, constam do art. 319. Cumpre ressaltar que no processo do trabalho, ao contrário do civil, não se exige que o autor, na petição inicial: a) aponte os meios de prova com os quais pretende demonstrar a veracidade dos fatos narrados; b) mencione o valor da causa, porquanto este, no silêncio do autor, será fixado pelo juiz, na forma do art. 2.º, da Lei n. 5.584/70.

A petição inicial será inepta quando: a) lhe faltar o pedido ou a causa de pedir; b) o pedido for indeterminado; c) da narração dos fatos não decorrer, de maneira lógica, a conclusão; d) contiver pedidos inconciliáveis entre si (CPC, art. 330, § 1.º, I a IV). Antes, contudo, de pronunciar a inépcia da inicial caberá ao juiz fixar prazo para que os defeitos ou irregularidades sejam sanados, no prazo de quinze dias (CPC, art. 321). Somente se o autor não emendar ou completar a inicial, nesse prazo, com a finalidade de proceder à sanação determinada, é que a petição será indeferida (CPC, arts. 321, parágrafo único, e 330), com a consequente extinção do processo sem resolução do mérito (CPC, art. 485, I).

Incorrerá, portanto, em erro de procedimento o juiz toda vez que indeferir a petição inicial sem propiciar ao autor a oportunidade para emendá-la ou completá-la, no prazo de quinze dias (CPC, art. 321).

Inciso V. Perempção.

Foge ao escopo deste livro empreender uma investigação aprofundada sobre os conceitos de prescrição extintiva, decadência e perempção. Deve ser dito, de modo objetivo, que a perempção, ao contrário da decadência, não extingue o direito material que dava conteúdo à ação, cujo processo foi desfeito. Opostamente, ainda, à prescrição extintiva, a perempção não afeta a pretensão de direito material: apenas inibe o exercício da invocação da tutela jurisdicional. Na perempção, portanto, não só o direito material, como a pretensão que a ele corresponde, ficam incólumes, razão por que que podem ser alegados como matéria de defesa.

Casos típicos de perempção, no processo do trabalho, são os estampados nos arts. 731 e 732, da CLT. Este último estabelece, em particular, que se o autor der causa a duas extinções consecutivas do processo (sem julgamento do mérito), em virtude de sua ausência injustificada à audiência (denominada, pela praxe forense, de "inicial"), "incorrerá na pena de perda, pelo prazo de seis meses, do direito de reclamar perante a Justiça do Trabalho". O processo civil de 1973 era dotado de norma assemelhada, mas com efeito mais contundente, como evidenciava o seu art. 268, parágrafo único, por força do qual a extinção do processo, por três vezes, em decorrência de abandono da causa, impediria o autor de intentar a ação, novamente, perante o mesmo réu, ficando-lhe assegurada, porém, a faculdade de alegar o seu direito (material) em defesa.

O CPC atual reproduziu a regra no art. 486, § 3.º.

Conquanto tenhamos dito que a perempção se trata de matéria de defesa, estamos convencidos de que as disposições contidas na CLT estão em antagonismo com o art. 5.º, inciso XXXVI, da Constituição Federal em vigor, que proíbe a exclusão, do conhecimento jurisdicional, de qualquer lesão de direito ou ameaça de lesão. Sob esse prisma, estamos em boa sombra para julgar que os arts. 731 e 732, da CLT, foram revogados pelo art. 141, § 4.º, da Constituição Federal de 1946 — que, aliás, "redemocratizou" o País, livrando-o do período ditatorial que marcou a vigência da Carta outorgada em 1937. Houve, no caso, revogação, porque o texto constitucional referido foi editado posteriormente aos arts. 731 e 732, da CLT. Se a cronologia fosse inversa, o que teríamos seria a inconstitucionalidade desses artigos da CLT. Há, por isso, inconstitucionalidade do § 3.º do art. 486 do atual CPC.

O fato de o autor poder alegar em defesa o seu direito (CPC, art. 486, § 3.º), não elimina o contraste dos arts. 731 e 732, da CLT, e do próprio art. 486, § 3.º, do CPC, com a Constituição da República, até porque se não houver ação em que o outrora autor figure como réu ele não poderá alegar, em defesa, o seu direito.

Inciso VI. Litispendência.

A litispendência e a coisa julgada se identificam por um ponto-comum: a repetição da ação; o que as desassemelha, todavia, é o elemento cronológico: enquanto, na litispendência, repete-se ação que está em curso, na coisa julgada essa repetição diz respeito à ação primitiva já julgada (por sentença contra a qual não mais caiba recurso). Esclarecendo: se a ação anterior já foi apreciada por sentença passível de ser impugnada mediante recurso, o caso é de litispendência, pois aquela ação, nos termos do art. 337, § 3.º, primeira parte, do CPC, ainda está em curso. Tanto isso é certo, que poderá haver modificação da sentença (no mesmo processo), em decorrência de recurso interposto. Se, todavia, a sentença proferida na causa primitiva já passou em julgado, a situação, obviamente, é de coisa julgada.

A separação entre os conceitos de litispendência e de coisa julgada, em rigor, atende às exigências científicas da doutrina; do ponto de vista estritamente do art. 337, incisos VI e VII, do CPC, tanto aquela quanto esta devem ser alegadas na contestação, como preliminar, e, se acolhidas, conduzem à extinção do processo sem resolução do mérito (CPC, art. 485, V). Ambas, porém, podem ser pronunciadas de ofício (CPC, art. 485, § 3.º) e, extinto o (segundo) processo, não podem as partes intentar, novamente, a ação (CPC, art. 486, *caput*).

Para os efeitos da litispendência, considera-se proposta a ação tanto que tenha sido protocolada (CPC, art. 312). Não há antagonismo entre os arts. 240 e 312, do mesmo diploma processual, na medida em que, com vistas à litispendência, o que se exige é a citação válida (art. 240), e, não apenas, o protocolo da inicial (art. 312). O art. 312, a propósito, deixa claro que o ajuizamento da ação só produz os efeitos descritos no art. 240 com a citação válida.

No processo do trabalho o critério será o do simples protocolo da petição inicial; assim, também, no CPC (art. 312, primeira parte).

Há situações em que a litispendência se situa em uma zona algo nebulosa, imprecisa. Uma delas se dá entre a ação declaratória e a ação condenatória, em que figuram as mesmas partes e que se fundam nas mesmas razões de fato. Digamos, que o trabalhador haja ingressado em juízo postulando, unicamente, a declaração da existência de vínculo de emprego com o réu e que, antes de ser decidida essa causa, ele ingresse com outra ação, em que vise não apenas à mesma declaração, mas à condenação do adversário ao pagamento de determinadas quantias. A situação é peculiar, pois se considerarmos que, na segunda ação, há repetição parcial de pedido constante da anterior (reconhecimento da existência de relação de emprego), seremos levados a admitir uma destas duas soluções: a) extinguir, totalmente, a segunda ação, e, desse modo, estaríamos indo além da medida legal, pois a litispendência estaria restrita a parte dos pedidos, não podendo afetar, portanto, os de natureza condenatória; ou b) extinguir a segunda ação unicamente quanto ao pedido de reconhecimento de vínculo de emprego, e, neste caso, haveria o risco, por exemplo, de declarar-se, na primeira, a inexistência do vínculo, e, apesar disso, vir-se a condenar o réu, na segunda ação, ao pagamento de aviso prévio, férias, horas extras, etc., que tenham sido pleiteados.

A situação, que acabamos de narrar, reflete, sem dúvida, uma litispendência parcial (vínculo de emprego). Duas soluções poderiam, em tese, ser adotadas para evitar a contradição de julgados: a) proceder-se à reunião dos autos correspondentes, em razão da continência *sui generis* representada pela segunda ação; ou b) suspender o segundo processo, com fundamento no art. 313, IV, "a", do CPC, até que houvesse o julgamento definitivo da primeira ação (declaratória).

Conquanto, sob o aspecto rigorosamente técnico, correta seria a segunda solução (suspensão do processo), entendemos que se deva optar, no processo do trabalho, pela primeira (reunião dos autos correspondentes). A suspensão do processo implicaria sem dúvida, uma longa espera pelo trânsito em julgado da sentença que fosse emitida no primeiro processo, ainda que a lei (CPC, art. 313, § 4.º) fixe em seis meses ou um ano, conforme seja o caso, o prazo máximo da suspensão. Isso é demasiado tempo para quem está à espera da prestação jurisdicional, máxime se levarmos em conta a habitual demora na solução do conflito, mesmo sem a suspensão do processo. Por isso, aos propósitos do processo do trabalho convém a reunião de ambos os autos (ação declaratória e ação condenatória), a fim de que, por esse modo, se abrevie a solução da lide.

Se, ao contrário, o trabalhador ajuizar ação em que peça um provimento declaratório (da existência de relação de emprego) e, ao mesmo tempo, condenatório (no pagamento, por parte do réu, de certas quantias), e, mais tarde, ingressar com ação exclusivamente declaratória (relação de emprego), estando ainda em curso a primeira, o segundo processo deverá ser extinto em virtude de a litispendência, quando a este, ser total. Aqui, não se deve efetuar a reunião dos autos correspondentes.

Em um caso, pelo menos, o processo civil prevê que a repetição da ação não induzirá litispendência: quando for ajuizada perante tribunal estrangeiro (CPC, art. 24). Cremos, porém, que somente não haverá litispendência se o tribunal brasileiro e o estrangeiro forem competentes para apreciar a causa, e, ainda assim, desde que a decisão proferida pela justiça estrangeira não tenha sido homologada pelo Superior Tribunal de Justiça (Const. Federal, art. 105, I, "*i*").

É conveniente reiterar que o juiz poderá conhecer, *ex officio*, de todas as matérias enumeradas no art. 337 do CPC, exceto da convenção de arbitragem e a incompetência relativa (*ibidem*, § 4.º).

Inciso VII. Coisa julgada.

A coisa julgada material, nos termos da lei, é a autoridade, que torna imutável e indiscutível a decisão de mérito, não mais sujeita a recurso (CPC, art. 502). A *res iudicata* figura, assim, não como efeito, mas como qualidade da sentença (ou do acórdão). A coisa julgada dita formal é a que se constitui nos autos, não se irradiando para além dos limites do processo em que se formou. Examinada à risca, essa expressão consagrada pela doutrina contém acentuada impropriedade técnica, pois nos casos em que se afirma haver coisa julgada formal, a coisa (entendida como a *res in iudicio deducta,* a pretensão de direito material controvertida, enfim, que dá conteúdo à lide), simplesmente não foi julgada.

Na esfera da realidade prática, o fenômeno jurídico da coisa julgada material se configura com a repetição de ação já apreciada anteriormente, por pronunciamento jurisdicional de mérito não mais impugnável por meio de recurso. Diante disso, incumbirá ao réu, em sua resposta (contestação) alegar o fato ao juiz, para que o processo seja extinto sem resolução do mérito (CPC, art. 485, V). Ainda que o interesse, quanto a essa extinção, seja, eminentemente, do réu, a lei permite que o juiz, por sua iniciativa, conheça da coisa julgada, em qualquer tempo ou grau de jurisdição, contanto que não ocorrer o trânsito em julgado (CPC, art. 485, § 3.º) no processo que ele conduz.

O respeito à coisa julgada, entre nós, foi alteado à categoria de garantia constitucional (Const. Federal, art. 5.º, inciso XXXVI), havendo, mesmo, uma inveterada e salutar tradição nesse sentido.

Deslocado o tema para o plano infraconstitucional, devemos recordar que a *res iudicata* constitui pressuposto negativo para o regular desenvolvimento da relação processual, pois não é concebível que as partes retornem a juízo para formular as mesmas pretensões já submetidas a um pronunciamento jurisdicional tornado imutável pela autoridade da coisa julgada. Sob este aspecto, percebe-se, com nitidez, o escopo de pacificação das relações sociais e jurídicas, que é atribuído a esse fenômeno processual. Sem o obstáculo da coisa julgada material, haveria uma tendência de perpetuar-se o conflito de interesses, de maneira a colocar em risco a estabilidade das relações entre os indivíduos, entre estes e as coletividades, ou entre estas.

Levando em conta, no entanto, a falibilidade da natureza humana e a consequente possibilidade de a coisa julgada estar comprometida por eventuais vícios ou falhas, de natureza grave, como a ofensa à lei, à própria Constituição ou à coisa julgada anterior, o legislador instituiu a ação rescisória como instrumento jurídico para desconstituir os efeitos da *res iudicata* (CPC, art. 966). Como ponderamos algures, em alguns casos, a coisa julgada, longe de atender ao propósito político de pacificação das relações sociais, acaba por se converter em elemento perturbador dessas relações.

Da mesma forma que a litispendência (que é, por assim dizer, o seu elemento embrionário), a coisa julgada requer, em princípio, para a sua configuração, a presença de tríplice identidade, a saber: a) de pessoas (*eadem personae*); b) de causa de pedir (*eadem causa petendi*); e c) de pedidos (*eadem res, petitum*). Essa tríade de elementos coincidentes não é, todavia, absoluta, como se tem suposto, uma vez que, em determinadas situações particulares, poderá caracterizar-se a coisa julgada (e, de igual maneira, a litispendência), sem que haja a identidade de pessoas, como se dá, e. g., quando o trabalhador ingressa em juízo para vindicar, pessoalmente, direitos que estão sendo objeto de postulação (litispendência) ou já foram acolhidos ou rejeitados por sentença transitada em julgado (coisa julgada) em ação ajuizada pelo sindicato representativo de sua categoria, na qualidade de substituto processual.

Nesta hipótese, ainda que não haja coincidência de partes (porquanto numa ação figura como tal o trabalhador, e, noutra, o sindicato), há que se colocar acima de tudo o fato de que, tanto numa quanto noutra, o titular do direito material é o mesmo, ou seja, o trabalhador. E isto é o quanto basta para configurar, sem escoriações aos princípios, a litispendência ou a coisa julgada, conforme tenha, a sentença proferida no primeiro processo, passado em julgado, ou não. A entender-se de modo diverso, poderiam surgir decisões antagônicas sobre a mesma matéria, ou repetitivas, num quadro patológico que só faria colocar sob justificada suspeita popular o prestígio dos pronunciamentos da jurisdição.

Inciso VIII. Conexão.

Consta do inciso VIII, do art. 337, do CPC, que o réu deverá alegar, na contestação, em caráter preliminar, a conexão. Mais uma vez, o legislador disse menos do que pretendia, pois, sendo o caso, o réu deverá alegar, também, a continência, cujo conceito processual é mais extenso do que o da conexão.

Realmente, enquanto a conexão se caracteriza pela existência de duas ou mais causas que possuam a mesma causa de pedir ou o mesmo pedido (CPC, art. 55, *caput*), a continência se estabelece pela identidade das causas de pedir e desde que o pedido de uma, por ser mais amplo, abranja o da outra (CPC, art. 56).

Vê-se, assim, que não há razão jurídica para limitar-se a arguição do réu à conexão, como parece impor a imperfeita redação do inciso VIII, do art. 337, do digesto de processo civil.

A finalidade, tanto da conexão quanto da continência, é fazer com que as causas, por refletirem a mesma lide, ou aspectos semelhantes das mesmas lides, tenham os correspondentes autos reunidos, a fim de realizar-se uma só instrução e de proferir-se uma única sentença — providências que emanam de uma indispensável política de economia dos atos do procedimento, além de evitarem a existência de pronunciamentos jurisdicionais conflitantes, acerca da mesma matéria, seja de fato ou de direito.

Se as ações forem exercidas perante o mesmo juízo, o magistrado poderá ordenar a reunião dos autos (CPC, art. 58). Se estiverem tramitando em juízos diferentes a reunião será efetuada no prevento, que as decidirá de maneira simultânea (ibidem). Dois escólios devem ser lançados sobre o tema: a) a reunião, no caso, será dos autos, e, não, das ações, como está na lei, nem dos processos, como está no gosto cientificamente pouco apurado de alguns escritores. Ora, sendo, a ação, um direito público subjetivo de invocar-se a prestação da tutela jurisdicional, e, o processo, um método estatal de solução dos conflitos de interesses, é elementar que possuem existência imaterial, motivo por que jamais poderão ser materialmente reunidos; b) a reunião dos autos entra na faculdade do juiz, a despeito da redação dada ao art. 58 do CPC atual não fazer uso do verbo poder ("pode") constante da redação do art. 105 do CPC anterior.

A necessidade de adequada compreensão da disciplina legal respeitante à conexão e à continência recomenda que deixemos clarificado o seguinte: a simples circunstância de haver conexão ou continência não corresponde, por si só, à presença de um obstáculo ao desenvolvimento regular da relação jurídica processual — fato de que nos leva a asseverar que tanto uma quanto outra, ao contrário do que sustenta a corrente doutrinal predominante, não representam elementos impeditivos da validade e da desenvolução regulares do processo, mesmo que o juiz determine a reunião dos autos correspondentes.

A existência de conexão ou de continência deve ser alegada pela parte, ou conhecida pelo juiz, *ex officio*, somente para efeito de junção dos respectivos autos, em nome da necessidade de serem evitadas decisões contrastantes entre si, e, cabe iterar, em nome da própria política judiciária e legislativa de economia dos atos processuais, não se relacionado, assim, de modo algum, com os pressupostos legais de validade ou de desenvolvimento do (segundo) processo.

A desrazão de reputá-las como pressupostos negativos para o desenvolvimento da relação processual fica tanto mais evidente quando se sabe que, como dissemos, a reunião de autos se insere na faculdade do juiz, que, por isso, poderá recusá-la, sem que o seu ato prejudique o segundo processo, em que a conexão ou a continência foram alegadas.

A situação factual e jurídica, aqui, é, portanto, totalmente diversa da que justificou a inclusão da litispendência e da coisa julgada como pressupostos negativos para a validade da relação processual, porquanto, neste caso, há repetição de ações, fenômeno ou anomalia que não ocorre na conexão ou na continência.

Se as ações conexas ou ligadas pela continência estiverem em curso perante juízos distintos, que detenham a mesma competência territorial, considera-se prevento o que, por despacho, ordenou a citação primeiro lugar (CPC, art. 58).

Inciso IX. Incapacidade de parte, defeito de representação, falta de autorização.

Embora, sob o aspecto prático, tanto a capacidade de ser parte quanto a de estar em juízo devam ser alegadas pelo réu, como preliminar, o rigor doutrinário sugere que os respectivos conceitos sejam separados.

Capacidade de ser parte. Tem-na todo aquele que é sujeito de direitos (Código Civil, art. 1.º). Parte, sob esta óptica, é, pois, toda pessoa que se encontra no gozo de seus direitos. Os incapazes, por exemplo, possuem capacidade de ser parte (podendo, por isso, integrar a relação jurídica processual), embora não a possuam para estar em juízo, ou seja, para praticar atos processuais com efeitos jurídicos.

Capacidade de estar em juízo. É regulada pelos arts. 70 a 76, do CPC. Estabelece o primeiro: "*Toda pessoa que se acha no exercício dos seus direitos tem capacidade para estar em juízo*".

No processo do trabalho, a legitimidade *ad processum* é adquirida aos 18 anos de idade (CLT, art. 792); se o trabalhador possuir 16 anos de idade ou mais, mas menos de 18, deverá ser representado em juízo pelo pai, mãe, tutor, curador, ou, na falta deles, pela Procuradoria da Justiça do Trabalho (CLT, art. 793). Inexistindo, na localidade, órgão do Ministério Público do Trabalho, ao juiz incumbirá nomear curador à lide (ibidem).

Dois outros escólios se fazem convenientes. Se o trabalhador, menor de 18 anos, estiver sob tutela (em decorrência do falecimento dos pais; de terem estes sido declarados ausentes ou decaído do poder familiar), será indispensável a autorização do juiz competente (em matéria civil, é certo) para que a ação seja ajuizada. A doutrina tem entendido que, na situação referida, a legitimidade para o processo somente é obtida com o concurso dessas duas providências legais: a representação do menor e a autorização judicial. Se o trabalhador for curatelado (em virtude de interdição originada pela demência, surdo-mudez, etc., que o impeça de manifestar a sua vontade), será necessária não apenas a autorização judicial, para o ingresso em juízo, como a fixação, também por ato do magistrado, dos limites da interdição.

Tanto a capacidade de ser parte quanto a de estar em juízo, por traduzirem pressupostos imprescindíveis para a constituição e o desenvolvimento regulares da relação jurídica processual, devem ser examinadas de ofício, em qualquer tempo e grau de jurisdição, enquanto não proferida a sentença de mérito (CPC, art. 485, IV e § 3.º). A referência legal ao proferimento da sentença de mérito como limite final para que o juiz possa se pronunciar, por sua iniciativa, a respeito dos sobreditos pressupostos, deve ser adequadamente entendida, sob pena de conduzir a graves distorções de seu verdadeiro objetivo. É lógico que o juízo de primeiro grau, ao emitir a sentença de mérito, não mais poderá alterá-la, seja para que finalidade for, exceto para corrigir inexatidões materiais, como erros de cálculo ou de escrita ou em razão de embargos declaratórios (CPC, art. 494). Assim o é porque o órgão jurisdicional, ao pronunciar-se acerca das questões de fundo da causa (lide), cumpre e acaba o seu ofício. Pode o tribunal, entretanto, em grau de recurso, declarar a falta de capacidade de ser parte ou de estar em juízo, pois a menção legal à sentença de mérito constitui proibição dirigida, apenas, ao juízo que a proferiu. Caberá ao tribunal, portanto, manifestar-se sobre tais capacidades, tenham, ou não, sido objeto de exame pelo juízo a quo. Convencendo-se de que se acha ausente qualquer desses pressupostos de constituição, o órgão ad quem deverá ordenar a extinção do processo, sem julgamento do mérito.

Dispõe o art. 76, do CPC, que se for verificada a incapacidade processual ou a irregularidade de representação, o juiz, suspendendo o processo, assinará prazo razoável para ser sanada a falha. Alguns esclarecimentos devem ser feitos sobre essa regra legal. Em primeiro lugar, a incapacidade processual, na espécie, é a que diz respeito à legitimidade *ad processum* (estar em juízo), pois a incapacidade de ser parte não pode ser sanada; em segundo, que incapacidade processual e irregularidade de representação são coisas distintas. Aquela, como demonstramos, concerne à *legitimatio ad processum*, à aptidão para praticar atos processuais com efeitos jurídicos, ao passo que esta se refere àquelas pessoas (jurídicas, em geral) cuja representação judicial a lei define (CPC, art. 75), tendo em vista o fato de constituírem uma abstração jurídica ou não possuírem personalidade jurídica.

Deixando de ser cumprido o despacho judicial que determinou a correção da incapacidade processual ou da irregularidade de representação, se a providência couber: a) ao autor, o processo será extinto sem exame do mérito; b) ao réu, será considerado revel (ainda que possam não ocorrer os efeitos da revelia: CPC, art. 345; c) ao terceiro, será considerado revel ou excluído do processo, dependendo do polo em que se encontre (CPC, art. 76, § 1.º, I a III).

Ordinariamente, as pessoas que participam da relação jurídica processual (partes) são os mesmos sujeitos da relação jurídica material controvertida. Estamos a afirmar, com isso, que, via de regra, as pessoas ingressam em juízo para defender, em nome próprio, direito de que são titulares. Há situações especiais, todavia, legalmente previstas, em que a parte invoca a prestação da tutela jurisdicional em nome próprio, mas para a defesa de direito (material) alheio. A esse fenômeno, caracterizado pela desconformidade entre as pessoas da lide e os sujeitos da relação material controversa, convencionou-se denominar de "substituição processual". O primeiro a fazer uso dessa expressão parece ter sido Chiovenda, embora caiba a Köhler a precedência da elaboração de estudos mais aprofundados sobre o tema.

Como deixamos exarado em páginas anteriores, não possuímos, no Brasil, uma substituição processual autêntica, como tal considerada a que foi posta em prática durante certo período do Direito Romano antigo, nas ações com transposição de pessoas, em que o substituído (*cognitor*) assumia, pessoalmente, os riscos do insucesso na demanda.

Por tratar-se de algo incomum, a substituição processual só poderá ser admitida nos casos expressamente previstos em lei; advertência quanto a isto está contida no art. 18, do CPC.

Os pontos em que fazem a substituição processual diferençar-se da simples representação processual consistem em que, naquela: a) o substituto não precisa do consentimento do substituído para ingressar em juízo; essa autorização é concedida, em abstrato, pela Constituição Federal (art. 8.º, III), particularidade que nos leva a reconhecer, no que se tem chamado de "substituição processual", mera outorga de um mandato legal ad litem; b) na substituição, o autor postula, em nome próprio, direito de que é titular o substituído; na representação, o representante não age em nome próprio, mas em nome do representado.

Torna-se oportuno lançar alguns comentários também acerca da capacidade postulatória.

Na esfera do processo civil, essa capacidade pode ser definida como a aptidão ou o direito de a pessoa dotada de legitimidade *ad processum* participar da demanda por meio de quem se encontre legalmente habilitado para pleitear em juízo, equivale a dizer, de advogado. Nesse sentido, o art. 103, do CPC: "A parte será representada em juízo por advogado regularmente inscrito na Ordem dos Advogados do Brasil".

Para Calamandrei, a capacidade postulatória é o poder que alguém possui de tratar diretamente com o juiz, de expor-lhe, em pessoa, as pretensões dos litigantes. Observe-se que esse *ius postulandi* não é exercido pela parte, mas por seu procurador judicial (que não deixa de ser uma espécie de representante desta, embora não se deva confundir essa representação com a de que cuida o art. 75, do CPC). Atuando na qualidade de procurador judicial, o advogado, contanto que possua o correspondente mandato, poderá praticar, em nome do mandante, todos os atos processuais legalmente admitidos e necessários à defesa do direito deste, salvo aqueles para os quais a lei exija poderes especiais (CPC, art. 105, parte final).

Ser-nos-á lícito concluir, pois, que no processo civil os advogados são, por excelência, os titulares do direito de postular em juízo, nada obstante a lei, em alguns casos, também atribua essa prerrogativa aos estagiários (Lei n. 8.906, de 4-7-1994, art. 3.º, § 2.º), assim como permita às próprias partes, em situações extraordinárias, postular em causa própria (CPC, art. 103, parágrafo único, e Lei n. 8.906/94, art. 1.º, § 1.º).

O art. 791, *caput*, da CLT, contudo, atribui capacidade postulatória aos próprios litigantes, embora não exclua, como é evidente, a participação de advogado.

Inciso X. Convenção de arbitragem.

Nos termos do art. 507-A, da CLT, "*Nos contratos individuais de trabalho cuja remuneração seja superior a duas vezes o limite máximo estabelecido para os benefícios do Regime Geral de Previdência Social poderá ser pactuada cláusula compromissória de arbitragem, desde que por iniciativa do empregado ou mediante a sua concordância expressa, nos termos previstos na Lei n. 9.307, de 23 de setembro de 1996*".

O Ministério Público do Trabalho, desde que solicitado pelas partes, pode atuar como árbitro nos dissídios de competência da Justiça do Trabalho (Lei Complementar n. 75/93, art. 81, inciso XII).

O juízo arbitral pode ser constituído também para a solução de conflitos coletivos, pois, quanto a isto, há expressa previsão constitucional: "*Recusando-se qualquer das partes à negociação coletiva ou à arbitragem, é facultado às mesmas, de comum acordo, ajuizar dissídio coletivo de natureza econômica, podendo a Justiça do Trabalho decidir o conflito, respeitadas as disposições mínimas legais de proteção ao trabalho, bem como as convencionadas anteriormente*" (Const. Federal, art. 114, § 1.º). Em nosso sistema, entretanto, essa arbitragem é facultativa, e, não obrigatória; provavelmente por esse motivo, ela não tem sido utilizada. Acresça-se a isso o fato de as categorias em conflito preferirem submeter à Justiça do Trabalho a correspondente solução.

A arbitragem, se adotada pelas categorias profissional e econômica, terá o seu procedimento regido pela Lei n. 9.307, de 23-9-1996, pois a CLT é inteiramente omissa a respeito da matéria.

Os requisitos essenciais para que as pessoas possam valer-se da arbitragem são:

1) possuírem capacidade para contratar;

2) os litígios se referirem a direitos disponíveis (Lei n. 9.307/96, art. 1.º, *caput*).

Há situações em que, embora instituído o juízo arbitral, as partes serão remetidas ao Poder Judiciário, como quando:

a) reconhecida a incompetência do árbitro, bem como a nulidade, a invalidade ou a ineficácia da convenção de arbitragem (Lei n. 9.3017/96, art. 20, § 1.º);

b) a testemunha recusar-se a comparecer à audiência, para ser inquirida, caso em que poderá ser conduzida por oficial de justiça (*ibidem*, art. 22, § 2.º);

c) houver necessidade de adoção de medidas coercitivas ou cautelares (*ibidem*, art. 22, § 4.º);

d) surgir controvérsia, no curso da arbitragem, sobre direitos indisponíveis (*ibidem*, art. 25);

e) as partes pretenderem obter a declaração de nulidade da sentença arbitral (*ibidem*, art. 33, *caput*).

Outras disposições da Lei n. 9.307/96 devem ser mencionadas:

a) a arbitragem se destina a solucionar conflitos de interesses que digam respeito a direitos patrimoniais *disponíveis* (art. 1.º). Como tais, devem ser entendidos aqueles, de caráter particular, que podem ser objeto de transação (CC, art. 840), a que a CLT denomina, indistintamente, de conciliação (arts. 764, 831, 846, 850, 852-E) ou de acordo (arts. 835, 847). Transação, conciliação e acordo são vocábulos de traduzem um *negócio jurídico bilateral*, por força do qual, mediante concessões recíprocas, as partes solucionam o conflito de interesses em que se encontram envolvidas. Mesmo que realizado em juízo, esse negócio jurídico não configura resolução jurisdicional do conflito, senão que solução privada, consensual. A sentença, que os juízes do trabalho costumam lançar em tais casos, só se justificam pela necessidade de, inadimplido o acordo ou a conciliação, o credor ficar munido de um título executivo judicial;

b) a arbitragem poderá ser de direito ou de equidade (art.2.º);

c) a convenção de arbitragem compreende a cláusula compromissória e o compromisso arbitral (art. 3.º, *caput*). *O compromisso arbitral* se refere à arbitragem *concreta* (quando as partes definem, desde logo, o objeto do litígio e os árbitros que o solucionarão); a *cláusula compromissória* diz respeito à arbitragem *abstrata* (as partes se comprometem a submeter à arbitragem qualquer conflito de interesses que vier a ocorrer, derivante do contrato entre elas firmado).

d) a cláusula compromissória é o acordo escrito pelo qual as partes se comprometem a submeter à arbitragem os conflitos de interesses que vierem a ocorrer entre elas (art. 4.º, *caput*). Pode estar inserida no próprio contrato (de trabalho), ou constar de instrumento apartado, desde que se refira ao contrato (*ibidem*, § 1.º);

e) a cláusula compromissória é autônoma em relação ao contrato em que estiver inserida; assim, a nulidade do contrato não acarreta a nulidade da cláusula (art. 8.º);

f) o compromisso arbitral é a convenção por meio da qual submetem o litígio à arbitragem, podendo ser judicial ou extrajudicial (art. 9.º);

g) poderá atuar como árbitro qualquer pessoa que tenha a confiança das partes (art. 13), facultando-se às partes a nomeação de um ou mais árbitros, sempre em número ímpar (*ibidem*, § 1.º);

h) tem-se como instituída a arbitragem quando aceita a nomeação pelo árbitro ou pelos árbitros (art. 19, *caput*);

i) o árbitro poderá tomar os depoimentos das partes, ouvir testemunhas e determinar a realização de perícia ou outras provas que considerar necessárias, seja de ofício, seja a requerimento da parte (art. 22, *caput*);

j) a sentença arbitral será proferida no prazo estabelecido pelas partes (art. 23, *caput*); não havendo fixação de prazo pelas partes, será de seis meses, contados da instituição da arbitragem ou da substituição do árbitro *(ibidem)*;

m) a decisão do árbitro será por escrito (art. 24);

n) a sentença arbitral deverá conter: 1) relatório; 2) fundamentos da decisão; 3) dispositivo; 4) data e lugar em que foi proferida (art. 26);

o) a sentença arbitral produz, entre as partes e seus sucessores, os mesmos efeitos da sentença proferida pelo Poder Judiciário. Sendo condenatória, terá eficácia de título executivo (art. 31). O art. 515, VII, do CPC, insere a sentença arbitral no elenco dos títulos executivos judiciais. É com vistas a isso que se deve interpretar o art. 876, *caput*, da CLT;

p) será nula a sentença arbitral, se: 1) for nula a convenção de arbitragem; 2) for emitida por quem não podia ser árbitro; 3) não contiver os requisitos do art. 26; 4) for proferida fora dos limites da convenção de arbitragem; 5) ficar comprovado que foi produto de prevaricação, concussão ou corrupção passiva; 6) proferida além do prazo, observado o art. 12, III; 7) houver desrespeito aos princípios mencionados no art. 21, § 2.º, da Lei.

Embora o compromisso arbitral possa ser também judicial (Lei n. 9.307/1996, art. 9.º), a realidade é que o trabalhador brasileiro sempre se manifestou avesso a esse compromisso. Conforme escrevemos em outros livros, a despeito de esses trabalhadores, vez e outra, lançarem críticas à Justiça do Trabalho, por sua demora na solução dos conflitos de interesses que lhe são submetidos à apreciação, o fato concreto é que confiam nessa Justiça, à qual comparecem — aliás, com frequência — não via convenção de arbitragem, e sim, mediante o exercício do direito constitucional de ação. Cuida-se, pois, em nosso meio, de uma inveterada e arraigada tradição cultural, dificilmente alterável pela artificialidade da norma legal.

Provavelmente, com o objetivo de romper essa tradição de *judicialização dos conflitos*, o Conselho Superior da Justiça do Trabalho editou a Resolução n. 174, de 30-9-2016, dispondo "*sobre a política judiciária nacional de tratamento adequado das disputas de interesses no âmbito do Poder Judiciário Trabalhista (...)*", estimulando, em nome da "pacificação social", a *conciliação* e a *mediação*, ambas a serem realizadas por magistrado ou por servidor público. A Resolução não se ocupa, portanto, da *arbitragem*.

Nos termos do art. 507-A, da CLT, a *cláusula compromissória* de arbitragem:

a) só cabe nos contratos individuais de trabalho;

b) pode ser instituída por iniciativa do empregado ou mediante sua expressa concordância — a saber: adesão;

c) a remuneração do trabalhador deve ser superior a duas vezes o limite máximo previsto para os benefícios do Regime Geral da Previdência Social. Esta particularidade vem motivando a doutrina a classificar esses trabalhadores como *hipersuficientes*, neologismo que se opõe ao tradicional *hipossuficiente*. O correto seria: *autossuficiente*, adjetivo que se encontra dicionarizado.

É necessário esclarecer que a convenção de arbitragem tem o efeito de vincular as partes, no tocante à resolução de conflitos de interesses que estão a ocorrer — ou que poderão ocorrer — entre elas. Dizendo-se de modo mais realista: essa convenção significa *renúncia à jurisdição, à tutela estatal, renúncia, em última análise, ao direito de ação.*

No passado, muito se discutiu se a Lei da arbitragem (n. 9.307/96) não seria inconstitucional, porquanto a cláusula compromissória estaria impedindo o exercício do direito de ação, previsto no art. 5.º, XXXV, da Constituição Federal. O tema chegou ao STF, que acabou por entender que o que consta da regra constitucional por nós mencionada é somente um *direito*, não uma *obrigação*, de a parte invocar a tutela jurisdicional do Estado. Em consequência, não viu um contrate da Lei da Arbitragem com a Constituição da República (Supremo Tribunal Federal. SE 5.206-AgR., rel. Min. Sepúlveda Pertence, julgamento em 12-12-2001, Plenário, DJ de 30-4-2004).

Particularmente, entendemos que o art. 507-A, da CLT (assim como o art. 7.º, da Lei n. 9.307/96) é inconstitucional. O direito de ação está assegurado pelo art. 5.º, XXXV, da Constituição Federal e figura como uma das mais importantes conquistas dos Estados Democráticos de Direito. Dir-se-á, talvez, que o preceptivo constitucional mencionado está dirigido apenas *ao legislador*, não *à parte*, de tal modo que, embora a Lei não possa excluir da apreciação do Poder Judiciário qualquer ameaça ou lesão a direito, *a parte* pode renunciar ao direito de ação, significa dizer, afastar a atuação jurisdicional do Estado. Se assim se disser, devemos argumentar, em caráter proléptico, que a leitura democrática a ser feita do art. 5.º, XXXV, da Constituição Federal, é que que *nem mesmo a Lei* pode impedir o exercício do direito de ação; logo, esse direito se revela não somente intocável, como irrenunciável.

Ademais — ideologias políticas ao largo — não podemos deixar de esclarecer que a arbitragem de que cuida o art. 507-A, da CLT, é do tipo *extrajudicial*, de tal modo que a cláusula compromissória, na realidade das relações do trabalho, acabará sendo *imposta* pelo empregador como *condição* para contratar o empregado; ou, se este já estiver contratado, como condição para que o contrato continue a vigorar. Não é desarrazoado supor que, além disso, o empregador alegará que foi do empregado a iniciativa da inserção da cláusula compromissória. Destarte, parece-nos ter sido temerária a introdução, na legislação trabalhista, de cláusula dessa natureza, a ser aceita por aquele que, por ser trabalhador: a) necessita do emprego; b) e, ao tornar-se empregado, se submete a um inerente estado de subordinação jurídica e de dependência econômica, em relação ao empregador.

O fato de o empregado receber salário superior a duas vezes o limite máximo estabelecido para os benefícios do Regime Geral de Previdência Social não significa, necessariamente, que ele possua descortino suficiente para prever as consequências da aceitação da cláusula compromissória.

Há outros problemas:

a) nos termos da Lei n. 9.307/96, a arbitragem também pode por *equidade*, a critério das partes (art. 2.º, *caput*). Sabendo-se que o julgamento por equidade significa que o árbitro poderá solucionar o conflito não mediante a aplicação da lei ao caso concreto, mas de acordo com a sua consciência e sua experiência, há o risco de a sentença ser dotada de intenso subjetivismo. Na verdade, o juízo de equidade autoriza o árbitro, até mesmo, a decidir em desconformidade com a lei (*contra legem*). Pois bem: seria admissível o julgamento por equidade, sendo uma das partes, um empregado (ou um trabalhador, em sentido amplo)?;

b) a arbitragem não é gratuita; sendo assim, a sentença arbitral poderá impor ao empregado o pagamento das despesas com o procedimento e dos honorários do árbitro (Lei n. 9.307/96, arts. 11, V e VI, e 31), sabendo-se os custos do procedimento arbitral são muito superiores ao do processo do trabalho;

c) como a cláusula compromissória é, por certo, do interesse da empresa (empregadora), é muito provável que esta escolha o árbitro de sua confiança (ou seja, de sua conveniência), cabendo ao empregado apenas acatar essa escolha, em verdadeiro *contrato de adesão* (que, aliás, é previsto pelo art. 4.º, § 2.º, da Lei de Arbitragem. Seria ingênuo pensar que a escolha do árbitro refletisse, verdadeiramente, a livre manifestação da vontade do empregado (Lei n. 9.307/96, art. 13);

d) a Lei n. 9.307/96 dispõe que o procedimento da arbitragem será estabelecido pelas partes (art. 21). Na prática, dificilmente a vontade do empregado possuirá alguma eficácia em relação a isso. O procedimento tenderá a ser estabelecido pelo empregador;

e) como meio de solução privada de conflito de interesses, a arbitragem não está vinculada à imposição constitucional da publicidade dos atos (CF, art. 93, IX), dificultando, assim, o controle da regularidade dos atos praticados pelo árbitro;

f) nem sempre a sentença arbitral será proferida em menor tempo do que a judicial, porquanto, embora o art. 11, III, da Lei n. 9.307/96, afirme que as partes podem fixar prazo para a apresentação da sentença arbitral, o art. 23 da mesma norma legal estabelece o prazo máximo de seis meses, para isso;

g) a lembrar-se que: 1) expirado o prazo previsto no art. 11, III, da Lei n. 9.307/96, a parte interessada deverá notificar o árbitro, a fim de emitir a sentença no prazo de (mais) dez dias; 2) não sendo respeitado esse novo prazo, a sentença será nula (*ibidem*, art. 32, VII), prejudicando, desse modo, as partes.

Se o legislador desejasse instituir uma arbitragem — com a cláusula compromissória — condizente com a realidade das relações trabalhistas, deveria, quando menos: a) ter estabelecido regras mínimas sobre o procedimento; b) haver concedido oportunidade para o empregado, *quando da ruptura do seu contrato de trabalho* (independentemente da causa), ratificar, por escrito, a cláusula (ou não a ratificar), no prazo que a norma legal fixasse. Não ratificada, a cláusula estaria, automaticamente, revogada. Essa medida seria mais justa, porquanto permitiria ao empregado poder manifestar a sua vontade sem estar sob o estado de subordinação e de dependência inerentes ao contrato de trabalho.

Seja como for, o fato é que *legem habemus*. Caberá à doutrina e à jurisprudência trabalhistas a irrecusável tarefa de harmonizarem as disposições da Lei n. 9.307/96 com os princípios e particularidades do processo do trabalho, à luz do art. 765, da CLT.

Nunca fomos bafejados pelo dom do vaticínio ou da presciência, mas, mesmo assim, estamos convencidos de que, no âmbito dos conflitos individuais do trabalho, a arbitragem — com a cláusula compromissória — não terá amplo espectro de incidência, considerando-se o fato de que a grande maioria dos trabalhadores brasileiros recebe salário inferior a duas vezes o limite máximo previsto para os benefícios do Regime geral da Previdência Social.

Quanto aos empregados que recebem salário superior ao limite máximo supracitado, cremos que a tendência será a empresa fazer inserir, como regra, no contrato de trabalho a cláusula compromissória de arbitragem.

Várias outras questões haverão de surgir, na prática, a respeito da cláusula compromissória. Uma delas se refere ao fato de uma pessoa, que teria trabalhado, digamos, como autônoma para a empresa e, rompido o contrato de autônomo, ingressar na Justiça do Trabalho para postular a obtenção de sentença declaratória da existência de relação de emprego com o réu. Nesta hipótese, mesmo que no contrato de trabalhador autônomo haja a cláusula compromissória, prevista na Lei n. 9.307/96, entendemos que esta não será impeditiva do ingresso da pessoa na Justiça do Trabalho, para ver-se declarada como empregada, independentemente do fato de haver recebido, como autônoma, comissões mensais superiores ao dobro do limite máximo dos benefícios da Previdência Social. Seria absurdo imaginar-se que, por força dessa cláusula, a pessoa deveria invocar, inicialmente, a tutela da Justiça Comum, para, não havendo acordo, ou vindo a obter declaração de que não era autônoma, ficar liberada da cláusula para poder demandar na Justiça do Trabalho.

O essencial, a ser destacado aqui, é que tendo sido adotado o método da arbitragem, em determinado caso, as partes não poderão ingressar em juízo para solver o mesmo conflito. A arbitragem se destina, exatamente, a evitar que a tutela jurisdicional seja invocada. Se uma das partes, nada obstante a adoção da arbitragem, ingressar em juízo deverá a outra, na oportunidade da contestação, alegar, preliminarmente, a existência da convenção de arbitragem (CPC, art. 337, X) e requerer, em função disso, a extinção do processo sem resolução do mérito (CPC, art. 485, VII).

É necessário reiterar que a existência de convenção de arbitragem deve ser alegada pela parte interessada (como preliminar da contestação), porquanto o juiz não poderá conhecer *ex officio* dessa matéria, conforme adverte o § 5.º, do art. 337, do diploma processual civil. Isso significa que se parte nada alegar a respeito, o seu silêncio implicará a aceitação da intervenção jurisdicional e, ao mesmo tempo, a renúncia tácita àquele compromisso.

A presença da convenção de arbitragem representa, portanto, um pressuposto negativo para a validade ou desenvolvimento da relação jurídica processual, em sede de ação coletiva trabalhista.

Inciso XI. Ausência de legitimidade ou de interesse processual.

As condições da ação foram realçadas na doutrina de Enrico Tullio Liebman e acabaram sendo perfilhadas pelo Código de Processo Civil de nosso País, como atestam os arts. 17 e 485, VI. Ulteriormente, no entanto, esse notável jurista peninsular reformulou, em parte, o seu pensamento, conforme demonstraremos adiante.

Segundo Liebman, as condições da ação eram: 1) a legitimidade *ad causam*; 2) o interesse processual; e c) a possibilidade jurídica do pedido.

Legitimidade para a causa. Tanto pode ser ativa (autor) quanto passiva (réu). No mais das vezes, essa legitimidade diz respeito ao titular do direito material que dá conteúdo aos pedidos (*res in iudicio deducta*), daí por que Liebman se refere à pertinência subjetiva da ação, por parte daquele que a ajuíza, em confronto com o adversário.

Em casos excepcionais, devidamente autorizados, estará legitimado para a causa quem não possui o direito material que se visará a proteger com a ação. É o caso típico do que temos denominado, em nosso meio, de "substituição processual", em que o substituído, embora aja em nome próprio, o faz com o escopo de promover a tutela de direito alheio, vale dizer, de que são titulares exclusivos os substituídos. Não vem ao caso demonstrar, nesta altura, os motivos pelos quais julgamos inexistir, no Brasil, uma substituição processual autêntica, nos moldes da que era praticada no Direito Romano antigo, no âmbito daquelas ações a que a doutrina moderna tem rotulado, com propriedade científica e com fidelidade histórica, de "com transposição de pessoas", em que o substituto (*cognitor*) assumia as consequências do julgamento desfavorável.

A legitimidade para a causa consiste, em resumo, na individualização daquele a quem pertence o interesse processual e daquele perante o qual esse interesse deve ser manifestado. É o que se tem denominado em doutrina de "pertinência subjetiva da lide".

Salta aos olhos o deslize técnico em que incidem os pronunciamentos jurisdicionais que, após declararem a inexistência da pretendida relação de emprego entre as partes, consideram o autor carecedor da ação. *Data venia*, se a alegada prestação de serviços ocorreu, de modo incontroverso, para a pessoa indicada como ré, é óbvio que somente essa estará legitimada para responder às pretensões deduzidas pelo autor. A circunstância de a sentença, mais tarde, não reconhecer a existência de vínculo de emprego não afeta, em nada, a legitimidade das partes. Os que assim não entendem cometem a injustificável escorregadela doutrinal de confundir a legitimidade *ad causam* com o resultado do exame do mérito. Ora, quando se diz que não há relação de emprego entre os litigantes, se está, com isso, emitindo um pronunciamento de mérito, que só foi possível expender depois de reconhecida a legitimidade das partes, para integrar a relação jurídica processual.

De tal arte, se as condições para o regular exercício da ação nada têm a ver com o mérito da causa e se o provimento jurisdicional declarativo da inexistência da relação pretendida só pode ser realizado após a prospecção desse mérito, fica evidente a cincada das sentenças que, apreciando o tema de fundo da demanda, regridem às condições da ação para declarar o autor ser, dela, carecente, sempre que não ficar demonstrada a presença dos pressupostos constitutivos da relação de emprego.

Carência da ação haveria, sem sombra de dúvida, se a ação fosse ajuizada em face de pessoa diversa daquela para o qual o autor, verdadeiramente, prestou serviços. Nesta hipótese, faltaria a "pertinência subjetiva" a que se referiu Liebman, como elemento indispensável para configurar a legitimidade *ad causam*.

É imperioso elucidar-se, de uma vez por todas, que a sentença, ao declarar a existência ou a inexistência da relação de emprego, terá examinado o mérito da causa, de tal forma que o autor não poderá ajuizar, novamente, a ação diante do mesmo réu. Chega, por isso, a ser perturbadora dos princípios e do bom senso a afirmação, encontradiça em alguns pronunciamentos da jurisdição e em trabalhos doutrinais, de que a inexistência de relação de emprego conduz ao decreto de carência da ação.

Voltando à ilegitimidade que deva, efetivamente, ser alegada sob a forma de preliminar devemos dizer que o réu não está obrigado a indicar a parte que seria legítima para figurar no polo passivo da relação processual; será suficiente que demonstre não ser ele, réu, dotado dessa legitimidade. Nos casos de ilegitimidade ativa, entrementes, serão escassas as situações em que o réu, ao contrário, poderá deixar de apontar a parte legítima. Não desçamos, todavia, a essas minúcias, que, na prática, serão examinadas e solucionadas sem maiores dificuldades.

Interesse processual. Noutros tempos, por influência da teoria civilista da ação (para a qual esta nada mais era do que o próprio direito material em estado de reação a uma violência, ou seja, "preparado para a guerra"), o interesse de agir em juízo era reputado como uma espécie de ressonância do interesse protegido pelo direito material, daí por que se asseverava que quando o direito subjetivo era ameaçado de lesão, ou lesado, o que nele se continha recebia a denominação de interesse processual.

Nos dias atuais, entretanto, em decorrência do reconhecimento da autonomia do direito de ação, já não se confunde o interesse que é próprio do direito material com o que é característico da provocação do exercício da função jurisdicional.

Debruçando-se sobre o problema do interesse processual, a doutrina cindiu-se em duas correntes. A primeira sustentou que o móvel desse interesse é a necessidade que a parte possui de obter um provimento jurisdicional acerca da *res in iudicio deducta*; a segunda, que esse interesse provém da utilidade que o decreto da jurisdição propicia ao autor, com ser dotado de eficácia para solver o conflito.

Do ponto de vista da primeira corrente doutrinal mencionada, como se pode verificar desde logo, haverá interesse sempre que o indivíduo invocar a prestação da tutela jurisdicional do Estado, com o fim de dirimir um conflito, que não foi possível solucionar de maneira negociada; de acordo com o ângulo da segunda corrente, o interesse se relaciona com o pressuposto de que o pronunciamento da jurisdição seja realmente eficaz para dar cobro à lide.

Na verdade, se bem observamos, como fez Moniz de Aragão, veremos que o vigente Código de Processo Civil incorporou ambas as correntes de pensamento, a cuja inferência se chega pelo exame do art. 20, parágrafo único, conforme o qual o exercício da ação declaratória será possível mesmo que já tenha ocorrido a lesão do direito.

Em nosso sistema processual, conseguintemente, o interesse é indispensável para qualquer postulação em juízo.

A existência de um interesse processual não foi, porém, admitida de modo pacífico. Invrea, em 1928, já refutava todas as opiniões doutrinárias que sustentavam essa existência. A seu ver, a ideia de um interesse de agir em juízo era supérflua, porquanto esse interesse estaria naturalmente vinculado com a propositura da ação; por esse motivo, deitou pesadas críticas às teorias de Mortara (da utilidade) e de Chiovenda (da necessidade). Estribando--se no argumento de que a liberdade jurídica não deve receber restrições desnecessárias, arremata ser imprescindível que haja uma razão jurídica — não um simples interesse — para ser aceita essa restrição. Para Invrea, a razão jurídica repousaria no fato de o réu haver perpetrado uma lesão de direito (devendo, por isso, arcar com as consequências do seu ato) ou na necessidade de o autor conseguir um provimento jurisdicional para fazer valer o seu direito (considerando que o limite da liberdade jurídica é o direito alheio).

Carnelutti também combateu o conceito de interesse processual, julgando-o morto, "e, se não está morto, moribundo". Essa conclusão do eminente jurista italiano está em harmonia com a sua ideia de que o conteúdo do processo não é a ação, mas a lide que se estabelece quando alguém deseja a tutela de um interesse, em oposição ao interesse de outrem. Para Carnelutti, o interesse é mero reflexo da existência da lide; inexistindo esta, o interesse representa uma daquelas situações que devem ser objeto de um processo, a fim de fazer surgir o direito.

Dissentimos, todavia, dessa ilustre opinião.

Em primeiro lugar, a existência da lide, por si só, não justifica o interesse processual. Pense-se no caso de um recurso interposto pela parte que foi inteiramente vencedora na causa: embora haja lide, é manifesta a ausência de interesse de agir, pois o julgamento do tribunal não seria útil, nem necessário, ao recorrente vencedor, porquanto a tutela do direito já foi operada pela sentença. Só em situações excepcionais é que se poderia admitir a existência de um interesse processual (recorrer), por parte de quem foi inteiramente vencedor na lide. Em segundo, há casos em que inexiste lide (pretensão resistida), mas o interesse processual não só é concreto, como está previsto em lei, tal como se dá, p. ex., na ação declaratória, cujo pressuposto não é outro que não a incerteza quanto à relação jurídica que constitui o núcleo do conflito. Incerteza objetiva e atual, ou seja, capaz de infundir uma razoável hesitação no espírito do autor, no que toca à verdadeira vontade da lei, além de ser, essa hesitação da inteligência, efetiva, e, não vaga ou aleatória. Dito estado de dubiedade deve ser, ainda, de natureza jurídica e capaz de provocar danos ao autor.

O interesse processual não é, portanto, algo desútil e redundante; ao contrário, representa a mais genuína das condições da ação. Ausente esse interesse, a invocação da tutela jurisdicional não passará de mero capricho do autor, de simples desejo de conflitualidade, sem qualquer amparo no ordenamento jurídico. Como afirmamos, o exercício da ação só se justifica se o provimento da jurisdição for útil ou necessário para restabelecer a integridade do patrimônio jurídico da parte, ou evitar o desfalque desse patrimônio.

O interesse processual pode ser examinado no início da lide, ou no momento em que a entrega da prestação jurisdicional será realizada, conforme seja o caso. Por exemplo: se o trabalhador, ao ingressar em juízo, não possuía direito à fruição de férias, o juiz poderia indeferir, desde logo, a inicial, em virtude da carência da ação; se, todavia, por algum motivo, o juiz não se desse conta de que o direito ao gozo das férias ainda não era exigível, mas, no curso do processo, esse direito viesse a constituir-se, a sentença não deveria considerar o autor carecente da ação, senão que acolher o pedido e fixar o prazo para que o réu concedesse as férias pretendidas (CLT, art. 137).

Possibilidade jurídica do pedido. O art. 267 do CPC de 1973 incluía no elenco das condições da ação a possibilidade jurídica do pedido (inciso VI). O CPC atual, no entanto, excluiu-a, acertadamente, desse elenco (art. 485, VI).

Para efeito de registro histórico, reproduziremos, a seguir, os argumentos que expendemos em outros livros acerca da possibilidade jurídica do pedido como condição da ação.

A expressão clássica: "pedido juridicamente impossível", utilizada para designar aquela classe de postulações que não podem merecer a tutela jurisdicional, tem sido mal interpretada, amiúde, tanto pela doutrina quanto pela jurisprudência. O que essa expressão está a significar não é a falta de previsão legal do direito invocado, mas a existência de um veto, no ordenamento jurídico, à formulação de determinados pedidos.

Se, por exemplo, o empregado pleiteia a condenação do empregador ao pagamento de certa parcela não prevista em lei, em instrumento normativo, em regulamento interno da empresa, em acordo individual, etc., o seu pedido deverá ser rejeitado, por falta de amparo legal; não havendo nenhuma proibição legal (lato sensu) quanto à formulação desse pedimento, incorrerá em erro inescusável a sentença que declarar o autor carecente da ação.

Em termos gerais, a doutrina liebmaniana se encontra sustentada por argumentos cientificamente apropriados; sob o aspecto essencialmente prático, essa doutrina conclui, como consectário, pela extinção do processo sem resolução do mérito, de tal modo que o autor poderá ajuizar, outra vez, a ação. Justamente por isso, é que sempre manifestamos divergência ao pensamento de Liebman, quanto ao pedido juridicamente impossível. Com efeito, se pedido juridicamente impossível, como vimos, é aquele com relação ao qual existe, na ordem legal, um veto à sua formulação, sempre que a sentença fizer prevalecer esse veto implicará a extinção do processo mediante julgamento do mérito. É desarrazoado pensar que, presente ainda essa proibição da lei, possa o autor intentar, mais uma vez, a ação. O reingresso em juízo só seria possível, para formular as mesmas pretensões, se o veto viesse a ser retirado no sistema legal. Fora disso, não se pode cogitar de carência da ação, por ser, o pedido, juridicamente inatendível: o que deve fazer a sentença é rejeitar esse pedido, e, com isso, pôr fim ao processo com resolução do mérito, inibindo, dessa maneira, a possibilidade de o autor ajuizar, uma vez mais, a ação.

Felizmente, contudo, Liebman acabou revendo a sua opinião, neste ponto, para excluir do elenco das condições da ação a possibilidade jurídica do pedido: *"Le condizioni deli azione (...) sono i interesse ad agire e la leggitimazione. Esse sono (...) i requisiti di esistennza deli azione, e vanno percio accertate in giudizio (anche se, di solo, per implicito), preliminarmente ali esame dei merito*" (destacamos). (*Manuale di diritto processuale civile*. 3. ed. Milano: Giuffrè, 1973. v. 1, p. 120).

Um dos casos de pedido juridicamente impossível é o dirigido à obtenção de um provimento jurisdicional declaratório da existência de relação de emprego entre o autor e a União, o Estado-membro, o Município ou o Distrito Federal, posteriormente à vigência da atual Constituição da República. Assim dizemos porque consta do art. 37, inciso II, da norma constitucional: "*a investidura em cargo ou emprego público depende de aprovação em concurso público de provas ou de provas e títulos, ressalvadas as nomeações para cargo em comissão declarado em lei de livre nomeação e exoneração*" *(destacamos), e, o § 2.º: "A não observância do disposto nos incisos II e III implicará a nulidade do ato e a punição da autoridade responsável, nos termos da lei"*.

Em votos proferidos no Tribunal do Trabalho da 9.ª Região, ao tempo em que o integrávamos, argumentávamos que, na situação referida (Const. Federal, art. 37, II), embora haja um veto, no texto constitucional, quanto à existência de relação de emprego sem prévia aprovação em concurso público, o pronunciamento jurisdicional que fazia prevalecer esse veto, acarretava a extinção do processo com resolução do mérito impedindo, assim, o autor de renovar a demanda enquanto subsistisse essa proibição constitucional.

Inciso XII. Falta de caução ou de outra prestação que a lei exige como preliminar.

A ausência de caução ou de outra prestação que a lei exija como preliminar constitui o que a doutrina costuma denominar de "impedimento processual", pois não se confunde com os pressupostos de desenvolvimento da relação processual.

Sob o ângulo da resposta do réu, a falta de caução ou de prestação imposta por lei configura "defesa dilatória".

Seja como for, o fato é que a exigência de uma ou de outra dificilmente caberá no processo do trabalho. É evidente que se, em futuro, norma legal vier a impor que o trabalhador preste caução, antes de ingressar em juízo (o que, esperamos, jamais venha a ser exigido), a falta dessa caução ensejará a que o réu alegue, na contestação, como preliminar, o fato.

Inciso XIII. Indevida concessão do benefício de gratuidade de justiça.

O art. 790, § 3.º, da CLT, faculta aos juízes, aos órgãos julgadores e aos presidentes dos tribunais do trabalho de qualquer grau de jurisdição conceder, a requerimento do interessado ou *ex officio*, o benefício da justiça gratuita, inclusive quanto a traslados e instrumentos, àqueles que perceberem salário igual ou inferior a quarenta por cento do limite máximo dos benefícios do Regime Geral de Previdência Social.

Verificando, réu, que esse benefício foi concedido de maneira indevida, deverá alegar o fato sob a forma de preliminar da contestação — embora o juiz possa conhecer, por sua iniciativa, dessa matéria, conforme revela o § 5.º do art. 337 do CPC.

Não se confundem a justiça gratuita (CLT, art. 790, § 3.º) e a assistência judiciária (Lei n. 5.584/70, art. 14). Aquela, como vimos, se traduz na dispensa de custas, de emolumentos, de honorários do advogado da parte contrária, e do perito — de despesas processuais, enfim; esta significa a designação de advogado para promover a defesa judicial dos interesses da pessoa, sem que ela seja responsabilizada pelo pagamento de honorários.

12. A questão da decadência e da prescrição

A decadência e a prescrição não foram inseridas no rol do art. 337 do CPC em virtude não constituírem, tecnicamente, preliminar. Por outro lado, também não se traduzem no mérito da causa, por não serem expressão do direito material postulado em juízo. Por esse motivo, a decadência e a prescrição costumam ser alegadas na contestação sob o título de *prejudiciais do mérito*. Note-se: conquanto uma e outra, conforme dissemos, não constituam o mérito da causa, a *res in iudicio deducta*, o legislador, por uma regra de ordem prática, as inseriu no elenco das causas determinantes da extinção do processo mediante exame do mérito (CPC, art. 487, II). Aludimos a uma regra de ordem prática porque a distinção básica que há entre os arts. 485 e 487 do CPC é que, no primeiro, como se dá a extinção do processo sem resolução do mérito, o autor pode exercer, novamente, a ação (art. 486); no caso do art. 487, ao contrário, esse novo ajuizamento da ação é vedado.

O juiz não só pode conhecer *ex officio* da prescrição e da decadência, mas, em decorrência disso, rejeitar, liminarmente o pedido por elas atingido (CPC, art. 332, § 1.º).

A litispendência ou a coisa julgada se configuram com o ato de a parte reproduzir ação anteriormente ajuizada, e que ainda não se submeteu ao fenômeno da coisa julgada material. A lembrar-se que a litispendência pressupõe a existência, entre duas ou mais causas, de tríplice identidade: de pessoas, de causa de pedir e de pedido. Ao contrário do pensamento jurisprudencial predominante, entendemos que, havendo identidade de causa de pedir e de pedido entre a ação ajuizada pelo trabalhador e a promovida pelo sindicato representativo da sua categoria profissional, na qualidade de substituto processual, estará configurada a litispendência. Embora, na hipótese, não haja identidade de pessoas (pois são distintos os autores em ambas as ações) o que se deve levar em conta é o fato de que titular do direito material é o mesmo: o trabalhador. A entender-se de outro modo estar-se-á criando a possibilidade de virem a existir duas sentenças antagônicas entre si, porquanto o sindicato poderá ter sucesso em sua causa, e o trabalhador ser derrotado na sua; ou vice-versa. Em quaisquer dessas situações o direito material estará sendo objeto de pronunciamentos jurisdicionais conflitantes.

Classicamente, a doutrina e a jurisprudência têm exigido a identidade de parte, de causas de pedir e de pedidos para a configuração da litispendência, ou seja, para a repetição de ações de que trata a norma legal em exame. Essa posição doutrinal foi consagrada pelo legislador, como revela o § 2.º do art. 337 do CPC.

Embora, em princípio, seja aceitável esse critério, há situações em que estará caracterizada a litispendência sem que ocorra essa tríplice identidade. Repitamos o que dissemos no comentário ao § 1.º do mesmo dispositivo legal: nos casos, por exemplo, em que o sindicato está agindo como substituto processual dos integrantes da categoria, e que alguns desses substituídos ingressam em juízo, pessoalmente, para formular os mesmos pedidos que constam da petição elaborada pelo sindicato, tem-se entendido que não se verifica litispendência, pois conquanto haja identidade de causas de pedir e de pedidos, não há identidade das partes. Esse é, como salientamos, o entendimento prevalecente nos sítios da doutrina e da jurisprudência trabalhistas. Temos posição divergente — e heterodoxa. Pouco importa o fato de não haver coincidências de partes, pois o fato essencial a ser considerado é que os titulares do direito material são as mesmas pessoas, ou seja, os trabalhadores substituídos pelos sindicatos que são os mesmos (no todo ou em parte) que também ingressaram pessoalmente em juízo. A não se admitir a litispendência em situações como a narrada, teríamos como consequência: a) existência de pronunciamentos jurisdicionais contrastantes a respeito do direito comum a ambas as ações; ou b) um *bis in idem*, no caso de ambos os pronunciamentos jurisdicionais serem convergentes. Num caso ou noutro, estaríamos diante de uma realidade aberrante.

Segundo a lei, ocorre litispendência quando se repete ação que está em curso. Cabe indagar: para esse efeito, até quando se deve considerar que a ação "está em curso". Se lançarmos os olhos, por antecipação, ao parágrafo quarto da mesma norma legal, chegaremos à conclusão de que estará em curso enquanto não se verificar o trânsito em julgado, pois, a contar desse ponto a repetição da ação configurará coisa julgada.

O que separa, no plano dos conceitos, a litispendência da coisa julgada é o elemento cronológico. Em ambos os casos há repetição de ação. Na litispendência, a ação primitiva ainda está em curso; na coisa julgada, ela já foi decidida por sentença da qual não mais cabe recurso. A consequência processual, contudo, é a mesma: a extinção do processo sem resolução do mérito (CPC, art. 485, V).

O princípio legal é de que o juiz deve conhecer, por sua iniciativa, das matérias previstas nos incisos do art. 337 do CPC. Em termos práticos, isso significa que o magistrado se pronunciará sobre essas matérias mesmo que não tenham sido alegadas pelo réu (como preliminar da contestação). A exceção a esse princípio consiste na convenção de arbitragem e na incompetência relativa. Se o réu não a alegar, o sistema oficial veda a possibilidade de o juiz manifestar-se sobre ela *ex officio*. Do ponto de vista do réu, o seu silêncio faz presumir que renunciou à arbitragem, consentindo em submeter o conflito de interesses à solução jurisdicional. Essa presunção é aceitável, pois em nosso meio o princípio é de que a solução das controvérsias deve ser feita judicialmente; somente em casos excepcionais e que se fará por outros meios, como a arbitragem. Pode-se utilizar, aqui, pois, mutatis mutandis, a regra enunciada por Malatesta de que "*o ordinário (solução jurisdicional) se presume e o extraordinário (solução não jurisdicional) se prova*".

Caso o réu deixe de alegar a existência de convenção de arbitragem, o seu silêncio é interpretado pelo sistema como aceitação da jurisdição estatal e renúncia ao juízo arbitral.

Examinemos outros dispositivos do CPC, pertinentes à contestação.

> Art. 338. Alegando o réu, na contestação, ser parte ilegítima ou não ser o responsável pelo prejuízo invocado, o juiz facultará ao autor, em 15 (quinze) dias, a alteração da petição inicial para substituição do réu.
>
> Parágrafo único. Realizada a substituição, o autor reembolsará as despesas e pagará os honorários ao procurador do réu excluído, que serão fixados entre três e cinco por cento do valor da causa ou, sendo este irrisório, nos termos do art. 85, § 8.º.

Caput. Permite, a norma, ao réu alegar, na contestação, ser parte ilegítima para figurar na relação jurídica processual ou não ser o responsável pelo prejuízo invocado. Há, na dicção da lei, uma certa redundância, pois se o réu não é o responsável pelo prejuízo alegado pelo autor, torna-se evidente que não é parte legítima. A norma é compatível com o processo do trabalho. Uma nota essencial: a despeito de a norma fazer referência à alegação o réu, é evidente que este deverá comprovar a sua ilegitimidade ou a inexistência de responsabilidade pelo prejuízo afirmado pelo autor.

Provada a alegação, o juiz facultará ao autor, no prazo de quinze dias, a alteração subjetiva da petição inicial, a fim de substituir o réu. Cuida-se, pois, de um incidente de alteração subjetiva da parte situada no polo passivo da relação processual. A norma é compatível com o processo do trabalho.

O art. 264, *caput*, do CPC, de 1973, era mais rígido, neste particular, pois vedava a substituição do réu após a citação, como se infere da expressão legal: "mantendo-se as mesmas partes". A despeito dessa proibição legal, nós, quando ainda no exercício da magistratura trabalhista de primeiro grau, admitíamos a substituição do réu, desde que com isso concordasse o autor, antecipando-nos, de certa forma, ao que viria a ser consentido pelo atual CPC.

Parágrafo único. Feita a substituição, o autor reembolsará as despesas e pagará honorários ao advogado do réu que foi excluído do processo. Os honorários serão fixados entre três e cinco por cento do valor da causa; se o valor desta for irrisória, a fixação dar-se-á nos termos do art. 85, § 8.º, assim redigido: "*Nas causas em que for inestimável ou irrisório o proveito econômico ou, ainda, quando o valor da causa for muito baixo, o juiz fixará o valor dos honorários por apreciação equitativa, observando o disposto nos incisos do § 2.º*".

A norma pode ser aplicada ao processo do trabalho, no caso das lides que não se refiram à relação de emprego.

> Art. 339. Quando alegar sua ilegitimidade, incumbe ao réu indicar o sujeito passivo da relação jurídica discutida sempre que tiver conhecimento, sob pena de arcar com as despesas processuais e de indenizar o autor pelos prejuízos decorrentes da falta de indicação.
>
> § 1.º O autor, ao aceitar a indicação, procederá, no prazo de 15 (quinze) dias, à alteração da petição inicial para a substituição do réu, observando-se, ainda, o parágrafo único do art. 338.
>
> § 2.º No prazo de 15 (quinze) dias, o autor pode optar por alterar a petição inicial para incluir, como litisconsorte passivo, o sujeito indicado pelo réu.

Caput. Não basta que o réu alegue a sua ilegitimidade (art. 338): é necessário que, ao fazê-lo, também indique quem seria o sujeito passivo da relação jurídica controvertida, desde que, à evidência, essa pessoa seja do seu conhecimento. Caso o réu deixe de fazer essa indicação, o juiz o condenará a pagar as despesas processuais e indenização ao autor pelo prejuízo oriundo da falta de indicação.

§ 1.º Se o autor aceitar a indicação feita pelo réu, deverá, no prazo de quinze dias, alterar a petição inicial para a substituição do sujeito passivo, observando-se o que consta do parágrafo único do art. 338. Não a aceitando, cumprirá ao juiz decidir a respeito. Se entender que o réu é, efetivamente, parte ilegítima, extinguirá o processo sem resolução do mérito

(art. 485, VI); se, ao contrário, convencer-se de que o réu é parte legítima, determinará o prosseguimento do processo.

Nada obsta, por outro lado, a que o autor desista da ação, com a concordância do réu (art. 485, §§ 4.º e 5.º), a fim de melhor verificar quem deverá figurar no polo passivo da relação processual a ser instaurada quando do ajuizamento de nova ação (e para a qual o juízo estará prevento).

§ 2.º Sendo o caso, o autor poderá, no prazo de quinze dias, optar por alterar a petição inicial para incluir, na qualidade de litisconsorte passivo, a pessoa indicada pelo réu.

Em resumo, no prazo de quinze dias, contados da sua intimação, o autor pode alterar a petição inicial para: a) efetuar a substituição do réu; ou b) incluir, na qualidade de litisconsorte passivo, a pessoa indicada pelo réu.

Os arts. 338 e 339 poderiam ter sido fundidos num só. Ambos vieram a ocupar, em parte, o espaço que era destinado à nomeação à autoria, no sistema do CPC de 1973 (arts. 62 a 69).

> Art. 340. Havendo alegação de incompetência relativa ou absoluta, a contestação poderá ser protocolada no foro de domicílio do réu, fato que será imediatamente comunicado ao juiz da causa, preferencialmente por meio eletrônico.
>
> § 1.º A contestação será submetida a livre distribuição ou, se o réu houver sido citado por meio de carta precatória, juntada aos autos dessa carta, seguindo-se a sua imediata remessa para o juízo da causa.
>
> § 2.º Reconhecida a competência do foro indicado pelo réu, o juízo para o qual for distribuída a contestação ou a carta precatória será considerado prevento.
>
> § 3.º Alegada a incompetência nos termos do *caput*, será suspensa a realização da audiência de conciliação ou de mediação, se tiver sido designada.
>
> § 4.º Definida a competência, o juízo competente designará nova data para a audiência de conciliação ou de mediação.

Caput. No atual sistema do processo civil, a incompetência relativa não é mais objeto de exceção, devendo ser alegada — assim como a absoluta — como preliminar da contestação (art. 64). No processo do trabalho, em princípio, a incompetência relativa segue sendo alegada por meio de exceção (CLT, art. 799).

Voltemos ao CPC. Havendo alegação de incompetência — relativa ou absoluta — a contestação poderá ser protocolada no foro de domicílio do réu. Note-se que se trata de uma faculdade que a norma legal atribui ao réu. Se isso ocorrer, o fato deverá ser comunicado, de imediato, ao juiz da causa, de preferência, por meio eletrônico.

§ 1.º A contestação será submetida à distribuição. Se o réu houver sido citado mediante carta precatória, a contestação será juntada aos autos da precatória, sendo remetida, de imediato, ao juízo da causa.

§ 2.º Sendo reconhecida a competência do juízo apontado pelo réu, aquele para o qual a contestação ou a carta precatória havia sido distribuída tornar-se-á prevento.

§ 3.º Alegada a incompetência, na forma prevista pelo *caput*, ficará suspensa a realização de audiência destinada à conciliação ou à mediação, se designada.

§ 4.º Após ser definida a competência, o juízo competente marcará data para a realização da audiência destinada à conciliação ou à mediação.

Com algumas adaptações, o procedimento traçado pelo art. 340 do CPC pode ser adotado pelo processo do trabalho, reiterando-se que a incompetência relativa deverá ser objeto de exceção. Aqui, todavia, não deverá ser realizada audiência específica para a conciliação ou para a mediação, senão que para a prática de todos os atos processuais subsequentes à apresentação da contestação.

13. O princípio da impugnação específica

Estabelece o CPC:

> Art. 341. Incumbe também ao réu manifestar-se precisamente sobre as alegações de fato constantes da petição inicial, presumindo-se verdadeiras as não impugnadas, salvo se:
>
> I – não for admissível, a seu respeito, a confissão;
>
> II – a petição inicial não estiver acompanhada de instrumento que a lei considerar da substância do ato;
>
> III – estiverem em contradição com a defesa, considerada em seu conjunto.
>
> Parágrafo único. O ônus da impugnação especificada dos fatos não se aplica ao defensor público, ao advogado dativo e ao curador especial.

Caput. A matéria era regida pelo art. 302 do CPC revogado.

Ao tempo em que esteve a viger o Código de Processo Civil de 1939, doutrina e jurisprudência, diante do silêncio do texto legal, admitiam, ainda que com alguma resistência de certos setores, a denominada "contestação por negativa geral", que era enunciada, na prática, por fórmulas como: "o autor não tem direito ao que pede"; "tudo o que lhe era devido foi pago", etc.

Esse tipo de contestação, porém, já não é aceitável, pois o Código atual, seguindo a linha inaugurada pelo CPC de 1973 (art. 302), exige que o réu se manifeste "*precisamente sobre as alegações de fato constantes da petição inicial*" (art. 341, *caput*), presumindo-se verdadeiros os fatos que não forem expressamente refutados (ibidem).

Sob este aspecto, nota-se que o ônus da impugnação especificada, de que estamos a nos ocupar, está imbricado com o princípio da eventualidade (CPC, art. 336), porquanto, em ambos os casos, o conteúdo político das normas correspondentes legais reside na preocupação de evitar um refluxo processual, ou seja, que o procedimento regrida a fases já ultrapassadas, oclusas.

A denominação dada ao ônus da impugnação especificada, aliás, parece ter decorrido do fato de o projeto do CPC de 1973 ter feito referência à necessidade de o réu se manifestar "especificadamente" a respeito dos fatos alegados na inicial; na tramitação do projeto, contudo, alterou-se a redação, incluindo-se um outro adjetivo: "precisamente". Em substância, a modificação foi inexpressiva, se considerarmos que a consequência legal da falta de observância desse encargo será a presunção de veracidade dos fatos afirmados pelo autor, na peça inaugural — excetuadas as hipóteses indicadas nos incisos I a III do art. 341 o CPC atual e acerca das quais nos pronunciaremos um pouco mais adiante.

Devemos, agora, verificar em que consistirá, para os efeitos da lei, essa impugnação especificada (*específica, precisa*).

Quando o autor invoca a prestação da tutela jurisdicional, pretende, por meio do provimento estatal, obter ou preservar um bem ou uma utilidade da vida. Por isso, ele formula pedido nesse sentido. O pedido, contudo, decorre dos fatos narrados na inicial, que, com os fundamentos jurídicos pertinentes, compõem a *causa petendi*. É, precisamente, sobre tais fatos que o réu deve se manifestar. Isso já nos autoriza a uma conclusão parcial: a impugnação, a ser realizada pelo réu, deve tocar aos fatos eficientes, aqui considerados aqueles que fizeram gerar os pedidos formulados pelo autor, ou que, de algum modo, estão adjungidos a esses pedidos. São, enfim, os fatos pertinentes e relevantes. Expliquemo-nos.

Se o trabalhador alega, por exemplo, que cumpria jornada de trabalho superior à ordinária, e, em razão disso, postula a condenação do réu ao pagamento de horas extras, o fato eficiente, a que nos referimos há pouco, e que deve ser objeto de impugnação específica, está representado pela duração da jornada de trabalho, mencionada na inicial. Assim, se o trabalhador afirma, também, que sofria descontos salariais ilegais, mas não pede a consequente devolução dessas quantias, tal fato não necessita ser contestado porque a ele não se seguiu o pedido correspondente. O silêncio do réu, nesta hipótese, não lhe acarretará nenhum prejuízo, seja porque, como dissemos, não houve a formulação do pedido pertinente, seja porque, em outra ação, que vier a ser ajuizada pelo trabalhador, em que postule, agora sim, a devolução dos mencionados descontos, o réu poderá contestar plenamente a *causa petendi*, desincumbindo-se, desta forma, do ônus previsto no art. 341, do CPC.

Insistamos neste ponto: o ônus da impugnação especificada exige que o réu se manifeste, apenas, acerca dos fatos que deram origem à formulação dos pedidos (fatos essenciais) ou que estejam relacionados com estes (fatos adminiculares). Um fato, do qual não se origine um pedido, embora possa ser relevante, do ponto de vista de sua repercussão no patrimônio jurídico do autor, é impertinente para a causa, por não estar ligado às pretensões por ele formuladas em juízo (*res in iudicio deducta*).

Quando se fala que a impugnação do réu deve ser especificada se está, de um lado, proibindo a elaboração de contestações genéricas, vagas, em que o réu se limita a dizer que o autor não faz jus ao que pede, que as suas pretensões são absurdas e o mais, e, de outro, exigindo que ele se pronuncie, de maneira precisa (específica), sobre os fatos (pertinentes e relevantes) alegados pelo autor, indicando, inclusive, os motivos pelos quais repele as alegações do adversário. As contestações genéricas, que grassaram na vigência do CPC de 1939, tinham o grave inconveniente de prejudicar a cognição do juiz, e, com isso, a instrução do processo e a entrega da prestação jurisdicional. Com efeito, sem saber, ao certo, quais os fatos que o réu opunha aos narrados pelo autor, o juiz encontrava uma considerável dificuldade para realizar, com eficiência, a instrução (máxime a oral), pois, em rigor, tudo fazia parte do tema controvertido, o que tornava ampla a possibilidade de reperguntas, de produção de provas, etc., por parte dos litigantes. Agora, impondo-se ao réu uma impugnação específica dos fatos narrados pelo adversário, permite-se ao juiz delimitar, com objetividade, o tema da controvérsia, com vistas à instrução e à entrega da prestação jurisdicional.

Se o réu tinha, no passado (como tem agora, no presente), diante de si, a oportunidade legal para contestar os fatos alegados pelo autor, não se justificava que o fizesse de modo genérico, vago, como que desejando tirar proveito dessa indefinição factual. Por isso, merece encômios a disposição trazida pelo atual digesto de processo civil (art. 341).

Quando afirmamos que o ônus da impugnação especificada permite ao juiz fixar os limites da controvérsia estávamos a nos referir à particularidade de que somente os fatos controvertidos devem ser objeto de atividade probatória; assim, se o réu deixou de impugnar determinado fato, este, em princípio, estará fora do tema da controvérsia, porque é legalmente admitido como verdadeiro.

Cabe, nesta altura, uma sugestão aos juízes: para que o ônus da impugnação especificada alcance os efeitos práticos desejados pelo legislador, é indispensável que o magistrado, antes de realizar a instrução oral do processo, ou de deferir a produção de provas requeridas pelas partes, examine, com atenção, se o fato foi, efetivamente, contestado. Se o juiz não tomar esses cuidados preliminares fundamentais, acabará por permitir a formulação de reperguntas (em audiência) ou a produção de provas em geral a respeito de fatos rigorosamente incontroversos, provocando, não raro, um tumulto no procedimento e, todas as vezes, um desperdício de atividade jurisdicional. Para evitar situações como a mencionada é imprescindível que o juiz leia, atentamente, antes de deferir reperguntas ou a produção de provas pelas partes, a inicial, a contestação, os documentos e outras petições existentes nos autos. Sem esse conhecimento amplo e seguro dos articulados e de tudo o mais que dos autos conste, o juiz será um mau condutor do processo e, em consequência, um frustrador dos objetivos das normas legais devotadas à racionalização e à celeridade do procedimento.

É razoável sustentar que, no processo do trabalho, o ônus da impugnação especificada deva sofrer alguns temperamentos. Esta questão, na verdade, comporta desdobramentos. Para os que sustentam a sobrevivência do *ius postulandi* neste processo fica até mesmo difícil defender a adoção supletiva do aludido princípio, pois, sendo — segundo essa corrente de opinião — lícito às partes ingressar em juízo sem advogado (aí incluído, portanto, o réu), a aplicação do art. 341, do CPC, soará como uma violência contra uma das singularidades do processo do trabalho, pois não será concebível que, de um lado, se permita ao réu formular, pessoalmente, a sua defesa, e, de outro, se faça desabar sobre ele (insciente, em regra, das normas de procedimento), com todas as suas consequências, o ônus da impugnação precisa dos fatos, instituído pelo processo civil, que pressupõe a presença do advogado.

Esse é, todavia, um problema que não nos diz respeito, porquanto estamos convencidos que o art. 133, da Constituição Federal, deu cobro ao falacioso *ius postulandi*, a que se referia o art. 791, *caput*, da CLT. Reconhecemos, entrementes, não ser esse o entendimento do Supremo Tribunal Federal, expresso na liminar concedida na ADI n. 1.127-8 (DJU de 29-6-2001).

Mesmo que julguemos indispensável a presença de advogado também no processo do trabalho devemos reconhecer a necessidade de alguns abrandamentos relativos ao ônus da impugnação especificada dos fatos quando aplicado a esse processo.

Destarte, se, *v. g.*, o réu não contestar, de maneira especificada, a alegação do autor, de que a duração da jornada de trabalho excedia à ordinária, mas instruir a contestação com documentos idôneos (cartões-de-ponto, digamos), que demonstrem jamais haver sido ultrapassada a duração da jornada ordinária, devemos entender como impugnado implicitamente o fato. Seria injusto supor-se que o réu, nesta hipótese, teria aceitado como verdadeiro o fato alegado pelo autor, na inicial; a não se pensar assim, por que motivo teria anexado ao instrumento de contestação os cartões-de-ponto? Estes, não há negar, fazem parte do conjunto da defesa, que não se resume aos termos da contestação escrita. O próprio CPC, por exceção, deixa de presumir verdadeiros os fatos não impugnados que "*estiverem em contradição com a defesa, considerada em seu conjunto*" (art. 341, III).

Repitamos a advertência que fizemos na oportunidade dos comentários ao art. 336: os juízes do trabalho devem ser comedidos na aplicação do art. 341 do CPC quando o réu estiver atuando sem advogado, ou seja, encontrar-se no exercício da capacidade postulatória que lhe atribui o art. 791, *caput*, da CLT. Roupa que serve em um corpo, nem sempre serve em outro. Em processo, isso recebe o nome de injustiça.

Inciso I. Confissão inadmissível. Dispõe o art. 392, do CPC, que não vale como confissão a admissão, em juízo, de fatos concernentes a direitos indisponíveis. Considerando que o ônus da impugnação específica dos fatos está jungido ao réu, e que este, no processo do trabalho, em regra é o empregador, fica algo difícil a este beneficiar- se da exceção contida no inciso I, do art. 341, do CPC. Uma exceção a essa exceção, contudo, quase chegou a existir em nosso sistema, porquanto a Medida Provisória n. 417, de 28-1-1994, dispunha, no parágrafo único do art. 5.º, não serem aplicáveis à União as cominações de revelia e de confissão, contidas no art. 844, da CLT. Se a União não pudesse confessar, é lógico que não seria prejudicada por eventual silêncio diante de fatos alegados pelo autor ou por não haver se manifestado, de maneira precisa (específica), acerca desses fatos. Isso equivale a afirmar que à União seria lícito elaborar contestação genérica, numa injustificável e iníqua involução aos tempos do CPC de 1939. Talvez por esse motivo, a Lei n. 9.028, de 12-4-1995, não reproduziu a exceção contida no parágrafo único do art. 52, da precitada Medida Provisória, de tal modo que a União pode ser confessa.

Em suma, não se forma a presunção de veracidade dos fatos alegados na inicial e não contestados pelo réu quando não for legalmente admissível a confissão pertinente a esses fatos.

Inciso II. Instrumento público. Se a petição inicial estiver desacompanhada de documento público que a lei repute da essência do ato, a ausência de impugnação especificada do fato alegado pelo autor não acarretará os efeitos mencionados no *caput* do art. 341, do CPC.

O inciso II, desse dispositivo do processo civil, está em consonância com os seguintes artigos, do mesmo Código: a) 320, conforme o qual a petição inicial será instruída com os documentos indispensáveis à propositura da ação; b) 345, III, pelo qual a falta de documento dessa natureza fará com que a revelia não produza os efeitos que lhe são inerentes; c) 406, que adverte que quando a lei exigir, como da substância do ato, instrumento público, nenhuma outra prova, por mais especial que seja, pode suprir-lhe a falta.

No processo do trabalho, será muito difícil incidir a exceção em exame, pois a lei não exige, como substância do ato jurídico que faz gerar as pretensões do trabalhador, o instrumento público.

Inciso III. Contradição com a defesa. Como assinalamos há pouco, sempre que os fatos narrados pelo autor estiverem em antagonismo com a defesa, considerada em seu conjunto, a circunstância de o réu não se desincumbir do ônus da impugnação específica não induzirá a presunção de veracidade dos fatos contidos na petição inicial. Demos, inclusive, o exemplo dos cartões-de-ponto que foram juntados com a contestação, sem que o réu houvesse impugnado, de modo específico, a jornada de trabalho indicada pelo adversário. Outros exemplos poderiam ser aqui aduzidos. O fundamental a entender-se, contudo, é que, pelo menos no processo do trabalho, onde deve ser posto à frente o princípio da simplicidade do procedimento e a possibilidade de exercício do *ius postulandi* (CLT, art. 791, *caput*), a defesa do réu não está circunscrita aos termos da contestação, desta fazendo parte também os documentos por ele juntados.

Parágrafo único. Especifica os casos em que não se aplica o ônus da impugnação especificada dos fatos.

Defensor público. Os arts. 185 a 187 do CPC dispõem sobre a Defensoria Pública.

Advogado dativo. No processo civil, é o profissional do Direito designado para patrocinar a causa à pessoa que não possua condições financeiras para contratar os serviços de advogado. Trata-se, portanto, de um *munus* público, ou legal, como queiram. Essa norma raramente poderá ser aplicada ao processo do trabalho, pois aqui a assistência judiciária aos trabalhadores deve ser ministrada pela correspondente entidade sindical, nos termos da Lei n. 5.584/70, art. 14. Para ficar claro: o ônus da impugnação especificada dos fatos diz respeito ao réu; logo, o parágrafo único do art. 341, do CPC, alude ao réu que esteja recebendo o benefício da assistência judiciária, mediante advogado dativo. No processo do trabalho, essa assistência judiciária não só é prestada ao trabalhador, mas, geralmente, para que este ingresse em juízo, como autor. Por isso, afirmamos ser extremamente remota a incidência, neste processo especializado, do mencionado parágrafo único do art. 341.

Se, no entanto, em determinado caso concreto o trabalhador que estiver recebendo assistência judiciária figurar no processo como réu (ação destinada a apurar a prática de falta grave, sendo ele estável; ação de consignação em pagamento; ação rescisória, etc.), não hesitaremos em considerar compatível com o processo do trabalho o teor do parágrafo único do art. 341 do CPC. Até por mais forte razão.

Curador especial. Nas situações em que for exigida, no processo do trabalho, a nomeação de curador especial, não há dúvida de que será aplicável a norma do parágrafo único do art. 341, do estatuto processual civil. Dentre tais situações podemos mencionar a do réu que for mentalmente incapaz ou estiver impossibilitado de receber a citação (CPC, art. 245) e a do réu preso, ou revel citado por edital ou com hora certa (CPC, art. 72, II). O art. 793, da CLT, que faz alusão à curadoria à lide, não tem pertinência com a espécie de que estamos a nos ocupar, porquanto versa sobre a atuação do trabalhador como autor, não como réu.

Ministério Público. A exceção contida no parágrafo único ao art. 341, do CPC, abarca o Ministério Público em quaisquer dos seus dois *status* básicos: de parte e de fiscal da lei.

Como parte, porque o Ministério Público, quando assim age, o faz em nome de um interesse público, não sendo, portanto, sensato imaginar-se que esse interesse devesse ser desconsiderado quando o Parquet deixasse de se manifestar, de forma específica, sobre os fatos alegados pelo autor; como fiscal da lei porque, nesta qualidade, não cabe ao Ministério Público resistir às pretensões deduzidas pelo autor, e, sim, oficiar nos autos, exarando parecer ou mesmo recorrendo.

Embora o parágrafo único do art. 341, do CPC, aponte três exceções ao ônus da impugnação especificada dos fatos narrados pelo autor, outras existem, que merecem ser analisadas. Vejamos.

Conexão ou continência. Reputam-se conexas duas ou mais ações quando lhes for comum o pedido ou a causa de pedir (CPC, art. 55, *caput*); há continência, quando a identidade disser respeito às partes e a causa de pedir, mas o objeto de uma, por ser mais amplo, abranger o da outra (CPC, art. 56).

Desses conceitos legais se extrai a inferência de que a impugnação especificada dos fatos alegados pelo autor não será exigível em determinados casos de conexão e de continência. A razão é elementar: se o réu, na primeira ação, contestou os fatos narrados na petição inicial, e se, tanto na conexão quanto na continência, há uma identidade de causas de pedir (fatos, mais o fundamento jurídico), é evidente que os fatos pertinentes à segunda demanda já foram impugnados por meio da contestação apresentada à primeira. Cumpre lembrar que, havendo conexão ou continência, os respectivos autos poderão ser reunidos, com a finalidade de ser realizada instrução única (se for o caso) e proferida uma só sentença (CPC, art. 58). Ao concluirmos que tanto na conexão quanto na continência não incidirá o ônus da impugnação especificada dos fatos o fizemos sob o pressuposto de que houve a mencionada reunião de autos. Passemos ao didatismo dos exemplos. Se o autor alegou, na primeira ação, que a sua jornada de trabalho era das 22 horas de um dia às 7 horas do dia seguinte, com 1 hora de intervalo, e, em decorrência disso, pediu a condenação do réu ao pagamento (apenas) de horas extras, e este impugnou, com precisão, os fatos narrados pelo adversário, estará dispensado, para efeito da ação posterior, em que o autor pleiteia adicional noturno, do ônus de que cuida o art. 341, do CPC. Ora, se a postulação do adicional noturno leva em conta a jornada das 22 horas às 7 horas, com 1 hora de intervalo, é óbvio que, reunidos os autos, nos termos do art. 55, § 3.º, do CPC, os fatos relativos à segunda ação já foram contestados na primeira, pois a conexão, aqui, é patente, em decorrência da identidade de *causa petendi*.

A *contrario sensu*, se o réu deixou de impugnar os fatos relativos à primeira ação, ou o fez de forma imprecisa, vaga, o seu silêncio ou a sua incúria poderão repercutir na segunda ação, em que os fatos são os mesmos (diferindo, apenas, os pedidos), contanto que os autos tenham sido reunidos, para o fim previsto no art. 55, § 3.º, do diploma processual civil.

Se, todavia, o juiz, por alguma razão, não ordenar a reunião dos autos, caberá ao réu impugnar os fatos alegados em ambas as ações, ainda que sejam os mesmos, uma vez que a não reunião dos autos fará com que cada causa mantenha a sua individualidade, motivo por que haverá duas sentenças — cujo risco será, sem dúvida, o de serem conflitantes entre si. Justamente para evitar esse antagonismo entre pronunciamentos jurisdicionais que se tenham estribado nos mesmos fatos é que o legislador brasileiro engendrou o expediente da conexão e da continência, cuja junção dos autos correspondentes, entretanto, tornou facultativa.

Na continência, como o objeto (pedido) de uma das ações é mais amplo que o da outra, é razoável deduzir que a causa de pedir também o seja, particularidade que fará com que o réu tenha de impugnar, na ação cujos pedidos são mais amplos, os fatos que não foram alegados na outra, desde que tenha ocorrido a reunião de autos. Se não houve, a solução será a que preconizamos para a conexão: todos os fatos concernentes à ação contendo pedidos mais extensos deverão ser contestados, de maneira específica, mesmo que parte deles já o tenha sido na outra ação.

Enfim, caberá ao juiz verificar, com a prudência que lhe é exigida, em que casos de conexão e de continência o réu estará dispensado de atender ao ônus da impugnação especificada dos fatos, estampado no art. 341, do CPC.

Vejamos, agora, como incidirá a regra do art. 341 em outras situações.

Litisconsórcio. É aconselhável recordar que os regimes litisconsorciais se classificam, segundo: 1) o momento de sua constituição, em: 1.1) originário (que se estabelece antes do ajuizamento da ação ou da resposta); e 1.2) superveniente (que se forma após o ajuizamento da ação ou da resposta); 2) à obrigatoriedade da formação, em: 2.1) necessário (que não pode ser dispensado, ainda que todos os interessados se oponham à sua formação); 2.2) facultativo (quando puder ser formado, ou não, pela vontade dos interessados); 3) quanto à posição das partes em face do direito material: 3.1) simples (quando a causa puder ser decidida de forma diversa, com relação a cada litisconsorte); 3.2) unitário (quando a lide tiver de ser decidida de maneira uniforme para todos os compartes); 4) quanto à posição das partes na relação processual: 4.1) ativo (pluralidade de autores); 4.2) passivo (pluralidade de réus; 4.3) misto (multiplicidade de autores e de réus).

Reavivados esses conceitos, fica fácil perceber que, no litisconsórcio do tipo unitário-passivo, em princípio, a impugnação realizada por um dos litisconsortes, quanto aos fatos narrados pelo autor, aproveita os demais, justamente porque, nessa modalidade de consórcio para a lide (unitário), a decisão deve ser igual para todos os compartes. Por outro modo de expressão: neste caso, os demais litisconsortes estarão liberados do encargo legal de contestar, de modo específico, os fatos constantes da petição inicial: poderão impugná-los de maneira vaga, ou, até mesmo, deixar de impugná-los, que isso não repercutirá em seus círculos jurídicos materiais. Com efeito, é inconcebível que, no litisconsórcio unitário, o pronunciamento jurisdicional seja distinto para os integrantes desse regime, porquanto isso implica negar a própria razão-de-ser dessa espécie de regime litisconsorcial. Se a decisão for heterogênea, é bem provável que estejamos diante de um falso litisconsórcio unitário, ou melhor, estaremos em face de um litisconsórcio simples (antônimo de unitário), onde essa diversidade de soluções é admissível.

Saliente-se, todavia, a regra contida no art. 117 do CPC, de acordo com a qual salvo disposição em contrário, os litisconsortes serão considerados, em suas relações com a parte adversa, como litigantes distintos, exceto no litisconsórcio unitário, caso em que os atos e as omissões de um não prejudicarão os outros, embora possam beneficiá-los.

Ao tempo em que estava em vigor o CPC de 1973, escrevemos a respeito do art. 48: "Pode-se inferir, por outro lado, que a declaração contida no art. 48, do CPC, de que, salvo disposição em contrário, os litisconsortes serão considerados, em suas relações com a parte contrária, como litigantes distintos, de tal maneira que 'os atos e omissões de um não prejudicarão nem beneficiarão os outros', só é aplicável ao litisconsórcio simples, não ao unitário, em que — repise-se — a necessidade de o pronunciamento jurisdicional ser uniforme faz com que os atos praticados por um dos litisconsortes beneficie os demais. O que não se deve aceitar, mesmo no regime unitário, é que as omissões de um dos compartes prejudiquem os demais" (*Litisconsórcio, assistência e intervenção de terceiros no processo do trabalho.* 3.ª ed. São Paulo: LTr, 1995. p. 122).

Ação coletiva. A regra da impugnação especificada dos fatos, enunciada pelo art. 341, do estatuto processual civil, não incide no plano das ações coletivas trabalhistas, a que se tem denominado, tradicionalmente, de "dissídios coletivos".

Nesse tipo de ação, *sui generis*, o que o autor visa não é um provimento da jurisdição que faça atuar normas legais preexistentes, e, sim, que esse provimento crie direitos (materiais), que irão se agregar ao patrimônio jurídico dos trabalhadores integrantes da categoria representada pelo autor (sindicato).

O silêncio do réu, aqui, não gera a presunção de veracidade dos fatos alegados na petição inicial, precisamente porque o autor não pede a subsunção dos fatos às normas legais, e, sim, como se afirmou, a criação do direito material. Pelo mesmo motivo (talvez, até por mais forte razão jurídica), não se impõe ao réu (ou aos réus) o dever de manifestar-se, precisamente, sobre os fatos narrados na inicial. A regra, como se deduz, é de boa lógica, porquanto se o silêncio absoluto do réu não induz à presunção de veracidade dos fatos alegados pelo autor, seria insensato imaginar que a impugnação, por ser efetuada de maneira algo vaga, imprecisa, atraísse a incidência do art. 341, do CPC, liberando, com isso, os efeitos práticos que essa norma legal refere.

Logo, no caso de litisconsórcio simples-passivo, em sede de ação coletiva, a omissão de um dos litisconsortes, diante dos fatos postos na inicial, não prejudicará os demais — não tanto em decorrência do preceito inscrito no art. 117, do CPC, mas, designadamente, pela singularidade de que, nos "dissídios coletivos", o silêncio do réu (ainda que seja um só) não conduz à presunção de serem verdadeiros os fatos asseverados pelo autor, pois não se cuida de aplicar norma legal preexistente, ligada a tais fatos.

Uma nótula crítica: em nosso ver, é inadequada a expressão legal "dissídio coletivo" para designar a ação judicial. Dissídio, em tema de processo judicial, traduz o conflito de interesses. Esse conflito antecede ao ingresso em juízo; tanto isso é certo, que o escopo da ação reside na solução desse conflito de interesses. Logo, o "dissídio coletivo" próprio das relações trabalhistas nada mais é do que peculiar manifestação do clássico conflito de interesses, qualificado, na doutrina carnellutiana, como a pretensão resistida e insatisfeita. Incorrem, por isso, em manifesto deslize técnico todos os que fazem uso da expressão "ajuizar dissídio coletivo" como sinônimo de ajuizamento de ação que tem como pressuposto um conflito coletivo.

Ação rescisória. Em regra, a ação rescisória repele a possibilidade de confissão, máxime a presumida.

O motivo dessa rejeição é compreensível: ao contrário das demais ações, a rescisória se dirige ao pronunciamento jurisdicional de mérito transitado em julgado. De certa maneira, a verdade dos fatos em que se fundou a decisão rescindenda, se não se submete ao fenômeno da *res iudicata*, tem uma certa preeminência axiológica no cotejo com os fatos alegados na rescisória, pois, como assinalamos, é com fulcro na prova desses fatos que a sentença rescindenda acolheu os pedidos formulados pelo autor. A Súmula n. 398, do TST, perfilhou este entendimento.

Nas demais ações, a presunção de veracidade dos fatos relatados na petição inicial não tem, contra si, um pronunciamento jurisdicional passado em julgado; essa é a razão pela qual, no terreno da ação rescisória, se não é impossível, é extremamente diminuta a área de aplicação do art. 341, do CPC.

Matéria de direito. Não podemos nos esquecer da regra cardeal de que os efeitos derivantes da inobservância ao princípio da impugnação específica dos fatos só se produzem nos casos em que seja admissível a confissão.

Tanto isso é verdadeiro, que o próprio digesto de processo civil, no inciso I do art. 341, ressalva os fatos com relação aos quais não é consentida a confissão. Entre estes, já mencionamos os concernentes a direitos indisponíveis (CPC, art. 392).

Pouco mais haveria a dizer, não fosse a nota particular de a confissão somente dizer respeito a fatos, assim considerados todos os acontecimentos da vida capazes de produzir consequências jurídicas. Dessa observação fundamental se retira uma conclusão lógica: a confissão não atua no que tange a direitos.

Se o trabalhador alega fazer jus a uma determinada gratificação prevista em norma interna do réu, que anexa à inicial, e este não impugna a afirmação, o juiz poderá, mesmo assim, rejeitar o pedido do autor, caso se convença de que a norma *interna corporis* juntada não lhe concede o direito invocado. Como o reconhecimento do direito alegado, na espécie, depende exclusivamente da interpretação que o magistrado extraia do teor da mencionada norma interna, é curial que não há, aqui, lugar para a confissão, cujo pressuposto são apenas os fatos. Pelo mesmo motivo, eventual impugnação imprecisa do réu, quanto ao direito brandido pelo autor, não autorizará a presunção de veracidade dos fatos, de que se ocupa o art. 341, do CPC.

Provam-se, portanto, em juízo, os fatos — contanto que pertinentes, relevantes, e, sobretudo, controvertidos. Só com relação ao conjunto factual é que se admitirá a confissão, que nada mais significa, em termos objetivos, do que a aceitação, tácita ou expressa, como verdadeiro, de um fato contrário aos interesses da parte e favorável ao adversário (CPC, art. 389). O direito, em princípio, não se prova, pois é razoável supor que o juiz o conheça *(iura novit curia)*. O juiz do trabalho, em particular, está obrigado a conhecer a legislação federal; por isso, se a parte invocar direito estadual, municipal, consuetudinário ou estrangeiro, o magistrado poderá lhe exigir que prove não só o teor, mas a vigência (CPC, art. 376).

De resto, embora estivéssemos a falar, até esta altura, de exceções ao ônus da impugnação especificada dos fatos, é indispensável que reiteremos estar a ele submetido o próprio trabalhador, nas ações em que figure como réu.

14. Novas alegações

Consta do CPC:

> Art. 342. Depois da contestação, só é lícito ao réu deduzir novas alegações quando:
>
> I - relativas a direito ou a fato superveniente;
>
> II - competir ao juiz conhecer delas de ofício;
>
> III - por expressa autorização legal, puderem ser formuladas em qualquer tempo e grau de jurisdição.

Caput. O assunto era referido no art. 303 do CPC revogado.

Aos comentários.

Apresentada a contestação, o réu somente poderá deduzir novas alegações nos casos mencionados nos incisos I a III, do art. 342, que examinaremos mais adiante.

A regra em tela é altamente salutar, se considerarmos os objetivos do processo, como método estatal de solução dos conflitos de interesses, pois se concede ao réu, no momento da contestação, a oportunidade de invocar, de maneira concentrada, tudo aquilo que for essencial para fundamentar a sua reação aos fatos alegados pelo adversário. Nunca é inútil destacar que essa concentração constitui, a um só tempo, um direito e um ônus do réu: direito, porque o impedimento de seu exercício regular pode conduzir à decretação de nulidade do processo; ônus, porque a ele cabe, como dissemos, alegar, nesse ensejo, toda a matéria de defesa, sob consequência de preclusão (princípio da eventualidade).

Para já, devemos responder às seguintes indagações: 1) o que se deve entender por "novas alegações", para os efeitos do art. 342 do CPC; 2) o disposto nessa norma legal é aplicável tanto ao autor quanto ao réu, ou somente a este? Vejamos.

Novas alegações. O vocábulo alegação, na terminologia processual, significa a exposição, o arrazoado que se faz em juízo. Manda, o art. 336, do CPC, que o réu alegue, na contestação, toda a matéria de defesa. O art. 342, do mesmo Código, por sua vez, adverte que novas alegações apenas poderão ser expendidas nos casos que menciona. Da conjugação dessas duas normas legais, que estão em perfeita harmonia entre si, tira-se a inferência de que o substantivo alegação, em ambas, corresponde não propriamente a uma simples exposição ou arrazoado, mas a fatos, ou seja, a novos fatos — que, repetindo o conceito enunciado em páginas anteriores, podem ser considerados todos os acontecimentos da vida dotados de aptidão para produzir efeitos jurídicos.

Parece-nos inevitável, portanto, o entendimento de que esses fatos, por serem novos, não se resumem a um enfoque, sob outro ângulo (legal, doutrinário ou jurisprudencial), daqueles fatos já alegados na causa, traduzindo, isto sim, fatos que ocorreram após a contestação, equivale a dizer, supervenientes a ela.

Admitamos, por exemplo, que o trabalhador haja ingressado em juízo para postular a denominada "rescisão indireta" do seu contrato de trabalho, continuando, no entanto, a prestar serviços até que a lide seja solucionada, vindo o réu a alegar, na contestação, que não existe motivo legal para o acolhimento do pedido do trabalhador. Se, todavia, ulteriormente à contestação o empregado vier a demitir-se do emprego, estaremos diante de um fato novo, que deverá ser alegado pelo réu, a fim de que o juiz o considere para os efeitos da entrega da prestação jurisdicional. Convém lembrar que, a teor do art. 493, do CPC, se, depois de ajuizada a ação, algum fato constitutivo, modificativo, impeditivo ou impeditivo do direito do autor influir no julgamento da causa, cumprirá ao juiz levá-lo em conta, por sua iniciativa ou a requerimento da parte, no momento de proferir a sentença.

Destinatário da norma. É o réu. Quanto ao autor, a possibilidade de aditamento ou de alteração do pedido ou da causa de pedir está contida no art. 329.

Vejamos, agora, os casos que, por exceção, admitem ao réu deduzir novas alegações depois de oferecida a contestação (*mutatio libelli*).

Inciso I. Alegações relativas a direito ou a fato superveniente. Fato superveniente é o surgido após o protocolo da inicial. Direito superveniente é o que veio a se incorporar ao patrimônio jurídico da parte após o ajuizamento da ação. Se, *v. g.*, o autor alega haver sido despedido sem justa causa e pede, em consequência, aviso prévio, FGTS ou indenização, e, depois de contestado esse direito, mas antes de proferida a sentença, determinado instrumento normativo (acordo ou convenção coletiva) conceder aos trabalhadores do réu estabilidade no emprego, com efeito retroativo ao tempo em que estava a viger o contrato de trabalho do autor, teremos aí um direito superveniente, que poderá ser alegado pelo autor, pois agora o seu pedido deve ser adaptado do novo direito, ou seja, com vistas à reintegração no emprego.

É elementar que a possibilidade de o autor invocar fato ou o direito novo, com modificação dos pedidos, não exclui o direito do réu de ter a oportunidade de se manifestar a respeito, sob pena de violência ao princípio do contraditório e da própria cláusula constitucional da ampla defesa.

Direito superveniente, contudo, para os fins do inciso I, do art. 342, do CPC, não é aquele que, existente antes do ajuizamento da ação, só vem a ser conhecido posteriormente pelo autor. Como afirmamos, a superveniência deve estar vinculada ao surgimento do direito, não à mera cognição de sua existência. A não ser assim, a superveniência constituiria pretexto para suprir a incúria, a negligência da parte, e, o que é pior, para colocar em risco o princípio da estabilização da lide.

À guisa de registro histórico, assinalemos que quando da tramitação do Projeto do CPC de 1973, na Câmara dos Deputados, foi rejeitada a emenda, proposta pelo Relator-Geral, de que o inciso I, do art. 303, contivesse a seguinte redação: "Quando relativas a fato ou norma jurídica supervenientes". Procurava-se, com isso, ampliar o alcance do dispositivo, para permitir, também, a alegação de fato superveniente. Esse objetivo foi alcançado pelo art. 342, I, do CPC.

Inciso II. Competir ao juiz conhecer delas de ofício. Há matérias que o juiz pode conhecer por sua iniciativa, ou seja, independentemente de provocação da parte interessada. Entre elas se incluem: os pressupostos de constituição e de desenvolvimento regulares da relação processual; a perempção, a litispendência, a coisa julgada; a legitimidade para a causa e o interesse de agir; a intransmissibilidade legal no caso de morte da parte (CPC, arts. 485, § 3.º).

No sistema do processo civil o juiz pode pronunciar, por sua iniciativa, a prescrição e a decadência (CPC, art. 487, II). No âmbito do processo do trabalho há controvérsia quanto à possibilidade de o juiz conhecer, *ex officio*, da prescrição.

Foi, sem dúvida, em virtude da relevância que essas matérias apresentam para o processo que a lei permitiu ao juiz se pronunciar sobre elas mesmo que a parte interessada tenha deixado transcorrer em branco a oportunidade para formular a arguição cabível.

É claro que esse conhecimento *ex officio* só pode ser realizado se não houve, ainda, o proferimento da sentença de mérito. Se já proferida, somente o tribunal poderá conhecer dessas matérias, em grau de recurso.

Inciso III. Por expressa autorização legal, puderem ser formuladas em qualquer tempo e grau de jurisdição. A situação prevista no inciso III, do art. 342, do CPC, é fronteiriça com a do inciso II, do mesmo dispositivo legal. A diferença está em que, neste, se toma como ponto-de-referência o juiz, e, naquele, as partes.

Tomemos como exemplo a incompetência absoluta. Por força do contido no art. 64, § 1.º, do CPC, ela deve ser declarada *ex officio* (juiz) e alegada (parte) em qualquer tempo e grau de jurisdição. Esta última parte da norma legal sobredita é o próprio conteúdo do inciso III, do art. 342, do mesmo diploma processual.

A incompetência relativa, entretanto, não pode ser conhecida de ofício; o juiz somente poderá se pronunciar sobre ela se o réu a alegar em preliminar da contestação.

A prescrição também pode ser alegada em qualquer tempo e grau de jurisdição (CC, art. 193), conquanto, no processo civil, conforme dissemos, o juiz possa pronunciá-la por sua iniciativa (CPC, art. 487, II).

Os três incisos que estivemos a analisar representam, portanto, exceções aos princípios da imutabilidade da petição inicial (autor) e da eventualidade (réu), inscrito no art. 336, do CPC, respectivamente, que se justificam pela necessidade de atender-se a um princípio mais amplo, que abarca os anteriores: o da estabilização da lide (pretensão resistida).

Devemos acrescentar que se inserem, na previsão do inciso III, do art. 342, também a suspeição e o impedimento supervenientes à contestação. Justifiquemos a nossa assertiva. Adaptemos a situação ao processo do trabalho, onde essas restrições legais à atuação do magistrado devem ser objeto de exceção.

Sabemos que exceção e contestação constituem espécies distintas de respostas do réu. Assim, em princípio, por um motivo de ordem lógica, a exceção (de incompetência, de impedimento e de suspeição) deve anteceder à contestação e também ser julgada antes desta. Estamos levando em consideração o processo do trabalho, que ainda prevê as referidas exceções (CLT, arts. 799 a 802).

Há casos excepcionais, contudo, em que as causas da suspeição ou do impedimento do magistrado surgem depois da contestação ou chegam ao conhecimento da parte interessada somente após a ação haver sido contestada. Nesta hipótese, como a suspeição e o impedimento não deixam de ser matéria de defesa (CPC, art. 336), podem ser arguidas, por meio de exceção, mesmo que a contestação já tenha sido oferecida. A refutar-se este entendimento, estar-se-á possibilitando que juízes suspeitos ou impedidos participem do processo, que poderá, em razão disso, vir a ser anulado; ou ser, a sentença transitada em julgado, desconstituída pela via rescisória, no caso de impedimento (CPC, art. 966, II). Além disso, a injustiça perpetrada contra a parte interessada seria manifesta, porquanto esta somente teve ciência da causa da suspeição ou do impedimento depois de apresentada a contestação.

A situação de que estamos a cogitar se encaixa, portanto, ainda que com alguma adaptação, no inciso III, do art. 342, do CPC.

Capítulo II

Forma de Apresentação

1. Comentário

Em sua concepção legislativa original, o processo do trabalho, assim como o procedimento que lhe corresponde, apresenta uma estrutura extremamente simples, idealizada com vistas a propiciar uma rápida solução dos conflitos de interesses ocorrentes entre trabalhadores e empregadores. Um dos pilares de sustentação dessa estrutura simplificada é a *oralidade.*

Embora a oralidade, como princípio, se caracterize pelo predomínio da palavra oral, na verdade o seu significado é bem mais amplo, pois compreende, igualmente: a) a imediatidade do juiz; b) a identidade física do magistrado e c) a irrecorribilidade das decisões interlocutórias. A *imediatidade* expressa o contato pessoal e direto do juiz com as partes, com as testemunhas, com o perito, enfim, com todos aqueles que devam ser ouvidos no processo. É na audiência, portanto, que a imediatidade se manifesta. A *identidade física do juiz* não se aplica, em princípio, ao processo do trabalho, segundo a orientação jurisprudencial compendiada pelas Súmulas 136, do Tribunal Superior do Trabalho, e 222, do Supremo Tribunal Federal. A *irrecorribilidade das decisões interlocutórias* justifica como providência tendente a evitar que a sucessiva interposição de recursos de decisões dessa natureza pudesse retardar, consideravelmente, o proferimento da sentença de mérito, que é, como tantas vezes sublinhamos, o acontecimento máximo do processo, o seu ponto de culminância e de exaustão.

Em rigor, não é correto dizer-se que as decisões interlocutórias são, irrecorríveis, no processo do trabalho; elas não podem ser, isso sim, objeto de recurso *imediato,* conquanto sejam suscetíveis de impugnação quando do recurso que vier a ser interposto da sentença de mérito. O que há, pois, quanto às decisões interlocutórias, é um *recurso diferido,* porquanto o momento de seu exercício é adiado, em nome da já aludida necessidade de evitar-se empecilhos à prolação da sentença de fundo (TST, Súmula n. 214).

Dentro do tema da oralidade, porém, interessa-nos, em especial, analisá-lo sob o ângulo específico de um de seus aspectos, qual seja, o do *predomínio da palavra oral.*

Ao falarmos em oralidade não estamos, por certo, a dizer que todos os atos do procedimento, todas as comunicações de vontade, realizadas no processo, devam ter a forma oral. Já não há, nos modernos sistemas processuais, uma oralidade *pura,* assim entendida a prática oral de todos os atos processuais, O que temos, hoje, é uma oralidade, digamos, *mista,* onde há *prevalência* (não exclusividade) da palavra oral. Contrapõe-se à oralidade a *escrituração.*

É óbvio, entretanto, que "as palavras voam" *(verbi volant)*, pois somente as palavras escritas permanecem *(scripta manent)*; sendo assim, por uma razão de ordem lógica as palavras orais devem ser documentadas. Essa documentação é feita por meio da escrituração.

É na audiência que o princípio em exame se exterioriza, máxime se tivermos em conta o fato de que, nos termos do processo do trabalho legislado, quase todos os atos das partes devem ser realizados em audiência, exceto a petição inicial (CLT, arts. 846 a 850). Destarte, nessa oportunidade devem ser formuladas, sob a forma oral, a resposta do réu, a instrução, as propostas conciliatórias, as razões finais. Estamos, à evidência, com os olhos postos no "processo da lei", que exalta não apenas a oralidade, mas a indivisibilidade da audiência. Há, no entanto, um outro processo, o "da praxe", provido de reiteração e de força tais que têm, inclusive, imposto sensíveis modificações no "processo da lei" (devido processo legal).

São muito escassos, na atualidade, os juízes que aplicam, à risca, em sua inteireza, as normas processuais constantes da CLT. Rareiam, por isso, as situações em que ocorre a concentração, em audiência única, de todos os atos integrantes da cadeia do procedimento. As razões desse generalizado abandono do processo escrito decorrem, em boa medida, das circunstâncias da realidade forense. Sem terem condições físicas de dar vazão à maré-montante de ações, que, a cada dia, a cada mês, a cada ano, ingressam nos órgãos da Justiça do Trabalho, designadamente nos de primeiro grau, os juízes encontraram no fracionamento da audiência uma fórmula (ainda que algo arbitrária) de tentar reduzir essa massa pletórica de demandas. Como todos sabemos, o objetivo medular da Justiça do Trabalho é a conciliação (CLT, art. 764, *caput); a solução consensual do conflito de interesses,*por isso, os seus juízes devem se empenhar na solução negociada do conflito (§ 1.º), formulando propostas nesse sentido, por, quando menos, duas vezes (CLT, arts. 846, *caput*, e 850, *caput)*, sob pena de nulidade do processo.

Conscientes disso, os juízes passaram, a contar de certo momento, a fracionar a audiência, ou melhor, a desdobrá-la em várias fases, nascendo, daí, as audiências "iniciais", as "de instrução" e as "de julgamento", como foram denominadas pela criatividade da praxe. Com isso, puderam incluir, nas pautas, inúmeras audiências "iniciais", cuja duração é mínima, porquanto limitadas à formulação da primeira proposta de conciliação (CLT, art. 846, *caput*) e à recepção da resposta do réu (*ibidem*, art. 847). Transacionando as partes, nessa oportunidade, o processo será extinto, com julgamento do mérito, evitando, assim, a designação de outras audiências ("de instrução" e "de julgamento"), com inegável economia de tempo e de atividade jurisdicional.

Não é só. Para que pudesse ser introduzido nas pautas das "iniciais" um elevado número de audiências, os juízes se puseram a admitir respostas *escritas*, pondo de lado, com essa atitude, o art. 847, da CLT, que deixa patente a oralidade desse ato, ao declarar que o réu dispõe de *vinte minutos* para aduzir a sua defesa. Ao próprio advogado do réu foi conveniente essa inovação, vez que lhe permitiu elaborar a resposta (por escrito) no silêncio do seu escritório, onde pode cercar-se de boas obras doutrinais e de copiosos ementários de jurisprudência. A formulação da defesa, de maneira oral, em audiência, sempre foi algo tormentoso para o réu, não somente pela dificuldade de articular, de forma lógica e convincente: os seus argumentos, num reduzido espaço de tempo, mas, também, pelo constrangimento de fazê-lo diante do olhar crispado do adversário — que, não raro, intervinha na resposta, para refutá-la afoitamente, tumultuando-a e prejudicando o réu, nesse seu direito de defender-se.

Temos, portanto, como prática já arraigada, generalizada e notória, a fragmentação da audiência e a substituição da resposta oral pela escrita. De qualquer modo, a lei ainda está em vigor; vai daí, que se em determinado caso o juiz exigir que a resposta do réu seja efetuada de modo oral não haverá, nessa imposição, nenhuma arbitrariedade; bem ao contrário, derivará de uma rigorosa aplicação da lei vigente.

A existência, nos dias de hoje, de *dois* processos do trabalho (o da lei e o da praxe) não pode ser ignorada por quem atua na Justiça do Trabalho (como juiz, como advogado, como parte, como membro do Ministério Público e o mais), nem por quem se dedica ao estudo desse processo, sob pena de graves distorções da realidade prática, viva e dinâmica, que palpita no bulício do foro. Um estudioso de Direito Comparado, que viesse ao Brasil e estudasse o processo do trabalho, apenas pela leitura dos textos legais, sairia daqui, sem dúvida, com uma visão totalmente distorcida da realidade concreta, a que aludimos.

Feitas essas considerações introdutórias, examinemos, a seguir, a forma de apresentação das espécies de resposta do réu, previstas em lei, consideradas em sua especificidade.

a) *Exceção.* Como vimos há instantes, a regra legal, ainda em vigor, é a da *elaboração oral da defesa* (CLT, art. 847). Anteriormente à Lei n. 13.467/2017, dizíamos que diante da praxe que consagrou a apresentação de *contestação escrita*, não havia razão para impedir-se que a exceção também fosse oferecida por essa forma. Com o advento da Lei n. 13.467, a exceção passou a ser somente *escrita*, uma vez que a sua apresentação deve ocorrer no prazo de cinco dias, contados da citação do réu, e antes da aundiência (CLT, art. 800, *caput*). A apresentação cumpre ser realizada antes da audiência — ou seja, fora da audiência, mediante protocolo (*ibidem*, § 1.º).

b) *Contestação.* Conforme comentamos nas primeiras linhas deste Capítulo, a contestação oral, premida pela força das circunstâncias, cedeu terreno à contestação escrita. Em certas Regiões do país, chegam a ser extremamente escassas as respostas orais, a ponto de os juízes manifestarem uma ponta de irritação toda vez que o réu pretenda formulá-las por essa forma legal. Essa reação judicial se justifica pelo fato de as audiências ditas "iniciais" serem realizadas, em média, a cada cinco ou dez minutos, uma em relação a outra, de tal modo que se o réu decidir fazer uso dos vinte minutos que a lei lhe concede isso importará avançar sobre duas, três ou quatro audiências incluídas na mesma pauta, fazendo gerar, em muitas situações, uma reação em cadeia, que produzirá um colossal atraso nas demais audiências.

Se analisamos a questão sob uma óptica sistemática, veremos que a contestação escrita constitui, hoje, uma necessidade quase vital para o réu. Expliquemo-nos. Tem-se entendido — e assim sempre sustentamos — que o art. 341, *caput,* do CPC, é aplicável ao processo do trabalho, com o qual é compatível. Essa norma do processo civil materializa o princípio doutrinal da *impugnação especificada dos fatos,* ao dispor que caberá ao réu pronunciar-se precisamente sobre os fatos alegados na petição inicial, sob pena de serem presumidos verdadeiros os que não forem objeto de contrariedade.

Os fatos narrados na inicial devem, portanto, ser especificamente impugnados, vez que não mais se admite a "contestação por negativa geral", muito em voga na vigência do Código anterior. Ora sabendo-se que as petições iniciais trabalhistas contêm, em regra, inúmeros fatos, dos quais se originam diversos pedidos, torna-se difícil — para não dizer impossível — ao réu desincumbir-se, com eficiência, do ônus da impugnação especificada de que cuida o art. 341, do CPC, se tiver de efetuar a sua resposta em audiência, de maneira oral, no prazo de vinte minutos. Poder-se-ia dizer que, em nome da preservação desses vinte minutos legais, o princípio inscrito no mencionado dispositivo do processo civil é inconciliável com o processo do trabalho. O argumento é ponderando, sem dúvida. Todavia, não cremos que a excelência dos efeitos práticos do ônus da impugnação especificada devam ser desprezados em benefício de uma oralidade que, em decorrência da complexidade das coisas da vida e das próprias relações jurídicas, acabou sendo anatematizada pelas exigências da realidade.

Tudo sugere, a propósito, que, *de lege ferenda,* a contestação seja, obrigatoriamente, apresentada por escrito, em prazo preestabelecido, à feição do que se passa no processo civil — e no próprio processo eletrônico, trabalhista (CLT, art. 847, parágrafo único). Sejamos francos: já não há lugar para o sonho das respostas orais. Já não estamos faz tempo, em 1943, onde, a despeito da II Guerra Mundial a vida forense fluía serena e sem atropelos. Como asseveramos, as relações jurídicas entre os homens se tornaram mais intricadas e conflitivas, a partir da segunda metade do século. A base do direito material do trabalhador foi expressivamente ampliada, e, com isso, aumentaram os conflitos de interesses e as demandas judiciais. O processo moderno teve de ser revisto para poder atender à sua finalidade, enquanto método estatal de resolução de lides. Ninguém ignora que a simplicidade estrutural do processo do trabalho legisla do assume, hoje, ares de simploriedade, diante desse fenômeno da "complexização" das relações humanas e dos conflitos de interesses que daí decorrem.

Podemos apontar, como argumentos em prol da contestação escrita, com prazo predeterminado, no processo do trabalho, dentre outros, estes: a) se o réu deixar de responder, a sua revelia ocorrerá em muito menos tempo do que se verificaria, se a resposta devesse ser oferecida em audiência. Com isso, caso a matéria seja, exclusivamente, de fato, o réu será, também, confesso, permitindo, dessa maneira, o julgamento antecipado do mérito (CPC, art. 355), vale dizer, que a entrega da prestação jurisdicional, impetrada pelo autor, seja obviada, em proveito deste; b) havendo contestação (escrita, na secretaria), o juiz terá condições de verificar quanto à necessidade, ou não, de designar audiência, destinada à instrução oral. No sistema atual, oferecida a contestação no burburinho da audiência "inicial", o juiz costuma aprazar audiência de instrução, sem ter, muitas vezes, condições de examinar a necessidade dessa designação; c) do réu se poderá exigir integral submissão ao ônus da impugnação especificada dos fatos, na medida que a contestação será redigida no escritório do seu advogado, permitindo, com isso, que haja melhores condições para a contrariedade a cada fato narrado na inicial, o que, como alertamos, nem sempre será possível fazê-lo em meio à algaravia das audiências "iniciais"; d) a apresentação da resposta na secretaria do juízo evita que as partes tenham de comparecer à audiência "inicial", assim como as preserva das consequências legais da ausência injustificada (autor: extinção do processo sem exame do mérito; réu: revelia e confissão fictícia).

Insistamos, contudo, neste ponto: *de lege lata,* o réu ainda tem o direito de oferecer *oralmente* a sua resposta, porquanto o art. 847, da CLT, ainda está em vigor. A força da praxe consistente na apresentação de contestação escrita é tão forte que provoca situação curiosas e anômalas, como a de o juiz receber a contestação escrita, na audiência "inicial", mas não permitir que o réu, no mesmo ato, a complemente, de modo oral, para alegar, *e. g.*, a prescrição extintiva, que não constou do texto. *Data venia,* o fato de o réu haver oferecido contestação escrita não lhe retira o direito de ato contínuo, complementá-la oralmente. Não há preclusão consumativa, na espécie. Diante da intransigência do juiz, seria o caso de o réu colocar de lado a contestação escrita e aduzi-la totalmente de maneira oral, incluindo aí a arguição de prescrição extintiva, que o magistrado não lhe permitiu acrescentar ao texto primitivo. Cuidará o réu, por suposto, em não exceder ao limite legal de vinte minutos.

Essas situações algo surrealistas, que brotam da realidade prática, em virtude da existência de dois processos do trabalho — que, muitas vezes, culminam conflitantes entre si, pela dificuldade de saber-se qual deles prevalecerá — têm o efeito pernicioso de infundir uma Insegurança em todos, principalmente nas partes e seus advogados, pois cada juiz acaba tendo o "seu" processo, ou, na indefinição, adotando ora o da lei, ora o da praxe, em uma atitude pendular, que, além de colocar atônitos e confusos os litigantes, faz abalar a credibilidade do Judiciário.

É desejável, por tudo isso, que, em futuro, a forma escrita da contestação (e das demais espécies de resposta) seja a única admissível, cuja apresentação deverá ser feita na secretaria do órgão jurisdicional, em prazo predeterminado. Assim como na literatura o realismo da resposta escrita deve ser um movimento de reação ao romantismo das respostas orais, este, alienado dos fatos de nossa realidade.

Também a contestação em ação rescisória deve ser por escrito, no prazo de 15 a 30 dias (CPC, art. 970), porquanto a regra do art. 846, da CLT, só tem pertinência aos órgãos de primeiro grau de jurisdição, sendo certo que é originária dos tribunais do trabalho a competência em sede de ação rescisória.

c) *Reconvenção.* O que expendemos, a respeito da contestação, se aplica, *mutatis mutandis,* à reconvenção.

Assim, esta, embora venha sendo costumeiramente oferecida por escrito (o que é recomendável), poderá ser apresentada sob a forma oral, desde que atendidos os pressupostos do art. 343, do CPC. Nada impede que o réu elabore por escrito a contestação, e, na audiência em que a oferecerá, formule, oralmente, a reconvenção, que, nesta hipótese, será reduzida a termo, na ata.

Se pretender aduzir, de modo oral, tanto a contestação quanto a reconvenção, deverá estar atento ao prazo de vinte minutos, previsto no art. 847, da CLT, que não deverá ser dilatado em decorrência da reconvenção.

Segundo esclarecemos no início, não estamos preocupados neste Capítulo, em discorrer acerca dos pressupostos, da finalidade e do procedimento da reconvenção, mas, apenas, em investigar a forma pela qual deve ser elaborada, no processo do trabalho, onde penetrou por obra da jurisprudência.

Apesar disso, um breve comentário sobre o procedimento relativo à reconvenção é indispensável, a fim de que a nossa opinião, até esta parte manifestada, possa ser adequadamente atendida.

O juiz da causa principal é o competente para a reconvenção. Apresentada esta (em audiência), seja por escrito ou oralmente, o juiz, de ofício, mandará que o distribuidor proceda à correspondente anotação (CPC, art. 286, parágrafo único), porquanto a reconvenção nada mais é do que uma ação do réu, em face do autor, no mesmo processo. Alguns juízes, desatentos a isso, se limitam a receber a reconvenção, sem comunicar o fato ao distribuidor. A consequência é que, nas certidões que este expedir, não haverá referência à reconvenção, pois ela, para o distribuidor, simplesmente não existe.

d) *Reconhecimento do direito do autor.* Ficou demonstrado que o reconhecimento feito pelo réu, quanto ao direito alegado pelo autor, constitui uma das espécies de resposta, por parte daquele (CPC, art. 487, III, "*a*"). Esse reconhecimento, no processo do trabalho, tanto pode ser manifestado de maneira oral ou por escrito. Tudo dependerá da ocasião em que o réu pretenda fazê-lo.

Se ele, citado, admitir, desde logo, que o autor tem razão jurídica no que está postulando, poderá dizer desse seu reconhecimento antes mesmo da audiência "inicial", ou na oportunidade desta. No primeiro caso, protocolará em juízo a respectiva petição, subscrita por advogado provido dos necessários poderes; no segundo, poderá oferecer petição, nesse sentido, na audiência, nada obstando, porém, que externe oralmente o seu reconhecimento quanto ao direito invocado pelo autor.

Como afirmamos antes, na prática, esse reconhecimento se converte em transação, dando ensejo a uma aparente solução negociada do conflito; aparente, porque a extinção do processo se dá, na verdade, em decorrência da *submissão* espontânea do réu às pretensões formuladas pelo autor. Se houvesse transação, inexistiria submissão de uma das partes à outra, mas concessões recíprocas. Seria, enfim, um negócio jurídico bilateral, nunca uma submissão do réu. Reafirme-se: no reconhecimento, o réu admite o direito alegado pelo autor; na transação, inexiste esse reconhecimento, sendo, ao contrário, *a res dubia* que conduz os litigantes à autocomposição da lide.

Segundo esclarecemos no início, não estamos preocupados neste Capítulo em discorrer acerca dos pressupostos, da finalidade e dos [illegible], mas apenas em investigar a forma pela qual deve ser elaborado o processo de trabalho, onde [illegible] por conta da jurisprudência.

Apesar disso, [illegible] sobre o [illegible] [illegible], a fim de que [illegible] parte manifestada possa ser adequadamente atendida.

[illegible]

Seção III

Reconvenção

Capítulo I
Introdução

O processo do trabalho não prevê a resposta reconvencional, conquanto esta seja compatível com aquele. Logo, a disciplina da reconvenção deve ser tomada por empréstimo ao processo civil, com eventuais adaptações.

Consta do Estatuto Processual Civil:

> Art. 343. Na contestação, é lícito ao réu propor reconvenção para manifestar pretensão própria, conexa com a ação principal ou com o fundamento da defesa.
>
> § 1.º Proposta a reconvenção, o autor será intimado, na pessoa de seu advogado, para apresentar resposta no prazo de 15 (quinze) dias.
>
> § 2.º A desistência da ação ou a ocorrência de causa extintiva que impeça o exame de seu mérito não obsta ao prosseguimento do processo quanto à reconvenção.
>
> § 3.º A reconvenção pode ser proposta contra o autor e terceiro.
>
> § 4.º A reconvenção pode ser proposta pelo réu em litisconsórcio com terceiro.
>
> § 5.º Se o autor for substituto processual, o reconvinte deverá afirmar ser titular de direito em face do substituído, e a reconvenção deverá ser proposta em face do autor, também na qualidade de substituto processual.
>
> § 6.º O réu pode propor reconvenção independentemente de oferecer contestação.

Ao exame.

Caput. O Projeto primitivo do CPC abolia a figura da reconvenção, substituindo-a pelo pedido contraposto. Com as alterações introduzidas no projeto, a reconvenção acabou sendo restabelecida.

A reconvenção constitui uma das modalidades de resposta do réu, que, no processo do trabalho, compreendem, ainda, a exceção e a contestação. O atual CPC reduziu a duas essas respostas: a contestação e a reconvenção. Na verdade, há outra espécie de resposta, consistente no "reconhecimento da procedência do pedido" (CPC, art. 487, III, "*a*"). São, pois, quando menos, quatro as modalidades de resposta, no processo do trabalho. A propósito, melhor teria sido que o legislador de 2015 (assim como o de 1973: art. 269, II) não aludisse ao "*reconhecimento da procedência do pedido*", e sim, ao reconhecimento do direito alegado pelo autor.

1. Escorço histórico

As raízes históricas da reconvenção — como da grande maioria dos institutos do direito processual luso-brasileiro — estão no direito romano antigo e podem ser localizadas no período da *cognitio extraordinaria*. Alguns estudiosos, contudo, sustentam que ela surgiu no período formulário (1949 a.C a 200 d.C), especificamente naquelas ações em que o juiz estava autorizado a decidir por equidade (*actiones bonae fidei*): aqui, os litigantes, estribados no mesmo título (causa), poderiam formular pretensões recíprocas (*mutua petitio, mutua actio*), seja baseando-se em compensação, seja em ação contrária; nesta última hipótese é que estaria caracterizada, conforme o segmento doutrinário a que nos referimos, a reconvenção. A despeito disso, prevalece a corrente de opinião que identifica a origem da ação reconvencional no período da *cognitio extra ordinem*, pois foi aí, com efeito, que ela adquiriu os contornos com que se apresenta ao mundo moderno.

No ano de 530, a Constituição de Justiniano previa a possibilidade de o juiz não apenas absolver o réu, mas de condenar o autor, desde que se convencesse que ele era devedor de alguma coisa ao adversário.

Na verdade, a gênese na reconvenção, em Roma, parece coincidir com a interpretação que se deu à expressão: *in eodem negotio*, pois se dizia que se o autor estava submetido à decisão do juiz, pelo mesmo motivo não poderia recusá-lo (exceção de incompetência) quando, sobre o mesmo negócio (*in eodem negotio*), fosse proferida decisão contrária a seus interesses. Algumas vezes, a referida expressão era ligada ao mérito da demanda, exigindo--se a existência de vínculo material entre a ação do autor e a do réu (conexão de causas); outras, se impunha uma relação de natureza processual (*in eodem iudicio*), vale dizer, sem nenhuma repercussão no direito material.

A denominação de reconvenção, com que o instituto passou a ser conhecido nos tempos modernos, foi, todavia, dada pelo direito canônico. Nesse direito, aliás, a reconvenção foi largamente permitida, porquanto isso conviria ao propósito político de colocar à margem da justiça exercida pelos senhores feudais a maior quantidade possível de demandas. Procurava-se, desse modo, estabelecer a supremacia da jurisdição eclesiástica em relação à civil. Exatamente por isso é que a reconvenção era admitida em todas as ações, fossem reais ou pessoais, penais ou reipersecutórias, não se exigindo a cláusula *ex eodem causa* (identidade de causas), porquanto era suficiente que as partes fossem as mesmas, numa e noutra ações.

O direito português, inspirado no intermédio, permitiu a reconvenção sobre o mesmo negócio (*in eodem negotio*), dispensando a vinculação entre as causas (*eodem causa*). Nesse sentido foram todas as Ordenações reinóis.

Na França, entretanto, se escreve um capítulo especial sobre a reconvenção. Ocorre que, no direito consuetudinário francês, a reconvenção não era permitida por um motivo claramente político-financeiro: como a justiça feudal era exercida pelos senhores e constituía, para eles, uma fonte de receita, a reconvenção ia de encontro a esses propósitos. Unicamente em situações excepcionais é que, por meio de "cartas reais", dadas por graça do soberano, se podia fazer uso da ação reconvencional.

Posteriormente, a propagação dessas "cartas", somada à influência do direito canônico, e, máxime, a opinião dos jurisconsultos, a reconvenção passou a ser consentida quando possuísse a mesma causa da ação principal ou fosse empregada como defesa à mencionada ação. Embora o Código de Processo Civil gaulês não a previsse, de maneira expressa, a doutrina e a jurisprudência, baseando-se em certos trechos desse Código, construíram o entendimento de que a reconvenção era uma ação incidente, cujo uso seria possível como instrumento de defesa do réu ou como meio de este obter indenização por perdas e danos provenientes da ação principal.

A disciplina da matéria, no âmbito do direito francês, acabou sendo adotada, com algumas modificações, na Itália. O Código de 1865, por exemplo, estabelecia que o juiz, perante o qual tramitasse a ação principal, seria competente para apreciar a reconvenção, conforme fosse o título indicado pelo autor, ou já deduzido na causa principal, "*come mezzo di eccezione*" (como meio de exceção).

O Código italiano de 1940 reproduziu essa disposição, no art. 36, onde foram se abeberar os elaboradores do projeto do Código de Processo Civil brasileiro de 1973.

O Regulamento Imperial n. 737, de 1850, permitia que o réu apresentasse reconvenção, "*simultaneamente com a contestação, no mesmo termo para ela assinado e sem dependência de prévia citação do autor*" (art. 103), conquanto também previsse uma reconvenção imprópria, que poderia ser ajuizada mais tarde, em autos distintos, devendo ser apreciada antes da ação principal.

No Brasil, o CPC de 1939, influenciado pelo direito canônico, autorizava a reconvenção quando o réu tivesse ação que visasse a "modificar ou excluir o pedido" do autor (art. 190). O Código de 1973 dispôs que o réu poderia reconvir ao autor, no mesmo processo, sempre que a reconvenção fosse conexa com a ação principal ou com o fundamento da defesa. O CPC atual repetiu a regra. Desses pressupostos para o exercício da ação reconvencional nos ocuparemos mais adiante.

2. Conceito

De modo geral, o réu assume uma atitude eminentemente defensiva diante das pretensões formuladas pelo autor, cujo fato se justifica por encontrar-se no polo passivo da relação jurídica processual. A contestação constitui, por isso, a mais característica das modalidades de defesa, de que se pode valer o réu em juízo, uma vez que espelha uma sua resistência aos pedidos deduzidos pelo adversário.

Em determinadas situações, contudo, o réu aproveita o mesmo processo para, além de se defender, assumir uma posição ativa perante o autor, formulando pretensões que devam ser por este satisfeitas. Essa espécie de "contra-ataque" promovido pelo réu põe em relevo a reconvenção, que nada mais é, em termos gerais, do que uma ação deste em face do autor, no mesmo processo. Sob o aspecto sistemático, a reconvenção representa uma das modalidades de resposta do réu.

Estabelecidas essas considerações preliminares, podemos enunciar o seguinte conceito de reconvenção: é a ação do réu, em face do autor, no mesmo processo, atendidos os pressupostos legais específicos.

Antes de examinarmos em que consistem os pressupostos para o regular exercício da ação reconvencional, a que aludimos há pouco, devemos dizer que, sob o ângulo prático, a reconvenção foi instituída com o objetivo de atender à política de economia e de racionalização da entrega da prestação jurisdicional. Com efeito, se o réu pretende exercer o direito de ação perante o autor, essa política sugere que ele aproveite o mesmo processo em que foi citado para manifestar a sua pretensão. Desse modo, com a reconvenção passam a existir duas ações, no mesmo processo, submetidas ao mesmo procedimento judicial e que serão apreciadas por uma só sentença. Essa concentração de ações fornece a medida da economia de atos jurisdicionais que com ela se obtém. Deve ser ainda observado que a reconvenção, como a conexão, também se destina a impedir o proferimento de sentenças eventualmente contrastantes, sobre o mesmo negócio jurídico (*in eodem negotio*), pois é preciso lembrar que o exercício da reconvenção pressupõe, dentre outras coisas, um nexo com a ação principal ou com os fundamentos da defesa (CPC, art. 343).

3. Pressupostos legais

A reconvenção, como ação, apresenta os seguintes pressupostos:

a) uma causa pendente, pois a reconvenção, como afirmamos, é uma ação exercida pelo réu no mesmo processo, provocando, com isso, uma aglutinação de ações, onde o autor, na primeira, é réu na segunda, e vice-versa;

b) o exercício no momento oportuno, porque a reconvenção deve ser apresentada na fase de defesa. No processo do trabalho, como não há prazo preestabelecido para o oferecimento de resposta, por parte do réu, este deverá apresentar reconvenção na audiência destinada à sua defesa. Sob o aspecto lógico, a reconvenção vem depois da contestação, conquanto se vá examinar, mais adiante, se quem não contestou poderá reconvir. Se o réu perder o prazo para reconvir, só mediante ação específica poderá manifestar as pretensões que poderia ter deduzido em sede reconvencional;

c) a identidade de procedimentos, porquanto a ação e a reconvenção (que também é ação) devem ser julgadas na mesma sentença, e, para isso, é imprescindível que se subordinem ao mesmo procedimento;

d) a conexão com a ação principal ou com o fundamento da defesa (CPC, art. 343), pois, conforme ficou esclarecido, ambas as ações devem estar vinculadas ao mesmo negócio (*in eodem negotio*), que, no processo do trabalho, cumpre ser entendido, na maioria dos casos, como o contrato de trabalho firmado entre partes;

e) a competência do juízo, pois seria inadmissível que a reconvenção fosse apresentada a juízo incompetente para examiná-la, embora este possuísse competência para a ação principal. Esse pressuposto merece especial destaque, com vistas ao processo do trabalho, porquanto o réu (empregador) não poderia reconvir ao autor (empregado), *v. g.*, para tentar receber, deste, o valor de aluguel vencido ou algum título de crédito proveniente de relação meramente civil ou mercantil.

Examinados os pressupostos para o exercício da reconvenção, cumpre-nos indagar se ela pode ser formulada em determinadas ações, como a rescisória, a de consignação em pagamento, a declaratória, a coletiva, assim como nos regimes litisconsorciais, na substituição processual e na execução.

Ação rescisória. Desde que sejam atendidos os pressupostos que comentamos, nada impede o exercício da reconvenção em ação rescisória. O que se deve levar em conta é a exigência de que a reconvenção se funde em uma das causas de rescindibilidade dos pronunciamentos jurisdicionais de mérito, mencionadas nos incisos I a VIII, do art. 966, do CPC. Embora a resposta reconvencional em ação rescisória seja algo de rara ocorrência prática, ela se justificará quando as partes tiverem ficado vencidas parcialmente diante da sentença rescindenda. O fulcro legal da reconvenção, nesta hipótese, não precisa coincidir, necessariamente, com o da ação principal, mas ser com ela conexa ou com o fundamento da defesa. Do mesmo modo, não se requer que em ambas ações sejam invocados os mesmos juízos *rescindens* e *rescissorium.* Tudo dependerá de cada caso concreto que for submetido à cognição jurisdicional do órgão competente para apreciar a ação rescisória e a resposta reconvencional que aí vier a ser oferecida.

Ação de consignação em pagamento. No processo do trabalho, aceita a ação de consignação em pagamento, passou-se a admitir também a possibilidade de ser, no processo a ela pertinente, apresentada reconvenção. Para isso, foi necessário amoldar-se o procedimento especial da ação de consignação ao procedimento ordinário trabalhista. Foi uma indispensável obra de engenharia doutrinária e jurisprudencial. Mais tarde, a Lei n. 8.951, de 13 de dezembro de 1994, alterou o art. 893, do CPC revogado, de tal maneira que, a contar daí, a petição inicial deve conter, dentre outras coisas, o requerimento para a citação do réu, a fim de que levante o depósito efetuado ou ofereça resposta (inciso II). Assim, o réu passou não mais a ser citado para "vir ou mandar receber a quantia ou a coisa devida". O atual CPC também determina a citação do réu para "levantar o depósito ou oferecer contestação" (art. 542, II).

Essa modificação legislativa facilitou ainda mais a adaptação do procedimento traçado pelo CPC ao que é próprio do processo do trabalho, de tal arte que, aqui, o réu (em regra, o trabalhador) será citado para levantar o depósito feito pelo autor (empregador) ou oferecer contestação. Nesta última hipótese (e na mesma oportunidade), ele poderá, ainda, reconvir, alegando, por exemplo, que era estável no emprego, e pretendendo, em razão disso, a correspondente reintegração.

Ação declaratória. Desde que o réu satisfaça aos requisitos legais específicos, poderá reconvir ao autor na ação em que este busque a obtenção de um decreto jurisdicional que diga da existência ou da inexistência de relação jurídica entre as partes ou da falsidade ou autenticidade de documento (CPC, art. 19). A possibilidade de haver reconvenção em ação declaratória, a propósito, está reconhecida pela Súmula n. 258, do Supremo Tribunal Federal.

Regimes litisconsorciais. É sempre proveitoso recordar que o litisconsórcio, quanto à obrigatoriedade de sua constituição, pode ser:

a) necessário; ou b) facultativo, e, quanto à posição das partes no direito material: a) simples; ou b) unitário.

É *necessário* quando se impõe a presença de todos na relação processual; *facultativo*, quando essa presença total não for exigida. *Simples*, quando a decisão não precisar ser uniforme para todos os litisconsortes; *unitário*, quando essa uniformidade for indispensável.

Reavivados esses conceitos, logo se percebe que, em princípio, a reconvenção é possível nos regimes litisconsorciais mencionados, conquanto, em algumas situações, essa possibilidade deixe transparecer uma certa irregularidade na constituição do litisconsórcio, especialmente, o unitário, como quando a reconvenção se refira somente a alguns dos consorciados na lide.

Citemos, como ilustração, um caso em que a reconvenção seria regularmente manifestada no âmbito de um regime litisconsorcial trabalhista: diversos empregados, alegando haver sido contratados por prazo determinado e despedidos sem justa causa, ingressam em juízo, em regime de litisconsórcio, pretendendo obter a condenação do empregador ao pagamento da indenização prevista no art. 479, da CLT. Este, no entanto, reconvém, asseverando que os autores romperam os contratos de trabalho sem motivo legal, razão por que deseja vê-los condenados ao ressarcimento dos prejuízos que causaram com esse ato (CLT, art. 480). O regime litisconsorcial, na espécie, é: ativo, pois integrado por diversos autores; originário, porque se constituiu para efeito do ingresso em juízo; facultativo, porquanto a sua formação não era necessária (cada autor poderia ter ajuizado, separadamente, a sua ação); simples, pois a decisão não precisa ser uniforme para todos (parte deles teria direito à indenização pretendida, e, parte, não).

Substituição processual. Reiterando a nossa opinião de que não possuímos, no Brasil, uma substituição processual genuína, como tal considerada a que era praticada em certa fase do direito romano antigo, mas simples mandato legal *ad litem* (CF, art. 8.º, III), devemos alertar para a necessidade de o § 5.º do art. 343, do CPC, ser adequadamente entendido.

Se o autor estiver agindo como substituto processual, caberá ao reconvinte afirmar ser titular do direito material em face do substituído e dirigir a reconvenção ao autor, também na qualidade de substituto processual

Execução. Não cabe reconvenção na execução por algumas razões elementares, dentre as quais podemos mencionar: a) a diversidade não só dos procedimentos, mas de processos, pois é inconcebível que, no de execução, possa o devedor formular, perante o credor, pretensões próprias do processo de conhecimento; b) os embargos do devedor não constituem defesa, mas ação constitutiva incidental que este ajuíza, com o escopo de impugnar o título executivo em que se funda a execução ou de impedir, de qualquer modo, que esta prossiga. Logo, não faz sentido pensar-se que o devedor possa, na oportunidade em que vier a exercer a ação de embargos, formular reconvenção, que outra coisa não é do que também uma ação.

Seria, todavia, cabível reconvenção de reconvenção? A investigação em torno do assunto provocou, já na vigência do CPC de 1939, intensa cizânia doutrinária e jurisprudencial. Se estivesse atento aos fatos do passado, como lhe incumbia, o legislador de 1973 teria percebido estar diante de si a oportunidade histórica de dar cobro a essa controvérsia, seja afirmando a possibilidade de haver reconvenção de reconvenção, seja negando-a. Como se omitiu a respeito, rendeu ensejo à continuidade da dissenção entre os doutos quanto à matéria.

São estas, em síntese, as opiniões doutrinais contrárias ao exercício de uma resposta reconvencional em sede de reconvenção: a) o autor deve atribuir a si a culpa por não haver ajuizado a ação, cujas pretensões pretende manifestar mediante reconvenção; b) permitir-se a reconvenção, por parte do autor, será ensejar um agravamento da complexidade do processo, tornando-o interminável; c) exigindo, a lei, que a reconvenção seja formulada na fase de defesa, aí está implícita a declaração de que somente o réu poderá fazer uso dela.

Por outro lado, eram (e, de certa forma, ainda são) estes os argumentos dos que defendiam a possibilidade de haver reconvenção de reconvenção: a) o autor não sabia que o réu iria reconvir, e o seu interesse em agora também oferecer reconvenção pode provir justamente daquilo que foi alegado na ação do réu; b) as ações envolvendo as partes são em número finito, exaurindo-se em curto espaço de tempo; c) a impugnação à reconvenção é contestação, sob qualquer aspecto que se a examine.

Ora, se houver conexão entre os fatos pertinentes a ambas as reconvenções ou se estiverem vinculadas ao mesmo negócio jurídico (*in eodem negotio*), e se for idêntico o procedimento judicial de ambas e competente o juízo para apreciá-las, não se pode recusar a possibilidade de o autor também reconvir ao réu, exatamente porque o interesse daquele pode ser surgido em decorrência da reconvenção apresentada por este. A entender-se de maneira diversa, o autor seria levado a deduzir a sua pretensão (de direito material) em ação distinta, que por ser conexa com a reconvenção faria com que fosse distribuída por dependência ao mesmo juiz, que, por sua vez, ordenaria a reunião dos autos correspondentes (CPC, art. 58), a fim de que as ações fossem julgadas de maneira simultânea (*ibidem*). Em suma: estar-se-ia, em nome de um formalismo injustificável, impondo ao autor um sacrifício, um desgaste e um dispêndio de tempo e de dinheiro que teriam sido perfeitamente evitados se lhe fosse reconhecido o direito de reconvir ao reconvinte.

4. Procedimento

a) Petição inicial

Não sendo, a resposta reconvencional, modalidade de contestação, mas ação do réu em face do autor, no mesmo processo, ela deve ser manifestada por meio de petição inicial. Isso corresponde a afirmar que essa petição deverá preencher os requisitos exigidos pelo art. 840, § 1.º, da CLT, combinado com alguns do art. 319 do CPC: ou seja: a) nomes e prenomes do reconvinte e do reconvindo; b) referência ao juízo a que é dirigida; c) narração dos fatos e indicação dos fundamentos jurídicos do pedido; d) o pedido, com suas especificações.

Não haverá necessidade de ser feita alusão ao estado civil, existência de união estável, número de inscrição no CPF ou no CNPJ, profissão, domicílio e residência do reconvinte e do reconvindo porque essas informações já devem constar dos autos. Sob este aspecto, portanto, a reconvenção coincide com a contestação, na qual também é dispensada a indicação desses dados pessoais das partes.

Como as petições iniciais trabalhistas em geral, a de reconvenção também não precisará conter: a) a indicação dos meios de prova de que o reconvinte se valerá; b) o requerimento de intimação do reconvindo; c) o valor da causa, porquanto no sistema do processo do trabalho: 1) a parte pode produzir (no momento oportuno), sem prévia especificação, todas as provas legalmente permitidas; 2) a citação (a "intimação", na reconvenção, tem essa natureza) é realizada *ex officio* (CLT, art. 841) e 3) conquanto a causa deva ter um valor econômico (CPC, art. 291), não se impõe que esse valor conste da petição inicial (Lei n. 5.584/70, art. 2.º, *caput*).

Na vigência do CPC de 1939, a reconvenção era apresentada junto com a contestação, ou seja, na mesma peça (art. 190). No sistema do CPC de 1973 ela passou a ser exigida em petição apartada, pois constitui modalidade específica de resposta do réu. Desta forma, este, comparecendo a juízo, apresentava (se fosse o caso), em petições distintas, contestação e reconvenção. Ainda que assim devesse ser, não pudemos deixar de reconhecer que eventual formulação de ambas as espécies de resposta numa só peça não implicaria nulidade da reconvenção, nomeadamente, no processo do trabalho, em que o princípio da instrumentalidade, inscrito nos arts. 154 e 244, CPC de 1973, recebia especial e justificada exaltação. Ocasionais dificuldades de ordem prática, que pudessem acarretar o oferecimento da contestação e da reconvenção em peça única, seriam facilmente contornáveis. Pois bem. A redação do art. 343 do atual CPC permite concluir que a reconvenção será apresentada na mesma peça da contestação. Neste aspecto, retorna-se ao sistema do CPC de 1939 (art. 190).

Cumprirá ao juiz determinar, *ex officio*, que o distribuidor proceda à anotação da reconvenção (CPC, art. 286, parágrafo único).

A petição inicial da reconvenção deverá ser instruída com os documentos indispensáveis ao ajuizamento dessa ação (CPC, art. 320; CLT, art. 787), exceto se tais documentos já se encontrarem nos autos ou acompanharem a contestação.

Se o juiz verificar que a petição inicial não atende aos requisitos legais, ou que apresenta defeitos ou irregularidades capazes de dificultar o julgamento do mérito, deverá, mediante despacho, fixar prazo para que o reconvinte a emende ou a complete, no prazo de quinze dias (CPC, art. 321, *caput*). Não cumprida a determinação, a petição será indeferida (*ibidem*, parágrafo único).

Questão interessante diz respeito a saber se o ato que indefere a petição inicial de reconvenção é recorrível, no processo do trabalho. Sabemos que, nos demais casos de indeferimento da inicial, a sentença trabalhista, assim como a civil, pode ser impugnada por meio de recurso. No tocante à petição inicial relativa à reconvenção, todavia, há uma particularidade fundamental, capaz de colocar em dúvida a doutrina quanto à possibilidade de esse ato ser recorrível. Na realidade, o problema tem sido examinado pela doutrina à luz do pressuposto de que o indeferimento da inicial da reconvenção se dá por meio de sentença.

Se entendermos que de sentença se trata e que é irrecorrível, teremos sérias dificuldades para explicar as razões pelas quais todas as outras, que extinguem o processo sem julgamento do mérito, são impugnáveis, ou seja, estaremos criando, de modo arbitrário, uma classe de sentença irrecorrível, quando essa restrição somente pode ser imposta por lei. Logo, quando menos para evitar o cometimento de lesão aos princípios e aos legítimos interesses da parte seria de admitirmos a possibilidade de interposição de recurso ordinário da sentença que indeferisse a petição inicial de reconvenção. Esta conclusão, contudo, traria outros embaraços de ordem prática, que devem ser agora enfrentados.

Admitido o recurso, na espécie com a qual estamos a nos ocupar, de duas, uma: ou se atribuiria a ele, por exceção, o efeito suspensivo, ou não se lhe pespegaria esse efeito.

Se lhe fosse conferido efeito suspensivo, se estaria não só desrespeitando a lei (CLT, art. 899, *caput*) como estimulando o réu mal- intencionado a reconvir apenas com intuito protelatório; se não lhe atribuísse tal efeito, se estaria provocando graves transtornos no procedimento, pois devendo a reconvenção ser apreciada com a ação principal, pela mesma sentença, essa regra acabaria sendo desobedecida, porquanto a ação principal poderia vir a ser julgada antes da reconvenção, considerando-se o recurso interposto da sentença que indeferiu esta última.

A solução que, a princípio, poderíamos preconizar, dentre as apreciadas — e que, pelo aspecto *sui generis* da matéria, jamais poderia manter a desejável harmonia com os princípios e com o sistema — seria admitir-se o recurso ordinário, com efeito excepcionalmente suspensivo do trâmite processual. Em socorro a essa opinião, poderíamos acrescentar que a não se admitir a possibilidade de o reconvinte recorrer isso poderia significar, em alguns casos, um veto fatal ao seu direito de deduzir uma pretensão (substancial) diante do autor, pois há uma acentuada tendência doutrinária e jurisprudencial de não se reconhecer ao réu (empregador) o exercício de ação autônoma para formular pedidos que impliquem a condenação do autor (trabalhador). Assim, se, p. ex., o réu desejasse receber do autor o aviso prévio, a que este estivesse obrigado a oferecer, negada a possibilidade de recurso da sentença que indeferisse a petição inicial de reconvenção e vedado o exercício de ação autônoma, para o fim mencionado, ao réu só caberia ver o seu direito espezinhado.

Todavia, optamos por uma outra solução, — esta sim, verdadeiramente heterodoxa, aos olhos do processo civil —, consistente em dar-se à reconvenção, no processo do trabalho, tratamento semelhante ao que é dispensado aos incidentes processuais, de tal sorte que o ato pelo qual se indeferiria a petição de reconvenção assumiria o caráter de decisão interlocutória, cujo efeito prático residiria na impossibilidade de ser impugnada por meio de recurso autônomo. Com isso, caberia ao reconvinte manifestar o seu "protesto" em audiência, ou na primeira vez em que tivesse de falar nos autos (CLT, art. 795, *caput*), a fim de poder, mais tarde, arguir a nulidade do processo, perante o tribunal.

Esta solução, conquanto possa produzir sobressaltos e inquietações no espírito dos estudiosos do processo civil, é a que, a nosso ver, melhor de harmoniza com os princípios e os objetivos do processo do trabalho; além disso, tem o mérito de atenuar as consequências perturbadoras desses princípios e objetivos, acarretadas pela infiltração da reconvenção nesse processo.

Com isso, procuramos, de um lado, desestimular o oferecimento de reconvenção procrastinatória, e, de outro, assegurar o direito de o reconvinte ver apreciado pelo tribunal o merecimento da decisão que indeferiu, in limine, a inicial da reconvenção — sem que o exame dessa decisão produza a suspensão do processo, conquanto possa eventualmente anulá-lo.

Nossa opinião de que a reconvenção deva ter, no processo do trabalho, o tratamento que é dado aos incidentes processuais não colide, como se possa imaginar, com a, também nossa, de que a reconvenção deve ser manifestada por petição elaborada com observância dos requisitos legais; o caráter de incidente processual, que procuramos atribuir à reconvenção, visou, tão somente, a encontrar uma solução para o problema da possibilidade de impugnação autônoma, ou não, do ato judicial que indefere a petição inicial.

Se fôssemos considerar a reconvenção como ação do réu, deveríamos cogitar da citação do autor, não de sua intimação. Contudo, o próprio legislador, sem deixar de reconhecer a natureza de ação da resposta reconvencional, preferiu o emprego do vocábulo intimado em virtude de as partes já estarem integradas a uma relação jurídica processual, decorrente da ação ajuizada pelo autor-reconvindo (CPC, art. 343, § 1.º). O projeto primitivo do CPC fazia referência à citação (art. 320); no Senado, entretanto, recebeu emenda do Relator-Geral, que atribuiu ao dispositivo a redação que hoje apresenta, ao fundamento de que "pela definição legal de citação e mesmo pela natureza desta, ela é o ato pelo qual se chama a juízo o réu; ora, quando o réu reconvém, o reconvindo já está em juízo, já está na relação processual, razão por que é conveniente manter-se a terminologia vigente (art. 193 do CPC) falando-se em intimação e não em citação".

Sem discutirmos o acerto ou o desacerto dessa atitude do legislador, o fato é que a intimação nos deixa mais à vontade para sustentar o ponto de vista de que a reconvenção deve ser cuidada, no processo do trabalho, como um incidente, a ser resolvido por decisão de caráter interlocutório, que, por isso, é insuscetível de impugnação autônoma.

Como a reconvenção deve ser apresentada na mesma oportunidade da contestação, isso significa que, no processo do trabalho, ambas serão manifestadas em audiência. Antes disso, o juiz formulará a primeira proposta de conciliação (CLT, art. 846, *caput*). Por uma questão de ordem lógica, o juiz fará constar da ata, primeiro, a contestação, e depois a reconvenção. É sempre recomendável que faça registrar, também, o número de documentos que instruem uma e outra. Em seguida, intimará o autor para se pronunciar, no prazo que assinar, a respeito da contestação. Ato contínuo, o intimará para responder à reconvenção.

b) Resposta

Surge, aqui, a dúvida sobre qual o prazo para essa resposta a ser apresentada pelo reconvindo. No processo civil é de quinze dias (CPC, art. 343, § 1.º); conquanto no processo do trabalho também se venha adotando idêntico prazo, pensamos que estaria em maior equilíbrio com o sistema se fosse assinado o prazo de cinco dias, a que se refere o art. 841, *caput*, parte final, da CLT, pois não deixa de ser ilógico e injusto atribuir-se ao réu o prazo (embora mínimo) de cinco dias para se defender (é nesse sentido que vem sendo interpretada a norma legal mencionada) e de quinze dias para o reconvindo se manifestar.

Seja de cinco ou de quinze dias esse prazo — ressaltando o nosso entendimento de que o primeiro seria o mais correto —, uma outra dúvida surge: a resposta do reconvindo deve ser apresentada em audiência ou na secretaria do juízo? Se nos deixássemos influenciar pelo princípio que informa o processo do trabalho não hesitaríamos em asseverar que a resposta à reconvenção deveria ser apresentada em audiência. Razões de ordem prática, entretanto, sugerem que essa manifestação ocorra na secretaria do juízo, onde será protocolada. A designação de audiência específica para que o reconvindo se pronunciasse sobre a reconvenção causaria enorme transtorno aos juízes, sabendo-se que as pautas das audiências trabalhistas, como é notório, se encontram congestionadas, sendo, portanto, extremamente difícil encontrar-se vaga para inserir a relativa à reconvenção. De outra parte, a designação de audiência para a finalidade que estamos a examinar, segundo a rigorosa ordem cronológica, poderia fazer com que ficasse para muito além do desejável, pois não se pode perder de vista que a ação e a reconvenção pertencem ao mesmo processo.

Nenhuma nulidade haverá se se determinar que a resposta à reconvenção seja protocolada na secretaria do juízo; ao contrário, motivos de ordem prática recomendam que assim o seja. Mais uma vez, a supremacia é do princípio da instrumentalidade (CPC, art. 277), cuja excelência justifica, até mesmo, pôr-se de lado determinados princípios do processo do trabalho, que o tempo acabou colocando em descompasso com a realidade dos fatos da vida cotidiana do foro, exatamente porque já não atendem aos interesses dos trabalhadores.

A resposta à reconvenção deve observar as mesmas regras estabelecidas pelo CPC, quanto à contestação à ação, em especial as concernentes ao princípio da eventualidade ou da concentração (art. 336) e ao ônus da impugnação especificada dos fatos (art. 341), com as exceções contidas nos incisos deste último dispositivo.

c) Instrução

A despeito de a reconvenção ser ação do réu, que, por isso, não se confunde com a do autor, ambas se subordinam ao mesmo procedimento, inclusive, quanto à instrução.

Assim, as partes e as testemunhas, em seus depoimentos, dirão sobre os fatos da ação e da reconvenção, indistintamente, salvo se algum motivo particular justificar que, na ata, sejam identificadas as respostas por elas dadas, conforme se refiram à ação ou à reconvenção.

Merece comentário particular, todavia, a prova documental. Tanto a CLT (art. 787) quanto o CPC (art. 320) exigem que a petição inicial seja instruída com os documentos indispensáveis ao ajuizamento da ação. Por outro lado, o CPC impõe que também a contestação se faça acompanhada dos documentos destinados a provar os fatos aí alegados (art. 434). Esta determinação do CPC é aplicável ao processo do trabalho, em que pese à injustificada resistência daqueles que supõem que o princípio da simplicidade, que orienta este processo, dispense as partes de qualquer disciplina probatória. Simplicidade, *data venia,* não é pretexto para tumultos ou fugas à ordem. Todas as normas legais até aqui indicadas, portanto, devem incidir, por inteiro, na reconvenção e na resposta que a ela se ofereça. Desta forma, a inicial da reconvenção deve trazer os documentos em que se funda (CLT, art. 787), do mesmo modo como a contestação a ela deve ser instruída com os documentos atinentes aos fatos narrados pelo reconvindo (CPC, art. 434). A junção de documentos, para além desses momentos, só se justifica quando destinados a fazer prova de fatos ocorridos depois dos articulados ou para contrapô-los aos que forem afirmados pela parte contrária (CPC, art. 435). Fora disso, será estimular os litigantes à prática de atos tumultuários do procedimento e abrir ensejo para que os que, movidos pela má-fé, procuram converter o processo em instrumento de suas conveniências.

De resto, estando a reconvenção imbricada com a ação principal, a instrução daquela se funde com a desta, inclusivamente, quanto à prova pericial, às cartas precatórias, à inspeção judicial, etc.

d) Razões finais e segunda proposta de conciliação

Encerrada a instrução, incumbirá ao juiz conceder a cada parte o prazo de dez minutos, para que aduzam razões finais (CLT, art. 850, *caput*). Deve ser abandonada a praxe, adotada por alguns juízos, de substituir as razões finais por memoriais escritos. No processo do trabalho, as razões finais devem anteceder à segunda proposta de conciliação; a praxe, a que nos referimos, subverte essa ordem ao permitir que ditas razões sejam oferecidas depois da proposta final de conciliação. O que se pode fazer é facultar a apresentação de memoriais, sem prejuízo das razões finais, que devem ser produzidas no momento previsto em lei.

Decorrido o prazo para as razões finais, sejam ou não aduzidas, o juiz formulará a segunda proposta de conciliação. Como já acentuamos, a conciliação, em concreto, assume as características de transação, assim entendido o negócio jurídico bilateral mediante o qual se põe fim ao processo com julgamento do mérito (CPC, art. 487, III, "*b*"). Esta expressão legal, se bem a analisarmos, fica muito a dever às exigências científicas a respeito do rigor vocabular. Quando as partes transigem, não há dúvida de que esse ato afeta o mérito da causa; dizer-se, contudo, como fez o legislador, que o processo se extinguirá com julgamento do mérito parece-nos ir-se além da medida, porquanto mesmo que se torne imprescindível para a validade jurídica desse negócio jurídico a sentença homologatória, o juízo, ao emiti-la, nada julga, nada acrescenta e nada retira, senão que dá o seu beneplácito a essa manifestação convergente da vontade das partes. Melhor será, pois, que se diga que, por força da transação e da sentença que a homologa, o processo se extingue com exaustão do mérito. Talvez atento a críticas como a que formulamos, o legislador *alterou a redação do art. 487, caput, do CPC, para dispor que "Haverá* resolução de mérito; (...)".

e) Desistência

Declara o art. 343, § 2.º, do CPC, que a desistência da ação, ou a existência de qualquer causa que a extinga, não obsta o prosseguimento da reconvenção.

Essa dicção legal demonstra a autonomia das ações principal e reconvencional e dos processos que lhes correspondem. A unidade é, apenas, com relação ao procedimento.

Quanto à extinção do processo pertinente à ação principal, o tema não requer maiores explicações; a ponderar-se, contudo, a possibilidade de, em alguns casos, essa extinção provocar inevitável ressonância na própria reconvenção — particularidade que parece não haver sido considerada pelo legislador, ao redigir o art. 343, § 2.º, do estatuto processual civil. Digamos, *v. g.*, que o processo relativo à ação principal venha a ser extinto em decorrência da ilegitimidade ad causam de uma das partes: é óbvio que esse fato irá repercutir na reconvenção, pois essa ilegitimidade dirá respeito, *ipso facto*, ao reconvinte ou ao reconvindo, provocando, com isso, também a extinção do processo alusivo à ação reconvencional.

No que concerne à desistência da ação, havendo reconvenção, entretanto, o assunto requer uma nota explicativa. Como o réu é citado para ação, e posteriormente a isso apresenta contestação e reconvenção, resulta evidente que a possibilidade de o autor desistir da ação principal fica subordinada à concordância do réu-reconvinte. Vindo este a anuir com a desistência, o processo alusivo à ação principal será extinto (CPC, art. 485, VIII), cujo fato não impedirá o prosseguimento da reconvenção, configurando-se, assim, a hipótese de que cogita o art. 343, do CPC. Caso, porém, o réu não concorde com a precitada desistência, o processo terá curso, juntamente com o da reconvenção.

Para que a desistência da ação produza os efeitos legais pretendidos, será indispensável a sua homologação por sentença (CPC, art. 200, parágrafo único). Isso equivale a afirmar que enquanto não houver homologação, o processo tramitará como se a desistência não tivesse sido manifestada. A não se considerar assim, as palavras da lei cairiam no vazio.

É elementar, por outro lado, que se não havia decorrido o prazo para a resposta do réu a desistência da ação independerá do assentimento deste (CPC, art. 485, § 4.º), hipótese em que, mormente no processo do trabalho: a) a homologação do ato não poderá ser recusada pelo juízo; b) o réu não poderá oferecer reconvenção.

Acrescente-se que no regime litisconsorcial do tipo facultativo a desistência da ação é possível, atendidas as exigências legais. No litisconsórcio necessário, porém, a desistência de um dos compartes é inadmissível, precisamente porque, aqui, é imprescindível a integração de todos na relação jurídica processual.

f) Sentença

Serão julgadas pela mesma sentença a ação e a reconvenção. O CPC revogado possuía expressa disposição a esse respeito (art. 318), cuja regra foi, por certo, implicitamente recepcionada pelo Código atual. Há algo de vago, a esse respeito, na parte final da letra *"a"* do inciso III do art. 487 do CPC.

Essa exigência de julgamento pela mesma sentença é perfeitamente compreensível, pois embora haja uma autonomia ontológica entre a ação principal e a reconvenção, ambas se subordinam a um só procedimento. Logo, incorrerá em *error in procedendo* o órgão jurisdicional que proferir duas sentenças: uma para a ação, outra para a reconvenção. É bem verdade que se isso ocorrer não haverá nulidade das sentenças, cuidando o juiz, todavia, de reuni-las o quanto antes, a fim de que, se for o caso, possam ser impugnadas por um só recurso e se submetam a uma só execução. Eventual separação das sentenças poderia fazer com que, em virtude do julgamento dos recursos, elas se tornassem antagônicas, criando, com isso, uma antinomia que reclamaria muito engenho e arte para ser desfeita.

Em torno da afirmação de que a sentença deva ser uma só devem ser feitas algumas observações. Em primeiro lugar, a própria cronologia do ingresso em juízo faz com que ação, em princípio, seja apreciada antes do que a reconvenção; situações excepcionais, contudo, exigirão que se altere essa ordem, como quando a matéria que dá conteúdo à reconvenção possa abarcar ou prejudicar a da ação principal. Em segundo, a reconvenção deve ser expressamente julgada, sendo, por isso, recomendável que se abandone a praxe, estabelecida em certos foros, de considerá-la implicitamente examinada em decorrência do que se decidiu no julgamento da ação principal. Afinal, são duas lides autônomas, que, em razão disso, requererem apreciações distintas, ainda que estas se contenham numa só sentença. Se a sentença julgar, apenas, a ação principal, essa omissão deverá ser sanada por meio de embargos declaratórios. Não sendo oferecidos esses embargos, ou se forem rejeitados, a sentença, transitando em julgado, ensejará o exercício da ação rescisória, pois o juízo, ao deixar de julgar a reconvenção, violou o art. 5.º, inciso XXXV, da Constituição Federal, de tal modo que a rescisória estará calcada no inciso V, do art. 966, do CPC.

Na hipótese de o réu, ou mesmo o reconvindo, haver requerido, na contestação que apresentaram, a emissão de sentença declaratória incidental, para que a questão prejudicial, então suscitada, seja alcançada pelo fenômeno da coisa julgada material (CPC, art. 502), caberá ao juízo emitir essa declaração, na mesma sentença que apreciar a ação e a reconvenção.

Pode acontecer, no entanto, de a lide relativa à ação principal estar em condições de ser julgada antecipadamente, mas a da reconvenção, não. Digamos, *v. g.*, que a matéria da ação principal seja exclusivamente de direito, ao passo que a da reconvenção envolva fatos que devam ser provados. Como deverá proceder o juiz, diante disso: julgar, de forma antecipada a ação principal, e, mais tarde, a reconvenção, ou reservar-se para apreciar uma e outra na mesma sentença? Deverão ser julgadas na mesma sentença, sob pena de termos, na verdade, duas sentenças: a da ação e a da reconvenção. Na prática, verificando, o juiz, que na ação principal não haverá necessidade de produzir provas, declarará encerrada a instrução que a ela corresponde, permitindo, contudo, que as partes possam provar os fatos atinentes à reconvenção. Concluída a instrução desta, concederá prazo para as razões finais e formulará a segunda proposta de conciliação, após o que proferirá sentença onde julgará ambas as ações.

Nada impede, também, que, em outra situação, o julgamento seja convertido em diligência, a fim que se pratique algum ato, relativamente à ação principal ou à reconvenção, situação em que, mesmo assim, o juiz providenciará para que ambas sejam julgadas por sentença única.

Sob o aspecto estritamente formal, a sentença deverá atender aos requisitos previstos nos arts. 832, da CLT, e 489, *caput*, do CPC, vale dizer: a) o relatório, no qual o juiz mencionará o nome das partes, o resumo dos pedidos e das respostas e os principais fatos relacionados com a ação principal e com a reconvenção; b) a fundamentação, em que serão apreciados os fatos, à luz das provas e do direito e de outros princípios que possa o juiz invocar; c) o dispositivo, que refletirá o resultado da apreciação feita na motivação, quando o juiz condenará o autor ou o réu, o reconvinte ou o reconvindo, no todo ou em parte.

Quanto aos demais requisitos previstos nos §§ 1.º e 2.º, do art. 489, do CPC, serão examinados na oportunidade dos comentários a esse dispositivo legal. Para já, entretanto, os consideramos incompatíveis com o processo do trabalho. Será admissível, *mutatis mutandis*, a incidência do disposto no § 3.º.

É recomendável que a sentença defina a forma de liquidação (cálculos, artigos, arbitramento), sendo, todavia, imprescindível a indicação do valor das custas devidas (CLT, art. 832, § 2.º).

O CPC de 1973 não admitia a reconvenção no procedimento sumário (art. 278, § 1.º), embora permitisse ao réu, na contestação, formular pedidos, em seu favor, desde que fundados nos mesmos fatos constantes da inicial. Tratava-se aí não de reconvenção (pois os pedidos do réu deveriam ser feitos na contestação) e sim de ação dúplice. Se, por exemplo, o autor alegasse que o contrato por prazo determinado (CLT, art. 445) fora rescindido pelo réu sem justa causa e, em razão disso, pedisse a condenação deste ao pagamento de indenização, na forma do art. 479, *caput*, da CLT, o réu, embora não pudesse reconvir, poderia formular, na contestação, pedido contraposto, com fulcro no art. 480, da CLT, ao argumento de que a ruptura do contrato havia sido de iniciativa do autor, sem justa causa, motivo porque este deveria ser condenado a ressarcir o réu pelos prejuízos que lhe foram acarretados.

Conquanto, sob o rigor técnico, esse pedido contraposto, formulado pelo réu, não configurasse reconvenção, o resultado prático era o mesmo, entre aquele e esta.

§ 1.º Como, no processo do trabalho, a contestação e a reconvenção são apresentadas em audiência, nessa mesma oportunidade o reconvindo será intimado para responder. Esse prazo, do referido processo, deveria ser de cinco dias, por simetria como art. 841, a CLT; todavia, tem-se adotado o mesmo prazo fixado pelo CPC: quinze dias. O reconvindo será intimado, na audiência, na pessoa do seu advogado, exceto se estiver postulando, pessoalmente, em juízo.

Está em harmonia com o princípio da simplicidade, que informa o processo do trabalho, o Enunciado n. 45, do Fórum Permanente de Processualistas Civis (Salvador, 2013), conforme o qual "*Para que se considere proposta a reconvenção, não há necessidade de uso desse nomen iuris, ou dedução de um capítulo próprio. Contudo, o réu deve manifestar inequivocamente o pedido de tutela jurisdicional qualitativa ou quantitativamente maior que a simples improcedência da demanda inicial*" (Grupo: Litisconsórcio, Intervenção de Terceiros e Resposta do Réu)

§ 2.º Eventual desistência da ação, ou ocorrência de alguma causa que impossibilite o exame do mérito, não prejudica a reconvenção, motivo pelo qual o processo prosseguirá quanto a esta.

§ 3.º Pode figurar no polo passivo da reconvenção não somente o autor, mas o terceiro. Poderá haver, contudo, um problema de ordem técnica se o terceiro for, por exemplo, um assistente. Realmente, como a reconvenção deve ser apresentada com a contestação, e como ao assistente é permitido intervir no processo enquanto a causa estiver pendente (art. 119, *caput*), pode ocorrer de a intervenção após o oferecimento da reconvenção — que, por motivo óbvio, não terá sido dirigida ao terceiro. Nesse caso, caberá ao juiz indagar ao reconvinte se pretende, ou não, ver o assistente integrado à relação processual reconvencional. A consulta do magistrado ao reconvinte é necessária, porque este não é obrigado a direcionar a reconvenção também ao assistente, como demonstra o art. 343, § 3.º Havendo resposta afirmativa, por parte do assistente, o juiz deverá intimá-lo para responder à reconvenção em quinze dias. Pensamos, todavia, que a inclusão do assistente na relação processual reconvencional somente será possível se não foi realizada a instrução oral do processo (depoimento das partes, inquirição de testemunhas). A não ser assim, a intervenção do assistente seria, manifestamente, tumultuária do procedimento, pois este poderia querer produzir provas dessa natureza depois de realizada a instrução alusiva à ação.

§ 4.º Assim como o terceiro pode figurar no polo passivo da relação processual reconvencional (§ 3.º), também pode figurar no polo ativo dessa relação. Nada obsta, pois, a que o réu estabeleça um regime litisconsorcial com o assistente, a fim de deduzirem pretensões reconvencionais em face do reconvindo.

§ 5.º Caso o autor seja substituto processual, o reconvinte deverá declarar ser titular de direito (material) perante o substituído, e a reconvenção deve ser exercida em face do autor, também na qualidade de substituto processual. Aparentemente, a disposição legal foi inserida no sistema para resolver o problema criado pela redação do art. 315, parágrafo único, do CPC anterior, que vedava a possibilidade de o réu, em nome próprio, reconvir ao autor quando este demandasse em nome de outrem (substituído). No sistema revogado, portanto, não era admissível a reconvenção quando o autor estivesse atuando como substituto processual. No CPC atual, permite-se a reconvenção, desde que o reconvinte afirme ser titular de direito diante do substituído. O autor terá, pois, dupla qualidade de substituto: na ação e na reconvenção. Não se trata, aqui, de faculdade do reconvinte, mas de exigência da lei, como evidencia o verbo dever, utilizado na redação do § 5.º do art. 343.

§ 6.º Ao réu será lícito reconvir sem contestar: é o que está no texto legal. Coloquemos, entrementes, um grão de sal na questão.

Este tema, por sua complexidade, merece análise detida. Digamos que o empregado tenha ingressado em juízo, alegando haver sido despedido sem justa causa, postulando, em consequência, a condenação do réu ao pagamento do aviso prévio. O réu, todavia, sem impugnar esses fatos e o pedido correspondente, apresenta reconvenção, na qual alega que o autor se demitiu sem justa causa, motivo por que deseja receber, dele, o aviso prévio. O que está na base dessa questão *é saber se o réu que não impugnou tais fatos pode reconvir.*

Separemos as situações. Se o réu não contesta, é revel, e, em razão disso, verificado o efeito da revelia, o juiz reputará verdadeiros os fatos narrados pelo autor. Incide, aqui, o art. 344, do CPC. Vejamos agora se a mesma solução deve ser adotada no caso de o réu não impugnar determinado fato alegado pelo autor, embora tenha apresentado defesa (omissa quanto ao referido fato, insistamos). É provável que alguém viesse a argumentar que, nesta hipótese, ele poderia reconvir, pois não é revel. E prosseguiria, por suposto: se, na reconvenção, o réu vier a alegar fatos que se contraponham aos narrados pelo autor, a circunstância de não haver impugnado o fato posto pelo adversário na petição inicial não autorizará o juiz a considerá-los verdadeiros. E concluiria dizendo que o próprio art. 341, III, do CPC, declara que os fatos expostos na inicial não serão reputados verdadeiros (diante da falta de impugnação pelo réu) "se estiverem em contradição com a defesa, considerada em seu conjunto' (destacamos). Tal argumento, porém, ainda que sedutor, estaria comprometido por um paralogismo indisfarçável.

Realmente, quando o art. 341, III, do CPC, afirma que não serão presumidos verdadeiros os fatos alegados na inicial sempre que estiverem em antagonismo com a defesa, está, evidentemente, a usar o vocábulo defesa como sinônimo de contestação. Desta forma, ainda que o réu não haja impugnado de maneira expressa tais fatos, a particularidade de eles estarem em contradição com o conjunto da defesa, formado não somente pelos argumentos ou alegações capazes de afastar as expendidas pelo autor, mas também por documentos que instruam a contestação, faz com que a presunção de veracidade não se estabeleça, permanecendo com o autor, conseguintemente, o ônus de provar a veracidade dos fatos narrados. Reconvenção, todavia, nem mesmo por antonomásia guarda sinonímia com defesa. Segue-se, que se o réu não impugnar os fatos constantes da inicial, estes poderão ser considerados verdadeiros mesmo que ele venha a oferecer reconvenção, na qual alegue fatos que se contraponham aos descritos pelo autor. Ora, no momento em que o réu, devendo impugnar, na contestação, os fatos mencionados pelo autor, não o faz, o seu silêncio gera a "presunção" de que ditos fatos são verdadeiros; ou melhor: faz com que esses fatos se tornem incontroversos, de tal maneira que não só dispensam qualquer atividade probatória (CPC, art. 374, II), como impedem a apreciação dos fatos que o reconvinte vier a contrapor. Persistindo: como a reconvenção é apresentada posteriormente à contestação (ainda que na mesma peça) e como, na contestação, o réu não impugnou os fatos alegados na petição inicial, a sua tentativa de refutá-los na reconvenção encontra obstáculo na preclusão que fez descer sobre esses fatos a cortina da indiscutibilidade.

Seção IV

Revelia

Capítulo I

Conceito

Estabelece o CPC:

> Art. 344. Se o réu não contestar a ação, será considerado revel e presumir-se-ão verdadeiras as alegações de fato formuladas pelo autor.

O vocábulo revel (do latim *rebellis*) significa, na linguagem processual, aquele que, citado (réu), deixou, sem qualquer justificativa razoável, de contestar os fatos alegados na inicial. O substantivo revelia designa, portanto, a qualidade de quem é revel.

Sob este aspecto, há indiscutível sinonímia entre as palavras revelia e contumácia, embora alguns autores tenham procurado fazer crer que esta seria a causa daquela, ou, ainda, que a contumácia seria o gênero, do qual a revelia se apresentaria como espécie. Não nos parece, contudo, que essa tentativa de separar os conceitos de uma e de outra tenha base científica, e, mesmo, léxica. Em essência, tanto a revelia quanto a contumácia traduzem o fato caracterizado pela inexistência de resposta do réu que tenha sido citado.

Revelia, entretanto, não é pena, conforme costumam supor, irmanadas no erro, doutrina e jurisprudência. A pena pressupõe o inadimplemento de uma obrigação, sendo certo que nenhuma norma processual moderna obriga o réu a responder à ação. O que há, quando muito, é um seu ônus nesse sentido, cuja quebra fará com que se presumam verdadeiros os fatos alegados pelo autor. Nem mesmo a confissão é pena, ao contrário do que têm alardeado aqueles que não se dão ao cuidado de examinar o senso exato das palavras que utilizam. Não existe uma obrigação legal de impugnar os fatos narrados pelo adversário, mas, apenas, um dever quanto a isso.

O que deve ser entendido, para evitar equívocos comprometedores, é que o réu tem o direito de ser regularmente citado, a fim de que, cientificado, por essa forma, da existência da ação, possa fazer uso da faculdade de se defender. Por outros termos: o direito de ampla defesa lhe é constitucionalmente assegurado, conquanto o efetivo exercício desse direito entre no seu livre arbítrio. É verdade que se o réu deixar de responder à ação, sem justificativa razoável, sofrerá as consequências processuais de sua incúria, que, como sabemos, consistirão na presunção de veracidade dos fatos descritos na peça inicial.

Do quanto expusemos até esta parte, podemos formular, sem rebuços, o seguinte conceito de revelia: é a ausência injustificada de contestação do réu, que tenha sido regularmente citado. Aí estão, a nosso ver, os elementos essenciais do conceito, agora mencionados em outra ordem: a) citação do réu; b) ausência de contestação; c) inexistência de justificativa legal desse silêncio.

Nem toda ausência de resposta configura revelia. Lembremos que essas respostas compreendem, no processo do trabalho, as exceções, a contestação e a reconvenção. Se o réu deixar, digamos, de excepcionar o juízo, por certo não será revel. A revelia emana, exclusivamente, da falta de contestação.

Como a revelia, enquanto fato processual, espelha a ausência de contestação do réu à ação ajuizada pelo adversário, o que ao réu incumbirá, caso se sinta seguro para comprovar os motivos pelos quais deixou de responder, será procurar elidir esse estado, ou seja, a revelia, perante o tribunal, com objetivo de ver assegurado o seu direito de apresentar, no juízo de primeiro grau, a resposta que desejar.

Por esse motivo, incidirá em erro o réu toda vez que, ao interpor recurso ordinário da sentença condenatória proferida à sua revelia, procurar discutir o mérito da causa. Se isso fosse possível, estaria sendo suprimido um grau de jurisdição, levando-se em conta o fato de o réu não haver impugnado o mérito em primeiro grau. Portanto, no caso de revelia, o recurso que vier a ser interposto pelo réu deverá estar circunscrito à elisão do seu estado de revelia, para que ele possa oferecer, no juízo a quo, contestação.

É conveniente revermos algumas concepções do passado a respeito da revelia, para que possamos melhor entender esse acontecimento do processo.

Alguns estudiosos chegaram a identificá-la como uma rebelião ao poder do juiz. Dessa rebeldia extraía-se o fundamento para a punição do revel. Essa opinião, contudo, não pode prosperar nos tempos modernos, nos quais a resposta do réu, como afirmamos, não é obrigatória nem figura como requisito fundamental para o desenvolvimento do processo. O que se exige é que ele seja citado, vale dizer, cientificado da existência da demanda.

Chegou-se, também, a reconhecer na revelia a renúncia ao direito de defesa. Essa teoria pecou pelo excesso. Se sustentasse que a contumácia corresponderia à renúncia ao direito de resposta, poderia até ser aceitável. Falar, todavia, em renúncia ao direito de defesa importa ir além da medida, pois o conceito de defesa, como sabemos, é bem mais amplo do que o de resposta. Desde o sistema do CPC de 1939, em nosso meio se assegurou a possibilidade de o revel intervir da causa para se defender, recebendo-a no estado em que se encontre. Isso demonstra que a única renúncia capaz de ocorrer na revelia é quanto ao direito de responder, nunca de se defender.

Pensou-se, ainda, na revelia como uma espécie de desistência da faculdade de agir. Essa corrente de pensamento, conquanto tenha o mérito de aproximar-se da concepção hoje predominante, fica sem poder dar uma explicação suasória diante do fato de que essa desistência acarreta consequências processuais desfavoráveis ao revel. Conforme pudemos argumentar em defesa do conceito que formulamos anteriormente, em que pese ao fato de o exercício do direito de resposta do réu estar ligado a uma sua faculdade, isso não significa que a opção de não fazer uso dessa faculdade não lhe acarrete consequências prejudiciais. Demais, o revel não desiste da faculdade de agir, mas, apenas, de responder (contestar, no caso). Valemo-nos, aqui, das mesmas objeções que lançamos à teoria da renúncia ao direito de defesa: há excesso no seu conteúdo.

A teoria da inatividade, formulada por notáveis juristas italianos (Chiovenda, Beti), procurou explicar a revelia a partir do elemento objetivo da contumácia, desprezando, assim, o subjetivo. Para ela, portanto, a lei levaria em conta, apenas, o aspecto objetivo da revelia, que se manifestaria sob a forma de uma aceleração ou de simplificação do procedimento, em decorrência da falta do contraditório. Exatamente por isso é que essa teoria rejeitou a relevância de questões como confissão fictícia, intenção do revel, justiça da sentença, por serem de foro subjetivo. Essa concepção doutrinária, porém, não se ajusta à nossa realidade legislativa, pois a norma processual não reduz a revelia a mera simplificação do procedimento, prevendo também consequências jurídicas desfavoráveis ao revel, consubstanciadas na presunção (ainda que relativa) de veracidade dos fatos alegados pelo autor.

Nenhuma das teorias aqui expostas, como já se pode inferir, se sustenta diante de nosso sistema processual, embora sejam perfeitamente apropriadas e abalizadas para justificar sistemas vigorantes nos países de origem.

Como afirmamos, no processo civil brasileiro as partes têm deveres em face do processo, como os de expor os fatos em juízo conforme a verdade; não formular pretensões, nem alegar defesa, cientes de que são destituídas de fundamentos; não produzir provas, nem praticar atos inúteis ou desnecessários à declaração ou defesa do direito; cumprir com exatidão as decisões jurisdicionais, de natureza provisória ou final, não criar embaraços à efetivação de pronunciamentos jurisdicionais de natureza antecipatória ou final; declinar o endereço em que receberão intimações e atualizar essas informações quando for o caso; não praticar inovação ilegal no estado de fato de bem ou direito litigioso (CPC, art. 77). Devem ser mencionados, ainda, os deveres de comparecer a juízo para serem interrogadas e de responder ao que lhes for interrogado, assim como de submeter-se à inspeção judicial, de praticar o ato que lhe for determinado (art. 379, I a III); de tratar as testemunhas com urbanidade (CPC, art. 459, § 2.º) e de não praticar ato atentatório à dignidade da Justiça (CPC, art. 774), entre outros.

Interessam-nos, em especial, os deveres de expor os fatos em juízo conforme a verdade (CPC, art. 77, I) e de impugnar os fatos alegados pelo autor, sob pena de serem presumidos verdadeiros (CPC, art. 341).

Quando o autor invoca a prestação da tutela jurisdicional, com o escopo de promover a defesa de um bem ou de uma utilidade da vida, ele o faz por meio de um instrumento específico de provocação dessa atividade estatal, a que se denomina petição inicial. Nesta, incumbir-lhe-á narrar os fatos dos quais extrairá, mais adiante, os pedidos. Vimos que esses fatos devem ser narrados de acordo com a verdade. Se tais fatos não correspondem à verdade, cabe ao réu impugná-los. Não o fazendo, a consequência objetiva, prevista pelo nosso sistema processual, é a presunção de veracidade dos fatos constantes da inicial. Os nossos códigos se afastaram, como se percebe, da tradição romana, segundo a qual, mesmo havendo contumácia, o autor permanecia com o ônus de comprovar os fatos alegados. Não vem ao encontro do propósito da análise que estamos a empreender se essa atitude do legislador brasileiro foi correta, ou não, embora antecipemos a nossa opinião de que foi.

À luz do processo civil de nosso País (e, por extensão, do processo do trabalho), a revelia encontra no próprio sistema a justificação (técnica, política, lógica) de sua existência, uma vez que se há um dever do autor (para cogitarmos somente dele) de expor os fatos, na petição inicial, conforme a verdade, e um dever do réu, de impugnar esses fatos, caso os repute inverídicos; é evidente que a revelia, à qual se liga a falta de depoimento do réu, implica o reconhecimento tácito, por parte deste, de que são efetivamente verdadeiros esses fatos.

Se a norma legal ordena, em nome do princípio do contraditório, que se dê ao réu a oportunidade para refutar os fatos afirmados pelo adversário, e ele nem sequer comparece a juízo para fazê-lo, é absolutamente razoável que ditos fatos tenham em seu favor a presunção, ainda que relativa (*iuris tantum*), de veracidade, pois não seria justo exigir que o autor os provasse mesmo quando o réu tenha preferido manter injustificado silêncio diante deles.

Não se trata, portanto, de rebelião ao poder do juiz, nem de renúncia ao direito de defesa, ou de desistência da faculdade de agir ou de inatividade do réu, e, sim, de quebra, por parte deste, dos deveres legais de vir a juízo, a fim de impugnar, com precisão (especificamente), os fatos narrados pelo autor e de submeter-se ao interrogatório.

Preocupam-se, alguns estudiosos, com a possibilidade de a confissão presumida, decorrente do silêncio do réu, acabar consagrando a inverdade, a mentira, sempre que os fatos expostos na inicial não forem verdadeiros. Ora, essa objeção é insustentável, seja porque se nada há nos autos, capaz de demonstrar que os fatos são falsos, seria de indagar-se com que fundamentos jurídicos se poderia alegar essa falsidade, seja porque a possibilidade de acabar prevalecendo a inverdade não é algo que decorra, com exclusividade, da revelia e da ausência de depoimento, podendo, infelizmente, ser produzida mesmo nos casos em que não ocorra a revelia, bastando, para isso, que o réu induza, por exemplo, as suas testemunhas ao falseamento da verdade.

O que o juiz deve ter em mente, nas situações de revelia (ou de ausência de depoimento do réu), é que a confissão fictícia, como o próprio adjetivo o demonstra, não constitui uma porta escancarada para a admissibilidade, como verdadeiros, dos fatos alegados pelo autor, se não que um expediente, uma fórmula objetiva (e, também, artificiosa), idealizada pelo legislador, para superar o problema acarretado por aquele que deixou de atender aos deveres de impugnar os fatos expostos pelo adversário e de submeter-se ao interrogatório. A presunção de veracidade desses fatos, enfim, não deve ser um pretexto para que o juiz renuncie ao seu poder de direção do processo e ao seu dever de investigação da verdade, mas, sim, um pano-de-fundo, que será utilizado sempre que não lhe for possível fazer aflorar, sem quebra da imparcialidade, a verdade dos fatos.

Ninguém ignora o vetusto mandamento de que juiz deve formar a sua convicção jurídica acerca dos fatos da causa com fulcro na verdade formal, que é aquela constituída nos autos (*quod non est in actis non est in mundo*); toda vez, porém, que a verdade formal não coincide com a real (os fatos, tais como existiram), essa anomalia fenomênica faz com que a opinião pública realize um perigoso saque contra o prestígio dos pronunciamentos da jurisdição.

Por isso, é imprescindível que os juízes sejam comedidos na aplicação prática dos preceitos legais pertinentes à revelia e à confissão ficta, cujas existências, entretanto, se justificam, sob o aspecto pragmático, como providência para resolver situações provocadas por aquele que, sem razão alguma, pôs de lado deveres legais específicos, como os de submeter-se ao interrogatório judicial e de impugnar os fatos alegados pelo adversário.

A abreviação do procedimento, nestas hipóteses, não é um fim visado pelo legislador, senão que uma decorrência lógica da incontrovérsia que o silêncio do réu fez gerar no tocante a esses fatos. Aludimos à abreviação do procedimento porque, nos termos do art. 355, inciso II, do CPC, a revelia constitui um dos casos que autorizam o julgamento antecipado do mérito. Essa antecipação significa que o juiz poderá suprimir, no todo ou em parte, a fase de instrução oral do processo.

1. A revelia e a Súmula n. 122, do TST

Até o momento em que preparávamos a terceira edição deste livro, a Súmula n. 122, do TST, não havia sido cancelada ou modificada.

Consta da precitada Súmula: "*A reclamada, ausente à audiência em que deveria apresentar defesa, é revel, ainda que presente seu advogado munido de procuração (...)*". Anteriormente à Lei n. 13.467/2017, criticávamos o conteúdo dessa Súmula por ser, juridicamente, insustentável. Não ignorávamos a norma do art. 844, *caput*, parte final, da CLT, de acordo com a qual "*o não comparecimento do reclamado (à audiência) importa revelia, além de confissão quanto à matéria de fato*". Era necessário esclarecer, no entanto que essa disposição legal partia do pressuposto de que o réu compareceria, pessoalmente, à audiência, para promover a sua defesa, como lhe faculta o art. 791, *caput*, da CLT. Sendo assim, era evidente que a ausência injustificada do réu à audiência significava que ele não teria apresentado defesa, sendo, por isso, considerado revel. Todavia, quando o réu não fosse à audiência, mas a esta comparecesse o seu advogado, regularmente constituído, considerar-se o réu revel seria algo que beiraria ao surrealismo. Assim afirmávamos, porque o advogado estaria portando defesa escrita ou poderia formulá-la oralmente (CLT, art. 847). Em quaisquer dessas situações o réu jamais poderia ser considerado revel, pois a revelia se configura com a ausência de contestação (defesa). O que se poderia admitir, em tese, é que o réu fosse considerado confesso em virtude de não haver prestado depoimento pessoal. Ainda assim, isso só se justificaria nos juízos que adotassem a denominada audiência *una*. Cuidando-se de audiência fracionada em sessões *(inicial, instrução e julgamento), nem mesmo se poderia considerar o réu confesso, uma vez que na audiência* inicial, segundo a praxe consagrada, o réu se limitaria a manifestar-se sobre a primeira proposta de conciliação (CLT, art. 846) e, não havendo conciliação, a apresentar a defesa (CLT, art. 847); o seu depoimento, assim como o do autor, e a inquirição das testemunhas somente seriam realizados na próxima audiência, dita "de instrução".

Após asseverarmos que Súmulas do TST, felizmente, ainda não são vinculativas (o adjetivo *vinculante* não está dicionarizado), concluíamos o nosso argumento para dizer que, em atenção aos princípios e ao bom senso, ausente o réu da audiência em que deveria formular a sua defesa, mas presente o seu advogado regularmente constituído, o juiz deveria: a) formular a primeira proposta de conciliação (CLT, art. 8446, *caput*); b) recusada a proposta conciliatória, receber a defesa que o advogado estivesse portando, ou permitir-lhe aduzi-la oralmente; c) interrogar o autor (se entendesse necessário ou conveniente) ou encerrar a instrução; d) abrir oportunidade para a adução de razões finais orais; e) formular a segunda proposta de conciliação; f) proferir sentença. Se o juiz verificasse, na audiência, após a defesa do réu, que não ocorreram os efeitos da revelia, determinaria que o autor especificasse as provas que pretendia produzir, na mesma audiência ou na próxima (CPC, art. 345).

Pois bem. Se a jurisprudência não nos ouviu (ouvidos moucos) ouviu-nos o legislador. Com efeito, a Lei n. 13.467/2017 inseriu alguns parágrafos no art. 844, da CLT, dentre os quais, o 5.º, com esta redação: "*Ainda que ausente o reclamado, presente o advogado na audiência,* ***serão aceitos a contestação e os documentos eventualmente apresentados***" (destacamos). Neste caso, não haverá revelia; afinal, como pode ser considerado revel quem apresentou contestação? Se o fato ocorreu na audiência *una*, o réu poderá ser declarado confesso, porquanto não prestou depoimento (ressalvado o nosso entendimento de que, no processo do trabalho, o sistema é de *interrogatório*) que deveria ter prestado, na oportunidade; cuidando-se de audiência *inicial*, todavia, não haverá revelia nem confissão, porquanto o réu não seria ouvido nessa ocasião. Caberá ao juiz designar data para a realização da audiência destinada à instrução oral do processo. A instrução terá como objeto apenas os fatos que foram contestados; os que não foram se tornaram incontroversos, razão pela qual, em relação a estes, por princípio, não deverá incidir a atividade probatória (CPC, art. 341, *caput*), exceto se ocorrer alguma das situações previstas nos incisos I a III, da sobredita norma legal.

Por um motivo ou outro, o fato é que cumpre ao TST modificar o conteúdo de sua Súmula n. 122, ou cancelá-la, por forma a dar fim, aliás, a um entendimento que jamais deveria ter adotado.

2. Efeitos

O efeito jurídico mais expressivo da revelia, como tantas vezes assinalamos, é a presunção de veracidade dos fatos alegados pelo autor, na petição inicial. Nesse rumo, é a dicção do próprio art. 344, do CPC e do art. 844, *caput*, parte final, da CLT.

A doutrina tem entendido configurada, nessas situações, a confissão fictícia ou presumida do réu; é momento, entretanto, de nos determos com um pouco mais de atenção sobre o assunto, a fim de examinarmos se essas opiniões doutrinais são realmente corretas.

Em primeiro lugar, devemos verificar se a presunção de veracidade dos fatos narrados pelo autor deriva, efetivamente, da revelia; em segundo, se essa presunção significa a mesma coisa que confissão fictícia.

Em rigor, a presunção de veracidade, com a qual estamos a nos ocupar, não emana somente da revelia, senão que também da ausência de depoimento do réu. Realmente, conforme demonstramos antes, a revelia nada mais é do que a ausência de defesa (ou de resposta), por parte do réu. Revel, por isso, é todo aquele que, citado, deixa de vir a juízo para se defender. A revelia, por si só, não induz à presunção de veracidade dos fatos narrados pelo autor; essa presunção provém da ausência de contrariedade aos fatos alegados na inicial e de depoimento (pessoal) do réu. Assim, a revelia faz, em regra, com que o réu, além de não se defender, deixe de prestar depoimento, cujas faltas farão gerar a presunção de veracidade dos fatos mencionados pelo autor.

Tanto são coisas distintas a revelia e a confissão fictícia que alguém pode ser confesso sem ter sido revel: é o caso do réu que contesta a ação, mas que deixa de vir a juízo para ser interrogado (ou prestar depoimento, como se prefira). O inverso, contudo, não nos parece possível, pois se o réu é revel, dificilmente será chamado a prestar depoimento, porquanto, segundo dissemos, a revelia, no geral, suprime o seu depoimento, embora o juiz possa ouvir o autor, e, com isso, obter deste uma confissão real que sobrepujará a "fictícia" do réu, para efeito de formação do convencimento jurídico do magistrado a respeito dos fatos da causa.

Como estamos aqui a rever conceitos doutrinais assentes, é oportuno indagarmos se, na situação referida, haveria mesmo confissão real (efetiva) do autor. Ora, se confissão é a admissão, pela parte, de fatos contrários aos seus interesses, e se, na revelia, nenhum fato — por definição — foi alegado pelo réu, como se justifica a assertiva de que o autor poderia confessar? A pergunta que formulamos é algo ardilosa, uma vez que os fatos admitidos pelo autor, contrários aos seus interesses manifestados na causa, não necessitam ser aqueles alegados pelo réu, mas os que ele próprio, autor, acabou por admitir em juízo, seja voluntária (confissão espontânea) ou involuntariamente (confissão provocada).

Vejamos, agora, se a presunção de veracidade dos fatos alegados pelo autor, emanante da revelia, traduz uma sua confissão fictícia.

Sob o rigor da lógica, julgamos que não.

A ausência de depoimento do réu (que, por sua vez, provém da revelia), a despeito da opinião doutrinária predominante, não configura confissão fictícia ou presumida dos fatos alegados pelo autor. Quer nos parecer que a doutrina, durante largos anos, procurou resolver o problema da ausência de depoimento do réu a partir de um elemento subjetivo muito frágil, qual seja, a intenção de este confessar por meio do silêncio. Cientificamente, não se pode conceber a ideia de que o réu, ao deixar de responder à ação, e, em consequência, de prestar depoimento, pretenda, com essa omissão, reconhecer, de maneira tácita, a veracidade dos fatos narrados pelo adversário. Ora, ilação nesse sentido chega a ser absurda, pois como se sabe não há, nesta hipótese, manifestação da vontade do réu. Se, como quer a doutrina tradicional, em situações como a que estamos a examinar, ocorre a confissão fictícia do réu, como se explica o fato de ele, muitas vezes, recorrer da sentença que se baseou nessa *ficta confessio* para tentar demonstrar, por exemplo, que não pôde comparecer a juízo, a fim de se defender ou de prestar depoimento?

Sejamos francos: o que faz gerar a presunção de veracidade dos fatos narrados na petição inicial não é a alardeada confissão fictícia do réu, e, sim, a letra da lei (CPC, art. 344), que não se prende a elementos subjetivos. Por outras palavras, o legislador, procurando solucionar o problema da ausência de resposta do réu, ou de seu depoimento, disse que, em tais casos, serão considerados (presumidos) verdadeiros os fatos relatados pelo autor. É uma regra eminentemente objetiva que não leva em conta a vontade, a intenção do réu. Trata-se, enfim, de uma norma pragmática, traçada pelo legislador, com vistas a resolver, com objetividade, o problema da contumácia processual. O art. 344, do CPC, constitui, portanto, uma autorização para que o juiz forme a sua convicção jurídica com base nos fatos constantes da inicial, sem perder-se em elucubrações acerca da eventual intenção (elemento subjetivo) do réu de confessar. A intenção do réu, por isso, não é objeto de julgamento, e, sim o fato objetivo da inexistência de contrariedade aos fatos trazidos pelo autor.

Exatamente por esses motivos é que ao réu, se inconformado com a sentença que lhe foi desfavorável, incumbirá comprovar não a sua vontade de não confessar (elemento subjetivo), mas a sua impossibilidade de responder à ação ou de comparecer a juízo para depor (elemento objetivo).

Como já deixamos exarado em linhas pretéritas, é elementar que a regra contida no art. 344 do CPC não deve ser utilizada pelo juiz de maneira absoluta, como se o revel fosse um celerado, um contraventor. Essa norma legal não o inibe, na qualidade de diretor do processo, de, quando menos, ouvir o autor, e, por essa forma, inteirar-se melhor acerca dos fatos da causa; em muitas dessas ocasiões, como a prática tem revelado, o autor chega, mesmo, a admitir, total ou parcialmente, como verdadeiros certos fatos contrários aos seus interesses externados na causa, caracterizando, com isso (e, aqui, sim) a confissão real, fazendo com que fique anulado o efeito processual que a lei atribui à revelia (CPC, art. 344) e à ausência de depoimento do réu. Essa providência tanto mais se impõe no processo do trabalho, em que as petições iniciais soem conter uma quantidade considerável de fatos.

Uma outra indagação cumpre ser efetuada: os efeitos da revelia se verificam em todas as espécies de ação? Seria, sem dúvida, tarefa ingente tentarmos examinar o fenômeno da revelia em face da multiplicidade das ações admissíveis em juízo. Por isso, iremos nos dedicar ao exame daquelas ações mais frequentes no processo do trabalho, ou que, de qualquer forma, sejam com ele compatíveis.

a) *Ação declaratória*. Nada obsta o uso desta ação no processo do trabalho, inclusive, em caráter incidental (CPC, art. 20). Conquanto possa ser considerado algo insólito, o fato é que a ação declaratória poderia ser utilizada para obter um provimento jurisdicional que dissesse, exclusivamente, se há (ou houve) relação de emprego entre as partes (CPC, art. 19, I). Na prática, entretanto, o autor prefere ingressar com uma ação declaratória-condenatória, uma vez que isso convém aos seus interesses, que, quase sempre, são de índole econômica (embora o art. 17 do CPC, haja colocado o substantivo "interesse" ao largo de qualquer adjetivação).

Pois bem. Se o réu deixar de responder à ação declaratória será revel, atraindo a incidência, contra si, da regra estampada no art. 344, do CPC. Como asseveramos, não há razão jurídica para recusar-se, em sede de ação declaratória, a atuação dos efeitos inerentes à revelia (e à falta de depoimento do réu).

Mesmo na ação declaratória incidental esses efeitos ocorreriam. Não se diga que a questão prejudicial, objeto da ação declaratória, é a mesma da ação principal, e, com isso, seria impossível considerar-se verdadeiros os fatos alegados pelo autor, na inicial da declaratória. Ora, a circunstância, p. ex., de os fatos narrados pelo autor na declaratória (réu na ação principal) estarem em natural antagonismo com os alegados na petição inicial da ação principal, por si só, não impede a revelia do réu, na declaratória (autor, na principal), e a liberação dos efeitos processuais previstos no art. 344, do CPC. É certo que o magistrado, nesta hipótese, deverá prover-se de cautela redobrada, em virtude da existência de duas ações (principal e declaratória). Citemos um exemplo. O autor ingressou em juízo, pretendendo obter um provimento: a) declaratório da existência de relação de emprego com o réu, e, também: b) condenatório deste ao pagamento de salários, horas extras, indenizações, adicional de insalubridade, etc. O réu não só contesta os fatos e os pedidos, como ingressa com uma declaratória incidental, a fim de que o juízo diga, antes de determinar a produção de provas que tenham como objeto fatos outros, não pertinentes diretamente à existência, ou não, do vínculo de emprego (e, sim, às horas extras, à insalubridade e o mais), se houve, ou não, uma relação de emprego entre as partes. Citado, o trabalhador deixa de responder, tomando-se revel e fazendo com que sejam reputados verdadeiros os fatos alegados pelo autor, na declaratória incidental (réu, na ação principal). Nesta hipótese, a confissão do trabalhador terá efeitos também na ação principal, em que figura como autor: declarada a inexistência de vínculo de emprego (escopo exclusivo da declaratória incidental), ficará totalmente prejudicada a ação principal, cujos pedidos, aí formulados, haverão de ser rejeitados.

O que se pode discutir é se a ação declaratória incidental é compatível com o processo do trabalho; entendido que sim, não há como evitar a conclusão de que a revelia, nela ocorrida, terá os seus efeitos repercutidos na ação principal.

No exemplo que formulamos, se bem repararmos veremos que a ação declaratória incidental, ajuizada por aquele que era réu na ação principal, teve como objetivo, na verdade, antecipar o provimento relativo à ação principal, no capítulo concernente à declaração da existência ou inexistência da relação de emprego, como providência tendente a evitar eventual dispêndio de atividade jurisdicional, que seguramente haveria se, produzidas todas as provas na ação principal, inclusive, quanto às horas extras, à insalubridade, etc., viesse a sentença aí proferida a afirmar a inexistência de vínculo de emprego entre os litigantes.

b) *Nas tutelas de urgência requeridas em caráter antecipado ou cautelar, antecipada.* Essas tutelas estão reguladas pelos arts. 303 e 305 do CPC. As tutelas de urgência cautelar vieram, em alguma medida, ocupar o lugar até então reservado ao poder geral de cautela do magistrado (art. 798 do CPC anterior), e as tutelas da evidência substituíram, em certa medida, a antecipação dos efeitos da tutela, de que cuidava o art. 273 do CPC anterior.

Não sendo contestado o pedido de concessão de tutela antecipada ou cautelar, desde que ajuizadas em caráter antecedente (ou seja, antes do ingresso da ação principal), serão presumidos aceitos pelo requerido os fatos alegados pelo requerente (CPC, art. 307, *caput*).

c) *Ação de segurança*. Antes de mais nada, um repelão doutrinário: não se ajuíza mandado de segurança, e, sim, ação de segurança; o mandado é o objeto da ação. Por isso, costuma-se dizer que ele é impetrado, ou seja, requerido, suplicado.

Não há lugar (desculpem-nos pelo galicismo) na ação de segurança, para os efeitos da revelia (CPC, art. 344). A razão é palmar: o exercício dessa ação pressupõe a existência de "direito líquido e certo". Na verdade, a liquidez e a certeza, na espécie, não são do direito, mas dos fatos de que se origina o pedido. Feito esse retoque doutrinário, devemos dizer que a prova do fato alegado, na ação de segurança, deve ser sempre documental (Lei n. 12.016/2009, art. 6.º, *caput*). Trata-se, dessa forma, de meio de prova exclusivo, que é elaborado antes do ingresso em juízo, via de regra. Como não há provas orais (depoimentos, inquirição de testemunhas), pois os fatos devem constar de documentos juntados à petição inicial ou, excepcionalmente, em momento posterior, fica evidente que a falta de informações, pela autoridade apontada como coatora, não produz os efeitos inerentes à revelia. A risca, nem mesmo revelia existe, seja porque a referida autoridade não figura na ação como ré, segundo o conceito clássico desta figura, seja porque a prestação de informações, conforme entendemos, é meramente facultativa.

Seja por uma razão ou por outra, o fato é que a ação de segurança, por sua natureza, repele os efeitos da revelia — se revelia aqui possa existir. Para melhor compreensão da matéria, recomendamos a leitura de nosso (*Mandado de segurança da Justiça do Trabalho*. São Paulo: LTr, 2010).

d) *Ação rescisória*. Em princípio, não vemos como possam atuar, em sede de ação rescisória, os efeitos da revelia. Não estamos a asseverar que não possa haver revelia nesta espécie de ação. É óbvio que se o réu, citado regularmente, deixar de se defender será revel. Quanto aos efeitos da revelia, no entanto, pensamos que não se produzam na ação rescisória, pois o objetivo desta é a desconstituição da coisa julgada material. Ora, se a sentença passada em julgado se baseou nos fatos alegados e provados pela parte, ou que se tornaram incontroversos, não se pode conceber, sem grave falta contra a lógica, que esses fatos, protegidos pela autoridade da *res iudicata*, cedam lugar aos efeitos da revelia ocorrida na rescisória. No mesmo rumo, a Súmula n. 398, do TST.

Não deixa de ser significativa, por outro lado, a particularidade de o CPC, ao disciplinar o exercício e o procedimento da ação rescisória, não fazer nenhuma remissão ao art. 344, do mesmo Código. O art. 972 se ocupou, apenas, em afirmar que se os fatos narrados dependerem de prova o relator delegará competência ao "órgão que proferiu a decisão rescindenda", para coligi-la. A expressão por nós aspada, utilizada pelo CPC atual, é, à evidência, inadequada, pois mesmo quando a decisão rescindenda for acórdão proferido por Turma ou Câmara do próprio Tribunal, a competência não será delegada e esses órgãos fracionários, mas ao de primeiro grau. Essa delegação será realizada por meio de carta de ordem.

e) *Ação coletiva* ("dissídio coletivo") Nessa modalidade sui generis de ação, o provimento jurisdicional, ao contrário do que classicamente ocorre, não se destina a aplicar norma legal preexistente, senão que a criar a norma jurídica material que regulará, durante certo tempo, as relações entre os integrantes das categorias em conflito.

O acórdão emitido nessas ações ostenta, portanto, caráter normativo; mais do que isso, constitui fonte formal de direito. Já se disse, com propriedade, que o acórdão normativo possui corpo de sentença e alma de lei, e que o poder normativo, que a Constituição Federal comete aos Tribunais do Trabalho, é "confusionista de poderes" (Gallart-Folch).

Essas peculiaridades da ação em exame já são suficientes para evidenciar a impossibilidade de se produzirem, aqui, os efeitos típicos da revelia. E inegável que pode haver revelia nas ações coletivas trabalhistas: basta que o réu deixe de responder; o que não se admite é que os efeitos da contumácia ocorram. A propósito, a disciplina legal atinente a essas ações é diversa da alusiva às ações individuais. Basta ver que, em relação a estas últimas, se o autor deixar de comparecer à audiência haverá extinção do processo ("arquivamento") sem resolução do mérito; se a ausência for do réu, ocorrerá a revelia (CLT, art. 844, *caput*). No tocante às ações (dissídios") coletivos, entrementes, se uma das partes, ou nenhuma delas comparecer à audiência (de conciliação) "*o presidente submeterá o processo a julgamento*" (CLT, art. 864).

Na petição inicial da ação coletiva o autor não narra fatos que se refiram a uma situação protegida pelo direito, senão que expõe as razões pelas quais deseja ver instituídas, em benefício da categoria, determinadas cláusulas. Logo, se o réu não responde à ação, não cabe ao tribunal considerar verdadeiros os fatos afirmados na inicial, e, sim, verificar se as pretensões aí manifestadas são justas, ou não.

Com certa reserva, podemos dizer que na ação coletiva o tribunal não está subordinado às regras contidas no art. 141 do CPC, razão pela qual lhe será lícito julgar *ultra* ou *extra petita*.

De igual modo, o réu não está escravizado ao princípio da impugnação especificada dos fatos (CPC, art. 341); logo, o seu silêncio, por si só, não autorizará o acolhimento dos pedidos formulados na inicial. O acolhimento ou a rejeição derivarão do juízo de razoabilidade, a que o tribunal deve atender no plano dos dissídios coletivos. Entrarão em jogo, nesse momento, e de maneira conjugada, as necessidades da categoria profissional, a possibilidade de a econômica atender a essas necessidades e os interesses públicos que possam estar em causa.

f) *Na execução*. Caracteriza-se, processo de conhecimento, pela incerteza quanto a quem efetivamente seja o detentor do direito disputado; dessa incerteza, sob certa medida, brotaram os princípios democráticos da ampla defesa e do contraditório e o dever legal de o magistrado ministrar um tratamento rigorosamente igualitário aos litigantes, sob pena de nulidade do processo, a partir do momento em que se deu a quebra desse dever.

Considerando que o direito invocado pelas partes advém dos fatos alegados, encontra-se em perfeita harmonia com a nota particular do processo cognitivo a regra legal de que a falta de impugnação desses fatos faz com que sejam considerados verdadeiros, tornando-os, assim, incontroversos e dispensando a correspondente produção de provas. Por outros termos, a falta de impugnação dos fatos faz com que, por um artifício do legislador, desapareça a incerteza que figurava como uma espécie de pano-de-fundo do processo de conhecimento.

No processo de execução, todavia, não atuam os efeitos da revelia, pela mesma razão lógica que esses efeitos incidem no processo de conhecimento. Justifiquemo-nos.

Ao contrário do que se passa no processo cognitivo, no de execução há uma certeza quanto ao direito, representada pelo pronunciamento jurisdicional transitado em julgado (estamos cogitando da execução definitiva, embora os nossos argumentos sirvam, em boa medida, à provisória), convertido em título executivo. Desta forma, se, por exemplo, o devedor, em seus embargos, afirma determinados fatos, o silêncio do adversário não deve conduzir à "presunção" de veracidade desses fatos, pois, no processo de execução, os atos que se praticam se destinam a fazer com que as coisas se disponham, no plano da realidade prática, conforme o comando que se esplende da sentença exequenda, ou seja, os fatos são aqueles que derivam do título executivo ou que a ele se ligam, intimamente. Demais, os fatos que possa o devedor alegar, nos embargos, devem, no geral, ser comprovados documentalmente ou por meio de exame pericial, cujos meios de prova repugnam a ideia de que sejam aceitos, pela parte omissa, os fatos alegados pelo adversário.

Nem mesmo na liquidação mediante artigos, em que, segundo se diz, devem ser provados "fatos novos" deve ser admitida a "presunção" de veracidade desses fatos, na hipótese de uma das partes (habitualmente, o devedor) deixar de impugná-los. Na realidade, tais fatos não são "novos", quanto à sua existência, consistindo, isto sim, num detalhamento, numa especificação dos fatos em que se baseou a sentença (título executivo). Assim, se, *v. g.*, o réu foi condenado ao pagamento de horas extras e a sentença determinou que a liquidação se desse por meio de artigos, como o fato-básico (horas extras) já foi demonstrado pelo autor e admitido pela sentença, o "fato novo" (expressão equívoca) nada mais será do que a simples definição do número (quantidade) de horas extras devidas.

Vê-se, portanto, que o denominado "fato novo" nada tem, em rigor, de novo, correspondendo, apenas, à definição, à determinação do fato-básico.

Desta maneira, se o réu deixar de se manifestar sobre os artigos de liquidação apresentados pelo autor, isso não significa que o juiz deva, necessariamente, reputar verdadeiros tais fatos, pois, como foi dito, estes se encontram umbilicalmente ligados à sentença passada em julgado. Assim, eventual aceitação, como verdadeiros, dos fatos alegados pelo autor, em seus artigos de liquidação, poderia estar em antagonismo com a sentença, cuja obrigação, nela contida, deve ser tornada líquida para que o título se torne exigível. Convém lembrar que o escopo da liquidação é o de traduzir, com o máximo de fidelidade, o comando que se irradia do título executivo. Por este motivo, não se pode cogitar de confissão do devedor, sob pena de vir-se a conceder ao credor mais do que a sentença transitada em julgado lhe concedeu. A propósito, o art. 879, § 1.º, da CLT, adverte que na liquidação "não se pode modificar, ou inovar, a sentença liquidanda, nem discutir matéria pertinente à causa principal".

É recomendável persistir: no processo de conhecimento, os fatos narrados pelo autor, na inicial, não foram reconhecidos por nenhum pronunciamento da jurisdição; o que o autor pretende, aliás, é que a sentença venha a reconhecer a veracidade desses fatos, surgidos de uma versão da realidade que assinalou a relação jurídica entre as partes. Bem ao contrário, os fatos mencionados nos artigos de liquidação se vinculam a um pronunciamento da jurisdição, motivo por que o silêncio do réu, em face deles, só autorizará o juiz a considerá-los verdadeiros desde que estejam em consonância com a sentença liquidanda.

Para arrematar: enquanto, no processo de conhecimento, o silêncio injustificado do réu diante dos fatos descritos pelo autor permitirá ao juiz julgá-los verdadeiros, porquanto esses fatos estavam "soltos no mundo", na execução, a mudez do devedor não dispensará o juiz de verificar se os fatos afirmados pelo credor refletem, com fidelidade, a sentença a que se ligam. É certo que nos casos em que ocorre essa fidelidade, "parece" que o juiz considerou verdadeiros os fatos alegados pelo credor exclusivamente em decorrência da falta de impugnação, pelo devedor. Essa coincidência tem feito supor ser aplicável, no campo da execução, a regra inscrita no art. 344, do CPC; cuida-se, contudo, de uma distorção óptica, pois, na verdade, quando o juiz aceita os fatos expostos pelo credor é porque estavam em consonância com a sentença liquidanda ou exequenda. Convém lembrar, aqui, a figura mitológica da Fata Morgana, das lendas bretãs, que possuía, entre outros poderes, o de distorcer as imagens formadas nas superfícies dos lagos pelas árvores, pessoas, ou objetos próximos.

3. Não produção de efeitos

O art. 345, do CPC, declara que a revelia não produzirá o efeito mencionado no art. 344 se:

> I - havendo pluralidade de réus, algum deles contestar a ação;
>
> II - o litígio versar sobre direitos indisponíveis;
>
> III - a petição inicial não estiver acompanhada de instrumento que a lei considere indispensável à prova do ato;
>
> IV - as alegações de fato formuladas pelo autor forem inverossímeis ou estiverem em contradição com prova constante dos autos.

À análise.

Caput. Norma correspondente à do art. 320 do CPC revogado.

Passa-se a indicar os casos em que a revelia não produzirá os efeitos previstos no art. 344.

Inciso I. Havendo pluralidade de réus, algum deles contestar a ação. O inciso em exame não tem o alcance que a sua expressão literal faz supor. Somente no regime litisconsorcial do tipo *unitário* é que a contestação apresentada por um dos compartes beneficiará os demais. A razão é compreensível: nessa modalidade de consórcio para a lide, a decisão tem que ser uniforme para todos os compartes; destarte, eventual entendimento de que a contestação oferecida por um litisconsorte não aproveitaria os demais seria aberrante e subversiva do princípio nuclear de que a lide deve ser solucionada de maneira igual para todos.

No litisconsórcio *simples*, opostamente, os atos praticados pelos litisconsortes não se comunicam, justamente porque, aqui, a decisão não precisa ser homogênea, podendo, por isso, a lide ser composta de modo diversificado para cada litisconsorte. É com vistas a esta espécie de regime litisconsorcial que se deve interpretar o princípio contido no art. 117, do CPC.

De qualquer sorte, isto é axiomático: mesmo no litisconsórcio *simples*, a omissão de um litisconsorte não prejudicará os demais. Conquanto a lei não o diga, essa regra de comedimento foi entretecida pela doutrina e consagrada pela jurisprudência.

Inciso II. O litígio versar sobre direitos indisponíveis. A norma do inciso II, *sub examen*, será reiterada pelo art. 392, *caput*.

Levando-se em consideração que estamos a cuidar dos efeitos da revelia (e das exceções legais), será rara a incidência, no processo do trabalho, do inciso II, do art. 345, pois dificilmente o réu (empregador) terá direito indisponível para ser invocado em seu benefício. Se a realidade prática, no entanto, apontar a existência de indisponibilidade de algum direito do réu, é certo que, nesta hipótese excepcional, a revelia não produzirá os efeitos que lhe são imanentes. Diante disso, caberá ao juiz ordenar que o autor especifique as provas que pretende produzir, se ainda não as houver indicado (art. 348).

A União, os Estados e os Municípios podem confessar; logo, verificam-se, quanto a eles, os efeitos da revelia.

Inciso III. A petição inicial não estiver acompanhada de instrumento que a lei considere indispensável à prova do ato. Não se produzirão os efeitos da revelia se a inicial estiver desacompanhada de instrumento que a lei considere ser da essência do ato. O CPC anterior aludia a instrumento público (art. 320, III). Cotejando-se ambas as normas, vemos que a atual, ao fazer referência genérica a instrumento, está a compreender tanto o público quanto o particular.

No processo do trabalho são raros os casos em que a norma legal exige a presença instrumento público que a lei repute indispensável à prova do fato. Se, entretanto, em um caso singular, for imposta a presença de instrumento público, e a petição inicial não o trouxer, a revelia não acarretará os efeitos referidos no art. 344, do CPC.

Do ponto de vista prático, todavia, o que se deve entender da declaração enunciada pelo art. 345, do CPC, de que se ocorrer uma das hipóteses referidas por essa norma o efeito da revelia não será produzido? Essa dicção da lei significa que subsistirá, para o autor, o ônus de demonstrar a veracidade dos fatos alegados na petição inicial. Em virtude disso, deverá o juiz intimá-lo, a fim de que especifique as provas que pretende produzir, se ainda não as indicou (art. 348). Em regra, a prova será testemunhal. A documental deverá ter sido produzida com a petição inicial (CLT, art. 787; CPC, art. 320). Nem sempre, porém, as provas serão coletadas em audiência, como imaginou o legislador; situações especiais autorizam que seja produzida fora da audiência, como se dá com o exame pericial que for necessário ou indispensável.

Ocorrendo o efeito da revelia, o juiz estará autorizado a realizar o julgamento antecipado do mérito (CPC, art. 355, II), emitindo, em razão disso, a sentença de mérito (*ibidem*). A antecipação, na espécie, decorre da desnecessidade de o processo ser submetido à fase de colheita de provas orais (depoimentos das partes, inquirição de testemunhas). Salta-se, assim, diretamente da revelia para o pronunciamento de mérito — conquanto o juiz possa proceder ao interrogatório do autor. A regra do art. 344 do CPC (assim como do art. 844, *caput*, da CLT) é de boa lógica, pois se o réu, por ser revel, não impugnou os fatos afirmados pelo autor, estes fatos se tornaram incontroversos, tornando dispensável, em virtude disso, a realização de audiência tendente a coligir as provais orais. Somente os fatos controvertidos devem ser objeto de prova (CPC, art. 374, II e III).

A declaração da lei, de que, verificado o efeito da revelia, o juiz conhecerá imediatamente do pedido, proferindo a sentença de mérito (CPC, art. 355, II), reclama alguns temperamentos, que serão a seguir expostos.

Primeiro: como advertimos inúmeras vezes, em páginas anteriores, o efeito da revelia não subtrai, por si só, o poder de o juiz, como reitor soberano do processo (CLT, art. 765), tomar o depoimento do autor, com o propósito não apenas de melhor inteirar-se acerca dos fatos da causa, como de investigar se as declarações deste coincidem com os fatos relatados na inicial. Eventual discrepância entre as declarações do autor e os fatos lançados na inicial configurará confissão real, que, por sua vez, autorizará a neutralização do efeito da revelia, nomeadamente para aqueles que veem nesse efeito uma presunção (relativa, por certo) de veracidade dos fatos postos na petição inaugural.

Segundo: nem sempre o juiz, mesmo verificando a ocorrência do efeito da revelia, proferirá sentença de mérito. Nada obsta que ele extinga o processo sem pronunciamento sobre as questões de fundo da demanda quando perceber que está ausente algum pressuposto de constituição ou de desenvolvimento regulares da relação processual (capacidade de ser parte, capacidade de estar em juízo; jurisdição, competência, etc.) ou uma das condições da ação (legitimidade *ad causam* e interesse de agir).

O exame desses pressupostos e das condições da ação, aliás, não é uma faculdade, senão que um dever do magistrado, a quem cabe, por esse motivo, pronunciar-se *ex officio* sobre a matéria (CPC, art. 485, § 3.º).

Terceiro: não ocorrerá o efeito da revelia toda vez que a matéria for daquelas a que se convencionou designar, não sem uma ponta de impropriedade, como sendo "de direito", em oposição à que é constituída pelos fatos alegados pelo autor e que devam ser por este provados.

"Matéria de fato" e "matéria de direito" não são expressões que necessariamente se contraponham. Esta significa que a formação do convencimento do magistrado dependerá, tão somente, da interpretação que extrair das normas legais invocadas pelo autor; aquela, que os fatos, como acontecimentos da vida dotados de aptidão para produzir consequências na ordem jurídica, para serem aceitos pelo julgador devem ser provados por quem os alegou. É evidente, porém, que a presença de matéria "de fato" não exclui a necessidade de apreciação dos fatos sob o ângulo do direito. No âmbito das matérias de direito encontra-se, também, o pedido juridicamente impossível, assim considerado aquele em relação ao qual há um veto da lei quanto ao seu acolhimento judicial. Destarte, a revelia não produz o efeito que lhe é característico quando se tratar de pedido dessa natureza. A propósito, será preferível que se fale de pedido juridicamente inatendível, pois, em princípio, todo pedido é possível, do ponto de vista de sua formulação. O seu acolhimento é que se torna impossível.

Quarto: o efeito da revelia não dispensa a sentença de conter os três elementos estruturais exigidos por lei (CLT, art. 832; CPC, art. 489, I a III), a saber: relatório, motivação e dispositivo; especialmente a fundamentação, que é um requisito com sede na Constituição Federal (art. 93, IX). No procedimento trabalhista sumariíssimo, a lei dispensa o relatório (CLT, art. 852-I, *caput*).

Quinto: conquanto revel, o réu poderá ser vencedor na causa se houver um fato notório (CPC, art. 374, I) que o beneficie. É bem verdade que se pode discutir se o fato detém, ou não, o atributo de notoriedade. Notório que seja o fato, ele terá preeminência com relação ao efeito da revelia, justamente porque essa nota peculiar da notoriedade prescindirá de prova quanto à existência do fato. Um outro caso em que o revel poderá ser vencedor na causa: se o laudo pericial concluir pela inexistência de insalubridade ou de periculosidade, sendo esse o único pedido formulado pelo autor. Ocorre que, mesmo havendo revelia, a existência de insalubridade (e a classificação de seu grau) ou de periculosidade dependem de exame pericial, por força do disposto no art. 195, § 2.º, da CLT.

Sexto: nada impede que o juiz, em determinadas situações, converta o julgamento em diligência, conquanto presente o efeito da revelia, com o propósito de apurar a verdade (real) dos fatos. Não se pode ignorar que o processo do trabalho outorga ampla liberdade diretiva aos juízes (CLT, art. 765). Cuidará o magistrado, entrementes, para que a sua preocupação com o descobrimento da verdade não o afaste do dever de neutralidade, a que se encontra legalmente submetido. Assim, a mesma regra de prudência que aconselha o juiz a não decidir, de modo sistemático, contra o revel, o adverte para que não se converta em defensor dos interesses deste. Estamos convencidos de que os juízes têm sabido encontrar o indispensável ponto de equilíbrio entre essas duas situações contrastantes.

Inciso IV. As alegações de fato formuladas pelo autor forem inverossímeis ou estiverem em contradição com prova constante dos autos. Estas causas impeditivas da produção dos efeitos inerentes à revelia constituem novidade trazida pelo CPC atual.

Alegações inverossímeis. O efeito característico da revelia é a presunção de veracidade dos fatos alegados na petição inicial. Sob essa perspectiva, ficaria difícil, em princípio, admitir-se a possibilidade de o juiz deixar de reconhecer a ocorrência desse efeito quanto o fato alegado pelo autor lhe parecer inverossímil. Não seriam inconciliáveis, dos pontos de vista lógico e jurídico, a existência dessas duas situações, significa dizer, se a revelia gera a presunção de serem verdadeiros os fatos postos na inicial, como seria possível ao juiz considerar inverossímeis os fatos que nem sequer foram contestados pelo autor? Ainda que em casos remotos, isso é acontecível. Digamos que o autor haja alegado, na inicial, jamais ter usufruído, durante os dez anos em que trabalhou para o réu, de intervalo para repouso ou alimentação. Não é crível, segundo os ditames do senso comum, que isso tenha, efetivamente, ocorrido. Em casos como esse, caberia ao juiz tomar o depoimento do autor e, se verificar que este, muitas vezes, teve esse intervalo com a duração mínima prevista em lei, mandar apurar na fase de liquidação, mediante artigos, quantas vezes houve esse intervalo, e quantas, não. Lembremos que o senso comum designa o modo de pensar da maioria das pessoas, o conjunto dos conhecimentos adquiridos pelos seres humanos em geral, durante a vida. São conhecimentos empíricos, que, portanto, não se baseiam em métodos científicos, mas no modo comum de assimilar conhecimentos hauridos do cotidiano. São uma espécie de máximas de experiência que se obtém da observação daquilo que ordinariamente ocorre. Essas máximas estavam previstas no art. 335 do CPC anterior, e foram mantidas pelo CPC atual (art. 375).

Desacordo com a prova. O efeito da revelia também não ocorrer se estiver em desacordo com a prova dos autos, notadamente, a documental. Se, por exemplo, o o autor juntou à inicial documento pelo qual se verifica que ele se demitiu do emprego, o juiz pode não considerar a alegação do autor de que teria sido demitido sem justa causa, máxime se ele não alegou qualquer vício de consentimento, de sua parte, na formação do aludido documento.

4. Revelia e alteração do pedido

O autor poderia efetuar o aditamento de pedido, ou a alteração da causa de pedir, sendo o réu revel?

Antes de mais nada, devemos investigar *em que momento* o réu se torna revel.

A revelia, como afirmamos, constitui fato processual caracterizado pela ausência injustificada de contestação (logo, pelo réu). O efeito da revelia é a presunção de veracidade dos fatos alegados na petição inicial. Pode haver revelia sem o seu efeito, como demonstra o art. 345 do CPC.

Ora, bem. No sistema do processo do trabalho, a revelia se dá na audiência a que o réu deveria comparecer, para, entre outras coisas, apresentar contestação. Os efeitos dessa contumácia do réu, entrementes, somente devem ser apreciados, em concreto, pela sentença de fundo, que conterá o resultado da prestação jurisdicional solicitada pelo autor.

De modo geral, a sentença é proferida na mesma audiência em que se deu a revelia.

Se o juiz constatar a ocorrência de quaisquer das situações legais em que, *a priori*, não se verifica o efeito característico da audiência (CPC art. 345), mandará o autor indicar as provas que pretende produzir.

Lançadas essas considerações, passemos à resposta à indagação formulada no início deste item: o autor pode aditar pedido ou modificar a causa petendi, sendo o réu revel?

No sistema do CPC isso seria possível, nos termos do art. 329: "*I – até a citação, aditar ou alterar o pedido ou a causa de pedir, independentemente do consentimento do réu; II – até o saneamento do processo, aditar ou alterar o pedido e a causa de pedir, com o consentimento do réu, assegurado o contraditório mediante a possibilidade de manifestação deste no prazo mínimo de 15 (quinze dias), facultado o requerimento de prova suplementar*".

Solução diversa há que ser adotada pelo processo do trabalho. Aqui, como ressaltamos em páginas anteriores, ao comentarmos o art. 329 do CPC, qualquer aditamento de pedido ou modificação da causa de pedir ou do próprio pedido somente será possível se ficar assegurado ao réu o prazo mínimo de cinco dias, de que trata o art. 841, § 1.º, da CLT. Admitir-se a incidência do inciso II do art. 329 do CPC no processo do trabalho seria permitir a instalação de tumulto no processo especializado, além de acarretar transtornos na organização das pautas dos juízes. Portanto, no processo do trabalho, configurada a revelia, o autor não poderá acrescentar pedidos, pois estes deverão ser objeto de outra ação. O que, talvez, se possa aceitar é a possibilidade de ser alterada a causa de pedir, desde que isso não implique acréscimo ou alteração dos pedidos. Mesmo assim, razões de ordem ética imporiam o juiz mandar intimar o revel para manifestar-se sobre a alteração da *causa petendi.*

5. Os prazos contra o revel

Diz-nos o CPC:

> Art. 346. Os prazos contra o revel que não tenha patrono nos autos fluirão da data de publicação do ato decisório no órgão oficial.
>
> Parágrafo único. O revel poderá intervir no processo em qualquer fase, recebendo-o no estado em que se encontrar.

Caput. A matéria era regida pelo art. 322 do CPC revogado.

A intimação é o ato pelo qual se dá ciência a alguém dos atos e termos do processo (CPC, art. 269). O art. 234 do CPC anterior prosseguia: "*para que faça ou deixe de fazer alguma coisa*". Esse conceito legal, contudo, não era inteiramente correto, pois embora contivesse o essencial, não levava em conta os casos em que a intimação era feita não para que se fizesse ou se deixasse de fazer alguma coisa, mas, simplesmente, para que alguém fosse cientificado de algum ato processual, praticado ou que se fosse praticar, como, por exemplo, o adiamento da audiência.

O CPC atual contém redação mais apropriada.

Seja como for, o fato é que a intimação está figadalmente ligada com o que se poderia denominar de política moderna de democratização do processo. Aos tempos atuais repugna a existência de processos semelhantes àqueles de que nos fala Kafka, em seu intrigante livro: "*O Processo*". Hoje, as partes ou o terceiro juridicamente interessado devem ser intimados dos atos do processo, sob pena de nulidade deste, a contar do momento em que essa cientificação deixou de ser feita.

Estando a parte com advogado regularmente constituído, as intimações pertinentes àquela serão efetuadas na pessoa deste, cujo poder, para esse fim, é inerente à cláusula *ad iudicia* (Lei n. 8.906/94, art. 59, § 2.º).

Quebrando a regra da indispensável comunicação dos atos processuais, dispunha o art. 322, do CPC de 1973, que contra o revel os prazos correriam independentemente de intimação, embora ele pudesse intervir em qualquer fase do processo, recebendo o feito no estado em que se encontrasse. É interessante recordar que quando tramitação na Câmara dos Deputados, o Projeto do referido Código de Processo Civil recebeu algumas emendas, neste ponto, dentre as quais deve ser realçada a de n. 276, apresentada pelo Deputado Lysaneas Maciel, que tinha o seguinte teor: "Contra o revel correrão os prazos, mediante publicação no órgão oficial, onde houver, ou afixação de edital bem legível à entrada da sala de audiências, com contagem em dobro. Poderá ele intervir no processo em qualquer fase, recebendo-o no estado em que se encontre". Prevaleceu, contudo, a posição dos que retiravam do revel o direito de receber qualquer forma de intimação dos atos e termos processuais. Pareceu-nos mais acertado este entendimento, pois intimar o revel seria, sem dúvida, um ato de deferência injustificável a quem não quis se defender. Tempos depois, todavia, a Lei n. 11.280/2006 deu nova redação ao art. 322, *caput*, do CPC, que passou a ser a seguinte: "*Contra o revel que não tenha patrono nos autos, correrão os prazos independentemente de intimação, a partir da publicação de cada ato decisório*". Como se percebe, as alterações quanto á redação anterior da norma foram estas: a) se o revel possuir advogado constituído nos autos, deverá ser intimado na pessoa deste; b) se não possuir advogado, o revel não será intimado, caso em que os prazos fluirão a contar da publicação de cada ato decisório.

O art. 346 do atual CPC, sem afastar-se no essencial da linha adotada pelo art. 322 do CPC anterior, estabelece que se o revel não possuir advogado nos autos os prazos contra ele passarão a fluir da publicação do ato decisório no órgão oficial.

Transportando o tema para o terreno peculiar do processo do trabalho, podemos dizer, em síntese, que ao contrário no que ocorre no processo civil, no do trabalho a lei impõe que o réu seja intimado da sentença proferida à sua revelia (CLT, art. 852), possua, ou não, advogado nos autos. Essa intimação será feita na forma prevista no § 1.º, do art. 841, do mesmo texto. A partir daí, ou seja, com relação aos atos que vierem a ser praticados após a intimação da sentença, pode-se aplicar, com alguma adaptação, a regra do art. 343 do CPC, de tal modo que as intimações deverão ser realizadas na pessoa do advogado do revel (se houver nos autos procuração outorgada a ele) ou mediante publicação do despacho no órgão oficial. Já não vigora, portanto, a regra inscrita no art. 322 do CPC revogado de que os prazos contra o revel correm independentemente de intimação

Parágrafo único. Declara, o parágrafo único do art. 346, do CPC, que o revel poderá intervir no processo em qualquer fase, recebendo-o no estado em que se encontrar. Essa disposição exige algumas considerações específicas em face do processo do trabalho.

Em primeiro lugar, é frequente, neste processo especializado, o julgamento antecipado da lide, decorrente da revelia, ser realizado na própria audiência a que o réu deveria comparecer, para apresentar a sua defesa. Em consequência disso, quando este intervém nos autos, via de regra encontra preclusas as fases processuais que mediavam da defesa à sentença, como as da produção de provas e das razões finais. Nesse sentido é que deve ser entendida a ressalva contida no art. 346, do CPC: "*recebendo-o (o processo) no estado em que se encontrar*". A possibilidade, portanto, de o revel intervir nos autos a qualquer momento não lhe dá o direito de reabrir fases do procedimento já encerradas.

Em segundo, se, por algum motivo, a sentença não foi proferida na mesma audiência em que ocorreu a revelia, de duas, uma: ou o juiz já considerou encerrada a instrução processual (havendo, apenas, designado o julgamento para outra data), ou aprazou audiência para a produção de provas. Na primeira hipótese, é óbvio que o revel, embora possa intervir nos autos, não terá como produzir provas, pois a fase própria já se encontra oclusa, e, portanto, preclusa; na segunda, porém, ser-lhe-á lícito elaborar provas relativas a fatos não atingidos pela presunção de veracidade que derivou da ausência de defesa e do seu depoimento em juízo. Em resumo: como a revelia, no processo do trabalho, também está associada à falta de depoimento do réu, que, por sua vez, autoriza o juiz a considerar verdadeiros os fatos narrados na petição inicial, o revel, na situação que estamos a examinar, que intervier nos autos quando ainda não tenha sido encerrada a fase de instrução, só encontrará oportunidade para produzir provas concernentes a fatos que não tenham sido abrangidos pelo "efeito da revelia" (CPC, art. 344) o que, convenhamos, será algo raro.

Assim dizemos, porque se ele deixou de impugnar os fatos alegados pelo autor tais fatos se tornaram incontroversos; e, como é de lei, fatos incontestes não devem ser objeto de prova (CPC, art. 374, II e III).

Terá o juiz, entrementes, ampla liberdade para interrogar o autor e o próprio réu, se assim o desejar, permanecendo o "efeito da revelia" como uma espécie de pano-de-fundo capaz de suprir os pontos em que a eventual confissão real não incidir.

Repisemos o assunto. A dicção do art. 346, parágrafo único, do CPC, de que o revel, ao intervir no feito, o receberá "*no estado em que se encontrar*", é extremamente elucidativa. Se a fase dita probatória já se encontrava encerrada, é elementar que o revel já não poderá produzir provas ou contraprovas; se, ao contrário, essa fase ainda se achava em curso, o revel terá direito a produzir provas, salvo as que tenham como objeto os fatos em relação aos quais atuou o "efeito de revelia". Sendo o réu revel e "confesso", não nos parece possível conceder-lhe oportunidade para produzir provas, basicamente, por duas razões: a) como revel, não apresentou defesa (contestação, em especial); logo, que fatos ele irá provar se nada alegou em juízo?; b) como não impugnou os fatos narrados pelo autor, estes se tornaram incontroversos (foram tacitamente admitidos como verdadeiros); sendo assim, mencionados fatos não necessitam ser provados pelo autor, nem admitem contraprova, pelo réu (CPC, art. 374, II e III).

Poder-se-ia, no entanto, indagar: se, de um lado, estando ainda aberta a fase probatória o revel poderia produzir provas, e, de outro, essas provas não poderiam recair sobre fatos que foram alcançados pelo "efeito da revelia", que fatos, enfim, caberia ao revel provar? Respondendo: os fatos cuja apuração dependesse, por exemplo, de conhecimentos técnicos, de tal maneira que seria necessária a realização de exame pericial. Esta situação fica tão mais evidente no caso de perícia obrigatória, como é a concernente aos adicionais de insalubridade ou de periculosidade. Se o autor pede, digamos, adicional de insalubridade, e o revel, embora citado, não responde, tornando-se, portanto, revel, não ocorrerá aqui o "efeito da revelia", pois nos termos do art. 195, § 2.º, da CLT, é indispensável a realização de perícia para a apuração da insalubridade e a classificação do grau correspondente.

Cogitamos, até esta altura, da produção de provas pelo revel no processo de conhecimento. Terá ele direito a produzir provas no processo de execução? Em princípio, sim. Com vistas ao exame desse assunto, separemos a fase de liquidação da sentença da execução propriamente dita.

Na liquidação mediante artigos, sobre a qual recai o nosso interesse, há, como se sabe, uma espécie de "cognição incidental", destinada a apurar "fatos novos". Colocando de lado a impropriedade desta última expressão, o que de concreto fica é que tanto o autor quanto o réu podem oferecer artigos de liquidação, embora, na prática, a iniciativa seja quase sempre daquele. Ora, se a modalidade de liquidação que estamos a apreciar se justifica pela necessidade de serem provados determinados fatos ("novos"), é patente que, apresentados os artigos pelo autor, o réu, mesmo sendo revel, terá direito de manifestar-se sobre eles, no prazo legal, e, em consequência, produzir prova quanto às alegações que vier a expender nessa oportunidade. O "efeito da revelia", ocorrido no processo de conhecimento, não se comunica com a liquidação da sentença, no que concerne aos fatos que digam respeito exclusivamente a esta.

Deste modo, se, em decorrência da revelia e do efeito que lhe é próprio, o juiz considerou verdadeiros os fatos alegados na petição inicial (processo de conhecimento), condenando o revel ao pagamento de horas extras, mas, por falta de elementos nos autos, ordenou a liquidação do número dessas horas por meio de artigos, o efeito da revelia, na espécie, está circunscrito à existência de horas extras, não à quantidade destas — até porque essa "quantificação" será objeto da fase de liquidação, via artigos.

Pelos mesmos motivos expostos, poderá o revel, sempre que lhe convier, tomar a iniciativa de apresentar artigos de liquidação.

Na execução, propriamente dita, ao revel (devedor) será amplamente assegurado o direito de produzir provas, máxime em decorrência dos embargos que vier a oferecer. Sabe-se, modernamente, pela voz da melhor doutrina, que os embargos do devedor não constituem exceção, nem contestação, nem reconvenção, mas autêntica ação incidental do devedor no processo de execução. Desde que as matérias suscitadas por este possam ser, efetivamente, objeto de embargos, nada poderá impedir o devedor de produzir as provas respeitantes aos fatos mencionados na sua petição. Também aqui, o "efeito da revelia", incidente no processo de conhecimento, não permeia o de execução — naquilo que for atinente aos fatos característicos deste último processo, insistamos.

6. A sentença

Do ponto de vista formal, a sentença emitida num processo em que se tenha verificado a contumácia do réu em nada se desassemelha da que é proferida em processo no qual o réu contestou os pedidos formulados pelo autor.

Segue-se, que a sentença deverá conter: a) o relatório (exceto no procedimento sumariíssimo); b) a fundamentação e c) o dispositivo (CLT, art. 832; CPC, art. 489, I a III e parágrafos), que são os três requisitos estruturais dessa modalidade de pronunciamento da jurisdição e cuja falta implicará a nulidade do ato e ensejará o exercício da ação rescisória (CPC, art. 966, V). No relatório, o juiz fará um resumo dos principais acontecimentos do processo, aí compreendida a falta de resposta do réu. Se, mais tarde, o revel interveio nos autos e praticou alguns atos, esse fato deverá ser mencionado no relatório.

Conforme asseveramos em outro livro (*A sentença no processo do trabalho*. 4.ª ed. São Paulo: LTr, 2010, p. 274/277), em que pese ao fato de o relatório figurar como requisito legal para a validade da sentença, entendemos que, de lege ferenda, poderia ser dispensado. Se o escopo do relatório é de natureza política, porque destinado a fazer com que o juiz demonstre às partes haver compulsado os autos e, em razão disso, ficado ciente dos principais sucessos da causa, esse objetivo pode ser perfeitamente alcançável na fundamentação, em que o magistrado, naturalmente, haverá de referir os fatos e examiná-los sob a luz do direito.

De nada vale, por exemplo, elaborar um relatório minucioso se, na motivação, alguns dos fatos relatados (desde que essenciais para a causa) não vierem a ser apreciados.

A prática tem revelado, aliás, um fenômeno digno de nota, quanto aos relatórios das sentenças: ou são extremamente lacônicos, ou exageradamente longos. No primeiro caso, quase sempre, são elaborados pelo próprio juiz, que, premido pela escassez de tempo, faz um arremedo de relatório, nos quais são mencionados uns poucos fatos, e, ainda assim, de maneira vaga; no segundo, a tarefa de confeccionar o relatório é cometida, muitas vezes, a um auxiliar do juiz, que, preocupado em esmerar-se no desempenho desse mister, chega a transcrever, por inteiro, a petição inicial, a resposta do réu, os depoimentos das partes, as inquirições das testemunhas, o laudo pericial e o mais, resultando, tudo isso, num cartapácio sem utilidade.

O art. 852-I, *caput*, da CLT, dispensa o relatório nas sentenças proferidas no procedimento sumariíssimo.

Na fundamentação, que é o componente racional da sentença, o juiz procederá ao exame dos fatos alegados, em cotejo com a prova produzida, para, depois, realizar a subsunção dos fatos às regras de direito aplicáveis ao caso.

Sentença que não contivesse fundamentação seria, por certo, ato de pura arbitrariedade jurisdicional, porquanto tenderia a refletir não a atuação do direito, mas a vontade do julgador. Como alerta Franco Lancelloti, não é suficiente que o juiz faça justiça: é necessário que demonstre como fez justiça, para, dessa forma, convencer a todos; ou, quando menos, dar uma satisfação às partes e à comunidade, acrescentamos.

Tamanha é a importância da fundamentação da sentença (ou do acórdão), que, em nosso meio, ela foi alçada à categoria de requisito constitucional. Com efeito, estabelece o art. 93, inciso IX, da Constituição Federal, que todas as decisões do Poder Judiciário devem ser fundamentadas, "sob pena de nulidade". Perceba-se que o constituinte brasileiro se preocupou não apenas em exigir a fundamentação, mas — em atitude algo insólita — em cominar de nulo o pronunciamento jurisdicional que não a contenha. Daí, todavia, a admitir-se a incidência, no processo do trabalho, do disposto no § 1.º do art. 489, do CPC, vai distância abissal. Esse preceptivo legal considera não fundamentada *qualquer* decisão judicial — trate-se, portanto, de interlocutória, de sentença ou de acórdão — que deixar de atender aos minuciosos, formalistas e exagerados requisitos aí indicadas. Se esse rol de requisitos calha bem ao processo civil, no processo do trabalho funciona como elemento embaraçante da celeridade na prestação jurisdicional e na consequente redução do número de sentenças que a produtividade judicial possa proferir. Ademais, o § 1.º do art. 489, do CPC, se aplicado no processo do trabalho, seria uma fonte inexaurível de embargos de declaração.

A revelia não deve ser utilizada como pretexto para proferir-se sentença sem motivação jurídica. Nunca é inútil lembrar que vigora, entre nós, o princípio legal do *livre convencimento motivado* (ou da persuasão racional, como preferem alguns), inscrito no art. 131 do estatuto processual civil, de 1973, de acordo com o qual o juiz teria ampla liberdade na formação do seu convencimento jurídico acerca dos fatos da causa, desde que o fizesse com base na prova dos autos. Esse dispositivo foi tacitamente recepcionado pelo CPC atual e já havia se incorporado, da mesma forma, ao sistema do processo do trabalho. Se assim não se entender, some-se o art. 371, do CPC de 2015, aos arts. 765 e 769, da CLT, e ter-se-á a comprovação de que o alegado princípio subsiste no sistema do processo do trabalho. A respeito desse princípio, aliás, podemos tomar por empréstimo a ilustração de Eduardo Couture, para dizer que a liberdade que possui o juiz, na formação do seu convencimento jurídico, é semelhante à do presidiário em sua cela: pode andar por onde quiser, desde que dentro do cubículo. A cela, no caso, são as provas existentes nos autos.

Como o réu é revel, a tendência natural é que se verifique o efeito da revelia; em razão disso, o juiz considerará verdadeiros os fatos narrados pelo autor, na petição inicial, e proferirá sentença condenatória do réu — exceto se se tratar, p. ex., de pedido juridicamente impossível ou se o fato depender de prova técnica. Se a revelia não produziu o efeito que lhe é característico, por se tratar de uma das situações previstas no art. 345, do CPC, isso significa que o ônus da prova permaneceu com o autor; caberá ao juiz, em consequência, no momento de decidir, examinar se o autor se desincumbiu, ou não, desse encargo probatório.

É elementar que antes de se dedicar ao exame do mérito, o juiz deverá, *ex officio*, verificar se estão presentes os pressupostos de constituição e de desenvolvimento regulares do processo (capacidade de ser parte, capacidade de estar em juízo, capacidade postulatória, jurisdição, competência, inicial apta, citação válida, inexistência de perempção, litispendência, coisa julgada ou conexão, etc.), assim como as condições da ação (legitimidade *ad causam* e interesse processual). Ausentes quaisquer desses requisitos legais, o processo será extinto, sem resolução do mérito, a despeito da revelia. Quanto à inépcia da inicial, o seu indeferimento e a consequente extinção do processo só serão possíveis se o autor deixar de atender ao despacho que lhe ordenou emendar ou completar aquela peça (CPC, art. 321, parágrafo único).

O dispositivo (ou *decisum*) é a parte conclusiva da sentença, no qual deverá estar expresso o resultado do exame que o juiz realizou dos fatos, das provas, das normas jurídicas aplicáveis e das circunstâncias dos autos.

Laborou em erro, portanto, o legislador, ao dizer, no inciso III, do art. 489, do CPC, que no dispositivo o juiz "*resolverá as questões principais que as partes lhe submeterem*". Ora, no *decisum* o juiz nada resolve, senão que proclama o resultado daquilo que foi apreciado e resolvido na fundamentação. É, pois, no dispositivo, onde o juiz irá condenar ou absolver o réu (*vel condemnatione vel absolutione contingit*, segundo o Digesto).

O dispositivo apresenta uma importância especial, na medida que, em princípio, é a única parte da sentença que se submete ao fenômeno da coisa julgada material, como demonstra o art. 504, incisos I e II, do CPC. Em termos práticos, isso quer dizer, p. ex., que se o autor formulou, entre outros pedidos, o de horas extras, e o juiz, embora tenha apreciado, na fundamentação, os fatos pertinentes, mas, no dispositivo, deixado de fazer referência a essas horas, elas estarão fora da condenação. Não significa, todavia, que o pedido tenha sido rejeitado: simplesmente, não foi mencionado no dispositivo. Essa omissão do juiz pode ser sanada por meio de embargos declaratórios. Se o autor não fizer uso desses embargos, nem o réu recorrer, a sentença passará em julgado quanto a outras partes da condenação, excluídas as horas extras. Reiteremos: como estas não integraram o dispositivo, é certo que não foram atingidas pela *res iudicata*; em virtude disso, estará aberta, para o autor, a possibilidade de ajuizar outra ação, para pedir a condenação do réu ao pagamento de tais horas. Nesta ação, contudo, não incidirá o "efeito da revelia", ocorrido na anterior. Caberá o autor, diante disso, produzir prova da jornada de trabalho — exceto se o réu deixar, mais uma vez, de apresentar defesa, ou, defendendo-se, não se desincumbir do ônus da impugnação especificada dos fatos (CPC, art. 341).

O dispositivo deve ser uma decorrência lógica do que foi apreciado na fundamentação, uma conclusão congruente, enfim, com os argumentos lá expendidos pelo juiz. Se, por exemplo, na motivação o juiz afirma que ocorreu o efeito da revelia (CPC, art. 344), mas no dispositivo rejeita o pedido do autor, que fora formulado com base nos fatos alcançados pelo referido efeito, é manifesta a contradição entre a motivação e o dispositivo da sentença, motivo por que caberá ao autor eliminar esse antagonismo por intermédio dos embargos declaratórios. Ausentes estes embargos, prevalecerá o que consta do dispositivo (rejeição do pedido, que, na verdade, deveria ter sido acolhido) pois, como se disse, só ele, em regra, transita em julgado.

Exatamente por isso é que, ao contrário do que se passaria com o pedido que não houvesse sido mencionado no *decisum*, o autor não poderá, na situação em tela, ajuizar outra ação para pleitear as horas extras que haviam sido objeto da primeira ação.

Lembremos que, *ex vi* da Lei n. 13.467/2017, que inseriu o art. 791-A, na CLT, para instituir o princípio da sucumbência, os honorários de advogado são devidos, inclusive, na reconvenção (§ 5.º).

De resto, haveriam de prestar homenagem à ciência e ao rigor vocabular os juízes que anatematizassem o arraigado emprego de fórmulas como: "julgar procedente a ação...", "julgar procedente em parte a ação" ou "julgar improcedente a ação...", nas situações em que examinam o mérito da causa. Como já advertimos em outras páginas, a ação é o direito público subjetivo de invocar-se a prestação da tutela jurisdicional do Estado; ora, presentes as suas duas condições (legitimidade ad causam e interesse processual), é elementar que a ação "procede", embora os pedidos possam vir a ser rejeitados. Por outro lado, quando se diz que a ação foi "improcedente", fica-se sem dar uma justificativa razoável para o fato de se haver ingressado no exame do mérito quando a ação, como direito subjetivo, "não procedeu". É algo tão absurdo quanto admitir-se efeito sem causa.

Já é tempo de perceber que as condições para o regular exercício da ação em nada se confundem com o mérito da causa. A falta de uma daquelas condições torna o autor carecedor da ação; a ausência do direito invocado, ou de prova dos fatos alegados, faz com que os pedidos sejam rejeitados.

Nem mesmo os pedidos formulados pelo autor devem ser julgados "procedentes" ou "improcedentes". Procedência significa a origem, a proveniência de alguma coisa. Ora, um pedido sempre "procede", porque emana de algum lugar. Se se deseja prestar homenagem à acribologia, fale-se em rejeição ou em acolhimento dos pedidos. Merece elogios, por isso, o CPC, ao declarar, no art. 490, *caput*, que o juiz, pela sentença, colherá ou rejeitará, no todo ou em parte o pedido — malgrado haja, em outros momentos, incorrido no deslize terminológico de aludir à "procedência" e à "improcedência" do pedido.

O *decisum*, por expressa determinação legal, deverá indicar, ainda, o valor das custas a serem pagas pelo vencido (CLT, art. 832, § 2.º).

Embora a lei não exija, é sempre conveniente indicar-se, no dispositivo, a forma pela qual será realizada a liquidação (cálculos, artigos ou arbitramento), pois isso evitará o estabelecimento, após o trânsito em julgado da sentença, de polêmica a respeito da modalidade de liquidação a ser observada. A propósito, fórmulas habitualmente empregadas, como: "as verbas da condenação serão apuradas mediante regular liquidação" são, *data venia*, absolutamente inúteis, pois só se prestam para esclarecer o óbvio; o essencial, aí, é sempre deixado à margem: a modalidade pela qual a liquidação será processada.

Sendo o caso, o dispositivo determinará, também, a remessa *ex officio* dos autos ao tribunal, para efeito de reexame necessário, em atendimento ao disposto no art. 1.º, inciso V, do Decreto-lei n. 769/69. Esse reexame, ao contrário do que têm sustentado alguns escritores, ainda é indispensável, porquanto o inciso V, do art. 1.º, do sobredito Decreto-lei, não foi revogado pelo art. 5.º, *caput*, da Constituição Federal. Traduz certa simploriedade imaginar que o interesse público, que está na base da remessa *ex officio*, possa ser colocado no mesmo plano (político e axiológico) do interesse particular.

Mesmo nas denominadas "ações de alçada exclusiva dos órgãos de primeiro grau", instituídas pelo art. 2.º, § 4.º, da Lei n. 5.584/70, a remessa *ex officio* deverá ser realizada, pois não se trata de recurso.

No mais, será dispensável que o dispositivo faça referência à correção monetária e aos juros da mora, sabendo-se que ambos integram a classe das "condenações implícitas". As leis processuais não exigem essa menção; nem a proíbem, à evidência. Será recomendável, todavia, que se aluda à correção e aos juros se houver necessidade de fixação dos critérios relativos aos cálculos de uma e de outro.

O dispositivo mandará também intimar as partes e os terceiros, como o Ministério Público do Trabalho e o INSS, quando for ocaso.

7. Revelia e recurso

Normalmente, o vencido interpõe recurso para ver alterado, em seu benefício, o resultado do julgamento do mérito efetuado pela sentença.

Essa impugnação quanto ao *mérito*, entretanto, não é possível pelo revel. A razão é incontestável: se a ele fosse concedido discutir as questões de fundo do processo, isso implicaria a supressão de um grau jurisdicional. Com efeito, se o réu é revel, isso significa, por definição, que não se defendeu perante o órgão de primeiro grau; logo, a impugnação do mérito, que viesse a realizar em sede de recurso ordinário, estaria, na verdade, sendo utilizada como sucedâneo camuflado da contestação que deveria ter sido apresentada no juízo a quo. Por isso, a supressão de um grau jurisdicional, a que nos referimos.

Dita supressão poderia, até mesmo, ser injusta para o autor, bastando argumentar com a possibilidade de o tribunal dar provimento ao recurso do réu, para, digamos, excluir da condenação as horas extras — que constituiriam, senão o único pedido, o mais importante, do ponto de vista econômico. Como a matéria concernente a tais horas envolve fatos (duração da jornada de trabalho), o autor não teria acesso ao recurso de revista, nos termos da Súmula n. 126, do TST.

O que o revel deve buscar, com o recurso que interpuser da sentença de mérito, é a *elisão da revelia*, de maneira que, vindo a obter êxito nesse propósito, o processo seja anulado, e, em função disso, obtenha uma nova oportunidade para apresentar a sua defesa, no juízo de primeiro grau.

Se alguém é revel é porque não se defendeu; e, se não o fez, foi por algum motivo juridicamente justificável (supondo-se que sim); destarte, cabe ao revel, como afirmamos, fazendo prova do motivo que alegar, tentar obter, do tribunal, um decreto nulificante do processo em que foi emitida a sentença impugnada, a fim de que tenha reaberta a oportunidade de se defender. Como é óbvio, ficará fora da nulificação a petição inicial.

Embora, como regra, não se permita a juntada de documentos em grau de recurso (TST, Súmula n. 8), as particularidades da revelia tornam, muitas vezes, indispensável essa junção — como faculta, aliás, a Súmula mencionada. O documento destinado a elidir a revelia deve declarar, de maneira expressa, "*a impossibilidade de locomoção do empregador ou do seu preposto no dia da audiência*" (TST, Súmula n. 122, parte final).

Com vistas à admissibilidade do seu recurso, o revel deverá atender a todos os pressupostos subjetivos e objetivos, inclusive, no tocante a estes, realizando o depósito pecuniário exigido por lei e pagando as custas nas quais tenha sido condenado. Se for dado provimento ao recurso, poderá reaver ditos valores, porquanto o processo, em função dos quais esses depósitos ocorreram, foi declarado nulo.

A despeito de havermos sustentado que o revel não poderá, em seu recurso, impugnar o mérito da sentença — senão que tentar elidir a revelia — isso não corresponde a dizer que o juízo *a quo* poderá denegar o recurso toda vez que verificar que o revel esteja, exclusivamente, impugnando o mérito, e, não, buscando afastar a revelia. Ao juízo *a quo*, cabe advertir, compete, apenas, o exame dos pressupostos subjetivos e objetivos, legalmente exigidos para a admissibilidade dos recursos, sendo, portanto, vedado o ingresso na prospecção das razões de mérito da impugnação. Nem mesmo ao tribunal, como órgão *ad quem*, será lícito não admitir o recurso, por esse fundamento. É evidente que o tribunal poderá recusar o recurso por falta de um dos pressupostos a que aludimos há pouco, tão certo como poderá dar ou negar provimento ao recurso, segundo seja o seu convencimento.

Dando provimento ao recurso, o tribunal declarará a nulidade do processo, tirante a petição inicial, e determinará que o juízo de primeiro grau conceda nova oportunidade ao réu, para que se defenda. Em alguns casos, será necessária nova citação deste; em outros, esse ato será dispensável, sendo suficiente que o réu seja intimado quanto à data da audiência a que deverá comparecer para oferecer a resposta que desejar.

Aproveitamos o ensejo para formular uma sugestão ao legislador: para o futuro, seria desejável que se permitisse ao próprio juízo de primeiro grau rever suas sentenças de mérito, quando impugnadas com fundamento em nulidade. Atualmente, essa revisão é vedada pelo art. 494, do CPC. Não raro, o juiz de primeiro grau, diante das razões do recorrente, se convence da nulidade arguida, mas nada pode fazer, a não ser intimar a parte contrária para oferecer contrarrazões, e, decorrido o prazo, determinar a remessa dos autos ao tribunal. Melhor atenderia aos objetivos do processo, sem dúvida, que se permitisse ao próprio juízo de proferição da sentença impugnada modificá-la, em situações como a que narramos, com o que não só se atenderia ao interesse das partes (pois ao autor também não convém a longa espera do julgamento do recurso, pelo tribunal), como se evitaria um maior congestionamento de recursos nos tribunais.

O art. 331, do CPC, permite, apenas, ao juiz modificar a sentença que houver indeferido a petição inicial, ou seja, que tenha extinto o processo sem exame do mérito — que não é o caso, às escâncaras, da revelia. Quanto ao mérito, a modificação somente pode ocorrer no caso do art. 494, II (embargos de declaração).

Pergunta-se: mesmo que não tenha ocorrido o "efeito da revelia", de que se ocupa o art. 345, do diploma de processo civil, vindo, contudo, a sentença a condenar o revel em decorrência das provas produzidas pelo autor poderia aquele, no recurso, atacar o mérito da decisão, ou deveria ater-se ao escopo de elidir a revelia? Conquanto tenhamos alterado os termos da indagação, a resposta é a mesma que seria dada na hipótese de esse efeito ter ocorrido: o réu deverá buscar, exclusivamente, a elisão da revelia.

Não importa se o efeito da revelia tenha se verificado, ou não: isto é algo que concerne ao ônus da prova e à formação do convencimento jurídico do magistrado. A tudo sobreleva o fato de que houve revelia e qualquer tentativa de o revel procurar discutir o mérito da sentença impugnada não esconderá o seu objetivo de suprimir um grau de jurisdição, visto que estará, na verdade, apresentando a sua defesa perante o tribunal.

Como o réu geralmente alega, em grau de recurso, que não foi citado para a ação ou que a citação foi feita de forma irregular, parece-nos apropositado fazer uma pequena incursão pelos domínios da teoria dos atos nulos e dos inexistentes, dada a sua íntima conexão com o tema da revelia.

Apreciemos, portanto, esses dois vícios da citação.

Citação nula. Esclareça-se que quando nos referimos à citação nula estamos pressupondo que ela existiu, ou seja, que foi realizada, conquanto em desconformidade com as normas legais incidentes. Se, p. ex., o réu foi citado, no processo de conhecimento, em domingo ou feriado, ou fora do horário do expediente do foro, sem prévia autorização do juiz, o ato, embora tenha sido praticado, o foi em desacordo com a lei (CLT, art. 770), sendo, por esse motivo, nulo (CPC, art. 280).

Apesar disso, não se pode negar que o réu tomou conhecimento da existência da ação, razão pela qual deveria ter comparecido ao órgão de primeiro grau para arguir a nulidade, hipótese em que a citação seria considerada efetuada na data em que ele ou seu advogado fosse intimado da decisão que decretou a nulidade.

Esta é a solução que deve ser dada ao problema também no processo do trabalho. Sendo indiscutível que o nulo transita em julgado, permitindo, portanto, o exercício da ação rescisória (CPC, art. 966, incisos I, II, III, IV, V e VIII, fica difícil admitir a ideia de que o devedor possa, nos embargos à execução, alegar a invalidade do processo de conhecimento em que a citação foi realizada (ainda que de modo irregular). Em muitas situações, aliás, nem se tratará de nulidade, mas de anulabilidade, como quando a citação for feita por forma diversa da prevista em lei (CPC, art. 280).

Citação inexistente. Como tal reputamos a que não foi realizada (logo, inexistiu), seja porque o seu instrumento nem sequer chegou a ser expedido, ou, se o foi, acabou sendo recebido por pessoa diversa daquela para o qual foi endereçado.

Conforme enfatizamos em outros escritos, o que nos parece essencial deixar assinalado é o fato de que se a citação foi inexistente o réu não tomou conhecimento da existência da ação. Nesta perspectiva, é absolutamente necessário que se lhe dê oportunidade para alegar a falta (inexistência) do ato quando oferecer, como devedor, embargos, pois terá sido, na citação para a execução, que tomou ciência, pela primeira vez, da existência da ação (processo de conhecimento).

O tema alusivo à inexistência da citação comporta, ainda, duas variantes, que serão agora examinadas.

a) Inexistência de citação para o processo de conhecimento e de intimação da sentença.

Nesta hipótese, é perfeitamente justificável que se conceda ao devedor a oportunidade para alegar, em seus embargos, a inexistência de citação no processo de conhecimento que ocorreu à sua revelia, porquanto, como observamos, somente no momento da citação para a execução é que ficou ciente daquele processo.

Em face disso, a jurisprudência trabalhista construiu o entendimento de que o devedor, citado para a execução, pode interpor recurso ordinário da sentença (título executivo), pedindo que o tribunal decrete a nulidade (melhor: inexistência) do processo cognitivo, exclusive a petição inicial. Embora essa orientação jurisprudencial esteja imbuída de um elogiável propósito de justiça, parece-nos que ela traz em si um ilogismo incontornável.

Assim afirmamos porque se o processo de conhecimento não tem existência jurídica (é, portanto, o não ser), o réu, ao ser citado para o que se imaginava ser a execução da sentença, deveria alegar a inexistência do processo (cognitivo) perante o próprio juízo de primeiro grau, para que este, reconhecendo a aludida inexistência, abrisse oportunidade para o réu se defender (contestar).

Nem se objete com a regra do art. 494, do CPC. É necessário esclarecer que quando se veda ao juiz a possibilidade de modificar a sentença de mérito não se está considerando, à evidência, a que tenha sido proferida em processo inexistente.

b) Inexistência de citação, com intimação da sentença.

Se o réu não foi citado para o processo de conhecimento (inexistência), mas foi intimado da sentença de mérito, não se concebe que venha a alegar a falta de citação somente na ocasião dos embargos que oferecer, como devedor. O momento oportuno para fazê-lo será o do recurso ordinário que interpuser da sentença. Saliente-se que o processo do trabalho exige que o revel seja intimado da sentença (CLT, art. 852).

É elementar que estamos pressupondo que o revel tenha sido, efetivamente, intimado da sentença; se não o foi, é certo que poderá alegar, nos embargos à execução, a inexistência da citação no processo de conhecimento.

Seção V

Honorários Advocatícios

Capítulo Único

1. Considerações gerais

Durante muitos anos, a jurisprudência rejeitou a adoção, pelo processo do trabalho, do princípio da *sucumbência*, consagrado, há décadas e décadas, pelo processo civil. Nós mesmos nos filiamos a essa corrente de opinião, por entendermos que a incidência desse princípio seria prejudicial ao trabalhador. Lembrávamos, inclusive, que esse princípio era incompatível com a capacidade postulatória, deferida às partes pelo art. 791, *caput*, da CLT. Assim sendo, o princípio deveria ser rechaçado, com fundamento no art. 769, da mesma Consolidação.

Era, enfim, o tempo em que, predominantemente, as partes compareciam a juízo desacompanhadas de advogado.

A contar de determinado momento, entretanto, a presença do advogado em juízo, como procurador da parte, começou a ocorrer com maior intensidade, de tal arte que, nos dias atuais, rareiam os casos em que a parte vai à Justiça do Trabalho sem a companhia desse profissional. Esse fato nos motivou a rever a nossa opinião a respeito do princípio da sucumbência. Afinal, as disposições do CPC sobre o tema poderiam ser, doravante, perfeitamente entendidas pelos advogados, algo que dificilmente ocorria quando a parte estava no exercício do seu *ius postulandi*.

Usemos de franqueza: sob certo aspecto, a não aplicação do princípio civilista da sucumbência ao processo do trabalho fazia com que certos advogados se sentissem à vontade para formular pedidos a que o autor não fazia jus, pois não havia, nisso, risco de este pagar honorários advocatícios à parte contrária, desde que fosse vencedor no tocante a um ou a outro pedido — que não aqueles formulados de maneira temerária ou infundada.

Levando em conta essa realidade, a Lei n. 13.467/2017 inseriu, na CLT, o art. 791-A, com este teor: "*Ao advogado, ainda que atue em causa própria, serão devidos honorários de sucumbência, fixados entre o mínimo de 5% (cinco por cento) e o máximo de 15% (quinze por cento) sobre o valor que resultar da liquidação da sentença, do proveito econômico obtido ou, não sendo possível mensurá-lo, sobre o valor atualizado da causa.*

Extraem-se, pois, da dicção do *caput* e do § 1.º, do art. 791-A, da CLT, as seguintes conclusões:

a) o advogado que estiver atuando em causa própria fará jus aos honorários da sucumbência;

b) os honorários serão fixados entre 5% e 15% sobre o valor definido na liquidação da sentença, sobre o proveito econômico obtido ou, não sendo possível mensurá-lo, sobre o valor atualizado da causa;

c) no caso de assistência judiciária, também haverá sucumbência, com vistas aos honorários de advogado;

d) são devidos nas ações promovidas em face da Fazenda Pública.

Para efeito de fixação dos honorários advocatícios, o juiz deverá observar:

a) *o grau de zelo do profissional;*

b) *o lugar de prestação do serviço;*

c) *a natureza e a importância da causa;*

d) *o trabalho realizado pelo advogado e o tempo exigido para o seu serviço* (CLT, art. 791-A, § 2.º).

Há, portanto, com a vigência da Lei n. 13.467/2017, uma nova realidade, a exigir que o autor tenha o cuidado de não formular pedidos temerários e, de modo geral, que se desincumba do ônus da prova quanto aos fatos alegados na inicial, sob pena de vir a ser condenado a pagar honorários de advogado à parte contrária. É razoável supor que essa norma legal fará abrandar a *abusividade postulatória*, que desde muito tempo constitui característica de muitas das iniciais trabalhistas. É necessário haver o que temos denominado *de responsabilidade postulatória.* Não se nega a existência do direito constitucional de invocar a tutela jurisdicional do Estado, a que se denomina de ação; com vistas a isso, entretanto, é necessário que haja bom senso, comedimento, boa-fé, e não, excessos irresponsáveis.

Os honorários de sucumbência são devidos, inclusive, em embargos de terceiro (STJ, Súmula n. 303).

Não são devidos, porém, entre outros casos:

a) nos incidentes processuais em geral. Sob esse aspecto, também não cabe a condenação em honorários advocatícios nas exceções de incompetência, impedimento e suspeição (CLT, art. 799);

b) nos denominados procedimentos de *jurisdição voluntária* (sic; CPC, art. 719);

c) na ação de mandado de segurança (STF, Súmula n. 512);

d) nos dissídios coletivos (CLT, art. 856).

No caso de acolhimento parcial do pedido, o juiz arbitrará honorários de sucumbência recíproca, sendo vedada a compensação entre os honorários (CLT, art. 791-a, § 3.º). Já não pode ser aplicada ao processo do trabalho, portanto, a Súmula n. 306, do STJ, assim enunciada: "*Os honorários advocatícios* ***devem*** *ser compensados quando houver sucumbência* *recíproca, assegurado o direito autônomo do advogado à execução do saldo sem excluir a legitimidade da própria parte*" (destacamos).

Ficando vencido o beneficiário da justiça gratuita — e desde que não tenha obtido em juízo, ainda que em outro processo, créditos capazes de suportar a despesa —, "*as obrigações decorrentes de sua sucumbência ficarão sob condição suspensiva de exigibilidade e somente poderão ser executadas se, nos dois anos subsequentes ao trânsito em julgado da decisão que as certificou, o credor demonstrar que deixou de existir a situação de insuficiência de recursos que justificou a concessão de gratuidade, extinguindo-se, passado esse prazo, tais obrigações do beneficiário*" (CLT, art. 791-A, § 4.º).

Os honorários advocatícios são também devidos na reconvenção (CLT, art. 791-A, § 5.º), devendo, a sua fixação, atender ao critério estabelecido pelo § 2.º do mesmo dispositivo legal. A propósito, entendemos ser aplicável à reconvenção, por analogia, a regra contida no § 3.º desse artigo, de tal forma que fica vedada a compensação dos honorários advocatícios na resposta reconvencional.

Por todo o exposto, caberá ao TST alterar, em parte, o enunciado de sua Súmula n. 219.

Além disso, o STF precisa rever a sua Súmula n. 633, assim redigida: "*É incabível a condenação em verba honorária nos recursos extraordinários interpostos em processo trabalhista, exceto nas hipóteses previstas na Lei n. 5.584/70*".

2. A reformulação de nosso pensamento

Muitas vezes, a doutrina aceita, num primeiro lançar de olhos, determinada alteração introduzida no sistema processual, sem que a prática tenha ainda revelado o impacto dessa alteração no cenário forense cotidiano. Foi o que aconteceu conosco. Expliquemo-nos.

Sempre sustentamos a necessidade de o processo do trabalho incorporar o princípio da sucumbência em tema de honorários advocatícios, consagrado pelo processo civil. Víamos, nessa incorporação, uma forma de desestimular a formulação de pedidos descomedidos ou destituídos de um mínimo de amparo legal, tão frequentes no âmbito da Justiça do Trabalho.

Decorridos cerca de cinco anos de vigência da Lei n. 13.467, de 13-7-2017, que inseriu na CLT o art. 791-A, prevendo a condenação da parte ao pagamento de honorários advocatícios, o que a realidade prática está a demonstrar é que essa inovação processual acabou por instaurar no espírito do trabalhador um acentuado receio de invocar a tutela da Justiça do Trabalho. Esse receio deriva da possibilidade de vir a ser condenado a pagar honorários de advogado à parte contrária. O remédio do legislador, desse modo, acabou sendo mais forte do que a doença exigia e produziu efeitos colaterais.

A esse respeito, devemos trazer à baila a lenda de um antigo e despótico imperador, que se recusava a instituir o Poder Judiciário em seus domínios. Esse imperador concentrava, em si, todos os poderes do Estado. Era uma espécie de l'État c'est moi, como diria Luíz XIV. Os seus ministros, todavia, manifestavam justificada preocupação com esse veto imperial, porquanto o país mantinha relações diplomáticas e comerciais com outros países, e estes estavam a exigir que o imperador tirano instituísse o Poder Judiciário. Foram tantas as argumentações dos ministros, que o imperador resolveu demover-se de sua recalcitrância e autorizou a criação do Judiciário. Com vistas a isso, todavia, impôs algumas condições: quem fosse ingressar em juízo, deveria pagar pesada taxa ao imperador; taxas dessa ordem também deveriam ser pagas para o réu apresentar a sua defesa, para as partes produzirem provas, para ser emitida a sentença, etc. Concluiu, então, o imperador, de maneira categórica: imponham, enfim, tantas e tão pesadas taxas, que o povo tenha, verdadeiramente, receio de fazer uso do Poder Judiciário.

O art. 791-A, da CLT, representa, nos tempos modernos, aquele imperador do passado.

Os trabalhadores — designadamente, os mais humílimos — continuam manifestar temor de ir à Justiça do Trabalho para promover a defesa dos seus direitos e interesses ligados a bens ou a utilidades da vida. Assusta-se, sobremaneira, diante da possibilidade de serem condenados a pagar honorários advocatícios ao *ex adverso*, ainda que os seus pedidos sejam acolhidos em parte.

Sejamos francos: o art. 791-A, da CLT, está constituir-se, para muitos jurisdicionados, um "sutilmente grave" (permitam-nos o oxímoro) empecilho ao exercício do direito constitucional de ação. Se o escopo do legislador, ao redigir essa norma — conforme por ele confessado — foi o de combater a formulação de pedidos excessivos ou desapercebidos de amparo legal, devemos dizer que esse objetivo poderá ser alcançado pela figura da litigância de má-fé — figura aliás, que o mesmo legislador incorporou ao sistema do processo do trabalho (CLT, arts. 793-A a 793-B).

A revogação do art. 791-A, da CLT, é algo que, a nosso ver, se revela conveniente para permitir que as pessoas possam ter, sem receio, mas mediante conduta ética, o seu *dia na corte* (*his day in court*), visando a evitar a lesão de um direito ou a reparar a lesão perpetrada em seu patrimônio jurídico.

Retornemos, pois, *de lege ferenda*, ao tempo em que cada parte respondia apenas pelos honorários do advogado que houvesse contratado, independentemente do resultado da prestação jurisdicional.

Bibliografia

A

ALVIM, Arruda. *Código de Processo Civil Comentado*. São Paulo: Ed. Ver. Dos Tribunais, vol. VI, 1981.

AMORIN FILHO, Ângelo. Critério Científico para Distinguir a Prescrição da Decadência e para Identificar as Ações Imprescritíveis. In: *Revista de Direito Processual*, n. 3.

B

BARBI, Celso Agrícola. *Comentários ao Código de Processo Civil*. vol. I, 2.ª ed. Rio de Janeiro: Forense, 1981.

BARBOSA, Rui. *Réplica*. Rio de Janeiro: Ministério da Educação e Saúde, 1953.

C

CHAVES, Pires: *Da Execução Trabalhista*. 2.ª ed. Rio de Janeiro: Forense, 1964.

CHIOVENDA, Giuseppe. *Diritto e Processo*, n. 58.

F

FRAGA, Affonso: *Instituições do Processo Civil do Brasil*. São Paulo: Saraiva, 1940. tomo II.

L

LIEBMAN, Enrico Tullio: *Estudos sobre o Processo Civil Brasileiro*. São Paulo: José Bushatsky, 1976.

______. *Manuale di Diritto Processuale Civile*. Milano: Giuffrè, 1973. vol. I.

M

MARQUES, José Frederico: *Manual de Direito Processual Civil*. 4.ª ed. São Paulo: Saraiva, 1979. vol. II.

MARTINS, Pedro Baptista. *Comentários ao Código de Processo Civil*. vol. III, tomo I.

MIRANDA, Francisco C. Pontes de: *Comentários ao Código de Processo civil*. 2.ª ed. São Paulo: Forense, 1979. tomo IV.

MOREIRA, José Carlos Barbosa. *O Novo Processo Civil Brasileiro*. 4.ª ed. Rio de Janeiro: Forense, 1980. vol. I.

N

NASCENTES, Antenor. *Dicionário Etimológico da Língua Portuguesa.* 1.ª ed., 2.ª tir. Rio de Janeiro, 1955.

P

PASSOS, Calmon de. *Comentários ao Código de Processo Civil.* vol III, 3.ª ed. Rio de Janeiro: Forense, 1979.

R

REIS, José Alberto dos. *Comentários ao código de Processo Civil.* vol III. Coimbra: Coimbra Editora, 1953.

RUSSOMANO, Mozart Victor. *Comentários à CLT.* 9.ª ed. Rio de Janeiro: Forense, 1982.

S

SANTOS, Moacyr Amaral. *Primeiras Linhas de Direito Processual Civil.* 4.ª ed. São Paulo: Saraiva, 1979. 2.º vol.

SÜSSEKIND, Arnaldo. *Manual da Justiça do Trabalho.*

T

TEIXEIRA FILHO, Manoel Antonio. *A Sentença no Processo do Trabalho.* 5.ª ed. São Paulo: LTr, 2017.

______. *A Prova no Processo do Trabalho.* 11.ª ed. São Paulo: LTr, 2017.

______. *As Alterações no CPC e suas Repercussões no Processo do Trabalho.* 3.ª ed. São Paulo: LTr, 1996.